Aufbauschemata Zivilrecht/ZPO

- **BGB**
  - Allgemeiner Teil
  - Schuldrecht
  - Sachenrecht
  - Familienrecht
  - Erbrecht
- **Handelsrecht**
- **Gesellschaftsrecht**
- **Arbeitsrecht**
- **Allgemeines Gleichbehandlungsgesetz**
- **Zivilprozessrecht**

2025

Dr. Tobias Langkamp
Rechtsanwalt und Repetitor
Frank Müller
Rechtsanwalt und Repetitor

Alpmann und Schmidt Juristische Lehrgänge Verlagsges. mbH & Co. KG
48143 Münster, Alter Fischmarkt 8, 48001 Postfach 1169, Telefon (0251) 98109-0
AS-Online: www.alpmann-schmidt.de

Dr. Langkamp, Tobias
Müller, Frank

Aufbauschemata Zivilrecht/ZPO
20. Auflage 2025
ISBN: 978-3-86752-934-1

Verlag: Alpmann und Schmidt Juristische Lehrgänge
Verlagsgesellschaft mbH & Co. KG, Münster

Unterstützen Sie uns bei der Weiterentwicklung unserer Produkte.
Wir freuen uns über Anregungen, Wünsche, Lob oder Kritik an:
feedback@alpmann-schmidt.de

Benutzerhinweise

Die Aufbauschemata Zivilrecht sind als Grundlage für die Wiederholung des Stoffes und als Ratgeber und Leitfaden für den Aufbau von Klausuren gedacht. Mithilfe der Aufbauschemata kann einerseits der typische Fallaufbau nach Anspruchsgrundlagen eingeübt werden, andererseits wird das Verständnis durch vergleichende Übersichten und Bezüge erleichtert und vertieft.

Bei der Benutzung der Aufbauschemata Zivilrecht sollte man immer die Vorgehensweise bei der Falllösung in einer Klausur „im Hinterkopf" haben:

1. Aufbereitung des Sachverhaltes (ggf. Fallskizze).

2. Genaue Beachtung bzw. – sofern nicht ausdrücklich formuliert – Ermittlung der Fallfrage nach dem Grundsatz: **„WER** will **WAS** von **WEM?"**

3. Die **Aufbauschemata (A)** helfen sodann bei der Beantwortung der für die Falllösung wichtigen Frage, **„WORAUS"** der Anspruchsteller sein so ermitteltes Interesse (möglicherweise) ersetzt verlangen kann. In der Überblicksübersicht ⇨ ***S. VII.*** finden Sie eine **Zusammenfassung der möglichen Anspruchsbegehren**. Diese Übersicht führt Sie weiter zu den examenswichtigen Anspruchsgrundlagen für dieses Anspruchsbegehren. Die Übersicht ⇨ ***S. 1–3*** hilft Ihnen bei der Reihenfolge der Anspruchsprüfung – alle Übersichten zu den verschiedenen Anspruchsbegehren sind im Übrigen auch in der „richtigen" Prüfungsreihenfolge aufgebaut.

4. Innerhalb der Aufbauschemata (A) wird auf die **Vertiefungsschemata (B)** verwiesen, in denen materielle Rechtsfragen systematisch aufbereitet wurden, und die man sich an den durch Verweisungen gekennzeichneten Stellen immer wieder vergegenwärtigen sollte.

5. Die Vertiefungsschemata (B) dienen darüber hinaus der Wiederholung und Strukturierung examenswichtiger Probleme.

6. Wichtige Bezüge quer durch das gesamte Zivilrecht vermitteln die 4 Strukturschemata (C) zu den Folgen der beschränkten Geschäftsfähigkeit (I), akzessorischen Sicherungsrechten (II), den Konkurrenzregeln des Gewährleistungsrechts und des EBV (III) und zu Zurechnungs- bzw. Rechtsscheinproblemen (IV).

Bitte beachten Sie bei der Arbeit mit den Aufbauschemata Zivilrecht folgende Symbole:

⇨ Verweis auf ein anderes Schema

⚠ Besonders wichtige Anmerkung

Ⓟ Problem/Streit (Nur überblicksartig; das Problem bzw. den Meinungsstand sollten Sie kennen.)

☞ Beispiel

INHALTSVERZEICHNIS

A. Aufbauschemata

A. Aufbau-schemata

Überblick Anspruchsbegehren

Interesse des Anspruchstellers ist gerichtet auf ...

} **Anspruchsgrundlage**

I. Prüfungsreihenfolge

I. Vertragliche Ansprüche

- **Primärleistung**
  - Erfüllung
  - Nacherfüllung (in Form von Nachlieferung/Neuherstellung oder Mangelbeseitigung)
- **Sekundärleistung**
  - Rückzahlung/Rückgabe
  - Minderung
  - Schadensersatz
  - Aufwendungsersatz
  - Herausgabe eines Surrogats

1. **vor vertragsähnlichen Ansprüchen zu prüfen, weil**
   - Haftungsmaßstab des intendierten Vertrages sich auf Ansprüche wegen vorvertraglichen Verschuldens **(§§ 280 Abs. 1, 311 Abs. 2, 3*)** erstrecken kann;
   - vertragliches Gewährleistungsrecht vorrangig vor Ansprüchen aus §§ 280 Abs. 1, 311 Abs. 2, 3 sein kann und die Anfechtbarkeit nach § 119 Abs. 2 ausschließt;
   - ein Vertrag die Geschäftsführung ohne Auftrag ausschließt.
2. **vor dinglichen Ansprüchen zu prüfen, weil**
   - sich aus Vertrag Recht zum Besitz ergeben kann, sodass §§ 985 ff. ausgeschlossen sind;
   - Vertrag verbotene Eigenmacht ausschließen kann, sodass § 861 ausgeschlossen ist;
   - Vertrag Ansprüche aus § 1007 ausschließen kann.
3. **vor deliktischen Ansprüchen zu prüfen, weil**
   - vertraglicher Haftungsmaßstab sich auf deliktischen Haftungsmaßstab der §§ 823 ff. auswirken kann;
   - Vertrag Rechtfertigungsgrund sein kann.
4. **vor bereicherungsrechtlichen Ansprüchen zu prüfen, weil**
   - Vertrag Rechtsgrund i.S.d. §§ 812 ff. sein kann;
   - Vertrag Leistungsbeziehungen im Rahmen der §§ 812 ff. festlegt.

II. Vertragsähnliche Ansprüche

- § 122 bei Anfechtung
- § 179 bei Vertretung ohne Vertretungsmacht
- § 313 Vertragsanpassung bei Störung der Geschäftsgrundlage
- §§ 677 ff. Geschäftsführung ohne Auftrag
- §§ 280 Abs. 1, 311 Abs. 2, 3, 241 Abs. 2 Pflichtverletzung in rechtsgeschäftsähnlichen Schuldverhältnissen

*Im Folgenden sind §§ ohne Gesetzesangabe solche des BGB.

I. Prüfungsreihenfolge (Fortsetzung)

II. Vertragsähnliche Ansprüche (Fortsetzung)

1. **vor dinglichen Ansprüchen zu prüfen, weil**
   - aus berechtigter GoA sich Recht zum Besitz ergeben kann, sodass §§ 985 ff. ausgeschlossen sind;
   - berechtigte GoA verbotene Eigenmacht ausschließen kann, sodass § 861 ausgeschlossen ist;
   - berechtigte GoA Ansprüche aus § 1007 ausschließen kann.
2. **vor deliktischen Ansprüchen zu prüfen, weil**
   - Haftungsmaßstab vorvertraglicher Schuldverhältnisse auf deliktische Haftung der §§ 823 ff. durchschlagen kann;
   - berechtigte GoA im Rahmen der §§ 823 ff. ein Rechtfertigungsgrund sein oder den Haftungsmaßstab mildern kann.
3. **vor bereicherungsrechtlichen Ansprüchen zu prüfen, weil**
   - berechtigte GoA Rechtsgrund i.S.v. §§ 812 ff. sein kann.

III. Dingliche Ansprüche

- **Primäransprüche**
  - Herausgabe
  - Grundbuchberichtigung
  - Duldung der Zwangsvollstreckung
  - Unterlassen
- **Sekundäransprüche**
  - Schadensersatz
  - Nutzungsersatz
  - Verwendungsersatz

1. **vor deliktischen Ansprüchen zu prüfen, weil**
   die §§ 987 ff., 2018 ff. und § 1007 Abs. 3 S. 2 für Schadensersatz spezielle Regelungen enthalten, welche die §§ 823 ff. verdrängen.
2. **vor bereicherungsrechtlichen Ansprüchen zu prüfen, weil**
   die §§ 987 ff., 2018 ff. und § 1007 Abs. 3 S. 2 ebenfalls für Nutzungs- und Verwendungsersatz spezielle Regelungen enthalten, welche die §§ 812 ff. verdrängen.

IV. Deliktische Ansprüche

- §§ 823 ff.
- §§ 7, 18 StVG
- § 1 ProdHaftG

Vor bereicherungsrechtlichen Ansprüchen
Vorrang ist nicht zwingend; sofern deliktischer Anspruch besteht, ist dieser zumeist jedoch „stärker", da kein Entreicherungseinwand i.S.d. § 818 Abs. 3 möglich.

I. **Prüfungsreihenfolge** (Fortsetzung)

V. Bereicherungsrechtliche Ansprüche

- **Leistungskondiktion**
  - § 812 (Rechtsgrund fehlt, ist weggefallen oder Zweck wurde verfehlt)
  - § 813
  - § 817 S. 1
- **Nichtleistungskondiktion**
  - § 812 (Eingriffs-, Verwendungs-, Rückgriffskondiktion)
  - § 816 (Verfügungen eines oder an einen Nichtberechtigten)
  - § 822

VI. Sonstige Ansprüche („Hilfsansprüche" und übergegangene Ansprüche)

- Gesamtschuldausgleich, § 426 Abs. 1
- Ggf. analoge Ansprüche
- Übergegangene Ansprüche (wieder in der Reihenfolge „von vorne")
  - kraft erfolgter Abtretung (⚠ *§§ 285, 255 ergeben nur einen Anspruch auf Abtretung; Anspruch gegen Dritten erst nach Abtretung durch bisherigen Rechtsinhaber*)
  - kraft Gesetzes (§§ 426 Abs. 2, 774 Abs. 1, 999, 1143 Abs. 1, § 116 Abs. 1 SGB X, § 86 Abs. 1 VVG, § 6 Abs. 1 EntgFG)

II. Primärleistung: Erfüllung
1. Anspruchsgrundlagen

I. Geregelte Vertragstypen

Endgültige Verschaffung einer Sache

Kauf

▪ § 433 Abs. 1 S. 1	Übergabe und Übereignung der Kaufsache
▪ § 433 Abs. 2	Kaufpreiszahlung und Abnahme der Kaufsache

Werklieferung

▪ §§ 650 Abs. 1 S. 1, 433 Abs. 1 S. 1	Herstellung einer beweglichen Sache sowie Übergabe und Übereignung
▪ §§ 650 Abs. 1 S. 1, 433 Abs. 2	Zahlung der Vergütung und Abnahme der Sache

Schenkung

▪ § 516 Abs. 1	Übereignung der geschenkten Sache

Überlassung einer Sache auf Zeit zum Gebrauch/Fruchtgenuss

Miete

▪ § 535 Abs. 1	Überlassung der Mietsache zum Gebrauch
▪ § 535 Abs. 2	Mietzahlung

Pacht

▪ § 581 Abs. 1 S. 1	Überlassung der Pachtsache zum Gebrauch und Fruchtgenuss
▪ § 581 Abs. 1 S. 2	Pachtzahlung

Leihe

▪ § 598	Überlassung der verliehenen Sache zum Gebrauch

Überlassung einer vertretbaren Sache/Geld gegen Rückerstattung

Darlehen

▪ § 488 Abs. 1 S. 1	Zurverfügungstellung eines Geldbetrages
▪ § 488 Abs. 1 S. 2 Var. 1	Zinszahlung

Sachdarlehen

▪ § 607 Abs. 1 S. 1	Überlassung vertretbarer Sachen
▪ § 607 Abs. 1 S. 2 Var. 1	Zahlung eines Darlehensentgeltes

II. Primärleistung: Erfüllung
1. Anspruchsgrundlagen (Fortsetzung)

Tätigkeit	
Dienstvertrag	
▪ § 611 Abs. 1 Var. 1	Leistung der versprochenen Dienste
▪ § 611 Abs. 1 Var. 2	Zahlung der vereinbarten Vergütung
Arbeitsvertrag	
▪ § 611a Abs. 1 S. 1	Arbeitsleistung
▪ § 611a Abs. 2	Zahlung der vereinbarten Vergütung
Auftrag	
▪ § 662	Besorgung eines Geschäftes
Geschäftsbesorgung mit dienstvertraglichem Charakter	
▪ §§ 675 Abs. 1, 611 Abs. 1	Leistung der versprochenen Dienste
▪ §§ 675 Abs. 1, 611 Abs. 1	Zahlung der vereinbarten Vergütung
Zahlungsdienste	
▪ § 675f Abs. 1, 2	Zahlungsvorgang ausführen
▪ § 675f Abs. 5 S. 1	Entgelt

Verwahrung	
▪ § 688	Aufbewahrung einer beweglichen Sache
▪ § 689	Vergütung

Rückgabe einer Sache bei Vertragsbeendigung	
▪ § 546 Abs. 1	Rückgabepflicht des Mieters
▪ § 546 Abs. 2	Rückgabepflicht des Untermieters
▪ §§ 581 Abs. 2, 546	Rückgabepflicht des Pächters
▪ § 604	Rückgabepflicht des Entleihers
▪ § 488 Abs. 1 S. 2 Var. 2	Rückzahlung eines Gelddarlehens
▪ § 607 Abs. 1 S. 2 Var. 2	Rückgewähr von Sachen gleicher Art, Güte und Menge beim Sachdarlehen
▪ § 667	Herausgabe des zur Ausführung eines Vertrages Erhaltenen sowie des aus der Ausführung Erlangten
▪ § 695 S. 1	Rückforderungsrecht bei Verwahrung

⚠ *Es handelt sich bei diesen Ansprüchen zwar um vertragliche* ***Primäransprüche****, die allerdings nicht im Synallagma stehen und daher auch kein Zurückbehaltungsrecht gem. § 320 Abs. 1 begründen; ggf. aber nach § 273 Abs. 1.*

II. Primärleistung: Erfüllung
1. Anspruchsgrundlagen (Fortsetzung)

Erfolg

Werkvertrag

▪ § 631 Abs. 1	Herstellung des Werkes
▪ § 631 Abs. 1	Zahlung der Vergütung
▪ § 645 Abs. 1	Teilvergütung bei Undurchführbarkeit des Werkes

Bauvertrag

▪ § 650a	(Wieder-)Herstellung/Beseitigung eines Bauwerks
▪ § 650b	Anordnungsrecht des Bestellers
▪ § 650c	Vergütungsanpassung bei § 650b

Verbraucherbauvertrag

▪ § 650i	(Um-)Bau eines Gebäudes
▪ § 650m	Abschlagszahlung
▪ § 650l	Widerrufsrecht

Geschäftsbesorgung mit werkvertraglichem Charakter

▪ §§ 675 Abs. 1, 631 Abs. 1	Herstellung des Werkes
▪ §§ 675 Abs. 1, 631 Abs. 1	Zahlung der vereinbarten Vergütung

Pauschalreisevertrag

▪ § 651a Abs. 1 S. 1	Erbringung von Reiseleistungen
▪ § 651a Abs. 1 S. 2	Zahlung des Reisepreises

II. Nicht geregelte Vertragstypen

- Anspruchsgrundlage unmittelbar aus Vertrag i.V.m. § 311 Abs. 1

III. Verträge zugunsten Dritter

- Anspruchsgrundlage des jeweiligen Vertrages i.V.m. § 328
  ⇨ ***S. 219***

IV. Übergegangene Ansprüche

Rechtsgeschäftlich
- Anspruchsgrundlage des jeweiligen Vertrages i.V.m. § 398 (Abtretung)

Gesetzlich
- Anspruchsgrundlage des jeweiligen Vertrages i.V.m. § 268 Abs. 3 (Ablösungsrecht eines Dritten)
- Anspruchsgrundlage des jeweiligen Vertrages i.V.m. § 426 Abs. 2 (Gesamtschuldnerausgleich)
- Anspruchsgrundlage des jeweiligen Vertrages i.V.m. § 774 (Bürgschaft) bzw. § 1143 (Hypothek)
- Anspruchsgrundlage des jeweiligen Vertrages i.V.m. § 1225 (Pfandrecht)

II. Primärleistung: Erfüllung
2. Allgemeiner Aufbau

I. Anspruch entstanden
(Anspruchsvoraussetzungen sind vom Anspruchsteller darzulegen und ggf. zu beweisen)

1. Einigung über die wesentlichen Vertragsbestandteile ⇨ ***S. 143***
   a) Einigung unmittelbar zwischen Anspruchsteller und Anspruchsgegner
   b) Einigung unter Einschaltung von Organen oder Vertretern ⇨ ***S. 148***
   c) Einbeziehung von Allgemeinen Geschäftsbedingungen ⇨ ***S. 151***
   d) Einigung ohne Angebot und Annahme ⇨ ***S. 147***
2. Einigung über Nebenpflichten und Leistungsmodalitäten (Beschaffenheit, Leistungsort, Leistungszeit, Nebenleistungen, Sorgfaltspflichten)
   ⇨ ***S. 166*** ggf. durch Einbeziehung von AGB ⇨ ***S. 151***
3. Bei übergegangenen Ansprüchen:
   a) Wirksame Abtretung, § 398 oder
   b) Gesetzlicher Übergang, §§ 426 Abs. 2, 774 Abs. 1, 1225, 1143
4. Keine rechtshindernden Einwendungen (Nichtigkeitsgründe)
   a) Mangelnde Geschäftsfähigkeit, §§ 104 ff. ⇨ ***S. 350, 351*** ⇨ ***S. 153***
   b) Anfechtung, § 142 ⇨ ***S. 158***
   c) Gesetzlicher oder vertraglicher Formverstoß, § 125 ⇨ ***S. 155***
   d) Aufschiebende Bedingung, § 158 Abs. 1 ⇨ ***S. 160***
   e) Verstoß gegen ein Verbotsgesetz, § 134
   f) Sittenwidrigkeit, § 138 Abs. 1
   g) Wucher, § 138 Abs. 2
   h) Vertrag über künftiges Vermögen oder Nachlass, § 311b Abs. 2, 4
5. Fälligkeit, § 271 ⇨ ***S. 166***

II. Anspruch nicht untergegangen oder inhaltlich verändert
(von Amts wegen zu berücksichtigende Einwendungen)

1. Aufhebungsvertrag, Erlassvertrag, § 397
2. **Erfüllung** oder Erfüllungssurrogate, §§ 362 ff. ⇨ ***S. 162***
3. Leistungshindernisse gem. § 275 Abs. 1–3 (Gegenleistung: § 326 Abs. 1)
   (⚠ *§ 275 Abs. 2, 3 sind rechtsvernichtende Einreden* ⇨ ***S. 8****)* ⇨ ***S. 170, 171***
4. Verlangen von Schadensersatz statt der Leistung, § 281 Abs. 4
5. **Rücktritt**, § 346 ⇨ ***S. 71–84***
6. Minderung ⇨ ***S. 199–200***
7. Keine Modifikation in Nacherfüllungsanspruch ⇨ ***S. 9–14***
8. Kündigung eines Dauerschuldverhältnisses, § 314
9. **Widerruf** ⇨ ***S. 180***
10. Auflösende Bedingung, § 158 Abs. 2 ⇨ ***S. 160***
11. **Aufrechnung**, § 387 ⇨ ***S. 165***
12. Vertragsanpassung, § 313 ⇨ ***S. 172***
13. Zeitablauf, §§ 163, 575
14. Tod (bei höchstpersönlichen Ansprüchen, §§ 520, 673)

II. Primärleistung: Erfüllung
2. Allgemeiner Aufbau (Fortsetzung)

III. Anspruch durchsetzbar (dem Anspruch dürfen keine Einreden entgegenstehen)
(vom Anspruchsgegner zu erheben und ggf. zu beweisen)

1. Einreden, die die **Durchsetzung auf Dauer ausschließen (peremptorisch)**
   a) Verjährung ⇨ ***S. 230–232***
   b) Ausschluss der Leistungspflicht, § 275 Abs. 2, 3
   (⚠ *Nach h.M. handelt es sich bei § 275 Abs. 2 u. 3 um den Sonderfall einer rechtsvernichtenden Einrede – „Einrede", da sie ein Verweigerungsrecht ist, das die Erhebung durch den Schuldner erfordert und „rechtsvernichtend", da nach h.M. die Geltendmachung zum Erlöschen des Erfüllungsanspruchs führt und nicht nur seine Durchsetzbarkeit hindert.*)
   ⇨ ***S. 170***
   c) Kaufrechtliche Mängeleinrede § 438 Abs. 4 S. 2 bzw. § 438 Abs. 5 trotz Verjährung
   ⇨ ***S. 79***
   d) Werkrechtliche Mängeleinrede § 634a Abs. 4 S. 2 bzw. § 634a Abs. 5 trotz Verjährung
   ⇨ ***S. 79***
   e) Anspruch auf Vertragsanpassung führt zu dauerhafter Einrede gegen ursprünglichen Vertrag, § 313
2. Einreden, die die **Durchsetzbarkeit nur aufschieben (dilatorisch)**
   a) Stundung, §§ 311, 271
   b) Nicht erfüllter Vertrag, § 320 (bei synallagmatischen Verträgen)
   (⚠ *auch bei mangelhafter Gegenleistung, da Mängelfreiheit Hauptleistungspflicht*)
   c) Zurückbehaltungsrecht, § 273
   d) Bürgeneinreden, §§ 768, 770, 771 ⇨ ***S. 179***
   e) Schenker, § 519
   f) Dingliches Zurückbehaltungsrecht, § 1000 ⇨ ***S. 87***
3. Von Amts wegen zu beachtende Durchsetzbarkeitshindernisse, § 242
   (⚠ ***Einwendung*** *[also von Amts wegen zu beachten], die jedoch die* ***Durchsetzbarkeit eines Anspruchs hindert***)

   Fallgruppen:
   - Unredlicher Rechtserwerb
   - Widerspruch zu einer schuldrechtlichen Verpflichtung
   - venire contra factum proprium
   - dolo agit, qui petit, quod statim redditurus est

IV. Rechtsfolgen

1. Hauptleistungspflichten (ggf. Auslegung ⇨ ***S. 161***)
2. Leistungsmodalitäten ⇨ ***S. 166***
3. Nebenleistungspflichten
4. Obliegenheiten, z.B. § 642

III. Primärleistung: Nacherfüllung
1. Anspruchsgrundlagen

Endgültige Verschaffung einer Sache

Kauf

▪ §§ 437 Nr. 1, 439	Nachlieferung oder Mangelbeseitigung grds. nach Wahl des **Käufers**, § 439 Abs. 1

Werklieferung

▪ §§ 650 Abs. 1 S. 1, 437 Nr. 1, 439	Nachlieferung oder Mangelbeseitigung grds. nach Wahl des **Bestellers**

Erfolg

Werkvertrag

▪ §§ 634 Nr. 1, 635	Neuherstellung oder Mangelbeseitigung grds. nach Wahl des **Unternehmers**, § 635 Abs. 1

Geschäftsbesorgung mit werkvertraglichem Charakter

▪ § 675 i.V.m. §§ 634 Nr. 1, 635	Neuherstellung oder Mangelbeseitigung nach Wahl des Unternehmers

Reisevertrag

▪ § 651k	Abhilfe

III. Primärleistung: Nacherfüllung
2. Aufbau Kaufrecht, §§ 437 Nr. 1, 439

I. Allgemeine Voraussetzungen

1. Zustandekommen eines **wirksamen Kaufvertrages** ⇨ ***S. 7***
2. **Sach-** oder **Rechtsmangel**, §§ 434, 435 ⇨ ***S. 186***
3. Vorliegen des Mangels im **relevanten Zeitpunkt**
   a) **Sachmangel**
   - § 446 S. 1 Übergabe
   - § 446 S. 3 Annahmeverzug des Käufers ⇨ ***S. 175***
   - § 447 Abs. 1 Gefahrübergang beim Versendungskauf; beachte aber § 475 Abs. 2 beim Verbrauchsgüterkauf ⇨ ***S. 203***
   - Beweislastumkehr beim Verbrauchsgüterkauf in den ersten 6 Monaten ⇨ ***S. 204***

   b) **Rechtsmangel**
   - Zeitpunkt des Rechtsübergangs (z.B. Eigentumserwerb), unabhängig vom Übergang der Gefahr

II. Kein Gewährleistungsausschluss durch Rechtsgeschäft oder Gesetz

1. **Individualvertraglicher** Gewährleistungsausschluss gem. § 444
   a) Nicht bei arglistigem Verschweigen des Mangels
   b) Nicht bei Übernahme einer Beschaffenheitsgarantie oder des Beschaffungsrisikos, § 276
   c) Nicht bei einem Verbrauchsgüterkauf, § 476 Abs. 1 ⇨ ***S. 203***
2. Gewährleistungsausschluss durch **AGB** (insbesondere § 309 Nr. 8b) aa)–ff) bei neu hergestellten Sachen) ⇨ ***S. 151***
3. **Kenntnis des Käufers** vom Mangel beim Vertragsabschluss, § 442 Abs. 1 S. 1
4. **Grob fahrlässige Unkenntnis des Käufers** soweit Verkäufer nicht arglistig handelt oder eine Garantie übernommen hat, § 442 Abs. 1 S. 2
5. Haftungsbegrenzung bei **öffentlichen Versteigerungen**, § 445 (nicht beim Verbrauchsgüterkauf, § 474 Abs. 2 S. 2 ⇨ ***S. 203***)
6. Verlust der Gewährleistungsrechte gem. **§ 377 HGB** ⇨ ***S. 304***
7. Eigene Vertragsuntreue des Käufers, **§ 242**

III. Spezielle Voraussetzungen der Nacherfüllung

1. Ausübung des **Wahlrechts** des Käufers
   - Nach h.M. trotz Ausübung noch Wechsel möglich
   - Bei fehlender Ausübung Wahlrecht des Verkäufers
2. Keine **(relative) Unverhältnismäßigkeit/Unmöglichkeit** der gewählten Art der Nacherfüllung:

Mangelbeseitigung, § 439 Abs. 1 Alt. 1

a) Keine **Unmöglichkeit**, § 275
   - bei unbehebbaren Mängeln

   Wenn Unmöglichkeit (+) → Nachlieferung

b) Kein **Leistungsverweigerungsrecht**
   - aa) Gem. § 439 Abs. 4
     Unverhältnismäßigkeit der Kosten
     Kriterien:
     - Wert der mangelfreien Sache (nicht: Kaufpreis)
     - Bedeutung des Mangels
     - Kostenvergleich mit Nachlieferung
   - bb) Gem. § 275 Abs. 2
     Grobes Missverhältnis zwischen Nacherfüllungsaufwand des Verkäufers und Leistungsinteresse des Käufers
   - cc) Gem. § 275 Abs. 3

   Wenn Leistungsverweigerungsrecht (+) → Nachlieferung

Nachlieferung, § 439 Abs. 1 Alt. 2

a) Keine **Unmöglichkeit**, § 275
   - Beim Stückkauf neuer Sachen, es sei denn, es handelt sich um Massenware (str.)
   - Beim Stückkauf gebrauchter Sachen, es sei denn, Leistungsinteresse des Käufers kann auch durch andere gebrauchte Sachen befriedigt werden (str.)
   - Beim Gattungskauf nur, wenn Lieferung aus Gattung nicht mehr möglich

   Wenn Unmöglichkeit (+) → Mangelbeseitigung

b) Kein **Leistungsverweigerungsrecht**
   - aa) Gem. § 439 Abs. 4
     Unverhältnismäßigkeit der Kosten
     Kriterien:
     - Wert der mangelfreien Sache (nicht: Kaufpreis)
     - Bedeutung des Mangels
     - Kostenvergleich mit Mangelbeseitigung
   - bb) Gem. § 275 Abs. 2
     Grobes Missverhältnis zwischen Nacherfüllungsaufwand des Verkäufers und Leistungsinteresse des Käufers
   - cc) Gem. § 275 Abs. 3

   Wenn Leistungsverweigerungsrecht (+) → Mangelbeseitigung

3. Keine **absolute Unverhältnismäßigkeit** beider Arten der Nacherfüllung/Unmöglichkeit einer Art und Unverhältnismäßigkeit der anderen Art

   (+), wenn Kosten der Nacherfüllung 150% des Wertes der Sache in mangelfreiem Zustand oder 200% des mangelbedingten Minderwerts übersteigen (Faustformel)

III. Primärleistung: Nacherfüllung
2. Aufbau Kaufrecht, §§ 437 Nr. 1, 439 (Fortsetzung)

IV. Rechtsfolgen der Nacherfüllung

1. **Erfüllungsort** für beide Arten der Nacherfüllung ist nach neuerer Rspr. nicht der Ort an dem sich die Sache vertragsgemäß befindet (Belegenheitsort), sondern er ergibt sich aus § 269. Liegt also keine Vereinbarung vor und ist auch aus den Umständen nichts anderes zu entnehmen, so ist das der Wohnsitz des Verkäufers.
2. Ein **Wechsel des Nacherfüllungsbegehrens** ist nach h.M. auch nach Ausübung des Wahlrechts noch möglich **(elektive Konkurrenz der Nacherfüllungsvarianten)**. Nach **a.A.** handelt es sich um eine **Wahlschuld**, sodass nach Ausübung die andere Art der Nacherfüllung erlischt.
3. Der **Erfüllungsanspruch** (in Form des Nacherfüllungsanspruchs) **erlischt** trotz Fristsetzung zur Nacherfüllung erst mit Rücktritt bzw. Schadensersatzverlangen, **§ 281 Abs. 4**. Macht der Käufer nach Ablauf der Nacherfüllungsfrist weiter den Nacherfüllungsanspruch geltend, kann er grds. jederzeit (Grenze: § 242) ohne erneute Fristsetzung zu Rücktritt oder Schadensersatz übergehen.

Mangelbeseitigung

- Mangelbeseitigung
- Verschuldensunabhängige Tragung der zur Nacherfüllung **erforderlichen Aufwendungen**, § 439 Abs. 2

Nachlieferung

- Lieferung einer mangelfreien Sache
- Verschuldensunabhängige Tragung der zur Nacherfüllung **erforderlichen Aufwendungen**, § 439 Abs. 2
- **Rückgewähr der mangelhaften Sache** gem. §§ 439 Abs. 6, 346 ff. (⇨ ***S. 72***)
- Herausgabe gezogener **Nutzungen** gem. §§ 439 Abs. 5, 346 Abs. 1, 2 *(⚠ gem. § 475 Abs. 3 S. 1 nicht bei Verbrauchsgüterkauf)*

⚠ ***§ 439 Abs. 2*** *regelt in erster Linie die Kostentragung und stellt eine* ***eigenständige Anspruchsgrundlage*** *für den Ersatz von Aufwendungen nur dar, wenn der Käufer diese trotz Nacherfüllung des Verkäufers getragen hat.*

4. Anspruch des Käufers auf **Aufwendungsersatz** gem. **§ 439 Abs. 3** ⇨ ***S. 115***
5. Beim **Verbrauchsgüterkauf** hat Käufer gem. **§ 475 Abs. 4** Anspruch auf **Kostenvorschuss**

V. Keine Verjährung

⇨ ***S. 230***

III. Primärleistung: Nacherfüllung
3. Aufbau Werkvertragsrecht, §§ 634 Nr. 1, 635

I. Allgemeine Voraussetzungen der Nacherfüllung

1. Zustandekommen eines **wirksamen Werkvertrages** ⇨ ***S. 7***
2. **Sach-** oder **Rechtsmangel**, § 633 ⇨ ***S. 186***
3. Maßgeblicher Zeitpunkt des Mangels
   - Abnahme, § 644
   - Vollendung statt Abnahme, § 646
   - Abnahmefiktion nach Abnahmefrist
   - Annahmeverzug des Bestellers, § 644 S. 2 ⇨ ***S. 175***
   - Gefahrübergang bei Versendung des Werkes, §§ 644 Abs. 2, 447

   Ⓟ *Gewährleistungsrechte vor Abnahme, aber nach der Fertigstellung?*
   (H.M. [+], da sonst Besteller gezwungen wäre, mangelhaftes Werk abzunehmen.)

II. Kein Gewährleistungsausschluss durch Rechtsgeschäft oder Gesetz

1. Individualvertraglicher Gewährleistungsausschluss gem. **§ 639**
   a) Nicht bei arglistigem Verschweigen des Mangels
   b) Nicht bei Übernahme einer Beschaffenheitsgarantie oder des Beschaffungsrisikos, § 278 ⇨ ***S. 217, 218***
2. Gewährleistungsausschluss durch AGB (insbesondere § 309 Nr. 8b) aa)–ff)) ⇨ ***S. 151***
3. Kenntnis des Käufers vom Mangel bei Abnahme ohne Vorbehalt der Mängelrechte, **§ 640 Abs. 3**
4. Eigene Vertragstreue des Käufers, § 242
   ⚠ *§§ 474 ff. gelten nicht für Werkverträge, wohl aber für Werklieferungsverträge.*

III. Spezielle Voraussetzungen der Nacherfüllung

1. **Wahlrecht des Werkunternehmers** (⚠ *nicht des Bestellers!*) zwischen Neuherstellung und Mangelbeseitigung
2. **Möglichkeit** der Nacherfüllung (§ 275 Abs. 1) nur (–), wenn beide Arten der Nacherfüllung unmöglich sind ⇨ ***S. 170***
3. Kein **Leistungsverweigerungsrecht** des Werkunternehmers
   a) Gem. § 635 Abs. 3 bei (absoluter) Unverhältnismäßigkeit der Kosten beider Nacherfüllungsvarianten; Kriterien wie im Kaufrecht entsprechend § 439 Abs. 4 ⇨ ***S. 11***
   b) Gem. § 275 Abs. 2 bei grobem Missverhältnis zwischen Nacherfüllungsaufwand und Leistungsinteresse des Bestellers
   c) Gem. § 275 Abs. 3

III. Primärleistung: Nacherfüllung
3. Aufbau Werkvertragsrecht, §§ 634 Nr. 1, 635 (Fortsetzung)

IV. Rechtsfolgen der Nacherfüllung

Erfüllungsort für beide Arten der Nacherfüllung ist im Werkvertragsrecht im Zweifel der Ort, wo das Werk sich vertragsgemäß befindet.

Mangelbeseitigung

1. Mangelbeseitigung
2. Verschuldensunabhängige Tragung der Nacherfüllungsaufwendungen, § 635 Abs. 2

⚠ *Der Besteller kann nach erfolglosem Ablauf einer Frist den Mangel selbst beseitigen und Ersatz seiner Aufwendungen verlangen (sog.* ***Selbstvornahme****), § 637. Außerdem besteht nach § 637 Abs. 3 ein Vorschussanspruch.* ⇨ ***S. 120***

Neuherstellung

1. Mangelfreie Neuherstellung des Werkes
2. Verschuldensunabhängige Tragung der Nacherfüllungsaufwendungen, § 635 Abs. 2 (AGL, soweit Besteller Aufwendungen hatte)
3. Rückgewähr des mangelhaften Werkes gem. §§ 635 Abs. 4, 346 ff. (⇨ ***S. 72***)
4. Herausgabe gezogener Nutzungen gem. §§ 635 Abs. 4, 346 Abs. 1, 2

V. Keine Verjährung

⇨ ***S. 230***

IV. Schadensersatz
1. Anspruchsgrundlagen

⚠ **Prüfungsreihenfolge der Schadensersatzansprüche:**
Die Ansprüche sind – entgegen ihrer Auflistung im Gesetz – in folgender Reihenfolge zu prüfen:
1. Unmöglichkeit (§ 311a Abs. 2/§§ 280 Abs. 1 u. 3, 283)
2. Statt der Leistung (§§ 280 Abs. 1 u. 3, 281)
3. Statt der Leistung bei Nebenpflichtverletzung (§§ 280 Abs. 1 u. 3, 282)
4. Verzug (§§ 280 Abs. 1 u. 2, 286)
5. Allgemeine Pflichtverletzung (§ 280 Abs. 1)

I. Vertrag

Verträge ohne spezielles Gewährleistungsrecht bzw. vor dessen Anwendbarkeit

§ 311a Abs. 2	Schadensersatz statt der Leistung bei anfänglicher Unmöglichkeit	⇨ ***S. 18***
§ 280 Abs. 1	Sonstiger Schadensersatz neben der Leistung wegen Verletzung von Leistungs- oder Rücksichtnahmepflichten (§ 241 Abs. 2)	⇨ ***S. 21***
§§ 280 Abs. 1 u. 3, 281 Abs. 1 S. 1	Schadensersatz statt der Leistung wegen Nicht- oder Schlechtleistung	⇨ ***S. 25***
§§ 280 Abs. 1 u. 3, 282	Schadensersatz statt der Leistung wegen Verletzung der Pflichten aus § 241 Abs. 2	⇨ ***S. 40***
§§ 280 Abs. 1 u. 3, 283	Schadensersatz statt der Leistung bei nachträglicher Unmöglichkeit	⇨ ***S. 32***
§§ 280 Abs. 1 u. 2, 286	Schadensersatz wegen Verzögerung der Leistung	⇨ ***S. 38***

Verträge, deren Gewährleistungsrecht auf die allgemeinen Regeln verweist

▪ **§ 437 Nr. 3** i.V.m.	**Mängelhaftung im Kaufrecht**	
– § 311a Abs. 2	Schadensersatz statt der Leistung bei anfänglicher Unmöglichkeit der Nacherfüllung	⇨ ***S. 19***
– § 280 Abs. 1	Sonstiger Schadensersatz neben der Leistung	⇨ ***S. 23, 24***
– §§ 280 Abs. 1 u. 3, 281	Schadensersatz statt der Leistung wegen nicht oder nicht wie geschuldet erbrachter Leistung/Nacherfüllung	⇨ ***S. 28***
– §§ 280 Abs. 1 u. 3, 282	Schadensersatz statt der Leistung wegen Verletzung der Pflichten aus § 241 Abs. 2	⇨ ***S. 40***
– §§ 280 Abs. 1 u. 3, 283	Schadensersatz statt der Leistung bei nachträglicher Unmöglichkeit der Nacherfüllung	⇨ ***S. 34***
– §§ 280 Abs. 1 u. 2, 286	Schadensersatz wegen Verzögerung der Nacherfüllung	⇨ ***S. 39***

IV. Schadensersatz
1. Anspruchsgrundlagen (Fortsetzung)

Verträge, deren Gewährleistungsrecht auf die allgemeinen Regeln verweist (Fortsetzung)		
▪ **§ 634 Nr. 4** i.V.m.	**Mängelhaftung im Werkvertragsrecht**	
– § 311a Abs. 2	Schadensersatz statt der Leistung bei anfänglicher Unmöglichkeit der Nacherfüllung	⇨ ***S. 193***
– § 280 Abs. 1	Sonstiger Schadensersatz neben der Leistung	⇨ ***S. 23, 24***
– §§ 280 Abs. 1 u. 3, 281	Schadensersatz statt der Leistung wegen nicht oder nicht wie geschuldet erbrachter Leistung/Nacherfüllung	⇨ ***S. 28***
– §§ 280 Abs. 1 u. 3, 282	Schadensersatz statt der Leistung wegen Verletzung der Pflichten aus § 241 Abs. 2	⇨ ***S. 40***
– §§ 280 Abs. 1 u. 3, 283	Schadensersatz statt der Leistung bei nachträglicher Unmöglichkeit der Nacherfüllung	⇨ ***S. 34***
– §§ 280 Abs. 1 u. 2, 286	Schadensersatz wegen Verzögerung der Nacherfüllung	⇨ ***S. 38***
▪ **§ 346 Abs. 4** i.V.m.		
– §§ 280–283	**Schadensersatz nach Rücktritt**	
	Abgrenzung zu § 346 Abs. 2, ***siehe:***	⇨ ***S. 73***

Verträge, deren Gewährleistungsrecht *nicht* oder *nicht ausschließlich* auf die allgemeinen Regeln verweist		
§§ 523 ff.	Mängelhaftung Schenkungsrecht	
§ 536a	Schadensersatzansprüche Mietrecht	⇨ ***S. 41***
§ 642 Abs. 2	Entschädigungsanspruch des Unternehmers bei unterlassener Mitwirkung des Bestellers	
§ 651n	Schadensersatzansprüche Reiserecht	⇨ ***S. 43***

II. Vertragsähnlich		
§ 122	Vertrauensschaden nach Anfechtung	⇨ ***S. 46***
§ 160	Schadensersatz bei Zwischenverfügungen ***vgl. beim Anwartschaftsrecht***	⇨ ***S. 254***
§ 179 Abs. 1	Schadensersatz des Vertreters ohne Vertretungsmacht (Erfüllungsinteresse)	⇨ ***S. 46***
§ 179 Abs. 2	Vertrauensschaden des Vertreters ohne Vertretungsmacht	⇨ ***S. 46***
§ 280 Abs. 1 (§§ 311 Abs. 2, 3, 241 Abs. 2)	Pflichtverletzung in rechtsgeschäftlichen Schuldverhältnissen	⇨ ***S. 21***
§ 678	Schadensersatzanspruch des Geschäftsherrn bei unberechtigter GoA	⇨ ***S. 47***
§§ 687 Abs. 2, 678	Schadensersatzanspruch des Geschäftsherrn bei angemaßter GoA	⇨ ***S. 47***

IV. Schadensersatz
1. Anspruchsgrundlagen (Fortsetzung)

III. Dinglich

§§ 989, 990	Unrechtmäßiger verklagter/bösgläubiger Besitzer	⇨ ***S. 49–52***
§ 990 Abs. 2	Unrechtmäßiger bösgläubiger Besitzer im Verzug	***siehe:*** ⇨ ***S. 52***
§§ 991 Abs. 2, 989	Unrechtmäßiger gutgläubiger Besitzer	⇨ ***S. 53***
§§ 992, 823 ff.	Deliktsbesitzer	⇨ ***S. 54***

IV. Deliktisch

§ 823 Abs. 1	Schadensersatz wegen Rechts(gut)verletzung	⇨ ***S. 56***
§ 823 Abs. 1 i.V.m. Grundrechten	Schadensersatz wegen Verletzung des Allgemeinen Persönlichkeitsrechts (APR) bzw. des Rechts am eingerichteten und ausgeübten Gewerbebetrieb (REAG)	⇨ ***S. 59***
§ 823 Abs. 2	Schadensersatz wegen Schutzgesetzverletzung	⇨ ***S. 61–65***
§ 824	Schadensersatz wegen Kreditgefährdung	
§ 825	Schadensersatz bei Bestimmung zu sexuellen Handlungen	
§ 830	Schadensersatz bei gemeinschaftlicher Begehung	
§ 831	Schadensersatz bei Delikt des Verrichtungsgehilfen	
§ 832	Schadensersatz des Aufsichtspflichtigen	
§ 833	Schadensersatz des Tierhalters	
§ 834	Schadensersatz des Tieraufsehers	
§§ 836, 837, 838	Schadensersatz bei Schäden durch Gebäude/Grundstücke	
§ 839a	Schadensersatz des gerichtlichen Sachverständigen	

V. Bereicherungsrechtlich

§§ 812, 818 Abs. 4, 819, 292, 989	Verschärfte Haftung des verklagten/bösgläubigen Bereicherungsschuldners	***vgl.*** ⇨ ***S. 49*** ***und*** ⇨ ***S. 236***

VI. Sonstige

§ 7 StVG	Schadensersatz des Fahrzeughalters	⇨ ***S. 66***
§ 18 StVG	Schadensersatz des Fahrzeugführers	⇨ ***S. 66***
§ 1 ProdHaftG	Schadensersatz wegen fehlerhafter Produkte	⇨ ***S. 67***

IV. Schadensersatz
2. Statt der Leistung wegen anfänglicher Unmöglichkeit, § 311a

I. Anspruchsvoraussetzungen

1. Wirksamer **Vertrag** *(⚠ Bei nachträglicher Unmöglichkeit gem. §§ 280 Abs. 1 u. 3, 283 reicht ein „Schuldverhältnis")* ⇨ ***S. 7***
2. Schuldner braucht nach **§ 275 Abs. 1–3** nicht zu leisten ⇨ ***S. 170***
3. Leistungshindernis lag objektiv **bereits im Zeitpunkt des Vertragsschlusses** vor
4. **Keine Exkulpation** des Schuldners gem. § 311a Abs. 2 S. 2
   a) Schuldner kannte das Leistungshindernis nicht
   b) Schuldner hat seine Unkenntnis nicht zu vertreten, §§ 276, 278 ⇨ ***S. 167***

II. Rechtsfolgen

Schadensersatz statt der Leistung, §§ 311a Abs. 2 **S. 3**, 281 Abs. 1 S. 2 u. 3, Abs. 5

- Bei **vollständiger Unmöglichkeit** erhält der Gläubiger Schadensersatz statt der ganzen Leistung (großer Schadensersatz)
- Bei **Teilunmöglichkeit** wird Schadensersatz grundsätzlich nur gewährt, „soweit" das Leistungshindernis besteht (vgl. § 281 Abs. 1 S. 1) = **kleiner Schadensersatz**
- Unter folgenden Voraussetzungen wird auch bei **Teilunmöglichkeit** Schadensersatz statt der ganzen Leistung = **großer Schadensersatz** gewährt:

Hat der Schuldner eine **Teilleistung** erbracht (quantitative Unmöglichkeit), wird Schadensersatz statt der ganzen Leistung **<u>nur</u>** bei Interessenwegfall gewährt (§ 281 Abs. 1 S. 2) = Nur **ausnahmsweise** SE statt der ganzen Leistung

Bei **Schlechtleistung** (qualitative Unmöglichkeit) wird Schadensersatz statt der ganzen Leistung nicht bei Unerheblichkeit gewährt (§ 281 Abs. 1 S. 3) = **Grds.** SE statt der ganzen Leistung

Ⓟ *Unerheblichkeit bei Arglist des Vertragspartners?* ⇨ ***S. 83***

Ⓟ *Haftung auf das positive Interesse angemessen? (Zwar ist die anfängliche Unmöglichkeit eigentlich nichts anderes als eine vorvertragliche Pflichtverletzung (c.i.c.), sodass die Haftung auf das* ***negative*** *Interesse angemessen wäre, trotzdem besteht nach h.M. wegen des eindeutigen Wortlauts ein Anspruch auf das* ***positive*** *Interesse.)*

⇨ ***S. 27***

III. Keine Verjährung

1. Relative Frist des § 195: 3 Jahre ab Ende des Jahres der Anspruchsentstehung und Kenntnis des Gläubigers (§ 199 Abs. 1)
2. Absolute Frist des § 199 Abs. 3 Nr. 1: 10 Jahre ab Anspruchsentstehung

⇨ ***S. 230***

IV. Schadensersatz
3. Statt der Leistung wg. anfängl. Unmöglichkeit der Nacherfüllung im Kauf- u. WerkR, § 437 Nr. 3 bzw. § 634 Nr. 4, § 311a

I. Anspruchsvoraussetzungen

1. Wirksames Zustandekommen eines Kauf- bzw. Werkvertrages ⇨ ***S. 7***
2. Vorliegen eines Mangels (§ 434 bzw. § 633) im relevanten Zeitpunkt
   ⇨ ***S. 10 (Kaufrecht)***, ⇨ ***S. 13 (Werkvertragsrecht)***
3. Schuldner braucht **Nacherfüllung nach § 275 Abs. 1–3 nicht zu erbringen** ⇨ ***S. 170***
4. Leistungshindernis lag objektiv bereits im Zeitpunkt des Vertragsschlusses vor
5. Keine Exkulpation des Schuldners gem. § 311a Abs. 2 S. 2
   a) Schuldner kannte das Leistungshindernis nicht
   b) Schuldner hat seine Unkenntnis nicht zu vertreten, §§ 276, 278
6. Kein wirksamer Gewährleistungsausschluss ⇨ ***S. 10 (Kaufrecht)***, ⇨ ***S. 13 (Werkvertragsrecht)***
   Besonderheit: Disponibilität des kaufrechtlichen Schadensersatzanspruchs in den Grenzen der §§ 307–309 trotz Verbrauchsgüterkaufs, vgl. §§ 476 Abs. 3, 478 Abs. 2 S. 2 ⇨ ***S. 203***

II. Rechtsfolgen

1. **Erlöschen der Primäransprüche**
   - Der **Nacherfüllungsanspruch** des Gläubigers erlischt bei Unmöglichkeit unmittelbar gem. § 275 Abs. 1
   - Der **Gegenleistungsanspruch** erlischt im Kauf- und Werkvertragsrecht **nicht** gem. § 326 Abs. 1 S. 1 (vgl. § 326 Abs. 1 S. 2). Der Gläubiger muss vielmehr (ganz oder teilweise) zurücktreten, um von seiner Verpflichtung frei zu werden (§ 326 Abs. 5). Eine Fristsetzung ist dazu entbehrlich.
2. **Wahlrecht des Gläubigers**
   a) **Schadensersatz statt der Leistung**, §§ 311a Abs. 2 **S. 3**, 281 Abs. 1 S. 2 und 3, Abs. 5
   - Bei **vollständiger Unmöglichkeit** erhält der Gläubiger **Schadensersatz statt der ganzen Leistung**
     ⚠ *Abzustellen ist dabei nicht auf die vollständige Unmöglichkeit der Nacherfüllung, sondern auf die Gesamtleistung. Im Gewährleistungsrecht des Kauf- bzw. Werkvertragsrechts ist eine vollständige Unmöglichkeit selten, da die Anwendbarkeit des Gewährleistungsrechts ja zumindest eine Teillieferung erfordert. Denkbar ist dies allerdings z.B. bei einer Aliudlieferung.*
   - Bei **Teilunmöglichkeit** wird Schadensersatz grds. nur gewährt, „soweit" das Leistungshindernis besteht (vgl. § 281 Abs. 1 S. 1) = **kleiner Schadensersatz**
   - Unter folgenden Voraussetzungen wird auch bei **Teilunmöglichkeit** Schadensersatz statt der ganzen Leistung = **großer Schadensersatz** gewährt:

     Hat der Schuldner eine **Teilleistung** erbracht (quantitative Unmöglichkeit), wird Schadensersatz statt der ganzen Leistung **nur** bei Interessenwegfall gewährt (§ 281 Abs. 1 S. 2) = Nur **ausnahmsweise** SE statt der ganzen Leistung

     Ⓟ ***Minderlieferung*** *im Kauf- und Werkvertragsrecht wegen § 434 Abs. 3 bzw. § 633 Abs. 2 S. 3 = Teilleistung oder Schlechtleistung? (Nach h.M. ist die Minderlieferung trotz der Gleichstellung mit einem Sachmangel im Rahmen des allgemeinen Schuldrechts als Teilleistung zu werten, da die Vorschrift des § 281 Abs. 1 S. 2 sonst praktisch leer liefe.)*

     Bei **Schlechtleistung** (qualitative Unmöglichkeit) wird Schadensersatz statt der ganzen Leistung nicht bei Unerheblichkeit gewährt (§ 281 Abs. 1 S. 3) = **Grds.** SE statt der ganzen Leistung

     Ⓟ *Unerheblichkeit bei Arglist des Vertragspartners?* ⇨ ***S. 83***

     Ⓟ ***Teilschlechtleistung*** *= Teilleistung oder Schlechtleistung? (Wird die volle Menge geliefert, von der aber ein Teil mangelhaft ist, ist fraglich, ob dies als Teil- oder als Schlechtleistung zu werten ist. Vorzugswürdig ist die Behandlung als Teilleistung, da der Verkäufer nicht schlechter stehen soll, als hätte er nur den ordnungsgemäßen Teil geliefert.)*

   Ⓟ *Haftung auf das positive Interesse angemessen? (vgl.* ⇨ ***S. 18****)*

   b) **Zur Ermittlung des Erfüllungsinteresses siehe** ⇨ ***S. 30***
3. **Berechnung des Schadensersatzanspruchs**
   Die Ermittlung des Schadensersatzanspruchs nach der Differenz- oder Surrogationsmethode (dazu ⇨***S. 27***) spielt im Gewährleistungsrecht des Kauf- und Werkvertrages keine Rolle, da die Gegenleistung immer in Geld besteht.

IV. Schadensersatz
3. Statt der Leistung wg. anfängl. Unmöglichkeit der Nacherfüllung im Kauf- u. WerkR, § 437 Nr. 3 bzw. § 634 Nr. 4, § 311a
(Fortsetzung)

III. Keine Verjährung

Kaufvertrag, § 438

1. **Verjährungsbeginn**
   - bei Grundstücken: **Übergabe**
   - sonst: **Ablieferung**
2. **Verjährungsfrist**
   a) **Grundsatz:** 2 Jahre, § 438 Abs. 1 Nr. 3
   b) **Ausnahmen:**
   - Bauwerke/Baumaterialien: 5 Jahre
   - Dinglicher Rechtsmangel: 30 Jahre

   ⚠ ***Bei Arglist: Regelmäßige Verjährung, vgl. § 438 Abs. 3***
3. **Vereinbarungen über die Verjährung**
   a) **Verlängerung**, § 202 Abs. 2 (max. 30 Jahre ab gesetzlichem Verjährungsbeginn)
   b) **Verkürzung**
   aa) Verbrauchsgüterkauf, § 476 Abs. 2

   ⚠ *§ 476 Abs. 2 gilt nicht für Schadensersatzansprüche (§ 476 Abs. 3)*
   - Verjährung in den Grenzen der §§ 307–309 verkürzbar
   - Ablaufhemmung bei Verkäuferregress, § 445b Abs. 2 ⇨ ***S. 204***

   bb) **Sonstige Verträge**
   (1) Individualvereinbarung
   - Vertragsfreiheit
   - Grenzen:
     - § 444
     - § 202 Abs. 1

   (2) AGB
   - § 309 Nr. 7
   - §§ 309 Nr. 8b) ff.
   - § 307

Werkvertrag, § 634a

1. **Verjährungsbeginn**
   - Bauwerke und Arbeiten an einer Sache: **Abnahme**
   - bei sonstigen Werkleistungen: **§ 199**

   (☞ Gutachten, Beförderung, Operation)
2. **Verjährungsfrist**
   a) **Grundsatz:** 3 Jahre, § 634a Abs. 1 Nr. 3 i.V.m. § 195
   b) **Ausnahmen:**
   - Arbeiten an einer Sache: 2 Jahre
   - Bauwerke: 5 Jahre

   ⚠ ***Bei Arglist:*** *Regelmäßige Verjährung (als Mindestverjährungsfrist), vgl. § 634a Abs. 3*
3. **Vereinbarungen über die Verjährung**
   a) **Verlängerung**, § 202 Abs. 2 (max. 30 Jahre ab gesetzlichem Verjährungsbeginn)
   b) **Verkürzung**
   aa) Individualvereinbarung
   - Vertragsfreiheit
   - Grenzen:
     - § 639
     - § 202 Abs. 1

   bb) **AGB**
   - § 309 Nr. 7
   - §§ 309 Nr. 8b) ff.
   - § 307

IV. Schadensersatz
4. Sonstiger Schadensersatz neben der Leistung wegen Pflichtverletzung, § 280 Abs. 1

I. Anspruchsvoraussetzungen

1. **Schuldverhältnis**

   a) **Vertragliches** Schuldverhältnis i.S.v. § 311 **Abs. 1**

   b) **Vorvertragliches** Schuldverhältnis i.S.v. § 311 **Abs. 2**
   - Nr. 1: Vertragsverhandlungen
   - Nr. 2: Vertragsanbahnung (☞ Betreten eines Selbstbedienungsladens)
   - Nr. 3: ähnliche geschäftliche Kontakte (☞ Gefälligkeitsverhältnisse)

   Ⓟ *Abgrenzung:*
   - ***Gefälligkeit*** *(unentgeltlich, kein Rechtsbindungswille, kein Schuldverhältnis)*
   - *Gefälligkeits**verhältnis** (unentgeltlich, mit Rechtsbindungswillen, Schuldverhältnis **nur** mit Sorgfaltspflichten)*
   - *Gefälligkeits**vertrag** (unentgeltlich, mit Rechtsbindungswillen, Schuldverhältnis mit Leistungs- und Sorgfaltspflichten)*

   c) **Schuldverhältnisse zu „Dritten"**, § 311 **Abs. 3**

   ⚠ *§ 311 Abs. 3 regelt in erster Linie die Haftung Dritter; ob aus § 311 Abs. 3 auch eine Berechtigung Dritter abgeleitet werden kann, ist streitig.*

   - **Inanspruchnahme persönlichen Vertrauens in besonderem Maße** (nur besondere Sachkunde des Dritten reicht allerdings nicht)

     Ⓟ *Haftung von Personen, deren Berufsbild bereits eine besondere Vertrauenswürdigkeit vermittelt? (Der Begriff der besonderen Vertrauenswürdigkeit ist für die **Berufshaftung** von Anwälten, Steuerberatern, Sachverständigen zu weitgehend, sodass eine Haftung in diesen Fällen nur nach den Grundsätzen des Vertrages mit Schutzwirkung zugunsten Dritter in Betracht kommt.)*
   - besonderes **wirtschaftliches Eigeninteresse** (nur mittelbare Interessen allerdings **nicht** ausreichend, ☞ Abschlussprovision, gesellschaftsrechtliche Beteiligung; Interesse aber (+), bei ☞ Ehegatten, Geschäften, die zum Schein mit einem Dritten geschlossen werden)

   d) **Gesetzliches Schuldverhältnis**
   - GoA, §§ 677 ff.
   - Bereicherung, §§ 812 ff. (bei verschärfter Haftung, §§ 818 Abs. 4, 819 Abs. 1)
   - Unerlaubte Handlung, §§ 823 ff.
   - Bruchteilsgemeinschaft, §§ 741 ff.
   - Vorlegung von Sachen, §§ 809 ff.
   - Fund, §§ 965 ff.
   - Nießbrauch, §§ 1090 ff.
   - Pfandrecht, §§ 1204 ff. (wg. § 1215 = Verwahrungspflicht des Pfandgläubigers)
   - Unterhaltsansprüche, §§ 1360, 1569, 1601
   - Vermächtnisanspruch, § 2174

IV. Schadensersatz
4. Sonstiger Schadensersatz neben der Leistung wegen Pflichtverletzung, § 280 Abs. 1 (Fortsetzung)

I. Anspruchsvoraussetzungen (Fortsetzung)

e) Gesetzliches Schuldverhältnis (Fortsetzung)

- Pflichtteilsanspruch, §§ 2303 ff.
- Erbengemeinschaft, §§ 2032 ff. (wg. § 2038 und §§ 2042 ff.)
- **NICHT: dingliche Ansprüche**, da diese rein sachbezogen sind
- **NICHT:** das **nachbarrechtliche Gemeinschaftsverhältnis** (str.)
- **NICHT:** die **eheliche Lebensgemeinschaft**, § 1353

2. **Pflichtverletzung**

a) Verletzung von **nicht leistungsbezogenen Nebenpflichten** (Rücksichtnahmepflichten) i.S.v. § 241 Abs. 2

- Schutzpflichten (keine Verletzung von Rechtsgütern des anderen Teils)
- Aufklärungspflichten (Aufklärung über Gefahren und erhebliche Umstände)
- Leistungstreuepflichten (keine Gefährdung des Leistungszwecks)
- Spezielle vorvertragliche Pflichten

– Kein grundloser Abbruch von Vertragsverhandlungen
Ⓟ *Schadensersatz für Abbruch von Vertragsverhandlungen bei formbedürftigen Verträgen? (Bei formbedürftigen Verträgen grds. kein Schadensersatzanspruch, da sonst faktische Bindung ohne formgerechten Abschluss besteht; Ausnahme: besonders schwerwiegender Treueverstoß.)*

– Verschuldete Unwirksamkeit des Vertrages

b) Verletzung von **Leistungspflichten**
⚠ *Nur Ersatz von **sonstigen Schäden**: Auch bei Verletzung von Leistungspflichten wird nach § 280 Abs. 1 weder der Verzögerungsschaden noch das Leistungsinteresse ersetzt.*

3. **Keine Exkulpation des Schuldners gem. § 280 Abs. 1 S. 2**

- Vertretenmüssen der Pflichtverletzung ⇨ ***S. 167***

II. Rechtsfolgen

- Schadensersatz **neben** der Leistung: Nach § 280 Abs. 1 wird weder der Verzögerungsschaden noch das Leistungsinteresse ersetzt.

  Zum Ersatzumfang ⇨ ***S. 226***

- ⚠ *Aufwendungsersatz unter den Voraussetzungen der §§ 280, 281 ff., 284 auch **neben** einem Schadensersatzanspruch aus § 280 Abs. 1 möglich (die Alternativitätsanordnung in § 284 bezieht sich nur auf den Schadenersatzanspruch **statt** der Leistung).*

III. Keine Verjährung

1. Relative Frist des § 195: 3 Jahre ab Ende des Jahres der Anspruchsentstehung und Kenntnis des Gläubigers (§ 199 Abs. 1)
2. Absolute Frist des § 199 Abs. 3 Nr. 1: 10 Jahre ab Anspruchsentstehung (bei Körperschäden 30 Jahre, § 199 Abs. 2)

⇨ ***S. 230***

IV. Schadensersatz
5. Neben der Leistung wegen (Neben-)Pflichtverletzung beim Kauf- und Werkvertrag, § 437 Nr. 3 Alt. 1 bzw. § 634 Nr. 4 Alt. 1, § 280 Abs. 1

I. Anspruchsvoraussetzungen

1. Wirksames Zustandekommen eines Kauf- bzw. Werkvertrages ⇨ ***S. 7***
2. Vorliegen eines Mangels (§ 434 bzw. § 633) im relevanten Zeitpunkt ⇨ ***S. 10 (Kaufrecht),*** ⇨ ***S. 13 (Werkvertragsrecht)***
3. Keine Exkulpation des Schuldners gem. § 280 Abs. 1 S. 2 hinsichtlich des Mangels
   - Vertretenmüssen ⇨ ***S. 167***
4. Kein wirksamer Gewährleistungsausschluss ⇨ ***S. 10 (Kaufrecht),*** ⇨ ***S. 13 (Werkvertragsrecht)***

   Besonderheit: Disponibilität des kaufrechtlichen Schadensersatzanspruchs in den Grenzen der §§ 307–309 auch beim Verbrauchsgüterkauf, vgl. §§ 476 Abs. 3, 478 Abs. 2 S. 2 ⇨ ***S. 204***

II. Rechtsfolgen

Zum Ersatzumfang ⇨ ***S. 226***

- Schadensersatz **neben** der Leistung: Nach § 280 Abs. 1 wird weder der **Verzögerungsschaden** noch **Schadensersatz statt der Leistung** ersetzt, aber Mangelfolgeschäden.

  Ⓟ ***Betriebsausfallschäden***

  Die Anspruchsgrundlage richtet sich nach der Pflichtverletzung des Verkäufers

  – Schuldhafte Lieferung einer mangelhaften Sache: §§ 437 Nr. 3 Alt. 1, 280 Abs. 1

  – Nichtlieferung einer mangelfreien Sache trotz Mahnung: §§ 437 Nr. 3 Alt. 1, 280 Abs. 1 u. 2, 286

  – Endgültiges Ausbleiben der Leistung: §§ 437 Nr. 3 Alt. 1, 280 Abs. 1 u. 3, 281

- ⚠ *Aufwendungsersatz unter den Voraussetzungen der §§ 280, 281 ff., 284 auch* ***neben*** *einem Schadensersatzanspruch möglich (die Alternativitätsanordnung in § 284 bezieht sich nur auf den Schadenersatzanspruch statt der Leistung).*

IV. Schadensersatz
5. Neben der Leistung wegen (Neben-)Pflichtverletzung beim Kauf- und Werkvertrag (Fortsetzung)

III. Keine Verjährung

Kaufvertrag, § 438

1. **Verjährungsbeginn**
   - bei Grundstücken: **Übergabe**
   - sonst: **Ablieferung**
2. **Verjährungsfrist**
   a) **Grundsatz:** 2 Jahre, § 438 Abs. 1 Nr. 3
   b) **Ausnahmen:**
   - Bauwerke/Baumaterialien: 5 Jahre
   - Dinglicher Rechtsmangel: 30 Jahre

   ⚠ ***Bei Arglist: Regelmäßige Verjährung, vgl. §§ 195, 438 Abs. 3***
3. **Vereinbarungen über die Verjährung**
   a) **Verlängerung**, § 202 Abs. 2 (max. 30 Jahre ab gesetzlichem Verjährungsbeginn)
   b) **Verkürzung**
   aa) **Verbrauchsgüterkauf**, § 476 Abs. 2

   ⚠ *§ 476 Abs. 2 gilt nicht für Schadensersatzansprüche (§ 476 Abs. 3)*
   - Verjährung in den Grenzen der §§ 307–309 verkürzbar
   - Ablaufhemmung bei Verkäuferregress, § 445b Abs. 2 ⇨ ***S. 204***

   bb) **Sonstige Verträge**
   (1) Individualvereinbarung
   - Vertragsfreiheit
   - Grenzen:
     - § 444
     - § 202 Abs. 1

   (2) **AGB**
   - § 309 Nr. 7
   - §§ 309 Nr. 8b) ff.
   - § 307

Werkvertrag, § 634 a

1. **Verjährungsbeginn**
   - Bauwerke und Arbeiten an einer Sache: **Abnahme**
   - bei sonstigen Werkleistungen: **§ 199**

   (☞ Gutachten, Beförderung)
2. **Verjährungsfrist**
   a) **Grundsatz:** 3 Jahre, § 634a Abs. 1 Nr. 3 i.V.m. § 195
   b) **Ausnahmen:**
   - Arbeiten an einer Sache: 2 Jahre
   - Bauwerke: 5 Jahre

   ⚠ ***Bei Arglist:*** *Regelmäßige Verjährung (als Mindestverjährungsfrist), vgl. § 634a Abs. 3*
3. **Vereinbarungen über die Verjährung**
   a) **Verlängerung**, § 202 Abs. 2 (max. 30 Jahre ab gesetzlichem Verjährungsbeginn)
   b) **Verkürzung**
   aa) Individualvereinbarung
   - Vertragsfreiheit
   - Grenzen:
     - § 639
     - § 202 Abs. 1

   bb) **AGB**
   - § 309 Nr. 7
   - §§ 309 Nr. 8b) ff.
   - § 307

IV. Schadensersatz
6. Statt der Leistung wegen Nicht- oder Schlechtleistung, §§ 280 Abs. 1 u. 3, 281 Abs. 1 S. 1

⚠ *Der Schadensersatzanspruch nach §§ 280 Abs. 1 u. 3, 281 Abs. 1 S. 1 Alt. 2 wegen Schlechtleistung hat kaum eigenständige Bedeutung, sondern wird meist beim Gewährleistungsrecht des Kauf- und Werkvertrags relevant.* ⇨ ***S. 28***

I. Anspruchsvoraussetzungen

1. **Schuldverhältnis**
   a) Vertragliches Schuldverhältnis i.S.v. § 311 Abs. 1
   - Unmittelbar anwendbar im Kauf- und Werkvertragsrecht **vor Anwendbarkeit des Gewährleistungsrechts** (⇨ ***S. 10/S. 13***) sowie bei allen Vertragstypen ohne spezielles Gewährleistungsrecht
   - Gewährleistungsrecht im Miet- und Reisevertrag speziell geregelt, § 281 unanwendbar
   - Rückgewährschuldverhältnis, vgl. § 346 Abs. 4
   - Zur Anwendbarkeit innerhalb des Gewährleistungsrechts bei Kauf- und Werkverträgen ⇨ ***S. 28***

   b) Gesetzliches Schuldverhältnis
   - §§ 280 ff. werden verdrängt durch § 818 Abs. 2 im Bereicherungsrecht
   - Für dingliche Ansprüche bestehen überwiegend Sondervorschriften (im EBV, gelten die §§ 989, 990; auf § 1004 sind die §§ 280 ff. ebenfalls nicht anwendbar).
   - Ist Naturalrestitution geschuldet (z.B. aus §§ 823, 249) und wird diese unmöglich, so ist § 250 spezieller. *(⚠ Auf andere Leistungsstörungen im Rahmen der Naturalrestitution sind die §§ 280 ff. anwendbar.)*

2. **Nichtleistung im Zeitpunkt der Fälligkeit/Schlechtleistung im Zeitpunkt der Fälligkeit** (bei Verträgen ohne Gewährleistungsrecht)
   - Jede vertragliche **Leistungs**pflicht (nicht notwendig eine synallagmatische)
   - Auch Neben**leistungs**pflichten, nicht jedoch reine Nebenpflichten (dann Schadensersatz statt der Leistung nur nach §§ 280 Abs. 1 u. 3, 282, 241 Abs. 2) ⇨ ***S. 40***

3. **Fälliger und durchsetzbarer Anspruch**
   a) **Relevanter Zeitpunkt**
   - Zeitpunkt des **Fristablaufs**
   - Bei Entbehrlichkeit der Fristsetzung: Zeitpunkt des Eintritts der **Umstände, die die Fristsetzung entbehrlich gemacht haben**

   b) **Fälligkeit *(⇨ S. 166)***
   - Bei ernsthafter und endgültiger Erfüllungsverweigerung ist analog § 281 Abs. 2 auch Schadensersatz bereits vor Fälligkeit möglich.
   - Ist offensichtlich, dass die Voraussetzungen des Schadensersatzanspruchs eintreten werden, ist analog § 323 Abs. 4 die Fälligkeit entbehrlich.

   c) **Durchsetzbarkeit**
   - Allein das Bestehen der Einreden aus §§ 320, 214, 275 Abs. 2 u. 3 hindert die Durchsetzbarkeit.
   - Das Zurückbehaltungsrecht nach § 273 muss geltend gemacht werden.

4. **Erfolgloser Fristablauf oder Entbehrlichkeit der Fristsetzung**
   a) Grundsätzlich: Erforderlichkeit einer angemessenen Fristsetzung, § 281 Abs. 1 S. 1
   - Zu kurze Frist setzt angemessene Frist in Gang.
   - Wird keine Frist gesetzt, reicht auch ein ernsthaftes Erfüllungsverlangen; dies setzt eine angemessene Frist in Gang.

   b) Entbehrlichkeit nach allgemeinen Regeln:
   - Entbehrlichkeit aufgrund Parteivereinbarung (nicht möglich in AGB gem. § 309 Nr. 4 bzw. gegenüber Unternehmern gem. § 307 Abs. 1, wenn Fristsetzung dadurch **für Verwender** entbehrlich)

IV. Schadensersatz
6. Statt der Leistung wegen Nicht- oder Schlechtleistung, §§ 280 Abs. 1 u. 3, 281 Abs. 1 S. 1 (Fortsetzung)

I. Anspruchsvoraussetzungen (Fortsetzung)

- Ernsthafte und endgültige Erfüllungsverweigerung, § 281 Abs. 2 Var. 1
- Besondere Umstände i.S.v. § 281 Abs. 2 Alt. 2 (z.B. bei relativem Fixgeschäft, da ausdrückliche Regelung wie in § 323 Abs. 2 Nr. 2 fehlt)
- Abmahnung, § 281 Abs. 3 (bei Unterlassungsansprüchen)

c) **Erfolgloser Fristablauf**
- Keine Einhaltung der Frist bei Teilleistung (§ 266)
- Frist zur Leistung wird nach h.M. auch bei einer dann erfolgenden Schlechtleistung eingehalten (ggf. neue Fristsetzung zur Nacherfüllung erforderlich)

5. **Keine Exkulpation des Schuldners** gem. § 280 Abs. 1 S. 2

Ⓟ ***Bezugspunkt des Vertretenmüssens***
- Nach wohl **h.M.** kann bei § 281 für das Vertretenmüssen **entweder** auf die **Schlechtleistung oder** das **Nichtleisten bei Fristablauf**, also auf die unterbliebene Nacherfüllung, abgestellt werden.
  Das bedeutet wiederum, dass sich der Schuldner gem. § 280 Abs. 1 S. 2 nur dann entlasten kann, wenn er weder die mangelhafte Lieferung noch die Nichtnacherfüllung zu vertreten hat.
- Eine a.A. stellt beim Schadensersatzanspruch hingegen **nur** auf das **Nichtleisten bei Fristablauf** ab. Bei Entbehrlichkeit der Frist sind die Umstände entscheidend, die die Entbehrlichkeit begründen.

Zum Vertretenmüssen ⇨ ***S. 167***

II. Rechtsfolgen

1. **Primäransprüche**

a) **Zunächst: Schwebezustand**
- Allein Fristablauf oder Ereignis, welches die Fristsetzung entbehrlich macht, führt nicht zum Untergang des **Erfüllungsanspruchs**
- Erfüllungsanspruch erlischt erst mit dem Verlangen nach Schadensersatz statt der Leistung, § 281 Abs. 4 oder Rücktritt gem. §§ 323 ff.

  Konsequenzen:
  - Primäranspruch kann noch erfüllt werden, wenn Gläubiger die Leistung annimmt
  - Ⓟ *Kann SE noch verlangt werden, wenn Erfüllung ohne Mitwirkung des Gläubigers eingetreten ist? (Nach h.M. darf dem Gläubiger sein Wahlrecht nicht genommen werden; er kann die Leistung zurückweisen und SE verlangen.)*
  - Ⓟ *Schließt ein Erfüllungsverlangen nach Fristablauf den SE-Anspruch aus? (Erfüllung und Schadensersatz stehen zueinander im Verhältnis **elektiver Konkurrenz** – und nicht im Verhältnis einer Wahlschuld. Bei Verlangen des Schadensersatzes ist der Erfüllungsanspruch ausgeschlossen, vgl. § 281 Abs. 4, umgekehrt gilt diese Regel aber nicht.)*

b) **Erlöschen des Erfüllungsanspruchs** durch Schadensersatzverlangen gem. § 281 Abs. 4 oder Rücktritt

c) **Erlöschen des Gegenleistungsanspruchs** bei gegenseitigen Verträgen; nach h.M. erlischt der Gegenleistungsanspruch „erst recht" gem. § 281 Abs. 4; nach a.A. muss der Gläubiger ergänzend vom ganzen Vertrag zurücktreten.

2. **Wahlrecht des Gläubigers: Schadensersatz statt der Leistung**, § 281 Abs. 1 S. 1

a) **Nichtleistung**
- Bei vollständiger Nichtleistung erhält der Gläubiger ohne weitere Voraussetzungen Schadensersatz statt der ganzen Leistung
- Bei **Teilnichtleistung** wird Schadensersatz grds. nur gewährt, „soweit" das Leistungshindernis besteht (vgl. § 281 Abs. 1 S. 2) = **kleiner Schadensersatz**
- Schadensersatz statt der ganzen Leistung kann der Gläubiger bei einer Teilleistung **<u>nur</u>** bei Interessenwegfall verlangen (§ 281 Abs. 1 S. 2) = nur **ausnahmsweise** SE statt der ganzen Leistung

IV. Schadensersatz
6. Statt der Leistung wegen Nicht- oder Schlechtleistung, §§ 280 Abs. 1 u. 3, 281 Abs. 1 S. 1 (Fortsetzung)

II. Rechtsfolgen (Fortsetzung)

b) **Schlechtleistung**

- Bei **Schlechtleistung** (2. Alt.) wird Schadensersatz grds. auch statt der ganzen Leistung gewährt = **großer Schadensersatz**
- Der Gläubiger ist auf Schadensersatz statt der Nacherfüllung = **kleinen Schadensersatz** beschränkt, wenn die Pflichtverletzung unerheblich ist, § 281 Abs. 1 S. 3
  Ⓟ *Unerheblichkeit bei Arglist des Vertragspartners* ⇨ ***S. 83***

3. **Berechnung des Schadensersatzanspruchs**

a) **Methode**

- **Differenzmethode:** An die Stelle der gegenseitigen Verpflichtungen tritt eine einseitige Geldforderung des ersatzberechtigten Gläubigers in Höhe der Wertdifferenz zwischen Wert der Leistung und Wert der Gegenleistung zuzüglich etwaiger Folgeschäden.
- **Surrogationsmethode:** Anspruch auf Gegenleistung bleibt bestehen und der Schadensersatzanspruch tritt an die Stelle des entfallenen Primäranspruchs.

  ⚠ *Besteht die **Gegenleistung in Geld**, kommen beide Methoden letztlich zum gleichen Ergebnis (bei der Surrogationsmethode können die gegenseitigen Forderungen aufgerechnet werden, bei der Differenzmethode besteht von vornherein nur eine Forderung). Unterschiede bestehen bei einem **Tauschvertrag** oder wenn die **Gegenleistung nicht in Geld** besteht (z.B. Käufer zahlt nicht).*
  - *Hat der Gläubiger seine **Gegenleistung noch nicht erbracht**, kann er wahlweise nach der Differenzmethode vorgehen oder seine Gegenleistung noch erbringen und nach der Surrogationsmethode abrechnen.*
  - *Hat der Gläubiger seine Gegenleistung bereits erbracht, kann er sie nach §§ 326 Abs. 4, 346 ff. zurückfordern und nach der Differenzmethode vorgehen oder sie beim Schuldner belassen und nach der Surrogationsmethode abrechnen.*

b) **Erfüllungsinteresse** des Gläubigers

- Nach e.A. ist der Gläubiger **so zu stellen, als wäre ordnungsgemäß erfüllt worden**.
  ⚠ *Dann wären allerdings auch typische Verzögerungsschäden ersatzfähig, da der Schuldner dann auch rechtzeitig geleistet hätte; diese sind nach h.M. jedoch nur nach §§ 280 Abs. 1 u. 2, 286 (⇨ **S. 37**) ersatzfähig, sodass diese auszunehmen sind.*
  *Auch Folgeschäden wären vom Schadensersatz statt der Leistung nicht umfasst und nach § 280 Abs. 1 zu ersetzen (⇨ **S. 21**).*
- Nach a.A. ist derjenige Schaden zu ersetzen, der sich aus dem **endgültigen Ausbleiben der Leistung ergibt**.

  Umstritten ist dabei der relevante Zeitpunkt:
  - Teilweise wird angenommen, es komme auf den Zeitpunkt des Ablaufs der Nachfrist (also das Entstehen des Schadensersatzanspruchs) an;
  - teilweise wird auf das Erlöschen des Leistungsanspruchs im Zeitpunkt des Schadensersatzverlangens/ Rücktritts abgestellt.

III. Keine Verjährung

1. Relative Frist des § 195: 3 Jahre ab Ende des Jahres der Anspruchsentstehung und Kenntnis des Gläubigers (§ 199 Abs. 1)
2. Absolute Frist des § 199 Abs. 3 Nr. 1: 10 Jahre ab Anspruchsentstehung

⇨ ***S. 230***

IV. Schadensersatz

7. Statt der Leistung im Kauf- u. Werkvertragsrecht, § 437 Nr. 3 Alt. 1 bzw. § 634 Nr. 4 Alt. 1, §§ 280 Abs. 1 u. 3, 281

I. Anspruchsvoraussetzungen

1. Wirksames Zustandekommen eines Kauf- bzw. Werkvertrages ⇨ ***S. 7***
2. Vorliegen eines Mangels (§ 434 bzw. § 633) im relevanten Zeitpunkt
   ⇨ ***S. 10 (Kaufrecht),*** ⇨ ***S. 13 (Werkvertragsrecht)***
3. **Fälliger und durchsetzbarer Nacherfüllungsanspruch:**
   Mit Leistung i.S.d. § 281 gemeint ist nicht die ursprüngliche Leistungspflicht zur mangelfreien Leistung (§ 433 Abs. 1 S. 2); diese hat sich ab Anwendbarkeit des Gewährleistungsrechts in einen Nacherfüllungsanspruch aus § 439 bzw. § 635 umgewandelt ⇨ ***S. 10, 13***
   a) **Relevanter Zeitpunkt**
      - Zeitpunkt des **Fristablaufs**
      - Bei Entbehrlichkeit der Fristsetzung: Zeitpunkt des Eintritts der **Umstände, die die Fristsetzung entbehrlich gemacht haben**
   b) **Fälligkeit** ***(⇨ S. 166)***
      - Bei ernsthafter und endgültiger Erfüllungsverweigerung ist analog § 281 Abs. 2 auch Schadensersatz bereits vor Fälligkeit möglich.
      - Ist offensichtlich, dass die Voraussetzungen des Schadensersatzanspruchs eintreten werden, ist analog § 323 Abs. 4 die Fälligkeit entbehrlich.
   c) **Durchsetzbarkeit**
      - Allein das Bestehen der Einreden der §§ 320, 275 Abs. 2 u. 3 hindert die Durchsetzbarkeit.
      - Das Zurückbehaltungsrecht nach § 273 muss geltend gemacht werden.

        ⚠ *Beruft sich der Schuldner auf Unverhältnismäßigkeit nach § 439 Abs. 4 bzw. § 635 Abs. 3 schließt dies einen Schadensersatzanspruch nicht aus, da in diesen Fällen Schadensersatz sogar ohne Fristsetzung verlangt werden kann (§ 440 S. 1 Var. 1 bzw. § 636 Var. 1). Allerdings muss – wie bei § 275 Abs. 2 – das Vertretenmüssen sich dann auf die zur Unverhältnismäßigkeit führenden Umstände beziehen.*
4. **Erfolgloser Fristablauf oder Entbehrlichkeit der Fristsetzung**
   a) Grds.: Erforderlichkeit einer angemessenen Fristsetzung zur Nacherfüllung, § 281 Abs. 1 S. 1 Alt. 2
      - Zu kurze Frist setzt angemessene Frist in Gang.
      - Wird keine Frist gesetzt, reicht auch ein ernsthaftes Erfüllungsverlangen; dies setzt eine angemessene Frist in Gang.
   b) Entbehrlichkeit nach allgemeinen Regeln:
      - Entbehrlichkeit aufgrund Parteivereinbarung (nicht möglich in AGB gem. § 309 Nr. 4 bzw. gegenüber Unternehmern gem. § 307 Abs. 1, wenn Fristsetzung dadurch **für Verwender** entbehrlich)
      - Ernsthafte und endgültige Erfüllungsverweigerung, § 281 Abs. 2 Alt. 1
      - Besondere Umstände i.S.v. § 281 Abs. 2 Alt. 2 (z.B. bei relativem Fixgeschäft, da ausdrückliche Regelung wie in § 323 Abs. 2 Nr. 2 fehlt)
   c) Entbehrlichkeit im Kauf- und Werkvertragsrecht:
      - Verweigerung der Nacherfüllung gem. § 439 Abs. 4 bzw. § 635 Abs. 3 (§ 440 S. 1 Var. 1 bzw. § 636 Var. 1)
        ⇨ ***S. 10 (Kaufrecht),*** ⇨ ***S. 13 (Werkvertragsrecht)***

        ⚠ Ob die Einrede wirklich besteht, ist für die Entbehrlichkeit der Fristsetzung unbeachtlich.
      - Fehlschlagen der Nacherfüllung (§ 440 S. 1 Var. 2 bzw. § 636 Var. 2)
        – Im Kaufrecht i.d.R. nach erfolglosem zweiten Versuch, § 440 S. 2
        – Im Werkvertragsrecht bietet § 440 S. 2 zumindest einen Anhaltspunkt
      - Unzumutbarkeit der Nacherfüllung (§ 440 S. 1 Var. 3 bzw. § 636 Var. 3)

IV. Schadensersatz
7. Statt der Leistung im Kauf- u. Werkvertragsrecht, § 437 Nr. 3 Alt. 1 bzw. § 634 Nr. 4 Alt. 1, §§ 280 Abs. 1 u. 3, 281 (Forts.)

I. Anspruchsvoraussetzungen (Fortsetzung)

d) Erfolgloser Fristablauf

- Keine Einhaltung der Frist bei Teilleistung (§ 266) *(⚠ § 266 ist abdingbar)*
- Frist zur Leistung wird nach h.M. auch bei einer (erneuten) Schlechtleistung eingehalten (ggf. neue Fristsetzung zur Nacherfüllung erforderlich).

  (⚠ Es liegen also zwei Pflichtverletzungen vor:

  – Der Schuldner hat eine mangelhafte Sache geliefert/ein mangelhaftes Werk erbracht („die Leistung nicht wie geschuldet erbracht").

  – Der Schuldner erbringt außerdem die geschuldete Nacherfüllung nicht („eine Leistung nicht erbracht").

  Trotzdem sollte im Rahmen eines Schadensersatzanspruchs im Kauf- und Werkvertragsrecht immer auf § 281 Abs. 1 S. 1 Alt. 2 („Leistung nicht wie geschuldet erbracht") abgestellt werden.

5. **Keine Exkulpation** des Schuldners gem. § 280 Abs. 1 S. 2

Ⓟ ***Bezugspunkt des Vertretenmüssens***

- Nach wohl **h.M.** kann bei § 281 für das Vertretenmüssen **entweder** auf die **Schlechtleistung oder** das **Nichtleisten bei Fristablauf**, also auf die unterbliebene Nacherfüllung, abgestellt werden.
  Das bedeutet wiederum, dass sich der Verkäufer gem. § 280 Abs. 1 S. 2 nur dann entlasten kann, wenn er weder die mangelhafte Lieferung noch die Nichtnacherfüllung zu vertreten hat.
- Eine a.A. stellt beim Schadensersatzanspruch hingegen **nur** auf das **Nichtleisten bei Fristablauf** ab. Bei Entbehrlichkeit der Frist sind die Umstände entscheidend, die die Entbehrlichkeit begründen.

Zum Vertretenmüssen ⇨ ***S. 167***

II. Kein Gewährleistungsausschluss

Kein wirksamer Gewährleistungsausschluss ⇨ ***S. 10 (Kaufrecht),*** ⇨ ***S. 13 (Werkvertragsrecht)***

Besonderheit: Disponibilität des kaufrechtlichen Schadensersatzanspruchs in den Grenzen der §§ 307–309 trotz Verbrauchsgüterkaufs, §§ 476 Abs. 3, 478 Abs. 2 S. 2) ⇨ ***S. 204***

III. Rechtsfolgen

1. **Primäransprüche**

a) **Zunächst: Schwebezustand**

- Allein Fristablauf oder Ereignis, welches die Fristsetzung entbehrlich macht, führt nicht zum Untergang des **Nacherfüllungsanspruchs**.
- **Nacherfüllungsanspruch** erlischt erst mit dem Verlangen nach Schadensersatz statt der Leistung, § 281 Abs. 4, oder Rücktritt gem. §§ 323 ff.; Konsequenzen:
  - Nacherfüllungsanspruch kann noch erfüllt werden, wenn Gläubiger die Leistung annimmt
  - Ⓟ *Kann SE noch verlangt werden, wenn Erfüllung ohne Mitwirkung des Gläubigers eingetreten ist? (Nach h.M. darf dem Gläubiger sein Wahlrecht nicht genommen werden; er kann die Leistung zurückweisen und SE verlangen.)*
  - Ⓟ *Schließt ein Nacherfüllungsverlangen nach Fristablauf den SE-Anspruch aus? (Erfüllung und Schadensersatz stehen zueinander im Verhältnis elektiver Konkurrenz – und nicht im Verhältnis einer Wahlschuld. Bei Verlangen des Schadensersatzes ist der Erfüllungsanspruch ausgeschlossen, umgekehrt gilt diese Regel aber nicht.)*

b) **Erlöschen des Nacherfüllungsanspruchs** durch Schadensersatzverlangen gem. § 281 Abs. 4 oder Rücktritt

IV. Schadensersatz
7. Statt der Leistung im Kauf- u. Werkvertragsrecht, § 437 Nr. 3 Alt. 1 bzw. § 634 Nr. 4 Alt. 1, §§ 280 Abs. 1 u. 3, 281 (Forts.)

III. Rechtsfolgen (Fortsetzung)

c) **Erlöschen des Gegenleistungsanspruchs** bei gegenseitigen Verträgen

Nach h.M. erlischt der Gegenleistungsanspruch „erst recht" gem. § 281 Abs. 4; nach a.A. muss der Gläubiger ergänzend vom ganzen Vertrag zurücktreten.

2. **Wahlrecht des Gläubigers: Schadensersatz statt der Leistung/Nacherfüllung**, §§ 437 Nr. 3 Alt. 1, 281 Abs. 1 S. 1

- Bei **Schlechtleistung** wird Schadensersatz grds. auch statt der ganzen Leistung gewährt = **großer Schadensersatz**
- Der Gläubiger ist auf Schadensersatz statt der Nacherfüllung = **kleinen Schadensersatz** beschränkt, wenn die Pflichtverletzung unerheblich ist, § 281 Abs. 1 S. 3
  Ⓟ *Unerheblichkeit bei Arglist des Vertragspartners* ⇨ ***S. 83***
- Obwohl eine Teilleistung gem. § 434 Abs. 3 wie ein Sachmangel (= Schlechtleistung) behandelt wird, findet § 281 Abs. 1 S. 2 (= Teilleistung) Anwendung, da diese Vorschrift sonst praktisch leer liefe. Bei einer Teilleistung kann der Gläubiger daher Schadensersatz statt der ganzen Leistung **nur** bei Interessenwegfall verlangen.

3. **Berechnung des Schadensersatzanspruchs**

a) **Methode:** Die Ermittlung des Schadensersatzanspruchs nach der Differenz- oder Surrogationsmethode spielt im Gewährleistungsrecht des Kauf- und Werkvertrags keine Rolle, da die Gegenleistung immer in Geld besteht.

b) Welche Schäden von § 281 erfasst werden, ist umstritten:

- Nach der **Lehre der Gesamtabrechnung** sind alle Schäden ersatzfähig, die ab Fälligkeit eintreten. Deshalb kann der Gläubiger nach seinem Schadensersatzverlangen (§ 281 Abs. 4) überhaupt nur noch Schadensersatz statt der Leistung geltend machen, in den dann ein etwaig vor diesem Zeitpunkt entstandener Schadensersatzanspruch neben der Leistung einzubeziehen ist.
- Gemäß der Lehre der **schadensphänomenologischen Abgrenzung** wird nur der Schaden erfasst, der aus der Sicht des Käufers und nach seiner Verwendungsabsicht funktional an die Stelle der Leistung tritt. In Abgrenzung dazu werden mit dem Schadensersatz neben der Leistung diejenigen Schäden ausgeglichen, die gerade kein Äquivalent für die Leistung darstellen, insb. die Beeinträchtigungen bereits vorhandener Rechte und Rechtsgüter des Gläubigers, also des Integritätsinteresses.
- Nach der **h.L.** gehören zum Schadensersatz statt der Leistung nur die Schäden, die auf das **endgültige Ausbleiben der Leistung** zurückzuführen sind. Dabei ist innerhalb dieser Ansicht umstritten, was der letztmögliche Zeitpunkt im Rahmen des § 281 ist, **ab wann** also die Leistung endgültig ausbleibt. Teilweise wird für das endgültige Ausbleiben der Leistung auf den **Zeitpunkt des Fristablaufs** abgestellt, da der Gläubiger ab diesem Zeitpunkt die Leistung zurückweisen dürfe. Nach der Gegenansicht bleibt die Leistung erst in dem Zeitpunkt endgültig aus, in dem der Schuldner sie nicht mehr erbringen kann (z.B. weil der Gläubiger gemäß §§ 323, 349 bereits den **Rücktritt** erklärt hat) oder infolge eines **Schadensersatzverlangens** des Gläubigers nicht mehr erbringen darf, vgl. § 281 Abs. 4.

IV. Keine Verjährung

Kaufvertrag, § 438

1. **Verjährungsbeginn**
   - bei Grundstücken: **Übergabe**
   - sonst: **Ablieferung**
2. **Verjährungsfrist**
   a) **Grundsatz:** 2 Jahre, § 438 Abs. 1 Nr. 3
   b) **Ausnahmen:**
   - Bauwerke/Baumaterialien: 5 Jahre
   - Dinglicher Rechtsmangel: 30 Jahre

   ⚠ ***Bei Arglist: Regelmäßige Verjährung, vgl. § 438 Abs. 3***
3. **Vereinbarungen über die Verjährung**
   a) **Verlängerung**, § 202 Abs. 2 (max. 30 Jahre ab gesetzlichem Verjährungsbeginn)
   b) **Verkürzung**
   aa) Verbrauchsgüterkauf, § 476 Abs. 2

   ⚠ *§ 476 Abs. 2 gilt nicht für Schadensersatzansprüche (§ 476 Abs. 3)*
   - Verjährung in den Grenzen der §§ 307–309 verkürzbar
   - Ablaufhemmung bei Verkäuferregress, § 445b Abs. 2 ⇨ ***S. 204***

   bb) **Sonstige Verträge**
   (1) Individualvereinbarung
   - Vertragsfreiheit
   - Grenzen:
     - **§ 444**
     - § 202 Abs. 1

   (2) **AGB**
   - § 309 Nr. 7
   - §§ 309 Nr. 8b) ff.
   - § 307

Werkvertrag, § 634 a

1. **Verjährungsbeginn**
   - Bauwerke und Arbeiten an einer Sache: **Abnahme**
   - bei sonstigen Werkleistungen: **§ 199**

   (☞ Gutachten, Beförderung)
2. **Verjährungsfrist**
   a) **Grundsatz:** 3 Jahre, § 634a Abs. 1 Nr. 3 i.V.m. § 195
   b) **Ausnahmen:**
   - Arbeiten an einer Sache: 2 Jahre
   - Bauwerke: 5 Jahre

   ⚠ ***Bei Arglist:** Regelmäßige Verjährung (als Mindestverjährungsfrist), vgl. § 634a Abs. 3*
3. **Vereinbarungen über die Verjährung**
   a) **Verlängerung**, § 202 Abs. 2 (max. 30 Jahre ab gesetzlichem Verjährungsbeginn)
   b) **Verkürzung**
   aa) Individualvereinbarung
   - Vertragsfreiheit
   - Grenzen:
     - § 639
     - § 202 Abs. 1

   bb) **AGB**
   - § 309 Nr. 7
   - §§ 309 Nr. 8b) ff.
   - § 307

IV. Schadensersatz
8. Statt der Leistung wegen nachträglicher Unmöglichkeit, §§ 280 Abs. 1 u. 3, 283

I. Anspruchsvoraussetzungen

1. **Schuldverhältnis**
   a) Vertragliches Schuldverhältnis i.S.v. § 311 Abs. 1
      - auch Rückgewährschuldverhältnis, vgl. § 346 Abs. 4

   b) Gesetzliches Schuldverhältnis
      - §§ 280 ff. werden verdrängt durch § 818 Abs. 2 im Bereicherungsrecht
      - Für dingliche Ansprüche bestehen überwiegend Sondervorschriften (wird der Herausgabeanspruch aus § 985 unmöglich, gelten die §§ 989, 990; auf § 1004 sind die §§ 280 ff. ebenfalls nicht anwendbar).
      - Ist Naturalrestitution geschuldet (z.B. aus §§ 823, 249) und wird diese unmöglich, so ist § 251 spezieller *(⚠ Auf andere Leistungsstörungen im Rahmen der Naturalrestitution sind die §§ 280 ff. anwendbar).*
2. Schuldner braucht nach **§ 275 Abs. 1–3** nicht zu leisten, weil **nach Vertragsschluss** ein Leistungshindernis eingetreten ist ⇨ ***S. 170***
3. **Keine Exkulpation** des Schuldners gem. § 280 Abs. 1 S. 2
   - Anknüpfungspunkt: Vertretenmüssen der Umstände, die zur Unmöglichkeit geführt haben ⇨ ***S. 167***
   - Bei beiderseitig zu vertretender Unmöglichkeit gilt § 254

II. Rechtsfolgen

1. **Erlöschen der Primäransprüche**
   - Der **Erfüllungsanspruch** des Gläubigers erlischt bei vollständiger Unmöglichkeit unmittelbar gem. § 275 Abs. 1
   - Bei **Teilunmöglichkeit** erlischt er hinsichtlich des unmöglichen Teils gem. § 275 Abs. 1 unmittelbar. Der Restanspruch bleibt bestehen, es sei denn, der Gläubiger macht Schadensersatz statt der ganzen Leistung (großen Schadensersatz) geltend, § 281 Abs. 4 oder tritt vom ganzen Vertrag gem. § 326 Abs. 5 zurück (⇨ ***S. 81/S. 83***)
   - Der **Gegenleistungsanspruch** erlischt bei vollständiger Unmöglichkeit gem. § 326 Abs. 1 S. 1
   - Auch bei Teilunmöglichkeit erlischt der Gegenleistungsanspruch teilweise gem. § 326 Abs. 1 S. 1 i.V.m. § 441 Abs. 3 (⚠ *anders bei Teilunmöglichkeit des Nacherfüllungsanspruchs* ⇨ ***S. 34***)
2. **Wahlrecht des Gläubigers: Schadensersatz statt der Leistung**, §§ 280 Abs. 1 u. 3, 283 S. 2, 281 Abs. 1 S. 2 u. 3, Abs. 5
   - Bei **vollständiger Unmöglichkeit** erhält der Gläubiger Schadensersatz statt der ganzen Leistung = großer Schadensersatz
   - Bei **Teilunmöglichkeit** wird Schadensersatz grundsätzlich nur gewährt, „soweit" das Leistungshindernis besteht (vgl. § 281 Abs. 1 S. 1) = **kleiner Schadensersatz**

IV. Schadensersatz
8. Statt der Leistung wegen nachträglicher Unmöglichkeit, §§ 280 Abs. 1 u. 3, 283 (Fortsetzung)

II. Rechtsfolgen (Fortsetzung)

- Unter folgenden Voraussetzungen wird auch bei **Teilunmöglichkeit** Schadensersatz statt der ganzen Leistung = **großer Schadensersatz** gewährt:

  Hat der Schuldner eine **Teilleistung** erbracht (quantitative Unmöglichkeit), wird Schadensersatz statt der ganzen Leistung **nur** bei Interessenwegfall gewährt (§ 281 Abs. 1 S. 2)
  = Nur **ausnahmsweise** SE statt der ganzen Leistung

  Bei **Schlechtleistung** (qualitative Unmöglichkeit) wird Schadensersatz statt der ganzen Leistung nicht bei Unerheblichkeit gewährt (§ 281 Abs. 1 S. 3) = **Grundsätzlich** SE statt der ganzen Leistung
  ⚠ *Vorrang des Gewährleistungsrechts* ⇨ ***S. 34***

3. **Berechnung des Schadensersatzanspruchs**

- **Differenzmethode:** An die Stelle der gegenseitigen Verpflichtungen tritt eine einseitige Geldforderung des ersatzberechtigten Gläubigers in Höhe der Wertdifferenz zwischen Wert der Leistung und Wert der Gegenleistung zuzüglich etwaiger Folgeschäden.
- **Surrogationsmethode:** Anspruch auf Gegenleistung bleibt bestehen und der Schadensersatzanspruch tritt an die Stelle des entfallenen Primäranspruchs.

  ⚠ *Besteht die **Gegenleistung in Geld**, kommen beide Methoden letztlich zum gleichen Ergebnis (bei der Surrogationsmethode können die gegenseitigen Forderungen aufgerechnet werden, bei der Differenzmethode besteht von vornherein nur eine Forderung). Unterschiede bestehen bei einem **Tauschvertrag**.*

  - *Hat der Gläubiger seine **Gegenleistung noch nicht erbracht**, kann er wahlweise nach der Differenzmethode vorgehen oder seine Gegenleistung noch erbringen und nach der Surrogationsmethode abrechnen.*
  - *Hat der Gläubiger seine Gegenleistung bereits erbracht, kann er sie nach §§ 326 Abs. 4, 346 ff. zurückfordern und nach der Differenzmethode vorgehen oder sie beim Schuldner belassen und nach der Surrogationsmethode abrechnen.*

III. Verjährung

1. Relative Frist des § 195: 3 Jahre ab Ende des Jahres der Anspruchsentstehung und Kenntnis des Gläubigers (§ 199 Abs. 1)
2. Absolute Frist des § 199 Abs. 3 Nr. 1: 10 Jahre ab Anspruchsentstehung

⇨ ***S. 230***

IV. Schadensersatz

9. Statt der Leistung wg. nachträglicher Unmöglichkeit der Nacherfüllung im Kauf- und Werkvertragsrecht, § 437 Nr. 3 Alt. 1 bzw. § 634 Nr. 4 Alt. 1, §§ 280 Abs. 1 u. 3, 283

I. Anspruchsvoraussetzungen

1. Wirksames Zustandekommen eines **Kauf-** bzw. **Werkvertrages** ⇨ ***S. 7***
2. Vorliegen eines Mangels (§ 434 bzw. § 633) im relevanten Zeitpunkt ⇨ ***S. 10 (Kaufrecht),*** ⇨ ***S. 13 (Werkvertragsrecht)***
3. Schuldner braucht nach **§ 275 Abs. 1–3** beide Arten der Nacherfüllung nicht zu erbringen, weil **nach Vertragsschluss** ein Leistungshindernis eingetreten ist ⇨ ***S. 170***
4. **Keine Exkulpation** des Schuldners gem. § 280 Abs. 1 S. 2
   - **Anknüpfungspunkt (str.):** Vertretenmüssen der ursprünglichen Schlechtleistung und/oder Vertretenmüssen der Umstände, die zur Unmöglichkeit der Nacherfüllung geführt haben ⇨ ***S. 167***
   - Bei beiderseitigem Vertretenmüssen gilt § 254

II. Kein Ausschluss

Kein wirksamer Gewährleistungsausschluss ⇨ ***S. 10 (Kaufrecht)***/⇨ ***S. 13 (Werkvertragsrecht)***

Besonderheit: Disponibilität des kaufrechtlichen Schadensersatzanspruchs in den Grenzen der §§ 307–309 trotz Verbrauchsgüterkaufs, §§ 476 Abs. 3, 478 Abs. 2 S. 2 ⇨ ***S. 204***

III. Rechtsfolgen

1. **Erlöschen der Primäransprüche**
   - Der **Nacherfüllungsanspruch** des Gläubigers erlischt bei Unmöglichkeit unmittelbar gem. § 275 Abs. 1
   - Der **Gegenleistungsanspruch** erlischt im Kauf- und Werkvertragsrecht **nicht** gem. § 326 Abs. 1 S. 1 (vgl. § 326 Abs. 1 S. 2). Der Gläubiger muss vielmehr zurücktreten, um von seiner Verpflichtung frei zu werden (§ 326 Abs. 5). Eine Fristsetzung ist dazu entbehrlich.
2. **Wahlrecht des Gläubigers: Schadensersatz statt der Leistung**, §§ 437 Nr. 3 Alt. 1, 280 Abs. 1 u. 3, 283
   - Bei vollständiger Unmöglichkeit erhält der Gläubiger Schadensersatz statt der ganzen Leistung

     ⚠ *Abzustellen ist nicht auf die vollständige Unmöglichkeit des Nacherfüllungsanspruchs, sondern auf die Gesamtleistung. Im Gewährleistungsrecht des Kauf- bzw. Werkvertragsrechts ist eine vollständige Unmöglichkeit unwahrscheinlich, da die Anwendbarkeit des Gewährleistungsrechts ja zumindest eine Teillieferung erfordert. Denkbar ist dies allerdings z.B. bei einer Aliudlieferung.*
   - Bei **Teilunmöglichkeit** wird Schadensersatz grds. nur gewährt, „soweit" das Leistungshindernis besteht (vgl. § 281 Abs. 1 S. 1 i.V.m. § 283 S. 2) = **kleiner Schadensersatz**

IV. Schadensersatz

9. Statt der Leistung wg. nachträglicher Unmöglichkeit der Nacherfüllung im Kauf- und Werkvertragsrecht, § 437 Nr. 3 Alt. 1 bzw. § 634 Nr. 4 Alt. 1, §§ 280 Abs. 1 u. 3, 283 (Forts.)

III. Rechtsfolgen (Fortsetzung)

- Unter folgenden Voraussetzungen wird auch bei **Teilunmöglichkeit** Schadensersatz statt der ganzen Leistung = **großer Schadensersatz** gewährt:

Hat der Schuldner eine **Teilleistung** erbracht (quantitative Unmöglichkeit), wird Schadensersatz statt der ganzen Leistung **nur** bei Interessenwegfall gewährt (§ 281 Abs. 1 S. 2 i.V.m. § 283 S. 2) = nur **ausnahmsweise** SE statt der ganzen Leistung

Ⓟ ***Minderlieferung*** *im Kaufrecht wegen § 434 Abs. 3 = Teilleistung oder Schlechtleistung? (vgl.* *⇨ **S. 19****)*

Bei **Schlechtleistung** (qualitative Unmöglichkeit) wird Schadensersatz statt der ganzen Leistung nicht bei Unerheblichkeit gewährt (§ 281 Abs. 1 S. 3 i.V.m. § 283 S. 2) = **grds.** SE statt der ganzen Leistung

Ⓟ *Unerheblichkeit bei Arglist des Vertragspartners?* *⇨ **S. 83***

Ⓟ ***Teilschlechtleistung*** = *Teilleistung oder Schlechtleistung? (vgl.* *⇨ **S. 19****)*

3. **Berechnung des Schadensersatzanspruchs**

Die Ermittlung des Schadensersatzanspruchs nach der Differenz- oder Surrogationsmethode (dazu ⇨ ***S. 27, 33***) spielt im Gewährleistungsrecht des Kauf- und Werkvertrages keine Rolle, da die Gegenleistung immer in Geld besteht.

Zum Ersatzinteresse des Gläubigers beim SE statt der Leistung ⇨ ***S. 27***

IV. Schadensersatz
9. Statt der Leistung wg. nachträglicher Unmöglichkeit der Nacherfüllung im Kauf- und Werkvertragsrecht, § 437 Nr. 3 Alt. 1 bzw. § 634 Nr. 4 Alt. 1, §§ 280 Abs. 1 u. 3, 283 (Forts.)

IV. Verjährung

Kaufvertrag, § 438

1. **Verjährungsbeginn**, § 438 Abs. 2
   - bei Grundstücken: **Übergabe**
   - sonst: **Ablieferung**
2. **Verjährungsfrist**
   a) **Grundsatz:** 2 Jahre, § 438 Abs. 1 Nr. 3
   b) **Ausnahmen:**
   - Bauwerke/Baumaterialien: 5 Jahre
   - Dinglicher Rechtsmangel: 30 Jahre

   ⚠ ***Bei Arglist: Regelmäßige Verjährung, vgl. § 438 Abs. 3 i.V.m. § 195***
3. **Vereinbarungen über die Verjährung**
   a) **Verlängerung**, § 202 Abs. 2 (max. 30 Jahre ab gesetzlichem Verjährungsbeginn)
   b) **Verkürzung**
   aa) Verbrauchsgüterkauf, § 476 Abs. 2

   ⚠ *§ 476 Abs. 2 gilt nicht für Schadensersatzansprüche (§ 476 Abs. 3)*
   - Verjährung in den Grenzen der §§ 307–309 verkürzbar
   - Ablaufhemmung bei Verkäuferregress, § 445b Abs. 2 ⇨ ***S. 204***

   bb) **Sonstige Verträge**
   (1) Individualvereinbarung
   - Vertragsfreiheit
   - Grenzen:
     - § 444
     - § 202 Abs. 1

   (2) AGB
   - § 309 Nr. 7
   - §§ 309 Nr. 8b) ff.
   - § 307

Werkvertrag, § 634 a

1. **Verjährungsbeginn**
   - Bauwerke und Arbeiten an einer Sache: **Abnahme**
   - bei sonstigen Werkleistungen: **§ 199**

   (☞ Gutachten, Beförderung)
2. **Verjährungsfrist**
   a) **Grundsatz:** 3 Jahre, § 634a Abs. 1 Nr. 3 i.V.m. § 195
   b) **Ausnahmen:**
   - Arbeiten an einer Sache: 2 Jahre
   - Bauwerke: 5 Jahre

   ⚠ ***Bei Arglist:** Regelmäßige Verjährung (als Mindestverjährungsfrist), vgl. § 634a Abs. 3*
3. **Vereinbarungen über die Verjährung**
   a) **Verlängerung**, § 202 Abs. 2 (max. 30 Jahre ab gesetzlichem Verjährungsbeginn)
   b) **Verkürzung**
   aa) Individualvereinbarung
   - Vertragsfreiheit
   - Grenzen:
     - § 639
     - § 202 Abs. 1

   bb) **AGB**
   - § 309 Nr. 7
   - §§ 309 Nr. 8b) ff.
   - § 307

IV. Schadensersatz
10. Neben der Leistung wegen Verzögerung der Leistung, §§ 280 Abs. 1 u. 2, 286

I. Anspruchsvoraussetzungen

1. **Schuldverhältnis**
   a) Vertragliches Schuldverhältnis i.S.v. § 311 Abs. 1; auch Rückgewährschuldverhältnis, vgl. § 346 Abs. 4
   b) Gesetzliches Schuldverhältnis
      - Im Bereicherungsrecht erst bei verschärfter Haftung, § 818 Abs. 4
      - Im EBV nur bei bösgläubigem Besitzer, § 990 Abs. 2
      - Auf § 894 (Grundbuchberichtigung) nur bei Bösgläubigkeit anwendbar
      - Anwendbarkeit auf § 1004 (+)
      - Keine Anwendbarkeit auf §§ 985, 1007, 861
      - Keine Anwendbarkeit auf § 1147
      - Auf § 888 (Zustimmungsanspruch des Vormerkungsberechtigten) nach h.M. nicht anwendbar (str.)
2. **Schuldner ist mit einer Leistung im Verzug** ⇨ ***S. 173***

[3. Keine Exkulpation des Schuldners gem. § 280 Abs. 1 S. 2]
   ⚠ *Diese Voraussetzung ist ausnahmsweise nicht gesondert zu prüfen, da Vertretenmüssen bereits Verzugsvoraussetzung ist.*

II. Rechtsfolgen

Ⓟ ***Einbeziehung des Verzögerungsschadens*** *in den Schadensersatz statt der Leistung?*
(Sachgerecht ist es, nach § 281 nur Schäden zu ersetzen, die auf dem endgültigen Ausbleiben der Leistung beruhen, sodass der Verzögerungsschaden nur unter den besonderen Voraussetzungen des § 286 zu ersetzen ist; etwas anderes gilt allerdings für Schäden, die nach Rücktritt oder Schadensersatzverlangen entstehen. Da ab diesem Zeitpunkt kein Primäranspruch besteht, ist auch kein Verzug mehr denkbar, sodass ab diesem Zeitpunkt „Verzögerungsschäden" Bestandteil des Schadensersatzes statt der Leistung sind.)

- Ersatz des **Verzögerungsschadens**
  - Mehraufwendungen infolge der Verspätung (z.B. Anmietung einer Ersatzsache)
  - Entgangener Gewinn (z.B. wenn Weiterveräußerung nur zu ungünstigeren Konditionen möglich)
  - Kosten der Rechtsverfolgung (nicht der Mahnung, da erst verzugsbegründend)
  - Zinsverluste die über die nach §§ 288 ff. geschuldeten Verzugszinsen hinausgehen (vgl. § 288 Abs. 4)
- wegen **weiterer Verzugsfolgen** ⇨ ***S. 174***

III. Verjährung

1. Relative Frist des § 195: 3 Jahre ab Ende des Jahres der Anspruchsentstehung und Kenntnis des Gläubigers (§ 199 Abs. 1); a.A.: Verjährungsfrist des Hauptanspruchs
2. Absolute Frist des § 199 Abs. 3 Nr. 1: 10 Jahre ab Anspruchsentstehung

⚠ *Verjährung spätestens mit Verjährung des Hauptanspruchs analog § 217.*

IV. Schadensersatz

11. Neben der Leistung wg. Verzögerung der Nacherfüllung im Kauf- und Werkvertragsrecht, § 437 Nr. 3 Alt. 1 bzw. § 634 Nr. 4 Alt. 1, §§ 280 Abs. 1 u. 2, 286

I. Anspruchsvoraussetzungen

1. Wirksames Zustandekommen eines **Kauf-** bzw. **Werkvertrages** ⇨ ***S. 7***
   (⚠ Verweisung in § 437 Nr. 3 Alt. 1 bzw. § 634 Nr. 4 Alt. 1 nicht ausdrücklich auf § 286, aber auf § 280 (Abs. 2) und damit mittelbar auch auf § 286)
2. Anwendbarkeit des Gewährleistungsrechts: Vorliegen eines Mangels (§§ 434 f. bzw. § 633) im relevanten Zeitpunkt ⇨ ***S. 10 (Kaufrecht),*** ⇨ ***S. 13 (Werkvertragsrecht)***
3. Schuldner ist **mit geschuldeter Nacherfüllung in Verzug** ⇨ ***S. 173***

[4. Keine Exkulpation des Schuldners gem. § 280 Abs. 1 S. 2]
⚠ *Diese Voraussetzung ist ausnahmsweise nicht gesondert zu prüfen, da Vertretenmüssen bereits Verzugsvoraussetzung ist.*

II. Kein Gewährleistungsausschluss

Kein wirksamer Gewährleistungsausschluss ⇨ ***S. 10 (Kaufrecht)***/⇨ ***S. 13 (Werkvertragsrecht)***

Besonderheit: Disponibilität des kaufrechtlichen Schadensersatzanspruchs in den Grenzen der §§ 307–309 trotz Verbrauchsgüterkaufs, §§ 476 Abs. 3, 478 Abs. 2 S. 2 ⇨ ***S. 204***

III. Rechtsfolgen

Ⓟ ***Einbeziehung des Verzögerungsschadens*** *in den Schadensersatz statt der Leistung?*
(Sachgerecht ist es, nach § 281 nur Schäden zu ersetzen, die auf dem endgültigen Ausbleiben der Leistung beruhen, sodass der Verzögerungsschaden nur unter den besonderen Voraussetzungen des § 286 zu ersetzen ist; etwas anderes gilt allerdings für Schäden, die nach Rücktritt oder Schadensersatzverlangen entstehen. Da ab diesem Zeitpunkt kein Primäranspruch besteht, ist auch kein Verzug mehr denkbar, sodass ab diesem Zeitpunkt „Verzögerungsschäden" Bestandteil des Schadensersatzes statt der Leistung sind.)

- Ersatz des **Verzögerungsschadens**
  - Mehraufwendungen infolge der Verspätung (z.B. Anmietung einer Ersatzsache)
  - Entgangener Gewinn (z.B. wenn Weiterveräußerung nur zu ungünstigeren Konditionen möglich)
  - Kosten der Rechtsverfolgung (nicht der Mahnung, da erst verzugsbegründend)
  - Zinsverluste, die über die nach §§ 288 ff. geschuldeten Verzugszinsen hinausgehen (vgl. § 288 Abs. 4)
- wegen **weiterer Verzugsfolgen** ⇨ ***S. 174***

IV. Schadensersatz
11. Neben der Leistung wg. Verzögerung der Nacherfüllung im Kauf- und Werkvertragsrecht, § 437 Nr. 3 Alt. 1 bzw. § 634 Nr. 4 Alt. 1, §§ 280 Abs. 1 u. 2, 286 (Fortsetzung)

IV. Verjährung

Kaufvertrag, § 438

1. **Verjährungsbeginn**, § 438 Abs. 2
   - bei Grundstücken: **Übergabe**
   - sonst: **Ablieferung**
2. **Verjährungsfrist**
   a) **Grundsatz:** 2 Jahre, § 438 Abs. 1 Nr. 3
   b) **Ausnahmen:**
   - Bauwerke/Baumaterialien: 5 Jahre
   - Dinglicher Rechtsmangel: 30 Jahre

   ⚠ ***Bei Arglist: Regelmäßige Verjährung, vgl. § 438 Abs. 3 i.V.m. § 195***
3. **Vereinbarungen über die Verjährung**
   a) **Verlängerung**, § 202 Abs. 2 (max. 30 Jahre ab gesetzlichem Verjährungsbeginn)
   b) **Verkürzung**
   aa) Verbrauchsgüterkauf, § 476 Abs. 2

   ⚠ ***§ 476 Abs. 2 gilt nicht für Schadensersatzansprüche (§ 476 Abs. 3)***
   – Verjährung in den Grenzen der §§ 307–309 verkürzbar

   bb) **Sonstige Verträge**
   (1) Individualvereinbarung
   - Vertragsfreiheit
   - Grenzen:
     – § 444
     – § 202 Abs. 1

   (2) AGB
   - § 309 Nr. 7
   - §§ 309 Nr. 8b) ff.
   - § 307

Werkvertrag, § 634 a

1. **Verjährungsbeginn**
   - Bauwerke und Arbeiten an einer Sache: **Abnahme**
   - bei sonstigen Werkleistungen: **§ 199**

   (☞ Gutachten, Beförderung, Operation)
2. **Verjährungsfrist**
   a) **Grundsatz:** 3 Jahre, § 634a Abs. 1 Nr. 3 i.V.m. § 195
   b) **Ausnahmen:**
   - Arbeiten an einer Sache: 2 Jahre
   - Bauwerke: 5 Jahre

   ⚠ ***Bei Arglist:*** *Regelmäßige Verjährung (als Mindestverjährungsfrist), vgl. § 634a Abs. 3*
3. **Vereinbarungen über die Verjährung**
   a) **Verlängerung**, § 202 Abs. 2 (max. 30 Jahre ab gesetzlichem Verjährungsbeginn)
   b) **Verkürzung**
   aa) Individualvereinbarung
   - Vertragsfreiheit
   - Grenzen:
     – § 639
     – § 202 Abs. 1

   bb) **AGB**
   - § 309 Nr. 7
   - §§ 309 Nr. 8b) ff.
   - § 307

IV. Schadensersatz
12. Statt der Leistung wegen Unzumutbarkeit, §§ 280 Abs. 1 u. 3, 282, 241 Abs. 2

I. Anspruchsvoraussetzungen

1. **Schuldverhältnis**
   a) Vertragliches Schuldverhältnis i.S.v. § 311 Abs. 1
   b) Gesetzliches Schuldverhältnis
2. **Pflichtverletzung**
   hier: Verletzung von **nicht leistungsbezogenen Nebenpflichten** i.S.v § 241 Abs. 2
   - Schutzpflichten (keine Verletzung von Rechtsgütern des anderen Teils)
   - Aufklärungspflichten (Aufklärung über Gefahren und erhebliche Umstände)
   - Leistungstreuepflichten (keine Gefährdung des Leistungszwecks)
3. **Unzumutbarkeit der Hauptleistung**; maßgeblich sind die Umstände des Einzelfalls, z.B.:
   - Besorgnis weiterer Schäden
   - Schwere des Verschuldens
   - Schwere der Pflichtverletzung
4. **Keine Exkulpation** des Schuldners gem. § 280 Abs. 1 S. 2

II. Rechtsfolgen

Schadensersatz statt der Leistung vgl. ⇨ ***S. 26, 27;*** zur Berechnung ⇨ ***S. 226***

III. Keine Verjährung

1. Relative Frist des § 195: 3 Jahre ab Ende des Jahres der Anspruchsentstehung und Kenntnis des Gläubigers (§ 199 Abs. 1)
2. Absolute Frist des § 199 Abs. 3 Nr. 1: 10 Jahre ab Anspruchsentstehung
3. Begründet Nebenpflichtverletzung zugleich einen Mangel i.S.v. § 434 bzw. § 634 (☞ fortwährende Schlechtleistung bei einem Sukzessivlieferungsvertrag), richtet sich die Verjährung nach § 438 bzw. § 634a

⇨ ***S. 230***

Überblick über die Schadensersatzansprüche wegen Verletzung der Pflicht zur mangelfreien Leistung im Kauf- und Werkvertragsrecht

Schadensersatz statt der Leistung			**Schadensersatz neben der Leistung**	
anfängliche Unmöglichkeit der Nacherfüllung, §§ 437 Nr. 3 Alt. 1, 634 Nr. 4 Alt. 1, **311a Abs. 2**	**nachträgliche** Unmöglichkeit der Nacherfüllung, §§ 437 Nr. 3 Alt. 1, 634 Nr. 4 Alt. 1, 280 Abs. 1 u. 3, **283**	**Nichtleistung** der Nacherfüllung, §§ 437 Nr. 3 Alt. 1, 634 Nr. 4 Alt. 1, 280 Abs. 1 u. 3, **281**	**Verzug** mit der Nacherfüllung, §§ 437 Nr. 3 Alt. 1, 634 Nr. 4 Alt. 1, 280 Abs. 1 u. 2, **286**	**sonstige Schäden**, die durch die mangelhafte Leistung entstanden sind, §§ 437 Nr. 3 Alt. 1, 634 Nr. 4 Alt. 1, **280 Abs. 1**
⇨ ***S. 19, 20***	⇨ ***S. 32, 33***	⇨ ***S. 28–31***	⇨ ***S. 38, 39***	⇨ ***S. 23, 24***

IV. Schadensersatz
13. Schadensersatzansprüche Mietrecht, § 536a

I. Wirksamer Mietvertrag

1. **Zustandekommen** eines wirksamen Mietvertrages ⇨ ***S. 7***
2. **Abgrenzung** zu anderen Verträgen:
   a) Miete: Gebrauchsüberlassung an einer Sache auf Zeit gegen Entgelt
   bei Wohnräumen: § 549 beachten (insbes.: § 550 Schriftform)
   b) Pacht, §§ 581 ff.: Gebrauchsüberlassung auf Zeit und zusätzlich Nutzungsrecht (Fruchtziehung)
   c) Leihe, § 598: Unentgeltliche Gebrauchsüberlassung auf Zeit
   d) Verwahrung, §§ 688 ff.: Übernahme besonderer Obhutspflichten
3. **Besonderheiten** des Zustandekommens
   a) Geltung des § 185 Abs. 1 (Verfügung eines Nichtberechtigten) analog
   b) Bei Wohnraummiete: Schriftform §§ 549, 550 (Nichteinhaltung der Form hat ausnahmsweise nicht Unwirksamkeit des Vertrages zur Folge) ⇨ ***S. 155***
   c) Begründung eines Vertrages kraft Gesetzes
      - § 566: „Kauf bricht nicht Miete"
      - §§ 563 ff.: Tod des Mieters

II. Überlassung der Mietsache

III. Sach- oder Rechtsmangel

1. Mangelbegriff ⇨ ***S. 190***
2. Relevanter Zeitpunkt: Ab Vertragsschluss **(beachte aber II.)**, aber auch bei erst späterer Entstehung

IV. Kein Gewährleistungsausschluss durch Rechtsgeschäft oder Gesetz

1. Individualvertraglicher Gewährleistungsausschluss (arg. ex § 536 Abs. 4, § 536d)
   a) Nicht bei arglistigem Verschweigen des Mangels, § 536d
   b) Nicht bei Eigenschaftszusicherung, § 536 Abs. 2
2. Gewährleistungsausschluss durch **AGB** ⇨ ***S. 151***
3. **Kenntnis des Mieters vom Mangel** beim Vertragsabschluss, § 536b S. 1
4. Grob fahrlässige Unkenntnis des Mieters beim Vertragsschluss soweit Vermieter nicht arglistig handelt, § 536b S. 2
5. Annahme der mangelhaften Mietsache ohne Vorbehalt der Mängelrechte, § 536b S. 3
6. **Mangel ist durch Mieter selbst zu vertreten oder stammt aus seinem Verantwortungsbereich, § 326 Abs. 2 analog**
7. **Keine rechtzeitige Mängelanzeige, § 536c Abs. 2 S. 2 und deshalb keine Abhilfe durch Vermieter möglich** (wenn Abhilfe aus anderen Gründen sowieso nicht möglich, greift § 536c Abs. 2 S. 2 nicht ein)
8. Vorbehaltlose Fortsetzung des Gebrauchs der Mietsache bzw. Weiterzahlung der Miete schließen Gewährleistungsrechte **nicht** mehr aus (Grenze: Verwirkung gem. § 242)

IV. Schadensersatz
13. Schadensersatzansprüche Mietrecht, § 536a
(Fortsetzung)

V. Besondere Voraussetzungen des § 536 a

§ 536a Abs. 1 Var. 1	§ 536a Abs. 1 Var. 2	§ 536a Abs. 1 Var. 3
▪ Mangel bei Vertragsschluss bereits vorhanden ▪ **Garantiehaftung, d.h. kein Vertretenmüssen des Vermieters erforderlich**	▪ Späteres Entstehen des Mangels ▪ **Vertretenmüssen erforderlich**	▪ Vermieter ist mit Mängelbeseitigung im Verzug ▪ **Kein Vertretenmüssen des Mangels erforderlich; aber Vertretenmüssen des Verzuges** ⇨ ***S. 173***

VI. Rechtsfolgen

- Nach h.M. werden **Mangel- und Mangelfolgeschäden** ersetzt
- Ersatz von Mangelfolgeschäden bei § 536a Abs. 1 Var. 1 (Garantiehaftung) **(str.)**
- Bei vollständiger Unmöglichkeit (z.B. Untergang des Mietobjektes) nach h.M. Schadensersatz auch nach Überlassung nur nach §§ 280 Abs. 1 u. 3, 283 (str.) ⇨ ***S. 32***

VII. Verjährung

⚠ *§ 548 greift hier nicht ein!*

1. Relative Frist des § 195: 3 Jahre ab Ende des Jahres der Anspruchsentstehung und Kenntnis des Gläubigers (§ 199 Abs. 1)
2. Absolute Frist des § 199 Abs. 3 Nr. 1: 10 Jahre ab Anspruchsentstehung

⇨ ***S. 231***

⚠ *§ 536a betrifft Ansprüche des Mieters gegen den Vermieter; beschädigt der Mieter die Mietsache, folgt der Anspruch des Vermieters aus § 280 (Verjährung gem. § 548 Abs. 1 in 6 Monaten ab Rückgabe der Mietsache).*

IV. Schadensersatz
14. Schadensersatzansprüche Reiserecht, § 651n

I. Wirksamer Pauschalreisevertrag

1. **Zustandekommen** eines wirksamen Pauschalreisevertrages ⇨ ***S. 7***
2. **Abgrenzung** zu anderen Verträgen:
   a) Geschuldet ist Herbeiführung eines Erfolges (Sonderfall des Werkvertrages)
   b) Vertragsgegenstand: **Gesamtheit von Reiseleistungen**, d.h. mindestens zwei Leistungen (einzelne Beförderungsleistung = Werkvertrag), ☞ Flug, Transfer und Hotel
   c) Reiseveranstalter ist weder das Reisebüro (i.d.R. Erfüllungsgehilfe und Vertreter des Reiseveranstalters) noch der einzelne Leistungsträger (Hotels, Fluggesellschaften etc.)

   Es bestehen i.d.R. folgende Rechtsverhältnisse:

   - Reiseveranstalter (V) – Reisender (R): Pauschalreisevertrag, §§ 651a ff.
   - Reisender (R) – Reisebüro (B): Geschäftsbesorgungsvertrag, § 675
   - Reisebüro (B) – Reiseveranstalter (V): Geschäftsbesorgungsvertrag, § 675
   - Reiseveranstalter (V) – Leistungsträger (L): Entsprechendes Leistungsverhältnis (MietV, WerkV) – als echter Vertrag zugunsten Dritter, § 328

   Übersicht:

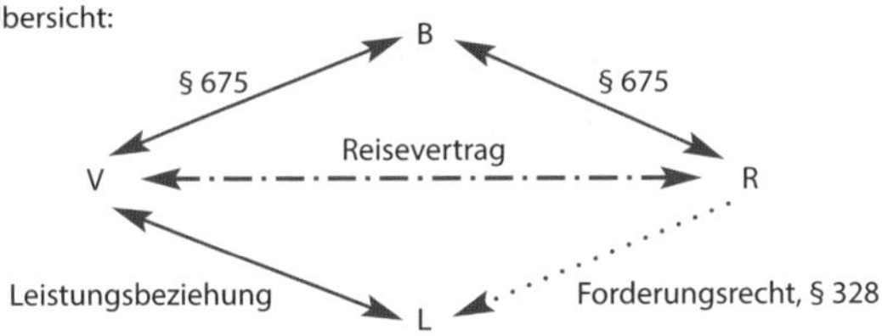

3. **Besonderheiten des Vertrages:**
   a) Informationspflichten des Reiseveranstalters gem. § 651d Abs. 1
   b) Pflicht des Reiseveranstalters zur Übergabe eines Sicherungsscheins (§ 651r Abs. 2)
   c) Einseitige Vertragsänderungsmöglichkeiten durch Reiseveranstalter gem. § 651f
   d) Vertragsübertragungsrecht des Reisenden gem. § 651e
   e) Jederzeitiges Rücktrittsrecht des Reisenden vor Reisebeginn gem. § 651h
   (ggf. Entschädigungspflicht des Reisenden gem. § 651h Abs. 1 S. 3)

II. Sachmangel

1. Mangelbegriff ⇨ ***S. 190***
2. Relevanter Zeitpunkt: Ab **Vertragsschluss**
   ⚠ *Keine Geltung des allg. Leistungsstörungsrechts (auch nicht Unmöglichkeit)*
   Ausnahme: Nebenpflichtverletzungen

IV. Schadensersatz
14. Schadensersatzansprüche Reiserecht, § 651n
(Fortsetzung)

III. Verschulden

1. Reiseveranstalter kann sich nicht exkulpieren (Vertretenmüssen ⇨ ***S. 167***)
   - i.d.R. nur bei Verschulden des Reisenden, unvorhersehbaren Versäumnissen eines Dritten und höherer Gewalt
   - insbes. treffen den Reiseveranstalter weitreichende **Verkehrssicherungspflichten** (Überprüfung der Sicherheitsstandards der Leistungsträger) ⇨ ***S. 224***
2. Leistungsträger, Reiseleiter und Reisebüro sind Erfüllungsgehilfen, § 278 (jeweilige Angestellte sind Erfüllungsgehilfen der Erfüllungsgehilfen)

IV. Kein Ausschluss der Gewährleistungsrechte

1. **Individualvertraglicher Gewährleistungsausschluss**
   - Vollständiger vertraglicher Gewährleistungsausschluss gem. § 651p Abs. 1 nicht möglich
   - Gem. § 651p Abs. 1 kann Haftung für die leicht fahrlässige Verursachung von **Schäden** (bis auf Körperschäden) auf das Dreifache des Reisepreises beschränkt werden.
2. **Gesetzlicher Gewährleistungsausschluss oder Gewährleistungsausschluss aufgrund internationaler Abkommen, § 651p Abs. 2**
   (etwa LuftVG, HaftpflG, Eisenbahnverkehrsordnung)
3. § 326 Abs. 2 analog: Überwiegende **Verantwortlichkeit** des Gläubigers
   (Kein Vertretenmüssen erforderlich!)
4. **Kein spezieller reiserechtlicher Ausschluss**
   - **Fehlende Mängelanzeige, § 651o Abs. 2**
     - Kein Schadensersatz bei schuldhaft unterlassener Mängelanzeige während der Reise
     - Ggf. Entbehrlichkeit, wenn keine zumutbare Anzeigemöglichkeit besteht oder Mangel offensichtlich oder dem Reiseveranstalter bekannt ist

   oder

   - **Fehlendes Abhilfeverlangen, § 651k Abs. 1 S. 1**
     - Teilw. wird wegen der Formulierung des § 651n Abs. 1 „unbeschadet der Minderung oder der Kündigung" das für die Kündigung erforderliche Abhilfeverlangen mit Fristsetzung gefordert
     - Nach h.M. reicht aber Anzeige i.S.v. § 651o Abs. 2 aus **(im Abhilfeverlangen ist Anzeige jedenfalls als Minus enthalten)**

IV. Schadensersatz
14. Schadensersatzansprüche Reiserecht, § 651n
(Fortsetzung)

V. Rechtsfolgen

- Nach h.M. werden **Mangel- und Mangelfolgeschäden** ersetzt
- Gem. § 651n Abs. 2 Anspruch auf angemessene Entschädigung wegen vertaner Urlaubszeit (Ersatz materieller Schäden bei erwerbstätigen Personen, da Urlaub der Wiedererlangung der Arbeitskraft dient, aber auch Ersatz immaterieller Schäden bei Schülern, Studenten, Rentnern etc.)
- Voraussetzungen:
  - Wesentliche Beeinträchtigung der Reise
  - Endgültige Einbuße an Urlaubszeit (mind. teilweise nutzlos verbrachte Zeit)
  - Bei schwerwiegenden Verletzungen auch wenn Beeinträchtigung sich erst nach Reiseende auswirkt

VI. Verjährung

1. Gem. § 651j S. 1 Verjährung in **zwei Jahren**
2. Verjährungsbeginn mit vertraglich vorgesehenem Reiseende (Berechnung §§ 187 Abs. 1, 188 Abs. 2), vgl. § 651j S. 2 ⇨ ***S. 231***

IV. Schadensersatz
15. Vertrauensschaden gem. § 122 bzw. § 179 Abs. 2

I. Anspruchsvoraussetzungen

Anfechtung, § 122
(⇨ ***S. 158***)

1. **Anspruchsinhaber**
   a) Bei empfangsbedürftigen Willenserklärungen nur der **Erklärungsempfänger** (auch bei Verträgen zugunsten Dritter)
   b) Bei Vertretung der Vertretene
   c) Bei nicht empfangsbedürftigen Willenserklärungen jeder „Dritte", der im Vertrauen auf die Erklärung einen Schaden erlitten hat
   d) Bei Scherzerklärungen i.S.v. § 118 jeder, der auf Erklärung vertraut hat
2. **Anspruchsgegner** = Anfechtender
   a) Grundsätzlich Erklärender, in dessen Person die Rechtsfolgen der Willenserklärung eingetreten sind
   b) Bei Vertretung ist Anspruchsgegner der Vertretene (hinsichtlich Willensmängeln kommt es aber auf Vertreter an, vgl. § 166 Abs. 1)
   Ⓟ *Anfechtung einer ausgeübten Vollmacht? (Nach h.M. ist die Anfechtung möglich und zwar sowohl gegenüber dem Vertretenen als auch gegenüber dem Dritten; allerdings besteht ein Anspruch auf Ersatz des Vertrauensschadens analog § 122 unmittelbar gegenüber dem Vollmachtgeber.)*
3. **Wirksame Anfechtung bzw. Nichtigkeit der Erklärung gem. § 118 ⇨ *S. 158***
   Kein Schadensersatz bei Anfechtung gem. § 123
4. **Ausschluss der Schadensersatzpflicht**
   a) § 122 Abs. 2 Var. 1: Positive Kenntnis der Nichtigkeit oder der Anfechtbarkeit
   b) § 122 Abs. 2 Var. 2: Fahrlässige Unkenntnis der Nichtigkeit oder der Anfechtbarkeit
   c) Kein Schadensersatz, wenn Nichtigkeit auch aus anderen Gründen besteht (Kausalität erforderlich!)

Vertreter ohne Vertretungsmacht, § 179 Abs. 2
(⇨ ***S. 149***)

1. **Anspruchsinhaber**
   Vermeintlich vertretener Vertragspartner
2. **Anspruchsgegner**
   Vertreter ohne Vertretungsmacht (ggf. auch beschränkt Geschäftsfähiger, vgl. unten 4c))
3. **Voraussetzungen**
   a) Vertretener hat Genehmigung verweigert oder Genehmigung gilt gem. § 177 Abs. 2 als verweigert
   b) Vertreter hat Mangel der eigenen Vertretungsmacht nicht gekannt (sonst: gem. § 179 Abs. 1 Haftung auf „Erfüllung" oder Schadensersatz wegen Nichterfüllung [positives Interesse])
4. **Ausschluss der Schadensersatzpflicht**
   a) § 179 Abs. 3 S. 1 Alt. 1: Positive Kenntnis des Mangels der Vertretungsmacht
   b) § 179 Abs. 3 S. 1 Alt. 2: Fahrlässige Unkenntnis des Mangels der Vertretungsmacht
   c) § 179 Abs. 3 S. 2: Beschränkte Geschäftsfähigkeit des Vertreters, es sei denn Zustimmung des gesetzlichen Vertreters (zur Vornahme der Vertretung) liegt vor
   d) Kein Schadensersatz, wenn Vertrag aus anderen Gründen nichtig ist (Kausalität erforderlich!)

⚠ *Die Gleichstellung der **Kenntnis der Anfechtbarkeit** und Nichtigkeit gem. § 142 Abs. 2 ist äußerst klausurrelevant: Wer die Anfechtbarkeit kannte, ist z.B. bösgläubig i.S.v. § 932 Abs. 2.*

II. Rechtsfolgen

1. Ersatz des „Vertrauensschadens" (negatives Interesse), d.h. desjenigen Schadens, der infolge Vertrauens auf die Gültigkeit der Willenserklärung erlitten wurde.
   ⚠ ***Der Geschädigte ist so zu stellen, als wäre die unwirksame Willenserklärung nie abgegeben worden.***
2. Begrenzung durch das „Erfüllungsinteresse" (positives Interesse), d.h. auf dasjenige Interesse, was an der Gültigkeit der Erklärungen und an ordnungsgemäßer Erfüllung der Leistungen besteht.
   ⚠ ***Der Geschädigte darf nicht besser stehen, als bei Wirksamkeit der Willenserklärung.***
   Zum Umfang vgl. auch ⇨ ***S. 226***

IV. Schadensersatz

16. Schadensersatzanspruch des Geschäftsherrn bei GoA gem. § 678 (§ 687 Abs. 2)

Unberechtigte GoA, § 678	Angemaßte GoA, §§ 687 Abs. 2, 678

I. Anspruchsvoraussetzungen

Unberechtigte GoA, § 678

1. Geschäftsbesorgung
2. Für einen anderen
   a) Fremdes Geschäft
   b) **Fremdgeschäftsführungswille** des Geschäftsführers →

   wenn (–)
3. **Ohne Auftrag**
4. **Übernahme** widerspricht objektiv dem (geäußerten) tatsächlichen Willen oder dem mutmaßlichen Willen des Geschäftsherrn.
   - Der Wille geht dem Interesse vor, sodass es auf eine objektive Nützlichkeit nicht ankommt.
5. Keine Unbeachtlichkeit des entgegenstehenden Willens gem. § 679
6. Geschäftsführer hat entgegenstehenden Willen erkannt oder hätte ihn erkennen müssen, §§ 122 Abs. 2, 276 **(Übernahmeverschulden)**. Ggf. Haftungsmaßstab des § 680 bei Geschäftsführung zur Gefahrenabwehr
7. Weiteres Verschulden **nicht** erforderlich
   - ⚠ *Schadensersatz wird **nicht** für eine **pflichtwidrige Ausführung** gewährt; dann Schadensersatz gem. §§ 280 ff. i.V.m. § 677 **(Ausführungsverschulden)**.* ⇨ ***S. 21***

Angemaßte GoA, §§ 687 Abs. 2, 678

1. Objektiv fremdes Geschäft
2. **Kenntnis des Geschäftsführers von der Fremdheit**
   - Positive Kenntnis erforderlich
   - Bei fahrlässiger Unkenntnis (irrtümliche Eigengeschäftsführung) finden GoA-Regeln gem. § 687 Abs. 1 keine Anwendung, sondern allgemeine Regeln (§§ 812 ff.; 823 ff.)
3. **Eigengeschäftsführungswille**
4. Keine **Berechtigung** des Geschäftsführers zur Geschäftsführung

IV. Schadensersatz
16. Schadensersatzanspruch des Geschäftsherrn bei GoA gem. § 678 (§ 687 Abs. 2) (Fortsetzung)

Unberechtigte GoA, § 678	Angemaßte GoA, §§ 687 Abs. 2, 678

II. Rechtsfolgen

1. **Schadensersatz**, § 678 / 1. **Schadensersatz**, §§ 687 Abs. 2, 678
   a) Alle durch Übernahme adäquat kausal verursachten Schäden (also auch Zufallsschäden, die trotz sorgfältiger Ausführung ohne Übernahme der Geschäftsführung nicht entstanden wären)
   b) Etwaige Vorteile des Geschäftsherrn sind allerdings im Rahmen der Vorteilsausgleichung schadensmindernd zu berücksichtigen

Unberechtigte GoA, § 678:

2. **Weitere Rechtsfolgen**
   a) **Auskunft**, §§ 687 Abs. 2, 681, 666
   b) **Herausgabe** dessen, was der Geschäftsführer erlangt hat, §§ 687 Abs. 2, 681, 667 (**nicht jedoch Gewinn, den der Geschäftsherr sonst nicht gezogen hätte sowie keine Nutzungen oder Surrogate**; will er dies beanspruchen, muss der Geschäftsherr die GoA gem. § 684 S. 2 genehmigen; dann besteht ein Anspruch gem. §§ 677, 681 S. 2, 667)

Angemaßte GoA, §§ 687 Abs. 2, 678:

2. **Weitere Rechtsfolgen**
   a) **Auskunft**, §§ 687 Abs. 2, 681, 666
   b) **Herausgabe** dessen, was der Geschäftsführer erlangt hat, §§ 687 Abs. 2, 681, 667 **(auch Gewinn, den der Geschäftsherr sonst nicht gezogen hätte sowie Nutzungen und Surrogate)**
   c) **Bei Geltendmachung:** Anspruch des Geschäftsführers auf Herausgabe einer Bereicherung, §§ 687 Abs. 2 S. 2, 684 S. 1, 812 ff. (zur Vermeidung eines „Karussells" nicht bzgl. dessen, was selbst an Geschäftsherrn herausgegeben werden muss)

   ⚠ *§ 684 S. 1 ist Rechtsfolgenverweis.*

III. Keine Verjährung

1. Relative Frist des § 195: 3 Jahre ab Ende des Jahres der Anspruchsentstehung und Kenntnis des Gläubigers (§ 199 Abs. 1)
2. Absolute Frist des § 199 Abs. 3 Nr. 1: 10 Jahre ab Anspruchsentstehung

⇨ ***S. 230***

IV. Schadensersatz
17. Unrechtmäßiger verklagter/bösgläubiger Besitzer, §§ 989, 990

Verweisungen und entsprechende Anwendbarkeit der §§ 987 ff.

Verweisungen

Haftung bei Herausgabepflicht, § 292

Bereicherungshaftung nach Rechtshängigkeit oder Kenntnis, §§ 818 Abs. 4, 819 Abs. 1, 292

Haftung des „schlechteren" Besitzers, § 1007 Abs. 3 S. 2

Ansprüche des Pfandgläubigers gegen den unrechtmäßigen Besitzer, § 1227

Entsprechende Anwendbarkeit der §§ 989 ff.

Schadensersatzanspruch des Eigentümers gegenüber besitzendem „Bucheigentümer"

Schadensersatzanspruch des Vormerkungsberechtigten gegenüber besitzendem Zweiterwerber (str. nur, wenn Vormerkungsberechtigtem auch gegenüber dem Verkäufer die Nutzungen zustehen)

Schadensersatzanspruch des dinglich Vorkaufsberechtigten gegenüber besitzendem Käufer

I. Vindikationslage im Zeitpunkt des schädigenden Ereignisses

1. **Anspruchsteller = Eigentümer** (im Zeitpunkt des **schädigenden Ereignisses**, nicht notwendig auch bei Geltendmachung des Anspruchs)

   Eigentum (vor dem schädigenden Ereignis) erworben/Eigentum nicht (vor dem schädigenden Ereignis) wieder verloren

   - kraft **Rechtsgeschäfts**
     - Eigentumserwerb an beweglichen Sachen, §§ 929 ff. ⇨ ***S. 237***
     - Gutgläubiger Eigentumserwerb an beweglichen Sachen, §§ 929, 932 ff. ⇨ ***S. 240***
     - Eigentumserwerb an unbeweglichen Sachen, §§ 873, 925 ⇨ ***S. 243***
     - Gutgläubiger Eigentumserwerb an unbeweglichen Sachen, §§ 873, 925, 892 ⇨ ***S. 245***
   - kraft **Gesetzes** oder Hoheitsakt
     - Gesetzlicher Eigentumserwerb, §§ 946 ff. ⇨ ***S. 247***
     - Erbfall, § 1922
     - Eingehung einer Gütergemeinschaft, § 1416 Abs. 1 S. 1
     - Eigentumserwerb kraft Hoheitsakts ⇨ ***S. 249***

   Beachte die Vermutungswirkungen:
   - bei unbeweglichen Sachen gem. **§ 891**
   - bei beweglichen Sachen gem. **§ 1006**
   - bei Ehegatten gem. **§ 1362**

2. **Anspruchsgegner = Besitzer** (im Zeitpunkt **des schädigenden Ereignisses**)
   - **unmittelbarer** Besitzer
     - tatsächliche Sachherrschaft, § 854, d.h. räumliche Beziehung zu der Sache von gewisser Dauer mit natürlichem Beherrschungswillen
     - Geschäftsherr bei tatsächlicher Gewalt seines Besitzdieners, § 855
     - Erbenbesitz, § 857
     - Gesellschaften über Besitz ihrer Organe (Organbesitz)

IV. Schadensersatz
17. Unrechtmäßiger verklagter/bösgläubiger Besitzer, §§ 989, 990 (Fortsetzung)

I. Vindikationslage im Zeitpunkt des schädigenden Ereignisses (Fortsetzung)

- **mittelbarer** Besitzer, **§ 868**
  - Besitzmittlungsverhältnis i.S.v. § 868
  - Herausgabeanspruch des mittelbaren Besitzers
  - Fremdbesitzerwille des unmittelbaren Besitzers

3. **Unrechtmäßigkeit des Besitzes**
   - **Bestand nie ein Besitzrecht i.S.v. § 986, ist der Besitz unrechtmäßig** vgl. dazu ⇨ ***S. 86***
   - **Problematische Grenzfälle** (siehe zu Konkurrenzproblemen ⇨ ***S. 354***)

Nicht-so-Berechtigter	Noch-Berechtigter	Nicht-mehr-Berechtigter (Beendigung wirks. Verträge)	Umwandlung Fremd- in Eigenbesitz	Noch-nicht-Berechtigter
Besitzer ist rechtmäßiger Fremdbesitzer, der jedoch die **Grenzen seines Besitzrechts überschreitet**	Besitzer ist rechtmäßiger Fremdbesitzer, ist aber **jederzeit zur Herausgabe verpflichtet**	Besitzer ist **redlicher** Fremdbesitzer, das **frühere Besitzrecht ist aber erloschen**	Besitzer ist **rechtmäßiger Fremdbesitzer**, verfährt aber mit der Sache unberechtigterweise wie ein Eigentümer	Besitzer hat zwar **kein Besitzrecht**, hat den **Besitz aber auf Veranlassung des Eigentümers erhalten**
☞ Mieter schaukelt am mitvermieteten Kronleuchter	☞ Verwahrung, § 695 Leihe, § 604 Abs. 3	☞ Mietvertrag ist wirksam gekündigt, Mieter geht aber gutgl. davon aus, dass Kündigung unwirksam war	☞ Entleiher veräußert Sache	☞ Zusendung unbestellter Ware
H.M.: EBV (–), Besitz kann nicht in rechtmäßigen und unrechtmäßigen Teil aufgespalten werden Haftung unmittelbar aus Vertrag, Delikt	**H.Lit.: EBV (–)**, Besitzer hat bis zum Herausgabeverlangen wirksames Recht (und sogar Pflicht) zum Besitz Haftung unmittelbar aus Vertrag, Delikt	**H.M.: EBV (+)**, neben die Ansprüche aus dem beendeten Vertrag, Delikt oder Bereicherung treten die Ansprüche aus §§ 987 ff. haftungssteigernd hinzu (keine Sperrwirkung des EBV)	**H.Lit.: EBV (–)**, durch Eigenbesitzerwillen wird Rechtmäßigkeit des Besitzes nicht berührt (letztlich ähnlich wie der Nicht-so-Berechtigte – vgl. dort)	**E.A.: EBV (–)**, Besitzer hat wirksames Recht zum Besitz ⚠ *Bei Anwendbarkeit des **§ 241a** besteht kein Herausgabeanspruch, sodass auch ein EBV nach allen Ansichten ausscheidet*
A.A.: EBV (+), Besitzer hat kein Recht zu diesem Besitz (daneben auch §§ 823 ff. anwendbar)	**Rspr.: EBV (analog) (+)**, Besitzer weiß, dass er jederzeit zur Herausgabe verpflichtet ist und steht daher verklagtem Besitzer gleich §§ 987 ff. zusätzl. analog anwendbar	**A.A.: EBV (–)**, Vorrang des Vertragsrechts verdrängt EBV; §§ 823 ff. u. §§ 812 ff. unmittelbar anwendbar	**Rspr.: EBV (+):** mit Willenswechsel liegt Besitzneubegründung vor, §§ 989, 990 neben §§ 823 ff. anwendbar	**A.A.: EBV (+)**, Besitzer weiß, dass er bei Rückforderung zur Herausgabe verpflichtet ist und steht daher verklagtem Besitzer gleich

IV. Schadensersatz
17. Unrechtmäßiger verklagter/bösgläubiger Besitzer, §§ 989, 990 (Fortsetzung)

II. Rechtshängigkeit oder Bösgläubigkeit

1. **Rechtshängigkeit, § 989**

   Zeitpunkt = Rechtshängigkeit der Herausgabeklage, § 261 ZPO, was nach § 253 Abs. 1 ZPO die Zustellung der Klageschrift gem. §§ 166 ff. ZPO an den Besitzer erfordert

oder

2. **Bösgläubigkeit** des Besitzers, § 990 Abs. 1

   a) **Erforderliche Kenntnis**

   - **Positive Kenntnis** oder **grob fährlässige Unkenntnis** des mangelnden Besitzrechts **beim Erwerb des Besitzes** *(⚠ anders als in § 932 muss sich die Gutgläubigkeit nicht auf das Eigentum, sondern auf das Besitzrecht beziehen)*
   - Ist der Besitzer im Zeitpunkt des Besitzerwerbs **gutgläubig**, wird er **später nur bei positiver Kenntnis des mangelnden Besitzrechts** bösgläubig, § 990 Abs. 1 S. 2
   - **Bezugspunkt der Bösgläubigkeit:** fehlendes Recht zum Besitz, vgl. Wortlaut des § 990 Abs. 1 S. 2

   b) **Zurechnung** ⇨***ausführlich S. 359***

   aa) Bösgläubigkeit des Besitzers bei Einschaltung eines **Besitzdieners** (§ 855)

   - h.M.: Selbstständig handelnder Besitzdiener, **§ 166 Abs. 1 analog**
   - a.A.: Jeder Besitzdiener, § 166 Abs. 1 analog
   - a.A.: § 831 analog, d.h. „Besitzherr" kann sich hinsichtlich des bösgläubig handelnden Besitzdieners exkulpieren

   bb) Bösgläubigkeit eines **Minderjährigen**

   - bei Rückabwicklung unwirksamer Verträge kommt es hinsichtlich der Bösgläubigkeit zum Schutz des Minderjährigen auf den gesetzlichen Vertreter an
   - bei unerlaubter Handlung des Minderjährigen kommt es auf dessen Einsichtsfähigkeit an, § 828 analog
   - a.A.: Generelle Anwendung des § 828

   cc) Bösgläubigkeit des **Erben**

   - solange Erbe „nur" gem. **§ 857** Besitzer ist, wird ihm die Bösgläubigkeit des Erblassers zugerechnet (er rückt als Rechtsnachfolger in die besitzrechtliche Stellung des Erblassers ein)
   - sobald Erbe tatsächliche Sachherrschaft ergreift, kommt es auf eigene Bösgläubigkeit an

   dd) Bösgläubigkeit **bei Gesellschaften**

   - Zurechnung des Wissens eines Organs **analog § 31**

III. Verletzungshandlung (vgl. Wortlaut § 989)

1. **Beschädigung**
2. **Zerstörung**
3. **Unmöglichkeit der Herausgabe**

⚠ *EBV muss **zur Zeit** der schädigenden Handlung bestanden haben!*

IV. Verschulden

- Eigenes Verschulden, § 276
- Zugerechnetes Verschulden, § 278, da EBV ein gesetzliches Schuldverhältnis begründet. ⇨ ***S. 169***
- Für Minderjährige gelten die **§§ 827, 828** (§ 276 Abs. 1 S. 2).
- Verschärfte Haftung des bösgläubigen Besitzers ab Verzug (§ 286) mit Herausgabe gem. §§ 990 Abs. 2, 287

IV. Schadensersatz
17. Unrechtmäßiger verklagter/bösgläubiger Besitzer, §§ 989, 990 (Fortsetzung)

V. Rechtsfolgen

- Ersatzfähig ist der Schaden, der durch Zerstörung, Beschädigung bzw. Nichtherausgabe wegen Unmöglichkeit entsteht.
- Nach h.M. gelten die §§ 249 ff., sodass neben dem obj. Wert auch entgangener Gewinn, § 252, ersatzfähig ist. ⇨ ***S. 226***
- Nicht ersatzfähig ist bei § 989 der Schaden für die Vorenthaltung der Sache bis zur Herausgabe bzw. bis zu deren Untergang (dieser wird gem. §§ 990 Abs. 2, 286 ff. nur bei Verzug des bösgläubigen Besitzers mit der Herausgabeverpflichtung ersetzt).
- Ab **Verzug mit der Herausgabepflicht** haftet der **bösgläubige** Besitzer verschärft, §§ 990 Abs. 2, 280 Abs. 1 u. 2, 286:
  - Ersatz des Vorenthaltungsschadens
  - Haftung auch für Zufall, § 287

  Ⓟ *Verzug auch ohne Mahnung?*
  Nach e.A. Mahnung entbehrlich, da im EBV bösgläubiger und verklagter Besitzer gleichgestellt werden, sodass Mahnung nach § 286 Abs. 1 S. 2 entbehrlich ist; nach h.M. folgt aus Systematik der §§ 989, 990, dass im EBV nur der Bösgläubige, nicht aber der Verklagte nach Verzugsregeln haftet. Sonst hätte verschärfte Haftung in § 989 geregelt werden müssen.

  Ⓟ *Da § 989 nur Schadensersatz statt Herausgabe wegen Unmöglichkeit erfasst und § 990 Abs. 2 nur Schadensersatz neben verzögerter Herausgabe, besteht eine Lücke bzgl. Schadensersatz statt der Leistung bei möglicher Herausgabe, sodass nach **h.M. § 280 Abs. 1, Abs. 3 i.V.m. § 281** auf das gesetzliche Schuldverhältnis des EBV anwendbar sind.*

VI. Konkurrenzen

- **§ 816 Abs. 1 S. 1:** Neben EBV anwendbar, da EBV keine Vorschriften über Erlösherausgabe enthält. (☞ Unrechtmäßiger bösgläubiger Besitzer, der Sache entgeltlich weiterveräußert, haftet gem. §§ 989, 990 auf Schadensersatz und gem. § 816 Abs. 1 S. 1 auf Erlösherausgabe.)
- **§ 687 Abs. 2:** Bei positiver Kenntnis des fehlenden Besitzrechts liegt i.d.R. auch angemaßte GoA vor, die neben dem EBV anwendbar ist. ⇨ ***S. 47***
- **§§ 951, 812 Abs. 1 S. 1 Var. 2:** Bei Verbindung, Vermischung, Verarbeitung besteht auch ein bereicherungsrechtlicher Wertersatzanspruch, da es sich um einen „Rechtsfortwirkungsanspruch" handelt, der an die Stelle des § 985 tritt.
- **§§ 823 ff.:**
  - § 826 nicht ausgeschlossen, da kein Schutzbedürfnis
  - **Sperrwirkung** des § 993 Abs. 1 Hs. 2: §§ 823 ff. werden durch das EBV grds. gesperrt. Es ist jedoch umstritten, ob die Sperrwirkung des § 993 Abs. 1 Hs. 2 auch für den **bösgläubigen und verklagten Besitzer** gilt:
    - **Absolute Theorie:** §§ 823 ff. sind generell gesperrt, da § 993 Abs. 1 Hs. 2 isoliert zu lesen ist. Zudem habe der Gesetzgeber in § 992 die Anwendbarkeit der §§ 823 ff. speziell geregelt.
    - **Relative Theorie:** Nur der unverklagt gutgläubige Eigenbesitzer erhält die Sperrwirkung, da § 993 Abs. 1 Hs. 1 und die Überschrift „redlicher Besitzer" hinzuzulesen sind. Also sind die §§ 823 ff. anwendbar bei verklagten oder bösgläubigen Besitzern.

IV. Schadensersatz
18. Unrechtmäßiger gutgläubiger Fremdbesitzer, §§ 991 Abs. 2, 989/§ 823

I. Vindikationslage im Zeitpunkt des schädigenden Ereignisses

vgl. ⇨ S. 49

II. Differenzierung

1. **Unrechtmäßiger gutgläubiger *Eigen*besitzer**

Keine Haftung für Schäden, da das EBV denjenigen, der sich gutgläubig für den berechtigten Besitzer hält, privilegiert (deshalb auch **§§ 823 ff. durch § 993 Abs. 1 Hs. 2 gesperrt!**); *siehe auch* ***⇨ S. 355 ff.***

2. **Unrechtmäßiger gutgläubiger *Fremd*besitzer**

a) **Fremdbesitzer besitzt für einen anderen als den Eigentümer (3-Personen-Verhältnis)**

- Fall des **§ 991 Abs. 2:**
  - aa) Bestehen einer Vindikationslage im Zeitpunkt der schädigenden Handlung
  - bb) Gutgläubigkeit des Besitzers (sonst Haftung nach § 990 Abs. 1)
  - cc) Besitzer besitzt für einen anderen (ist Fremdbesitzer)
  - dd) Verschlechterung, Untergang oder Unmöglichkeit der Herausgabe der Sache
  - ee) Verantwortlichkeit des unmittelbaren Besitzers ggü. dem mittelbaren Besitzer
    - Haftungs**beschränkungen** zwischen unmittelbarem Besitzer und mittelbarem Besitzer gelten auch gegenüber Eigentümer
    - Haftungs**erweiterungen** zwischen unmittelbarem Besitzer und mittelbarem Besitzer gelten nach h.M. jedenfalls dann nicht ggü. Eigentümer, wenn es um eine Zufallshaftung geht, da dann der **gutgläubige** unrechtmäßige Besitzer schlechter stehen würde als der **bösgläubige**, der gem. § 990 i.V.m. § 989 nur bei Verschulden haftet.
    - Bei Unwirksamkeit des Besitzmittlungsverhältnisses i.S.d. § 868 haftet unmittelbarer Besitzer gegenüber Eigentümer trotzdem, da aus dem Besitzmittlungsverhältnis lediglich der Haftungsmaßstab für die Haftung nach § 991 Abs. 2 entnommen werden soll.

b) **Fremdbesitzer besitzt unmittelbar für den Eigentümer (2-Personen-Verhältnis)**

- Fall im EBV gesetzlich nicht geregelt
  - Anspruch aus §§ 989, 990 Abs. 1 (–), da Besitzer gutgläubig
  - Anspruch aus §§ 991 Abs. 2, 989 (–), da Besitzer nicht für Dritten, sondern für Eigentümer besitzt
  - Anspruch aus §§ 992, 823 ff. (–), da Besitz nicht durch verbotene Eigenmacht oder Straftat erlangt
  - Nach h.M. Anspruch unmittelbar aus **§§ 823 ff.** (sog. **Fremdbesitzerexzess**)
  - Teilw. zusätzliche Haftung analog §§ 991 Abs. 2, 989 (Vorteil für Geschädigten: Im Rahmen der §§ 987 ff. gilt § 278 – also eine Haftung ohne Exkulpationsmöglichkeit für Erfüllungsgehilfen.)

IV. Schadensersatz
19. Deliktsbesitzer, § 992

I. Vindikationslage im Zeitpunkt des schädigenden Ereignisses

vgl. ⇨ S. 49

II. Art und Weise der Besitzverschaffung

Straftat

- **Art und Weise der Besitzverschaffung** muss unter **Strafe** stehen (die Norm muss nicht unbedingt gerade dem Schutz des Eigentums dienen)

  ☞ Besitzverschaffung durch Nötigung reicht ebenso wie eine durch Diebstahl oder Betrug

Verbotene Eigenmacht

- Der Besitz muss durch eine **verbotene Eigenmacht** erlangt worden sein, § 858 Abs. 1 Alt. 1: **Besitzentziehung ohne oder gegen den Willen des (unmittelbaren) Besitzers**
- Über den Wortlaut von § 992 hinaus muss es sich um eine **<u>schuldhaft</u>** verbotene Eigenmacht handeln.

  ⚠ *§ 992 differenziert nicht nach Gut- oder Bösgläubigkeit des Besitzers. Gem. §§ 992, 823 ff. soll aber nur haften, wem die verbotene Eigenmacht vorzuwerfen ist.*

  ☞ Restaurantbesucher nimmt versehentlich falschen Schirm mit. Haftung gem. §§ 992, 823 ff. nur, wenn er dies wenigstens hätte erkennen können.

- Besitzverschaffung durch eine Hilfsperson wird analog § 831 zugerechnet.

III. Schuldhafte Eigentumsverletzung

- § 992 enthält eine **Rechtsgrundverweisung auf die §§ 823 ff.**, sodass für die nachfolgende Verschlechterung/Zerstörung etc. eine schuldhafte rechtswidrige Eigentumsverletzung vorliegen muss.
- Erfüllt schon die **Art und Weise der Besitzverschaffung** den Tatbestand einer unerlaubten Handlung, haftet der Besitzer ab diesem Zeitpunkt für alle Schäden und zwar auch bei zufälliger Verschlechterung oder bei zufälligem Untergang, § 848.

  ☞ Fahrlässige Verwechslung eines Mantels an der Garderobe und deren spätere (schuldlose) Beschädigung.

- Bei einer Besitzverschaffung durch eine Straftat liegt daher immer auch eine Eigentumsverletzung vor.

IV. Rechtsfolgen

- Ersatzfähig ist der Schaden, der durch Zerstörung, Beschädigung bzw. endgültige Nichtherausgabe entsteht.
- ⚠ *Es gilt § 848, sodass der Deliktsbesitzer auch für Zufall haftet!*
- Gem. §§ 249 ff. ist neben dem objektiven Wert, § 251, auch entgangener Gewinn, § 252, ersatzfähig. ⇨ ***S. 226***
- Ebenfalls ersatzfähig sind der Vorenthaltungsschaden sowie die gezogenen Nutzungen und sogar nicht gezogene Nutzungen, die aber der Eigentümer gezogen hätte.

  Ⓟ *Ersatz von **Nutzungen, die der Eigentümer nicht gezogen** hätte?*
  (Nach noch h.M. (+), da sonst Besserstellung des deliktischen gegenüber unrechtmäßigem Besitzer, der nicht gezogene Nutzungen unter den Voraussetzungen des § 987 Abs. 2 herausgeben muss; nach a.A. (–), da es an einem Schaden des Eigentümers fehlt.)

IV. Schadensersatz
20. Unerlaubte Handlung, § 823 Abs. 1

I. Voraussetzungen („haftungsbegründender Tatbestand“)

1. **Rechtsgut- oder Rechtsverletzung**
   a) benannte Rechtsgüter und Rechte

   (Leben bis Schockschäden: Rechtsgüter)

   - Leben
   - Körper/Gesundheit
     - Körperverletzung
     - vorgeburtliche Schäden
     - psychische Schäden

       Ⓟ *Zurechnung von **psychischen Schäden***
       (Haftung grds. auch für alle Folgeschäden selbst bei Anlageschäden, es sei denn, Schaden wurde nur zufällig durch Ereignis ausgelöst oder es handelt sich um eine Rentenneurose oder einen Bagatellschaden.)

       Ⓟ ***Schockschäden***
       (Haftung auch für pathologische Schockschäden des Opfers oder Dritter, jedenfalls bei nahen Angehörigen oder Personen, zu denen eine enge Bindung bestand.)
   - Freiheit (nur Fortbewegungsfreiheit)
   - Eigentum ⇨ Recht
     - **Substanzverletzung**
       Ⓟ *Weiterfressender Mangel*
       *(Bei Lieferung mangelhafter Sachen ist Deliktsrecht neben dem Gewährleistungsrecht anwendbar, wenn Schaden mit ursprünglichem Mangelunwert **nicht stoffgleich** ist, d.h. der Mangel auf einen Teil des Produkts beschränkt war und technisch sowie wirtschaftlich vertretbar behoben werden konnte.)*

       ⚠ *Deliktsrecht schützt das Integritätsinteresse, das Gewährleistungsrecht hingegen das Äquivalenzinteresse.*
     - **Sachentzug**
       ggf. Vorrang des EBV ⇨ ***S. 355***
     - **Gebrauchsbeeinträchtigung**
       (–), wenn nur Einengung der wirtschaftlichen Nutzung
     - **rechtliche Beeinträchtigung**
       (–), wenn gesetzlicher Grund besteht (gutgläubiger Erwerb)
       (+), wenn kein gesetzlicher Grund besteht (Verfügung eines Nichtberechtigten)
     - **Immissionen**
       solche, die nicht der grundsätzlich gem. § 906 bestehenden Duldungspflicht unterliegen

   nicht: **Vermögen**, anders u.a. bei § 823 Abs. 2 oder § 826

   b) sonstige Rechte (= absolute Rechte, gegen jedermann gerichtet)
   - Besitz (nur, wenn Besitzer Abwehrbefugnis der §§ 858 ff. und Nutzungsrecht zusteht):
     - unmittelbarer berechtigter Besitz
     - mittelbarer berechtigter Besitz (nicht ggü. unmittelbarem Besitzer, § 869)
     - berechtigter Mitbesitz
     - ***nicht:*** unberechtigter Besitz
   - beschränkt dingliche Rechte (☞Pfandrecht, Grundpfandrecht, Dienstbarkeiten)
   - dingliche Anwartschaftsrechte

I. Voraussetzungen („haftungsbegründender Tatbestand") (Fortsetzung)

- absolute Immaterialgüterrechte
- Mitgliedschaftsrechte (an GmbH, AG)
- Familienrechte, soweit als „Herrschaftsrecht" ausgestaltet (z.B. elterliches Sorgerecht)
- „räumlich gegenständlicher Ehebereich"
- Recht am Arbeitsplatz (str.)
- Allgemeines Persönlichkeitsrecht ⇨ ***S. 59***
- Eingerichteter und Ausgeübter Gewerbebetrieb ⇨ ***S. 59***

nicht: **Forderungsrecht**, da nur relatives Recht (h.M.)

c) durch **Handeln**, das dem Anspruchsgegner zuzurechnen ist

aa) **Kausalität** (Äquivalenz)

- Vorsatz
- fahrlässige Herbeiführung
  - **Adäquanz** = Verhalten ist für optimalen Beobachter geeignet, die Rechtsgutsverletzung herbeizuführen
    - **(+), bei unmittelbarer Verursachung** durch Schädiger
    - **mittelbare Verursachung**
      - erst willentl. Verhalten eines Dritten oder des Verletzten oder anlagebedingte Vorschäden/Schockschäden führen zur Rechtsgutsverletzung
      - **Schutzzweck der Norm** (Pflichtwidrigkeitszusammenhang)
      - **Zurechnung (+), bei**
        - spezieller Verhaltenspflicht
        - allgemeiner Verkehrssicherungspflicht ⇨ ***S. 224***
        - Verfolger-/Nothilfe-/Herausfordererfällen
        - Schockschäden
        - anlagebedingten Verletzungsfolgen

bb) Zurechenbarkeit (+)

oder

d) durch **Unterlassen** des Anspruchsgegners bei Garantenstellung

- Beschützergarant
- Überwachergarant (insbes. allg. Verkehrssicherungspflicht) ⇨ ***S. 224***

I. Voraussetzungen („haftungsbegründender Tatbestand") (Fortsetzung)

2. **Rechtswidrigkeit**
   a) Vorsatztat indiziert Rechtswidrigkeit
   b) Fahrlässigkeitstat indiziert ebenfalls Rechtswidrigkeit (str.)
   c) bei „Rahmenrechten" **positive Feststellung** erforderlich ⇨ ***S. 60***
   d) Nichteingreifen von Rechtfertigungsgründen
      - Notwehr, § 227
      - Verteidigungsnotstand, § 228
      - aggressiver Notstand, § 904
      - Selbsthilfe, §§ 229 ff. und §§ 858 f.
      - Immissionen, §§ 906 ff.
      - Wahrnehmung berechtigter Interessen
      - gesetzliche Eingriffsermächtigungen (z.B. § 127 StPO)
      - grundrechtlich geschützte Positionen (Meinungsfreiheit)
      - verkehrsrichtiges Verhalten (str.)
      - Einwilligung
        - bei **ärztlichen Heileingriffen** nur, wenn Patient über Risiken rechtzeitig aufgeklärt wurde
        - bei **kämpferischen Sportarten** nur Verletzungen, die bei regelkonformem oder nicht erheblich von den Regeln abweichendem Verhalten verursacht wurden
3. **Verschulden oder Billigkeitshaftung**
   a) Verschuldensfähigkeit, §§ 827, 828, oder Billigkeitshaftung, § 829
   b) Grad des Verschuldens (vgl. §§ 276, 277)
      - Vorsatz
      - Fahrlässigkeit
      - grobe Fahrlässigkeit
      - eigenübliche Sorgfalt

   ⇨ ***S. 167***

II. Rechtsfolgen („haftungsausfüllender Tatbestand")

- Ersatz des durch die Rechtsgut- bzw. Rechtsverletzung verursachten Schadens gem. §§ 249 ff., 842 ff.
  ⇨ ***S. 226***
  vgl. für Kfz-Schäden ⇨ ***S. 229***

III. Verjährung

1. Relative Frist des § 195: 3 Jahre ab Ende des Jahres der Anspruchsentstehung und Kenntnis des Gläubigers (§ 199 Abs. 1)
2. Absolute Frist des § 199 Abs. 2 S. 1 Nr. 1: 30 Jahre ab Anspruchsentstehung (Verletzung von Leben, Körper, Gesundheit, Freiheit)
3. Absolute Verjährungsfrist in 10 Jahren gem. § 199 Abs. 3 (Verletzung von Eigentum oder sonstigem Recht)

⇨ ***S. 230***

IV. Schadensersatz

21. Schadensersatz gem. § 823 Abs. 1 wegen Verletzung von Rahmenrechten

Allgemeines Persönlichkeitsrecht (APR), Art. 2 Abs. 1, 1 Abs. 1 GG	Recht am eingerichteten und ausgeübten Gewerbebetrieb (REAG)

I. Anwendbarkeit

Grundsatz der Subsidiarität
(soweit Schutz durch besondere Vorschriften besteht, kommt nur eine Verletzung von § 823 Abs. 2 i.V.m. Schutzgesetz in Betracht)

APR:

Spezielle Regelungen, z.B.

- § 12, Namensrecht
- §§ 22 ff., KunstUrhG, Recht am eigenen Bild

REAG:

Spezielle Regelungen, z.B.

- Eigentums- und Besitzschutz, § 823 Abs. 1
- § 824
- § 823 Abs. 2 i.V.m. § 186 StGB
- UWG
- GWB

II. Eingriff in den Schutzbereich

APR:

1. **Natürliche Personen** (Beeinträchtigungen der Ehre oder des sozialen Geltungsanspruchs)
   - **Intimsphäre** = absoluter Schutz (Sexualität, Gesundheit, Gefühle, Gedanken)
   - **Privatsphäre** = Schutz im häuslichen Bereich und an abgeschiedenen Orten (auch Schutz des nicht öffentlich gesprochenen Wortes), Besonderheiten bei Bildern: absolute und relative Personen der Zeitgeschichte genießen geringeren Schutz wegen Informationsinteresses der Öffentlichkeit – Kinder Prominenter bedürfen allerdings besonderen Schutzes
   - **Individualsphäre** (Sozialsphäre) = Schutz des Selbstbestimmungsrechts und der Ausstrahlungen der Persönlichkeit des Einzelnen in seinem öffentlichen, wirtschaftlichen und beruflichen Wirken
2. **Nach dem Tode:** Postmortaler Persönlichkeitsschutz
3. **Kapitalgesellschaften/Handelsgesellschaften:** Sozialer Geltungsanspruch als Wirtschaftsunternehmen
4. **Fallgruppen**
   - Schutz der Intimsphäre
     - heimlicher DNA-Test
     - Verschweigen des Vaters durch nichteheliche Mutter
     - Öffnen von Post
   - Ehrschutz
   - Schutz des eigenen Bildes (Ausnahmen für absolute Personen der Zeitgeschichte)
   - Schutz des Namen- und Firmenzeichens

REAG:

1. **Schutzbereich**
   - **Gewerbe**
     = jede erlaubte, selbstständige, zum Zwecke der Gewinnerzielung vorgenommene Tätigkeit
   - **eingerichtet und ausgeübt**
     = auf Dauer angelegte Organisation vorhanden und gewerbliche Tätigkeit bereits entfaltet
   - Schutz umfasst:
     - **Bestand** des Gewerbebetriebes (Grundstück, Geschäftsräume etc.)
     - **Erscheinungsformen** (Geschäftsverbindungen, Organisation, Kunden)
     - Auch **freie Berufe** genießen Schutz des Rechts am Unternehmen
2. **Eingriff (nur bei betriebsbezogenen [unmittelbaren] Eingriffen)**
   - nicht, wenn nur einzelne Rechtsgüter betroffen sind
   - Eingriff muss sich gegen Betrieb „als solchen" richten
   - nicht, wenn Eingriff nicht zielgerichtet (final) erfolgt (Stromkabelfälle)
3. **Fallgruppen**
   - Ungerechtfertigte Schutzrechtsverwarnungen
   - Schädigende Werturteile
   - Boykottaufrufe und -maßnahmen
   - Blockade und physische Behinderung

IV. Schadensersatz

21. Schadensersatz gem. § 823 Abs. 1 wegen Verletzung von Rahmenrechten (Fortsetzung)

Allgemeines Persönlichkeitsrecht (APR)	Recht am eingerichteten und ausgeübten Gewerbebetrieb (REAG)

III. Rechtswidrigkeit

Bei **Rahmenrechten** wird die **Rechtswidrigkeit nicht** schon durch die Verwirklichung des Tatbestandes **indiziert**. Grund: Eine Verletzung z.B. des Eigentums skizziert schon einen „Unrechts-Tatbestand", der von der Rechtsordnung nicht gebilligt werden kann und durch den Gesetzgeber schon die grundsätzliche Bewertung als rechtswidrig erhalten hat. Bei den **offenen Tatbeständen** der Rahmenrechte hat hingegen zur Feststellung der Rechtswidrigkeit eine **umfassende Interessen- und Güterabwägung** zu erfolgen:

APR:

Aufseiten des Verletzten
- Welche Sphäre ist betroffen?
- Anlass der Rechtsverletzung und das Verhalten des Verletzten vor der Beeinträchtigung

Aufseiten des Schädigers
- Mittel und Zweck des Eingriffs
- Art und Dauer der Beeinträchtigung
- Grundrechtsausübung
- **Rechtfertigungsgründe!**

REAG:

Aufseiten des Verletzten
- Motive, Zweck
- Stärke des Eingriffs

Aufseiten des Schädigers
- Art und Weise der Beeinträchtigung
- Grundrechtsausübung
- **Rechtfertigungsgründe!**

IV. Verschulden

⇨ ***S. 167***

V. Rechtsfolgen

APR:

1. **Ersatz materieller Schäden, §§ 249 ff., 842 ff.**
   ⇨ ***S. 228***
2. **Widerruf von Äußerungen, § 249 Abs. 1**
   - Werturteile (–), aber u.U. Veröffentlichung des der Unterlassungsklage stattgebenden Urteils
   - Nachweislich unwahre Tatsachenbehauptungen müssen widerrufen werden
   - Wenn Tatsache nicht erweislich wahr, aber Unwahrheit auch nicht feststeht, dann eingeschränkter Widerruf, indem Schädiger erklärt, die Behauptung nicht weiter aufrecht zu erhalten
3. **Ersatz immaterieller Schäden**
   - Keine Ableitung aus § 253 Abs. 2, da Persönlichkeitsverletzung von Körperverletzung zu unterscheiden
   - § 823 Abs. 1 i.V.m. Art. 1, 2 GG
     - Schwere Persönlichkeitsverletzung
     - Genugtuungsfunktion
     - Präventivgesichtspunkte

REAG:

Ersatz materieller Schäden gem. §§ 249 ff., insbes. § 252
⇨ ***S. 226***

VI. Verjährung

1. Relative Frist des § 195: 3 Jahre ab Ende des Jahres der Anspruchsentstehung und Kenntnis des Gläubigers (§ 199 Abs. 1)
2. Absolute Frist des § 199 Abs. 3 Nr. 1: 10 Jahre ab Anspruchsentstehung

⇨ ***S. 230***

IV. Schadensersatz
22. Schadensersatz wegen anderer deliktischer Tatbestände (Überblick)

I. Aufbauschema für § 823 Abs. 2 – Verletzung eines Schutzgesetzes

Voraussetzungen („haftungsbegründender Tatbestand“)

1. **Verletzung eines Schutzgesetzes** i.S.v. § 823 Abs. 2
   a) Schutzgesetz
      aa) Gesetz = jede Rechtsnorm im materiellen Sinne, **Art. 2 EGBGB**
      bb) Verbots- oder Gebotsnorm, nicht bloße Formvorschriften
         ⚠ *Ge- oder Verbot muss nicht ausdrücklich formuliert sein. Ausreichend, wenn es sich aus Sinn und Zweck der Norm ergibt.*
      cc) persönlicher und sachlicher Schutzbereich
         - Schutzgesetz bezweckt (zumindest auch) Individualschutz
           – § 909 BGB – § 264a StGB – § 263 StGB
           – § 231 StGB – § 265 StGB – § 858 BGB
           – § 264 StGB – § 288 StGB
           – nicht: § 267 StGB (Urkundenfälschung = nur Schutz des Rechtsverkehrs)
         - Anspruchsteller gehört zum geschützten Personenbereich
         - das geltend gemachte Interesse muss von der Norm (auch) geschützt werden
   b) Schutzgesetz verletzt
      beurteilt sich nach den Regeln, die für das Schutzgesetz gelten
2. **Rechtswidrigkeit**
3. **Verschulden**
   a) Verschulden muss sich nur auf Schutzgesetzverletzung beziehen und nicht auch auf etwaige Folgeschäden
   b) Erfordert Schutzgesetz selbst Verschulden, muss eine schuldhafte Schutzgesetzverletzung vorliegen.
   c) Erfordert Schutzgesetz selbst kein Verschulden, ist mindestens Fahrlässigkeit erforderlich, §§ 823 Abs. 2 S. 2, 276. ⇨ ***S. 167***

Rechtsfolgen („haftungsausfüllender Tatbestand“)

- Ersatz des durch die Schutzgesetzverletzung verursachten Schadens ⇨ ***S. 226***

II. Aufbauschema für § 824 – Kreditgefährdung

Voraussetzungen („haftungsbegründender Tatbestand“)

1. **Behaupten oder Verbreiten unwahrer Tatsachen** (nicht: Meinungsäußerungen)
2. **Unmittelbare Beeinträchtigung wirtschaftlicher Interessen**
3. **Rechtswidrigkeit**
   Besonderer Rechtfertigungsgrund ist § 824 Abs. 2, h.M. (a.A. Entschuldigungsgrund)
4. **Verschulden**
   Fahrlässigkeit genügt; Verschulden muss sich sowohl auf die Unwahrheit der Tatsache als auch auf die Eignung zur Kreditgefährdung beziehen ⇨ ***S. 167***

Rechtsfolgen („haftungsausfüllender Tatbestand“)

- Ersatz des durch die Kreditgefährdung entstandenen Schadens ⇨ ***S. 228***

IV. Schadensersatz
22. Schadensersatz wegen anderer deliktischer Tatbestände (Überblick) (Fortsetzung)

III. Aufbauschema für § 826 – Vorsätzliche sittenwidrige Schädigung

Voraussetzungen („haftungsbegründender Tatbestand")

1. **Schaden**, auch bloßer Vermögensschaden
2. **Verstoß gegen die guten Sitten**
   - Sittenwidrigkeit
     - sittenwidriges Mittel
     - sittenwidriger Zweck
     - Folgen
     - Gesinnung
   - Unterlassen: gefordertes Tun muss sittlicher Pflicht entsprechen
3. **Vorsatz** (auch bedingter), jedoch muss der Vorsatz auch den (hier zum TB gehörenden) Schaden umfassen

   Fallgruppen:
   - arglistige Täuschung und rechtswidrige Drohung
   - Missbrauch einer formalen Rechtsposition
   - sittenwidrige Verleitung zum Vertragsbruch

Rechtsfolgen („haftungsausfüllender Tatbestand")

- Ersatz des (Vermögens-)Schadens ⇨ ***S. 227***

IV. Aufbauschema für § 830 – Haftung mehrerer Personen

Anm.: § 830 ist in beiden Fällen nach h.M. eine echte Haftungsnorm **(selbstständige Anspruchsgrundlage)**

Voraussetzungen („haftungsbegründender Tatbestand")

§ 830 Abs. 1 S. 1, Abs. 2
Gemeinschaftliche Begehung als Mittäter, Anstifter oder Gehilfe

1. **Mitwirkung an einer unerlaubten Handlung**
   – als Mittäter, § 830 Abs. 1 S. 1
   – oder als Anstifter oder Gehilfe, § 830 Abs. 2
2. **Rechtswidrigkeit**
   Erforderlich ist ein eigenständiges Rechtswidrigkeitsurteil über den Tatbeitrag desjenigen, der nach § 830 Abs. 1 S. 1, Abs. 2 in Anspruch genommen wird
3. **Verschulden**
   Erforderlich ist Vorsatz desjenigen, der nach § 830 Abs. 1 S. 1, Abs. 2 in Anspruch genommen wird.

§ 830 Abs. 1 S. 2
Beteiligung mehrerer ohne Feststellung des Verursachers

1. **Kein Fall von § 830 Abs. 1 S. 1, Abs. 2**
2. Bei jedem Beteiligten muss ein anspruchsbegründendes Verhalten gegeben sein, **wenn man vom Nachweis der Ursächlichkeit absieht**.
3. Die Rechts(gut)verletzung muss mit Sicherheit **entweder durch den einen oder den anderen** Beteiligten, möglicherweise auch durch alle Beteiligte verursacht worden sein.
4. **Verursacher nicht feststellbar**
   Es darf nicht feststellbar sein, welcher der Beteiligten die Rechts(gut)verletzung verursacht hat.

Rechtsfolgen („haftungsausfüllender Tatbestand")

- Haftung als Gesamtschuldner ⇨ ***S. 221***
- Ersatz des (Vermögens-)Schadens ⇨ ***S. 227***

V. Aufbauschema für § 831 Haftung für Verschulden bei Auswahl/Überwachung eines Verrichtungsgehilfen

Voraussetzungen („haftungsbegründender Tatbestand")

1. **Geschäftsherr**
   a) derjenige, der einen anderen **zu einer Verrichtung bestellt**
      - wer Tätigkeit des Handelnden jederzeit beschränken, entziehen, konkretisieren kann

      ⚠ *wenn (–), **§ 831 Abs. 2 prüfen:***

   b) **vertragliche Übernahme** dieser Geschäfte für den Geschäftsherrn (z.B. Bauleiter)
2. **Verrichtungsgehilfe**
   - derjenige, der mit Wissen und Wollen des Geschäftsherrn in dessen Interessen- und Pflichtenkreis tätig wird und von dessen Weisungen abhängig ist
3. **Tatbestandsmäßige, rechtswidrige, unerlaubte Handlung** des Verrichtungsgehilfen (Verschulden des Verrichtungsgehilfen nicht erforderlich)
4. **In Ausübung** der Verrichtung
   - nur wenn zeitlich und sachlich innerer Zusammenhang mit Verrichtung besteht
   - nicht Handeln „bei Gelegenheit"
5. Verschulden **des Geschäftsherrn**
   a) Vermutung
   b) Exkulpation des Geschäftsherrn bzgl.
      - Auswahl, Anweisung und Beaufsichtigung/Überwachung
      - Beschaffung von Gerätschaften
      - Fehlender Kausalität zwischen Pflichtverletzung und Schadenseintritt

      Ⓟ *Dezentralisierter Entlastungsbeweis in großen Geschäftsbetrieben?*
      (Nach h.M. kann sich der Geschäftsherr in Großbetrieben exkulpieren, wenn er eine Zwischenperson einschaltet, der die Beaufsichtigung des Verrichtungsgehilfen obliegt.)

Rechtsfolgen („haftungsausfüllender Tatbestand")

- Ersatz des zugefügten Schadens ⇨ ***S. 227***

Exkurs: Unterschied zwischen § 278 und § 831, die aber gleichzeitig vorliegen können

§ 278	§ 831
▪ kann nur im Rahmen von **Schuldverhältnissen** Anwendung finden	▪ Ist unabhängig davon anwendbar, ob ein Schuldverhältnis besteht oder nicht
▪ ist anwendbar ohne Rücksicht darauf, ob der Erfüllungsgehilfe vom Geschäftsherrn weisungsabhängig ist oder nicht	▪ setzt voraus, dass der Verrichtungsgehilfe vom Geschäftsherrn **weisungsabhängig** ist
▪ ist eine ***reine Zurechnungsnorm*** mit der Funktion, in einer ansonsten gegebenen Anspruchsgrundlage das Merkmal des „Vertretenmüssens" auszufüllen	▪ ist eine ***selbstständige, deliktsrechtliche Anspruchsgrundlage***
▪ begründet eine **Haftung für fremdes Verschulden** (nämlich für Verschulden des Erfüllungsgehilfen)	▪ begründet eine **Haftung für eigenes Verschulden** des Geschäftsherrn (Auswahl- oder Überwachungsverschulden)
▪ gibt dem Geschäftsherrn **keine eigene Exkulpationsmöglichkeit**	▪ gibt dem Geschäftsherrn **eine eigene Exkulpationsmöglichkeit**

IV. Schadensersatz
22. Schadensersatz wegen anderer deliktischer Tatbestände (Überblick) (Fortsetzung)

VI. Aufbauschema für § 832 – Haftung des Aufsichtspflichtigen

Voraussetzungen („haftungsbegründender Tatbestand")

1. **Aufsichtspflichtiger**
2. **Aufsichtsbefohlener**
   - Minderjähriger
   - wegen geistigem und körperlichem Zustand Aufsichtsbedürftiger
3. **Tatbestandsmäßige und rechtswidrige unerlaubte Handlung des Aufsichtsbefohlenen**
4. **Verschulden**
   - widerlegbare Vermutung, dass die Aufsichtspflicht verletzt wurde ***und***
   - dass diese Pflichtverletzung für die Schädigung ursächlich war
5. Keine **Widerlegung** durch Aufsichtspflichtigen

Rechtsfolgen („haftungsausfüllender Tatbestand")

- Ersatz des zugefügten Schadens ⇨ ***S. 227***

VII. Aufbauschema für § 833 – Tierhaltung

Voraussetzungen („haftungsbegründender Tatbestand")

<table>
<tr>
<td>§ 833 S. 1
Tierhalter eines Luxustieres
1. Rechtsgutverletzung
2. durch ein Tier
a) Kausalität i.S.d. Äquivalenztheorie
b) typische Tiergefahr
3. Anspruchsgegner = Tierhalter
Ⓟ Überlassung von Reitpferden – Schädigung des Reiters
4. Kein Verschulden erforderlich: Gefährdungshaftung</td>
<td>§ 833 S. 1 u. 2
Tierhalter eines Nutztieres
1. Rechtsgutverletzung
2. durch ein Tier
a) Kausalität i.S.d. Äquivalenztheorie
b) typische Tiergefahr
3. Anspruchsgegner = Tierhalter
4. Verschulden
des Tierhalters wird vermutet, wenn kein Entlastungsbeweis</td>
<td>§ 834
Tieraufseher
1. Rechtsgutverletzung
2. Tieraufseher
3. durch ein Tier
a) Kausalität i.S.d. Äquivalenztheorie
b) typische Tiergefahr
4. Anspruchsgegner = Tieraufseher
5. Verschulden des Tieraufsehers wird vermutet, wenn kein Entlastungsbeweis</td>
</tr>
</table>

Rechtsfolgen („haftungsausfüllender Tatbestand")

- Ersatz des daraus entstandenen Schadens ⇨ ***S. 226***

<table>
<tr>
<td>Für ein „Luxustier" besteht eine Gefährdungshaftung.
Ein „Luxustier" ist ein Tier, das entweder nicht als Haustier anzusehen ist oder das als Haustier nicht dem Beruf, der Erwerbstätigkeit oder dem Unterhalt des Tierhalters zu dienen bestimmt ist.
☞ Reitpferd; Hund oder Katze, die nur Liebhaberzwecken dienen</td>
<td>Für ein „Nutztier" besteht eine Verschuldenshaftung, wobei das Verschulden vermutet wird und der Tierhalter sich exkulpieren kann.
Ein „Nutztier" ist ein Haustier, das dem Beruf, der Erwerbstätigkeit oder dem Unterhalt des Tierhalters zu dienen bestimmt ist.
☞ das vom Landwirt gehaltene Zucht-, Schlacht- oder Nutzvieh; Blindenhund</td>
<td>Tieraufseher ist nur, wer eine dem Tierhalter angenäherte Stellung hat. Zum Wesen der vertraglich übernommenen „Führung und Aufsicht" über das Tier gehört demgemäß, dass der Übernehmende ein gewisses Maß an selbstständiger Gewalt über das Tier hat (auch wenn er zum Tierhalter in einem Abhängigkeitsverhältnis steht).
Nicht: Stallbursche oder Reitlehrer</td>
</tr>
</table>

IV. Schadensersatz
22. Schadensersatz wegen anderer deliktischer Tatbestände (Überblick) (Fortsetzung)

⚠ *Aufbauschema für den Amtshaftungsanspruch aus § 839 (i.V.m. Art. 34 GG)*
⇨ Aufbauschemata Öffentliches Recht

VIII. Aufbauschema für §§ 836–838 - Gebäudehaftung

Voraussetzungen („haftungsbegründender Tatbestand“)

§ 836	§ 837	§ 838
1. **Eigenbesitzer** des Grundstücks, Abs. 1, oder früherer Besitzer, Abs. 2	1. **Gebäudebesitzer**	1. **Gebäudeunterhaltungspflichtiger**
2. **Personen- o. Sachschäden durch Einsturz o. Ablösung eines Gebäudeteils** ▪ zur Herstellung in ein Gebäude eingefügte Sache ▪ Sache, die in festem baulichem Zusammenhang mit dem Gebäude steht (Baugerüst) 3. **Als Folge fehlerhafter Errichtung o. mangelnder Unterhaltung** 4. **Verschulden** wird vermutet, wenn kein Entlastungsbeweis	= **dto.**	= **dto.**

Rechtsfolgen („haftungsausfüllender Tatbestand“)

§ 836	§ 837	§ 838
▪ Ersatz des daraus entstandenen Schadens ⇨ ***S. 226***	▪ Haftung **anstelle** des Eigenbesitzers des Grundstücks	▪ Haftung **neben** dem Besitzer

IX. Aufbauschema für § 839a – Haftung des gerichtlichen Sachverständigen

Voraussetzungen („haftungsbegründender Tatbestand“)

1. Bestellung des Sachverständigen durch das Gericht
2. Unrichtigkeit des Gutachtens
3. Gerichtliche Entscheidung, die auf der Unrichtigkeit des Gutachtens beruht (nicht anderweitige Erledigungen wie z.B. ein Vergleich unter Eindruck des Gutachtens)
4. Verschulden
   Vorsatz oder grobe Fahrlässigkeit ⇨ ***S. 167***
5. Kein Haftungsausschluss gem. § 839a Abs. 2 i.V.m. § 839 Abs. 3 durch Versäumung eines Rechtsmittels

Rechtsfolgen („haftungsausfüllender Tatbestand“)

- Ersatz des daraus entstandenen Schadens ⇨ ***S. 226***

IV. Schadensersatz
23. Schadensersatz gem. §§ 7, 18 StVG

Halterhaftung, § 7 StVG

I. Voraussetzungen

1. **Rechtsgutverletzung**, § 7 Abs. 1 StVG
   - Tötung
   - Körperverletzung
   - Sachbeschädigung
2. **Bei Betrieb eines Kfz** oder eines Kfz -Anhängers
   a) Kausalität
   b) Realisierung der typischen Betriebsgefahr
3. Anspruchsgegner = **Halter des Kfz**/Anhängers
   - Halter ist, wer Kfz für **eigene Rechnung** in Gebrauch hat und die **Verfügungsgewalt** besitzt
   - Eigentum ist nicht entscheidend
4. **Keine höhere Gewalt** gem. § 7 Abs. 2 StVG:
   - Einwirkung von außerhalb
   - so außergewöhnlich, dass nach menschlicher Einsicht und Erfahrung nicht vorhersehbar
   - durch größte Sorgfalt nicht abwendbar
5. **Verschulden nicht erforderl.:** Gefährdungshaftung
6. **Kein Ausschluss/Einschränkung**
   a) Ausnahmen des § 8 StVG
   b) Vereinbarung Haftungsausschluss, § 8a StVG (unentgeltliche nicht geschäftsmäßige Beförderung)
   c) Verwirkung bei Verletzung der Anzeigepflicht, § 15 StVG

Fahrerhaftung, § 18 StVG

I. Voraussetzungen

1. **Rechtsgutverletzung**, § 7 Abs. 1 StVG
   - Tötung
   - Körperverletzung
   - Sachbeschädigung
2. **Bei Betrieb eines Kfz** oder Kfz-Anhängers
   a) Kausalität
   b) Realisierung der typischen Betriebsgefahr
3. Anspruchsgegner = **Fahrer des Kfz** (mit Anhänger), der nicht zugleich Halter ist
4. **Verschulden** ⇨ ***S. 167***
   - wird gem. § 18 Abs. 1 S. 2 StVG vermutet
   - im Straßenverkehr nach h.M. keine Haftungserleichterungen gem.
     - § 1359: Ehegattenhaftung
     - § 4 LPartG: Lebenspartnerschaftshaftung
     - § 1664: Elternhaftung
5. **Kein Ausschluss/Einschränkung**
   a) Ausnahmen des § 8 StVG
   b) Vereinbarung Haftungsausschluss, § 8a StVG (unentgeltliche nicht geschäftsmäßige Beförderung)
   c) Verwirkung bei Verletzung der Anzeigepflicht, § 15 StVG

II. Rechtsfolgen

1. Grundsätzlich Ersatz gem. §§ 249 ff. ⇨ ***S. 226***
2. Modifikationen:
   a) Umfang der Ersatzpflicht bei **Körperverletzung** gem. § 11 StVG
      - Heilungskosten
      - Vermögensnachteil bei Erwerbsminderung
      - Ausgleich für Mehrung der Bedürfnisse
      - Schmerzensgeld, § 11 S. 2 StVG
   b) Umfang der Ersatzpflicht bei **Tötung** gem. § 10 StVG
      - Heilungskosten
      - Vermögensnachteil bei Erwerbsminderung
      - Ausgleich für Mehrung der Bedürfnisse
      - Beerdigungskosten
      - Unterhalt an Dritte
   c) Höchstbeträge gem. § 12 StVG (Tötung/Verletzung: 5 Mio. €/Sachbeschädigung: 1 Mio. €)
3. Unmittelbarer Anspruch auch gegen die Haftpflichtversicherung des Halters gem. **§ 115 VVG** (Halter und Versicherung haften als Gesamtschuldner)
4. Anspruchskonkurrenz zu **§§ 823 ff.**, die also auch noch zu prüfen sind
5. **Mitverschulden des Geschädigten**, der nicht selbst Halter oder Fahrzeugführer ist, richtet sich nach § 9 StVG i.V.m. § 254 (Erweiterung der Zurechnung auf ein Mitverschulden des Gewahrsamsinhabers)
6. **Mitverschulden unter mehreren Haltern/Fahrzeugführern** richtet sich nach § 17 StVG
   a) § 17 Abs. 2 StVG: Quotenbildung unter Kfz-Haltern bzw. -Fahrern untereinander (ohne Drittbeteiligung)
   b) § 17 Abs. 3 StVG: Keine Quotenbildung, wenn unabwendbares Ereignis (Maßstab: nur wenn überdurchschnittlicher Fahrer bei Anwendung äußerster Sorgfalt den Unfall nicht vermeiden konnte = Idealfahrer)

IV. Schadensersatz
24. Schadensersatz gem. § 1 Abs. 1 ProdHaftG

I. Anwendbarkeit des ProdHaftG

(+), wenn Produkt nach dem 01.01.1990 in den Verkehr gebracht wurde, § 16 i.V.m. § 19 ProdHaftG
Anspruchskonkurrenz zu **§§ 823 ff.** (vgl. § 15 Abs. 2 ProdHaftG)

II. Voraussetzungen

1. **Rechtsgutverletzung**, § 1 Abs. 1 ProdHaftG
   a) Leben
   b) Körper/Gesundheit
   c) Sachbeschädigung, aber gem. § 1 Abs. 1 S. 2 ProdHaftG nur, wenn:
   - **andere Sache** als das fehlerhafte Produkt beschädigt wird
   - ***und*** Sache ihrer Art nach gewöhnlich zum **privaten Gebrauch bestimmt** ist
   - ***und*** Sache vom Geschädigten auch hauptsächlich **privat genutzt** wurde
2. **Verursacht durch Produktfehler**
   a) **Produkt**, § 2 ProdHaftG
   - jede bewegliche Sache
   - auch Teile einer beweglichen/unbeweglichen Sache
   - Elektrizität
   - auch landwirtschaftliche Produkte
   - nicht: Arzneimittel, § 15 Abs. 1 ProdHaftG

   Ⓟ *Weiterfresserschäden* ⇨ ***S. 56;***
   (–) beim Endhersteller, (+) beim Zulieferer eines Teilprodukts

   b) **Fehler**, § 3 ProdHaftG
   - Es gilt nicht der kaufrechtliche Sachmangelbegriff, sondern ein eigener „sicherheitsrelevanter" Fehlerbegriff
   - Produkt nach h.M. immer dann fehlerhaft, wenn herstellerspezifische Verkehrssicherungspflicht verletzt (Konstruktions-, Fabrikations-, Instruktionsfehler)
   - aber: auch Haftung für einzelne „Ausreißer"
   - Relevanter Zeitpunkt: Inverkehrbringen

   c) **Kausalität** des Produktfehlers für die Rechtsgutverletzung
3. **Anspruchsgegner = Hersteller**, § 4 ProdHaftG
   a) **Endprodukthersteller**, § 4 Abs. 1 S. 1 ProdHaftG
   b) **Zulieferant**, § 4 Abs. 1 S. 1 ProdHaftG
   c) **Quasi-Hersteller** (Versehen eines Produkts mit eigenem Warenzeichen), § 4 Abs. 1 S. 2 ProdHaftG
   d) **Importeur** (bei Importen außerhalb der EG), § 4 Abs. 2 ProdHaftG
   e) **Lieferant**, wenn kein „anderer" Hersteller feststellbar, § 4 Abs. 3 ProdHaftG

IV. Schadensersatz
24. Schadensersatz gem. § 1 Abs. 1 ProdHaftG
(Fortsetzung)

II. Voraussetzungen (Fortsetzung)

4. **Kein Haftungsausschluss**, § 1 Abs. 2 u. 3 ProdHaftG
   a) Produkt nicht durch Hersteller in Verkehr gebracht
   b) Fehlerfreiheit des Produkts bei Inverkehrbringen
   c) Nichtkommerzielle Herstellung/Vertrieb
   d) Fehler beruht auf zwingender Rechtsvorschrift
   e) Fehler z.Z. des Inverkehrbringens nicht erkennbar
   f) Keine Haftung des Teilherstellers bei Konstruktionsfehler durch Endprodukthersteller
   g) **Keine weitergehenden (vertraglichen) Haftungsausschlüsse, § 14 ProdHaftG**
   ⚠ ***Beweislastverteilung*** *des § 1 Abs. 4 ProdHaftG*

III. Rechtsfolgen

1. Grundsätzlich Ersatz gem. §§ 249 ff. BGB ⇨ ***S. 226***
2. Modifikationen:
   a) Umfang der Ersatzpflicht bei **Körperverletzung**, §§ 8–10 ProdHaftG
      - Heilungskosten
      - Vermögensnachteil bei Erwerbsminderung
      - Ausgleich für Mehrung der Bedürfnisse
      - Schmerzensgeld, § 8 S. 2 ProdHaftG
      - Höchstbetrag: 85 Mio. €, § 10 Abs. 1 ProdHaftG
   b) Umfang der Ersatzpflicht bei **Tötung** gem. § 7 ProdHaftG
      - Heilungskosten
      - Vermögensnachteil bei Erwerbsminderung
      - Ausgleich für Mehrung der Bedürfnisse
      - Beerdigungskosten
      - Unterhalt an Dritte
   c) **Selbstbeteiligung** (bei Sachschäden) gem. § 11 ProdHaftG (500 €)
3. **Mitverschulden des Geschädigten** gem. § 6 ProdHaftG i.V.m. § 254 (Erweiterung der Zurechnung auf ein Mitverschulden des Gewahrsamsinhabers)

IV. Verjährung

1. § 12 ProdHaftG: 3 Jahre ab Kenntnis des Geschädigten von den Anspruchsvoraussetzungen
2. § 13 ProdHaftG: Erlöschen der Ansprüche 10 Jahre nachdem der Hersteller das Produkt in Verkehr gebracht hat.

V. Herausgabe/Rückzahlung/Wertersatz
1. Anspruchsgrundlagen

I. Vertrag

Beendigung eines Vertrages

▪ § 546 Abs. 1	Rückgabepflicht des Mieters
▪ § 546 Abs. 2	Rückgabepflicht des Untermieters
▪ §§ 581 Abs. 2, 546	Rückgabepflicht des Pächters
▪ § 604	Rückgabepflicht des Entleihers
▪ § 488 Abs. 1 S. 2 Var. 2	Rückzahlung eines Gelddarlehens
▪ § 607 Abs. 1 S. 2 Var. 2	Rückgewähr von Sachen gleicher Art, Güte und Menge beim Sachdarlehen
▪ § 667	Herausgabe des zur Ausführung eines Vertrages Erhaltenen sowie des aus der Ausführung Erlangten
▪ § 695 S. 1	Rückforderungsrecht bei Verwahrung
▪ § 1223	Rückgabepflicht des Pfandgläubigers

⚠ *Es handelt sich bei diesen Ansprüchen zwar um vertragliche Primäransprüche, die allerdings nicht im Synallagma stehen und daher auch kein Zurückbehaltungsrecht gem. § 320 Abs. 1 begründen; ggf. aber nach § 273 Abs. 1.*

Rückabwicklung eines Vertrages

§ 346	Rückabwicklung eines Vertrages (Grundschema)	⇨ ***S. 71***
§§ 346, 326 Abs. 4	Rückabwicklung der Leistung bei Unmöglichkeit	⇨ ***S. 74***
§ 323 Abs. 1	Rückabwicklung nach Rücktritt wegen Nicht- oder Schlechtleistung	⇨ ***S. 76***
§§ 346, 323, 437 Nr. 2 bzw. § 634 Nr. 3	Rückabwicklung nach Rücktritt wegen Nicht- oder Schlechtleistung im Kauf- bzw. Werkvertragsrecht	⇨ ***S. 78***
§§ 346, 324	Rückabwicklung nach Rücktritt wegen Nebenpflichtverletzung	⇨ ***S. 80***
§§ 346, 326 Abs. 5, 323	Rückabwicklung nach Rücktritt bei Unmöglichkeit	⇨ ***S. 81***
§§ 346, 326 Abs. 5, 437	Rückabwicklung nach Rücktritt bei Unmöglichkeit der Nacherfüllung im Kauf- bzw. Werkvertrag	⇨ ***S. 83***
§§ 346, 281 Abs. 5	Rückabwicklung, wenn Gläubiger Schadensersatz statt der ganzen Leistung verlangt	⇨ ***B II 19 (Minderung im Kauf- und Werkvertragsrecht)*** / ⇨ ***S. 71*** / ⇨ ***B II 20 (Minderung im Miet- und Reiserecht)***
§§ 346, 439 Abs. 4	Rückabwicklung bei Nachlieferung im Kaufrecht	
§§ 346, 635 Abs. 4	Rückabwicklung bei Neuherstellung im Werkvertragsrecht	
§§ 346, 441 Abs. 4	Rückzahlung der Zuvielzahlung bei Minderung im Kaufrecht	
§§ 346, 638 Abs. 4	Rückzahlung der Zuvielzahlung bei Minderung im Werkvertragsrecht	
§§ 346, 651m Abs. 2	Rückzahlung der Zuvielzahlung bei Minderung im Reiserecht	
§§ 346, 651l Abs. 2 S. 2 Hs. 2	Rückzahlung der Zuvielzahlung bei Kündigung im Reiserecht analog ***(⚠ Rückzahlung der Zuvielzahlung bei Minderung im Mietrecht nach h.M. gem. §§ 812 ff.)***	

V. Herausgabe/Rückzahlung/Wertersatz
1. Anspruchsgrundlagen (Fortsetzung)

II. Vertragsähnlich

§§ 677, 681 S. 2, 667	Herausgabeanspruch des Geschäftsherrn bei berechtigter GoA	
§§ 677, 681 S. 2, 667	Herausgabeanspruch des Geschäftsherrn bei unberechtigter GoA	*vgl. dazu* ⇨ ***S. 48***
§§ 687 Abs. 2, 681 S. 2, 667	Herausgabeanspruch des Geschäftsherrn bei angemaßter GoA	*vgl. dazu* ⇨ ***S. 48***
§§ 684 S. 1, 812 ff.	Herausgabeanspruch des Geschäftsführers bei unberechtigter GoA (Rechtsfolgenverweisung); **siehe zum Umfang der Herausgabepflicht**	⇨ ***S. 233***
§§ 687 Abs. 2 S. 2, 684 S. 1, 812 ff.	Herausgabeanspruch des Geschäftsführers bei angemaßter GoA, wenn der Geschäftsherr Ansprüche nach § 687 Abs. 2 S. 1 geltend macht (Rechtsfolgenverweisung); **siehe zum Umfang der Herausgabepflicht**	⇨ ***S. 233***

III. Dinglich

§ 985	Herausgabeanspruch des Eigentümers	⇨ ***S. 85***
§ 861	Herausgabeanspruch des früheren Besitzers	⇨ ***S. 88***
§ 1007 Abs. 1 u. 2	Herausgabeanspruch des „besseren" Besitzers	⇨ ***S. 90***
§§ 1065, 985	Herausgabeanspruch des Nießbrauchers	vgl. ⇨ ***S. 86***
§§ 1227, 985	Herausgabeanspruch des Pfandgläubigers	*vgl. dazu* ⇨ ***S. 275***
§ 1231 S. 1	Herausgabe eines Pfandes bei besitzlosem Pfandrecht	*vgl. dazu* ⇨ ***S. 275***
§ 2018	Herausgabepflicht des Erbschaftsbesitzers	vgl. ⇨ ***S. 296***

IV. Deliktisch

§§ 823 ff.	Schadensersatz (Naturalrestitution) wenn Schaden in Vorenthaltung der Sache besteht	⇨ ***S. 56***
§§ 852, 812 ff.	Bereicherungshaftung des Deliktstäters nach Verjährung des Schadensersatzanspruchs	

V. Bereicherungsrechtlich

§ 812 Abs. 1 S. 1 Alt. 1 bzw. § 812 Abs. 1 S. 2 Alt. 1	Leistungskondiktion wg. Verfehlung des Erfüllungszwecks	⇨ ***S. 91***	*i.V.m.* ⇨ ***S. 234***
§ 812 Abs. 1 S. 2 Alt. 2	Leistungskondiktion wg. sonstiger Zweckverfehlung	⇨ ***S. 93***	*i.V.m.* ⇨ ***S. 234***
§ 817	Leistungskondiktion bei Sitten- oder Gesetzesverstoß	⇨ ***S. 94***	*i.V.m.* ⇨ ***S. 234***
§ 816 Abs. 1 S. 1	Herausgabe bei Nichtleistungskondiktion ggü. Verfügendem	⇨ ***S. 95***	*i.V.m.* ⇨ ***S. 234***
§ 816 Abs. 1 S. 2	Herausgabe bei Nichtleistungskondiktion ggü. Drittem	⇨ ***S. 95***	*i.V.m.* ⇨ ***S. 234***
§ 816 Abs. 2	Herausgabe bei Nichtleistungskondiktion ggü. Empfänger	⇨ ***S. 97***	*i.V.m.* ⇨ ***S. 234***
§ 812 Abs. 1 S. 1 Alt. 2	Herausgabe bei allgemeiner Nichtleistungskondiktion	⇨ ***S. 98***	*i.V.m.* ⇨ ***S. 234***
§ 822	Herausgabe Dritter bei Unentgeltlichkeit		*i.V.m.* ⇨ ***S. 234***
§§ 951 Abs. 1 S. 1, 812 ff.	Kondiktion bei Eigentumsverlust kraft Gesetzes	⇨ ***S. 100***	*i.V.m.* ⇨ ***S. 234***

V. Herausgabe/Rückzahlung/Wertersatz
2. Rückabwicklung gem. § 346 – Grundschema

I. Rücktrittsgrund oder Verweisung

1. **Vertraglich vereinbartes Rücktrittsrecht, § 346 Abs. 1 Alt. 1**

   z.B. Verwirkungsklausel, § 354

2. **Gesetzliches Rücktrittsrecht, § 346 Abs. 1 Alt. 2**

   a) **§ 323:** Rücktritt wegen **Nicht- oder Schlechtleistung** (einschl. Rücktritt wegen Nicht- oder Schlechtleistung der Nacherfüllung im Kaufrecht, §§ 437 Nr. 2 Alt. 1, 323, und im Werkvertragsrecht, §§ 634 Nr. 3 Alt. 1, 323) ⇨ ***S. 76/77,*** ⇨ ***S. 78 (Kauf- und Werkvertragsrecht)***

   b) **§ 324:** Rücktritt wegen Nebenpflichtverletzung ⇨ ***S. 80***

   c) **§ 326 Abs. 5:** Rücktritt wegen Ausschlusses der Leistungspflicht (einschl. Rücktritt wegen Ausschlusses der Nacherfüllung im Kaufrecht, §§ 437 Nr. 2 Alt. 1, 326 Abs. 5, und im Werkvertragsrecht, §§ 634 Nr. 3 Alt. 1, 326 Abs. 5) ⇨ ***S. 81,*** ⇨ ***S. 83 (Kauf- und Werkvertragsrecht)***

3. **(Rechtsfolgen)verweisungen auf §§ 346 ff.**
   (in diesem Prüfungsschema nur IV. zu prüfen ⇨ ***S. 72)***

   - **§ 281 Abs. 5** (Gläubiger verlangt Schadensersatz statt der ganzen Leistung)
   - **§ 326 Abs. 4** (Rückforderung der Gegenleistung bei Befreiung von der Leistung wegen Unmöglichkeit) ⇨ ***S. 74***
   - **§ 439 Abs. 6** (Rückforderung der Leistung bei Nachlieferung im Kaufrecht)
   - **§ 635 Abs. 4** (Rückforderung des Werkes bei Neuherstellung im Werkvertragsrecht)

4. **Verweis nur auf § 346 Abs. 1 und § 347 Abs. 1**
   (in diesem Prüfungsschema nur IV. zu prüfen ⇨ ***S. 72)***

   - **§ 441 Abs. 4** (Rückforderung der Zuvielzahlung bei Minderung im Kaufrecht) ⇨ ***S. 199***
   - **§ 638 Abs. 4** (Rückforderung der Zuvielzahlung bei Minderung im Werkvertragsrecht) ⇨ ***S. 199***
   - **§ 651m Abs. 2** (Rückforderung der Zuvielzahlung bei Minderung im Reiserecht) ⇨ ***S. 200***

II. Rücktrittserklärung, § 349

Rücktritt = Gestaltungsrecht, empfangsbedürftige, formfreie (ggf. konkludente) Willenserklärung ⇨ ***S. 144, 145***

III. Kein Ausschluss/Unwirksamkeit, §§ 350–353

- **§ 350:** Vereinbarung einer Frist beim vertraglichen Rücktrittsrecht
- **§ 351:** Rücktritt bei mehreren Rücktrittsberechtigten
- **§ 352:** Aufrechnung unverzüglich nach Rücktrittserklärung
- **§ 353:** Keine rechtzeitige Entrichtung eines vereinbarten Reugeldes

V. Herausgabe/Rückzahlung/Wertersatz
2. Rückabwicklung gem. § 346 – Grundschema
(Fortsetzung)

IV. Rechtsfolgen

1. **Vorrangig „Rückgabe in Natur", § 346 Abs. 1 („Zug-um-Zug", § 348)**
   a) Rückgewähr der Leistungen
   b) Herausgabe der gezogenen Nutzungen
      - Nutzungen = Früchte (§ 99), Gebrauchsvorteile (§ 100) und ersparte Schuldzinsen
      - In der Regel ist Herausgabe von Nutzungen „in Natur" nicht möglich (denkbar aber z.B. bei Fruchtziehung, wenn Früchte noch vorhanden)
      - Pflicht zum Ersatz schuldhaft nicht gezogener Nutzungen nach § 347 (Haftungsmaßstab bei gesetzlichem Rücktrittsrecht, § 277) ⇨ ***S. 167***

   ⚠ *Anders als bei § 439 Abs. 6 ist bei einem Rücktritt die Herausgabe von Nutzungen unstreitig. Der Unterschied besteht in Folgendem: Beim Rücktritt wird der Vertrag vollständig rückabgewickelt, sodass z.B. auch der Verkäufer Nutzungen (= Zinsen) herauszugeben hat, während es bei der Nachlieferung (⇨ **S. 12**) oder der Neuherstellung (⇨ **S. 14**) bei dem ursprünglichen Vertrag bleibt.*
2. **Nachrangig Wertersatz** für empfangene Leistungen *und* Nutzungen**, § 346 Abs. 2**, wenn
   a) Herausgabe nach Natur des Erlangten nicht möglich (z.B. Gebrauchsvorteile/erbrachte Dienstleistung)
   b) Verbrauch, Veräußerung, Belastung, Verarbeitung oder Umgestaltung des Gegenstandes

   Ⓟ *Unmöglichkeit der Rückgewähr erforderlich?*
   (Nach h.M. ist ungeschriebene Voraussetzung eines Wertersatzanspruchs nach § 346 Abs. 2 S. 1 Nr. 2 die Unmöglichkeit der Rückgewähr in Natur.)

   c) Untergang, Verschlechterung (nicht allerdings Verschlechterung infolge bestimmungsgemäßer Ingebrauchnahme = ☞ „Zulassungsschaden" bei Kfz)

   ⚠ *Gemäß § 346 Abs. 2 S. 2 ist bei der Berechnung des Wertersatzes eine im Vertrag vereinbarte Gegenleistung zugrunde zu legen (dies gilt auch bei Rücktritt wegen Zahlungsverzugs des Schuldners).*
3. **Ausschluss der Wertersatzpflicht, § 346 Abs. 3**
   a) Mangel zeigt sich erst bei Verarbeitung oder Umgestaltung (analog bei Verbrauch)
   b) Gläubiger *(⚠ gemeint ist Gläubiger des Rückgewährschuldverhältnisses, z.B. ursprünglicher Verkäufer)* hat Untergang zu vertreten (§ 276); **gemeint ist untechnisch aber jede Pflichtverletzung, d.h. auch mangelbedingter Untergang bzw. Verschlechterung** (wichtigster Anwendungsbereich!!)
   c) Schaden wäre bei Gläubiger (= ursprünglicher Verkäufer) ebenfalls eingetreten
   d) Bei **gesetzlichem Rücktrittsrecht:** Ausschluss der Wertersatzpflicht bei Einhaltung eigenüblicher Sorgfalt (§ 277)

   Ⓟ *Privilegierung auch nach Kenntnis des Rücktrittsgrundes/Rücktrittserklärung?*
   (Überwiegend wird angenommen, bereits ab Kenntnis/Kennenmüssen vom Rücktrittsgrund müsse § 346 Abs. 3 teleologisch reduziert werden. Nach a.A. ist dies aber erst ab Erklärung des Rücktritts geboten, da der Käufer bis dahin seine Rechte abwägen können soll.)

   ⚠ *Wenn Wertersatzpflicht ausgeschlossen, ist gem. § 346 Abs. 3 S. 2 eine verbleibende Bereicherung nach §§ 812 ff. herauszugeben (Rechtsfolgenverweis)!* ⇨ ***S. 235***

V. Herausgabe/Rückzahlung/Wertersatz
2. Rückabwicklung gem. § 346 – Grundschema
(Fortsetzung)

IV. Rechtsfolgen (Fortsetzung)

4. **Schadensersatzpflicht, §§ 346 Abs. 4, 280 ff.**
   - Für Pflichtverletzungen ***nach*** Rücktrittserklärung (Verletzung einer Pflicht aus dem Rückgewährschuldverhältnis) ⇨ ***S. 25–27***
   - Für Pflichtverletzungen ***vor*** Rücktrittserklärung aber **nach** Kenntnis des Rücktrittsgrundes wird überwiegend eine Schadensersatzverpflichtung angenommen. Umstritten ist die dogmatische Begründung:
     - Nach e.A. bestehen „vorgreifliche Nebenpflichten", sodass sich ein Anspruch aus §§ 346 Abs. 4, 280 Abs. 1, 241 Abs. 2 ergibt.
     - Nach a.A. handelt es sich um Nebenpflichten zum Kaufvertrag, sodass der Anspruch aus §§ 280 Abs. 1, 241 Abs. 2 folgt.
5. **Verwendungsersatzanspruch des Rücktrittsschuldners, §§ 347 Abs. 2 S. 2, 812 ff.**

   Der Rücktrittsschuldner kann seine notwendigen Verwendungen (= Aufwendungen auf die Sache, die zu ihrer Erhaltung objektiv notwendig waren) verlangen, wenn er
   - den geschuldeten Gegenstand zurückgewährt,
   - Verwendungsersatz leistet ***oder***
   - der Wertersatzanspruch ausgeschlossen ist.
6. **Aufwendungsersatzanspruch des Rücktrittsschuldners, §§ 347 Abs. 2 S. 1, 812 ff.**

   Der Rücktrittsschuldner kann seine anderen Aufwendungen verlangen, wenn der Rücktrittsgläubiger durch sie bereichert ist. Zum Umfang der Haftung ⇨ ***S. 235***

   Rechtsfolgenverweisung auf Bereicherungsrecht (str.)

V. Verjährung

⚠ *Die Verjährung von Rückgewähr- und Ersatzansprüchen, die als Folge aus einem wirksam erklärten Rücktritt entstehen, ist nicht zu verwechseln mit der **„Quasi-Verjährung"** des Rücktrittsrechts gem. **§ 218** (vgl. § 438 Abs. 4/§ 634a Abs. 4)! ⇨ **S. 77**, ⇨ **S. 79** (Kauf- und Werkvertragsrecht)*

1. Verjährung der (wirksam begründeten) Rückgewähr- bzw. Ersatzansprüche entsprechend der Fristen, die für die rückabzuwickelnden Primärleistungsansprüche gegolten hätten, regelmäßig also
   a) relative Frist des § 195: 3 Jahre ab Ende des Jahres der Anspruchsentstehung und Kenntnis des Gläubigers (§ 199 Abs. 1)

   b) absolute Frist des § 199 Abs. 3 Nr. 1: 10 Jahre ab Anspruchsentstehung
2. **Besonderheiten:**
   a) Im Reiserecht gilt für die Rückzahlungsansprüche nach Minderung bzw. Kündigung die zweijährige Verjährung des § 651j.

   b) Für Rückabwicklungsansprüche im Kauf- und Werkvertragsrecht ⇨ ***S. 79***.

⇨ ***S. 230***

V. Herausgabe/Rückzahlung/Wertersatz
3. Rückforderung der Leistung bei Unmöglichkeit, § 326 Abs. 4

I. Voraussetzungen

1. **Gegenseitiger Austauschvertrag**
   - Kauf-, Werk-, Reise-, Miet-, Pacht-, Dienst-, entgeltlicher Geschäftsbesorgungsvertrag, Darlehen
   - Nicht: einseitig verpflichtende Verträge (Bürgschaft, Schenkung)
   - Nicht: Unvollkommen zweiseitige Verträge (Leihe, Auftrag, Maklervertrag)
   - Nicht: Gesellschaftsvertrag (zwar gegenseitig, aber kein Austauschvertrag)
2. **Untergang des Leistungsanspruchs gem. § 275 Abs. 1–3** ⇨ ***S. 170***

> ⚠ *Auf den Untergang des **Nacherfüllungsanspruchs** ist § 326 Abs. 1–4 **nicht** anwendbar, da es nicht zu einer „automatischen" Minderung kommen soll (vgl. § 326 Abs. 1 S. 2).*
> ***Aber: §§ 326 Abs. 5, 323:***
> *Gläubiger kann im Falle der nicht behebbaren Schlechtleistung gem. § 323 ohne Fristsetzung vom Vertrag zurücktreten, wenn die Pflichtverletzung **nicht unerheblich** ist (§ 323 Abs. 5 **S. 2**).*
> ***⇨ S. 79, ⇨ S. 83 (Kauf- und Werkvertragsrecht)***

II. Reichweite der Befreiung des Gläubigers von der Gegenleistung

- **Grundsatz § 326 Abs. 1 S. 1 Hs. 1:** Ist Schuldner gem. § 275 **vollständig** von der **Leistung** befreit, wird Gläubiger ebenfalls **vollständig** von Gegenleistung befreit.
- **Teilleistung § 326 Abs. 1 S. 1 Hs. 2:** Ist Schuldner gem. § 275 nur teilweise von der Leistung befreit, wird Gläubiger entsprechend § 441 Abs. 3 auch nur teilweise von Gegenleistung befreit.

> ***Aber: §§ 326 Abs. 5, 323:***
> *Gläubiger kann im Falle der **Teilleistung** gem. § 323 ohne Fristsetzung vom Vertrag zurücktreten, wenn er an der Teilleistung **kein Interesse** hat (§ 323 Abs. 5 **S. 1**).*
> ***⇨ S. 82, ⇨ S. 83 (Kauf- und Werkvertragsrecht)***

III. Bestehenbleiben der Gegenleistung

- § 326 Abs. 2 S. 1 Var. 1: Überwiegende **Verantwortlichkeit** des Gläubigers (kein Vertretenmüssen im technischen Sinne erforderlich!)
  - Verletzung einer dem Schuldner gegenüber bestehenden Verhaltenspflicht (§§ 276, 278 entsprechend)
  - Obliegenheitsverletzung (z.B. Herbeiführung des Leistungserfolges durch den Gläubiger)
  - Vertragliche Risikoübernahme
    Ⓟ ***Beiderseitig zu vertretende Unmöglichkeit?***
    (Nach h.M. bleibt Gegenleistungsanspruch nur dann bestehen, wenn dem Schuldner kein Verursachungsbeitrag gem. § 254 zuzurechnen ist, was aus der Formulierung „weit" überwiegend folgt; vgl. zur Parallelproblematik bei Nicht- oder Schlechtleistung § 323 Abs. 6 S. 1 Var. 1)

V. Herausgabe/Rückzahlung/Wertersatz

3. Rückforderung der Leistung bei Unmöglichkeit, § 326 Abs. 4 (Fortsetzung)

III. Bestehenbleiben der Gegenleistung (Fortsetzung)

- **§ 326 Abs. 2 S. 1 Var. 2: Annahmeverzug** des Gläubigers und kein Vertretenmüssen des Schuldners (Maßstab: § 300 Abs. 1!) ⇨ ***S. 176***

  ⚠ *Bleibt die Gegenleistung nach **§ 326 Abs. 2** bestehen, wird dasjenige angerechnet, was der Schuldner (der untergegangenen Leistung) erspart oder durch anderweitige Verwendung seiner Arbeitskraft erwirbt oder zu erwerben böswillig unterlässt, § 326 Abs. 2 S. 2.*
- **§ 326 Abs. 3:** Gläubiger verlangt gem. § 285 das stellvertretende commodum

IV. Rückforderung einer nicht geschuldeten Gegenleistung

- Gegenleistung, die gem. § 326 nicht geschuldet wird, wurde bereits erbracht
- Rückforderungsrecht gem. § 326 Abs. 4 **soweit** Befreiung reicht (Rechtsfolgenverweisung auf §§ 346 ff.) ⇨ ***S. 72***

  ⚠ ***Besonderheit:*** *Privilegierung des § 346 Abs. 3 Nr. 3 nicht anwendbar für den Gläubiger der Gegenleistung, da dies eine Privilegierung des Rücktrittsberechtigten darstellen soll, was im Fall des § 326 Abs. 4 einer Begünstigung des Rücktrittsgegners entsprechen würde.*

V. Herausgabe/Rückzahlung/Wertersatz
4. Rücktritt bei Nicht- oder Schlechtleistung, § 323 Abs. 1

⚠ *Beachte die Parallelen zum Schadensersatzanspruch gem. §§ 280 Abs. 1 u. 3, 281* ⇨ ***S. 25***

⚠ *Der unmittelbare Anwendungsbereich von § 323 Abs. 1 Alt. 2 (Schlechtleistung) ist nur gering, da diese Fälle meist die Anwendung des Gewährleistungsrechts eröffnen.* ⇨ ***S. 78***

I. Voraussetzungen

1. **Gegenseitiger Austauschvertrag**
   - Kauf-, Werk-, Reise-, Miet-, Pacht-, Dienst-, entgeltlicher Geschäftsbesorgungsvertrag, Darlehen
   - Nicht: einseitig verpflichtende Verträge (Bürgschaft, Schenkung)
   - Nicht: Unvollkommen zweiseitige Verträge (Leihe, Auftrag, unentgeltliche Verwahrung, Maklervertrag)
   - Nicht: Gesellschaftsvertrag (zwar gegenseitig, aber kein Austauschvertrag)
2. **Nicht-/Schlechtleistung im Zeitpunkt der Fälligkeit**
   (⚠ nicht bei Verträgen mit besonderem Gewährleistungsrecht)
   - Jede vertragliche **Leistungs**pflicht (nicht notwendig eine synallagmatische)
   - Auch Neben**leistungs**pflichten, nicht jedoch reine Nebenpflichten (dann Rücktritt nur nach § 324) ⇨ ***S. 80***
3. **Fälliger und durchsetzbarer Anspruch**

   a) **Relevanter Zeitpunkt**
   - Zeitpunkt des **Fristablaufs**
   - Bei Entbehrlichkeit der Fristsetzung: Zeitpunkt des Eintritts der **Umstände, die die Fristsetzung entbehrlich gemacht haben**

   b) **Fälligkeit** (⇨ ***S. 166***)

   Ist offensichtlich, dass die Voraussetzungen des Schadensersatzanspruchs eintreten werden, ist gem. § 323 Abs. 4 die Fälligkeit entbehrlich (darunter fällt vor allem die ernsthafte und endgültige Erfüllungsverweigerung, die zu einem Rücktritt ohne Fristsetzung berechtigt, § 323 Abs. 2 Nr. 1)

   c) **Durchsetzbarkeit**
   - Allein das Bestehen der Einreden aus §§ 320, 214, 275 Abs. 2 u. 3 hindert die Durchsetzbarkeit
   - Zurückbehaltungsrecht nach § 273 muss geltend gemacht werden
4. **Erfolgloser Fristablauf oder Entbehrlichkeit der Fristsetzung**

   a) **Grundsätzlich: Erforderlichkeit einer angemessenen Fristsetzung, § 323 Abs. 1**
   - Zu kurze Frist setzt angemessene Frist in Gang.
   - Wird keine konkrete Frist gesetzt, reicht auch ein ernsthaftes Erfüllungsverlangen; dies setzt eine angemessene Frist in Gang; Angabe eines Zeitraums oder Termins nicht erforderlich.

   b) **Entbehrlichkeit:**
   - Entbehrlichkeit aufgrund Parteivereinbarung (nicht möglich in AGB gem. § 309 Nr. 4 bzw. gegenüber Unternehmern gem. § 307 Abs. 1, wenn Fristsetzung dadurch für **Verwender** entbehrlich)
   - Ernsthafte und endgültige Erfüllungsverweigerung, § 323 Abs. 2 Nr. 1
   - Relatives Fixgeschäft, § 323 Abs. 2 Nr. 2
     (zum absoluten Fixgeschäft vgl. ⇨ ***S. 170***)
   - Besondere Umstände i.S.v. § 323 Abs. 2 Nr. 3
   - Abmahnung, § 323 Abs. 3 (z.B. bei Unterlassungsansprüchen)
   - Befreiung des Schuldners von der Leistung gem. § 275 Abs. 1–3, vgl. § 326 Abs. 5 ⇨ ***S. 81***

V. Herausgabe/Rückzahlung/Wertersatz
4. Rückritt bei Nicht- oder Schlechtleistung, § 323 Abs. 1
(Fortsetzung)

I. Voraussetzungen (Fortsetzung)

c) **Erfolgloser Fristablauf**

- Keine Einhaltung der Frist bei Teilleistung (§ 266)
- Frist zur Leistung wird nach h.M. auch bei einer Schlechtleistung eingehalten (ggf. neue Fristsetzung zur Nacherfüllung erforderlich).

⚠ ***Anders als bei § 281 Vertretenmüssen nicht erforderlich.***

⚠ *Damit sind die Voraussetzungen für großen Schadensersatz/Rücktritt – bis auf das Vertretenmüssen – nahezu identisch. In Klausuren sollte daher immer an **beides** gedacht werden (insbes. aufgrund § 325), wenn nach der Rückzahlung des Kaufpreises gefragt wird.*

II. Ausschlussgründe

- **§ 323 Abs. 5 S. 1:**
  Bei **Teilleistung** ist **Rücktritt vom ganzen Vertrag** grds. nicht möglich, es sei denn, Gläubiger hat an Teilleistung **kein Interesse**.
- **§ 323 Abs. 5 S. 2:**
  Bei **Schlechtleistung** ist Rücktritt grds. möglich, es sei denn, der Mangel ist unerheblich.
  Ⓟ *Unerheblichkeit nicht bei Arglist* ⇨ ***S. 83***
- **§ 323 Abs. 6 Var. 1:**
  Überwiegende **Verantwortlichkeit** des Gläubigers
  - Verletzung einer dem Schuldner gegenüber bestehenden Verhaltenspflicht (§§ 276, 278 analog)
  - Obliegenheitsverletzung (z.B. Herbeiführung des Leistungserfolges durch den Gläubiger)
  - Vertragliche Risikoübernahme
    Ⓟ ***Beiderseitig zu vertretendes Leistungshindernis?***
    (Nach h.M. bleibt Gegenleistungsanspruch nur dann bestehen, wenn dem Schuldner kein Verursachungsbeitrag gem. § 254 zuzurechnen ist, was aus der Formulierung „weit überwiegend" folgt. Vgl. zur Parallelproblematik bei Unmöglichkeit § 326 Abs. 2 S. 1 Var. 1)
- **§ 323 Abs. 6 Var. 2:**
  Annahmeverzug des Gläubigers und kein Vertretenmüssen des Schuldners (Maßstab: § 300 Abs. 1!) ⇨ ***S. 173***

III. Keine Unwirksamkeit wegen „Quasi-Verjährung", § 218

1. Verjährung gilt nur für **Ansprüche (§ 194)**; Rücktritt ist aber Gestaltungsrecht und verjährt daher nicht.
2. Gem. § 218 Abs. 1 S. 1 ist Rücktritt jedoch unwirksam, wenn der ihm zugrunde liegende Erfüllungs- oder Nacherfüllungs**anspruch** verjährt ist. ⇨ ***S. 230***
3. Besteht kein Erfüllungs- oder Nacherfüllungsanspruch wegen § 275 Abs. 1–3, kommt es auf eine **hypothetische Verjährung** des Anspruchs an, § 218 Abs. 1 S. 2.
4. Bei einem Eigentumsvorbehaltskauf ist der Rücktritt auch möglich, wenn der gesicherte Anspruch verjährt ist, § 218 Abs. 1 S. 3 i.V.m. § 216 Abs. 2 S. 2.

IV. Rechtsfolgen

Gesetzliches **Rücktrittsrecht:** Rückabwicklung gem. §§ 346 ff. ⇨ ***S. 71***

V. Herausgabe/Rückzahlung/Wertersatz
5. Rücktritt bei Schlechtleistung im Kauf- bzw. Werkvertragsrecht, § 437 Nr. 2 Alt. 1 bzw. § 634 Nr. 3 Alt. 1, § 323

⚠ *Im Gewährleistungsrecht richtet sich der Rücktritt grds. nach § 323 Abs. 1* ***Var. 2*** *(nicht vertragsgemäße Leistung), da stets ein Mangel erforderlich ist. Im Rahmen der Erheblichkeitsprüfung wird aber bei einer Teilleistung trotzdem auf § 323 Abs. 5* ***S. 1*** *zurückgegriffen.*

I. Voraussetzungen

1. Wirksames Zustandekommen eines Kauf- bzw. Werkvertrages ⇨ ***S. 7***
2. Vorliegen eines Mangels (§ 434 bzw. § 633) im relevanten Zeitpunkt
⇨ ***S. 10 (Kaufrecht),*** ⇨ ***S. 13 (Werkvertragsrecht)***
3. **Erfolgloser Fristablauf oder Entbehrlichkeit der Fristsetzung**
   a) Grundsätzlich: Erforderlichkeit einer angemessenen Fristsetzung, § 323 Abs. 1
      - Zu kurze Frist setzt angemessene Frist in Gang.
      - Wird keine konkrete Frist gesetzt, reicht auch ein ernsthaftes Nacherfüllungsverlangen; dies setzt eine angemessene Frist in Gang; Angabe eines Zeitraums oder Termins nicht erforderlich.

   b) Entbehrlichkeit nach allgemeinen Regeln:
      - Entbehrlichkeit aufgrund Parteivereinbarung (nicht möglich in AGB gem. § 309 Nr. 4 bzw. gegenüber Unternehmern gem. § 307 Abs. 1, wenn Fristsetzung dadurch für **Verwender** entbehrlich)
      - Ernsthafte und endgültige Erfüllungsverweigerung, § 323 Abs. 2 Nr. 1
      - Relatives Fixgeschäft, § 323 Abs. 2 Nr. 2 (zum absoluten Fixgeschäft vgl. ⇨ ***S. 170***)
      - Besondere Umstände i.S.v. § 323 Abs. 2 Nr. 3

   c) Entbehrlichkeit im Kauf- und Werkvertragsrecht:
      - Befreiung des Schuldners von der Nacherfüllung gem. § 275 Abs. 1–3, vgl. § 437 Nr. 2 bzw. § 634 Nr. 3 i.V.m. **§ 326 Abs. 5**
      - Rechtmäßige Verweigerung der Nacherfüllung gem. § 439 Abs. 4 bzw. § 635 Abs. 3 (**§ 440 S. 1 Var. 1** bzw. **§ 636 Var. 1**)
      - Fehlschlagen der Nacherfüllung (§ 440 S. 1 Var. 2 bzw. § 636 Var. 2)
        Im Kaufrecht i.d.R. nach erfolglosem zweiten Versuch, **§ 440 S. 2**; im Werkvertragsrecht bietet § 440 S. 2 zumindest einen Anhaltspunkt.
      - Unzumutbarkeit der Nacherfüllung (§ 440 S. 1 Var. 3 bzw. § 636 Var. 3)

   d) Erfolgloser Fristablauf
      - Keine Einhaltung der Frist bei Teilleistung (§ 266)
      - Frist zur Leistung wird nach h.M. auch bei einer Schlechtleistung eingehalten (ggf. neue Fristsetzung zur Nacherfüllung erforderlich).

⚠ ***Vertretenmüssen nicht erforderlich.***

V. Herausgabe/Rückzahlung/Wertersatz
5. Rücktritt bei Schlechtleistung im Kauf- bzw. Werkvertragsrecht (Fortsetzung)

II. Ausschlussgründe

- Kein vertraglicher oder gesetzlicher Gewährleistungsausschluss ⇨ ***S. 10 (Kaufrecht)***, ⇨ ***S. 13 (Werkvertragsrecht)***
- **§ 323 Abs. 5 S. 2:**
  Bei **Schlechtleistung** ist **Rücktritt** grds. möglich, es sei denn, Mangel ist unerheblich.
  Ⓟ *Teilschlechtleistung = Teilleistung oder Schlechtleistung?*
  (Wird volle Menge geliefert und ist nur ein Teil nicht vertragsgemäß, ist fraglich, ob dies als Teil- oder Schlechtleistung zu werten ist. Vorzugswürdig ist die Behandlung als Teilleistung, da der Verkäufer nicht schlechter stehen soll als bei Lieferung nur des ordnungsgemäßen Teils.)

  Ⓟ *Unerheblichkeit der Arglist des Vertragspartners? (⇨ **S. 83**)*
- **§ 323 Abs. 5 S. 1:**
  Bei **Teilleistung** ist **Rücktritt** grds. nicht möglich, es sei denn, Gläubiger hat an Teilleistung kein Interesse.
  Ⓟ *Minderlieferung im Kaufrecht wegen § 434 Abs. 3 = Teilleistung oder Schlechtleistung?*
  (Nach h.M. ist die Minderlieferung trotz der Gleichstellung mit einem Sachmangel im Rahmen des allgemeinen Schuldrechts als Teilleistung zu werten, da diese Vorschrift sonst praktisch fast leer liefe.)
- **§ 323 Abs. 6 Var. 1:**
  Überwiegende **Verantwortlichkeit** des Gläubigers
  - Verletzung einer dem Schuldner gegenüber bestehenden Verhaltenspflicht (§§ 276, 278 analog)
  - Obliegenheitsverletzung (z.B. Herbeiführung des Leistungserfolges durch den Gläubiger)
  - Vertragliche Risikoübernahme
    Ⓟ ***Beiderseitig zu vertretendes Leistungshindernis?*** *(⇨ **S. 77**)*
- **§ 323 Abs. 6 Var. 2:**
  Annahmeverzug des Gläubigers und kein Vertretenmüssen des Schuldners (Maßstab: § 300 Abs. 1!) ⇨ ***S. 175***

III. Keine Unwirksamkeit wg. „Quasi-Verjährung" (§ 438 Abs. 4 bzw. § 634a Abs. 4), § 218

1. Verjährung gilt nur für **Ansprüche (§ 194)**; Rücktritt ist aber Gestaltungsrecht und verjährt daher nicht.
2. Gem. § 218 Abs. 1 S. 1 ist Rücktritt jedoch unwirksam, wenn der ihm zugrunde liegende Erfüllungs- oder Nacherfüllungs**anspruch** verjährt ist. ⇨ ***S. 230***

   ⚠ *§ 218 Abs. 1 S. 1 regelt nur die Frage, ob ein Rücktrittsrecht noch geltend gemacht werden kann, der Rücktritt also noch erklärt werden kann. Ansprüche aus dem Rückgewährschuldverhältnis verjähren ab Erklärung des Rücktritts in der Regelverjährung der §§ 195, 199 (str., a.A.: Verjährung auch innerhalb der Grenzen von § 438 bzw. § 634a).*
3. Besteht kein Erfüllungs- oder Nacherfüllungsanspruch wegen § 275 Abs. 1–3, kommt es auf eine **hypothetische Verjährung** des Anspruchs an, § 218 Abs. 1 S. 2.
4. Bei einem Eigentumsvorbehaltskauf ist der Rücktritt auch möglich, wenn der gesicherte Anspruch verjährt ist, § 218 Abs. 1 S. 3 i.V.m. § 216 Abs. 2 S. 2.

IV. Rechtsfolgen

1. Gesetzliches **Rücktrittsrecht:** Rückabwicklung gem. §§ 346 ff. ⇨ ***S. 71***
2. Käufer/Besteller hat **Mängeleinrede** trotz Unwirksamkeit des Rücktritts (§ 438 Abs. 4 S. 2 bzw. § 634a Abs. 4 S. 2).
3. Wird Mängeleinrede erhoben, hat Verkäufer/Unternehmer seinerseits ein Rücktrittsrecht trotz Quasi-Verjährung (§ 438 Abs. 4 S. 3 bzw. § 634a Abs. 4 S. 3).

V. Herausgabe/Rückzahlung/Wertersatz
6. Rücktritt wegen Nebenpflichtverletzung, § 324

⚠ *Beachte Parallele zum Schadensersatzanspruch gem. § 282!* ⇨ ***S. 40***

I. Voraussetzungen

1. **Gegenseitiger Austauschvertrag**
   - Kauf-, Werk-, Reise-, Miet-, Pacht-, Dienst-, entgeltlicher Geschäftsbesorgungsvertrag, Darlehen
   - Nicht: einseitig verpflichtende Verträge (Bürgschaft, Schenkung)
   - Nicht: Unvollkommen zweiseitige Verträge
     (Leihe, Auftrag, unentgeltliche Verwahrung, Maklervertrag)
   - Nicht: Gesellschaftsvertrag (zwar gegenseitig, aber kein Austauschvertrag)
2. Verletzung von **nicht leistungsbezogenen Nebenpflichten** i.S.v. § 241 Abs. 2
   - Schutzpflichten (keine Verletzung von Rechtsgütern des anderen Teils)
   - Aufklärungspflicht (Aufklärung über Gefahren und erhebliche Umstände)
   - Leistungstreuepflichten (keine Gefährdung des Leistungszwecks)
3. Unzumutbarkeit der Hauptleistung

II. Rechtsfolgen

- Gesetzliches **Rücktrittsrecht:** Rückabwicklung gem. §§ 346 ff. ⇨ ***S. 71***

V. Herausgabe/Rückzahlung/Wertersatz
7. Rücktritt bei (teilweiser) Unmöglichkeit, §§ 326 Abs. 5, 323

⚠ *Nicht verwechseln mit der „automatischen" Befreiung von der Gegenleistung gem. § 326 Abs. 1 S. 1 (⇨ **S. 74**). Bei § 326 Abs. 5 geht es um einen Rücktritt vom **gesamten Vertrag** und nicht nur um eine Befreiung von der Gegenleistung **soweit** das Leistungshindernis reicht.*

I. Voraussetzungen

1. **Gegenseitiger Austauschvertrag**
   - Kauf-, Werk-, Reise-, Miet-, Pacht-, Dienst-, entgeltlicher Geschäftsbesorgungsvertrag, Darlehen
   - Nicht: einseitig verpflichtende Verträge (Bürgschaft, Schenkung)
   - Nicht: Unvollkommen zweiseitige Verträge (Leihe, Auftrag, Maklervertrag)
   - Nicht: Gesellschaftsvertrag (zwar gegenseitig, aber kein Austauschvertrag)
2. **Teilweise oder völlige Unmöglichkeit**

   a) **Völliger** Untergang des **Leistungsanspruchs** gem. § 275 Abs. 1–3 ⇨ ***S. 170***

   ⚠ *In diesem Fall hat das Rücktrittsrecht kaum Bedeutung, da der Gläubiger gem. § 326 Abs. 1 S. 1 ohnehin von der Gegenleistung frei wird und eine bereits geleistete aber nicht geschuldete Gegenleistung gem. § 326 Abs. 4 zurückgefordert werden kann ⇨ **S. 74**; das Rücktrittsrecht hat hier nur Bedeutung für die Befreiung von **Nebenleistungspflichten** oder wenn dem Gläubiger der **Grund für die Nichtleistung unbekannt ist**, da er nach Fristsetzung dann unabhängig von der Möglichkeit der Leistung entweder nach § 323 oder nach § 326 Abs. 5 zurücktreten kann.*

   oder

   b) **Teilweiser** Untergang des **Leistungsanspruchs** gem. § 275 Abs. 1–3

   ⚠ *In diesem Fall wird der Gläubiger hinsichtlich des ausgebliebenen Teils gem. §§ 326 Abs. 1 S. 1, 441 Abs. 3 von der Leistung frei. Das Rücktrittsrecht hat für ihn Bedeutung, wenn er einen **Rücktritt vom ganzen Vertrag** will. Voraussetzung ist jedoch, dass hinsichtlich der Teilleistung ein **Interessenwegfall** vorliegt, **§ 323 Abs. 5 S. 1**.*
3. **Keine Anwendbarkeit des Gewährleistungsrechts beim Kauf- bzw. Werkvertrag**
   - § 326 findet gem. Abs. 1 S. 2 nicht auf die Unmöglichkeit von Nacherfüllungsansprüchen Anwendung. Sobald das Gewährleistungsrecht anwendbar ist, richtet sich ein Rücktritt bei (teilweiser) Unmöglichkeit nach § 437 Nr. 2 bzw. § 634 Nr. 3. ⇨ ***S. 83***

     ⚠ *Dies kann auch bei einer Teilleistung der Fall sein, da sie regelmäßig ebenfalls einen Sachmangel darstellt (vgl. § 434 Abs. 3 bzw. § 633 Abs. 2 S. 3 Var. 2). ⇨ **S. 186***
   - Anwendbarkeit des Gewährleistungsrechts ab Gefahrübergang ⇨ ***S. 10 (Kaufrecht)***, ⇨ ***S. 13 (Werkvertragsrecht)***

⚠ ***Vertretenmüssen nicht erforderlich.***

⚠ ***Fristsetzung nicht erforderlich, § 326 Abs. 5.***

V. Herausgabe/Rückzahlung/Wertersatz
7. Rücktritt bei (teilweiser) Unmöglichkeit, §§ 326 Abs. 5, 323 (Fortsetzung)

II. Ausschlussgründe

- § 323 Abs. 6 Var. 1: Überwiegende **Verantwortlichkeit** des Gläubigers
  - Verletzung einer dem Schuldner gegenüber bestehenden Verhaltenspflicht (§§ 276, 278 analog)
  - Obliegenheitsverletzung (z.B. Herbeiführung des Leistungserfolges durch den Gläubiger)
  - Vertragliche Risikoübernahme
    Ⓟ ***Beiderseitig zu vertretende Unmöglichkeit?***
    (Nach h.M. bleibt Gegenleistungsanspruch nur dann bestehen, wenn dem Schuldner kein Verursachungsbeitrag gem. § 254 zuzurechnen ist, was aus der Formulierung „weit überwiegend" folgt.)
- **§ 323 Abs. 6 Var. 2: Annahmeverzug** des Gläubigers und kein Vertretenmüssen des Schuldners (Maßstab: § 300 Abs. 1!) ⇨ ***S. 175***
- **Bei Teilleistung:** § 323 Abs. 5 S. 1: Wegfall des Interesses an der Teilleistung erforderlich

⚠ *Ein Rücktritt **unmittelbar** gem. § 326 Abs. 5 ist jedenfalls bei Kauf- und Werkverträgen meist unnötig, da entweder das Gewährleistungsrecht Anwendung findet oder der Schuldner sowieso gem. § 326 Abs. 1 S. 1 frei wird. § 326 Abs. 5 ist aber auch auf die teilweise bzw. völlige Unmöglichkeit des Nacherfüllungsanspruchs anwendbar; dazu* ⇨ ***S. 83***.

III. Keine Unwirksamkeit wegen „Quasi-Verjährung", § 218

1. Verjährung gilt nur für **Ansprüche (§ 194)**; Rücktritt ist aber Gestaltungsrecht und verjährt daher nicht.
2. Gem. § 218 Abs. 1 S. 1 ist Rücktritt jedoch unwirksam, wenn der ihm zugrunde liegende Erfüllungs- oder Nacherfüllungs**anspruch** verjährt ist. ⇨ ***S. 230***

   ⚠ *§ 218 Abs. 1 S. 1 regelt nur die Frage, ob ein Rücktrittsrecht noch geltend gemacht werden kann, der Rücktritt also noch erklärt werden kann. Ansprüche aus dem Rückgewährschuldverhältnis verjähren ab Erklärung des Rücktritts in der Regelverjährung der §§ 195, 199 (str., a.A.: Verjährung auch innerhalb der Grenzen von § 438 bzw. § 634a).*
3. Besteht kein Erfüllungs- oder Nacherfüllungsanspruch wegen § 275 Abs. 1–3, kommt es auf eine **hypothetische Verjährung** des Anspruchs an, § 218 Abs. 1 S. 2.
4. Bei einem Eigentumsvorbehaltskauf ist der Rücktritt auch möglich, wenn der gesicherte Anspruch verjährt ist, § 218 Abs. 1 S. 3 i.V.m. § 216 Abs. 2 S. 2.

IV. Rechtsfolgen

Gesetzliches **Rücktrittsrecht:** Rückabwicklung gem. §§ 346 ff. ⇨ ***S. 71***

V. Herausgabe/Rückzahlung/Wertersatz

8. Rücktritt bei (teilw.) Unmöglichkeit d. Nacherfüllungspflicht im Kauf- und Werkvertragsrecht, § 437 Nr. 2 bzw. § 634 Nr. 3

I. Voraussetzungen

1. Vorliegen eines **Kauf-** bzw. **Werkvertrages**
2. Vorliegen eines **Mangels** (§ 434 bzw. § 633) im relevanten Zeitpunkt ⇨ ***S. 186***
3. Teilweiser oder völliger Untergang des Nacherfüllungsanspruchs gem. **§ 275 Abs. 1–3** (vgl. § 437 Nr. 2 bzw. § 634 Nr. 3)

   ⚠ *In diesem Fall wird der Gläubiger nicht bereits gesetzlich von seiner Gegenleistung gem. § 326 Abs. 1* ***S. 1*** *frei (vgl. § 326 Abs. 1* ***S. 2****), da eine „automatische" Minderung verhindert werden sollte.*

   Der Gläubiger kann zwischen

   - der **Minderung** (§ 441 bzw. § 638) ⇨ ***S. 199***
   - und dem **Rücktritt vom ganzen Vertrag** wählen.

II. Ausschlussgründe

- Kein vertraglicher oder gesetzlicher Gewährleistungsausschluss ⇨ ***S. 10 (Kaufrecht),*** ⇨ ***S. 13 (Werkvertragsrecht)***
- **§ 323 Abs. 6 Var. 1:** Überwiegende **Verantwortlichkeit** des Gläubigers
  - Verletzung einer dem Schuldner gegenüber bestehenden Verhaltenspflicht (§§ 276, 278 analog)
  - Obliegenheitsverletzung (z.B. Herbeiführung des Leistungserfolges durch den Gläubiger)
  - Vertragliche Risikoübernahme

    Ⓟ ***Beiderseitig zu vertretende Unmöglichkeit?***
    (Nach h.M. bleibt Gegenleistungsanspruch nur dann bestehen, wenn dem Schuldner kein Verursachungsbeitrag gem. § 254 zuzurechnen ist, was auch aus der Formulierung „weit überwiegend" folgt.)
- **§ 323 Abs. 6 Var. 2: Annahmeverzug** des Gläubigers und kein Vertretenmüssen des Schuldners (Maßstab: § 300 Abs. 1!) ⇨ ***S. 175***
- **§ 323 Abs. 5 S. 2:** Bei **Schlechtleistung** ist **Rücktritt** grds. möglich, es sei denn, Mangel ist unerheblich.

  Ⓟ *Teilschlechtleistung = Teilleistung oder Schlechtleistung?* ***vgl. dazu*** ⇨ ***S. 79***

  Ⓟ *Unerheblichkeit bei Arglist des Verkäufers/Werkunternehmers?*
  (Nach Rspr. ist Pflichtverletzung i.d.R. dann nicht unerheblich, wenn Verkäufer arglistig handelt. Nach Lit. bezieht sich die Pflichtverletzung nur auf „Leistungspflichten", sodass eine arglistige Täuschung insoweit unberücksichtigt bleibt.)
- **§ 323 Abs. 5 S. 1:** Bei **Teilleistung** ist **Rücktritt** grds. nicht möglich, es sei denn, Gläubiger hat an Teilleistung kein Interesse.

  Ⓟ ***Minderlieferung im Kaufrecht*** *wegen § 434 Abs. 3 = Teilleistung oder Schlechtleistung?*
  vgl. dazu ⇨ ***S. 79***

⚠ *Für die Beurteilung nach § 323 Abs. 5 kommt es natürlich* ***nicht*** *darauf an, ob die* ***Nacherfüllung*** *nur teilweise oder schlecht vorgenommen wurde, sondern ob sich die* ***Leistung insgesamt*** *als Teil- oder Schlechtleistung darstellt.*

III. Keine Unwirksamkeit wegen „Quasi-Verjährung" (§ 438 Abs. 4 bzw. § 634a Abs. 4), § 218

1. Verjährung gilt nur für **Ansprüche (§ 194)**; Rücktritt ist aber Gestaltungsrecht und verjährt daher nicht.
2. Gem. **§ 218 Abs. 1 S. 1** ist Rücktritt jedoch unwirksam, wenn der ihm zugrunde liegende Erfüllungs- oder Nacherfüllungs**anspruch** verjährt ist. ⇨ ***S. 230***

   ⚠ *§ 218 Abs. 1 S. 1 regelt nur die Frage, ob ein Rücktrittsrecht noch geltend gemacht werden kann, der Rücktritt also noch erklärt werden kann. Ansprüche aus dem Rückgewährschuldverhältnis verjähren ab Erklärung des Rücktritts in der Regelverjährung der §§ 195, 199 (str., a.A.: Verjährung auch innerhalb der Grenzen von § 438 bzw. § 634a).*
3. Besteht kein Erfüllungs- oder Nacherfüllungsanspruch wegen § 275 Abs. 1–3, kommt es auf eine **hypothetische Verjährung** des Anspruchs an, § 218 Abs. 1 S. 2.
4. Bei einem Eigentumsvorbehaltskauf ist der Rücktritt auch möglich, wenn der gesicherte Anspruch verjährt ist, § 218 Abs. 1 S. 3 i.V.m. § 216 Abs. 2 S. 2.

IV. Rechtsfolgen

1. Gesetzliches **Rücktrittsrecht:** Rückabwicklung gem. §§ 346 ff. ⇨ ***S. 71***
2. Käufer/Besteller hat Mängeleinrede trotz Unwirksamkeit des Rücktritts (§ 438 Abs. 4 S. 2 bzw. § 634a Abs. 4 S. 2).
3. Wird Mängeleinrede erhoben, hat Verkäufer/Unternehmer seinerseits ein Rücktrittsrecht trotz **Quasi-Verjährung** (§ 438 Abs. 4 S. 3 bzw. § 634a Abs. 4 S. 3).

V. Herausgabe/Rückzahlung/Wertersatz
9. Eigentumsherausgabeanspruch, § 985

I. Voraussetzungen

1. **Anspruchsteller = Eigentümer**
   a) Eigentum erworben und nicht wieder verloren
   - **kraft Rechtsgeschäfts**
     - Eigentumserwerb an beweglichen Sachen, §§ 929 ff. ⇨ ***S. 237***
     - Gutgläubiger Eigentumserwerb an beweglichen Sachen, §§ 929, 932 ff. ⇨ ***S. 240***
     - Eigentumserwerb an unbeweglichen Sachen, §§ 873, 925 ⇨ ***S. 243***
     - Gutgläubiger Eigentumserwerb an unbeweglichen Sachen, §§ 873, 925, 892 ⇨ ***S. 245***
   - **kraft Gesetzes**
     - Gesetzlicher Eigentumserwerb (Ersitzung, Verbindung, Vermischung, Verarbeitung), §§ 937 ff.
     - Eigentumserwerb kraft Hoheitsakts (Zuschlag, Zuweisung, Ablieferung) ⇨ ***S. 249***
     - Erbfall, § 1922
     - Eingehung einer Gütergemeinschaft, § 1416 Abs. 1 S. 1

   b) Eingreifen einer **Eigentumsvermutung**
   - bei unbeweglichen Sachen gem. **§ 891** (Eintragung im Grundbuch)
   - bei beweglichen Sachen gem. **§ 1006**

     aa) zugunsten des **gegenwärtigen** unmittelbaren (Abs. 1) oder mittelbaren (Abs. 3) **Eigenbesitzers:**
     - Anspruchsteller ist **gegenwärtig Eigenbesitzer**
     - Bei **Besitzerwerb** wurde Eigenbesitz begründet (Widerlegung durch Nachweis, dass im Zeitpunkt des Besitzerwerbs [zunächst] Fremdbesitz begründet wurde)
     - Anspruchsgegner kann fehlenden Eigentumserwerb/eingetretenen Eigentumsverlust nicht beweisen
     - Sache ist Anspruchsgegner **als früherem Besitzer** nicht abhanden gekommen (es sei denn, Geld oder Inhaberpapiere), § 1006 Abs. 1 S. 2

     bb) zugunsten des **früheren** unmittelbaren (Abs. 2) oder mittelbaren (Abs. 3) **Eigenbesitzers:**
     - Es spricht **keine Eigentumsvermutung** für einen **gegenwärtigen** Eigenbesitzer
     - Es spricht **keine bessere Vermutung** für einen anderen früheren Besitzer nach § 1006 Abs. 2
     - Anspruchsteller war **früher Eigenbesitzer**
     - Bei **Besitzerwerb** wurde Eigenbesitz begründet (Widerlegung durch Nachweis, dass im Zeitpunkt des Besitzerwerbs [zunächst] Fremdbesitz begründet wurde)
     - Anspruchsgegner kann fehlenden Eigentumserwerb/eingetretenen Eigentumsverlust nicht beweisen
     - Sache ist Anspruchsgegner **als früherem Besitzer** nicht abhanden gekommen (es sei denn, Geld oder Inhaberpapiere), § 1006 Abs. 1 S. 2

V. Herausgabe/Rückzahlung/Wertersatz
9. Eigentumsherausgabeanspruch, § 985 (Fortsetzung)

I. Voraussetzungen (Fortsetzung)

2. **Anspruchsgegner = Besitzer**
   - unmittelbarer Besitzer
     - tatsächliche **Sachherrschaft**, § 854 oder
     - tatsächliche Gewalt eines **Besitzdieners**, § 855 (Besitzdiener ist, wer in einem sozialen Abhängigkeitsverhältnis steht, d.h. weisungsgebunden ist und dies nach außen erkennbar ist) oder
     - **Erbenbesitz**, § 857
   - mittelbarer Besitzer, § 868
     a) Rechtsverhältnis i.S.v. § 868 und
     b) Herausgabeanspruch des mittelbaren Besitzers und
     c) Fremdbesitzerwille des unmittelbaren Besitzers
3. **Kein Recht zum Besitz, § 986**
   Ⓟ *Besitzrecht = Einwendung oder Einrede?*
   *(Bedeutung u.a. im Säumnisverfahren [⇨ **S. 338**]; nach h.M. handelt es sich um Einwendung, die von Amts wegen zu berücksichtigen ist.)*

   a) **Eigenes Besitzrecht des Besitzers, § 986 Abs. 1 S. 1 Alt. 1**
   - Inhaber eines dinglichen Rechts (☞ Nießbrauchsberechtigter, Werkunternehmerpfandrecht)
   - Inhaber eines Anwartschaftsrechts (str.) ⇨ ***S. 252***
   - Obligatorisch Berechtigter (☞ Mieter, Entleiher, auch der Anspruch auf Übertragung des Eigentums aus § 433 gewährt dem Besitzer ein Recht zum Besitz)
   - Besitzer hat Besitz von nichtberechtigtem Dritten mit Einwilligung des Eigentümers (§ 185 Abs. 1) erhalten
   - Gesetzliches Besitzrecht (☞ § 1626, § 148 Abs. 1 InsO)
   - Besitzrecht aus familien- oder erbrechtlicher Beziehung (☞ § 1353, § 1422 S. 1, § 1985 Abs. 1, § 2205 S. 2)
   - Besitzrecht aus berechtigter GoA
   - Besitzrecht kraft Öffentlichen Rechts
   - Besitzrecht aus § 241a (str., teilweise dauerhaftes Zurückbehaltungsrecht, s.u.)
   - Besitzrecht aus Zurückbehaltungsrecht (str.)

   ⚠ ***§§ 1257, 1231 S. 1, 1228 Abs. 2 S. 1, 562: Vermieterpfandrecht nach Pfandreife***

   b) **Abgeleitetes Besitzrecht des Besitzers, § 986 Abs. 1 S. 1 Alt. 2**
   aa) Mittelbarer Besitzer muss Eigentümer ggü. a) zum Besitz berechtigt sein und
   bb) mittelbarer Besitzer muss dem Eigentümer gegenüber zur Überlassung des Besitzes berechtigt sein und
   cc) unmittelbarer Besitzer muss sein Besitzrecht von dem mittelbaren Besitzer ableiten

   c) **Besitzrecht bei Veräußerung gem. §§ 929, 931 aus § 986 Abs. 2**
   ⚠ *Der unmittelbare Fremdbesitzer, der kein – eigenes oder abgeleitetes – Besitzrecht gegenüber dem (neuen) Eigentümer hat, kann ihm, wenn dieser das Eigentum durch Abtretung des Herausgabeanspruchs erlangt hat, die gegen den Herausgabeanspruch bestehenden Einwendungen und Einreden entgegenhalten; nach h.M. analoge Anwendung bei Veräußerung gem. §§ 929, 930.*

V. Herausgabe/Rückzahlung/Wertersatz
9. Eigentumsherausgabeanspruch, § 985 (Fortsetzung)

II. Durchsetzbarkeit

- Zurückbehaltungsrecht des unrechtmäßigen Besitzers wg. Verwendungen, **§ 1000 S. 1**
  Zum Bestehen eines Verwendungsersatzanspruchs vgl. ⇨ ***S. 108–110***
- Zurückbehaltungsrecht bei Zusendung unbestellter Waren, **§ 241a**

III. Rechtsfolgen

1. Anspruch auf Herausgabe der Sache **gegenüber unmittelbarem Besitzer**
   - d.h. Verschaffung des unmittelbaren Besitzes
   - soweit der mittelbare Besitzer zur Überlassung der Sache an einen Dritten nicht befugt war, kann der Eigentümer jedoch nur Herausgabe an den mittelbaren Besitzer verlangen, es sei denn, dieser kann oder will den Besitz nicht wieder übernehmen, § 986 Abs. 1 S. 2
2. Anspruch auf Herausgabe der Sache **gegenüber mittelbarem Besitzer**
   - Abtretung des Herausgabeanspruchs gem. §§ 870, 398
   - Nach h.M. auch Verschaffungsanspruch hinsichtlich des unmittelbaren Besitzes (Vollstreckung nach § 886 ZPO).
3. Erfüllungsort
   - Ort, an dem sich die Sache zum Zeitpunkt des Herausgabeverlangens befindet
   - beim Anspruch gegen bösgläubigen/verklagten Besitzer der Ort, an dem sich die Sache bei Klageerhebung/Eintritt der Bösgläubigkeit befindet
   - beim Deliktsbesitzer der Ort, an dem der Besitz erlangt wurde
4. Unmöglichkeit/Schuldnerverzug
   keine Anwendbarkeit, da EBV insoweit abschließend
5. Umstritten ist, ob § 285 bei Weiterveräußerung an einen Dritten anwendbar ist (nach h.M. [–], da Eigentümer von unrechtmäßigem Besitzer Kaufpreis und vom Erwerber sein Eigentum (§ 985) herausverlangen könnte, wenn dieser nicht gutgläubig erworben hat).
6. Annahmeverzug, §§ 293 ff., ist anwendbar.
7. Herausgabeanspruch ist **nicht selbstständig abtretbar**.
8. Umstritten ist, ob § 281 Anwendung findet:
   BGH (+): Der dinglich Berechtigte darf nicht schlechter stehen als der schuldrechtlich Berechtigte.
   a.A. (-): Gem. § 281 Abs. 4 ginge der Primäranspruch unter, was zu einer Trennung von Eigentum und Eigentumsherausgabeanspruch führen würde.

Zu Konkurrenzen vgl. ⇨ ***S. 354***

IV. Verjährung

1. Herausgabeanspruch des Grundstückseigentümers unterliegt gem. § 902 Abs. 1 S. 1 keiner Verjährung. (*⚠ Beachte aber die Möglichkeit einer Buchersitzung gem. § 900!*)
2. Andere Herausgabeansprüche verjähren gem. § 197 Abs. 1 Nr. 1 in **30 Jahren**; Verjährungsbeginn gem. § 200 mit Entstehung des Anspruchs.

⇨ ***S. 230***

V. Herausgabe/Rückzahlung/Wertersatz
10. Besitzansprüche, §§ 861, 862

Besitzentzug, § 861

I. Voraussetzungen

1. **Anspruchsteller = Ehemaliger Besitzer**
   (auch mittelbarer Besitzer, § 869 S. 1)
2. **Anspruchsgegner = Fehlerhafter Besitzer**
   a) Gem. § 858 Abs. 2 S. 1 derjenige, der den Besitz selbst **durch verbotene Eigenmacht** entzogen hat.

   Verbotene Eigenmacht, § 858 Abs. 1 Alt. 1: Besitzentziehung ohne Willen des (unmittelbaren) Besitzers

   Es sei denn, Besitzentzug war erlaubte **Besitzkehr:**

   - § 859 Abs. 2 bei beweglichen Sachen, wenn Täter auf frischer Tat betroffen oder unmittelbar verfolgt (Nacheile)
   - § 859 Abs. 3 bei Grundstücken, wenn sich Besitzer sofort nach Besitzentziehung durch Entsetzung des Täters des Grundstücks wieder bemächtigt
     Ⓟ *Abschleppen verbotswidrig geparkter Kfz*
     (Ist das Kfz ***auf*** *fremdem Grundstück abgestellt, liegt darin eine Teilentziehung des Besitzes; „sofort" kann auch noch am folgenden Tag sein.)*

   b) Gem. **§ 858 Abs. 2** der Nachfolger im Besitz, wenn er **Erbe** des Besitzers ist oder die **Fehlerhaftigkeit** des Besitzes des Vorgängers **kannte**.

   Das Recht zur **Besitzkehr** (s.o.) steht dem Besitzer auch gegen denjenigen zu, der die Fehlerhaftigkeit des Besitzes gegen sich gelten lassen muss, **§ 859 Abs. 4**.

Besitzstörung, § 862

⚠ *Bei einer Besitzstörung besteht kein Herausgabe-, sondern ein Beseitigungs- oder Unterlassungsanspruch. Wegen der Parallelen zu § 861 wird dieser Anspruch bereits hier behandelt.*

I. Voraussetzungen

1. **Anspruchsteller = Besitzer**
   (auch mittelbarer Besitzer, § 869 S. 1)
2. **Anspruchsgegner = Störer**

   Gem. § 858 Abs. 2 S. 1 derjenige, der den Besitz **durch verbotene Eigenmacht** stört.

   Verbotene Eigenmacht, § 858 Abs. 1 Alt. 2: Besitzstörung ohne Willen des Besitzers

   Zum Begriff des Störers: ⇨ ***S. 128***

   Es sei denn, Besitzstörung ist erlaubte **Besitzwehr:**

   - § 859 Abs. 1 Gewaltanwendung darf erforderliches Maß nicht überschreiten.
   - Anders als für §§ 229, 230 schließt die Möglichkeit, rechtzeitig obrigkeitliche Hilfe zu erlangen, das Selbsthilferecht nicht aus.

V. Herausgabe/Rückzahlung/Wertersatz
10. Besitzansprüche, §§ 861, 862 (Fortsetzung)

Besitzentzug, § 861	Besitzstörung, § 862

II. Keine Einwendungen/kein Erlöschen

- **Bereits der entzogene Besitz war fehlerhaft und im letzten Jahr vor Störung/Entzug erlangt bzw. der Besitzer besitzt dem Störer gegenüber selbst fehlerhaft, §§ 861 Abs. 2, 862 Abs. 2.**
- **Andere Einwendungen sind ausgeschlossen, § 863, z.B.**
  - die Einwendungen, der Anspruchsgegner sei Eigentümer oder schuldrechtlich zum Besitz berechtigt (☞ Mieter, Entleiher);
  - die Einwendung, der Anspruchsgegner habe ein Recht auf Besitzverschaffung (☞ aus Kaufvertrag).
- **Anspruch erlischt gem. § 864 Abs. 1 ein Jahr nach Verübung der verbotenen Eigenmacht, es sei denn, er wird vorher im Wege der Klage geltend gemacht.**
- **Widerklage gem. § 33 ZPO aufgrund materiell-rechtlicher Einwendungen im Besitzschutzprozess?**
  - nach h.M. zulässig
  - str., ob bei gleichzeitiger **Entscheidungsreife Besitzschutzklage** abzuweisen ist
  - im einstweiligen Rechtsschutz nach h.M. keine Möglichkeit, petitorische Einwendungen geltend zu machen

III. Rechtsfolgen

Anspruch auf Herausgabe der Sache

- Ehemals unmittelbarer Besitzer kann Wiedereinräumung des unmittelbaren Besitzes verlangen.
- Ehemals mittelbarer Besitzer kann nur Herausgabe an den bisherigen Besitzer verlangen, es sei denn, dieser kann oder will den Besitz nicht wieder übernehmen, § 869 S. 2.

Anspruch auf Unterlassung/Beseitigung der Störung

zum Anspruchsumfang siehe ⇨ ***S. 129***

V. Herausgabe/Rückzahlung/Wertersatz
11. Petitorische Besitzansprüche, § 1007

Herausgabepflicht des bei Besitzerwerb bösgläubigen Besitzers, § 1007 Abs. 1 u. 3

I. Voraussetzungen, § 1007 Abs. 1

1. **Anspruchsteller = früherer Besitzer**
   - Eigen- oder Fremdbesitzer
   - Mittelbarer oder unmittelbarer Besitzer
   - Rechtmäßiger oder unrechtmäßiger Besitzer
2. **Anspruchsgegner = gegenwärtiger Besitzer**
3. Anspruchsgegner **im Zeitpunkt des Besitzerwerbs bösgläubig** (d.h. Kenntnis bzw. grob fahrlässige Unkenntnis des fehlenden Besitzrechts – § 932 Abs. 2 entsprechend).

Herausgabepflicht des gutgläubigen Besitzers bei Abhandenkommen der Sache, § 1007 Abs. 2 u. 3

I. Voraussetzungen, § 1007 Abs. 2

1. **Anspruchsteller = früherer Besitzer**
   - Eigen- oder Fremdbesitzer
   - Mittelbarer oder unmittelbarer Besitzer
   - Rechtmäßiger oder unrechtmäßiger Besitzer
2. **Anspruchsgegner = gegenwärtiger Besitzer**
3. Anspruchsteller ist die **Sache gestohlen worden, verloren gegangen oder sonst abhanden gekommen**.
4. Anspruchsgegner ist **nicht Eigentümer** (Beachte: §§ 932 ff.).
5. Sache ist Anspruchsgegner vor Besitzzeit des Anspruchstellers **nicht *selbst* abhanden gekommen**.

II. Ausschlussgründe, § 1007 Abs. 3

1. Anspruchsteller war bei eigenem Besitzerwerb **bösgläubig**.
2. Anspruchsteller hatte Besitz **freiwillig aufgegeben**.
3. Gem. **§ 1007 Abs. 3 S. 2 i.V.m. § 986** ist der Anspruch ferner ausgeschlossen, wenn der gegenwärtige Besitzer ein Recht zum Besitz hat. ⇨ ***S. 86***

⚠ *§ 1007 kann nicht gegen den Eigentümer geltend gemacht werden, da dieser immer ein (besseres) Recht zum Besitz hat.*

III. Rechtsfolgen

Einräumung der vorherigen Besitzposition (d.h. wenn früherer Besitzer nur mittelbarer Besitzer war, kann er nicht Herausgabe an sich, sondern nur an den unmittelbaren Besitzer verlangen, **§ 869 S. 2 analog**)

⚠ ***Bedeutung des § 1007:***
*Die Bedeutung des § 1007 ist gering: Die **§§ 985, 861, 823** sind **vorrangig zu prüfen**. Oft ist im Falle des § 1007 Abs. 1 auch ein Anspruch aus § 861 gegeben und im Falle des § 1007 Abs. 2 ein Anspruch aus § 985. Auch in der Praxis ist die Bedeutung des § 1007 gering, da die Voraussetzungen des § 985 wegen der Eigentumsvermutung (§ 1006) einfach zu beweisen sind und der positive Beweis der Bösgläubigkeit bei § 1007 Abs. 1 schwierig ist. In einem Gutachten sollte man § 1007 aber in jedem Fall **kurz** erwähnen.*

V. Herausgabe/Rückzahlung/Wertersatz
12. Leistungskondiktion wg. Verfehlung d. Erfüllungszwecks, § 812 Abs. 1 S. 1 Alt. 1 bzw. § 812 Abs. 1 S. 2 Alt. 1

§ 812 Abs. 1 S. 1 Alt. 1	§ 812 Abs. 1 S. 2 Alt. 1

I. Anwendbarkeit

1. Verweisungen auf das Bereicherungsrecht, z.B. § 684 S. 1 oder § 346 Abs. 3 S. 2
2. Einschränkungen
   Verhältnis zu den §§ 987 ff. ⇨ S. 354

II. Voraussetzungen

1. **Etwas erlangt**
   Jeder Vermögensvorteil:
   - Eigentum
   - Besitz
   - Rechte/Ansprüche
   - Gebrauchs- oder Nutzungsmöglichkeit (str.)
2. **Durch Leistung**
   - Bewusste und ***zweck***gerichtete Mehrung fremden Vermögens
   - Bei der **Leistungskondiktion** gem. § 812 Abs. 1 S. 1 Alt. 1 bzw. § 812 Abs. 1 S. 2 Alt. 1 besteht der Leistungs***zweck*** in der **Erfüllung einer (vermeintlichen) Verbindlichkeit**

⚠ *Besonderheiten im **Mehrpersonenverhältnis:***
Ob *eine Leistung vorliegt und* ***wer*** *Leistender ist, bestimmt sich nach dem* ***Empfängerhorizont des Zuwendungsempfängers*** *(h.M.)*
Fallgruppen:
- ***Anweisungsfälle/Verkürzte Lieferung***
  - *Leistungskondiktion im Rahmen der Leistungsbeziehungen, wenn*
    - -- *Deckungsverhältnis fehlerhaft*
    - -- *Valutaverhältnis fehlerhaft*
    - -- *Beide Rechtsverhältnisse fehlerhaft*
    - -- *Weisung fehlerhaft*
  - *Ausnahmsweise direkte Nichtleistungskondiktion, wenn*
    - -- *Empfänger weiß oder grob fahrlässig nicht weiß, dass Anweisung unwirksam ist*
    - -- *keine zurechenbare Weisung erteilt worden ist (Fälschung, Vertreter ohne Vertretungsmacht, mangelnde Geschäftsfähigkeit, keinerlei Veranlassung, Doppelzahlung)*
    - -- *die gesetzliche Wertung dies ergibt (§§ 822, 358, 359)*
- ***Vertrag zugunsten Dritter***
  - *Leistungskondiktion im Rahmen der Vertragsbeziehungen, da mit Zuwendung an Dritten Leistung an Versprechensempfänger erbracht wird (§ 335)*
  - *Ausnahmsweise direkte Nichtleistungskondiktion, wenn*
    - -- *Zuwendung an den Dritten dessen Versorgung dient (§ 330)*
    - -- *Verzicht des Versprechensempfängers auf Anspruch (§ 335)*
- ***Abtretung (unwirksamer Anspruch wird abgetreten und deswegen geleistet)***
  - *Teilw. Leistungskondiktion ggü. Zessionar (Empfänger)*
  - *Rspr. Leistungskondiktion ggü. Zedenten, da Schuldverhältnis fortbesteht*
- ***Zahlung einer nicht bestehenden fremden Schuld, § 267***
  - *Leistungskondiktion bei Nichtbestehen der Schuld gegen Empfänger*
  - *Bei Tilgung vermeintlich eigener Schuld ebenfalls Leistungskondiktion gegen Empfänger*

V. Herausgabe/Rückzahlung/Wertersatz
12. Leistungskondiktion wegen Verfehlung des Erfüllungszwecks (Fortsetzung)

II. Voraussetzungen (Fortsetzung)

3. **Ohne rechtlichen Grund**, § 812 Abs. 1 S. 1 Alt. 1
   - Bei der **Leistungskondiktion** besteht der Rechtsgrund in der **Erreichung des Leistungszwecks**.
   - Kein Rechtsgrund liegt daher vor, wenn die Erfüllung der Verbindlichkeit ***von vornherein*** nicht erreicht werden kann.
   - Gründe für diese Zweckverfehlung:
     - Verbindlichkeit besteht nicht (§ 812 Abs. 1 S. 1 Alt. 1)
     - Erfüllung tritt nicht ein, weil eine andere als die geschuldete Leistung bewirkt wird
     - Erfüllung tritt nicht ein, weil ein nicht voll geschäftsfähiger Gläubiger die Leistung entgegennimmt (fehlende Empfangszuständigkeit) ⇨ ***S. 162***
     - § 813 Abs. 1 S. 1: Rückforderung auch, wenn dem erfüllten Anspruch eine dauernde Einrede entgegenstand (ausgenommen die Einrede der Verjährung, § 813 Abs. 1 S. 2)
       ⚠ *§ 813 Abs. 1 ist eine eigene Anspruchsgrundlage, die eine Erweiterung von § 812 Abs. 1 S. 1 Alt. 1 darstellt (h.M.).*

Ⓟ *§ 937 als Rechtsgrund?*
(§ 937 regelt allein die dingliche Zuordnung und stellt daher ***keinen*** *Rechtsgrund dar.)*

Ⓟ *GoA als Rechtsgrund?*
(Nur die berechtigte GoA wird nach h.M. als Rechtsgrund anerkannt.)

3. **Wegfall des rechtlichen Grundes**, § 812 Abs. 1 S. 2 Alt. 1
   - Bei der **Leistungskondiktion** besteht der Rechtsgrund in der **Erreichung des Leistungszwecks**.
   - Kein Rechtsgrund liegt vor, wenn die Erfüllung der Verbindlichkeit ***nachträglich*** nicht mehr möglich ist.
   - Gründe für diese Zweckverfehlung:
     - Verbindlichkeit bestand unter auflösender Bedingung
     - Dauerschuldverhältnis ist wirksam gekündigt worden und Schuldner hat Vorleistungen erbracht
     - **NICHT: Anfechtung** eines Vertrages, da diese ex tunc wirkt und daher Leistungszweck von vornherein nicht erreicht werden konnte (str.)

III. Kein Ausschluss

1. **§ 814: Kenntnis der Nichtschuld**
   - Leistender hat gewusst, dass er zur Leistung nicht verpflichtet war
   - Leistung entsprach einer sittlichen Pflicht
2. **§ 817 S. 2 analog: Leistender verstößt gegen ein gesetzliches Verbot oder die guten Sitten**
   - Objektiver Verstoß
   - Verschulden (Vorsatz oder Fahrlässigkeit), da strafrechtsähnliche Sanktionsnorm

   (⚠ § 817 S. 2 ist nach h.M. ***auf alle Fälle der Leistungskondiktion analog*** *anzuwenden. Bei beiderseitigem Sittenverstoß liefe § 817 S. 2 sonst praktisch leer, da entsprechende Verträge ebenfalls sittenwidrig wären und eine Rückforderung regelmäßig gem. § 812 möglich wäre.)*

IV. Rechtsfolgen

Zum Umfang der Herausgabepflicht siehe ausführlich ⇨ ***S. 226***

V. Herausgabe/Rückzahlung/Wertersatz
13. Leistungskondiktion wegen sonstiger Zweckverfehlung, § 812 Abs. 1 S. 2 Alt. 2

I. Voraussetzungen

1. **Etwas erlangt**

   Jeder Vermögensvorteil

   - Eigentum
   - Besitz
   - Rechte
   - Gebrauchs- oder Nutzungsmöglichkeit (str.)

2. **Durch Leistung**

   - Bewusste und ***zweck***gerichtete Mehrung fremden Vermögens
   - Bei der **Leistungskondiktion** gem. § 812 Abs. 1 S. 2 Alt. 2 besteht der Leistungs***zweck*** in der Erreichung eines Zwecks, der <u>**nicht**</u> in der **Erfüllung einer Verbindlichkeit besteht**

3. **Zweckverfehlung**

   - Erforderlich ist eine (rechtsgeschäftliche) **Zweckvereinbarung** zwischen Leistendem und Leistungsempfänger, die jedoch keine Verbindlichkeiten begründen soll
   - **Beispiele:**
     - Es soll ein rechtlich nicht erzwingbares Verhalten des Leistungsempfängers erreicht werden (z.B. Verzicht auf das Stellen einer Strafanzeige)
     - Arbeit/Dienstleistung erfolgt in Erwartung einer späteren Beteiligung an dem Unternehmen (z.B. unentgeltliche Mitarbeit im elterlichen Betrieb)
     - Durch die Leistung soll der Empfänger zum Abschluss eines Vertrages veranlasst werden
     - Als „Gegenleistung" war eine spätere Erbeinsetzung beabsichtigt
     - Zuwendung wird erbracht, um formnichtigen Vertrag zu heilen (Leistung nicht auf die tatsächlich nicht bestehende Verbindlichkeit, sondern zum Zwecke der Heilung des Vertrages)

   Ⓟ *Anwendbarkeit von § 812 Abs. 1 S. 2 Alt. 2 bei der Verfolgung anderer Zwecke neben der Erfüllung einer Verbindlichkeit?*
   (Nach h.M. nur, wenn auch diese zum Inhalt des Rechtsgeschäfts geworden sind.)

II. Kein Ausschluss

1. **§ 815: Nichteintritt des Erfolges**
2. **§ 817 S. 2 analog: Leistender verstößt gegen ein gesetzliches Verbot oder die guten Sitten**
   - Objektiver Verstoß
   - Verschulden (Vorsatz oder Fahrlässigkeit), da strafrechtsähnliche Sanktionsnorm

   (⚠ § 817 S. 2 ist nach h.M. ***auf alle Fälle der Leistungskondiktion analog*** *anzuwenden. Bei beiderseitigem Sittenverstoß liefe § 817 S. 2 sonst praktisch leer, da entsprechende Verträge ebenfalls sittenwidrig wären und eine Rückforderung regelmäßig gem. § 812 Abs. 1 S. 1 Alt. 1 möglich wäre.)*

III. Rechtsfolgen

Zum Umfang der Herausgabepflicht siehe ausführlich ⇨ ***S. 226***

V. Herausgabe/Rückzahlung/Wertersatz
14. Leistungskondiktion bei Gesetzes- oder Sittenwidrigkeit, § 817

I. Voraussetzungen

1. **Etwas erlangt**

   Jeder Vermögensvorteil

   - Eigentum
   - Besitz
   - Rechte
   - Gebrauchs- oder Nutzungsmöglichkeit (str.)

2. Durch eine **Leistung, mit deren Annahme Empfänger gegen Gesetz/gute Sitten verstößt**

   - Leistung: Bewusste und ***zweck***gerichtete Mehrung fremden Vermögens
   - Bei der **Leistungskondiktion** nach § 817 S. 1 besteht ein Leistungs***zweck***, nach dem der Leistungsempfänger durch die Annahme der Leistung gegen ein Gesetz bzw. die guten Sitten verstößt.

II. Kein Ausschluss

§ 817 S. 2: Leistender verstößt **ebenfalls** gegen ein gesetzliches Verbot oder die guten Sitten

- Objektiver Verstoß
- Verschulden (Vorsatz oder Fahrlässigkeit), da strafrechtsähnliche Sanktionsnorm

III. Rechtsfolgen

Zum Umfang der Herausgabepflicht siehe ausführlich ⇨ ***S. 226***

V. Herausgabe/Rückzahlung/Wertersatz
15. Nichtleistungskondiktion gegenüber Verfügendem oder Drittem, § 816 Abs. 1 S. 1 bzw. § 816 Abs. 1 S. 2

Nichtleistungskondiktion gegenüber Verfügendem, § 816 Abs. 1 S. 1	Nichtleistungskondiktion gegenüber Drittem, § 816 Abs. 1 S. 2

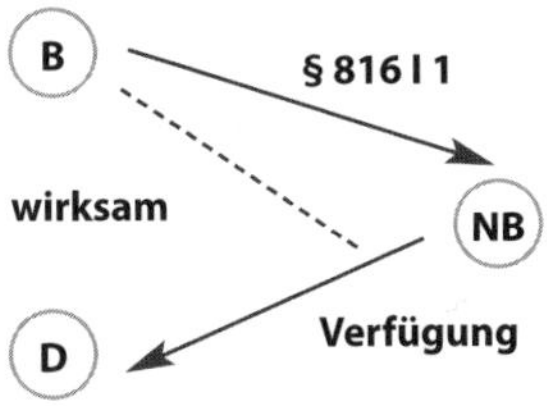

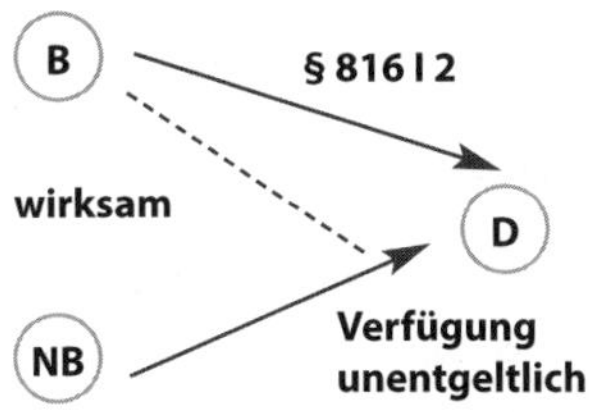

I. Voraussetzungen

1. **Verfügung:** Ein Recht wird aufgehoben/übertragen/belastet/inhaltlich verändert.
2. **Über einen Gegenstand:** Gegenstände sind alle Sachen/Rechte.
3. **Eines Nichtberechtigten**

   Berechtigter ist
   - der verfügungsberechtigte Rechtsinhaber
   - der kraft Gesetzes Verfügungsberechtigte
   - der gem. § 185 Abs. 1 zur Verfügung Ermächtigte

   Nichtberechtigter ist demnach
   - derjenige, der überhaupt nicht berechtigt ist
   - derjenige, der nur gemeinsam mit einem anderen berechtigt ist (Bruchteils- oder Gesamthandsberechtigung)
   - derjenige, der zwar Rechtsinhaber ist, dessen Verfügungsbefugnis aber beschränkt ist
   - derjenige, der ein belastetes Recht unbelastet überträgt

   ⚠ *Obwohl eine **Genehmigung nach § 185 Abs. 2 Var. 1** gem. § 184 Abs. 1 auf den Zeitpunkt der Verfügung zurückwirkt, handelt der Verfügende als „Nichtberechtigter" i.S.d. § 816. Grund: Durch Genehmigung soll der eigentlich Berechtigte gerade in die Lage versetzt werden, den Anspruch aus § 816 geltend zu machen.*

   ⚠ *Zur **Berechtigung des Veräußerers** einer Sache ausführlich* ***vgl. ⇨ S. 240***

4. **Entgeltlichkeit**
   Die Kondiktion ist auf Herausgabe der „Gegenleistung" gerichtet, die bei Unentgeltlichkeit fehlt.

4. **Unentgeltlichkeit**
   Die Kondiktion ist auf Herausgabe des ursprünglichen Leistungsgegenstandes gerichtet. Derjenige, der diesen unentgeltlich erhalten hat, ist nicht schutzwürdig.

Ⓟ ***Rechtsgrundlos = unentgeltlich?***
- *Verfügt der Nichtberechtigte an den Dritten rechtsgrundlos, hat er – wie bei Unentgeltlichkeit – ebenfalls keinen Anspruch auf eine Gegenleistung.*
- *Nach e.A. kann er deshalb analog § 816 Abs. 1 S. 2 Herausgabe von dem Dritten verlangen.*
- *Nach h.M. muss der Dritte sich bereicherungsrechtlich nur mit seinem Vertragspartner auseinandersetzen.*

V. Herausgabe/Rückzahlung/Wertersatz
15. Nichtleistungskondiktion gegenüber Verfügendem oder Drittem (Fortsetzung)

I. Voraussetzungen (Fortsetzung)

5. **Die dem Berechtigten gegenüber wirksam ist**
   - Gutgläubiger Erwerb, §§ 932 ff. bzw. § 892
     vgl. dazu ⇨ S. 240 (bewegliche Sachen) und ⇨ S. 245 (unbewegliche Sachen)
   - Nachträgliche Genehmigung, § 185 Abs. 2 (auch nach Genehmigung bleibt Verfügender im Zeitpunkt der Verfügung Nichtberechtigter)

     (⚠ Nach Lit. Genehmigung i.d.R. konkludent nur unter der Bedingung der Herausgabe des Erlöses, da bei Vermögenslosigkeit des Verfügenden sonst weder Eigentum noch Erlös erzielbar.)

     (⚠ Der gem. § 185 Abs. 1 mit vorheriger Einwilligung des Berechtigten Verfügende wird zwar auch als „Nichtberechtigter" bezeichnet – nicht aber auch bereicherungsrechtlich als ein solcher behandelt.)

II. Rechtsfolgen

1. Herausgabe des „durch die Verfügung" Erlangten
   a) h.M.: Alles was erlangt wurde, d.h. der Erlös, ist herauszugeben.
   b) a.A.: Nur der objektive Wert ist herauszugeben (Begründung: „durch" die Verfügung kann nur die Befreiung von der Herausgabeverbindlichkeit erlangt werden – Abstraktionsprinzip – sodass nur der objektive Wert herauszugeben ist).
2. Anwendbarkeit der „allgemeinen" bereicherungsrechtlichen Regeln
   - § 818 Abs. 3 – Entreicherungseinwand
     ⚠ ***ABER:*** *Hat bereits der Verfügende Erwerbskosten gehabt (z.B. die Sache von einem Dieb angekauft), sind diese* ***NICHT*** *als Wegfall der Bereicherung zu berücksichtigen. (Grund: § 816 Abs. 1 S. 1 rückt an die Stelle des nicht mehr möglichen Eigentumsherausgabeanspruchs aus § 985. Gegenüber diesem gibt es auch keinen Entreicherungseinwand.)*
   - § 818 Abs. 4 – verschärfte Haftung bei Rechtshängigkeit
   - § 819 – verschärfte Haftung bei Bösgläubigkeit
   - § 820 – verschärfte Haftung bei ungewissem Erfolgseintritt

III. Weitere Ansprüche

1. **Auf Herausgabe des Erlangten**
   a) **§ 285 Abs. 1**, wenn dem Verfügenden oder Dritten die Herausgabe der Sache **unmöglich** geworden ist
   b) **§§ 687 Abs. 2, 681, 667**, wenn Verfügender **weiß**, dass er über ein fremdes Recht verfügt ***vgl. ⇨ S. 47***
2. **Auf Schadensersatz**
   a) **§ 823**, wenn der Verfügende **schuldhaft** ein fremdes Recht verletzt ***⇨ S. 56***
   b) **§§ 989, 990**, wenn der Verfügende als **unrechtmäßiger Besitzer** die Verfügung vorgenommen hat ***⇨ S. 49***
   c) **§§ 678, 687 Abs. 2 analog**, wenn der Verfügende **weiß**, dass er über ein fremdes Recht verfügt ***⇨ S. 47***

V. Herausgabe/Rückzahlung/Wertersatz
16. Nichtleistungskondiktion gegenüber Leistungsempfänger, § 816 Abs. 2

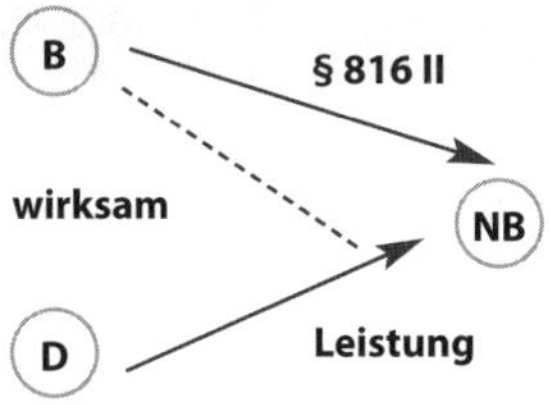

I. Voraussetzungen

1. **Leistung**
2. **An einen Nichtberechtigten**

   Berechtigt ist grds. der Gläubiger, es sei denn,
   - er hat den Anspruch abgetreten
   - der Anspruch ist kraft Gesetzes auf einen anderen übergegangen
3. **Die dem Berechtigten gegenüber wirksam ist**
   - Grds. wird der Schuldner nur durch Leistung an den Gläubiger frei. Auch wenn er an einen Nichtberechtigten leistet, kann der Gläubiger grds. die Leistung noch von dem Schuldner verlangen.
   - Ausnahmen
     - **§ 407:** Schuldner kannte eine erfolgte Abtretung nicht
     - **§ 408:** Mehrfache Abtretung
     - **§ 851:** Ersatzleistung an unrechtmäßigen Besitzer
     - Leistung an Nichtberechtigten wird später genehmigt, **§ 185 Abs. 2**

II. Rechtsfolgen

Zum Umfang der Herausgabepflicht siehe ausführlich ⇨ ***S. 235***

V. Herausgabe/Rückzahlung/Wertersatz
17. Allgemeine Nichtleistungskondiktion, § 812 Abs. 1 S. 1 Alt. 2 („in sonstiger Weise")

I. Voraussetzungen

1. **Etwas erlangt**

   Jeder Vermögensvorteil:

   - Eigentum
   - Besitz
   - Rechte
   - Gebrauchs- oder Nutzungsmöglichkeit

2. **In sonstiger Weise ohne rechtlichen Grund**

   a) **Nicht durch Leistung** = Vorrang der Leistungsbeziehung

> ⚠ *Besonderheiten im **Mehrpersonenverhältnis:***
>
> - ***Ob** eine Leistung vorliegt und **wer** Leistender ist, bestimmt sich aus **Empfängerhorizont des Zuwendungsempfängers** (h.M.)*
> - ***Fallgruppen:***
>   - ***Anweisungsfälle/Verkürzte Lieferung***
>   - *Leistungskondiktion im Rahmen der Leistungsbeziehungen, wenn*
>   - *Deckungsverhältnis fehlerhaft*
>   - *Valutaverhältnis fehlerhaft*
>   - *Beide Rechtsverhältnisse fehlerhaft*
>   - *Weisung fehlerhaft*
>   - *Ausnahmsweise direkte Nichtleistungskondiktion, wenn*
>   - *Empfänger weiß oder grob fahrlässig nicht weiß, dass Anweisung unwirksam ist*
>   - *keine zurechenbare Weisung erteilt worden ist (Fälschung, Vertreter ohne Vertretungsmacht, mangelnde Geschäftsfähigkeit, keinerlei Veranlassung, Doppelzahlung)*
>   - *die gesetzliche Wertung dies ergibt (§§ 822, 358, 359)*
>   - ***Vertrag zugunsten Dritter***
>   - *Leistungskondiktion im Rahmen der Vertragsbeziehungen, da mit Zuwendung an Dritten Leistung an Versprechensempfänger erbracht wird (§ 335)*
>   - *Ausnahmsweise direkte Nichtleistungskondiktion, wenn*
>   - *Zuwendung an den Dritten dessen Versorgung dient (§ 330)*
>   - *Verzicht des Versprechensempfängers auf Anspruch (§ 335)*
>   - ***Abtretung** (unwirksamer Anspruch wird abgetreten und deswegen geleistet)*
>   - *Teilw. Leistungskondiktion ggü. Zessionar (Empfänger)*
>   - *Rspr. Leistungskondiktion ggü. Zedenten, da Schuldverhältnis fortbesteht*
>   - ***Zahlung einer nicht bestehenden fremden Schuld, § 267***
>   - *Leistungskondiktion bei Nichtbestehen der Schuld gegen Empfänger*
>   - *Bei Tilgung vermeintlich eigener Schuld ebenfalls Leistungskondiktion gegen Empfänger*

V. Herausgabe/Rückzahlung/Wertersatz
17. Allgemeine Nichtleistungskondiktion, § 812 Abs. 1 S. 1 Alt. 2 („in sonstiger Weise") (Fortsetzung)

I. Voraussetzungen (Fortsetzung)

b) **Fallgruppen der Nichtleistungskondiktion**
  aa) **Eingriffskondiktion**
  - Eingriff in den Zuweisungsgehalt eines fremden Rechts oder einer fremden Rechtsposition (d.h. wem gebührt nach der gesetzlichen Güterzuordnung der unter Ausnutzung des Eingriffsobjektes erzielte Vorteil?)
  - Beispiele:
    - Eingriffe in das Eigentum
      - Vorteilsverschaffung ohne Besitzbegründung (☞ Benutzung einer Wand zu Reklamezwecken)
      - Vorteilsverschaffung durch unrechtmäßigen Besitzer *(⚠ Vorrang der §§ 987 ff.)*
      - Vorteilsverschaffung durch rechtmäßigen Besitzer, der sein Besitzrecht überschreitet (z.B. unberechtigte Untervermietung – wobei hier nach h.M. der Erlös dem Mieter zugewiesen ist) ***Beachte auch hier das Verhältnis zum EBV*** ⇨ ***S. 354***
    - Inanspruchnahme einer Leistung (☞ Blinder Passagier)
    - Eingriff in das Persönlichkeitsrecht (☞ Fotos Prominenter zu Werbezwecken)
    - Eingriffe in immaterielle Rechte (☞ lizenzlose Nutzung fremder Urheber-, Patent- und Gebrauchsmusterrechte)
    - Eingriffe in den Gewerbebetrieb durch unzulässige Wettbewerbsmaßnahmen (str.)

  bb) **Verwendungskondiktion**
  - Verwendung auf eine fremde Sache, die nicht nach Sonderregeln zu erstatten ist
  - Sonderregeln über Verwendungsersatz
    - Vertragliche Sonderregeln
    - Geschäftsführung ohne Auftrag
    - §§ 994 ff. bei Verwendungen des unrechtmäßigen Besitzers ⇨ ***S. 108–110***
  - Anwendungsbereich für § 812 – Vor allem: Vorzeitige Beendigung von Dauerschuldverhältnissen
  - Schutz des Eigentümers vor „aufgedrängter Bereicherung"
    - Abwehr des Anspruchs aus § 812 durch Anspruch auf Beseitigung gem. § 1004 oder § 823
    - Begrenzung des Ersatzanspruchs nach Wertung des § 818 Abs. 3 auf subjektiven Ertragswert des Bereicherungsgegenstandes für Bereicherten

  cc) **Rückgriffskondiktion**
  - Rückgriff für eine Leistung, die neben dem Empfänger auch einem Dritten zugute kommt, soweit nicht Sonderregeln eingreifen
  - Sonderregeln über Rückgriff
    - Anspruch gegen Dritten wegen cessio legis (§§ 426 Abs. 2 S. 1, 268 Abs. 3, 774 Abs. 1 S. 1, 1143 Abs. 1, 1225 etc.)
    - Gesetzlicher Anspruch auf Abtretung der Ansprüche gegen den Dritten (§§ 255, 285)
    - Eigener (neuer) gesetzlicher Anspruch gegen Dritten (§ 426 Abs. 1, GoA)
  - Anwendungsbereich für § 812
    - Vor allem: Tilgung fremder bestehender Schulden, § 267
    - Stellung als unberechtigter Hinterlegungsbeteiligter

3. **Auf dessen Kosten = Unmittelbar**, d.h. gerade auf Kosten des Anspruchstellers

II. Rechtsfolgen

Zum Umfang der Herausgabepflicht ⇨ ***S. 235***

V. Herausgabe/Rückzahlung/Wertersatz
18. Kondiktion bei Eigentumsverlust kraft Gesetzes, §§ 951, 812 ff.

I. Voraussetzungen

1. **Anwendbarkeit** der §§ 812 ff. (Rechtsgrundverweis des § 951)
   a) **Rechtsverlust** gem. **§§ 946 ff.** ⇨ ***S. 247***
   b) **Keine vorrangigen Sonderregeln**
   Verwendungsersatz des unrechtmäßigen Besitzers
   Zum Konkurrenzverhältnis des Bereicherungsrechts zum EBV vgl. ausführlich ⇨ ***S. 357***
2. **Etwas erlangt = Eigentum** gem. **§§ 946 ff.**
3. **Durch Leistung oder in sonstiger Weise und ohne rechtlichen Grund**
   a) Bereicherungsausgleich im Falle des **„Eingriffs"**
   - Erwerber nimmt Verbindung, Vermischung, Verarbeitung ohne Einverständnis des Berechtigten vor
   - Wertersatz gem. § 812 Abs. 1 S. 1 Alt. 2 („in sonstiger Weise")

   b) Bereicherungsausgleich **bei Zuwendung durch Dritten <u>mit</u> Einverständnis des Eigentümers**
   (☞ Einbau von Baumaterialien des Baustoffhändlers durch den Werkunternehmer in das Haus des Eigentümers)
   - Einbau erfolgt aufgrund Werkvertrages (also durch Leistung)
   - Keine Direktkondiktion des Baustoffhändlers gegen den Eigentümer

   c) Bereicherungsausgleich **bei Zuwendung durch Dritten <u>ohne</u> Einverständnis des Eigentümers**
   (☞ wie vor – nur stehen die Baumaterialien unter verlängertem Eigentumsvorbehalt des Baustoffhändlers ⇨ ***S. 256***)
   - Einbau erfolgt (aus maßgeblicher Sicht des Leistungsempfängers) wieder aufgrund Werkvertrages, also durch Leistung
   - Direktkondiktion grds. ausgeschlossen, es sei denn, Erwerber ist bösgläubig (str.)

   d) Bereicherungsausgleich **bei abhanden gekommenen Sachen**
   (☞ Verarbeitung eines von X gekauften Jungbullen zu Wurst, der dem Bauern B abhanden gekommen war.)
   - Nach h.M. kein Vorrang der Leistungskondiktion, da X nur Besitz geleistet hat (Eigentumswechsel wird erst durch Verarbeitung herbeigeführt).

II. Rechtsfolgen

1. Gem. § 951 Abs. 1 ist von vornherein nur eine **Vergütung in Geld** geschuldet
2. Zu erstatten ist der **objektive Wert** des Vermögenszuwachses
3. Anwendbarkeit der Grundsätze über die **aufgedrängte Bereicherung**, d.h.
   - Abwehr des Anspruchs aus § 812 durch Anspruch auf Beseitigung gem. § 1004 oder § 823
   - Begrenzung des Ersatzanspruchs nach Wertung des § 818 Abs. 3 auf subjektiven Ertragswert des Bereicherungsgegenstandes für Bereicherten
   - Verweisung des Anspruchstellers entsprechend § 1001 S. 2 auf Wegnahmerecht

VI. Nutzungsersatz
1. Anspruchsgrundlagen

I. Vertrag

Vertrag

§ 311 Abs. 1	Vereinbarung	
§ 667	Nutzung „aus der Geschäftsführung erlangt"	

Rückabwicklung eines Vertrages

§ 346	Rückabwicklung eines Vertrages (Grundschema)	⇨ ***S. 71***
§§ 346, 326 Abs. 4	Rückabwicklung der Leistung bei Unmöglichkeit	⇨ ***S. 74***
§§ 346, 323	Rückabwicklung nach Rücktritt wegen Nichtleistung	⇨ ***S. 76, 77***
§§ 346, 323, 437 Nr. 2 Alt. 1 bzw. § 634 Nr. 3 Alt. 1	Rückabwicklung nach Rücktritt wegen Schlechtleistung im Kauf- bzw. Werkvertragsrecht	⇨ ***S. 78***
§§ 346, 324	Rückabwicklung nach Rücktritt wegen Nebenpflichtverletzungen	⇨ ***S. 80***
§§ 346, 326 Abs. 5	Rückabwicklung nach Rücktritt bei Unmöglichkeit	⇨ ***S. 81***
§§ 346, 326 Abs. 5, 437 Nr. 2 Alt. 1 bzw. § 634 Nr. 3 Alt. 1	Rückabwicklung nach Rücktritt bei Unmöglichkeit der Nacherfüllung im Kauf- bzw. Werkvertrag	⇨ ***S. 83***
§§ 346, 281 Abs. 5	Rückabwicklung, wenn Gläubiger Schadensersatz statt der ganzen Leistung verlangt	⇨ ***S. 71***
§§ 346, 439 Abs. 6	Rückabwicklung bei Nachlieferung im Kaufrecht	⇨ ***S. 71***
§§ 346, 635 Abs. 4	Rückabwicklung bei Neuherstellung im Werkvertragsrecht	⇨ ***S. 71***

II. Vertragsähnlich

§§ 677, 681 S. 2, 667	Nutzungsersatzanspruch des Geschäftsherrn bei berechtigter GoA	
§§ 677, 681 S. 2, 667	Nutzungsersatzanspruch des Geschäftsherrn bei unberechtigter GoA	vgl. dazu: ⇨ ***S. 47***
§§ 687 Abs. 2, 681 S. 2, 667	Nutzungsersatzanspruch des Geschäftsherrn bei angemaßter GoA	vgl. dazu: ⇨ ***S. 47***
§§ 684 S. 1, 812 ff., 818 Abs. 1	Nutzungsersatzanspruch des Geschäftsführers bei unberechtigter GoA (Rechtsfolgenverweisung) **siehe zum Umfang der Herausgabepflicht**	⇨ ***S. 235***
§§ 687 Abs. 2 S. 2, 684 S. 1, 812 ff., 818 Abs. 1	Nutzungsersatzanspruch des Geschäftsführers bei angemaßter GoA, wenn der Geschäftsherr Ansprüche nach § 687 Abs. 2 S. 1 geltend macht (Rechtsfolgenverweisung) **siehe zum Umfang der Herausgabepflicht**	⇨ ***S. 235***

VI. Nutzungsersatz
1. Anspruchsgrundlagen (Fortsetzung)

III. Dinglich (EBV)

§§ 987, 990	Nutzungsersatz des verklagten/bösgläubigen/Besitzers	⇨ ***S. 103***
§§ 991 Abs. 1, 990, 987	Nutzungsersatz des bösgläubigen Fremdbesitzers, der für einen Dritten besitzt	⇨ ***S. 104***
§§ 988, 812 ff., 818 Abs. 1	Nutzungsersatz des unentgeltlichen gutgläubigen Besitzers	⇨ ***S. 104***
§§ 993 Abs. 1 Hs. 1, 812 ff.	Nutzungsersatz des gutgläubigen Besitzers, der Übermaßfrüchte zieht	⇨ ***S. 105***

IV. Deliktisch

§§ 823 ff.	Schadensersatz (Naturalrestitution) wenn Schaden in entgangenen Nutzungen besteht	⇨ ***S. 56***
§§ 852, 812 ff., 818 Abs. 1	Bereicherungshaftung des Deliktstäters nach Verjährung des Schadensersatzanspruchs	
	siehe zum Umfang der Herausgabepflicht	⇨ ***S. 235***

V. Bereicherungsrechtlich

§ 812 Abs. 1 S. 1 Alt. 1 bzw. § 812 Abs. 1 S. 2 Alt. 1	Leistungskondiktion bei Verfehlung des Erfüllungszwecks	⇨ ***S. 91***	***i.V.m.*** ⇨ ***S. 235*** (für alle Zeilen)
§ 812 Abs. 1 S. 2 Alt. 2	Leistungskondiktion bei sonstiger Zweckverfehlung	⇨ ***S. 93***	
§ 817	Leistungskondiktion bei Gesetzes- oder Sittenverstoß	⇨ ***S. 94***	
§ 816 Abs. 1 S. 1	Herausgabe bei Nichtleistungskondiktion ggü. Verfügendem	⇨ ***S. 95***	
§ 816 Abs. 1 S. 2	Herausgabe bei Nichtleistungskondiktion ggü. unentgeltlichem Empfänger	⇨ ***S. 95***	
§ 816 Abs. 2	Herausgabe bei Nichtleistungskondiktion ggü. Empfänger	⇨ ***S. 97***	
§ 812 Abs. 1 S. 1 Alt. 2	Herausgabe bei allgemeiner Nichtleistungskondiktion	⇨ ***S. 98***	
§ 822	Herausgabe Dritter bei Unentgeltlichkeit		

VI. Nutzungsersatz
2. Nutzungsersatz im EBV

Verweisungen und entsprechende Anwendbarkeit der §§ 987 ff.

1. **Verweisungen**
   Haftung bei Herausgabepflicht nach Rechtshängigkeit, § 292
   Bereicherungshaftung nach Rechtshängigkeit oder Kenntnis, §§ 818 Abs. 4, 819 Abs. 1, 292
   Haftung des „schlechteren" Besitzers, § 1007 Abs. 3 S. 2
   Ansprüche des Pfandgläubigers gegen den unrechtmäßigen Besitzer, § 1227
2. **Entsprechende Anwendbarkeit**
   Nutzungsersatzanspruch des Eigentümers gegenüber besitzendem Bucheigentümer
   Nutzungsersatzanspruch des Vormerkungsberechtigten gegenüber besitzendem Zweiterwerber (str., nur wenn Vormerkungsberechtigtem auch gegenüber dem Verkäufer die Nutzungen zustehen)
   Nutzungsersatzanspruch des dinglich Vorkaufsberechtigten gegenüber besitzendem Käufer

I. Nutzungsersatz des unrechtmäßigen verklagten/bösgläubigen Besitzers, §§ 987, 990

1. Vindikationslage im Zeitpunkt der Nutzung

Zum Vorliegen einer Vindikationsklage ⇨ ***S. 49***

2. Rechtshängig verklagt oder bösgläubig, §§ 987, 990

a) Verklagter/bösgläubiger **Eigen**besitzer
b) Verklagter/bösgläubiger **Fremd**besitzer, der für den **Eigentümer** besitzt

} Zu den Voraussetzungen vgl. im Einzelnen ⇨ ***S. 51***

⚠ *Der verklagte oder bösgläubige Fremdbesitzer, der für einen Dritten besitzt, haftet nur, wenn auch der Oberbesitzer verklagt oder bösgläubig ist, § 991 Abs. 1.*

3. Rechtsfolgen: Ersatz sämtlicher Nutzungen ab Bösgläubigkeit/Rechtshängigkeit

- **Nutzungsbegriff**
  Früchte und **Gebrauchsvorteile** einer **<u>Sache</u>** (anders als in § 100 nicht die Früchte und Gebrauchsvorteile eines Rechts, da diese nicht der Vindikation unterliegen, die §§ 987 ff. also gar nicht anwendbar sind)
  - **Sachfrüchte**:
    Erzeugnisse, bestimmungsgemäße Ausbeute (§ 99 Abs. 1) sowie Erträge (§ 99 Abs. 3, ☞Miete einer vermieteten Sache)
  - **Gebrauchsvorteile, § 99**
    - Vorteile, die – ohne Früchte zu sein – gezogen werden können (§ 100, ☞Wohnvorteil bei selbst genutzter Wohnung)
    - Kein **Ver**brauch, da kein **Ge**brauch mehr (☞Verzehr von Speisen)
      Ggf. aber Schadensersatz gem. §§ 989 ff. wegen Unmöglichkeit der Herausgabe

      Ⓟ *Gewinn eines Unternehmens als Nutzung?*
      (Grundsätzlich kann auch der Gewinn eines Unternehmens als Nutzung anzusehen sein, wobei die „Eigenleistung" des Unternehmers abzuziehen ist.)
- Soweit Nutzungen nicht mehr vorhanden sind, muss in **Höhe des objektiven Wertes** Ersatz geleistet werden.

3. Rechtsfolgen (Fortsetzung)

- Auf den **Wegfall der Bereicherung** kann sich der unrechtmäßige verklagte oder bösgläubige Besitzer nicht berufen. *(⚠ §§ 812 ff. und insbes. § 818 Abs. 3 sind bzgl. Nutzungen durch das EBV gesperrt, § 923 Abs. 1 Hs. 2!)*
- Nach § 987 Abs. 2 sind auch schuldhaft nicht gezogene Nutzungen zu ersetzen.
- Ab Annahmeverzug des Gläubigers (Eigentümers) gem. §§ 293 ff. ist die Nutzungsersatzpflicht gem. § 302 auf die tatsächlich gezogenen Nutzungen beschränkt. Zu den Voraussetzungen des Annahmeverzugs gem. §§ 293 ff. ⇨ ***S. 175***

II. Sonderfall: Nutzungsersatz des unrechtmäßigen verklagten/ bösgläubigen Fremdbesitzers, der für einen Dritten besitzt, § 991 Abs. 1

⚠ *Vergleiche zur Sonderstellung des unrechtmäßigen bösgläubigen oder verklagten Besitzers im Hinblick auf Schadensersatz gem. § 991 Abs. 2* ⇨ ***S. 53***

1. Vindikationslage im Zeitpunkt der Nutzung

⇨ ***S. 49***

2. Rechtshängigkeit/Bösgläubigkeit ***bei unmittelbarem*** Besitzer

- Verklagter oder bösgläubiger **Fremd**besitzer, der für einen **Dritten** besitzt

  Zu den Voraussetzungen der Rechtshängigkeit/Bösgläubigkeit ⇨ ***S. 51***

3. Rechtshängigkeit/Bösgläubigkeit ***bei mittelbarem*** Besitzer

⚠ ***Sinn und Zweck:*** *Haftet der mittelbare Besitzer dem Eigentümer gegenüber nicht (weil er unverklagt bzw. gutgläubig ist) soll auch der unmittelbare Besitzer dem Eigentümer gegenüber nicht haften. Andernfalls könnte er u.U. den privilegierten mittelbaren Besitzer in Regress nehmen.*

⚠ *Deswegen wird § 991 Abs. 1 für den Fall* ***teleologisch reduziert****, dass der unmittelbare Besitzer gegen den mittelbaren Besitzer keine Regressansprüche hat.*

4. Rechtsfolgen: Ersatz sämtlicher Nutzungen ab Bösgläubigkeit/Rechtshängigkeit

⇨ ***S. 103***

III. Nutzungsersatz des unentgeltlichen gutgläubigen Besitzers, § 988

1. Vindikationslage im Zeitpunkt der Nutzung

⇨ ***S. 49***

2. Ziehung der Nutzungen vor Eintritt der Rechtshängigkeit

Vgl. Wortlaut des § 988 (Nach Rechtshängigkeit ist der Besitzer dem Eigentümer gem. §§ 987, 990 verantwortlich, ***vgl.*** ⇨ ***S. 103***)

VI. Nutzungsersatz
2. Nutzungsersatz im EBV (Fortsetzung)

3. Gutgläubigkeit des Besitzers

Umkehrschluss aus §§ 987, 990, da sonst schon nach diesen Vorschriften eine Haftung des Besitzers bestünde.

4. Unentgeltlichkeit des Besitzes

*(⚠ **Der gutgläubige Besitzer ist gem. § 993 Abs. 1 letzter Hs. grundsätzlich vor einer Inanspruchnahme geschützt.** Er ist aber weniger schutzbedürftig, wenn er unentgeltlich besitzt.)*

a) Nach dem **Wortlaut** haftet nur:

- der **unentgeltliche Eigenbesitzer** (☞ jemand, dem die Sache vermeintlich geschenkt wurde)
- derjenige Besitzer, dem ein **unentgeltliches dingliches Nutzungsrecht** zusteht

b) Eine **analoge Anwendung** kommt in Betracht auf:

- denjenigen Besitzer, dem ein **unentgeltliches schuldrechtliches Nutzungsrecht** zusteht (☞ Entleiher – h.M. [+])
- denjenigen Besitzer, der sich den **Besitz durch Eingriff ohne Rechtsgrund i.S.v. § 812 verschafft** hat, da dieser auch kein Entgelt gezahlt hat (h.M. [+])
- denjenigen Besitzer, der **rechtsgrundlos besitzt** (str.); ***vgl. ausführlich:*** ***⇨ S. 357***

IV. Nutzungsersatz des gutgläubigen Besitzers bei Übermaßfrüchten, § 993 Abs. 1 Hs. 1

1. Vindikationslage im Zeitpunkt der Nutzung

⇨ S. 49

2. Gutgläubigkeit des Besitzers

3. Ziehung von Übermaßfrüchten

⚠ ***Der gutgläubige Besitzer ist zwar gem. § 993 Abs. 1 Hs. 2 grundsätzlich vor einer Inanspruchnahme geschützt.*** *Er ist aber nicht schutzbedürftig, wenn er Übermaßfrüchte zieht.*

4. Rechtsfolgen: Ersatz der Nutzungen gem. § 818 Abs. 1–3

- **Nutzungsbegriff (*⇨ S. 103*)**
- Herausgegeben werden müssen auch Früchte, an denen der Besitzer Eigentum erlangt hat (z.B. gem. § 955).
- Gem. **§ 818 Abs. 2** ist auch für nicht mehr vorhandene Nutzungen Wertersatz zu leisten.

V. Nutzungsersatz des Deliktsbesitzers, §§ 992, 823

- Besitz durch Straftat (§§ 242 ff. StGB) oder (nach h.M. schuldhaft begangene) verbotene Eigenmacht, § 858, erlangt
- Rechtsgrundverweisung auf §§ 823 ff.; zu den Einzelheiten der Haftung ***⇨ S. 53, 54***

Ⓟ *Sind auch Nutzungen zu ersetzen, die der **Eigentümer selbst nie gezogen** hätte?*
(Die h.M. gewährt auch dann Nutzungsersatz, da der deliktische Besitzer nicht besser stehen darf als der bösgläubige oder verklagte Besitzer.)

VII. Verwendungsersatz
1. Anspruchsgrundlagen

I. Vertrag

Vertrag

§ 311 Abs. 1	Vereinbarung	
§ 459	Verwendungsersatzanspruch des Wiederverkäufers	
§§ 539 Abs. 1, 683, 670	Verwendungsersatzanspruch für sonstige Aufwendungen des Mieters bei berechtigter GoA (Rechtsgrundverweisung)	⇨ ***S. 122***
§ 590 b	Verwendungsersatzanspruch des Pächters für notwendige Verwendungen auf Pachtsache	
§ 591	Verwendungsersatz des Pächters für wertverbessernde Verwendungen auf Pachtsache	
§§ 601 Abs. 2, 683, 670	Verwendungsersatzanspruch des Entleihers bei berechtigter GoA (Rechtsgrundverweisung)	⇨ ***S. 122***
§ 670	Verwendungsersatz des Beauftragten (Verwendung = Aufwendung auf Sache)	
§§ 675, 670	Aufwendungsersatz des Geschäftsbesorgers	
§ 693	Verwendungsersatz des Verwahrers (Verwendung = Aufwendung auf Sache)	

Rückabwicklung eines Vertrages

§ 347 Abs. 2 S. 1	Verwendungsersatzanspruch des Rücktrittsschuldners bei Rückgabe, Wertersatz oder Ausschluss der Wertersatzpflicht **siehe zum Umfang der Herausgabepflicht**	***vgl. dazu*** ⇨ ***S. 73*** ⇨ ***S. 235***

II. Vertragsähnlich

§§ 677, 683 S. 1, 670	Verwendungsersatzanspruch des Geschäftsführers bei berechtigter GoA	⇨ ***S. 122***
§§ 684 S. 1, 812 ff.	Verwendungsersatzanspruch des Geschäftsführers bei unberechtigter GoA (Rechtsfolgenverweisung) **siehe zum Umfang der Herausgabepflicht**	⇨ ***S. 235***
§§ 687 Abs. 2 S. 2, 684 S. 1, 812 ff.	Verwendungsersatzanspruch des Geschäftsführers bei angemaßter GoA, wenn der Geschäftsherr Ansprüche nach § 687 Abs. 2 S. 1 geltend macht (Rechtsfolgenverweisung) **siehe zum Umfang der Herausgabepflicht**	⇨ ***S. 235***

VII. Verwendungsersatz
1. Ansprruchsgrundlagen (Fortsetzung)

III. Dinglich (EBV)

§ 994 Abs. 1	Verwendungsersatzanspruch des gutgläubigen Besitzers für notwendige Verwendungen	⇨ ***S. 108–110***
§ 996	Verwendungsersatzanspruch des gutgläubigen Besitzers für nützliche Verwendungen	
§§ 994 Abs. 2, 683	Verwendungsersatzanspruch des bösgläubigen Besitzers bei interessengerechten Verwendungen	
§§ 994 Abs. 2, 684, 812 ff.	Verwendungsersatzanspruch des bösgläubigen Besitzers bei nicht interessengerechten Verwendungen	
§ 999 Abs. 1	Verwendungsersatzanspruch des Rechtsnachfolgers	
§ 999 Abs. 2	Verwendungsersatzanspruch gegen den Rechtsnachfolger des Eigentümers	

IV. Deliktisch

§§ 850, 994 ff.	Verwendungsersatzanspruch desjenigen, der eine Sache durch Delikt entzogen hat (Rechtsgrundverweisung)

V. Bereicherungsrechtlich

§§ 812, 818 Abs. 2 u. 3		⇨ ***S. 235***
§ 812 Abs. 1 S. 1 Alt. 2	Verwendungskondiktion	⇨ ***S. 99, 235***
§§ 951, 812		

VII. Verwendungsersatz
2. Verwendungsersatz im EBV

Verwendungsbegriff i.S.v. §§ 994 ff.

1. **Verwendungen**
   - Verwendungen sind Aufwendungen (= freiwillige Vermögensopfer) des Besitzers, die er getroffen hat, um den Bestand der Sache zu
     - **erhalten**
     - **verbessern** oder
     - **wiederherzustellen.**
   - Umfasst ist dafür entgeltlich in Anspruch genommene Arbeitskraft.
   - Eigene Arbeitskraft nur umfasst, wenn sonst entgeltliche Arbeitskraft in Anspruch genommen worden wäre (a.A. wenn dadurch fremde Arbeitskraft erspart wurde).
   - **Streitig, ob Sache nicht grundlegend umgestaltet/verändert werden darf (enger Verwendungsbegriff).**
2. **Notwendige Verwendungen (§ 994)**

   Verwendungen, die objektiv erforderlich sind, um die Sache in ihrem wirtschaftlichen Bestand zu erhalten.
   Gewöhnliche Erhaltungskosten nicht ersatzfähig, falls Nutzungen verbleiben, § 994 Abs. 1 S. 2
3. **Nützliche Verwendungen (§ 996)**

   Verwendungen, die den Wert der Sache steigern oder die Gebrauchsfähigkeit erhöhen.

Verweisungen und entsprechende Anwendbarkeit der §§ 987 ff.

1. **Verweisungen**

   a) Haftung bei Herausgabepflicht, § 292

   b) Bereicherungshaftung nach Rechtshängigkeit oder Kenntnis, §§ 818 Abs. 4, 819 Abs. 1, 292

   c) Haftung des „schlechteren" Besitzers, § 1007 Abs. 3 S. 2

   d) Ansprüche des Pfandgläubigers gegen den unrechtmäßigen Besitzer, § 1227
2. **Entsprechende Anwendbarkeit**

   a) Verwendungsersatzanspruch des besitzenden „Bucheigentümers" gegenüber wahrem Eigentümer

   b) Verwendungsersatzanspruch des besitzenden Zweiterwerbers gegenüber dem Vormerkungsberechtigten

   c) Verwendungsersatzanspruch des besitzenden Käufers gegenüber dinglich Vorkaufsberechtigtem

Wegen der Konkurrenz der §§ 994 ff. zum Bereicherungsrecht siehe ⇨ S. 358

VII. Verwendungsersatz
2. Verwendungsersatz im EBV (Fortsetzung)

I. Verwendungsersatzansprüche des gutgläubigen Besitzers

1. § 994 Abs. 1: Verwendungsersatzanspruch des gutgläubigen Besitzers für notwendige Verwendungen

a) **Vindikationslage im Zeitpunkt der Verwendung**

b) **Keine Rechtshängigkeit/Bösgläubigkeit** ⇨ ***S. 51***

c) **Kein Erlöschen des Anspruchs gem. § 1002**
(1 Monat nach Herausgabe bzw. bei Grundstücken 6 Monate)

d) **Rechtsfolge**
- Ersatz der **notwendigen** Verwendungen
- Bei gutgläubigem Fremdbesitzer ggf. Kürzung nach vertraglichen Vorgaben
- **Anspruchskürzung** um die **gewöhnlichen Erhaltungskosten**, für die Zeit, in der dem Besitzer die Nutzungen verbleiben, § 994 Abs. 1 S. 2; zum Nutzungsbegriff ⇨ ***S. 103***

e) **Klagbarkeit, § 1001**
- Eigentümer hat Sache **wiedererlangt** (muss mindestens mittelbaren Besitz bekommen haben; eine Realisierung des Mehrwertes der Verwendungen ohne Besitz reicht nicht aus!) ***oder***
- Eigentümer hat Verwendung **genehmigt** ***oder***
- die Verwendung **gilt als genehmigt**, weil Eigentümer die unter Vorbehalt des Anspruchs angebotene Sache angenommen hat

2. § 996: Verwendungsersatzanspruch des gutgläubigen Besitzers für nützliche Verwendungen

a) **Vindikationslage im Zeitpunkt der Verwendung**

b) **Keine Rechtshängigkeit/Bösgläubigkeit** ⇨ ***S. 51***

c) Für den Eigentümer nützliche **Wertsteigerung ist noch vorhanden** im Zeitpunkt der Wiedererlangung der Sache

d) **Kein Erlöschen des Anspruchs gem. § 1002**
(1 Monat nach Herausgabe bzw. bei Grundstücken 6 Monate)

e) **Rechtsfolge**
- Ersatz der **nützlichen** Verwendungen
- Bei gutgläubigem Fremdbesitzer ggf. Kürzung nach vertraglichen Vorgaben
- Nicht ersatzfähig sind **Luxusverwendungen**
- Daneben nach h.M. auch **kein Ersatz gem. §§ 951, 812 ff. (str.)**

f) **Klagbarkeit, § 1001**
- Eigentümer hat Sache wiedererlangt (muss mindestens mittelbaren Besitz bekommen haben; eine Realisierung des Mehrwertes der Verwendungen ohne Besitz reicht nicht aus!) ***oder***
- Eigentümer hat Verwendung genehmigt ***oder***
- die Verwendung gilt als genehmigt, weil Eigentümer die unter Vorbehalt des Anspruchs angebotene Sache angenommen hat

Zum **Sonderproblem** der Verwendungsersatzansprüche des **Werkunternehmers** siehe ⇨ ***S. 358***

II. Verwendungsersatzansprüche des verklagten/bösgläubigen Besitzers

§ 994 Abs. 2: Verwendungsersatzanspruch des bösgläubigen Besitzers

1. **Vindikationslage im Zeitpunkt der Verwendung**
2. **Rechtshängigkeit/Bösgläubigkeit** ⇨ ***S. 51***
3. **Verweisung in § 994 Abs. 2 auf §§ 677 ff.**
   (⚠ Partielle Rechtsgrundverweisung, da Fremdgeschäftführungswille nicht zu prüfen)
   - **Erforderlich ist:**
     - Fremdes Geschäft
     - Ohne Auftrag
     - Voraussetzungen des § 683
       (Geschäftsführung entspricht Interesse und mutmaßlichem Willen des Geschäftsherrn)
     - Andernfalls: §§ 684, 812 ff.
       vgl. ausführlich ⇨ ***S. 122***
   - **Entbehrlich** ist: **Fremdgeschäftsführungswille** (andernfalls könnte der bösgläubige Eigenbesitzer nie Ersatz verlangen)
4. **Kein Erlöschen des Anspruchs gem. § 1002**
   (1 Monat nach Herausgabe bzw. bei Grundstücken 6 Monate)
5. **Rechtsfolge**
   - Ersatz der **notwendigen** Verwendungen
   - Kein Ersatz der **gewöhnlichen Erhaltungskosten**, für die Zeit, in der dem Besitzer die Nutzungen verbleiben, § 994 Abs. 1 S. 2 (dem bösgläubigen Besitzer verbleiben die Nutzungen aber wegen §§ 987, 990 regelmäßig nicht);
     zum Nutzungsbegriff ⇨ ***S. 103***
6. **Klagbarkeit, § 1001**
   - Eigentümer hat Sache **wiedererlangt** (muss mindestens mittelbaren Besitz bekommen haben; eine Realisierung des Mehrwertes der Verwendungen ohne Besitz reicht nicht aus!) ***oder***
   - Eigentümer hat Verwendung **genehmigt** ***oder***
   - die Verwendung **gilt als genehmigt**, weil Eigentümer die unter Vorbehalt des Anspruchs angebotene Sache angenommen hat.

VIII. Aufwendungsersatz
1. Anspruchsgrundlagen

I. Vertrag

Vertrag

§ 311 Abs. 1	Vereinbarung	
§ 284	Aufwendungsersatz anstelle Schadensersatzes statt der Leistung	⇨ ***S. 112***
§ 304	Aufwendungsersatzanspruch bei Annahmeverzug des Gläubigers	⇨ ***S. 114***
§ 439 Abs. 3 S. 1	Aufwendungsersatzanspruch des Käufers	⇨ ***S. 115***
§ 445a Abs. 1	Aufwendungsersatzanspruch des Verkäufers	⇨ ***S. 116***
§ 536a Abs. 2	Aufwendungsersatzanspruch bei Mangelbeiseitigung durch Mieter	⇨ ***S. 118***
§§ 539 Abs. 1, 683, 670	Aufwendungsersatzanspruch für sonstige Aufwendungen des Mieters bei berechtigter GoA (Rechtsgrundverweisung)	⇨ ***S. 122***
§§ 539 Abs. 1, 684, 812 ff.	Aufwendungsersatzanspruch für sonstige Aufwendungen des Mieters bei unberechtigter GoA	⇨ ***S. 122***
§§ 634 Nr. 2, 637	Aufwendungsersatzanspruch bei Mangelbeseitigung durch Besteller	⇨ ***S. 120***
§§ 651 k Abs. 2 S. 1	Aufwendungsersatzanspruch für Mangelbeseitigung durch den Reisenden	⇨ ***S. 121***
§ 652 Abs. 2	Aufwendungsersatzanspruch beim Maklervertrag	
§ 670	Aufwendungsersatzanspruch des Beauftragten	
§§ 675, 670	Aufwendungsersatzanspruch des Geschäftsbesorgers	
§ 693	Aufwendungsersatzanspruch des Verwahrers	
§§ 716, 670	Aufwendungsersatzanspruch des GbR-Gesellschafters	

Rückabwicklung eines Vertrages

§§ 347 Abs. 2 S. 2, 812 ff.	Aufwendungsersatzanspruch des Rücktrittsschuldners	***vgl.*** ⇨ ***S. 73*** ⇨ ***S. 235***

II. Vertragsähnlich

§§ 677, 683 S. 1, 670	Aufwendungsersatzanspruch des Geschäftsführers bei berechtigter GoA	⇨ ***S. 122***
§§ 684 S. 1, 812 ff.	Aufwendungsersatzanspruch des Geschäftsführers bei unberechtigter GoA (Rechtsfolgenverweisung) **siehe zum Umfang der Herausgabepflicht**	⇨ ***S. 235***
§§ 687 Abs. 2 S. 2, 684 S. 1, 812 ff.	Aufwendungsersatzanspruch des Geschäftsführers bei angemaßter GoA, wenn der Geschäftsherr Ansprüche nach § 687 Abs. 2 S. 1 geltend macht (Rechtsfolgenverweisung) **siehe zum Umfang der Herausgabepflicht**	⇨ ***S. 235***

III. Dinglich

IV. Deliktisch

V. Bereicherungsrechtlich

VI. Sonstige

§ 970	Aufwendungsersatz beim Fund
§ 1648	Aufwendungsersatzanspruch der Eltern
§ 1808	Aufwendungsersatzanspruch des Vormunds

VIII. Aufwendungsersatz
2. Aufwendungsersatz anstelle Schadensersatzes statt der Leistung, § 284

I. Anspruchsvoraussetzungen

1. **Wirksamer Schadensersatzanspruch statt der Leistung (bis auf Schaden)**
   - § 311a Abs. 2
   - §§ 280 Abs. 1 u. 3, 283
   - §§ 280 Abs. 1 u. 3, 282
   - §§ 280 Abs. 1 u. 3, 281
   - §§ 437 Nr. 3 Alt. 1/634 Nr. 4 Alt. 1, 311a Abs. 2
   - §§ 437 Nr. 3 Alt. 1/634 Nr. 4 Alt. 1, 280 Abs. 1 u. 3, 283
   - §§ 437 Nr. 3 Alt. 1/634 Nr. 4 Alt. 1, 280 Abs. 1 u. 3, 282
   - §§ 437 Nr. 3 Alt. 1/634 Nr. 4 Alt. 1, 280 Abs. 1 u. 3, 281
   - § 536a (str.)
2. **Besonderheiten**

   Die für einen Schadensersatz gem. §§ 280 Abs. 1 u. 3, 281 eigentlich erforderliche Fristsetzung kann entbehrlich sein bei Aufwendungen, die trotz Nacherfüllung oder verspäteter Leistung vergeblich bleiben.
3. **Frustrierte Aufwendungen**

   a) Aufwendungen
   - Aufwendungen = **freiwillige Vermögensopfer**
   - Auch Eingehung von Verbindlichkeiten (Darlehen)
   - Vertragskosten
   - Folgekosten zur geplanten Verwertung des Leistungsgegenstandes

   b) Tatsächliches Vertrauen
   - Ersatzfähig sind nur Aufwendungen, die **nach Vertragsschluss** gemacht wurden

   c) Billigkeit
   - Gedanke des § 254 (musste Gläubiger mit Leistungshindernis rechnen, ist der Anspruch beschränkt oder sogar ganz ausgeschlossen)
   - Allerdings keine Begrenzung auf das Erfüllungsinteresse (h.M.)

   d) Kausalität der Pflichtverletzung für die Vergeblichkeit
   - bei konsumptiven, ideellen oder ähnlichen Geschäften, wenn eine Zweckverfehlung aus anderen Gründen als der Pflichtverletzung eintritt
   - bei wirtschaftlichen Aufwendungen, wenn nachweisbar ist, dass ohnehin ein Verlust gemacht worden wäre (Widerlegung der Rentabilität)

VIII. Aufwendungsersatz
2. Aufwendungsersatz anstelle Schadensersatzes statt der Leistung, § 284 (Fortsetzung)

II. Rechtsfolgen

- Ersatz der tatsächlich getätigten, frustrierten Aufwendungen **anstelle** des Schadensersatzes statt der Leistung (Wahlrecht)
- Kein volles negatives Interesse (z.B. kein Ersatz für einen Vertrauensschaden, den der Gläubiger dadurch erleidet, dass er in der Zwischenzeit ein günstigeres Geschäft abgelehnt hat, oder keinen entgangenen Gewinn für ein lukratives Ersatzgeschäft)
- Ausnahmsweise auch Ersatz frustrierter Aufwendungen **neben** dem Schadensersatz statt der Leistung (teleologische Reduktion), soweit sichergestellt ist, dass keine Doppelkompensation des Gläubigers erfolgt und dies erforderlich erscheint (str.)
- Keine Anwendbarkeit der §§ 256, 257
- Ein Schadensersatzanspruch „neben" der Leistung gem. § 280 wird durch § 284 allerdings nicht ausgeschlossen.

III. Verjährung

- Relative Frist des § 195: 3 Jahre ab Ende des Jahres der Anspruchsentstehung und Kenntnis des Gläubigers (§ 199 Abs. 1)
- Absolute Frist des § 199 Abs. 3 (gilt entsprechend, da Aufwendungsersatz an die Stelle des Schadensersatzanspruchs tritt)
- Ist Leistungshindernis zugleich ein Mangel i.S.v. § 434 bzw. § 633, richtet sich die Verjährung nach § 438 bzw. § 634a.

⇨ ***S. 230***

VIII. Aufwendungsersatz
3. Aufwendungsersatz bei Gläubigerverzug, § 304

I. Voraussetzungen

1. **Angebot der Leistung oder Entbehrlichkeit eines Angebots**
   a) **Tatsächliches Angebot, § 294:** Angebot der Leistung, **„so wie sie zu bewirken ist"** am rechten Ort, zur rechten Zeit und in der rechten Weise (Art, Güte, Menge); Faustregel: „Der Gläubiger muss nur noch zugreifen"
      - **Bringschuld:** Tatsächliches Angebot am Wohn- oder Geschäftssitz des Gläubigers
      - **Schickschuld:** Die Versandperson muss nach h.M. die Sache anbieten (Übergabe an Versandperson reicht nicht).
   b) Tatsächliches Angebot ist **entbehrlich**, wenn ein **wörtliches Angebot** ausreicht, **§ 295**
      - Wenn Gläubiger erklärt, dass er die Annahme verweigern wird
      - Wenn Mitwirkungshandlung des Gläubigers erforderlich ist, z.B. Holschuld
   c) Sowohl tatsächliches als auch wörtliches Angebot sind **entbehrlich** in den Fällen des **§ 296**
      - Wenn für Mitwirkungshandlung des Gläubigers Zeitpunkt nach dem Kalender bestimmt ist (beachte § 192)
      - Wenn Mitwirkungshandlung ein Ereignis vorauszugehen hat und die Zeit für die Handlung von dem Ereignis an berechenbar ist
2. **Eigene Leistungsbereitschaft** des Schuldners, **§ 297**
3. **Nichtannahme der Leistung oder Unterlassen einer Mitwirkungshandlung**
   - Grund für Nichtannahme/unterlassene Mitwirkung ist grds. unerheblich, da Vertretenmüssen nicht erforderlich
   - **Ausnahmen:**
     - Vorübergehende Annahmeverhinderung, wenn **Leistungszeit nicht bestimmt** ist und Schuldner **unangekündigt leistet**
     - Bei unangekündigter Leistung **vor Fälligkeit** (§ 271 Abs. 2)
   - Trotz Annahmebereitschaft Verzug, wenn Gläubiger Zug-um-Zug zu erbringende Leistung nicht anbietet.

⚠ ***Vertretenmüssen nicht erforderlich.***

II. Rechtsfolgen

Ersatz der erforderlichen Mehraufwendungen für erfolgloses Angebot, Aufbewahrung und Erhaltung

- Aufwendungen = freiwillige Vermögensopfer
  - Kosten des erfolglosen Angebots (nicht aber Kosten eines erfolgreichen Zweitangebots)
  - Kosten der Aufbewahrung und Erhaltung
  - Kosten einer Androhung i.S.v. § 303
- Erforderlichkeit (anders als bei § 683 kommt es hier auf eine **objektive Erforderlichkeit** an)
- Befreiung von Verbindlichkeiten, § 257
- Zinsen, § 256

VIII. Aufwendungsersatz
4. Aufwendungsersatzanspruch des Käufers gem. § 439 Abs. 3

I. Anwendungsbereich

§ 439 Abs. 3 **gilt für alle Kaufverträge** (nicht nur für Verbrauchsgüterkäufe) und unabhängig von der Art der Nacherfüllung (also bei Nachbesserung und Nachlieferung).

II. Voraussetzungen

1. Sache **eingebaut** oder **angebracht**
   ☞ Einbau von Fenstern in ein Haus, Befestigung von Fassadenteilen, Montage von Leuchten
2. Gemäß ihrer **Art** und ihrem **Verwendungszweck**
   (–), wenn Kaufsache durch Einbau entgegen ihrer funktionellen Bestimmung verwendet wird
3. Sache eingebaut oder angebracht **bevor der Mangel offenbar** wurde

⚠ *Der Begriff „offenbar" setzt eine objektivierte Sichtweise voraus; es ist also auf die Erkenntnismöglichkeiten eines Durchschnittskäufers abzustellen.*

III. Rechtsfolgen

- **Kein Wahlrecht** des Verkäufers zwischen Selbstvornahme und Aufwendungsersatz
- **Kein „echtes" Selbstvornahmerecht** des Käufers, da kein Aufwendungsersatz für Mangelbeseitigung selbst (daher nur selektives Selbstvornahmerecht)
- **Keine Verpflichtung** des Verkäufers **zur Selbstvornahme** (str.)
- Ersatz der **erforderlichen** Aufwendungen für Entfernen und Einbau oder erneutes Anbringen
- **Vorschusspflicht** des Verkäufers bei Verbrauchsgüterkauf, § 475 Abs. 4

VIII. Aufwendungsersatz

5. Aufwendungsersatzanspruch des Verkäufers gem. § 445a Abs. 1

I. Anwendungsbereich

Anspruch auf Aufwendungsersatz aus **§ 445a Abs. 1** (sog. selbstständiger Regress) gilt nur für **neu hergestellte** Sachen, da es für gebrauchte Sachen i.d.R. keine geschlossenen Vertriebswege gibt.

II. Voraussetzungen

- Kaufsache muss sowohl im **Verhältnis** zwischen **Lieferanten** und **Letztverkäufer** als auch im Verhältnis zwischen **Letztverkäufer** und **Endkunden** mangelhaft sein.
- Dazu muss sie bei **Gefahrübergang** auf den Käufer bzgl. **desselben Fehlers** einen Mangel aufweisen.
- Kein Ausschluss gem. § 377 HGB, vgl. § 445a Abs. 4.

III. Rechtsfolgen

Nach § 445a Abs. 1 ist nur der Aufwand ersatzfähig, den der (Letzt-)Verkäufer gem.

- **§ 439 Abs. 2** (Transport-, Wege-, Arbeits- und Materialkosten) und
- **§ 439 Abs. 3** (Aus- und Wiedereinbaukosten bzw. Kosten des Anbringens) und
- **§ 475 Abs. 4** (Vorschussverpflichtung gegenüber Verbrauchern)

zu tragen hatte, also im **Rahmen der Nacherfüllung** gegenüber dem Endkunden angefallen ist.

⚠ *Während die Ansprüche aus § 439 Abs. 2 und § 439 Abs. 3 stets in Betracht kommen, kann der Letztverkäufer ein Aufwand nach **§ 475 Abs. 4 nur** entstehen, wenn er mit dem Endkunden einen **Verbrauchsgüterkaufvertrag** abgeschlossen hat.*

IV. Weitere Regelungen

- Anders als § 445a Abs. 1 statuiert **§ 445a Abs. 2 keine eigenständige Anspruchsgrundlage**, sondern eine Modifikation des Gewährleistungsrechts (sog. unselbstständiger Regress).
- Nach § 445a Abs. 2 bedarf es für die Geltendmachung der Gewährleistungsrechte des Letztverkäufers gegen seinen Lieferanten aus § 437 Nr. 2 u. 3 einer sonst grds. nach den §§ 323 Abs. 1, 441 Abs. 1 oder § 281 Abs. 1 erforderlichen **Fristsetzung** für Rücktritt, Minderung und Schadensersatz **nicht**.

IV. Weitere Regelungen (Fortsetzung)

- § 445a Abs. 2 gilt ebenso wie der Anspruch aus § 445a Abs. 1 nur für den Verkauf **neu hergestellter Sachen**. Erforderlich ist außerdem, dass der Letztverkäufer die Sache zurücknehmen musste oder Käufer den Kaufpreis gemindert hat.
- Rücknahme oder Minderung muss Folge der Mangelhaftigkeit sein und nicht aus Kulanz, aufgrund eines vereinbarten Rücktrittsrechts oder eines Widerrufsrechts nach § 355 erfolgen.
- Regress in der **unternehmerischen Lieferkette, § 445a Abs. 3**, wenn die Schuldner Unternehmer i.S.d. § 14 sind.

K ⟵ § 433 ⟶ **V** ⟵ § 445a Abs. 1 u. 2 ⟶ **L** ⟵ § 445 Abs. 3 ⟶ **H**

Endkunde — Letztverkäufer — Lieferant — Hersteller

- **§ 445b** statuiert **spezielle Verjährungsregelungen** für die Regressansprüche aus § 445 a.
- Sonderbestimmungen für den **Regress des Unternehmers** enthält **§ 478**.

⚠ *§ 478 gilt nur für den Fall, das ein Verbrauchsgüterkauf (§ 474 Abs. 1) zwischen Letztverkäufer (Unternehmer) und Letztkäufer (Verbraucher) vorliegt*

- Anwendung der Beweislastumkehr (§ 477), § 478 Abs. 1
- Einschränkung abweichender Vereinbarung, § 478 Abs. 2
- Erstreckung auf die Lieferkette, § 478 Abs. 3

VIII. Aufwendungsersatz
6. Aufwendungsersatzanspruch des Mieters bei Mangelbeseitigung, § 536a Abs. 2

I. Wirksamer Mietvertrag

1. **Zustandekommen** eines wirksamen Mietvertrages ⇨ ***S. 7***
2. **Abgrenzung** zu anderen Verträgen:
   a) Leihe, § 598: unentgeltliche Gebrauchsüberlassung an einer Sache auf Zeit
   b) Pacht, §§ 581 ff.: Gebrauchsüberlassung auf Zeit und zusätzlich Nutzungsrecht (Fruchtziehung)
   c) Verwahrung, §§ 688 ff.: Übernahme besonderer Obhutspflichten
3. **Besonderheiten** des Zustandekommens
   a) Geltung des § 185 Abs. 1 (Verfügung eines Nichtberechtigten) analog
   b) Bei Wohnraummiete: **Schriftform** §§ 549, 550 (Nichteinhaltung der Form hat ausnahmsweise **nicht Unwirksamkeit des Vertrages** zur Folge) ⇨ ***S. 155***
   c) Gesetzliche Vertragsbegründungsmöglichkeiten
      - § 566: „Kauf bricht nicht Miete"
      - §§ 563 ff.: Tod des Mieters

II. Überlassung der Mietsache

III. Sach- oder Rechtsmangel

Mangelbegriff ⇨ ***S. 190***

IV. Gewährleistungsausschluss durch Rechtsgeschäft oder Gesetz

1. **Individualvertraglicher Gewährleistungsausschluss** (arg. ex §§ 536 Abs. 4, 536d)
   a) Nicht bei arglistigem Verschweigen des Mangels, § 536 d
   b) Nicht bei Eigenschaftszusicherung
2. Gewährleistungsausschluss durch **AGB** ⇨ ***S. 151***
3. **Kenntnis des Mieters** vom Mangel beim Vertragsabschluss, **§ 536b S. 1**
4. Grob **fahrlässige Unkenntnis** des Mieters beim Vertragsschluss soweit Vermieter nicht arglistig handelt, **§ 536b S. 2**
5. Annahme der mangelhaften Mietsache **ohne Vorbehalt** der Mängelrechte, **§ 536b S. 3**
6. Mangel ist durch Mieter **selbst zu vertreten oder** stammt **aus seinem Verantwortungsbereich, § 326 Abs. 2 analog.**

VIII. Aufwendungsersatz

6. Aufwendungsersatzanspruch des Mieters bei Mangelbeseitigung, § 536a Abs. 2 (Fortsetzung)

V. Besondere Voraussetzungen des § 536 a

§ 536a Abs. 2 Nr. 1	§ 536a Abs. 2 Nr. 2
▪ Verzug des Vermieters mit der Mängelbeseitigung ⇨ ***S. 173***	▪ Umgehende Beseitigung des Mangels für Bestand der Mietsache erforderlich Ⓟ *Analoge Anwendung des § 536a Abs. 2 Nr. 2 bei Gefahr für den Mieter (nach h.M. [+] bei erheblicher Gefahr; nach a.A. dann Anspruch aus § 539 i.V.m. §§ 677, 689 S. 1, 670)*

VI. Rechtsfolgen

Ersatz der erforderlichen Aufwendungen

- Aufwendungen = freiwillige Vermögensopfer zur Durchführung der Geschäftsführungsmaßnahmen
- Erforderlich = alle Maßnahmen, die der Geschäftsführer bei Übernahme für erforderlich halten durfte (auf eine objektive Erforderlichkeit kommt es nicht an)
- Befreiung von Verbindlichkeiten, § 257
- Zinsen, § 256
- Vorschusspflicht des Vermieters, § 242

VII. Verjährung

- Verjährung gem. § 548 Abs. 2 in **6 Monaten nach Beendigung des Mietvertrages**

⇨ ***S. 231***

⚠ *Ein Aufwendungsersatz des Mieters für Mangelbeseitigungskosten ergibt sich nach h.M. auch nicht aus § 539 i.V.m. §§ 677 ff.: Nach § 539 sind nur Aufwendungen ersatzfähig, die nicht der Mangelbeseitigung dienten **(keine Selbstvornahme im Mietrecht!)**.*

VIII. Aufwendungsersatz
7. Aufwendungsersatzanspruch bei Mangelbeseitigung durch Besteller, §§ 634 Nr. 2, 637

Zur Systematik des Gewährleistungsrechts beim Werkvertrag s. ⇨ S. 193

I. Voraussetzungen

1. Zustandekommen eines **wirksamen Werkvertrages**
2. Vorliegen eines **Mangels** (§ 633) im **relevanten Zeitpunkt** ⇨ ***S. 190***
3. Fälliger und durchsetzbarer Nacherfüllungsanspruch
4. Erfolgloser Fristablauf oder Entbehrlichkeit der Fristsetzung
   a) **Grundsätzlich: Erforderlichkeit einer angemessenen Fristsetzung, § 637 Abs. 1**
      - Zu kurze Frist setzt angemessene Frist in Gang.
      - Wird keine Frist gesetzt, reicht auch ein ernsthaftes Erfüllungsverlangen; dies setzt eine angemessene Frist in Gang.

   b) **Entbehrlichkeit nach allgemeinen Regeln:**
      - Entbehrlichkeit aufgrund Parteivereinbarung (nicht möglich in AGB gem. § 309 Nr. 4 bzw. gegenüber Unternehmern gem. § 307 Abs. 1, wenn Fristsetzung dadurch für **Verwender** entbehrlich)
      - Ernsthafte und endgültige Erfüllungsverweigerung, § 323 Abs. 2 Nr. 1
      - Relatives Fixgeschäft, § 323 Abs. 2 Nr. 2
      - Besondere Umstände i.S.v. § 323 Abs. 2 Nr. 3

   c) **Entbehrlichkeit im Werkvertragsrecht:**
      - Rechtmäßige Verweigerung der Nacherfüllung gem. § 635 Abs. 3 (vgl. § 636 Alt. 1)
      - Fehlschlagen der Nacherfüllung, § 637 Abs. 2 S. 2 Alt. 1
        Im Kaufrecht i.d.R. nach erfolglosem zweiten Versuch, § 440 S. 2; im Werkvertragsrecht bietet § 440 S. 2 zumindest einen Anhaltspunkt
      - Unzumutbarkeit der Nacherfüllung, § 637 Abs. 2 S. 2 Alt. 2

   d) **Erfolgloser Fristablauf**
      - Keine Einhaltung der Frist bei Teilleistung (§ 266)
5. **Keine rechtmäßige Verweigerung der Nacherfüllung gem. § 635 Abs. 3**

II. Kein Gewährleistungsausschluss

- Kein vertraglicher oder gesetzlicher Gewährleistungsausschluss ⇨ ***S. 13***

III. Keine Unwirksamkeit wegen Verjährung, §§ 634a Abs. 1, 218

⇨ ***S. 231***

IV. Rechtsfolgen

Ersatz der erforderlichen Aufwendungen

- Aufwendungen = freiwillige Vermögensopfer zur Durchführung der Mängelbeseitigung
- Erforderlich = alle Maßnahmen, die den Mangel sicher beseitigen
- Befreiung von Verbindlichkeiten, § 257
- Zinsen, § 256
- **Vorschusspflicht des Unternehmers, § 637 Abs. 3** ⚠

VIII. Aufwendungsersatz

8. Aufwendungsersatzanspruch bei Mangelbeseitigung durch den Reisenden, § 651k Abs. 2 S. 1

I. Wirksamer Pauschalreisevertrag

1. Zustandekommen eines wirksamen Pauschalreisevertrags ⇨ ***S. 7***

2. Zur Abgrenzung zu anderen Verträgen und zu Besonderheiten des Pauschalreisevertrags ⇨ ***S. 43***

II. Sachmangel

Zum Mangelbegriff ⇨ ***S. 190***

III. Kein Ausschluss der Gewährleistungsrechte

- **Individualvertraglicher Gewährleistungsausschluss/Gewährleistungsausschluss durch AGB**
  Vollständiger vertraglicher Gewährleistungsausschluss gem. **§ 651y S. 1** nicht möglich
- **Gesetzlicher Gewährleistungsausschluss oder Gewährleistungsausschluss aufgrund internationaler Abkommen, § 651p Abs. 2 u. 3** (etwa LuftVG, HaftpflG, Eisenbahnverkehrsordnung)

IV. Besondere Voraussetzungen des § 651 k Abs. 2

1. **Erfolgloser Fristablauf oder Entbehrlichkeit**
   a) **Grundsätzlich: Erforderlichkeit einer angemessenen Fristsetzung zur Abhilfe, § 651k Abs. 2 S. 1**
   - Setzung einer zu kurzen Frist setzt angemessene Frist in Gang
   - Fristsetzung erfordert Angabe eines konkreten Zeitpunkts oder Zeitraums

   b) **Entbehrlichkeit**
   - Entbehrlichkeit aufgrund Parteivereinbarung
   - Ernsthafte und endgültige Verweigerung, § 651k Abs. 2 S. 2 Alt. 1
   - Sofortige Abhilfe durch besonderes Interesse geboten, § 651k Abs. 2 S. 2 Alt. 2

   c) **Erfolgloser Fristablauf**
2. **Keine rechtmäßige Verweigerung der Abhilfe gem. § 651k Abs. 1 S. 2**

V. Rechtsfolgen

Ersatz der erforderlichen Aufwendungen

- Aufwendungen = freiwillige Vermögensopfer zur Durchführung der Geschäftsführungsmaßnahmen
- Erforderlich – alle Aufwendungen, die der Reisende bei sorgfältiger Prüfung für erforderlich halten durfte
- Befreiung von Verbindlichkeiten, § 257
- Zinsen, § 256
- Nach h.M. Vorschusspflicht des Reiseveranstalters (Reiseleiters)

VI. Verjährung

1. Gem. § 651j S. 1 Verjährung in 2 Jahren
2. Verjährungsbeginn mit vertraglich vorgesehenem Reiseende (Berechnung: §§ 187 Abs. 1, 188 Abs. 2), vgl. § 651j S. 2 ⇨ ***S. 231***

VIII. Aufwendungsersatz

9. Aufwendungsersatzanspruch des Geschäftsführers bei berechtigter GoA gem. §§ 677, 683 S. 1, 670

I. Anspruchsvoraussetzungen

1. **Geschäftbesorgung**
   - Alle rechtsgeschäftlichen und tatsächlichen Handlungen
2. **Für einen anderen**
   a) **Fremdheit**
      aa) **Objektiv fremdes Geschäft** (Geschäft gehört ausschließlich zu fremdem Geschäftskreis)
         ☞ Hilfe in Notsituationen; Reparatur fremder Sachen; Beseitigung von Störungen, die ein Dritter veranlasst hat; Zahlung fremder Schulden

      oder

      bb) **Auch fremdes Geschäft** (Geschäft gehört zu Geschäftskreis des Geschäftsherrn aber auch zu dem des Geschäftsführers)
         - Bestehen einer Mitverpflichtung
         - Geschäftsführer will Verbindlichkeit gegenüber Drittem erfüllen (str.)
         - Behörde nimmt öffentlich-rechtliche Aufgabe wahr, erledigt damit aber auch Aufgabe einer Privatperson

      cc) **Neutrales Geschäft** (Charakter als fremdes Geschäft ergibt sich nur durch Fremdgeschäftsführungswillen)

   b) **Fremdgeschäftsführungswille**
      aa) Beim **objektiv fremden Geschäft:** Vermutung
      bb) Beim **auch fremden Geschäft:**
         - h.M.: Vermutung
         - a.A.: Konkrete Anhaltspunkte für Fremdgeschäftsführungswillen erforderlich

      cc) Beim **neutralen Geschäft:** nach außen erkennbarer Fremdgeschäftsführungswille erforderlich
3. **Ohne Auftrag und ohne sonstige Berechtigung**
   a) Kein **Vertrag** mit dem Geschäftsherrn
      - Auftrag, § 670
      - Entgeltliche Geschäftsbesorgung, §§ 675, 670
      - Verwahrung, § 693
      - Mangelbeseitigung Werkvertrag, §§ 634 Nr. 2, 637
      - Mangelbeseitigung Reisevertrag, § 651k Abs. 2 S. 1
      - Mangelbeseitigung Mietvertrag, § 536a Abs. 2

   b) Kein **gesetzliches Schuldverhältnis**
      - Kind, § 1648
      - Vormund, § 1808

   c) Aus **§ 323c StGB** ergibt sich **keine Berechtigung** i.S.d. § 677

VIII. Aufwendungsersatz
9. Aufwendungsersatzanspruch des Geschäftsführers bei berechtigter GoA gem. §§ 677, 683 S. 1, 670 (Fortsetzung)

I. Anspruchsvoraussetzungen (Fortsetzung)

4. **Voraussetzungen der berechtigten GoA, § 683**
   - Übernahme im **Interesse** des Geschäftsherrn
     - Interesse (+), wenn objektiv nützlich
     - Es kommt auf den Zeitpunkt der „Übernahme", also den Beginn der Geschäftsführung an.

   und

   - Übernahme entspricht **Willen** des Geschäftsherrn
     - **Vorrangig: Tatsächlicher** (geäußerter) **Wille**
     - Ausnahme: § 679, Unbeachtlichkeit, wenn Geschäftsführung im öffentlichen Interesse oder zur Erfüllung einer gesetzlichen Unterhaltspflicht
     - Nachrangig: mutmaßlicher Wille (wird bei objektiver Nützlichkeit vermutet)
     - **Bei Geschäftsunfähigen** kommt es auf mutmaßlichen **Willen des gesetzlichen Vertreters** an.

   oder

   - **Genehmigung** der Geschäftsführung durch den Geschäftsherrn, § 684 S. 2; bei Fehlen der Voraussetzungen des § 683 Herausgabe einer Bereicherung, §§ 684, 812 ff. ⇨ ***S. 235***

II. Rechtsfolgen

1. **Ersatz der erforderlichen Aufwendungen** (§§ 677, 683 S. 1, 670 **unmittelbar**)
   - **Aufwendungen** = freiwillige Vermögensopfer zur Durchführung der Geschäftsführungsmaßnahmen
   - **Erforderlich** = alle Maßnahmen, die der Geschäftsführer bei Übernahme für erforderlich halten durfte (auf eine objektive Erforderlichkeit kommt es nicht an)
   - Befreiung von Verbindlichkeiten, § 257
   - Zinsen, § 256
2. **Schadensersatz** (§§ 677, 683 S. 1, 670 **analog**)
   - Aufwendungsersatz umfasst auch Schäden, in denen sich das **typische Risiko** der übernommenen Geschäftsführung realisiert hat (☞ Rettungsfälle); Rechtsgedanke des **§ 716 BGB**
   - Anspruch ist gem. **§ 254** um ein etwaiges Mitverschulden zu kürzen
   - Bei Geschäftsführung zur Gefahrenabwehr allerdings bei Mitverschulden Haftungsmaßstab nach dem Gedanken des **§ 680** auf Vorsatz und grobe Fahrlässigkeit des Geschäftsführers beschränkt
3. **Tätigkeitsvergütung**
   - Grundsätzlich nicht
   - Gehört die Geschäftsführungsmaßnahme zum Beruf/Gewerbe des Geschäftsführers nach h.M. Vergütung **analog § 1877 Abs. 3**

III. Keine Verjährung

1. Relative Frist des § 195: 3 Jahre ab Ende des Jahres der Anspruchsentstehung und Kenntnis des Gläubigers (§ 199 Abs. 1)
2. Absolute Frist des § 199 Abs. 3 Nr. 1: 10 Jahre ab Anspruchsentstehung

⇨ ***S. 230***

IX. Herausgabe des Surrogats/Abtretung des Erlösanspruchs Anspruchsgrundlagen

I. Vertrag

§ 311 Abs. 1	Vereinbarung	
§ 285	Herausgabe des Ersatzes bzw. Abtretung des Ersatzanspruchs bei Unmöglichkeit	***vgl. auch*** ⇨ ***S. 18*** ⇨ ***S. 32***

II. Vertragsähnlich

§§ 677, 681 S. 2, 667	Herausgabeanspruch des Geschäftsherrn bei berechtigter GoA	**vgl. dazu:** ⇨***S. 48***
§§ 677, 681 S. 2, 667	Herausgabeanspruch des Geschäftsherrn bei unberechtigter GoA	
§§ 687 Abs. 2, 681 S. 2, 667	Herausgabeanspruch des Geschäftsherrn bei angemaßter GoA	

III. Dinglich

IV. Deliktisch

V. Bereicherungsrechtlich

§ 816 Abs. 1 S. 1	Herausgabe bei Nichtleistungskondiktion ggü. Verfügendem ⇨ ***S. 95***
§§ 812 Abs. 1, 818 Abs. 1	Herausgabeanspruch des Bereicherungsgläubigers **siehe zum Umfang der Herausgabepflicht bei Bereicherung** ⇨ ***S. 235***
§§ 812, 818 Abs. 4, 819, 285	Erlösherausgabe des verklagten/bösgläubigen Bereicherungsschuldners

VI. Sonstige

X. Auskunft Anspruchsgrundlagen

I. Vertrag

§ 311 Abs. 1	Vereinbarung
§ 242 oder § 241 Abs. 2	Vertragliche Sonderbeziehung kann Auskunftsanspruch enthalten (Auslegung)
§§ 27 Abs. 3, 666	Auskunftspflicht des Vereinsvorstandes
§ 402	Auskunftsanspruch bei Abtretung
§ 469	Mitteilungspflicht bei Vorkauf
§ 666	Auskunfts-/Rechenschaftspflicht beim Auftrag
§§ 675, 666	Auskunftspflicht bei Geschäftsbesorgung
§ 675 a	Informationspflichten bei Geschäftsbesorgung
§§ 717, 666	Auskunftsanspruch der Gesellschafter

II. Vertragsähnlich

§§ 677, 681 S. 2, 666	Auskunftsanspruch des Geschäftsherrn bei berechtigter GoA	vgl. dazu: ⇨ ***S. 48***
§§ 677, 681 S. 2, 666	Auskunftsanspruch des Geschäftsherrn bei unberechtigter GoA	
§§ 687 Abs. 2, 681 S. 2, 666	Auskunftsanspruch des Geschäftsherrn bei angemaßter GoA	

III. Dinglich

IV. Deliktisch

V. Bereicherungsrechtlich

VI. Sonstige

§ 1379	Auskunftsanspruch des Ehegatten über Endvermögen
§ 1580	Auskunftsanspruch des geschiedenen Ehegatten über Einkünfte und Vermögen
§ 1605	Auskunftsanspruch zur Feststellung eines Unterhaltsanspruchs
§ 1686	Auskunftsanspruch eines Elternteils über persönliche Verhältnisse des Kindes
§ 2027	Auskunftspflicht des Erbschaftsbesitzers
§ 2057	Auskunftsanspruch des Miterben
§ 2127	Auskunftsanspruch des Nacherben
§ 2314	Auskunftsanspruch des Pflichtteilsberechtigten

⚠ ***§§ 259, 260 sind keine Anspruchsgrundlagen*** *für einen Auskunftsanspruch; sie bestimmen vielmehr den Umfang der Auskunft, wenn bereits ein entsprechender Anspruch besteht.*

XI. Unterlassung/Beseitigung
1. Anspruchsgrundlagen

I. Vertrag

§ 311 Abs. 1	Vereinbarung	
§ 242 i.V.m. vertraglicher Grundlage	Nebenpflicht eines anderen Vertrages	

II. Vertragsähnlich

III. Dinglich

§ 862	Unterlassungsanspruch des Besitzers	⇨ ***S. 88***
§ 1004 Abs. 1	Unterlassungsanspruch des Eigentümers	⇨ ***S. 127***
§ 1004 Abs. 1 analog	Quasi-negatorischer Unterlassungsanspruch	

IV. Deliktisch

V. Bereicherungsrechtlich

XI. Unterlassung
2. Eigentumsbeeinträchtigungen, § 1004

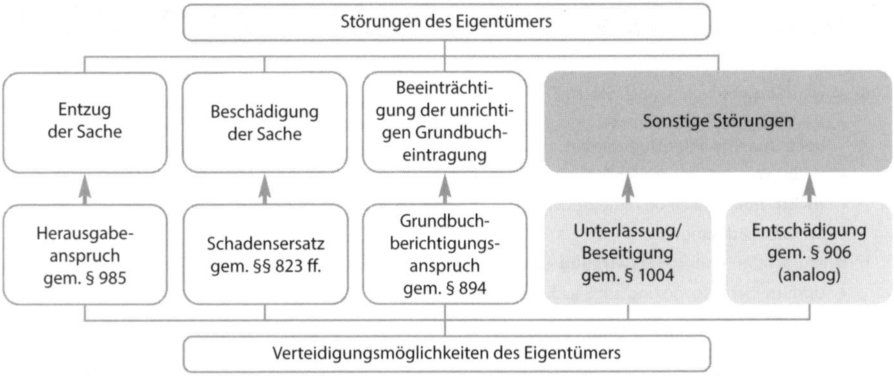

I. Anwendbarkeit

1. **Entsprechend**
   - §§ 1027, 1090 Abs. 2: Dienstbarkeiten
   - § 1065: Nießbrauch
   - § 1227: Pfandrecht
   - § 11 ErbbauVO: Erbbaurecht
   - § 34 Abs. 2 WEG: Dauerwohnrecht
2. **Analog:** Rechte und Rechtsgüter, die durch § 823 geschützt werden (sog. „quasi-negatorischer Abwehranspruch") ⇨ ***S. 56***

II. Voraussetzungen

1. **Anspruchsteller = Eigentümer**
   a) Eigentum erworben und nicht wieder verloren oder vermutet
   - Erwerb kraft Rechtsgeschäfts
     - Eigentumserwerb an beweglichen Sachen, §§ 929 ff. ⇨ ***S. 237***
     - Gutgläubiger Eigentumserwerb an beweglichen Sachen, §§ 929, 932 ff. ⇨ ***S. 240***
     - Eigentumserwerb an unbeweglichen Sachen, §§ 873, 925 ⇨ ***S. 243***
     - Gutgläubiger Eigentumserwerb an unbeweglichen Sachen, §§ 873, 925, 892 ⇨ ***S. 245***
   - Erwerb kraft Gesetzes
     - Gesetzlicher Eigentumserwerb (Verbindung, Vermischung, Verarbeitung) ⇨ ***S. 247***
     - Gesetzlicher Eigentumserwerb (Trennung, Aneignung, Fund) ⇨ ***S. 249***
     - Eigentumserwerb kraft Hoheitsakts (Zuschlag, Zuweisung, Ablieferung) ⇨ ***S. 249***
     - Erbfall, § 1922
     - Eingehung einer Gütergemeinschaft, § 1416 Abs. 1 S. 1

   b) Eingreifen einer Eigentumsvermutung
   - bei unbeweglichen Sachen gem. § 891
   - bei beweglichen Sachen gem. § 1006
     - gem. § 1006 Abs. 1 zugunsten des gegenwärtigen unmittelbaren Besitzers
     - gem. § 1006 Abs. 2 zugunsten des früheren unmittelbaren Besitzers
     - gem. § 1006 Abs. 3 zugunsten des mittelbaren Besitzers

     } Einzelheiten ⇨ ***S. 85***

XI. Unterlassung
2. Eigentumsbeeinträchtigungen, § 1004
(Fortsetzung)

II. Voraussetzungen (Fortsetzung)

2. **Eigentumsbeeinträchtigung**
   a) Anwendungsbereich (s. auch Skizze S. 127)
   - § 1004 schützt vor Beeinträchtigungen durch **Einwirkung auf die Sache** oder durch **Eingriff in die Rechtsposition** des Eigentümers.
   - **Nicht:** Vorenthaltung oder Entziehung des Besitzes (vgl. § 1004 Abs. 1 S. 1), hier § 985 spezieller
   - **Nicht:** Unrichtigkeit des Grundbuchs, hier § 894 spezieller
   - **Str.** Beschädigungen

   b) Beeinträchtigung durch **Einwirkung auf die Sache**
   - Unmittelbare Einwirkung auf Sachkörper
     - Beschädigungen (str., ob Schaden als solcher oder schädigende Handlung)
     - Veränderungen
     - Unbefugte Nutzung
   - Zuführung wägbarer Stoffe (grenzüberschreitende Grobimmissionen)
   - Grenzüberschreitung unwägbarer Stoffe, § 906
   - Gefährdende Maßnahmen/Vorrichtungen auf Nachbargrundstück

   c) Beeinträchtigung durch **Eingriff in die Rechtsposition**
   - Behinderung des Besitzes (beachte Vorrang § 985 bei vollständiger Besitzentziehung)
   - Beeinträchtigung durch Angriff auf Rechtsposition (Bestreiten der Eigentümerstellung)

   d) **Keine Beeinträchtigungen** durch **nicht grenzüberschreitende Immissionen**
   - bei „sittlichen Immissionen" (Bordell auf dem Nachbargrundstück) – ggf. aber Unterlassungsanspruch bei Verletzung des Allgemeinen Persönlichkeitsrechts
   - bei „ideellen Immissionen" (hässlicher Anblick des benachbarten Schrottplatzes)

   e) **Keine Beeinträchtigungen** durch **„negative Einwirkungen"**
   - bei Entzug von Licht, Luft, Funkwellen etc.

3. **Anspruchsgegner = Störer**
   a) **Handlungsstörer** = jemand der Störung durch eigenes Verhalten (Tun oder Unterlassen) adäquat kausal verursacht (hat)
   - Bei mehreren Personen Anspruch gegen jeden Störer
   - Bei Störungen durch selbstständigen Werkunternehmer sind Unternehmer und Besteller Störer
   - Bei Störungen durch weisungsgebundenen Arbeitnehmer ist nur der Arbeitgeber Störer
   - Bei Grundstücken sind Mieter und Vermieter Störer, wenn die Störung von der im Mietvertrag vorgesehenen Tätigkeit ausgeht (geht sie von einer nicht erlaubten oder vorgesehenen Tätigkeit aus, ist nur der Mieter Störer; geht sie von der Mietsache als solcher aus, nur der Vermieter)

   b) **Zustandsstörer** = jemand der die Herrschaft über die gefährliche Sache ausübt, wobei der eigentumsbeeinträchtigende Sachzustand zumindest mittelbar auf den Willen des Anspruchsgegners zurückführbar sein muss.

   Ⓟ *Natürliche Immissionen*
   (Bei natürlichen Immissionen wie Wurzeln /Blättern/Tieren ist darauf abzustellen, ob den Inhaber der Sachherrschaft eine „Sicherungspflicht" zur Verhinderung der Immission trifft oder ob er durch vorangegangene Handlungen die Immission mitverursacht hat.)

   Beispiele für „Sicherungspflichten":
   - Grenzüberschreitende Baumwurzeln, § 910
   - Rohrbruch im Nachbarhaus, § 836

II. Voraussetzungen (Fortsetzung)

4. **Keine Duldungspflicht, § 1004 Abs. 2**
   a) **Privatrechtliche Duldungspflichten**
      - Rechtsgeschäftliche Verpflichtung, Maßnahmen zu dulden/Immissionen hinzunehmen (schuldrechtlicher Vertrag oder Belastung des Grundstücks mit beschränkt dinglichem Recht)
      - § 906 Abs. 1: Duldungspflicht bei Zuführung unwägbarer Stoffe, die keine wesentliche Beeinträchtigung hervorrufen
      - § 906 Abs. 1 analog: Grobimmissionen
      - § 906 Abs. 2 S. 1: Duldungspflicht bei wesentlichen Beeinträchtigungen, die aber ortsüblich sind und nicht durch zumutbare Maßnahmen verhindert werden können
      - § 904 S. 1: Notstand
      - § 912: Überbau ohne grobes Verschulden
      - § 917: Notwegerecht
      - Nachbarliches Gemeinschaftsverhältnis i.V.m. § 242 (str.)

   b) **Öffentlich-rechtliche Duldungspflichten**
      - § 14 BImSchG
      - Planfeststellungsverfahren (z.B. § 17 FStrG)
      - Kommunale Satzungen (Baumschutzsatzungen)
      - Duldungspflicht aus VA
      - Duldungspflicht aus überwiegendem öffentlichem Interesse

III. Kein Untergang/Durchsetzbarkeit

1. Keine Gegenrechte des Störers gem. § 273
2. Keine Unmöglichkeit der Beseitigung/Unterlassung, § 275
3. Kein unverhältnismäßiger Aufwand der Störungsbeseitigung (sonst Entschädigungspflicht s.u.)

IV. Rechtsfolgen

1. **§ 1004 Abs. 1 S. 1: Beseitigung**
   - Auf das Grundstück verbrachte – wägbare oder unwägbare – Sachen müssen entfernt werden.
   - Str.: Umfang der Beseitigungspflicht bei Schäden
     - Teilweise: Beseitigung von Schäden fällt nicht unter § 1004, da Reichweite der Beseitigung sonst wie Naturalrestitution und damit Umgehung der Voraussetzung des Verschuldens in §§ 823 ff.
     - H.M.: Auch die Beseitigung von Schäden fällt unter § 1004, da die Risiken von Eigentumsbeeinträchtigungen sachgerecht durch den Verursacher zu tragen sind
2. **§ 1004 Abs. 1 S. 2: Unterlassung**
   - Konkrete Gefahr „weiterer" Störungen
   - Konkrete Gefahr der Erstbegehung einer Störung nach h.M. ebenfalls ausreichend
3. **Allgemeine Vorschriften**
   - Bei Verzug mit der Beseitigungspflicht: Schadensersatzanspruch gem. §§ 280 Abs. 1 u. 2, 286
   - Bei Mitverursachung durch den Gestörten analoge Anwendbarkeit von § 254 (str.)
   - Anwendbarkeit der Grundsätze über die Vorteilsanrechnung (str.)

XI. Unterlassung
2. Eigentumsbeeinträchtigungen, § 1004
(Fortsetzung)

V. Verjährung

1. Verjährung richtet sich nach §§ 195, 199 Abs. 1, 4, 5 (Beginn mit Zuwiderhandlung) ⇨ ***S. 230***
2. Verjährungsbeginn erst mit letzter Einwirkung (bei jeder erneuten Einwirkung beginnt neue Verjährungsfrist)
3. Bei **Wechsel des Eigentums** am **gestörten** Grundstück beginnt keine neue Verjährungsfrist; bei Wechsel am Eigentum des **störenden** Grundstücks ist dies str. (teilweise wird hier eine Anrechnung der Verjährung analog § 198 befürwortet, teilweise wird der Beginn einer neuen Verjährungsfrist jedenfalls bei Handlungsstörerschaft angenommen).

VI. Weitere Ansprüche

Entschädigungsanspruch gem. § 906 Abs. 2 S. 2

I. Anspruchsteller ist Eigentümer des Grundstücks

II. **Voraussetzungen eines Abwehranspruchs aus § 1004** wegen Einwirkungen i.S.d. § 906 Abs. 1 S. 1
   1. Einwirkungen i.S.d. § 906 Abs. 1 S. 1 (von einem anderen Grundstück ausgehend)
   2. Wesentliche Beeinträchtigung
   3. Anspruchsgegner ist Störer

III. Duldungspflicht gem. § 906 Abs. 2 S. 1

IV. Einwirkungen müssen die ortsübliche Benutzung des Grundstücks oder dessen Ertrag über das zumutbare Maß hinaus beeinträchtigen

V. Rechtsfolge: Angemessener Ausgleich in Geld

Nachbarrechtlicher Ausgleichsanspruch analog § 906 Abs. 2 S. 2

I. Anwendbarkeit: Kein vorrangiges Haftungssystem

II. Anspruchsteller ist Eigentümer oder Besitzer des Grundstücks

III. **Voraussetzungen eines Abwehranspruchs aus §§ 1004, 907–909 oder 862**

IV. Anspruchsteller an der Abwehr aus besonderem Grund gehindert
   1. Faktischer Duldungszwang
   2. Duldungspflicht aus übergeordnetem öffentlich-rechtlichen Interesse

V. Beeinträchtigendes Verhalten muss konkreten Grundstücksbezug haben

VI. Nachteile müssen das zumutbare Maß einer entschädigungslos hinzunehmenden Beeinträchtigung überschreiten

VII. Rechtsfolge: Angemessener **Ausgleich in Geld**
*(⚠ Soweit der Anspruch für unzulässige Immissionen gewährt wird, handelt es sich um eine einfache Analogie, soweit ein faktischer Duldungszwang einem rechtlichen gleichgestellt wird, um eine doppelte. Macht diesen Anspruch ein berechtigter Besitzer geltend, liegt der – sehr seltene – Fall einer **dreifachen Analogie** vor.)*

XII. Duldung der Zwangsvollstreckung
1. Anspruchsgrundlagen

I. Vertrag

II. Vertragsähnlich

III. Dinglich

§ 1147	Duldung der Zwangsvollstreckung bei Hypothek	⇨ ***S. 132***
§§ 1147, 1192 Abs. 1	Duldung der Zwangsvollstreckung bei Grundschuld	⇨ ***S. 135***

IV. Deliktisch

V. Bereicherungsrechtlich

XII. Duldung der Zwangsvollstreckung
2. Duldung der Zwangsvollstreckung aus Hypothek, § 1147

I. Anspruch entstanden

1. **Anspruchsteller = Hypothekeninhaber**
   a) **Hypothek entstanden für Anspruchsteller**
   - durch Ersterwerb vom Berechtigten ⇨ ***S. 261***
   - durch Ersterwerb vom Nichtberechtigten ⇨ ***S. 264***
   - durch Zweiterwerb vom Berechtigten ⇨ ***S. 266***
   - durch Zweiterwerb vom Nichtberechtigten ⇨ ***S. 267***
   - **durch Zahlung als ablösungsberechtigter Dritter:** Forderung gegen Schuldner geht auf zahlenden Dritten über (§§ 1150, 268 Abs. 3) und damit auch die Hypothek (§§ 401, 412, 1153 Abs. 1)
     z.B.: Mieter zahlt, um die Versteigerung der Immobilie zu verhindern
   - **durch Zahlung als Gesamtschuldner:** Forderung gegen andere Schuldner geht auf zahlenden Gesamtschuldner über (§ 426 Abs. 2) und damit auch die Hypothek (§§ 401, 412)
   - **durch Zahlung als anderer Sicherungsgeber (Bürge):** Forderung gegen Schuldner geht auf Bürgen mit Zahlung über (§ 774 Abs. 1 S. 1) und damit auch die Hypothek (§§ 401, 412)
     Ⓟ *Wettlauf der Sicherungsgeber (h.M. § 426 analog)*
   - Ferner kann eine Hypothek durch dingliche Surrogation, § 1287 S. 2 oder § 848 Abs. 2 ZPO, entstehen.
   - Kraft Hoheitsakt entsteht eine Sicherungshypothek gem. §§ 866, 867 ZPO.

   b) **Hypothek nicht wieder verloren**
   - durch Übertragung an einen Dritten als Berechtigter ⇨ ***S. 266***
   - durch Übertragung an einen Dritten durch einen Nichtberechtigten ⇨ ***S. 267***

2. **Anspruchsgegner = Grundstückseigentümer**
   a) **Wahrer (eingetragener oder nicht eingetragener) Grundstückseigentümer**
   - Eigentumserwerb am Grundstück, §§ 873, 925 ⇨ ***S. 243***
   - Gutgläubiger Eigentumserwerb am Grundstück, §§ 873, 925, 892 ⇨ ***S. 245***
   - Eigentumserwerb am Grundstück kraft Hoheitsakts (Zuschlag, Zuweisung) ⇨ ***S. 249***
   - Erbfall, § 1922
   - Eingehung einer Gütergemeinschaft, § 1416 Abs. 1 S. 1

   b) **Eingetragener Nichteigentümer, Eigentumsfiktion des § 1148**

XII. Duldung der Zwangsvollstreckung
2. Duldung der Zwangsvollstreckung aus Hypothek, § 1147
(Fortsetzung)

II. Anspruch nicht untergegangen
(Hypothek nicht zur Eigentümergrundschuld geworden oder auf Dritten übergegangen)

1. **Rechtsfolgen der Zahlung an Gläubiger/Hypothekar**

   a) **Identität von Grundstückseigentümer und persönlichem Schuldner**

   - Gesicherte Forderung erlischt durch Erfüllung, § 362 Abs. 1
   - Mit Erlöschen der Forderung geht die Hypothek als Eigentümergrundschuld auf den Grundstückseigentümer über (§§ 1163 Abs. 1 S. 2, 1177 Abs. 1 S. 1); dadurch verliert Gläubiger die Hypothek

   b) **Personenverschiedenheit von Grundstückseigentümer und persönlichem Schuldner**

   - **Schuldner zahlt auf Forderung:**
     - Forderung erlischt durch Erfüllung, § 362 Abs. 1
     - Hypothek wird zur Eigentümergrundschuld, §§ 1163 Abs. 1 S. 2, 1177 Abs. 1 S. 1
   - **Grundstückseigentümer zahlt auf Hypothek (= Normalfall, § 1142)**
     - Forderung gegen Schuldner geht auf ihn über, § 1143 Abs. 1
     - damit auch die Hypothek, § 1153 Abs. 1, die aber nicht zur Eigentümergrundschuld wird, § 1177 Abs. 2 (Eigentümerhypothek)
   - **Grundstückseigentümer zahlt auf Forderung (= Ausnahme):**
     - Forderung erlischt, § 362 Abs. 1
     - Hypothek wird zur Eigentümergrundschuld, §§ 1163 Abs. 1 S. 2, 1177 Abs. 1 S. 1

   (⚠ In Fällen, in denen ein ablösungsberechtigter Dritter, ein Sicherungsgeber oder ein Gesamtschuldner zahlt, führt dies nicht zu einem Erlöschen der Forderung, sondern zu einem Übergang auf den Zahlenden [vgl. oben]; in diesen Fällen besteht die Hypothek daher fort.)

   c) **Zahlung durch ablösungsberechtigten Dritten, §§ 1150, 268**

   - Forderung geht kraft Gesetzes auf Dritten über, §§ 1150, 268 Abs. 3
   - Hypothek geht gem. §§ 401, 412, 1153 ebenfalls auf Dritten über.

2. **Rechtsfolgen der Zahlung an Dritte**

   a) **Zahlung an den im Grundbuch eingetragenen bzw. im Brief ausgewiesenen Hypothekar**

   - Gutglaubensschutz gem. § 893 (§ 1155), d.h. Befreiung von dinglicher Haftung; streitig, ob auch Befreiung von der Forderung.

   b) **Zahlung an bisherigen Gläubiger nach Abtretung**

   - Bei Zahlung auf Forderung: Schuldner gem. § 407 geschützt
   - Bei Zahlung auf Hypothek: Schuldner gem. § 1156 nicht geschützt. Keine Anwendbarkeit der §§ 406–408 (Schuldner hätte sich durch Blick ins Grundbuch/Hypothekenbrief [vgl. §§ 1160, 1161] schützen können); für das Fortbestehen der Hypothek wird die Forderung trotz Erlöschens gem. § 407 ebenfalls als fortbestehend fingiert, vgl. § 1138 (§ 407 gilt nicht in Ansehung der Hypothek).

3. **Sonstiges**

   a) Verzicht auf die Hypothek, § 1168 (wird zur Eigentümergrundschuld)

   b) Aufhebung der Hypothek, § 1183 (Hypothek erlischt)

XII. Duldung der Zwangsvollstreckung
2. Duldung der Zwangsvollstreckung aus Hypothek, § 1147
(Fortsetzung)

III. Keine Einreden des Grundstückseigentümers

wenn Anspruchsteller Ersterwerber ist	wenn Anspruchsteller Zweiterwerber ist

1. **Einreden unmittelbar gegen die Hypothek**

Wenn Anspruchsteller Ersterwerber ist:

⇨ aus der Sicherungsabrede:
- Stundung der Hypothek
- Vollstreckungsverzicht
- Verwertungsbeschränkungen

Wenn Anspruchsteller Zweiterwerber ist:

a) **Grds.: § 1157 S. 1 auch gegen Zweiterwerber:**
- Stundung der Hypothek
- Vollstreckungsverzicht
- Verwertungsbeschränkungen

b) **Ausn.: Gutgläubiger einredefreier Erwerb** der Hypothek, **§§ 1157 S. 2, 892 (nur bei rechtsgeschäftlichem Erwerb!)**

2. **Einreden *gegen die gesicherte Forderung,* die auch gegen die Hypothek wirken (Akzessorietät)**

Wenn Anspruchsteller Ersterwerber ist:

§ 1137 Abs. 1 S. 1 Alt. 1
- Stundung der Forderung
- Zurückbehaltungsrecht, § 273
- Nicht erfüllter Vertrag, § 320

Wenn Anspruchsteller Zweiterwerber ist:

a) **Grds.: § 1137 Abs. 1 S. 1 Alt. 1 auch gegenüber Zweiterwerber:**
- Stundung der Forderung
- Zurückbehaltungsrecht, § 273
- Nicht erfüllter Vertrag, § 320

b) **Ausn.: Gutgläubiger einredefreier Erwerb** der Hypothek, **§§ 1138 Alt. 2, 892 (nur bei rechtsgeschäftlichem Erwerb!)**

*(⚠ Verzicht des persönlichen Schuldners führt **nicht** zum Verlust der Einrede, § 1137 Abs. 2!)*

3. **Besondere Einreden bei Personenverschiedenheit von Eigentümer und persönlichem Schuldner**

Wenn Anspruchsteller Ersterwerber ist:

§§ 1137 Abs. 1 S. 1 Alt. 2, 770
- Anfechtbarkeit
- Aufrechenbarkeit
- analog auf Kündbarkeit

Wenn Anspruchsteller Zweiterwerber ist:

a) **Grds.: §§ 1137 Abs. 1 S. 1 Alt. 2, 770**
- Anfechtbarkeit
- Aufrechenbarkeit
- analog auf Kündbarkeit

b) **Ausn.: Gutgläubiger einredefreier Erwerb** der Hypothek, **§§ 1138, 892 (nur bei rechtsgeschäftlichem Erwerb!)**

(⚠ Verzicht des persönlichen Schuldners führt zum Verlust der Einrede [§ 1137 Abs. 2 gilt hier nicht]!)

IV. Rechtsfolgen

- Der Gläubiger kann gem. § 1147 Duldung der Zwangsvollstreckung verlangen und – aufgrund eines Titels i.S.v. §§ 704, 794 ZPO – die Zwangsvollstreckung in das Grundstück nach den Regeln des Zwangsversteigerungsgesetzes (ZVG) betreiben, um den erzielten Erlös zur Befriedigung seiner Forderungen zu verwenden.
- Zum Umfang der der Zwangsversteigerung unterfallenden Gegenstände, §§ 1120 ff.: ⇨ ***S. 270***

XII. Duldung der Zwangsvollstreckung

3. Duldung der Zwangsvollstreckung aus Grundschuld, §§ 1192 Abs. 1, 1147

I. Anspruch entstanden

1. **Anspruchsteller = Grundschuldgläubiger**
   a) **Grundschuld entstanden für Anspruchsteller**
      - durch Ersterwerb vom Berechtigten ⇨ ***S. 261***
      - durch Ersterwerb vom Nichtberechtigten ⇨ ***S. 264***
      - durch Zweiterwerb vom Berechtigten ⇨ ***S. 266***
      - durch Zweiterwerb vom Nichtberechtigten ⇨ ***S. 267***
      - **durch Zahlung als ablösungsberechtigter Dritter auf Grundschuld:** Grundschuld geht auf zahlenden Dritten über (§§ 1192 Abs. 1, 1150, 268 Abs. 3)

        ⚠ *Es ist umstritten, ob bei Zahlung auf Grundschuld die Forderung erlischt oder an Dritten abgetreten werden muss. Bei Zahlung (auch) auf Forderung geht diese gem. § 268 Abs. 3 auf Dritten über.*
      - **durch Zahlung als Gesamtschuldner:** Forderung gegen andere Schuldner geht auf zahlenden Gesamtschuldner über (§ 426 Abs. 2), Grundschuld geht als nicht-akzessorisches Recht zwar nicht gem. §§ 401, 412 mit über, aber Grundschuldgläubiger ist zur Übertragung aus Sicherungsvertrag verpflichtet.
      - **durch Zahlung als anderer Sicherungsgeber (Bürge):** Forderung gegen Schuldner geht auf Bürgen mit Zahlung über (§ 774 Abs. 1 S. 1), Grundschuld geht als nicht-akzessorisches Recht zwar nicht gem. §§ 401, 412 auf Bürgen über, aber Grundschuldgläubiger ist zur Übertragung aus dem Sicherungsvertrag verpflichtet.
        Ⓟ *Wettlauf der Sicherungsgeber (h.M. § 426 analog)*

   b) **Grundschuld nicht wieder verloren**
      - durch Übertragung an einen Dritten als Berechtigter ⇨ ***S. 266***
      - durch Übertragung an einen Dritten durch einen Nichtberechtigten ⇨ ***S. 267***
2. **Anspruchsgegner = Grundstückseigentümer**
   a) **Wahrer (eingetragener oder nicht eingetragener) Grundstückseigentümer**
      - Eigentumserwerb am Grundstück, §§ 873, 925 ⇨ ***S. 243***
      - Gutgläubiger Eigentumserwerb am Grundstück, §§ 873, 925, 892 ⇨ ***S. 245***
      - Eigentumserwerb am Grundstück kraft Hoheitsakts (Zuschlag) ⇨ ***S. 249***
      - Eigentumserwerb durch Erbfall, § 1922
      - Eingehung einer Gütergemeinschaft, § 1416 Abs. 1 S. 1

   b) **Eingetragener Nichteigentümer, Eigentumsfiktion des § 1148 (§ 1192 Abs. 1)**

II. Anspruch nicht untergegangen (Fremdgrundschuld nicht zur Eigentümergrundschuld geworden o. auf Dritten übergegangen)

1. **Rechtsfolgen der Zahlung auf Forderung/Grundschuld,**
   wenn nicht in der Sicherungsabrede Abweichendes vereinbart.
   a) **Identität von Eigentümer und persönlichem Schuldner**
      - **Zahlung in Raten erfolgt regelmäßig nur auf Forderung**
        - Forderung erlischt, § 362
        - Grundschuld bleibt bestehen, ist aber einredebehaftet (Einrede aus der Sicherungsabrede, s.u.)
      - **Zahlung der Gesamtsumme erfolgt regelmäßig auf Forderung u. Grundschuld** (Gedanke des § 364 Abs. 2)
        - Gesicherte Forderung erlischt durch Erfüllung, § 362 Abs. 1
        - Fremdgrundschuld wird zur Eigentümergrundschuld
          (dogmatische Grundlage str.: teilw. Lit.: § 1163 Abs. 1 S. 2 analog; h.M.: §§ 1142, 1143 analog)

XII. Duldung der Zwangsvollstreckung
3. Duldung der Zwangsvollstreckung aus Grundschuld, §§ 1192 Abs. 1, 1147 (Fortsetzung)

II. Anspruch nicht untergegangen
(Fortsetzung)

b) **Personenverschiedenheit von Grundstückseigentümer und persönlichem Schuldner**
- **Schuldner zahlt (regelmäßig nur auf Forderung):**
  - Gesicherte Forderung erlischt durch Erfüllung, § 362 Abs. 1
  - Grundschuld bleibt bestehen, ist aber einredebehaftet (Einrede aus der Sicherungsabrede)
- **Grundstückseigentümer zahlt auf Grundschuld (= Normalfall, §§ 1142, 1192):**
  - Fremdgrundschuld wird zur Eigentümergrundschuld (dogmatische Grundlage str.: § 1163 Abs. 1 S. 2 analog; § 1143 analog)
  - Forderung geht **nicht** kraft Gesetzes (§ 1143) auf Eigentümer über, er kann aber aus dem Sicherungsvertrag (§ 311 Abs. 1) Abtretung der Forderung an sich verlangen
- **Grundstückseigentümer zahlt auf Forderung (= Ausnahme):**
  - Forderung erlischt, § 362 Abs. 1 i.V.m. § 267
  - Grundschuld bleibt bestehen, ist aber einredebehaftet (Einrede aus der Sicherungsabrede)

c) **Zahlung durch ablösungsberechtigten Dritten, §§ 1150, 268, 1192 Abs. 1**
- Grundschuld geht auf zahlenden Dritten über, §§ 1150, 268 Abs. 3, 1192 Abs. 1
- Str., ob Forderung erlischt oder Dritter Anspruch auf Abtretung hat

2. **Rechtsfolgen der Zahlung an Dritte**

a) **Zahlung an den im Grundbuch eingetragenen/im Brief ausgewiesenen Gläubiger**
- Gutglaubensschutz gem. § 893 (§ 1155), d.h. Befreiung von dinglicher Haftung; streitig, ob auch Befreiung von der Forderung.

b) **Zahlung an bisherigen Gläubiger nach Abtretung**
- bei Zahlung auf Forderung: Schuldner gem. § 407 geschützt
- bei Zahlung auf Grundschuld: Schuldner gem. § 1156 nicht geschützt: Keine Anwendbarkeit der §§ 406–408 (Schuldner hätte sich durch Blick ins Grundbuch/Grundschuldbrief schützen können)

3. **Sonstiges**
- **Verzicht** auf die Grundschuld, § 1168
- **Aufhebung** der Grundschuld, § 1183

III. Keine Einreden des Grundstückseigentümers

wenn Anspruchsteller Ersterwerber ist

1. **Einreden unmittelbar *gegen die Grundschuld***
- Stundung der Grundschuld
- Vollstreckungsverzicht
- Bereicherungseinrede des § 821, wenn Sicherungsvertrag unwirksam

wenn Anspruchsteller Zweiterwerber ist

a) **Grds.: auch gegenüber Zweiterwerber, §§ 1157 S. 1, 1192 Abs. 1:**
- Stundung der Grundschuld
- Vollstreckungsverzicht
- Bereicherungseinrede des § 821, wenn Sicherungsvertrag unwirksam

b) **Ausn.: gutgläubiger, einredefreier Erwerb** der Grundschuld, **§§ 1157 S. 2, 892 (nur bei rechtsgeschäftlichem Erwerb!)**

⚠ ***§ 1192 Abs. 1a** greift hier nicht ein, da es sich nicht um Einreden aus dem Sicherungsvertrag, sondern aus der Grundschuld selbst handelt; eine analoge Anwendung wird von der h.M. abgelehnt.*

XII. Duldung der Zwangsvollstreckung
3. Duldung der Zwangsvollstreckung aus Grundschuld, §§ 1192 Abs. 1, 1147 (Fortsetzung)

III. Keine Einreden (Fortsetzung)

wenn Anspruchsteller Ersterwerber ist	wenn Anspruchsteller Zweiterwerber ist

2. **Kann das Nichtbestehen der Forderung (Nichtvalutierung/späteres Erlöschen z.B. durch Erfüllung und Einreden gegen die Forderung) der Geltendmachung der Grundschuld entgegengehalten werden?**

wenn Anspruchsteller Ersterwerber ist:

a) **§ 1137 unanwendbar, da keine Akzessorietät**

b) **ABER: Aus dem Sicherungsvertrag**
- str., ob im Sicherungsvertrag das Bestehen der zu sichernden Forderung als aufschiebende oder auflösende Bedingung vereinbart werden kann
- str., ob Grundschuld und Forderungsgeschäft zu einer Geschäftseinheit i.S.v. § 139 zusammengefasst werden können

- Jedenfalls hat der Eigentümer eine **Einrede aus dem Sicherungsvertrag wegen Fehlens des Sicherungsfalls.**

wenn Anspruchsteller Zweiterwerber ist:

a) **Grds.:** gem. §§ 1157 S. 1, 1192 Abs. 1 **Einrede aus dem Sicherungsvertrag** auch gegenüber Zweiterwerber der Grundschuld.

b) **Ausn.: gutgläubiger einredefreier Erwerb** der Grundschuld, **§§ 1157 S. 2, 892**

c) **Aber: Ausschluss des gutgläubigen einredefreien Erwerbs bei der Sicherungsgrundschuld gem. § 1192 Abs. 1a** ⚠
- Grundschuld zur **Sicherung einer Forderung**
- **Abtretung** der Grundschuld
- Folge: Gutgläubiger einredefreier Erwerb ist hinsichtlich Einreden **aus dem Sicherungsvertrag** ausgeschlossen

3. **Besonderheiten bei Auseinanderfallen von Grundschuld und Forderung**

a) **Vereinbarung von Abtretungsverboten**
- Abtretungsverbot bzgl. Forderung; Wirkung: Forderung kann nicht abgetreten werden, § 399
- Abtretungsverbot bzgl. Grundschuld; Wirkung: ohne Eintragung in das Grundbuch (§§ 873, 877) nicht wirksam, sodass Grundschuld abgetreten werden kann

b) **Schutz gegen Doppelinanspruchnahme**
- **Gegen Forderung** gem. § 404 Einrede aus dem Sicherungsvertrag, um lediglich Zug-um-Zug gegen Rückgabe der Grundschuld leisten zu müssen
- **Gegen die Grundschuld** steht dem Eigentümer die aufschiebend bedingte Einrede des Wegfalls des Sicherungszwecks zu. Da bei Abtretung die Einrede aber noch nicht entstanden ist, erwirbt der neue Gläubiger die Grundschuld nach h.M. einredefrei.

IV. Rechtsfolgen

Der Gläubiger kann gem. §§ 1147, 1192 Abs. 1 Duldung der Zwangsvollstreckung verlangen und – aufgrund eines Titels i.S.v. §§ 704, 794 ZPO – die Zwangsvollstreckung in das Grundstück nach den Regeln des Zwangsversteigerungsgesetzes betreiben, um den erzielten Erlös zur Befriedigung seiner Forderungen zu verwenden.

Zum Umfang der der Zwangsversteigerung unterfallenden Gegenstände, §§ 1120 ff.: ⇨ ***S. 270***

XIII. Abgabe einer Willenserklärung Anspruchsgrundlagen

I. Vertrag

	Als Erfüllungsanspruch aus einem Vertrag (z.B. Erfüllungsanspruch des Grundstückskäufers ist u.a. auf Abgabe einer Auflassungserklärung gerichtet)
§ 311 Abs. 1	Vereinbarung

II. Vertragsähnlich

III. Dinglich

§ 888	Anspruch des Vormerkungsberechtigten auf Zustimmung zur Eintragung/Löschung	***vgl. ⇨ S. 260***
§ 894	Anspruch auf Zustimmung zur Grundbuchberichtigung	

IV. Deliktisch

§§ 823 ff.	Anspruch auf Zustimmung zur Grundbuchberichtigung

V. Bereicherungsrechtlich

§§ 812 ff.	Anspruch auf Zustimmung zur Grundbuchberichtigung

B. Vertiefungs- schemata

Übersicht

I. Allgemeiner Teil

II. Schuldrecht

Übersicht (Fortsetzung)

II. Schuldrecht (Fortsetzung)

III. Sachenrecht

IV. Familienrecht

Übersicht (Fortsetzung)

Übersicht (Fortsetzung)

VIII. Arbeitsrecht

IX. Allgemeines Gleichbehandlungsgesetz

X. Zivilprozessrecht

I. Allgemeiner Teil
1. Einigung, Willenserklärung, Abgabe und Zugang

Einigung, §§ 145, 147

Zur Auslegung und zu Einigungsmängeln vgl. ⇨ S. 161

I. Angebot

1. **Willenserklärung** ⇨ ***S. 144***
   a) äußerer Erklärungstatbestand
   b) innerer Erklärungstatbestand
2. **Wirksamwerden** ⇨ ***S. 145***
   a) Abgabe
   b) Zugang

II. Annahme

1. **Willenserklärung** ⇨ ***S. 144***
   a) äußerer Erklärungstatbestand
      - abändernde oder verspätete Annahme ist neues Angebot, § 150

   b) innerer Erklärungstatbestand
2. **Wirksamwerden** ⇨ ***S. 145***
   a) Abgabe
   b) Zugang
      - Entbehrlich gem. § 151 S. 1 Alt. 1, wenn eine Erklärung der Annahme nach der Verkehrssitte nicht zu erwarten ist
      - Entbehrlich gem. § 151 S. 1 Alt. 2, wenn der Antragende auf den Zugang der Annahmeerklärung verzichtet hat.

        ⚠ *Häufiger Fehler: **Entbehrlich** ist nicht die Annahme (= Willenserklärung), sondern **nur der Zugang**. Ein (mindestens konkludentes) Erklärungsverhalten ist für eine Annahme aber immer erforderlich.*
      - Entbehrlich gem. § 152, bei notarieller Beurkundung der Annahmeerklärung

   c) **Frist**
      - wenn ausdrücklich bestimmt, § 148
      - unter Anwesenden sofort, § 147 Abs. 1

        Ⓟ *Handelt es sich bei einer **Online-Buchung** um eine **Willenserklärung unter Anwesenden?** (Nach h.M. nicht, da die charakteristische Interaktionsmöglichkeit fehlt.)*
      - unter Abwesenden in üblicher Zeit, § 147 Abs. 2
      - Verspätung unter den Voraussetzungen des § 149 unbeachtlich (Beförderungshindernis)
      - Verspätung nach § 242 unbeachtlich, wenn Annahme zu erwarten war

      ⚠ ***verspätete** oder **abändernde** Annahme ist neues Angebot, § 150*
      ⇨ *(konkludente) Annahme prüfen*

Willenserklärung

Äußerer Erklärungstatbestand

Der äußere Erklärungstatbestand wird durch normative Auslegung (§ 157) ⇨ ***S. 161*** ermittelt (Ausnahme: natürliche Auslegung, § 133, bei nicht empfangsbedürftigen Willenserklärungen). D.h. das Verhalten des Erklärenden muss objektiv schließen lassen auf:

- **Handlungsbewusstsein**
  ☞ nicht z.B. bei äußerer Gewalt

- **Rechtsbindungswillen**
  - nicht bei invitatio ad offerendum
  - Vorverhandlungen
    Ⓟ *Abbruch von Vertragsverhandlungen*
    (Wer das Vertrauen eines anderen weckt, der Vertrag werde zustande kommen und die Verhandlungen grundlos abbricht, kann zum Schadensersatz verpflichtet sein; etwas anderes gilt bei formbedürftigen Verträgen, da die Formvorschriften i.d.R. eine faktische Bindung verhindern wollen.)
  - Gefälligkeiten
    Ⓟ *Abgrenzung:*
    - ***Gefälligkeit*** *(unentgeltlich, kein Rechtsbindungswille, kein Schuldverhältnis)*
    - ***Gefälligkeitsvertrag*** *(unentgeltlich, mit Rechtsbindungwillen, Schuldverhältnis mit Leistungs- u. Sorgfaltspflichten)*

    ⚠ *Nach h.M. gibt es ein Gefälligkeitsverhältnis (Schuldverhältnis nur mit Sorgfaltspflichten) nicht, da es den Parteien regelmäßig gerade am Rechtsbindungswillen fehlt, wenn keine Leistungspflichten begründet werden sollen.*
  - Hilferuf
  - Scheingeschäft, § 117

- **Geschäftswille**
  - muss die wesentl. Vertragsbestandteile (bestimmt oder zumindest bestimmbar) enthalten
  - kann weitere Vereinbarungen enthalten
    ⇨ ***S. 166***

Innerer Erklärungstatbestand

Zurechnung des äußeren Erklärungstatbestandes durch:

- **Handlungsbewusstsein; bei Fehlen:**
  keine Willenserklärung (z.B. Fälschung)

- **Erklärungsbewusstsein**
  - **aktuelles** Erklärungsbewusstsein (Bewusstsein, rechtsgeschäftlich tätig zu werden)
    Bei Fehlen:
    - nach h.M. reicht **potenzielles** Erklärungsbewusstsein aus (dieses liegt vor, wenn der Erklärende zumindest hätte erkennen können, dass sein Verhalten als Willenserklärung aufgefasst wird)
    - aber WE **analog** § 119 Abs. 1 **anfechtbar**
  - **Bei Fehlen** des potenziellen Erklärungsbewusstseins: WE nichtig

- **Geschäftswille**
  bei fehlendem oder abweichendem Geschäftswillen ist die WE gem. § 119 Abs. 1 anfechtbar ⇨ ***S. 158***

- **Zurechnung ohne inneren Erklärungstatbestand**
  Liegt kein innerer Erklärungstatbestand (also mindestens Handlungsbewusstsein und potenzielles Erklärungsbewusstsein) vor, so wird eine Erklärung zugerechnet:
  - bei bewusster Begebung einer Blanketturkunde mit Ausfüllungsermächtigung (analog § 172 Abs. 2)
  - nach allg. Grundsätzen der Rechtsscheinshaftung
    ⇨ ***S. 359***

Wirksamwerden einer empfangsbedürftigen Willenserklärung, §§ 130–133

I. Abgabe

„Endgültige willentliche Entäußerung"

- **mündlich:** mit dem Aussprechen
- **schriftlich:** wenn Erklärender alles getan hat, damit das Schriftstück an Empfänger gelangt oder ihm das Inverkehrbringen zugerechnet werden kann

  Ⓟ *Abhanden gekommene Willenserklärung*

  (Auch bei nicht zielgerichtetem, sondern nur zu vertretendem Inverkehrbringen liegt eine Abgabe vor, da die abhanden gekommene Willenserklärung nicht anders zu behandeln ist, als eine ohne Erklärungsbewusstsein abgegebene Erklärung. ☞ Absendung eines vorformulierten Schreibens durch die Reinigungskraft.)
- **bei Einschaltung eines Boten:** wenn der Bote losgeschickt („auf den Weg gebracht") wurde

II. Zugang

„So in den Machtbereich des Empfängers gelangt, dass unter normalen Umständen mit Kenntnisnahme zu rechnen ist"

- **mündlich:** nach sog. abgeschwächter Vernehmungstheorie dann, wenn Erklärender damit rechnen kann, dass Empfänger sie richtig vernommen hat
- **schriftlich:** wenn sie in den Machtbereich des Empfängers gelangt ist und die Möglichkeit der Kenntnisnahme bestand

  Ⓟ ***Zugangsvereitelung***

  (Fiktion des Zugangs bei grundloser Annahmeverweigerung oder arglistiger Zugangsvereitelung; bei sonstigen, vom Empfänger zu vertretenden Zugangshindernissen ist ein erneuter Zustellversuch erforderlich, der auf den Zeitpunkt der erfolglosen Zustellung zurückwirkt.)

- Eine Willenserklärung wird nicht wirksam, wenn vorher oder gleichzeitig ein **Widerruf** zugeht, § 130 Abs. 1 S. 2.
- Geht die Willenserklärung einem **Empfangsvertreter** zu, ist sie zugleich dem Vertretenen zugegangen, § 164 Abs. 3.
- Geht die Willenserklärung einem **Empfangsboten** zu, geht sie dem Erklärungsempfänger erst zu, wenn unter gewöhnlichen Umständen mit Weiterleitung an ihn zu rechnen ist.

  Ⓟ ***Abgrenzung Empfangsvertreter/Empfangsbote***

  (Empfangsvertreter ist mit eigener Empfangszuständigkeit ausgestattet, während Empfangsbote die WE nur an den Empfangszuständigen übermitteln soll, z.B. im Haushalt des Empfängers lebende Personen, Betriebsangehörige.)

  Ⓟ ***Abgrenzung Empfangsbote/Erklärungsbote***

  (Eine Person, die als Empfangsbote nicht geeignet ist – z.B. kleines Kind, Handwerker – wird als Erklärungsbote tätig, da das Zugangsrisiko dann den Erklärenden trifft.)
- **Tod** oder **Geschäftsunfähigkeit** des Erklärenden **nach Abgabe** hindern das Wirksamwerden des Zugangs nicht, § 130 Abs. 2.
- Gegenüber **Geschäftsunfähigen** geht Erklärung erst mit Zugang an seinen gesetzlichen Vertreter zu, § 131 Abs. 1.
- Gegenüber **beschränkt Geschäftsfähigen** Zugang unmittelbar, wenn Erklärung lediglich rechtlich vorteilhaft oder Einwilligung des gesetzlichen Vertreters vorliegt, § 131 Abs. 2.
  - ⚠ Ein **Angebot** ist immer lediglich rechtlich vorteilhaft, da – unabhängig vom Inhalt – der Rechtskreis jedenfalls erweitert wird!
  - Wird gegenüber einem beschränkt Geschäftsfähigen die **Annahme** erklärt, kann der gesetzliche Vertreter neben dem Vertrag auch den Zugang genehmigen, da andernfalls § 108 leer liefe.

I. Gemeinsame Erklärungen

- Durch eine Partei oder Dritten vorbereitete Verträge werden unterzeichnet.
- Es wird sukzessiv eine Einigung erzielt.

II. Vollzug des Vertrages

- Trotz fehlender Einigung über alle Vertragsbestandteile kommt Vertrag durch Vollzug der Hauptleistungen zustande.

III. Vertragsschluss bei Leistungen der Daseinsvorsorge

- In der Abnahme einer Leistung, die im Rahmen der Daseinsvorsorge angeboten wird (Wasser, Strom, Gas etc.), kann ein Vertragsschluss liegen, wenn der Verbraucher die durch Bereitstellung angebotene Leistung nutzt = **konkludenter Vertragsschluss** (nach der Liberalisierung des Telefon- und Strommarktes gilt dies aber nur, soweit der Verbraucher nicht annimmt bzw. annehmen darf, von einem anderen Versorger beliefert zu werden).
- Die Lehre vom **sozialtypischen Verhalten**, wonach der Vertragsschluss nicht durch konkludente Willenserklärungen, sondern durch tatsächliche Inanspruchnahme zustande kommt, ist damit nach h.M. überholt.
- Fraglich ist nur, ob ein bei Inanspruchnahme erklärter Protest beachtlich ist (h.M. [–] gem. § 242, da dies ein widersprüchliches Verhalten wäre [protestatio facto contraria]).

IV. Fortsetzung eines Vertrages bei Dauerschuldverhältnissen

- Nach § 545 Fortsetzung eines Mietvertrages
- Nach § 625 Fortsetzung eines Dienstvertrages
- Auch andere Dauerschuldverhältnisse können fortgesetzt werden, wobei in der Fortführung dann konkludente Willenserklärungen liegen.

V. Zustandekommen eines Vertrages kraft Gesetzes

- § 566 „Kauf bricht nicht Miete"
- § 464 Abs. 2 } Ausüben eines Vorkaufsrechts
- § 1098 } Ausüben eines Vorkaufsrechts

VI. Schweigen

Grundsätzlich hat Schweigen **keinen Erklärungswert**.

Ausnahmen:

- **Vereinbarung** des Schweigens als Willenserklärung
- Geltung **kraft Gesetzes** als Willenserklärung
  - § 362 Abs. 1 HGB: Regelmäßige Geschäftsbesorgungen eines Kaufmannes
  - § 5 Abs. 3 PflichtVersG: Haftpflichtversicherung
  - § 516 Abs. 2 S. 2: Schenkung
  - § 416 Abs. 1 S. 2: Genehmigung einer Schuldübernahme bei Hypothek
  - §§ 75h, 91a HGB: Genehmigung
  - §§ 108 Abs. 2 S. 2, 177 Abs. 2 S. 2, 415 Abs. 2 S. 2: Schweigen als Ablehnung

VII. Schweigen (Fortsetzung)

- Wertung gem. **§ 242** als Willenserklärung
  - Schweigen als Reaktion auf eine verspätete/geringfügig geänderte Annahme
  - Schweigen auf Angebot nach umfassenden Vorverhandlungen
- Schweigen auf ein **kaufmännisches Bestätigungsschreiben**

  Voraussetzungen:

  1. Parteien sind beide Kaufleute oder nehmen in größerem Umfang wie Kaufleute am Wirtschaftsleben teil.
  2. Es wurden tatsächlich Vertragsverhandlungen geführt.
  3. In dem Schreiben wird der „Vertragsschluss" bestätigt, d.h. aus dem Inhalt des Schreibens muss hervorgehen, dass der Absender von einem bereits erfolgten Vertragsschluss ausgeht. Das Schreiben muss den wesentlichen Inhalt des Vertrages wiedergeben. Ergänzungen sind nur zulässig, soweit mit Billigung gerechnet werden kann.
  4. Zugang alsbald nach Vertragsverhandlungen.
  5. Kein Widerspruch des Empfängers.
  6. Rechtsfolge: Vertrag kommt mit dem Inhalt des Schreibens zustande/bereits geschlossener Vertrag wird inhaltlich modifiziert.
     Ⓟ ***Sich kreuzende Bestätigungsschreiben***

VIII. Abgrenzung zu § 151

§ 151 regelt ***keinen*** Fall einer Willenserklärung durch Schweigen. Erforderlich ist vielmehr eine „Annahme" (also eine Willenserklärung), die nur nicht „erklärt" zu werden braucht, deren **Zugang** also entbehrlich ist. Erforderlich ist aber in jedem Fall eine nach außen erkennbare Betätigung des Annahmewillens.

IX. Vertragsschluss bei Internet-„Auktionen"

- Kein Vertragsschluss im Sinne von § 156, sondern nach allgemeinen Regeln (§§ 145, 147)
- Str. ist, ob die Freischaltung der Angebotsseite durch den Verkäufer als Verkaufsangebot und das spätere Höchstgebot des Käufers als dessen Annahme zu qualifizieren sind oder ob die Freischaltung der Angebotsseite eine – rechtlich zulässige – vorweg erklärte Annahme des vom Käufer abgegebenen Höchstgebotes darstellt.

Stellvertretung gem. §§ 164 ff.

Eine Willenserklärung wirkt für und gegen den Vertretenen, wenn folgende ***Voraussetzungen*** erfüllt sind:	Folgen des ***Fehlens der Voraussetzung***:
1. **Zulässigkeit der Stellvertretung** (+) bei allen Rechtsgeschäften/geschäftsähnlichen Handlungen, wie Verträgen, Mahnungen, Kündigungen etc. (–) bei Realakten (Verbindung, Vermischung, Verarbeitung, §§ 946 ff.) (–) bei Besitzerwerb, -übertragung (vgl. aber § 855) Ausnahme: § 854 Abs. 2 (–) bei rechtswidrigen Handlungen (hier ggf. Zurechnung) (–) bei höchstpersönlichen Geschäften aufgrund Gesetzes (Testament, Eheschließung, Vaterschaftsanfechtung) oder Vereinbarung (gewillkürte Höchstpersönlichkeit)	Rechtsgeschäft ist **nichtig**
2. **Eigene Willenserklärung** (+) wenn „Vertreter" eigenen Entscheidungsspielraum hat; aber auch beim „Vertreter mit gebundener Marschroute", wenn die Hilfsperson die maßgebliche Willenserklärung formuliert (z.B. bei Formbedürftigkeit) (–) wenn fremde Willenserklärung überbracht wird ▪ Bedeutsam für: Form (§ 165), Kenntnis (§ 166), Zugangszeitpunkt ▪ Abgrenzung: Äußeres Auftreten des Handelnden	Vermeintlicher Vertreter ist ggf. Bote, sodass Rechtsgeschäft wirksam ist; anderenfalls liegt kein Rechtsgeschäft vor. Tritt Vertreter oder Bote weisungswidrig auf, so gilt: ▪ Unschädlich, wenn Rechtsgeschäft von Vertretungs- bzw. Botenmacht gedeckt ▪ Bote tritt als Vertreter auf: §§ 177–179 ▪ Vertreter tritt bewusst als Bote auf: §§ 177–179 analog ▪ Vertreter tritt unbewusst als Bote auf: § 120
3. **In fremdem Namen (Offenkundigkeit)** Die Person des Vertretenen muss bestimmt oder bestimmbar sein. Keine Namensnennung erforderlich bei: ▪ Handeln für „Auftraggeber" ▪ Handeln für noch zu benennenden Dritten ▪ Unternehmensbezogenen Geschäften Keine Offenkundigkeit erforderlich bei: ▪ Geschäft für den, den es angeht (Bargeschäfte des täglichen Lebens) ▪ Handeln unter fremdem Namen (Identitätstäuschung), § 177 analog ⚠	**Eigengeschäft** des Handelnden **Keine Irrtumsanfechtung möglich**, wenn Vertreter in eigenem Namen handelt, aber in fremdem Namen handeln wollte, § 164 Abs. 2 Ⓟ *Anfechtung möglich, wenn Vertreter in fremdem Namen handelt, aber in eigenem Namen handeln wollte?* *(Rspr.: Umkehrschluss aus § 164 Abs. 2 zeigt, das innerer Wille stets unbeachtlich ist; Lit.: § 164 Abs. 2 ist nicht analogiefähige Ausnahmevorschrift.)*

Stellvertretung gem. §§ 164 ff. (Fortsetzung)

Eine Willenserklärung wirkt für und gegen den Vertretenen, wenn folgende *Voraussetzungen* erfüllt sind:

4. **Mit Vertretungsmacht**
   a) **Rechtsgeschäftlich (Vollmacht, § 166 Abs. 2 S. 1)**
      aa) **Wirksame Erteilung**
      - empfangsbedürftige Willenserklärung
      - Erklärungsempfänger = Vertreter oder Dritter, § 167 Abs. 1
      - Grundsätzlich formfrei, § 167 Abs. 2
        Ausnahmen:
        – Unwiderrufliche Vollmacht zu formbedürftigem Geschäft (§ 311b analog)
        – Bürgschaft (§ 766 analog)
        – Besondere Formvorschriften
          • § 492 Abs. 4 S. 1
          • § 1484 Abs. 2
          • § 1945 Abs. 3
          • §§ 2 Abs. 2, 47 Abs. 3 GmbHG

      bb) **Kein Erlöschen** (Widerruf/**Anfechtung**), § 168

      Ⓟ *Anfechtung einer ausgeübten Vollmacht?*
      (Nach h.M. ist die Anfechtung möglich und zwar sowohl gegenüber dem Vertretenen als auch gegenüber dem Dritten; allerdings besteht ein Anspruch auf Ersatz des Vertrauensschadens analog § 122 unmittelbar gegenüber dem Vollmachtgeber.)

      ⚠ *Ggf. Fortbestand trotz Erlöschens gem. §§ 170 ff., Duldungs-, Anscheinsvollmacht (vgl. c)).*

      cc) **Ggf. Fortbestehen trotz Erlöschens**
      - § 170: Bevollmächtigung gegenüber Dritten
      - § 171: Kundgabe
      - § 172: Vollmachtsurkunde

      dd) **Wirksame Ausübung**
      - **Kein Ausschluss/Beschränkung**
        – § 181: Selbstkontrahierungsverbot oder Mehrfachvertretung (ggf. analog bei Umgehung z.B. durch Untervertreter)
          Ⓟ *Teleologische Reduktion bei für den Vertretenen lediglich vorteilhaftem Geschäft*
        – §§ 138 Abs. 1, 242: Kollusion
        – § 242 Evidenzfälle
      - **Einhaltung des Umfangs der Vertretungsmacht**
        – rechtsgeschäftlich beschränkt
        – § 49 HGB: Prokura
        – § 54 HGB: Handlungsvollmacht
        – § 56 HGB: Ladenangestellter

Folgen des *Fehlens* der *Voraussetzung*:

Vertreter ohne Vertretungsmacht

a) Rechtsfolgen für **Vertretenen**
- Rechtsgeschäft schwebend unwirksam, § 177 Abs. 1
- bei Genehmigung ex tunc wirksam, § 184
- bei Versagung der Genehmigung oder Widerruf des Dritten (§ 178) endgültig unwirksam
- Dritter kann Vertretenen zur Genehmigung binnen 2 Wochen auffordern; Schweigen gilt als Verweigerung, § 177 Abs. 2

b) Rechtsfolgen für **Vertreter**
- bei Genehmigung hat Vertreter mit Vertretungsmacht gehandelt (§ 184)
- bei Versagung der Genehmigung Haftung gem. § 179:
  – Grds. nach Wahl des Dritten auf **Erfüllung** oder **Schadensersatz**
  – bei Unkenntnis von Mangel der Vertretungsmacht nur **Haftung auf Vertrauensschaden** (begrenzt auf das Erfüllungsinteresse)

Stellvertretung gem. §§ 164 ff. (Fortsetzung)

Eine Willenserklärung wirkt für und gegen den Vertretenen, wenn folgende *Voraussetzungen* erfüllt sind:	Folgen des *Fehlens der Voraussetzung*:
b) **Gesetzlich** aa) **Organe juristischer Personen** § 35 Abs. 1 GmbHG § 78 Abs. 1 AktG § 26 Abs. 2 (Verein) bb) **Gesellschafter einer Personengesellschaft** §§ 124, 720 HGB cc) **Gesetzlicher Vertreter eines beschränkt Geschäftsfähigen oder Geschäftsunfähigen (§§ 106–108)** **§ 1629 (Vertretung des Kindes)** →	**Beschränkung der Minderjährigenhaftung, § 1629a** Begrenzung der Verbindlichkeiten auf Vermögen bei Volljährigkeit
aber: §§ 1629 Abs. 2: Ausschluss der Vertretung (§ 1809 Ergänzungspfleger erforderlich) und: §§ 1643, 1850 ff.: Genehmigung des Familiengerichts dd) **§ 1789 (Vormund)** aber: §§ 1789, 1824: Ausschluss der Vertretung (§ 1809 Ergänzungspfleger erforderlich); § 1798 Abs. 3 (Schenkungen) und: § 1799 i.V.m. §§ 1850 ff.: Genehmigung des Familiengerichts ee) **§ 1823 (Betreuer)** Betreuter bleibt aber grds. geschäftsfähig; es sei denn, Einwilligungsvorbehalt (§ 1825) ⚠ *Genehmigungsvorbehalte §§ 1829 ff.; insbesondere §§ 1850 ff., § 1854 Nr. 8*	
c) **Rechtsschein** aa) **Duldungsvollmacht** • **Rechtsschein einer Vollmacht**, weil jemand wiederholt und für gewisse Dauer) rechtsgeschäftlich im Namen eines Dritten auftritt • Der **Rechtsschein** ist dem „Vertretenen" **zurechenbar**, weil er von dem Auftreten Kenntnis hat und es duldet. • Der Geschäftsgegener ist **gutgläubig**. Ⓟ *Rechtsscheinsvollmacht oder konkludent erteilte Vollmacht?* bb) **Anscheinsvollmacht** • **Rechtsschein einer Vollmacht**, weil jemand wiederholt und für gewisse Dauer) rechtsgeschäftlich im Namen eines Dritten auftritt • Der **Rechtsschein** ist dem „Vertretenen" **zurechenbar**, weil er das Auftreten **hätte erkennen und verhindern können**. • **Gutgläubigkeit** des Geschäftsgegners Ⓟ *Erfüllungshaftung bei Rechtsschein?*	

Allgemeine Geschäftsbedingungen (AGB), §§ 305 ff.

I. Anwendbarkeit der §§ 305 ff.

1. **§ 310 Abs. 4 S. 1 *nicht* bei Verträgen im**
   - Erbrecht
   - Familienrecht
   - Gesellschaftsrecht
   - Tarifverträge/Betriebs- und Dienstvereinbarungen
2. **§ 310 Abs. 4 S. 2: *Anwendbar*** (eingeschränkt) auf Arbeitsverträge
3. **§ 476 Abs. 1: *nicht*** bei zwingenden Bestimmungen des Verbrauchsgüterkaufs

   ⚠ *Die Inhaltskontrolle der §§ 307 ff. und insbesondere die der §§ 308, 309 hat daher einen sehr geringen Anwendungsbereich: Ist ein Verbraucher Käufer, sind die meisten Bestimmungen zwingendes Recht; ist ein Unternehmer Käufer, gelten die §§ 308, 309 unmittelbar wegen § 310 Abs. 1 nicht, haben aber Indizwirkung. Die §§ 307 ff. sind daher im Kaufrecht nur bei Kaufverträgen Verbraucher ⇨ Verbraucher oder Verbraucher ⇨ Unternehmer (beide selten) und Grundstückskaufverträgen vollständig anwendbar.*

II. Vorliegen von AGB

Voraussetzungen (§ 305 Abs. 1 S. 1)	Ausnahmen/Besonderheiten
1. **Vorformulierte** Vertragsbedingungen →	nicht wenn ausgehandelt (§ 305 Abs. 1 S. 3)
2. für eine **Vielzahl von** Verträgen →	gegenüber **Verbrauchern** auch bei einmaliger Verwendung (§ 310 Abs. 3 Nr. 2)
3. vom Verwender (einseitig) **gestellt** →	gegenüber **Verbrauchern** gelten AGB als vom Unternehmer gestellt (§ 310 Abs. 3 Nr. 1) Auch wenn begrifflich keine AGB vorliegen, sind die §§ 305 ff. gem. **§ 306a *anwendbar*** bei **Umgehung**.

III. Einbeziehung in den Vertrag

Voraussetzungen (§ 305 Abs. 1 S. 1)	Ausnahmen/Besonderheiten
▪ **Gegenüber Verbrauchern: § 305 Abs. 2** → (1) ausdrücklicher Hinweis/Aushang (2) Möglichkeit der Kenntnisnahme (3) Einverständnis mit Geltung (4) Nicht überraschend (§ 305c Abs. 1) Ⓟ *Anlassrechtsprechung bei Bürgschaften* ⇨ ***S. 177 ff.***	**§ 305a** Auch ohne Einhaltung der Voraussetzungen (1) und (2) werden Vertragsbestandteil: ▪ genehmigte Beförderungsbedingungen ▪ veröffentlichte Telekommunikationsbedingungen ▪ Postbedingungen **§ 305b** Individualabrede verdrängt AGB
▪ **Gegenüber Unternehmern: § 310 Abs. 1 S. 1, Abs. 3 Nr. 2** → (1) Keine Geltung des § 305 Abs. 2 und 3 (2) Einbeziehung nach allg. Grundsätzen (konkludente oder ausdrückliche Einigung, kfm. Bestätigungsschreiben – dabei keine Geltung von § 305c Abs. 1, da überraschende Klausel ohnehin durch kfm. Bestätigungsschreiben nicht Vertragsbestandteil wird) ⇨ ***S. 147***	Ⓟ *Widersprechende AGB* ▪ *Soweit AGB übereinstimmen bzw. sich nicht widersprechen, gelten sie.* ▪ *Soweit sich die AGB widersprechen, werden sie nicht einbezogen; es gilt § 306 Abs. 2.* ▪ *Abwehrklausel schließt zusätzlich Einbeziehung ergänzender AGB aus.*

Allgemeine Geschäftsbedingungen (AGB), §§ 305 ff. (Fortsetzung)

IV. Inhaltskontrolle

- **Allgemeines**

1. Kundenfreundliche Auslegung, § 305c Abs. 2
2. Transparenzgebot, § 307 Abs. 1 S. 2
3. Keine Kontrolle der Hauptleistungspflichten!

- **Gegenüber Verbrauchern: §§ 307–309**

1. § 309 (Klauselverbote ohne Wertungsmöglichkeit) ➛ Jeder Verstoß führt zu Unwirksamkeit der Klausel.
2. § 308 (Klauselverbote mit Wertungsmöglichkeit) ➛ Unangemessene Regelung führt zu Unwirksamkeit.
3. § 307 (Allgemeine Unwirksamkeitsgründe) ➛ Verstoß bei Abweichen von Grundgedanken der gesetzlichen Regelung (§ 307 Abs. 2 Nr. 1) oder Zweckgefährdung (§ 307 Abs. 2 Nr. 2); Begleitumstände beachtlich (§ 310 Abs. 3 Nr. 3)

Ausnahmen:
§§ 308, 309 gelten für Versorgungsverträge gem. § 310 Abs. 2 nicht.

- **Gegenüber Unternehmern: nur § 307 (vgl. § 310 Abs. 1)**

Unwirksamkeit nur nach § 307, wobei die §§ 308, 309 eine **Indizwirkung** haben können (vgl. § 310 Abs. 1 S. 2). – Auf die Besonderheiten des Handelsverkehrs ist Rücksicht zu nehmen. ➛ Keine Indizwirkung: § 309 Nr. 1, 2, 6, 8b) ee), 9, 13.

V. Rechtsfolgen der Nichteinbeziehung (III) bzw. Unwirksamkeit (IV)

- **§ 306 Abs. 1:** Wirksamkeit des Vertrages (und der anderen Klauseln)

  ⚠ ***Spezialregelung zu § 139***, *wonach der Vertrag eigentlich unwirksam wäre*

- **§ 306 Abs. 2:** Lückenschließung durch gesetzliche Regelung/Vertragsauslegung ⇨ ***S. 161***

Ⓟ *Teilunwirksamkeit einer Klausel (Grundsätzlich* ***Verbot der geltungserhaltenden Reduktion****, d.h. Klausel insgesamt unwirksam; Ausnahme:* ***„blue-pencil-test“*** *[kann die unwirksame Passage gestrichen werden ohne Sinnverlust des Restes, kann dieser bestehen bleiben].)*

vgl. auch ⇨ S. 350

Geschäftsunfähigkeit, §§ 104, 105

1. Voraussetzungen

- Minderjährige unter 7 Jahren, § 104 Nr. 1
- Geisteskranke, § 104 Nr. 2
- Gleichgestellt: vorübergehend Geistesgestörte, Bewusstlose, § 105 Abs. 2

2. Rechtsfolgen

Willenserklärungen nichtig gem. § 105 Abs. 1

- Damit evtl. Vertrag ebenfalls nichtig.
- Guter Glaube an Geschäftsfähigkeit nicht geschützt, daher auch keine SE-Ansprüche.
- Auch wenn Geschäftsunfähiger als Vertreter handelt, ist WE unwirksam (ggf. SE-Anspruch gegen Vertretenen wegen Auswahlverschuldens).
- Zum Schutz des Geschäftsunfähigen kann er trotz Unwirksamkeit eines Arbeitsvertrages ein Entgelt für tatsächlich geleistete Dienste verlangen (Berufung auf Geschäftsunfähigkeit ist treuwidrig i.S.v. § 242).

3. Geschäfte des täglichen Lebens, § 105a

a) **Voraussetzungen**
   - Alltägliches Geschäft
   - Leistung und Gegenleistung tatsächlich bewirkt
   - Geringwertige Mittel
   - Keine Gefahr für Person oder Vermögen des Geschäftsunfähigen durch das Geschäft (☞ Kauf von Alkohol durch Alkoholkranken oder Kauf von fünf Mänteln, wenn nur einer benötigt wird)

b) **Rechtsfolgen:** Geschäft ist nur in Ansehung von Leistung und Gegenleistung wirksam (keine Rückforderung aus §§ 812 ff.).

   Ⓟ *Umfang der Wirksamkeit (Nach e.A. bleibt Vertrag über die Primärleistungen hinaus unwirksam, sodass keine SE-Ansprüche oder weitergehende Pflichten bestehen; nach a.A. stehen dem Geschäftsunfähigen alle Rechte aus dem Vertrag, also z.B. auch Gewährleistungsrechte oder die Rechte aus § 312d zu.)*

Beschränkte Geschäftsfähigkeit, §§ 106 ff.

Vorrangige Sonderregeln

- § 1303 Ehemündigkeit
- § 1825 Einwilligungsvorbehalt bei Betreuung
- § 1600a Abs. 2 Vaterschaftsanfechtung (Vater und Mutter)
- § 1600a Abs. 3 Vaterschaftsanfechtung (Kind)
- § 2229 Testierfähigkeit

1. Voraussetzungen

- Minderjährige ab Vollendung des 7. Lebensjahres (bis zur Vollendung des 18. Lebensjahres, § 2)

2. Rechtsfolgen

Geschäft wirksam

- **§ 112:** Betrieb eines Erwerbsgeschäftes
- **§ 113:** Dienst- oder Arbeitsverhältnis
- **§ 107:** Lediglich rechtlich vorteilhafte Geschäfte

- **§ 107:** Geschäfte mit **Einwilligung** des gesetzlichen Vertreters

(–) →

Geschäft schwebend unwirksam

- **§ 108: Zweiseitige** Rechtsgeschäfte schwebend unwirksam

(–) →

Geschäft unwirksam

- **§ 111: Einseitige** Rechtsgeschäfte endgültig unwirksam

Wirksamkeit ist abhängig von Genehmigung der gesetzlichen Vertretung

⚠ ***Ausschluss der Vertretungsmacht gem. § 1629 Abs. 2 i.V.m. § 1824:***

⚠ ***Beschränkung der Vertretungsmacht gem. § 1643 i.V.m. §§ 1850 ff.***

- Versagung der Genehmigung gegenüber Vertragspartner → Geschäft endgültig unwirksam
- Erteilung der Genehmigung gegenüber Vertragspartner → Geschäft endgültig wirksam
- Versagung der Genehmigung gegenüber Minderjährigem (auch konkludent!!) → Geschäft unwirksam, ***es sei denn, Vertragspartner fordert zur Genehmigung auf***
- Erteilung der Genehmigung gegenüber Minderjährigem (auch konkludent!!) → Geschäft wirksam, ***es sei denn, Vertragspartner fordert zur Genehmigung auf***
- Nach Aufforderung kann ***unabhängig von einer evtl. dem Minderjährigen ggü. erteilten/versagten Genehmigung***
  a) die Genehmigung erteilt werden → Geschäft endgültig wirksam
  b) die Genehmigung versagt werden → Geschäft endgültig unwirksam
  c) innerhalb von zwei Wochen keine Erklärung abgegeben werden (damit gilt Genehmigung als verweigert) → Geschäft endgültig unwirksam

Beachte: Bei Volljährigkeit tritt Minderjähriger an die Stelle seines gesetzlichen Vertreters, d.h. er kann selbst genehmigen, § 108 Abs. 3

I. Bestehen eines Formbedürfnisses – die examenswichtigsten Fälle

1. **Schriftform, § 126**
   - § 623 Kündigung und Aufhebung eines Arbeitsverhältnisses
   - § 766 S. 1 Bürgschaft (beachte § 350 HGB)
   - § 780 Schuldversprechen
   - § 781 Schuldanerkenntnis
   - § 492 Abs. 1 Verbraucherdarlehen
   - § 550 (i.V.m. § 549 oder § 578 Abs. 1 oder § 578 Abs. 2) Miete bei Zeitmietvertrag > 1 Jahr
     (⚠ *Verstoß führt nicht zu Unwirksamkeit. Es kommt ein unbefristeter Vertrag zustande.)*
   - § 1154 Übertragung der Hypothek durch Abtretung
2. **Elektronische Form, § 126a**
   - Grundsätzlich immer dann, wenn Schriftform angeordnet; **Ausnahmen:**
     - § 484 Abs. 1 S. 2 Teilzeitwohnrechte
     - § 492 Abs. 1 S. 2 Verbraucherdarlehen
     - § 623 Kündigung und Aufhebung von Arbeitsverhältnissen
     - § 630 Zeugniserteilung
     - § 766 S. 2 Bürgschaftserklärung
     - § 780 S. 2 Schuldversprechen
     - § 781 S. 2 Schuldanerkenntnis
3. **Textform, § 126b**
   - § 479 Abs. 2 Garantieerklärung bei Verbraucherverträgen
   - § 555c Abs. 3 Modernisierungsmaßnahmen
   - § 556a Betriebskosten
   - §§ 558a, 559b Mieterhöhung
4. **Notarielle Beurkundung**
   - § 311b Abs. 1 S. 1 Verpflichtung zum Erwerb oder zur Übertragung von Eigentum an Grundstücken
     - Gesamter Vertragsinhalt (auch Nebenabreden) sind beurkundungspflichtig
       Ⓟ *Falschbeurkundung des Kaufpreises*
       (Der beurkundete Vertrag ist als Scheingeschäft nichtig, § 117; der gewollte Vertrag ist formnichtig – Heilung des gewollten Vertrages ggf. gem. § 311b Abs. 1 S. 2.)
     - Auch bedingte Verpflichtungen/Vorverträge sind formbedürftig
     - Kein Formerfordernis mehr für Vertragsänderungen nach Auflassung
       (es sei denn, eigenständige Erwerbspflicht wird begründet)
   - § 518 Abs. 1 Schenkungsversprechen (⚠ *nicht der gesamte Schenkungsvertrag, sondern nur die WE d. Schenkers)*
   - § 1410 Ehevertrag
   - § 2276 Erbvertrag
   - § 2 Abs. 1 GmbHG Gesellschaftsvertrag für GmbH
   - § 15 Abs. 3 u. 4 GmbHG Abtretung von Gesellschaftsanteilen an einer GmbH und Verpflichtung dazu
   - § 53 Abs. 3 GmbHG Satzungsänderungen
   - § 23 Abs. 1 AktG Satzung der AG
5. **Öffentliche Beglaubigung**
   - § 403 Beglaubigung einer Abtretung auf Wunsch des neuen Gläubigers
   - § 1154 Abs. 1 S. 2 Beglaubigung einer Hypothekenabtretung auf Wunsch des neuen Gläubigers
6. **Gleichzeitige Anwesenheit**
   - § 925 Abs. 1 Auflassung vor dem Notar
   - §§ 1310, 1311 Eheschließung vor dem Standesbeamten
7. **Eigenhändigkeit**
   - § 2247 Testament

II. Reichweite des Formbedürfnisses

Gesetzliche Form	Vereinbarte Form
▪ Formbedürfnis für **Zustandekommen und Änderung** des Vertrages ▪ **Vertragsaufhebung** grundsätzlich formfrei (Ausn. z.B. §§ 2290 Abs. 4, 2351)	▪ Formbedürfnis für **Zustandekommen** ▪ **Änderung** des Vertrages nach h.M. formfrei, es sei denn qualifiziertes Schriftformerfordernis ▪ **Vertragsaufhebung** formfrei

III. Einhaltung der Form

Bei **empfangsbedürftigen Willenserklärungen** muss Willenserklärung in der erforderlichen Form **zugehen** (**Ausnahme:** Bei notarieller Beurkundung reicht Beurkundung der Annahmeerklärung, § 152)

Gesetzliche Form	Vereinbarte Form
Schriftform, § 126 ▪ Urkunde eigenhändig unterschrieben ▪ Bei Vertrag Unterzeichnung auf derselben Urkunde, es sei denn, es gibt gleichlautende Ausfertigungen, dann Unterschrift auf jeweils einer Urkunde ▪ Grds. Ersetzung durch elektronische Form möglich, soweit nichts abweichendes bestimmt ist ▪ Notarielle Beurkundung ersetzt Schriftform	**Schriftform, §§ 127, 126** ▪ Geltung des § 126 nur „im Zweifel" (abweichende Bestimmungen möglich) ▪ Telekommunikative Übermittlung reicht (i.d.R. genügt daher Textform, § 126b) ▪ Bei Vertrag genügt Briefwechsel
Elektronische Form, § 126a ▪ elektronischer Erklärung muss Name und qualifizierte elektronische Signatur gem. Signaturgesetz hinzugefügt werden ▪ bei Vertrag genügt Signierung von Angebot und Annahme ▪ keine Anwendung in gesetzlich bestimmten Fällen, § 126 Abs. 3 (☞ § 492 Abs. 1; § 766 S. 2)	**Elektronische Form, §§ 127, 126a** ▪ Geltung des § 126a nur „im Zweifel" (abweichende Bestimmungen möglich) ▪ elektronischer Erklärung muss Name und elektronische Signatur hinzugefügt werden (auch andere als qualifizierte Signatur möglich) ▪ bei Vertrag Signierung eines jeweils gleichlautenden Dokuments
Textform, § 126b Nennung der Person des Erklärenden und Abgabe einer lesbaren Erklärung auf einem dauerhaften Datenträger (☞ Papier, E-Mail, Computerfax, CD-ROM etc., vgl. Legaldefinition in § 126b S. 2)	**Textform, §§ 127, 126b** ▪ Geltung des § 126b nur „im Zweifel" (abweichende Bestimmungen möglich) ▪ ansonsten keine Besonderheiten
Notarielle Beurkundung, § 128 ▪ Beurkundung durch Notar ▪ Beurkundungsverfahren gem. BeurkundungsG ▪ Bei gerichtlichem Vergleich wird Beurkundung durch Protokoll ersetzt, § 127a ▪ Zugangsentbehrlichkeit der Annahme gem. § 152	**Notarielle Beurkundung, §§ 127 analog, 128** Geltung des § 127 analog; d.h. auf rechtsgeschäftlich vereinbarte notarielle Beurkundung ist § 128 im Zweifel entsprechend anzuwenden.

III. Einhaltung der Form (Fortsetzung)

Gesetzliche Form	Vereinbarte Form
Öffentliche Beglaubigung, § 129 ▪ Schriftliche Abfassung der Erklärung (§ 126) und Beglaubigung der Unterschrift durch Notar ▪ Ersetzbar durch notarielle Beurkundung	**Öffentliche Beglaubigung, §§ 127 analog, 129** Geltung des § 127 analog
Gleichzeitige Anwesenheit ▪ § 925: Vertretung möglich (aber keine Botenschaft) ▪ § 1310: Keine Vertretung möglich	(–)
Eigenhändigkeit ▪ handschriftliche Abfassung des gesamten Textes ▪ Unterschrift mit Vor- und Zuname	(–)

IV. Heilung

⚠ ***Es gibt keine allgemeine Heilung bei Erfüllung des Vertrages! Heilung nur in den gesetzlich bestimmten Fällen:***

1. Erfüllung: §§ 311b Abs. 1 S. 2, 766 S. 3, § 15 Abs. 4 S. 2 GmbHG
2. Bewirkung: § 518 Abs. 2
3. Empfang des Darlehens: § 494 Abs. 2

V. Rechtsfolgen der Nichteinhaltung

1. **Gesetzliche Form**
   § 125 S. 1: Nichtigkeit – Teilnichtigkeit führt im Zweifel zur Gesamtnichtigkeit, § 139
2. **Vertragliche Form**
   § 125 S. 2: Auslegung, ob Wirksamkeitsvoraussetzung (dann Nichtigkeit) oder Beweismittel (dann keine Nichtigkeit)
   Auslegungsregel: Im Zweifel Nichtigkeit.
3. Ausnahmsweise: **Unzulässigkeit der Berufung auf den Formmangel**
   - Existenzgefährdung einer Partei
   - Treupflichtverletzung (schuldhafte Verhinderung eines formgerechten Vertragsabschlusses)
4. Sondervorschriften.
   z.B. Mietvertrag wirksam, aber unbefristet, § 550

VI. Auslegung formbedürftiger Erklärungen

1. Auslegung des Willens nach allg. Grundsätzen ⇨ ***S. 161***
2. **Andeutung in der Urkunde?** (Andeutungstheorie)
   Ⓟ *Falsa demonstratio bei formbedürftigen Erklärungen?*
   (Anwendbarkeit der falsa demonstratio Grundsätze, wenn dadurch Sinn und Zweck der Formvorschrift nicht beeinträchtigt wird.)

I. Zulässigkeit der Anfechtung

1. **Nicht** anfechtbar:
   - Rechtsfolgen des Schweigens (z.B. kaufmännisches Bestätigungsschreiben; i.Ü. str.) ⇨ ***S. 147***
   - **Rechtsscheinstatbestände** (z.B. Blankoerklärung; Duldungs-, Anscheinsvollmacht)
   - Gründungs- und Beitrittserklärung zur GmbH oder Aktiengesellschaft nach Eintragung
   - prozessrechtliche Erklärungen (str. bzgl. Prozessvergleich, da auch Vergleich i.S.d. § 779)
2. Sonderregeln im Familien- und Erbrecht, §§ 1599 ff., 1954 ff., 2308
3. Unmittelbare Anwendung auf alle **Willenserklärungen**
4. **Analoge Anwendbarkeit auf** geschäftsähnliche Handlungen

II. Anfechtungsgrund

1. **§ 119 Abs. 1**
   - 1. Alt.: **Inhaltsirrtum** = Irrtum über Bedeutungsgehalt (☞ Erklärender weiß, was er erklärt, aber nicht, was er damit erklärt)
   - 2. Alt.: **Erklärungsirrtum** (Versprechen, Verschreiben etc.) (☞ Erklärender weiß nicht, was er erklärt)

   a) Ermittlung des objektiven Erklärungswerts = äußerer Erklärungstatbestand ⇨ ***S. 144***, ⇨ ***S. 161***

   b) Ermittlung des subjektiven Erklärungswerts = innerer Erklärungstatbestand ⇨ ***S. 144***

   c) Unbewusstes Auseinanderfallen hinsichtlich des **Geschäftswillens** (§ 119 Abs. 1 direkt) oder des **Erklärungsbewusstseins** (§ 119 Abs. 1 analog) zwischen innerem und äußerem Erklärungstatbestand
   ⚠ *Im Handelsverkehr: §§ 346, 347 HGB maßgeblich*
   (–) bei Kalkulationsirrtum, Motivirrtum, Rechtsfolgenirrtum

   d) Erheblichkeit (wenn Erklärung sonst so nicht abgegeben worden wäre)
2. **§ 119 Abs. 2, Eigenschaftsirrtum (1. Alt.: Person, 2. Alt.: Sache)**

   a) Eigenschaften = alle wertbildenden Merkmale (nicht jedoch der Preis/Wert an sich)

   b) Verkehrswesentlich (vereinbart/erkennbar zugrunde gelegt)

   c) Ausgeschlossen
   - durch Gewährleistungsvorschriften soweit Irrtum ≙ Mangel
   - bei Doppelirrtum durch Störung der Geschäftsgrundlage gem. § 313 (str.) ⇨ ***S. 354***
3. **§ 120**, wenn **Erklärungsbote** unbewusst einen anderen Inhalt überbringt
4. **§ 123**

   a) **Widerrechtliche Drohung:**

   Drohung ist die Ankündigung eines Übels, dessen Eintritt der Handelnde aus der Sicht des Adressaten beeinflussen kann.

   b) **Arglistige Täuschung** durch den Vertragspartner oder einen anderen, der nicht „Dritter" ist (Wertung des § 278);
   falls Dritter: Anfechtungsmöglichkeit ggf. nach § 123 Abs. 2 ausgeschlossen, falls Vertragspartner Täuschung kannte oder kennen musste

III. Kein Ausschluss

- Bestätigung gem. § 144; erforderlich, aber Bewusstsein der Anfechtbarkeit
- Fristen der §§ 121 Abs. 2, 124 Abs. 3 (10 Jahre seit Abgabe der Erklärung)

IV. Anfechtungserklärung: Rechtsgeschäft soll wegen Willensmangels nicht gelten

1. Empfangsbedürftige WE, § 130 Abs. 1 S. 1; Angabe des Grundes erforderlich, wenn nicht erkennbar.
2. Anfechtung bedingungsfeindlich; zulässig, aber Eventualanfechtung im Prozess
3. Anfechtungsgegner, § 143
4. Bei Vertretung gilt § 174 (Vorlage einer Vollmachtsurkunde)

V. Anfechtungsfrist

Bei **§§ 119, 120:** gem. § 121 Abs. 1 „unverzüglich" bzw. bei **§ 123:** gem. § 124 binnen eines Jahres

⚠ *Wird die Anfechtung einer Erklärung durch einen Vertreter erklärt (z.B. Rechtsanwalt) und dieser legt entgegen § 174 S. 1* ***keine Vollmachtsurkunde*** *bei, kann die Anfechtung zurückgewiesen werden. Eine erneute Anfechtung unter Beifügung einer Vollmachtsurkunde ist dann i.d.R. nicht mehr „unverzüglich" i.S.d. § 121 Abs. 1.*

VI. Rechtsfolge

1. Willenserklärung nach § 142 Abs. 1 **ex tunc nichtig**, damit auch der Vertrag
2. Ggf. Rückabwicklung gem. §§ 812 ff.
3. Ggf. Schadensersatzpflicht gem. § 122 (nicht nach Anfechtung gem. § 123!) ⇨ ***S. 46***
4. **Einschränkung** für in Vollzug gesetzte
   - **Arbeitsverträge**
   - **Gesellschaftsverträge**
5. Bei Teilanfechtung: Teilnichtigkeit, wenn Leistung teilbar
6. ⚠ *§ 142 Abs. 2: Wer die* ***Anfechtbarkeit*** *eines Rechtsgeschäfts* ***kannte oder kennen musste****, wird behandelt, als ob er die Nichtigkeit kannte oder kennen musste. (☞ Kennt jemand die Anfechtbarkeit einer Übereignung, wird er behandelt, als hätte er ihre Unwirksamkeit gekannt. Damit wusste er, dass der Erwerber kein Eigentum erlangt hat und kann selbst nicht gutgläubig Eigentum erwerben.)*

I. Allgemeiner Teil
8. Bedingung, Befristung

I. Bedingung

1. **Arten**
   a) **aufschiebend** = Rechtsfolgen einer Erklärung sollen erst mit Eintritt eines zukünftigen ***ungewissen*** Ereignisses eintreten, § 158 Abs. 1.
   b) **auflösend** = Rechtsfolgen einer Erklärung sollen sofort eintreten, aber mit dem Eintritt eines zukünftigen ungewissen Ereignisses wieder enden.
2. **Sonderformen**
   a) **Kasuelle Bedingung** (Eintritt des zukünftigen Ereignisses ist vom Willen der Parteien unabhängig)
   b) **Potestativbedingung** (Eintritt des zukünftigen Ereignisses ist vom Verhalten einer Partei abhängig)
      - Erbeinsetzung unter auflösender Bedingung der Wiederverheiratung
      - Eigentumsvorbehalt (aufschiebende Bedingung der Kaufpreiszahlung, § 449 Abs. 1)
      - Änderungskündigung
   c) **Wollensbedingungen** (Eintritt des zukünftigen Ereignisses ist vom „Wollen" einer Partei abhängig – letztlich Potestativbedingungen, bei denen die Herbeiführung des Ereignisses im Belieben einer Partei steht)
      - Kauf auf Probe (aufschiebende Bedingung der Billigung, § 454 Abs. 1 S. 2)
3. **Zulässigkeit**
   a) Grundsätzlich sind Bedingungen bei allen Rechtsgeschäften (auch Verfügungsgeschäften) zulässig.
   b) **Bedingungsfeindliche** Geschäfte kraft gesetzlicher Anordnung:
      - Auflassung, § 925; vgl. § 925 Abs. 2
      - Eheschließung, § 1311 S. 2
      - Begründung Lebenspartnerschaft, § 1 Abs. 1 LPartG
      - Vaterschaftsanerkennung, § 1594 Abs. 3
   c) **Bedingungsfeindliche Gestaltungsrechte:**
      - Aufrechnung, vgl. § 388 S. 2
      - Anfechtungserklärung
      - Rücktritt
      - Widerruf
      - Kündigung
      - Genehmigung
      - Ausübung Vorkaufsrecht

      } Zulässig, aber Potestativ- und Rechtsbedingungen (Eventualaufrechnung im Prozess)
4. **Rechtsfolgen**
   a) **Wirksamkeit** des Rechtsgeschäfts (Keine Rückwirkung bei aufschiebender Bedingung, § 158, die Parteien können eine solche aber schuldrechtlich vereinbaren, § 159)
   b) **Schutz des bedingt Berechtigten**
      - Schadensersatz, § 160
      - Schutz vor Zwischenverfügungen, § 161
      - Keine unzulässigen Einwirkungen auf Bedingungseintritt, § 162

II. Befristung

1. Begriff: Rechtsfolgen einer Erklärung sollen erst mit Eintritt eines zukünftigen ***gewissen* Ereignisses** eintreten (Anfangstermin) oder enden (Endtermin), § 163.
2. Ereignis kann **kalendermäßiges Datum** sein (muss es aber nicht; jeder gewisse Umstand, z.B. Tod einer Person, führt zu einer Befristung und nicht zu einer Bedingung).
3. **Entsprechende Anwendbarkeit** der Bestimmungen über die **Bedingung (§ 163)**.

Die Auslegung von Willenserklärungen und Verträgen

Zweck:

Willenserklärung

- Ermittlung des **äußeren** Erklärungstatbestands einer Willenserklärung
- Schutz des Erklärungsempfängers

Vertrag

- **Ermittlung der Rechtsfolgen** aus einem zustande gekommenen Vertrag = Was haben die Parteien im Vertrag hinsichtlich Art und Umfangs der Vertragspflichten geregelt?
- **Schließung einer planwidrigen Lücke** im Vertrag = Die Parteien haben einen bestimmten Punkt unbewusst tatsächlich nicht geregelt, man hätte aber bei Zugrundelegung der Vertragskonzeption eine Regelung erwartet.

Auslegungsblickwinkel:

Aus welcher Sicht wird ausgelegt?

Was ist der richtige Auslegungsmaßstab?

Willenserklärung

Grundsatz:
Objektiver Empfängerhorizont (§ 157)

Ausnahme:
Wille des Erklärenden maßgeblich (§ 133):

- Kein zu schützender Erklärungsempfänger vorhanden (z.B. Testament)
- Empfänger nicht schutzbedürftig/nicht schutzwürdig
- Falsa demonstratio non nocet

Vertrag

Aufgrund des Vertragsschlusses sind die **Interessen sämtlicher Vertragspartner** zu berücksichtigen, **§§ 157, 242**

Auslegungsmethode:

Wie gehe ich vor?

Willenserklärung

- **Grundsatz: Normative Auslegung, § 157**
  = Wie musste ein objektiver Dritter in der Person des Erklärungsempfängers das Geäußerte verstehen?
- **Ausnahme: Natürliche Auslegung, § 133**
  = Was hat der Erklärende mit seiner Erklärung gemeint?

Vertrag

Erläuternde Auslegung → **Lückenschluss durch dispositive Vorschriften** → **Ergänzende Auslegung**

Erläuternde Auslegung

Ermittlung des Gewollten anhand:

- Interessenlage der Parteien;
- Vertragszweck;
- Treu und Glauben, § 242;
- Verkehrssitte

im Zeitpunkt des Vertragsschlusses

Lückenschluss durch dispositive Vorschriften

Bestehen dispositive gesetzliche Regelungen, die die Lücke im konkreten Fall schließen können und der Interessenlage der Parteien, dem Vertragszweck, Treu und Glauben und der Verkehrssitte gerecht werden?

Ergänzende Auslegung

Wenn nein: Was hätten die Vertragspartner unter den damaligen Umständen vernünftigerweise vereinbart (= ex ante Sicht, verobjektiviert durch die genannten Kriterien)?

Form:

Willenserklärung

Nur relevant bei **formbedürftigen Willenserklärungen**, §§ 311b, 518, 766

Vertrag

Andeutungstheorie:
Es reicht nach h.M. aus, dass das Auslegungsergebnis wenigstens „zwischen den Zeilen“ Anklang gefunden hat.

II. Schuldrecht
1. Erfüllung und Erfüllungssurrogate

I. Erfüllung, § 362 Abs. 1

Der reale Tilgungsakt:
Herbeiführen des Leistungs**erfolges**

Beispiele:

Kaufvertrag:	Übergabe und Übereignung
Dienstvertrag:	Verrichtung der Tätigkeit
Werkvertrag:	Herbeiführen des Erfolges
Geldschuld:	Barzahlung stets; Banküberweisung, wenn Gläubiger einverstanden

Beachte: Erfüllung tritt erst mit Bewirkung des Leistungserfolges ein; für die Rechtzeitigkeit der Erfüllung (§ 286) kommt es jedoch auf die Leistungshandlung an.

Subjektives Element:
Nach h.M. grds. nicht erforderlich
(Theorie der realen Leistungsbewirkung)

Ausnahmen:
Eine Tilgungsbestimmung (§ 366 Abs. 1) ist erforderlich,

- wenn mehrere Forderungen bestehen,
- anderenfalls Tilgung in der Reihenfolge des § 366 Abs. 2:
  - Kosten
  - Zinsen
  - unsichere Forderungen
  - Lästigkeit
  - Alter
  - Verhältnis
- wenn ein Dritter leistet, § 267, und
- im Falle der Vorausleistung.

Empfangszuständigkeit („Berechtigung")

- Empfangszuständig ist **grundsätzlich** der **Gläubiger** (Ausnahme: Beschränkt Geschäftsfähigem oder Geschäftsunfähigem fehlt die Empfangszuständigkeit).
- An einen **Dritten** kann geleistet werden, **wenn** dieser gem. §§ 362 Abs. 2, 185 **ermächtigt** ist.
- **Nach Abtretung** kann an den bisherigen Gläubiger unter der Voraussetzung des § 407 Abs. 1 schuldbefreiend geleistet werden.

II. Leistung an Erfüllungs statt, § 364 Abs. 1

1. Gläubiger nimmt andere als ursprüngliche Leistung an; ursprüngliche Leistung erlischt
2. Anwendungsbereich: Inzahlunggabe von **Gebrauchtwagen**

Agenturvertrag

- Kaufvertrag über neues Kfz
- Agenturvertrag über gebrauchtes Kfz:
  - Vermittlung des Weiterverkaufs durch den Händler
  - Garantie eines bestimmten Mindestpreises
  - Höheren Verkaufspreis darf Händler als Provision behalten
  - Stundung des Kaufpreises für den Neuwagen
  - Aufrechnungsabrede

Problem:

Verbrauchsgüterkauf, §§ 474 ff.

Stellt ein **Agenturvertrag** eine **unzulässige Umgehung** der Vorschriften über den Verbrauchsgüterkauf dar? H.M.: Wenn Händler wirtschaftliches Risiko trägt, dann unzulässige Umgehung.

Folgeproblem: Gegen wen bestehen Gewährleistungsansprüche?

e.A.: Verbraucher-Verkäufer haftet wie ein Unternehmer

h.M.: Unternehmer haftet analog §§ 437 ff. wie ein Verkäufer

Inzahlungnahme zum Festpreis

Gemischter Kauf-/ Tauschvertrag	**Kaufvertrag mit Ersetzungsbefugnis**
Erfüllung	
Kaufpreisanspruch entsteht von vornherein nur i.H.d. Neuwagenpreises abzgl. des Anrechnungsbetrages, da insoweit Tauschvertrag.	Kaufpreisanspruch entsteht in voller Höhe; Neuwagenkäufer hat einseitig das Recht, den Gebrauchtwagen an Erfüllungs statt zu leisten.
Zerstörung des Gebrauchtwagens vor Ablieferung	
Durchführung des Tauschvertrages ist unmöglich, § 275. Neuwagenkäufer wird insgesamt frei.	Nur Ersetzungsbefugnis erlischt, d.h. Neuwagenkäufer muss vollen Kaufpreis zahlen (ggf. § 313).
Mangelhaftigkeit des Gebrauchtwagens	
Verkäufer kann vom gesamten Vertrag zurücktreten; anderenfalls Minderung, sodass Neuwagenkäufer Minderwert ausgleichen muss.	Gewährleistungsverpflichtung des Neuwagenkäufers gem. § 365. Neuwagenverkäufer kann isoliert von Inzahlungnahme zurücktreten, sodass Käufer vollen Kaufpreis für Neuwagen zahlen muss.

Bei Inzahlunggabe an einen professionellen Verkäufer besteht ein konkludenter Gewährleistungsausschluss für typische Verschleißmängel.

Rückabwicklung nach Rücktritt	
Findet eine Rückabwicklung statt, so sind die gegenseitig gewährten Leistungen zurückzugewähren, also Neuwagen Zug-um-Zug gegen Altwagen und Kaufpreisanteil.	Auch bei einer Ersetzungsbefugnis kann der Neuwagenkäufer im Fall der Rückabwicklung nicht etwa den Anrechnungsbetrag verlangen, sondern nur den Altwagen. Ist dieser – z.B. wegen Weiterverkaufs – beim Händler nicht vorhanden, hat dieser den Wert zu ersetzen, und zwar ausgehend von dem Anrechnungsbetrag (§ 346 Abs. 2 S. 2).

III. Leistung erfüllungshalber, § 364 Abs. 2

1. Neue Verbindlichkeit tritt neben bereits bestehende (keine Erfüllungswirkung!), z.B. Scheck oder Wechsel.
2. Bestehende Forderung ist allerdings gestundet, solange Gläubiger Befriedigung aus neuer Verbindlichkeit erlangen kann.

IV. Hinterlegung, §§ 372 ff., 378

1. **Voraussetzungen**
   a) Hinterlegungsgrund
      - Annahmeverzug des Gläubigers
      - (unverschuldete) Unsicherheit über Gläubiger

   b) Hinterlegungsfähigkeit des Gegenstandes, § 372
2. **Wirkungen**
   - Gefahrübergang
   - Ist Rücknahme ausgeschlossen, tritt Erfüllung ein, § 378.

V. Selbsthilfeverkauf, §§ 383 ff., § 373 Abs. 2–5 HGB

1. **Voraussetzungen**
   a) Versteigerungsgrund
      - Annahmeverzug des Gläubigers (Erlös muss hinterlegt werden)
      - (unverschuldete) Unsicherheit über Gläubiger und Verderb der Ware zu befürchten oder unverhältnismäßige Aufbewahrungskosten

   b) Hinterlegungsunfähigkeit des Gegenstandes

   c) Durchführung
      - Öffentliche Versteigerung, §§ 383, 384
      - freihändiger Verkauf, § 385

   d) Sondervorschriften für Handelskauf beachten: § 373 Abs. 2–5 HGB
2. **Wirkungen** – wie bei Hinterlegung, da der Versteigerungserlös hinterlegt wird.

VI. Aufrechnung, §§ 387 ff.

1. **Voraussetzungen**

   a) Aufrechnungslage

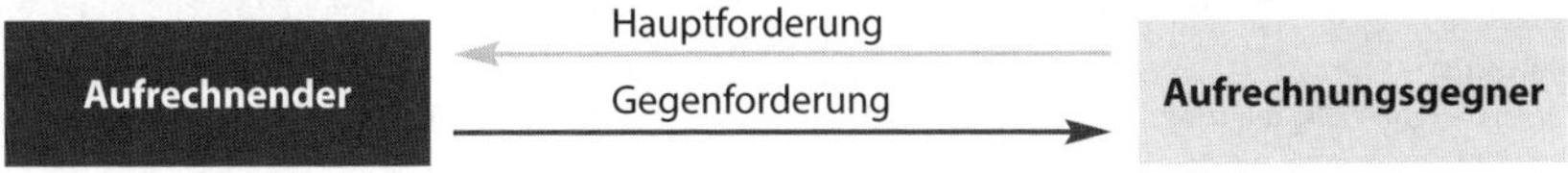

- **Gegenseitigkeit** der Forderungen (Ausnahme: § 406 ⇨ ***S. 220***)
- **Gleichartigkeit** der Forderungen (Geld- und Gattungsschulden)
- **Erfüllbarkeit** der Hauptforderung
  (+), wenn Schuldner der Hauptforderung leisten darf; selbst wenn eine Leistungszeit bestimmt ist, darf bereits vorher erfüllt werden, § 271 Abs. 2.
- **Durchsetzbarkeit** der Gegenforderung
  (+), wenn fällig – grds. sofort, vgl. § 271 Abs. 1 – und keine Einreden bestehen.
  (⚠ Hinsichtlich der Verjährung ist gem. § 215 der Zeitpunkt der erstmaligen Aufrechenbarkeit entscheidend und nicht der Zeitpunkt der tatsächlichen Aufrechnung.)

   b) **Kein Ausschluss**

- § 391 Abs. 2 (Bei Leistung an bestimmtem Ort zu bestimmter Zeit ist Aufrechnung im Zweifel ausgeschlossen.)
- Schuldner einer Forderung aus **vorsätzlicher** unerlaubter Handlung kann gegen diese Forderung nicht aufrechnen, § 393 (Schädiger soll nicht in „Genuss“ der Aufrechnung kommen).

  Ⓟ *Aufrechnung zweier Forderungen aus unerlaubter Handlung?*
  (Nach h.M. soll jede Aufrechnung gegen Forderungen aus vorsätzlich begangener unerlaubter Handlung verhindert werden, nach a.A. gilt dies nicht, wenn die Ansprüche auf einem einheitlichen Lebensvorgang beruhen, z.B. Prügelei.)
- Verstoß gegen Treu und Glauben, § 242
- vertraglich vereinbartes Aufrechnungsverbot (beachte § 309 Nr. 3 für rechtskräftige oder unbestrittene Forderungen)

   c) Aufrechnungserklärung – bedingungs- und befristungsfeindlich, § 388 S. 2

2. **Wirkungen**

   a) Erlöschen der Forderungen mit Rückwirkung, § 389

   b) Rechtskrafterstreckung in verrechneter Höhe auch für Forderung, mit der aufgerechnet wird, § 322 Abs. 2 ZPO

I. Leistungszeit

Fälligkeit
Zeitpunkt, ab dem der Gläubiger die Leistung verlangen kann und der Schuldner leisten muss

Bedeutung:
- Verzug erst ab Fälligkeit möglich, § 286 Abs. 1 S. 1 ⇨ ***S. 173***
- Rechte wegen Nichtleistung (§§ 323, 281) setzen Fälligkeit voraus
- Zurückbehaltungsrechte (§§ 273, 320) setzen Fälligkeit voraus
- Bei Aufrechnung ist Fälligkeit der Gegenforderung erforderlich ⇨ ***S. 165***
- Verjährungsbeginn erst ab Fälligkeit ⇨ ***S. 230***

Bestimmung der Fälligkeit:
1. **Bestimmte** Leistungszeit (§ 271 Abs. 1)
2. Spezielle **gesetzliche** Regelung
   - Miete, § 556b Abs. 1
   - Leihe, § 604
   - Vergütung beim Dienst- oder Werkvertrag, §§ 614, 641
3. Aus den **Umständen** zu entnehmen
4. Allg. gesetzliche Regelung: **Sofort**, § 271 Abs. 1
5. Wird Fälligkeit einer Entgeldforderung vertraglich vereinbart, sind Begrenzungen gem. § 271a zu beachten.

Erfüllbarkeit
Zeitpunkt, ab dem der Schuldner die Leistung erbringen darf und der Gläubiger sie annehmen muss

Bedeutung:
- Bei Aufrechnung ist Erfüllbarkeit der Hauptforderung erforderlich ⇨ ***S. 165***
- Gläubigerverzug erst ab Erfüllbarkeit ⇨ ***S. 175***

Bestimmung der Erfüllbarkeit:
1. **Sofort**, selbst wenn eine Leistungszeit (vertraglich oder gesetzlich) bestimmt ist (§ 271 Abs. 2)
2. **Ausnahme:** Gläubiger hat ein Interesse daran, vorzeitige Leistung zu verhindern (z.B. Darlehensrückzahlung, vgl. § 488 Abs. 3)

II. Leistungsort

Leistungsort (= Erfüllungsort)
Ort, an dem die Leistungs***handlung*** vorzunehmen ist

Bedeutung:
- Der Leistungsort hat Bedeutung für die „gehörige" Erfüllung im Rahmen von Schuldner- und Gläubigerverzug ⇨ ***S. 173*** ⇨ ***S. 175***
- Konkretisierung, § 243 Abs. 2
- Gerichtsstand, § 29 Abs. 1 ZPO

Bestimmung des Leistungsortes:
1. **Bestimmter** Leistungsort/§ 269 Abs. 1
   Auswirkung auf Gerichtsstand nur bei Kaufleuten, § 29 Abs. 2 ZPO ⇨ ***S. 334***
2. Spezielle **gesetzliche** Regelung
   - Hinterlegung, § 697
   - Verwahrung, § 700
   - Vorlegungsort, § 811
   - Zahlungsort, § 270
   - Zahlungsort bei Grundschulden, § 1194
3. Aus den **Umständen** zu entnehmen
   Allein aus Übernahme der Versandkosten folgt noch keine Bring-, sondern nur eine Schickschuld, § 269 Abs. 3
4. Allg. gesetzl. Regelung, § 269 Abs. 1 u. 2: **Wohnsitz** bzw. **Geschäftssitz** des **Schuldners** (analoge Anwendung bei „Platzgeschäften" im selben Ort)

Erfolgsort
Ort, an dem der Leistungs***erfolg*** eintritt

Leistungsort = Erfolgsort

Beim Schuldner: ***Holschuld***	Beim Gläubiger: ***Bringschuld***

Leistungsort ≠ Erfolgsort

Leistungsort beim Schuldner und Erfolgsort beim Gläubiger: *Schickschuld*

Vertrag	Delikt

I. Anwendungsbereich (Beispiele)

Vertrag

- Vertraglicher Schadensersatz (auch i.V.m. § 437 Nr. 3 Alt. 1 oder § 634 Nr. 4 Alt. 1)
  - § 311a
  - **§ 280**
  - §§ 280 Abs. 1 u. 2, 286
  - §§ 280 Abs. 1 u. 3, 281
  - §§ 280 Abs. 1 u. 3, 282, 241 Abs. 2
  - §§ 280 Abs. 1 u. 3, 283
  - § 536a Abs. 1
  - **§ 651n**
- Mitverschulden, **§ 254**
- Verzug, § 286 Abs. 4
- Leistungsverweigerungsrecht, § 275 Abs. 2
- § 309 Nr. 8a

Delikt

- Ausschluss des Rücktrittsrechts, §§ 323 Abs. 5, 326 Abs. 2 (entsprechende Anwendung)
- Ausschluss der Wertersatzpflicht, § 346 Abs. 3 S. 1 Nr. 2
- **§ 823 Abs. 1**
- § 823 Abs. 2
- § 824
- § 826
- § 830
- § 831
- § 832
- § 833
- §§ 836-838
- § 839a

II. Eigenes Verschulden

Vertrag

1. **Verschuldensfähigkeit, § 276 Abs. 1 S. 1**
   - §§ 827, 828 entsprechend

Delikt

1. **Verschuldensfähigkeit, §§ 827, 828**

a) **Verschuldensunfähig** vor Vollendung des 7. Lebensjahres, § 828 Abs. 1, und im Zustand der Bewusstlosigkeit bzw. im die freie Willensbestimmung ausschließenden Zustand krankhafter Störung der Geistestätigkeit, § 827 S. 1

b) **Beschränkt verschuldensfähig:**
   - Ab Vollendung des 7. Lebensjahres und vor Vollendung des 18. Lebensjahres kommt es auf die Einsichtsfähigkeit an, § 828 Abs. 3 S. 1.
   - Bei Unfällen mit Kfz oder Bahnen besteht zwischen dem 7. und 10. Lebensjahr keine Haftung für Fahrlässigkeit, § 828 Abs. 2 (allerdings nur bei Unfällen „im Verkehr" – erforderlich ist eine typische Überforderungssituation durch die spezifischen Gefahren des motorisierten fließenden Straßenverkehrs).

c) **Verschuldensfähig:** Alle übrigen Personen

2. **Billigkeitshaftung, § 829;** Voraussetzungen:
   - Tatbestandsmäßige, rechtswidrige unerlaubte Handlung des Anspruchsgegners (über den Wortlaut hinaus nicht nur gem. §§ 823-826, sondern auch gem. §§ 830–838)
   - Ausschluss der Haftung wegen fehlender Deliktsfähigkeit
   - Kein Ersatz von aufsichtspflichtigem Dritten (Subsidiarität des § 829)
   - Billigkeit erfordert Schadensausgleich (der deswegen aber hinter den §§ 249 ff. zurückbleiben kann).

3. **Verschuldensformen**

a) ***Vorsatz*** (Wissen und Wollen des Erfolges und Bewusstsein der Rechtswidrigkeit)
(Anm.: Im Zivilrecht gilt die Vorsatztheorie, d.h. ein Irrtum über die Rechtswidrigkeit und auch ein Verbotsirrtum schließen den Vorsatz aus.)

Vertrag	Delikt

II. Eigenes Verschulden (Fortsetzung)

b) ***Fahrlässigkeit***, § 276 Abs. 2: „Wer die im Verkehr erforderliche Sorgfalt außer Acht lässt." (Außerachtlassung derjenigen Sorgfalt, die von einem Angehörigen dieser Menschengruppe in der jeweiligen konkreten Situation erwartet werden kann.)

c) ***Grobe Fahrlässigkeit*** (Nichtbeachtung dessen, was unter den gegebenen Umständen jedem hätte einleuchten müssen.)

d) ***Eigenübliche Sorgfalt***, § 277: Haftung für Vorsatz und grobe Fahrlässigkeit sowie nach **subjektivem** Maßstab für diejenige Sorgfalt, die dem gewohnheitsmäßigen Verhalten des Handelnden entspricht.

4. **Haftungsmaßstab**

a) Grundsätzlich haftet Schädiger für **jede Fahrlässigkeit** (objektiver Haftungsmaßstab)

b) **Gesetzliche Beschränkungen** auf **Vorsatz und grobe Fahrlässigkeit**
- Schenker, § 521
- Verleiher, § 599
- Finder, § 968
- Annahmeverzug, § 300
- GoA zur Gefahrenabwehr, § 680

c) **Gesetzliche Beschränkungen** auf **eigenübliche Sorgfalt**, § 277
- § 346 Abs. 3 S. 1 Nr. 3
- § 347 Abs. 1 S. 2
- § 690 Verwahrung
- § 1359 Ehegattenhaftung } Keine Geltung bei Unfällen im
- § 1664 Elternhaftung } Straßenverkehr ⇨ ***S. 66***
- § 2131 Vor- und Nacherbschaft

d) **Vertragliche Beschränkungen** sind grundsätzlich zulässig unter den folgenden Einschränkungen:
- § 276 Abs. 3: Kein Ausschluss der Vorsatzhaftung
- § 309 Nr. 7a: Kein Ausschluss der Haftung für Verletzung von Leben, Körper und Gesundheit
- § 309 Nr. 7b: Kein Ausschluss der Haftung für grobes Verschulden in AGB
- Grundsätze der betrieblich veranlassten Tätigkeit (innerbetrieblicher Schadensausgleich)
  - aa) Leichte Fahrlässigkeit: Keine Haftung des Arbeitnehmers
  - bb) Mittlere Fahrlässigkeit: Anteilige Haftung Arbeitnehmer/Arbeitgeber, § 254
  - cc) Grobe Fahrlässigkeit und Vorsatz: Haftung des Arbeitnehmers

  } Richterrecht; zu behandeln wie nicht dispositives Gesetzesrecht, d.h. vertraglich nicht abdingbar

e) **Gesetzliche Haftungsverschärfungen**
- Fälle der Gefährdungshaftung (z.B. § 7 StVG, § 833 S. 1)
- Fälle der Garantiehaftung (z.B. § 536a)
- Fälle verschuldensunabhängiger Haftung (§§ 122, 179 Abs. 2)
- Fälle der Zufallshaftung (§§ 848, 287 S. 2)
- Ergänzende Vertragsauslegung bei Teilnahme am Straßenverkehr
  - kein Haftpflichtversicherungsschutz des Schädigers
  - Bestehen eines nicht hinzunehmenden Haftungsrisikos
  - Besondere Umstände, die Haftungsverzicht besonders naheliegend erscheinen lassen

f) **Vertragliche Haftungsverschärfungen** sind bis zur Grenze der Sittenwidrigkeit zulässig.
- § 307 Abs. 1, Abs. 2 Nr. 2: Keine Vereinbarung einer verschuldensunabhängigen Haftung des Vertragspartners des Verwenders in AGB
- Garantieerklärung, § 276 Abs. 1 S. 1 ⇨ ***S. 217, 218***
- Beschaffungsrisiko (Gattungsschuld)

Vertrag	Delikt

III. Fremdes Verschulden

1. Zurechnung des Verschuldens eines **Erfüllungsgehilfen**, § 278
   a) Schuldverhältnis
   b) Erfüllungsgehilfe (wer mit Wissen und Wollen des Schuldners bei einer diesem obliegenden Verpflichtung tätig wird)

      ⚠ *Es muss sich dabei nicht um Hauptleistungspflichten handeln. Ein Erfüllungsgehilfe kann auch ausschließlich Nebenpflichten (z.B. Schutzpflichten) erfüllen.*
   c) Pflichtverletzung des Erfüllungsgehilfen
      Ⓟ *Schuldfähigkeit des Erfüllungsgehilfen (Nach e.A. kommt es auf die Schuldfähigkeit des Erfüllungsgehilfen an, nach a.A. auf die des Schuldners.)*
   d) Kein Haftungsausschluss

      Entgegen § 276 Abs. 3 kann auch die Vorsatzhaftung für einen Erfüllungsgehilfen ausgeschlossen werden (nicht in AGB gem. § 309 Nr. 7; dennoch im Reiserecht, § 651p Abs. 1 Nr. 2).
2. Zurechnung des Verschuldens eines **gesetzlichen Vertreters**, § 278
   a) Schuldverhältnis
   b) Gesetzlicher Vertreter (Eltern, Vormund, Pfleger, Ehegatte im Falle des § 1357, aber auch Insolvenzverwalter, Testamentsvollstrecker)
   c) Pflichtverletzung des gesetzlichen Vertreters
   d) Kein Haftungsausschluss

      Entgegen § 276 Abs. 3 kann auch die Vorsatzhaftung für einen gesetzlichen Vertreter ausgeschlossen werden, § 278 S. 2 (nicht in AGB gem. § 309 Nr. 7).

KEINE HAFTUNG
(auch nicht nach § 831!)

Beachte Unterschied zwischen § 278 und § 831:

§ 278

- kann nur im Rahmen von **Schuldverhältnissen** Anwendung finden
- ist anwendbar ohne Rücksicht darauf, ob der Erfüllungsgehilfe vom Geschäftsherrn weisungsabhängig ist oder nicht
- ist eine ***reine Zurechnungsnorm*** mit der Funktion, in einer ansonsten gegebenen Anspruchsgrundlage das Merkmal des „Vertretenmüssens" auszufüllen
- begründet eine **Haftung für fremdes Verschulden** (nämlich für Verschulden des Erfüllungsgehilfen)
- gibt dem Geschäftsherrn **keine Exkulpationsmöglichkeit**

§ 831

- ist unabhängig davon anwendbar, ob ein Schuldverhältnis besteht oder nicht
- setzt voraus, dass der Verrichtungsgehilfe vom Geschäftsherrn **weisungsabhängig** ist
- ist eine ***selbstständige, deliktsrechtliche Anspruchsgrundlage***
- begründet eine **Haftung für eigenes Verschulden** des Geschäftsherrn (Auswahl- oder Überwachungsverschulden)
- gibt dem Geschäftsherrn **eine Exkulpationsmöglichkeit**

3. **Organzurechnung**

   Einer juristischen Person wird das Handeln ihrer Organe gem. § 31 zugerechnet

   Anwendungsbereich
   - § 31 Vorstand eines Vereins
   - § 84 Abs. 5 Vorstand einer Stiftung
   - § 89 Vorstand/gesetzl. Vertreter von Körperschaften, Stiftungen und Anstalten des öffentlichen Rechts
   - § 31 analog
     - Gesellschafter/Geschäftsführer GmbH/AG
     - Gesellschafter Personenhandelsgesellschaft (OHG/KG)
     - Gesellschafter einer GbR

I. Ausschluss der Leistungspflicht

1. § 275 Abs. 1: Unmöglichkeit i.e.S.

a) Differenzierung nach ***Art*** der Unmöglichkeit:
- *Objektive* Unmöglichkeit: Geschuldeter Leistungserfolg kann von niemandem erbracht werden.
- *Subjektive* Unmöglichkeit: Geschuldeter Leistungserfolg kann jedenfalls vom Schuldner nicht erbracht werden.

b) Differenzierung nach ***Zeitpunkt*** der Unmöglichkeit:
- *Anfängliche* Unmöglichkeit: Geschuldeter Leistungserfolg kann bereits zum Zeitpunkt des Vertragsschlusses nicht erbracht werden.
- *Nachträgliche* Unmöglichkeit: Geschuldeter Leistungserfolg kann erst nach Abschluss des Vertrages nicht mehr erbracht werden.

c) Differenzierung nach ***Ursache*** der Unmöglichkeit:

aa) Leistungsgegenstand ist untergegangen
- bei **Gattungsschulden**, wenn gesamte Gattung untergegangen ist
- bei **beschränkten Gattungsschulden**, wenn Teil der Gattung untergegangen ist
- bei **konkretisierten Gattungsschulden** (§ 243 Abs. 2) bzw. bei Übergang der Leistungsgefahr durch Annahmeverzug (§ 300 Abs. 2), wenn der Gegenstand untergegangen ist, auf den sich die Schuld konkretisiert hat
- bei **Stückschulden** grds. wenn die geschuldete Sache untergegangen ist

  Ⓟ *Nachlieferung bei Stückschulden*
  (Teilweise wird angenommen, eine Nachlieferung scheide bei Stückschulden schon begrifflich aus; nach Rspr. kommt eine Nachlieferung dann in Betracht, wenn dadurch das Leistungsinteresse des Gläubigers befriedigt werden kann. Ob dies der Fall ist, ergibt sich in erster Linie aus einer – ergänzenden – Vertragsauslegung.)

bb) Leistungsgegenstand gehört einem Dritten
- Ist Dritter nicht zur Herausgabe bereit, liegt Unmöglichkeit vor.
- Ist Dritter zur Herausgabe bereit, liegt keine Unmöglichkeit vor.
- Ist Herausgabebereitschaft unbekannt, ist zu differenzieren:
  - Ist Unmöglichkeit als **Anspruchsvoraussetzung** oder zur Verteidigung gegen die Inanspruchnahme (§ 326 Abs. 1 S. 1) durch den Gläubiger zu beweisen, indiziert Drittveräußerung die Unmöglichkeit.
  - Ist Unmöglichkeit durch den Schuldner zu beweisen (z.B. Geltendmachung des § 278), ist Unmöglichkeit erst anzunehmen, wenn Herausgabebereitschaft feststeht.

cc) Persönlich geschuldete Tätigkeit kann nicht erbracht werden *(⚠ Abgrenzung zu § 275 Abs. 3)*

dd) Zeitablauf
- **Absolutes Fixgeschäft:** Unmöglichkeit
- **Relatives Fixgeschäft:** Rücktrittsrecht gem. § 323 Abs. 1, Abs. 2 Nr. 2 ohne Fristsetzung, aber keine Unmöglichkeit

ee) Gegenstand, an dem die Leistung zu erbringen ist (Leistungssubstrat), ist untergegangen

ff) Leistungserfolg ist anderweitig eingetreten *(⚠ Selbstvornahme)*

2. § 275 Abs. 2: Faktische Unmöglichkeit

Ⓟ *Abgrenzung § 275 Abs. 2 zu § 313 bei wirtschaftlicher Unmöglichkeit*
(Nach e.A. soll die wirtschaftliche Unmöglichkeit nur unter § 313 fallen, nach a.A. sind beide Normen nebeneinander anwendbar.)

- Grobes Missverhältnis zwischen Aufwand des Schuldners und Leistungsinteresse des Gläubigers
  - **Aufwand:** Aufwendungen in Geld/Tätigkeiten/persönliche Anstrengungen
  - **Leistungsinteresse:** Wert der Leistung (Indiz: Gegenleistung), aber auch immaterielle Leistungsinteressen
  - **Grobes Missverhältnis:** Nicht nur Wertverhältnisse, sondern auch Inhalt des Schuldverhältnisses und etwaiges Verschulden (§ 275 Abs. 2 S. 2) sind zu berücksichtigen.

3. § 275 Abs. 3: Persönliche Umstände

☞ Das Kind der Sängerin wird krank; sie sagt den Auftritt ab.

II. Schadensersatzanspruch des Gläubigers/andere Gläubigerrechte

- **§ 311a:** Schadensersatz statt der Leistung bei anfängl. Unmöglichkeit ⇨ ***S. 18***
- **§§ 311a, 284:** Aufwendungsersatz bei anfänglicher Unmöglichkeit ⇨ ***S. 112, 113***
- **§§ 280 Abs. 1 u. 3, 283:** Schadensersatz bei nachträglicher Unmöglichkeit ⇨ ***S. 32, 33***
- **§§ 280 Abs. 1 u. 3, 283, 284:** Aufwendungsersatz bei nachträglicher Unmöglichkeit ⇨ ***S. 112, 113***
- **§ 285:** Anspruch auf das stellvertretende commodum ⇨ ***S. 124***

III. Befreiung des Gläubigers von der Gegenleistung (nur bei gegenseitigen Verträgen)

1. **Grundsatz, § 326 Abs. 1 S. 1 Hs. 1:**
   Ist Schuldner gem. § 275 **vollständig** von der **Leistung** befreit, wird Gläubiger ebenfalls **vollständig** von Gegenleistung befreit.
2. **Schlechtleistung, § 326 Abs. 1 S. 2:**
   Ist der Schuldner gem. § 275 vollständig von der Pflicht zur Nacherfüllung bei einer **Schlechtleistung** befreit, bleibt die Gegenleistungspflicht des Gläubigers gem. § 326 Abs. 1 S. 2 bestehen (Sinn: Es soll bei Schlechtleistungen nicht „automatisch" eine Minderung eintreten).
   - **Aber: §§ 326 Abs. 5, 323:**
     Gläubiger kann im Falle der irreparablen **Schlechtleistung** gem. § 323 ohne Fristsetzung vom Vertrag zurücktreten, wenn die Pflichtverletzung **nicht unerheblich ist**, § 323 Abs. 5 **S. 2.**
3. **Teilleistung, § 326 Abs. 1 S. 1 Hs. 2:**
   Ist Schuldner gem. § 275 nur teilweise von der Leistung befreit, wird Gläubiger entsprechend § 441 Abs. 3 auch nur teilweise von Gegenleistung befreit.
   - **Aber: §§ 326 Abs. 5, 323:**
     Gläubiger kann im Falle der **Teilleistung** gem. § 323 ohne Fristsetzung vom Vertrag zurücktreten, wenn er an der Teilleistung **kein Interesse hat,** § 323 Abs. 5 **S. 1.**

IV. Ausnahmsweise bleibt die Gegenleistung bestehen:

1. **§ 326 Abs. 2 S. 1 Var. 1:** Überwiegende **Verantwortlichkeit** des Gläubigers (Kein Vertretenmüssen im technischen Sinne erforderlich!!) – Fallgruppen:
   - Verletzung einer dem Schuldner gegenüber bestehenden Verhaltenspflicht (§§ 276, 278 entsprechend)
   - Obliegenheitsverletzung (z.B. Herbeiführung des Leistungserfolges durch den Gläubiger)
   - Vertragliche Risikoübernahme
     Ⓟ *Beiderseitig zu vertretende Unmöglichkeit*
     (Nach h.M. bleibt Gegenleistungsanspruch nur dann bestehen, wenn dem Schuldner kein Verursachungsbeitrag gem. § 254 zuzurechnen ist, was aus der Formulierung „weit überwiegend" folgt.)
   - **§§ 326 Abs. 5, 323 Abs. 6 Var. 1:** Auch der Rücktritt ist dann ausgeschlossen
2. **§ 326 Abs. 2 S. 1 Var. 2: Annahmeverzug** des Gläubigers und kein Vertretenmüssen des Schuldners (Maßstab: § 300 Abs. 1!)
   - **§§ 326 Abs. 5, 323 Abs. 6 Var. 2:** Auch der Rücktritt ist dann ausgeschlossen
3. **§ 326 Abs. 3:** Gläubiger verlangt gem. § 285 das stellvertretende commodum
4. **Eingreifen von Gefahrtragungsregeln**:
   - **§ 446** Übergabe
   - **§ 447** Versendung **(aber § 475 Abs. 2 beim Verbrauchsgüterkauf ⇨ *S. 203*)**
   - **§ 357 Abs. 2 S. 2** Rücksendung bei Verbraucherverträgen
   - **§ 644** Abnahme, Abnahmeverzug, Versendung
   - **§ 645** Teilvergütung
   - **§ 645 analog**

II. Schuldrecht
5. Störung der Geschäftsgrundlage, § 313

I. Anwendbarkeit

Einschlägig, wenn **nicht vorrangige anderweitige Regelungen** vorhanden, also nicht bei:
- vertraglichen Regelungen (z.B. ergänzende Auslegung, Rücktritts-, Kündigungsmöglichkeiten)
- Spezialgesetzen, z.B. §§ 321, 490, 530, 779
- Anfechtung (Ausnahme: Doppelirrtum, str.)
- Leistungsstörung (Unmöglichkeit, Verzug, Schlechtleistung)

  Ⓟ *Abgrenzung § 313 zu § 275 Abs. 2*

  (Nach e.A. soll die wirtschaftliche Unmöglichkeit nur unter § 313 fallen, nach a.A. sind beide Normen nebeneinander anwendbar.)

II. Voraussetzungen

1. **Störung der objektiven Geschäftsgrundlage, § 313 Abs. 1**
   a) Bestimmter **Umstand** ist **Geschäftsgrundlage** des Vertrages geworden
      aa) **Tatsächliches Element:**
      Umstand, den eine Partei voraussetzt oder sich – für die Gegenseite erkennbar – vorgestellt hat oder von dessen Vorliegen/Eintritt beide Parteien ausgegangen sind.
      bb) **Hypothetisches Element:**
      Wäre eine spätere Änderung des Umstands bei Vertragsschluss vorhersehbar gewesen, hätte eine Partei den Vertrag nicht oder nur mit einem anderen Inhalt geschlossen.
      cc) **Normatives Element:**
      Die andere Partei hätte sich redlicherweise auf die vertragliche Berücksichtigung der vorausgesetzten oder vorgestellten Umstände einlassen müssen.
      (+), wenn Änderung nicht allein in Risikosphäre derjenigen Partei fällt, die sich auf § 313 beruft.
   b) Umstand, der Geschäftsgrundlage geworden ist, hat sich **nach Vertragsschluss geändert**.
   c) Änderung ist **schwerwiegend**
   (+), wenn derart fundamental, dass Festhalten am Vertrag unter Berücksichtigung der gesetzlichen oder vertraglichen Risikoverteilung unzumutbar ist.

2. **Störung der anfänglichen (subjektiven) Geschäftsgrundlage, § 313 Abs. 2**
   a) Bestimmte **Vorstellung** ist **Geschäftsgrundlage** des Vertrages geworden
   (Voraussetzungen wie 1. a)).
   b) **Vorstellung**, die Geschäftsgrundlage geworden ist, **stellt sich als falsch heraus**.
   c) Fehlvorstellung ist **schwerwiegend**.

III. Rechtsfolge

Vertragsanpassung, § 313 Abs. 1 → wenn nicht möglich/zumutbar → **Rücktritt, § 313 Abs. 3 S. 1** / **Kündigung, § 313 Abs. 3 S. 2**

- auf Verlangen (a.A. kraft Gesetzes)
- Inhalt: Mit welchem Inhalt hätten die Parteien den Vertrag geschlossen, wenn sie den veränderten Umstand (Geschäftsgrundlage) richtig bedacht hätten?
- Geltendmachung als Einrede gegen Anspruch aus Vertrag möglich

Kündigung: Bei Dauerschuldverhältnissen

IV. Typische Anwendungsfälle

- Zweckstörung (☞ Fenstermiete bei Karnevalsumzug)
- Äquivalenzstörung
- Gemeinsamer Irrtum
- Rückabwicklung von Leasingverträgen ⇨ ***S. 216***

II. Schuldrecht
6. Schuldnerverzug

I. Fälliger durchsetzbarer Anspruch

1. **Anspruch**
   - alle vertraglichen Ansprüche (nicht: Nebenpflichten i.S.v. § 241 Abs. 2)
   - dingliche Ansprüche (§§ 952, 861, 1004), vgl. § 990 Abs. 2
   - nicht: §§ 894, 888 (da unselbstständige Hilfsansprüche)
   - familienrechtliche Ansprüche (§§ 1378, 1608)
   - erbrechtliche Ansprüche (vgl. § 2024 S. 3)
2. **Fälligkeit** gem. Parteivereinbarung, im Zweifel sofort (§ 271) ***vgl.* ⇨ *S. 166***
3. **Durchsetzbarkeit**
   a) Einreden, die geltend gemacht werden müssen
      - Einrede des Zurückbehaltungsrechts, § 273

   b) Einreden, deren objektives Bestehen den Verzug hindert (und die von Amts wegen zu berücksichtigen sind)
      - Leistungsverweigerungsrechte gem. § 275 Abs. 2 u. 3
      - Einrede des nicht erfüllten Vertrages, § 320
      - Verjährungseinrede, § 214 Abs. 1
      - Mängeleinrede, § 438 Abs. 4 S. 1
      - Einrede der Vorausklage, § 771
      - Einrede der ungerechtfertigten Bereicherung, § 821
      - Einrede der Arglist, § 853
      - Erbrechtliche Einreden, §§ 2014 f.

   c) Rechtsvernichtende Einwendungen müssen grds. geltend gemacht werden (z.B. Rücktritt, Anfechtung, Aufrechnung – bei Erhebung entfällt Verzug allerdings rückwirkend)

II. Nichtleistung

- Maßgeblich ist Vornahme der **Leistungshandlung** (bei Schickschulden also Absendung)

III. Mahnung

- Eindeutige und bestimmte Leistungsaufforderung
- Regeln über Willenserklärungen analog anwendbar ⇨ ***S. 143,*** ⇨ ***S. 145***
- Keine Mahnung vor Fälligkeit
- Aufforderung zur Erbringung der **geschuldeten** Leistung (geringe Zuvielforderung allerdings unschädlich)
- Klageerhebung und Mahnbescheid stehen Mahnung gleich

IV. Entbehrlichkeit der Mahnung, § 286 Abs. 2

- Nr. 1: kalendermäßige Bestimmung (exaktes Datum) *(⚠ § 192)*
- Nr. 2: Berechenbarkeit ab Ereignis (z.B. Zeitspanne nach Abruf)
- Nr. 3: ernsthafte und endgültige Leistungsverweigerung
- Nr. 4: besondere Gründe („Selbstmahnung“, Vereitelung der Mahnung durch Schuldner, besondere Erfüllungsdringlichkeit)

V. Verzug nach § 286 Abs. 3 (30-Tage-Regelung)

1. **Entgeltforderung**
   Geldforderung im Rahmen eines gegenseitigen, auf die Erbringung von Dienstleistungen oder die Lieferung von Gütern gerichteten Vertrages (nicht einseitige Forderung wie z.B. SE-Anspruch)
2. **Rechnung/Zahlungsaufstellung**
   - Gegliederte Aufstellung über Entgeltforderung
   - Bei Verbrauchern: Hinweispflicht auf Folgen (⚠)
3. **Zugang** ⇨ ***S. 145***
   - Rechnung kann vor Fälligkeit zugehen (anders als Mahnung s.o.)
   - Ist Schuldner kein Verbraucher: Bei Unsicherheit über Zugang der Rechnung, Verzug 30 Tage nach Fälligkeit und Empfang der Gegenleistung (!)
4. **30-Tage-Frist**
   - Berechnung nach §§ 187 Abs. 1, 188 Abs. 1 *(⚠ keine Monatsfrist: Auszählen!)*
   - Beginn erst bei Fälligkeit **und** Zugang der Rechnung (unabhängig von Reihenfolge)

VI. Vertretenmüssen, § 286 Abs. 4 (auch hier: keine Exkulpation des Schuldners!)

⇨ ***S. 167***

VII. Keine Beendigung des Verzugs

- Entfallen einer Vollzugsvoraussetzung
- Angebot in einer den Annahmeverzug begründenden Weise ⇨ ***S. 175***

VIII. Rechtsfolgen

1. **Verspätungsschaden**, §§ 280 Abs. 1 u. 2, 286 (neben der Leistung) ⇨ ***S. 37–39***
   ⚠ *Ab Entfallen der Leistungspflicht gem. § 281 Abs. 4 oder §§ 323, 346 gibt es keinen Verzug mehr. Verspätungsschäden können dann nur nach §§ 280 Abs. 1 u. 3, 281 geltend gemacht werden.*
2. **Erweiterte Haftung** für jede Fahrlässigkeit und Zufall gem. § 287
3. **Verzugszinsen**, §§ 288-290 (bei Kaufleuten ab Fälligkeit: § 353 HGB)
   - Grundsätzlich 5%-Punkte über dem Basiszinssatz, § 247
   - Wenn kein Verbraucher beteiligt ist und es sich um eine Entgeltleistung handelt (also nicht bei einseitigen Forderungen wie SE-Ansprüchen): 9%-Punkte über dem Basiszinssatz, § 288 Abs. 2
   - Geltendmachung höherer Zinsen (bei Inanspruchnahme eines Bankkredits) als Verzugsschaden möglich, § 288 Abs. 4
   - Prozesszinsen: Verzinsung einer Geldschuld ab Rechtshängigkeit auch ohne Verzug, § 291
4. **Rücktritt** nur unter den Voraussetzungen des **§ 323** ⇨ ***S. 76–78***

II. Schuldrecht
7. Gläubigerverzug

I. Angebot oder Entbehrlichkeit

1. **Tatsächliches Angebot, § 294**
   - der Leistung, „so wie sie zu bewirken ist" am rechten Ort, zur rechten Zeit und in der rechten Weise (Art, Güte, Menge); Faustregel: „Der Gläubiger muss nur noch zugreifen".
     ⇨ ***S. 166***
   - Bringschuld: Tatsächliches Angebot am Wohn- oder Geschäftssitz des Gläubigers
   - Schickschuld: Die Versandperson muss nach h.M. die Sache anbieten (Übergabe an Versandperson reicht nicht).
2. Tatsächliches Angebot ist entbehrlich, wenn ein **wörtliches Angebot** ausreicht, § 295
   - wenn Gläubiger erklärt, dass er die Annahme verweigern wird
   - wenn Mitwirkungshandlung des Gläubigers erforderlich ist (Holschuld)
3. Sowohl tatsächliches als auch wörtliches Angebot sind entbehrlich in den Fällen des **§ 296**
   - wenn für Mitwirkungshandlung des Gläubigers Zeitpunkt nach dem Kalender bestimmt ist *(⚠ § 192)*
   - wenn Mitwirkungshandlung ein Ereignis vorauszugehen hat und die Zeit für die Handlung von dem Ereignis an berechenbar ist

II. Eigene Leistungsbereitschaft des Schuldners, § 297

III. Nichtannahme der Leistung oder Unterlassen einer Mitwirkungshandlung

- Grds. ist Grund für Nichtannahme unerheblich, da kein Vertretenmüssen erforderlich
- **Ausnahmen, § 299:**
  - Vorübergehende Annahmeverhinderung, wenn Leistungszeit nicht bestimmt und Schuldner unangekündigt leistet
  - Bei Leistung vor Fälligkeit, § 271 Abs. 2
- Trotz Annahmebereitschaft Verzug, wenn Gläubiger Zug-um-Zug zu erbringende Leistung nicht anbietet, § 298.

IV. Vertretenmüssen NICHT erforderlich

V. Rechtsfolgen

1. Beschränkung der Schuldnerhaftung auf Vorsatz und grobe Fahrlässigkeit, § 300 Abs. 1
2. Gefahrübergang, § 300 Abs. 2

   Bedeutung:

   - bei **Stückschulden** wird ohnehin nur die konkrete Sache geschuldet; geht diese unter, wird Schuldner gem. § 326 Abs. 1 S. 1 frei, behält aber die Gegenleistung, § 326 Abs. 2 S. 1 Alt. 2
   - bei **Gattungsschulden** tritt gem. § 243 Abs. 2 Konkretisierung ein, wenn:
     - bei der **Holschuld** die Sache ausgesondert und angeboten wurde
     - bei der **Schickschuld** die Sache an eine sorgfältig ausgesuchte Versandperson übergeben wurde
     - bei der **Bringschuld**, wenn der Schuldner die Sache tatsächlich angeboten hat
   - **d.h. § 300 Abs. 2 hat nur eine Bedeutung, wenn:**
     - der Schuldner bei Bring- oder Schickschulden den Gläubiger „nur" nach § 295 oder § 296 in Annahmeverzug gebracht hat (s.o. I.)
     - es sich nur um eine Geldschuld handelt, da bei dieser der Schuldner die Gefahr grds. bis zur Empfangnahme (§ 270) trägt, sodass § 300 Abs. 2 eingreift, wenn der tatsächlich angebotene Geldbetrag auf dem Rückweg verloren geht
     - die Parteien eine von § 243 Abs. 2 abweichende Vereinbarung getroffen haben
3. ⚠ *Aufwendungsersatzanspruch des Schuldners, § 304* ⇨ ***S. 114***
4. Verzinsungswegfall, § 301
5. Einschränkung der Nutzungsersatzpflicht, § 302 ⇨ ***S. 104***
6. Besitzaufgaberecht des Schuldners, § 303
7. Gem. § 615 S. 1 kann Dienstverpflichteter (Arbeitnehmer) bei Annahmeverzug des Dienstberechtigten (Arbeitgebers) Vergütung verlangen, ohne Nachleisten zu müssen.
8. Handelsverkäufer hat Hinterlegungsrecht bei allen Waren (§ 373 Abs. 1 HGB) und das Recht zum Selbsthilfeverkauf (§ 373 Abs. 2–5 HGB). ⇨ ***S. 164***

I. Zustandekommen

1. **Einigung zwischen Bürge und Gläubiger**

Grundsätzlich gelten die Voraussetzungen für jede Einigung; vgl. ⇨ S. 7

a) **Inhalt (Abgrenzung)**

- Bürgschaft: Begleichung einer fremden Schuld, so wie sie im Zeitpunkt der Geltendmachung der Bürgschaft besteht
- Schuldbeitritt: Begründung einer eigenen (gesamtschuldnerischen) Verbindlichkeit; gegen den Beitretenden wirken nur die gesamtwirkenden Tatsachen i.S.v. §§ 422–424
- Garantievertrag: Verpflichtung, für künftigen Erfolg einzutreten
(unabhängig vom Bestand einer Forderung)

b) **Bürgschaftsarten**

- Selbstschuldnerische Bürgschaft (Verzicht auf Einrede der Vorausklage, § 773 Abs. 1 Nr. 1)
kraft Gesetzes, wenn Bürgschaft Handelsgeschäft eines Kaufmanns gem. § 349 HGB
- Bürgschaft „auf erstes Anfordern" (Verzicht auf sämtliche Einreden/Einwendungen; außer § 242)
- Nachbürgschaft (Absicherung einer Bürgschaftsverpflichtung durch einen weiteren Bürgen, der „für den Bürgen" bürgt)
- Rückbürgschaft (Sicherung d. Bürgen, falls dieser durch einen anderen Bürgen in Anspruch genommen wird)

c) **Einigung über zu sichernde Forderung; Mindestbestandteile:**

- Gläubiger und Schuldner
- Schuldgrund
- Höhe der Bürgschaftsforderung

d) **Form ⇨ *S. 155***

- Grundsätzlich Schriftform, § 766 S. 1
- Keine Elektronische Form, § 766 S. 2
- Heilung bei Erfüllung der Hauptverbindlichkeit, § 766 S. 3
- Kein Formerfordernis bei Kaufleuten, § 350 HGB

Ⓟ *Form bei Bevollmächtigung trotz § 167 Abs. 2*
(Nach BGH-Rspr. ist bei Vollmachten zum Abschluss einer Bürgschaft entgegen des Wortlauts von § 167 Abs. 2 die Schriftform der Vollmacht erforderlich.)

Ⓟ *Blanketturkunden*
(Bei Blankettbegebung ist ebenfalls eine formbedürftige Vollmacht oder Ermächtigung zur Ergänzung erforderlich. Trotzdem haftet der vermeintliche Bürge nach Rechtsscheinsgesichtspunkten.)

e) **AGB-Kontrolle**
(Bürgschaft zur Sicherung „aller gegenwärtigen und künftigen Forderungen")

(1) **Überraschung, § 305c Abs. 1:** Haftung für alle gegenwärtigen und zukünftigen Forderungen des Kreditgebers ist **überraschend**, wenn Anlass der Begründung der Bürgschaft eine konkrete Hauptverbindlichkeit ist und Bürge den konkreten Anlass kannte (subjektiver Maßstab des § 305c Abs. 1).

(2) **Unangemessene Benachteiligung, § 307 Abs. 1 u. 2**
Unbegrenzte Bürgschaft, die aus Anlass einer konkreten Hauptverbindlichkeit übernommen wurde, verstößt gegen Verbot der Fremddisposition, § 767 Abs. 1 S. 3; auf Kenntnis des Bürgen kommt es **nicht** an (objektiver Maßstab des § 307).

I. Zustandekommen (Fortsetzung)

(3) **Rechtsfolgen eines Verstoßes gegen § 305c Abs. 1 bzw. § 307 Abs. 1 u. 2**
Bürgschaftsvereinbarung nur „soweit" unwirksam, wie sie überraschend bzw. unangemessen ist (h.M.; a.A. Verstoß gegen Verbot der geltungserhaltenden Reduktion).

- Bei Darlehen die Darlehenssumme
- Bei Kontokorrentkredit die Kreditlinie
- Bei unbegrenztem Kontokorrentkredit der Soll-Saldo bei Abschluss des Bürgschaftsvertrages

Ⓟ *Anwendbarkeit der §§ 491 ff. auf Bürgschaften?*
(Keine analoge Anwendbarkeit nach h.M., da Bürgschaftsübernahme kein Darlehensvertrag.)

f) **Keine Sittenwidrigkeit, § 138**

(1) **Objektiv**

- **Krasse finanzielle Überforderung des Bürgen** (+), wenn Bürge von pfändbarem Vermögen nicht einmal die laufenden Zinsen der Hauptforderung zahlen kann

und

- **weitere, die Sittenwidrigkeit begründende Umstände**, z.B.
  - Beeinträchtigung der Entscheidungsfreiheit des Bürgen durch Gläubiger oder Schuldner (z.B. durch Verharmlosen der Bürgschaftsfolgen)
  - Besondere emotionale Verbundenheit zwischen Schuldner und Bürgen
  - Geschäftsunerfahrenheit des Bürgen (i.d.R. bei Personen unter 25 Jahren)
  - Kein erkennbares Eigeninteresse des Bürgen an der gesicherten Forderung
- Trotzdem **ausnahmsweise zulässig**, wenn begrenzter Bürgschaftszweck in Bürgschaftsurkunde festgelegt:
  - Sicherung vor Vermögensverlagerungen ⇨ § 313, wenn Gefahr nicht mehr besteht
  - Zukünftiger Vermögenserwerb ⇨ Bürgschaft bis dahin nicht durchsetzbar

(2) **Subjektiv**

- Kenntnis der die Sittenwidrigkeit begründenden Umstände oder „bewusstes Sich-Verschließen"

2. **Bestehen der Hauptschuld** (Akzessorietät ⚠) ⇨ ***S. 352, 353***

II. Erlöschen

1. **Vertragliche Aufhebung der Bürgschaft**
2. **Erlöschen der Hauptschuld** *(⚠Akzessorietät der Bürgschaft)*, **§ 767**
3. **Zeitliche Begrenzung der Bürgschaft, § 777**
4. **Aufgabe einer anderen Sicherheit, § 776**
5. **Kündigung**

III. Einreden des Bürgen

vgl. auch ⇨ S. 352, 353

1. **Eigene Einreden des Bürgen**
   a) **Vertraglich vereinbarte Voraussetzungen der Geltendmachung der Bürgschaft**
   b) **Gesetzliche Einreden**
      - Einrede der Vorausklage, § 771 S. 1
        - Nicht, wenn Bürgschaft Handelsgeschäft eines Kaufmanns: § 349 HGB
        - Nicht bei selbstschuldnerischer Bürgschaft, § 773 Abs. 1 Nr. 1
      - Vollstreckung und Verwertungspflicht des Gläubigers, § 772
2. **Geltendmachung von Einreden/Gestaltungsrechten des Schuldners/Gläubigers**
   a) **Einreden des Hauptschuldners, § 768**
   Verzicht des Hauptschuldners führt gem. § 768 Abs. 2 nicht zum Verzicht der Einrede
   b) **Einrede der Anfechtbarkeit** (durch den Schuldner)**, § 770 Abs. 1**
   c) **Einrede der Aufrechenbarkeit** (durch den Gläubiger)**, § 770 Abs. 2**
   d) **Einrede wegen anderer Gestaltungsrechte** (Rücktritt, Minderung) **analog § 770 Abs. 1**

IV. Rechtsfolgen der Zahlung durch Bürgen

1. **Der Bürge als alleiniger Sicherungsgeber zahlt**
   a) Anspruch gegen Hauptschuldner aus §§ 662, 670 (bei wirksamem Auftragsverhältnis zwischen Bürgen und Schuldner)
   b) Anspruch gegen Hauptschuldner aus GoA, §§ 677, 683 S. 1, 670 (bei unwirksamem Auftragsverhältnis zwischen Bürgen und Schuldner)
   c) Anspruch gegen Hauptschuldner aus übergegangener Forderung des Gläubigers, § 774 Abs. 1 S. 1 i.V.m. Anspruchsgrundlage der gesicherten Forderung
2. **Ein Mitbürge zahlt**
   a) Ansprüche gegen Hauptschuldner wie 1.
   b) Anspruch gegen Mitbürgen gem. §§ 774 Abs. 2, 426 Abs. 2 in Höhe des Anteils des Mitbürgen
3. **Der Bürge zahlt und es bestehen andere Sicherungsrechte**
   a) Ansprüche gegen Hauptschuldner wie 1.
   b) Andere **akzessorische** Sicherungsrechte gehen gem. §§ 774 Abs. 1 S. 1, 412, 401 Abs. 1 auf den Bürgen über.
   Ⓟ *Wettlauf der Sicherungsgeber*
   (Um einen Wettlauf zu vermeiden, wendet die h.M. § 426 analog an, während nach a.A. wegen der Bevorzugung des Bürgen gem. § 776 keine Gleichstufigkeit zwischen Bürgschaft und anderen Sicherungsrechten gegeben sei.)
   c) Hinsichtlich anderer **nicht akzessorischer** Sicherungsrechte hat der Bürge einen schuldrechtlichen Anspruch gegen den Gläubiger auf Übertragung.

I. Widerrufserklärung, § 355 Abs. 1 S. 2

- keine Begründung erforderlich, § 355 Abs. 1 S. 4
- formlos, aber eindeutig, § 355 Abs. 1 S. 3; Ausnahme gem. § 356a: Textform
- Absendung reicht zur Fristwahrung, § 355 Abs. 1 S. 5
- Widerrufsberechtigter: Verbraucher (§ 13)
- Widerrufsgegner: Unternehmer (§ 14)

II. Widerrufsrecht, § 355 Abs. 1 S. 1

Außergeschäftsraumverträge, § 312g Abs. 1 i.V.m. § 312 b

1. Allgemeine Voraussetzungen, § 312

- Verbrauchervertrag gem. § 310 Abs. 1
- Verpflichtung zur Zahlung eines Preises (Abs. 1) oder personenbezogener Daten (Abs. 1a)
- Ausnahmen gem. § 312 Abs. 2–8 beachten

2. Besondere Voraussetzungen, § 312b

Außergeschäftsraumvertrag i.S.d. § 312b Abs. 1 S. 1 Nr. 1–4

- Nr. 1: Vertragsschluss **bei gleichzeitiger Anwesenheit** von Verbraucher und Unternehmer an Ort, der kein Geschäftsraum des Unternehmers ist (vgl. dazu Legaldefinition in § 312b Abs. 2)
- Nr. 2: Angebot des Verbrauchers **unter den Umständen** der Nr. 1
- Nr. 3: zwar Vertragsschluss im Geschäftsraum, aber Verbraucher wurde **unmittelbar zuvor außerhalb** angesprochen
- Nr. 4: Vertragsschluss auf **Ausflug** („Kaffeefahrt") mit der Zweckbestimmung Warenkauf/Dienstleistung

3. Kein Ausschluss des Widerrufrechts gem. § 312g Abs. 2 und 3

Fernabsatzvertrag, § 312g Abs. 1 i.V.m. § 312 c

1. Allgemeine Voraussetzungen, § 312

- Verbrauchervertrag gem. § 310 Abs. 1
- Verpflichtung zur Zahlung eines Preises (Abs. 1) oder personenbezogener Daten (Abs. 1a)
- Ausnahmen gem. § 312 Abs. 2–8 beachten

2. Besondere Voraussetzungen, § 312 c

Fernabsatzvertrag i.S.d. § 312c Abs. 1

- Zustandekommen durch **ausschließliche Nutzung** von Fernkommunikationsmitteln (Briefe, Kataloge, Telefon, Telefax, E-Mail, SMS, Rundfunk, Internet, vgl. § 312c Abs. 2)
- Vertragsschluss in einem für den Fernabsatz **organisierten Vertriebssystem** (vermutet)
- bei Folgeverträgen (z.B. Onlinebanking) ist nur der Erstvertrag ein Fernabsatzvertrag, 312 Abs. 5

3. Kein Ausschluss des Widerrufrechts gem. § 312g Abs. 2 und 3

II. Widerrufsrecht, § 355 Abs. 1 S. 1 (Fortsetzung)

Verbraucherdarlehen, § 495

- Verbraucherdarlehensvertrag (Allgemein-Verbraucherdarlehensverträge und Immobiliar-Verbraucherdarlehensverträge), § 491
- ***auch*** bei Existenzgründungen, § 513

Sonstige Verträge

- Verbraucherbauvertrag, § 650l
- Zahlungsaufschübe/sonstige Finanzierungshilfen, §§ 506, 495 (z.B. Finanzierungsleasing)
- Teilzahlungsgeschäfte, §§ 507, 495
- Ratenlieferungsverträge, § 510
- Teilzeit-Wohnrechtevertrag, Vertrag über langfristiges Urlaubsprodukt, Vermittlungsvertrag, Tauschsystemvertrag, § 485 Abs. 1

III. Widerrufsfrist

Fristbeginn

- Grundsätzlich. gem. § 355 Abs. 2 S. 2: mit Vertragsschluss
- Modifikationen gem. §§ 356–356e, z.B. gem. § 356 Abs. 2 Nr. 1a bei Verbrauchsgüterkauf: mit Erhalt der Ware; kein Fristbeginn bevor Unternehmer Informationspflichten erfüllt, § 356 Abs. 3 S. 1

Fristdauer

- Gem. § 355 Abs. 2 S. 1: 14 Tage
- Fristberechnung: §§ 187 Abs. 1, 188 Abs. 2

Erlöschen des Widerrufsrechts

- § 356 Abs. 3 S. 2: nach 12 Monaten und 14 Tagen (Ausn. bei Verträgen über Finanzdienstleistungen, § 356 Abs. 3 S. 3; Gegenausn. bei Immobiliar-Verbraucherverträgen, § 356b Abs. 2 S. 4)
- § 356 Abs. 4: mit Erbringung der Dienstleistung
- § 356 Abs. 5: mit Beginn der Vertragsausführung

IV. Abdingbarkeit

- Vorschriften über **Außergeschäftsraumverträge** und **Fernabsatzverträge** sind gem. **§ 312m Abs. 1 S. 1** nicht abdingbar.
- Vorschriften über **Teilzeit-Wohnrechtsverträge** usw. sind gem. **§ 487** nicht abdingbar.
- Vorschriften über **Verbraucherdarlehen, Finanzierungsleasingverträge, Teilzahlungsgeschäfte, sonstige Finanzierungshilfen** und **Ratenlieferungsverträge** sind gem. **§ 512** nicht abdingbar.

V. Rechtsfolgen

- Verbraucher und Unternehmer sind an ihre Willenserklärungen nicht mehr gebunden, § 355 Abs. 1 S. 1.
- Rückgabe der empfangenen Leistungen gem. § 355 Abs. 3 bzw. §§ 357–357e

Rückabwicklungsfrist

- Grundsätzlich gem. § 355 Abs. 3 S. 1 „unverzüglich"
- Modifikationen in §§ 357 ff., z.B. gem. § 357 Abs. 1 „spätestens nach 14 Tagen"
- Fristbeginn für Verbraucher mit Abgabe der Widerrufserklärung, § 355 Abs. 3 S. 2
- Fristbeginn für Unternehmer mit Zugang der Widerrufserklärung, § 355 Abs. 3 S. 2

Unternehmer schuldet:

- Rückzahlung an Verbraucher, § 355 Abs. 3 S. 1
- dafür muss er gem. § 357 Abs. 3 S. 1 „dasselbe Zahlungsmittel" verwenden
- Rückzahlungsverpflichtung umfasst gem. § 357 Abs. 2 S. 1 **auch Hinsendekosten**
- gem. § 357 Abs. 5 **keine Erstattung der Rücksendekosten**
- Verweigerungsrecht des Unternehmers, § 357 Abs. 4 S. 1

Verbraucher schuldet:

- **Rückgewähr** an Unternehmer, § 355 Abs. 3 S. 1
- **Wertersatz** für Wertverlust gem. **§ 357a Abs. 1**, wenn Wertverlust durch Umgang, der für Prüfung der Ware nicht notwendig war und Verbraucher über Widerrufsrecht informiert wurde
- für Wertersatzhöhe im Rahmen des § 357a Abs. 1 ist **objektiver Wert der Ware** maßgeblich (Umkehrschluss aus § 357a Abs. 2 S. 3)
- **keine weitergehenden Ansprüche** (z.B. § 812) des Unternehmers infolge des Widerrufs, **§ 361 Abs. 1**

VI. Besonderheiten bei verbundenen Verträgen, §§ 358, 359

- **Begriff:**
  Vertrag über Lieferung Ware/Dienstleistung ist mit Verbraucherdarlehen verbunden, wenn Darlehen **Finanzierung des anderen Vertrags** dient und **wirtschaftliche Einheit** besteht (Darlehensgeber und Lieferant identisch/Darlehen kommt unter Mitwirkung des Lieferanten zustande, § 358 Abs. 3 S. 2)
- **Widerrufsdurchgriff:**
  - Widerruf des Lieferungsvertrages führt zu Unwirksamkeit des Verbraucherdarlehensvertrages, § 358 Abs. 1
  - Widerruf des Verbraucherdarlehensvertrages führt zu Unwirksamkeit des Lieferungsvertrages, § 358 Abs. 2
  - Rückabwicklung, § 358 Abs. 4
- **Einwendungsdurchgriff:**
  Einwendungen und Einreden gegen finanziertes Geschäft können auch gegen Darlehensvertrag geltend gemacht werden, § 359 Abs. 1 S. 1 **(⚠§ 359 Abs. 1 S. 3 bei Nacherfüllung!)**; nicht, wenn finanziertes Entgelt < 200 €, § 359 Abs. 2
- **Rückforderungsdurchgriff:**
  - Bei **anfänglicher Unwirksamkeit** des finanzierten Vertrages: Rückforderung der Darlehensraten gem. § 813 BGB
  - Bei **Rücktritt vom Liefervertrag** wegen Mängeln der Kaufsache ist die Rückforderung str.:
    die h.M. lehnt einen Rückforderungsdurchgriff ab und verweist den Käufer wegen bereits geleisteter Raten allein an den Verkäufer

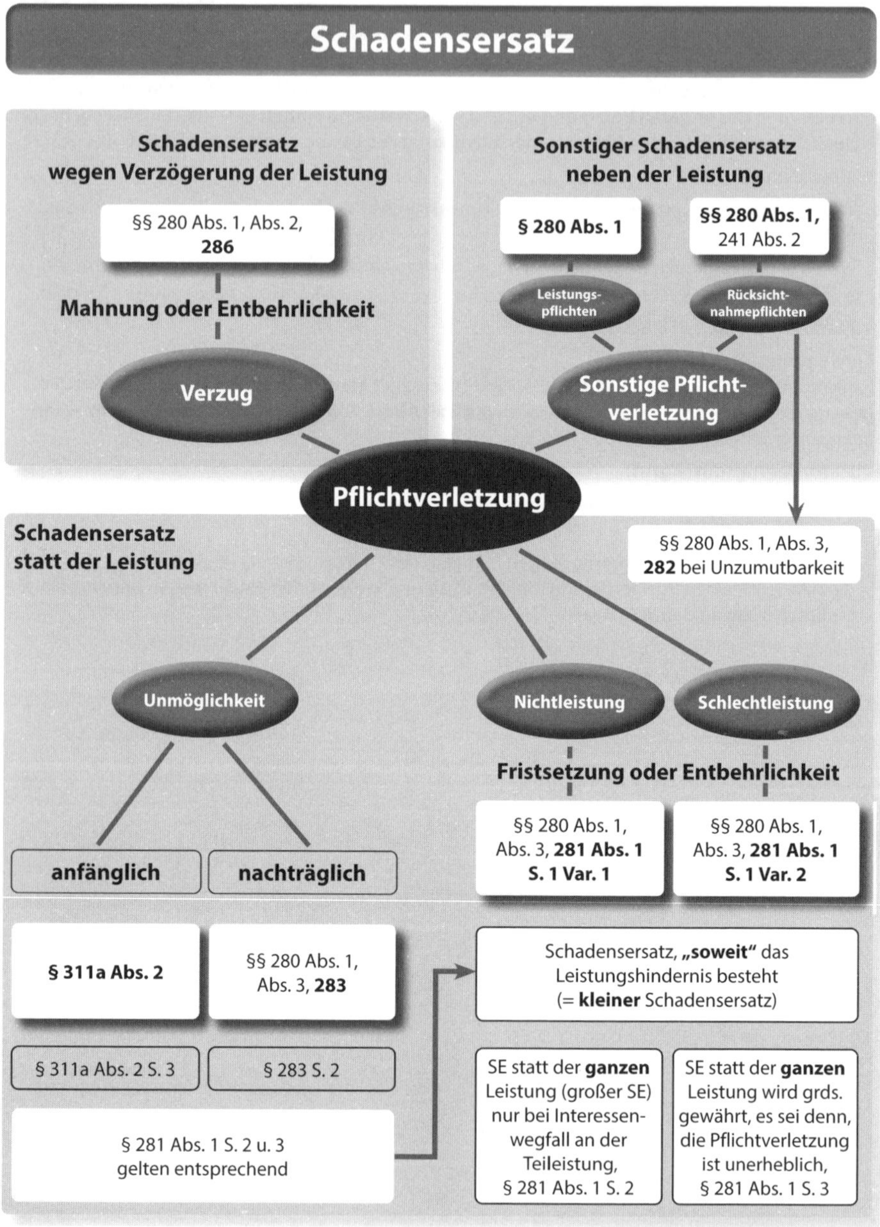
Schadensersatz
Schadensersatz wegen Verzögerung der Leistung
§§ 280 Abs. 1, Abs. 2, 286
Mahnung oder Entbehrlichkeit
Verzug
Sonstiger Schadensersatz neben der Leistung
§ 280 Abs. 1
§§ 280 Abs. 1, 241 Abs. 2
Leistungspflichten
Rücksichtnahmepflichten
Sonstige Pflichtverletzung
Pflichtverletzung
§§ 280 Abs. 1, Abs. 3, 282 bei Unzumutbarkeit
Schadensersatz statt der Leistung
Unmöglichkeit
Nichtleistung
Schlechtleistung
Fristsetzung oder Entbehrlichkeit
anfänglich
nachträglich
§§ 280 Abs. 1, Abs. 3, 281 Abs. 1 S. 1 Var. 1
§§ 280 Abs. 1, Abs. 3, 281 Abs. 1 S. 1 Var. 2
§ 311a Abs. 2
§§ 280 Abs. 1, Abs. 3, 283
Schadensersatz, „soweit" das Leistungshindernis besteht (= kleiner Schadensersatz)
§ 311a Abs. 2 S. 3
§ 283 S. 2
§ 281 Abs. 1 S. 2 u. 3 gelten entsprechend
SE statt der ganzen Leistung (großer SE) nur bei Interessenwegfall an der Teilleistung, § 281 Abs. 1 S. 2
SE statt der ganzen Leistung wird grds. gewährt, es sei denn, die Pflichtverletzung ist unerheblich, § 281 Abs. 1 S. 3

Rücktritt

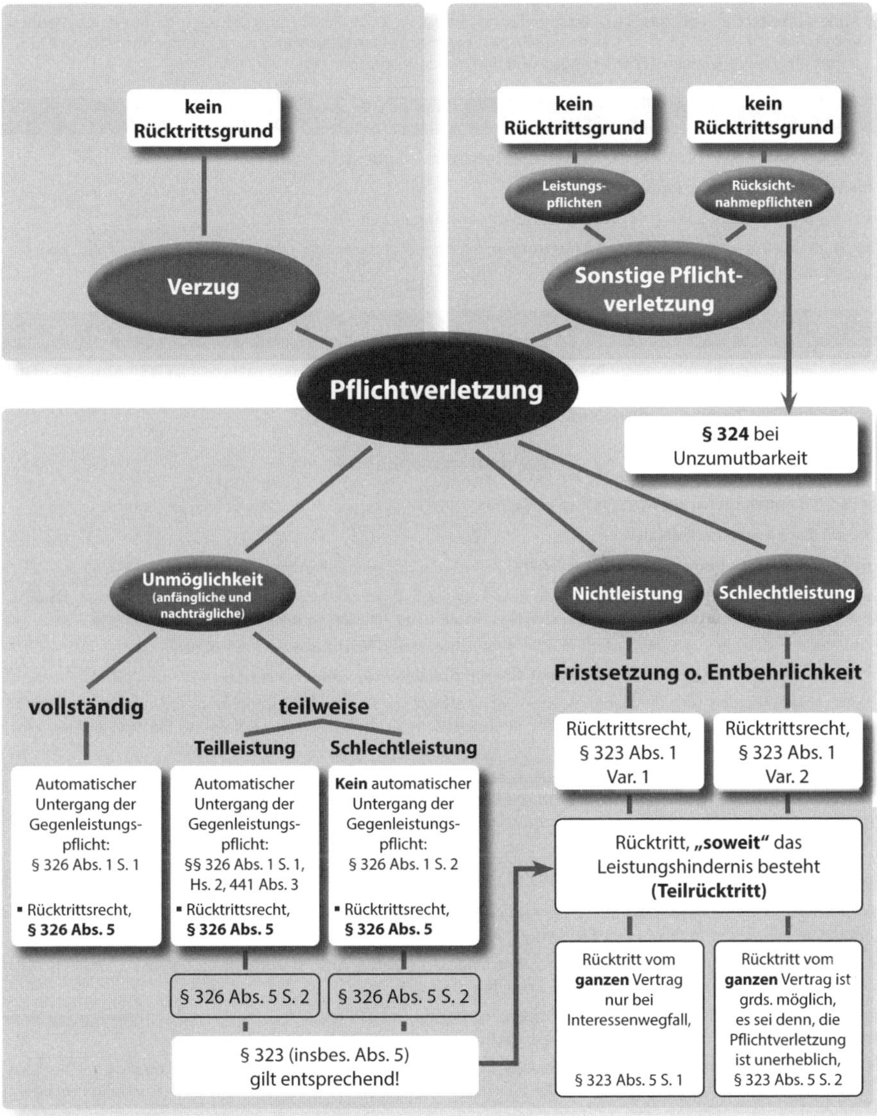
kein Rücktrittsgrund
Verzug
kein Rücktrittsgrund
kein Rücktrittsgrund
Leistungs-pflichten
Rücksicht-nahmepflichten
Sonstige Pflicht-verletzung
Pflichtverletzung
§ 324 bei Unzumutbarkeit
Unmöglichkeit (anfängliche und nachträgliche)
Nichtleistung
Schlechtleistung
vollständig
teilweise
Teilleistung
Schlechtleistung
Fristsetzung o. Entbehrlichkeit
Automatischer Untergang der Gegenleistungs-pflicht: § 326 Abs. 1 S. 1
▪ Rücktrittsrecht, § 326 Abs. 5
Automatischer Untergang der Gegenleistungs-pflicht: §§ 326 Abs. 1 S. 1, Hs. 2, 441 Abs. 3
▪ Rücktrittsrecht, § 326 Abs. 5
Kein automatischer Untergang der Gegenleistungs-pflicht: § 326 Abs. 1 S. 2
▪ Rücktrittsrecht, § 326 Abs. 5
Rücktrittsrecht, § 323 Abs. 1 Var. 1
Rücktrittsrecht, § 323 Abs. 1 Var. 2
Rücktritt, „soweit“ das Leistungshindernis besteht (Teilrücktritt)
§ 326 Abs. 5 S. 2
§ 326 Abs. 5 S. 2
§ 323 (insbes. Abs. 5) gilt entsprechend!
Rücktritt vom ganzen Vertrag nur bei Interessenwegfall, § 323 Abs. 5 S. 1
Rücktritt vom ganzen Vertrag ist grds. möglich, es sei denn, die Pflichtverletzung ist unerheblich, § 323 Abs. 5 S. 2

II. Schuldrecht
12. Sachmangel im Kauf- und Werkvertragsrecht

Nach **§ 434 Abs. 1** ist die Kaufsache frei von Sachmängeln, wenn sie bei Gefahrübergang

- den **subjektiven** Anforderungen,
- den **objektiven** Anforderungen und
- den **Montageanforderungen** entspricht.

⚠ Anders als nach dem bis zum 31.12.2021 geltenden Recht, welches den Vorrang der vereinbarten Beschaffenheit vorsah (vgl. § 434 Abs. 1 S. 1 a.F.), sieht § 434 Abs. 1 nunmehr einen **Gleichrang** zwischen den subjektiven Anforderungen, den objektiven Anforderungen und den Montageanforderungen vor.

Subjektive Anforderungen

Nach **§ 434 Abs. 2 S. 1** entspricht die Sache den subjektiven Anforderungen, wenn sie

- die **vereinbarte Beschaffenheit** hat (Nr. 1),
- sich für die nach dem Vertrag **vorausgesetzte Verwendung** eignet (Nr. 2) und
- mit dem vereinbarten **Zubehör und Anleitungen**, einschließlich Montage- und Installationsanleitungen, übergeben wird (Nr. 3)

Vereinbarte Beschaffenheit

Die Parteien müssen hinsichtlich der Beschaffenheit der Sache eine Vereinbarung treffen, vgl. **§ 434 Abs. 2 S. 1 Nr. 1**. Vereinbart ist eine Beschaffenheit, wenn der Inhalt des Kaufvertrags die Pflicht des Verkäufers enthält, die Sache in dem **bestimmten Zustand** zu übereignen und zu übergeben.

Beschaffenheitsbegriff

Zur Beschaffenheit zählen alle Merkmale einer Sache,

- die der **Sache selbst anhaften** oder
- sich aus ihrer **Beziehung zur Umwelt** ergeben.

Nach der nicht abschließenden Aufzählung in **§ 434 Abs. 2 S. 2** gehören zur Beschaffenheit **Art, Menge, Qualität, Funktionalität, Kompatibilität, Interoperabilität** und sonstige von den Parteien vereinbarte Merkmale.

Zu den Merkmalen, die der Sache anhaften, zählen die **physischen Merkmale** der Kaufsache.

☞ Größe, Gewicht, Alter, Herstellungsmaterial, Höchstgeschwindigkeit, Energieverbrauch

Darüber hinaus werden auch die Merkmale einer Sache erfasst, die sich aus ihrer Beziehung zur Umwelt ergeben. Dies gilt jedenfalls für alle Beziehungen der Sache zur Umwelt, die nach der Verkehrsauffassung **Einfluss auf** die **Wertschätzung** der Sache haben.

☞ Die Lage eines Grundstücks am See gehört nicht zur physischen Beschaffenheit des Grundstücks, da dieses nur der katastermäßig vermessene Teil der Erdoberfläche ist. Die Seelage ist aber eine Umweltbeziehung, die in der Sache selbst ihren Grund hat, weil das Grundstück unverrückbar direkt an den See grenzt.

Vereinbarung der Beschaffenheit

Für eine Beschaffenheitsvereinbarung genügen auch **konkludente Erklärungen**, wenn etwa der Käufer dem Verkäufer bestimmte Anforderungen an den Kaufgegenstand zur Kenntnis bringt und dieser dann zustimmt.

An das Vorliegen einer Beschaffenheitsvereinbarung sind stets **strenge Anforderungen** zu stellen; sie kommt nicht im Zweifel, sondern nur in eindeutigen Fällen in Betracht.

Verwendet der Verkäufer zur Beschreibung des Kaufgegenstands bestimmte Begriffe, **so ist durch Auslegung zu ermitteln, welchen Inhalt die Beschaffenheitsangabe hat**.

☞ Vereinbarung „HU neu" beinhaltet stillschweigende Vereinbarung, dass sich das verkaufte Fahrzeug in einem für die Hauptuntersuchung geeigneten, verkehrssicheren Zustand befindet und die Hauptuntersuchung durchgeführt ist.

Vertraglich vorausgesetzte Verwendung

Außerdem muss sich die Sache gem. **§ 434 Abs. 2 S. 1 Nr. 2** für die nach dem Vertrag vorausgesetzte Verwendung eignen. Durch die Bezugnahme auf den Vertrag wird deutlich, dass die vorausgesetzte Verwendung **Gegenstand einer vertraglichen Einigung** sein muss. Die Verwendung ist dabei der Zweck, für den die Kaufsache eingesetzt werden soll.

Ohne vertraglich vereinbart zu sein, ist die Verwendung dann vertraglich vorausgesetzt, wenn sie von beiden Parteien **übereinstimmend unterstellt** wird. Bei der Ermittlung der Verwendung sind neben dem Vertragsinhalt die Gesamtumstände des Vertragsabschlusses heranzuziehen. Dabei genügt es, dass der Käufer den **Verwendungszweck erkennen lässt** und der Verkäufer (auch konkludent) zustimmt.

☞ V verkauft K eine Immobilie als Wohnhaus. Der Umstand, dass sich das Haus mangels Tragkraft des Bodens nicht als Lagerraum eignet, begründet deshalb keinen Mangel i.S.d. § 434 Abs. 2 S. 1 Nr. 2.

Nicht zur vertraglich vorausgesetzten Verwendung gehören jedenfalls **einseitige Vorstellungen des Käufers**.

Mit dem Merkmal der nach dem Vertrag vorausgesetzten Verwendung zielt die Vorschrift nämlich **nicht auf konkrete Eigenschaften** der Kaufsache ab, die sich der Käufer vorstellt, **sondern** darauf, ob die Sache für die dem Verkäufer **erkennbare Verwendung** (Nutzungsart) durch den Käufer geeignet ist.

☞ K kauft eine Maschine zur Verpackung von Vogelfutter und geht dabei erkennbar von einer bestimmten Produktionsgeschwindigkeit aus.

Vereinbartes Zubehör und vereinbarte Anleitungen

Gem. **§ 434 Abs. 2 S. 1 Nr. 3** muss die Kaufsache mit dem vereinbarten Zubehör und den vereinbarten Anleitungen, einschließlich **Montage- und Installationsanleitungen**, übergeben werden.

☞ Bestellt die B bei A einen Drucker mit Kabel, so liegt ein Mangel gem. § 434 Abs. 2 S. 1 Nr. 3 vor, wenn A den Drucker ohne das Kabel liefert. Es würde grds. auch bereits ein Mangel gem. § 434 Abs. 2 S. 1 Nr. 1 vorliegen. Das nicht gelieferte Kabel fällt aber als fehlendes Zubehör unter den insoweit spezielleren § 434 Abs. 2 S. 1 Nr. 3.

Objektive Anforderungen

Die objektiven Anforderungen an die Kaufsache, die – außer in den Fällen einer formwirksamen negativen Beschaffenheitsvereinbarung – **zusätzlich** zu den subjektiven Anforderungen erfüllt sein müssen, regelt § 434 Abs. 3. Demnach muss sich die Sache für die

- **gewöhnliche Verwendung** eignen (§ 434 Abs. 3 S. 1 **Nr. 1**),
- eine Beschaffenheit aufweisen, die bei Sachen **derselben Art üblich** ist und die der **Käufer erwarten kann** (§ 434 Abs. 3 S. 1 **Nr. 2**),
- der Beschaffenheit einer vom Verkäufer vor Vertragsschluss zur Verfügung gestellten Probe oder eines **entsprechenden Musters** entsprechen (§ 434 Abs. 3 S. 1 **Nr. 3**) und
- mit dem **Zubehör einschließlich Verpackung**, Montage- und Installationsanleitungen sowie anderen **Anleitungen** übergeben werden, deren Erhalt der Käufer erwarten kann (§ 434 Abs. 3 S. 1 **Nr. 4**).

⚠ Der Gesetzestext definiert positiv, wann die Kaufsache den objektiven Anforderungen entspricht. Das ist der Fall, wenn die Voraussetzungen nach den Nr. 1–4 vorliegen. Eine **Abweichung** von den objektiven Anforderungen liegt indes bereits dann vor, **wenn eine** der vier Voraussetzungen **fehlt**.

Eignung zur gewöhnlichen Verwendung

Nach **§ 434 Abs. 3 S. 1 Nr. 1** ist die Kaufsache mangelhaft, wenn sie sich nicht zur gewöhnlichen Verwendung eignet. Das ist insbes. dann der Fall, wenn die Sache zum Weiterverkauf bestimmt ist und dieser unmöglich oder erschwert ist.

Maßstab für die gewöhnliche Verwendung ist die **Verkehrsanschauung unter Berücksichtigung des Erwartungshorizonts eines vernünftigen Durchschnittskäufers**. Die Tauglichkeit der Sache muss nicht aufgehoben sein, es genügt, dass die Eignung herabgesetzt ist.

Objektive Anforderungen (Fortsetzung)

Übliche Beschaffenheit, die Käufer erwarten darf

Die Sache ist gem. **§ 434 Abs. 3 S. 1 Nr. 2** auch dann mangelhaft, wenn sie nicht die übliche Beschaffenheit aufweist, die der Käufer nach der Art der Sache erwarten kann.

- **Übliche Beschaffenheit**

  Zur üblichen Beschaffenheit der Sache gehören gem. **§ 434 Abs. 3 S. 2** Menge, Qualität und sonstige Merkmale einschließlich von Funktionalität, Kompatibilität und Sicherheit.

  Die übliche Beschaffenheit richtet sich nach den berechtigten Erwartungen eines objektiven Durchschnittskäufers. Vergleichsmaßstab für die übliche Beschaffenheit ist die übliche Beschaffenheit bei Sachen gleicher Art **(Normalbeschaffenheit).**

  ☞ Der Käufer eines Pferdes kann deshalb redlicherweise nicht erwarten, dass er auch ohne besondere (Beschaffenheits-)Vereinbarung ein Tier mit „idealen" Anlagen erhält

  Ausdrücklich erwähnt wird in § 434 Abs. 3 S. 2 auch die legitime Erwartung des Käufers an die **Haltbarkeit der Sache**. Dieser Begriff ist als die Fähigkeit der Sache zu verstehen, ihre erforderlichen Funktionen und ihre Leistung bei normaler Verwendung zu behalten.

- **Erwartung des Käufers**

  Die Erwartung des Käufers bestimmt sich nach der Art der Sache (§ 434 Abs. 3 S. 1 Nr. 2a)) und den vor allem in der Werbung oder auf dem Etikett vom Verkäufer oder einem anderen Glied in der Vertragskette (☞ Hersteller) oder in deren Auftrag (☞ Werbeagentur) abgegebenen **öffentlichen Äußerungen** (§ 434 Abs. 3 S. 1 Nr. 2b)). Für das Kriterium der Öffentlichkeit ist erforderlich, dass die Äußerung an eine **unbestimmte Vielzahl** von Personen gerichtet ist.

  ☞ Plakatwerbung, Werbeprospekte, Fernsehspots, Internetwerbung oder auch Werbung auf Instagram und in anderen sozialen Medien

  Außerdem muss der Kaufsache eine **bestimmte Eigenschaft** zugesprochen werden. Das ist dann der Fall, wenn es sich bei der Äußerung um nachprüfbare Tatsachen handelt. Bloße Anpreisungen genügen hingegen nicht.

  ☞ Der Satz „Red Bull verleiht Flügel" ist keine Eigenschaftsangabe, sondern stellt eine allgemeine Anpreisung dar.

  Die übliche Beschaffenheit wird dann nicht durch öffentliche Äußerungen bestimmt, wenn einer der drei **Ausschlussgründe** des **§ 434 Abs. 3 S. 3** gegeben ist.

- **Probe oder Muster**

  Gem. **§ 434 Abs. 3 S. 1 Nr. 3** gehört zu den objektiven Anforderungen ferner, dass die Kaufsache der Beschaffenheit einer Probe oder eines Musters entspricht, die oder das der Verkäufer dem Käufer **vor Vertragsschluss** zur Verfügung gestellt hat.

- **Zubehör einschließlich Verpackung und Anleitungen**

  Schließlich muss die Kaufsache gem. **§ 434 Abs. 3 S. 1 Nr. 4** mit dem Zubehör einschließlich Verpackung, Montage und Installationsanleitungen sowie anderen Anleitungen übergeben werden, deren Erhalt der Käufer **vernünftigerweise erwarten** kann.

  ☞ Andere Anleitungen sind etwa Bedienungsanleitungen oder Gebrauchsanweisungen

  In Bezug auf die Erwartung des Käufers ist hier auch **§ 311c** zu beachten, demzufolge das **Zubehör** einer Sache **im Zweifel mitverkauft** wird.

  ⚠ Mit der Regelung des § 434 Abs. 3 S. 1 Nr. 4 haben sich die **Meinungsstreitigkeiten**, ob § 434 Abs. 2 S. 2 a.F. (sog. IKEA-Klausel) auch auf das gänzliche Fehlen einer Montageanleitung anwendbar war, und die Frage, ob auch Bedienungsanleitungen erfasst werden, **erledigt**.

Montageanforderungen

Aus **§ 434 Abs. 4** ergeben sich zwei Varianten, in denen ein Mangel vorliegen kann.

Unsachgemäße Montage

Voraussetzung des **§ 434 Abs. 4 Nr. 1** ist eine Montageverpflichtung des Verkäufers, die aber nicht den Schwerpunkt des Vertrages bildet, da sonst ein Werkvertrag vorliegt.

☞ K kauft bei Möbelhändler V Badezimmerschränke, die dieser auch anbringen soll.

Der Begriff Montage erfasst **nicht nur** den **Zusammenbau** der Kaufsache, sondern auch das Anbringen, Anschließen und Verbinden der Kaufsache mit Gegenständen des Käufers.

Mangelhafte Montageanleitung

Aus **§ 434 Abs. 4 Nr. 2** folgt, dass ein Sachmangel auch dann vorliegt, wenn eine Montage durchzuführen ist und die Montageanleitung mangelhaft ist. Eine Montage ist durchzuführen, wenn für den **bestimmungsgemäßen Gebrauch** der Zusammenbau der Einzelteile oder ein Anschluss oder Einbau notwendig ist. Die Montageanleitung muss den Käufer in die Lage versetzen, die Kaufsache **ohne größere Schwierigkeiten** zusammenzubauen, was sich nach den Erwartungen eines durchschnittlichen Käufers bemisst.

Aliud-Lieferung

Einem Mangel der Kaufsache steht es gem. **§ 434 Abs. 5** gleich, wenn der Verkäufer eine andere Sache (aliud) als die vertraglich geschuldete Sache liefert.

☞ Die J bestellt bei A eine rote Hose, ihr wird jedoch eine schwarze Hose geliefert.

Die Annahme einer Aliud-Lieferung setzt voraus, dass die andere Sache in **Erfüllung des Kaufvertrags** geliefert wird. Dazu muss eine entsprechende **Tilgungsbestimmung** des Verkäufers vorliegen, die nach dem objektiven Empfängerhorizont des Käufers zu beurteilen ist. Der Käufer muss davon ausgehen können, dass der Verkäufer mit dieser Leistung den Kaufvertrag erfüllen will. Liegt indes aus Sicht des Käufers erkennbar eine Verwechslung vor, kann die erbrachte Leistung nicht einer mangelhaften gleichstehen.

Nach h.M. gilt § 434 Abs. 5 nicht nur für den Gattungskauf (Qualifikationsaliud), sondern **auch** für den **Stückkauf** (Identitätsaliud) Umstr. ist, ob § 434 Abs. 5 auch bei **krassen Abweichungen** gilt (Gänse statt Karpfen). Für eine Anwendung auch bei Extremabweichungen spricht, dass sich im Gesetz keinerlei Anhaltspunkte für eine Differenzierung finden lassen. Bei Extremabweichungen wird indes regelmäßig keine auf Erfüllung des Vertrags gerichtete Tilgungsbestimmung vorliegen. Schließlich wird auch die Lieferung einer **höherwertigen Sache** von § 434 Abs. 5 erfasst (h.M.).

Rechtsmangel, § 435

Privatrechtliche Rechte Dritter			Öffentlich-rechtliche Beschränkungen	
Dingliche Belastung der Kaufsache, z.B. Hypothek, Grundschuld, auch Auflassungsvormerkung, obwohl kein dingl. Recht. Eine nicht bestehende Buchbelastung steht einem Rechtsmangel gleich, § 435 S. 2.	**Obligatorische Rechte**, soweit sie einem **Dritten** den **berechtigten Besitz** verschaffen Das verkaufte Grundstück ist vermietet. Nach § 566 hat der Mieter ein Recht zum Besitz.	**Immaterialgüterrechte** (Patente, Geschmacksmuster, Gebrauchsmuster, Markenrechte, allgemeines Persönlichkeitsrecht)	Sondervorschrift für **öffentlich-rechtliche Lasten** an Grundstücken, § 436	Öffentlich-rechtliche Beschränkungen, die nicht auf der Beschaffenheit der Sache beruhen, sondern die auf **andere Umstände** Bezug nehmen

Die Unterscheidung zwischen **Sach- und Rechtsmangel bei öffentlich-rechtlichen Beschränkungen** ist problematisch. Die Abgrenzung richtet sich nach folgenden Grundsätzen:

- Als Sachmangel kommen nur solche Rechtsbeziehungen infrage, die auf der **besonderen Beschaffenheit** der Kaufsache beruhen und in dieser ihre Ursache haben.
- Öffentlich-rechtliche Beschränkungen, die auf **bauordnungs- oder bauplanungsrechtlichen Bestimmungen** beruhen und die Benutzbarkeit regeln, sind als Sachmängel anzusehen.
- Berechtigen öffentlich-rechtliche Beschränkungen zum **Entzug des Eigentums bzw. Besitzes**, liegt grds. ein Rechtsmangel vor.

II. Schuldrecht
13. Mangelbegriff im Miet- und Reiserecht

MIETE: Relevanter Zeitpunkt

- Vertragsschluss (für § 536a Abs. 1 Var. 1 = Garantiehaftung)
- Gebrauchsüberlassung
- Spätere Entstehung des Mangels während Mietzeit

⚠ *Voraussetzung ist aber in jedem Fall eine **Gebrauchsüberlassung** (§ 536) z.Z. der Geltendmachung, da sonst Gewährleistungsrecht nicht anwendbar.*

Ⓟ *Wertungswiderspruch bei Anwendbarkeit von § 311a Abs. 2 zur Garantiehaftung gem. § 536a?*
(Nach h.M. deshalb jedenfalls Geltung des § 536a bei unbehebbaren Mängeln bereits vor Überlassung.)

REISE: Relevanter Zeitpunkt

- Ab Vertragsschluss
  - **keine Geltung des allg. Leistungsstörungsrechts (auch nicht Unmöglichkeit etc.)**
  - **Ausnahme: Nebenpflichtverletzungen**

Miete: § 536 Abs. 1: *Mangel*, der sich auf die Tauglichkeit zum vertragsgemäßen *Gebrauch* auswirkt

- **Mangel** = negatives Abweichen der Ist- von der Soll-Beschaffenheit und dadurch Tauglichkeitsminderung
  - Ermittlung der Soll-Beschaffenheit zunächst durch konkreten vertraglichen Mietzweck und – sofern ein solcher nicht vorhanden ist – durch gewöhnlichen Gebrauch
  - Soll-Tauglichkeit umfasst bei gewöhnlichem Gebrauch auch gewöhnliche Beschaffenheit
    - Mängel in der Substanz der Mietsache
    - Einwirkungen von außen und rechtliche Verhältnisse, die die Tauglichkeit der Mietsache unmittelbar beeinträchtigen und von gewisser Dauer sind (***Nicht:*** Umsatz- und Gewinnerwartung, ***aber*** (klausurrelevant!): öffentliche Gebrauchsbeschränkungen, die ihre Ursache in der Lage oder Beschaffenheit der Mietsache haben)
    - Gefahren, die bei Benutzung der Mietsache drohen

Reise: § 651i Abs. 2: *Fehler*, der sich auf die Tauglichkeit zum gewöhnlichen oder vom Vertrag vorausgesetzten *Nutzen* auswirkt

- **Mangel** = negatives Abweichen der Ist- von der Soll-Beschaffenheit und dadurch Tauglichkeitsminderung
  - Ermittlung der Soll-Beschaffenheit („weiter" Fehlerbegriff) durch Vereinbarungen (Reisebestätigung, Prospekt) oder gewöhnliche Beschaffenheit einer Reise der entsprechenden Art (Billigreise, Luxusreise, Expedition, Abenteuerreise, Studienfahrt, Erholungsurlaub ...)
  - Abweichungen können liegen in:
    - Einzelne Reiseleistung wird überhaupt nicht oder schlecht erbracht
    - Hindernis stammt aus dem Verantwortungsbereich des Veranstalters (erfasst sind alle nicht in der Person des Reisenden liegende Umstände, also auch Einflüsse aufgrund höherer Gewalt, die sich auf die Reise auswirken)
    - Witterungsbedingungen nur, wenn zu erwarten (Angabe von Schneesicherheit im Prospekt)
    - Koordinierungsmängeln einzelner Reiseleistungen

MIETE: § 536 Abs. 2	Fehlen zugesicherter Eigenschaften	REISE: § 651i Abs. 2

- **Eigenschaften** = jede Beschaffenheit der Sache selbst und alle tatsächlichen und rechtlichen Verhältnisse von gewisser Dauer, die auf die Wertschätzung oder Tauglichkeit der Mietsache von Einfluss sein können.
- **Zusicherung** = Erklärung, für alle Folgen des Fehlens der Eigenschaft einstehen zu wollen
  - ausdrücklich, aber auch konkludent möglich
  - strenge Anforderungen, da gem. § 536a verschuldensunabhängige Haftung auf Schadensersatz für anfängliches Fehlen einer zugesicherten Eigenschaft
  - keine Zusicherung daher bei bloßen Beschreibungen (z.B. ca.-Angabe der Wohnungsgröße)

- **Eigenschaften** = jede Beschaffenheit der Reise
- **Zusicherung** = Erklärung, für alle Folgen des Fehlens der Eigenschaft einstehen zu wollen
  - ausdrücklich, aber auch konkludent möglich
  - geringe Bedeutung wegen „weiten" Fehlerbegriffs (s.o.)
  - trotzdem strenge Anforderungen, da das Fehlen einer zugesicherten Eigenschaft Mängelrechte auslöst, ohne dass es auf eine Tauglichkeitsminderung ankommt
  - keine Zusicherung daher bei bloßen Beschreibungen (z.B. Prospektangaben)

MIETE: § 536 Abs. 3	Rechtsmangel	REISE: (–)

- **Private Rechte Dritter**
  - obligatorische Rechte, soweit sie einem Dritten berechtigten Besitz verschaffen (Doppelvermietung)
  - Konkurrenzverbot
  - Voraussetzung ist aber immer: **Geltendmachung des Rechts** (☞ Sicherungseigentum eines Dritten begründet nur dann Rechtsmangel, wenn dieses geltend gemacht wird)
- **Öffentlich-rechtliche Beschränkungen**
  - i.d.R. Sachmangel, wenn Beschränkung an Beschaffenheit oder Lage der Mietsache anknüpft
    - Nutzungsbeschränkungen
    - Beschränkungen durch bauordnungs- oder bauplanungsrechtliche Bestimmungen
    - Beschränkungen, die zum Entzug des Eigentums berechtigen
    - öffentliche Lasten gem. § 436
  - ausnahmsweise Rechtsmangel, wenn Beschränkung an Person des Vermieters anknüpft

14. Systematik Gewährleistungsrecht Kaufrecht

Die drei Stufen der kaufrechtlichen Gewährleistung

A. Grundvoraussetzungen:
I. Wirksamer **Kaufvertrag** ⇨ ***S. 7***
II. **Sach-** oder **Rechtsmangel**, §§ 434, 435 ⇨ ***S. 186***
III. im Zeitpunkt des **Gefahrübergangs** bzw. des **Erwerbs**, §§ 446, 447 (§ 474 Abs. 2) ⇨ ***S. 186***

1. Stufe: § 437 Nr. 1, Nacherfüllung

Mangelbeseitigung, §§ 437 Nr. 1, 439 Abs. 1 Alt. 1	**Neulieferung**, §§ 437 Nr. 1, 439 Abs. 1 Alt. 2

- **Wahlrecht des Käufers**, sofern nicht
  - eine Nacherfüllungsart unmöglich, § 275
  - Leistungsverweigerungsrecht des Verkäufers, §§ 275 Abs. 2, 439 Abs. 4
- **Aufwendungsersatzanspruch des Käufers**, § 439 Abs. 2 u. 3 ⇨ ***S. 12, 14***

Bei Verzug mit der Nacherfüllung, § 286

Verzögerungsschaden, §§ 437 Nr. 3 Alt. 1, 280 Abs. 1 u. 2, 286

B. Zusätzliche Voraussetzungen für die zweite und dritte Stufe:

I. Erfolgloser Ablauf einer angemessenen Nacherfüllungsfrist oder
II. Entbehrlichkeit der Fristsetzung
  1. Nach Kaufrecht, § 440
     - S. 1 Var. 1, Verkäufer verweigert beide Arten der Nacherfüllung gem. § 439 Abs. 4 (unverhältnismäßig hohe Kosten)
     - S. 1 Var. 2, Fehlschlagen der Nacherfüllung
     - S. 1 Var. 3, Unzumutbarkeit der Nacherfüllung für Käufer
  2. Unternehmerregress, § 478 Abs. 1
  3. Nach Schuldrecht AT
     - Entbehrlichkeit nach § 323 Abs. 2 i.V.m. § 440 S. 1 (bei Rücktritt) oder § 281 Abs. 2 i.V.m. § 440 S. 1 (bei Schadensersatz statt der Leistung)
     - Bei Unmöglichkeit Entbehrlichkeit nach § 326 Abs. 5 (bei Rücktritt) oder § 283 bei Unmöglichkeit

2. Stufe: § 437 Nr. 2, Rücktritt/Minderung

Rücktritt, §§ 437 Nr. 2 Alt. 1, 440, 323, 326 Abs. 5	**Minderung**, §§ 437 Nr. 2 Alt. 2, 441
(–), wenn Mangel nur unerheblich, § 323 Abs. 5 S. 2, oder bei Teilleistung kein Interessenwegfall, § 323 Abs. 5 S. 1	(+), auch wenn Mangel nur unerheblich, § 441 Abs. 1 S. 2

C. Weitere Voraussetzungen:

I. Vertretenmüssen (vermutet gem. § 280 Abs. 1 S. 1)

oder

II. **Bei § 311a:** Keine Kenntnis oder grob fahrlässige Unkenntnis vom Leistungshindernis

3. Stufe: § 437 Nr. 3 i.V.m. …, Schadensersatz/Aufwendungsersatz

SE statt der Leistung, §§ 280 Abs. 1 u. 3, 281 **oder** §§ 280 Abs. 1 u. 3, 283 **oder** § 311a	**Aufwendungsersatz, § 284**

(–), kein SE statt der ganzen Leistung, wenn Mangel unerheblich, § 281 Abs. 1 S. 3, oder bei Teilleistung kein Interessenwegfall, § 281 Abs. 1 S. 2

D. Kein Gewährleistungsausschluss durch Rechtsgeschäft oder Gesetz

E. Keine Verjährung, § 438

II. Schuldrecht
15. Systematik Gewährleistungsrecht Werkvertragsrecht

Die vier Stufen der werkrechtlichen Gewährleistung

A. Grundvoraussetzungen:
I. Wirksamer **Werkvertrag** ⇨ ***S. 7***
II. **Sach-** oder **Rechtsmangel**, § 633 ⇨ ***S. 186***
III. Im Zeitpunkt des **Gefahrübergangs** (Abnahme/Abnahmefiktion) ⇨ ***S. 13***

1. Stufe: § 634 Nr. 1, Nacherfüllung

Mangelbeseitigung, § 634 Nr. 1, § 635 Abs. 1 Alt. 1	**Neuherstellung**, § 634 Nr. 1, § 635 Abs. 1 Alt. 2

Wahlrecht des Unternehmers
sofern nicht
- eine Nacherfüllungsart unmöglich, § 275
- Leistungsverweigerungsrecht des Unternehmers, §§ 275 Abs. 2, 635 Abs. 3

Bei Verzug mit der Nacherfüllung, § 286

↓

Verzögerungsschaden, §§ 634 Nr. 4, 280 Abs. 1 u. 2, 286

B. ZusätzlicheVoraussetzungen für die zweite/dritte/vierte Stufe:
I. Erfolgloser Ablauf einer angemessenen Nacherfüllungsfrist **oder**
II. Entbehrlichkeit der Fristsetzung
1. Nach Werkvertragsrecht
   - Fehlschlagen der Nacherfüllung gem. § 635 Abs. 1 Alt. 2 bzw. § 637 Abs. 2 S. 2 Alt. 1
   - Unzumutbarkeit d. Nacherfüllung für den Besteller gem. § 635 Abs. 3 bzw. § 637 Abs. 2
   - Verweigerung der Nacherfüllung gem. § 635 Abs. 3 (§ 636 Var. 1)
     [Beachte: Dann keine Selbstvornahme möglich, § 637 Abs. 1]
2. Nach Schuldrecht AT
   - Entbehrlichkeit nach §§ 637 Abs. 2 S. 1, 323 Abs. 2 (Selbstvornahme)
   - Entbehrlichkeit nach §§ 636, 323 Abs. 2 (Rücktritt)
   - Entbehrlichkeit nach §§ 636, 281 Abs. 2 (Schadensersatz)
   - Entbehrlichkeit bei Unmöglichkeit (§ 326 Abs. 5/§ 283)

2. Stufe: § 634 Nr. 2, Selbstvornahme

Aufwendungsersatz, § 634 Nr. 2, § 637 Abs. 1	**Kostenvorschuss**, § 634 Nr. 2, § 637 Abs. 3

3. Stufe: § 634 Nr. 3, Rücktritt/Minderung

Rücktritt, §§ 634 Nr. 3 Alt. 1, 636, 323, 326 Abs. 5	**Minderung**, § 634 Nr. 3 Alt. 2, § 638
(–), wenn Mangel nur unerheblich, § 323 Abs. 5 S. 2, oder bei Teilleistung kein Interessenwegfall, § 323 Abs. 5 S. 1	(+), auch wenn Mangel nur unerheblich, § 638 Abs. 1 S. 2

C. Weitere Voraussetzungen:
I. Vertretenmüssen (vermutet gem. § 280 Abs. 1 S. 1)
oder
II. **Bei § 311a:** Kenntnis oder grob fahrlässige Unkenntnis vom Leistungshindernis

4. Stufe: § 634 Nr. 4 i.V.m. ..., Schadensersatz/Aufwendungsersatz

SE statt der Leistung, §§ 280 Abs. 1 u. 3, 281 **oder** §§ 280 Abs. 1 u. 3, 283 **oder** § 311a	**Aufwendungsersatz**, § 284

(–), kein SE statt der ganzen Leistung, wenn Mangel unerheblich, § 281 Abs. 1 S. 3, o. bei Teilleistung kein Interessenwegfall, § 281 Abs. 1 S. 2

D. Kein Gewährleistungsausschluss durch Rechtsgeschäft oder Gesetz

E. Keine Verjährung, § 634a

II. Schuldrecht
16. Systematik Gewährleistungsrecht Mietrecht

A. Grundvoraussetzungen:
I. Wirksamer **Mietvertrag** ⇨ ***S. 7***
II. Überlassung der **Mietsache**
III. **Sach-** oder **Rechtsmangel**, § 535 ⇨ ***S. 190***
IV. Zeitpunkt: Bei Vertragsschluss oder auch bei erst späterer Entstehung

1. Stufe: § 535/§ 536, Mangelbeseitigung/Minderung

Mangelbeseitigung, § 535 Abs. 1 S. 2	**Minderung**, § 536
	▪ zuviel gezahlte Miete kann gem. § 812 zurückgefordert werden

B. Weitere Voraussetzungen für die <u>zweite</u> Stufe

- Umgehende Mangelbeseitigung zur Erhaltung der Mietsache erforderlich **oder**
- Anfänglicher Mangel **oder**
- Nachträglicher Mangel, den der Vermieter zu vertreten hat **oder**
- Verzug des Vermieters mit der Mangelbeseitigung (Vertretenmüssen des Verzuges erforderlich ⚠)

C. Weitere Voraussetzungen für die <u>dritte</u> Stufe:

- Erfolgloser Ablauf einer Abhilfefrist, § 543 Abs. 3 S. 1 oder
- Entbehrlichkeit der Fristsetzung, § 543 Abs. 3 S. 2
  - Fristsetzung offensichtlich erfolglos
  - Besondere Gründe

2. Stufe: § 536a Selbstvornahme/Schadensersatz

Selbstvornahme der Mangelbeseitigung, § 536a Abs. 2	**Schadensersatz**, § 536a Abs. 1

3. Stufe: § 543 Kündigung

Kündigung

außerordentlich/fristlos

D. Kein Gewährleistungsausschluss durch Rechtsgeschäft oder Gesetz (insbes. §§ 536b und 536d)

E. Mängelanzeige, § 536c

F. Keine Verjährung

17. Systematik Verbraucherschutz im BGB

Verbraucherschutz im Bürgerlichen Gesetzbuch

Allgemeine Regelungen

Verbraucher, § 13

Voraus-setzungen
- **Natürliche Person**
- **Zweck** des Geschäfts **nicht** für **gewerbliche** oder selbst-ständige berufliche **Tätigkeit**

Unternehmer, § 14

Voraus-setzungen
- **Natürliche** oder **juristische Person**
- **Zweck** des Geschäfts für **gewerbliche** oder selbstständige berufliche **Tätigkeit**

Grundsätze bei Verbraucherverträgen, § 312a
- Informationspflichten bei telefonischer Kontaktaufnahme
- Informationspflichten für den stationären Handel
- Grenzen der Vereinbarung von Entgelten

Besondere Regelungsbereiche

Besondere Vertriebsformen

Außer-geschäftsraum-vertrag, § 312b | **Fernabsatz-vertrag, § 312c**

Rechtsfolgen
- **Widerrufsrecht,** § 312g
- **Informationspflichten,** § 312d
- **Dokumentationspflichten,** § 312f
- **Besonderer Gerichtsstand,** § 29c ZPO
- **Unabdingbarkeit,** § 312m Abs. 1 S. 1
- **Umgehungsverbot,** § 312m Abs. 1 S. 2

Verbundene Verträge, §§ 358–359; Zusammen-hängende Verträge, § 360

Rechtsfolgen
- **Widerrufs-durchgriff,** § 358
- **Einwendungs-durchgriff,** § 359
- **Rück-forderungs-durchgriff,** (str.)

Vermittlung von Verbraucher-darlehens-verträgen, §§ 655a–655e

Verbrauchs-güterkauf, §§ 474 ff.

Rechtsfolgen
- **Keine Wertersatz-pflicht,** § 475 Abs. 3 S. 1
- **Gefahr-übergang bei Versendungs-kauf,** § 475 Abs. 2
- **Umgehungs-verbot,** § 476 Abs. 4
- **Verkürz-barkeit der Verjährung eingeschränkt,** § 476 Abs. 2
- **Beweislast-umkehr,** § 477

Verbraucher-darlehens-vertrag und Finanzierungs-hilfen, §§ 491 ff.

Rechtsfolgen
- **Widerrufs-recht,** § 495
- **Schriftform,** § 492

Teilzeit-wohnrechte-verträge, Verträge über langfristige Vermittlungs-verträge und Tauschsystem-verträge, §§ 481–487

Verbraucher-bauvertrag, §§ 650 i ff.

Rechtsfolgen
- **Widerrufs-recht,** § 650l
- **Textform,** § 650i Abs. 2
- **Informations-pflichten,** § 650j
- **Vertrags-inhalt,** § 650k Abs. 1
- **Unabding-barkeit,** § 650o S. 1
- **Umgehungs-verbot,** § 650o S. 2

18. Verbrauchervertrag über digitale Produkte

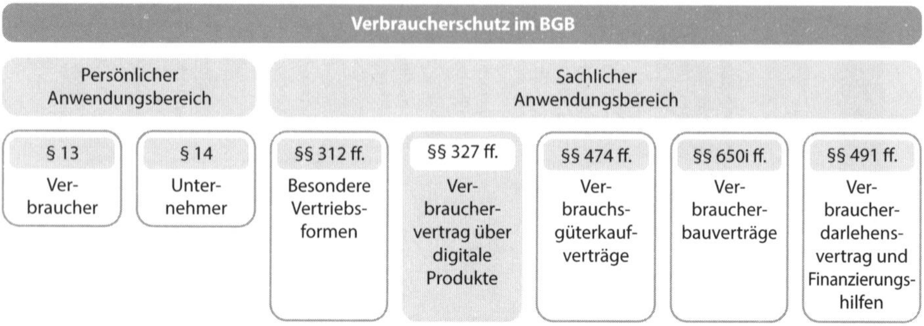

I. Verbraucherverträge über digitale Produkte

Nach **§ 327 Abs. 1** sind die §§ 327 ff. auf Verbraucherverträge anwendbar, welche die Bereitstellung digitaler Produkte durch den Unternehmer gegen Zahlung eines Preises zum Gegenstand haben.

1. Verbrauchervertrag und Zahlungsverpflichtung

Verbraucherverträge sind gemäß **§ 310 Abs. 3** Verträge zwischen einem **Unternehmer** und einem **Verbraucher**. Nach § 327 Abs. 1 S. 2 kann der Preis **auch** eine **digitale Darstellung** eines Wertes sein. Als Gegenleistungen werden auch analoge Darstellungen eines Wertes erfasst, denen nach der Verkehrsauffassung oder der besonderen Vereinbarung der Parteien Zahlungsfunktion zukommt.

☞ Geschenkgutscheine, Rabatt- oder Treuepunkte

2. Digitale Produkte

Gegenstand des Vertrages muss die Bereitstellung digitaler Inhalte oder digitaler Dienstleistungen sein, die **§ 327 Abs. 1** unter dem Begriff der digitalen Produkte zusammenfasst.

Gemäß § 327 Abs. 2 S. 1 sind **digitale Inhalte** Daten, die in digitaler Form erstellt und bereitgestellt werden. Dabei ist nicht relevant, ob die Daten einen Inhalt haben und was dieser Inhalt ggf. ist. Maßgebend sind allein die Art und Weise, wie die Daten reproduzierbar oder wiedergabefähig festgehalten wurden, nämlich in digitaler Form.

☞ Computerprogramme, digitale Spiele oder elektronische Bücher

Digitale Dienstleistungen sind nach **§ 327 Abs. 2 S. 2** Dienstleistungen, die dem Verbraucher

☞ die **Erstellung**, die **Verarbeitung** oder die **Speicherung** von Daten in digitaler Form oder

☞ den **Zugang** zu solchen Daten ermöglichen, oder

☞ die **gemeinsame Nutzung** der vom Verbraucher oder von anderen Nutzern der entsprechenden Dienstleistung in digitaler Form hochgeladenen oder erstellten Daten oder sonstige **Interaktionen** mit diesen Daten ermöglichen.

☞ Software-as-a-service, Cloud-Dienste (Textverarbeitung oder Spiele), Videostreaming und soziale Medien, sodass auch Facebook, Instagram oder TikTok erfasst werden.

I. Verbraucherverträge über digitale Produkte (Fortsetzung)

3. Bereitstellungspflicht

In **§ 327b** wird – anders als etwa in § 433 – keine vertragliche Leistungspflicht begründet, sondern vorausgesetzt, dass der Unternehmer durch einen Verbrauchervertrag gemäß § 327 oder § 327a dazu verpflichtet ist, dem Verbraucher ein digitales Produkt bereitzustellen, vgl. § 327b Abs. 1.

Die **Leistungspflicht** selbst resultiert also **aus** dem **individuellen Vertrag** zwischen Unternehmer und Verbraucher, der entweder einer der Vertragsarten des Abschnitts 8 (§§ 433–853) entspricht oder aufgrund der in § 311 Abs. 1 niedergelegten Vertragsfreiheit ein nicht typisierter Vertrag ist.

Für den **Inhalt der Bereitstellungsverpflichtung** ist der Vertragstyp maßgeblich. Während es bei der Bereitstellung im Rahmen eines Kaufvertrages um die punktuelle Übertragung digitaler Inhalte geht (einmalige Bereitstellung), ist die Bereitstellung beim Mietvertrag auf eine fortgesetzte Bereitstellung im Sinne eines Dauerschuldverhältnisses (dauerhafte Bereitstellung) gerichtet.

Arten der Bereitstellung digitaler Produkte

§ 327b Abs. 1	§ 327e Abs. 1 S. 3	§ 327b Abs. 5
Einmalige Bereitstellung	Dauerhafte Bereitstellung	Reihe einzelner Bereitstellungen

Nach **§ 327b Abs. 3** ist ein digitaler Inhalt bereitgestellt, sobald der digitale Inhalt oder die geeigneten Mittel für den Zugang zu diesem oder das Herunterladen des digitalen Inhalts dem Verbraucher unmittelbar oder mittels einer von ihm hierzu bestimmten Einrichtung **zur Verfügung gestellt oder zugänglich gemacht** worden ist.

Digitaler Inhalt ist dem Verbraucher „zur Verfügung gestellt", wenn diesem eine **eigenständige Zugriffsmöglichkeit** verschafft wurde. Dagegen bedeutet „zugänglich machen" das Schaffen einer Möglichkeit zur Nutzung eines Dienstes durch den Verbraucher unter fremder Kontrolle. Ob der Verbraucher von dieser Möglichkeit tatsächlich auch **Gebrauch** macht, ist **nicht relevant**.

Neben dem Herunterladen in die eigene Umgebung des Verbrauchers kann dieser sich auch einer von ihm hierzu bestimmten **Einrichtung Dritter** bedienen, um Zugriff auf den digitalen Inhalt zu erhalten.

☞ Sofern ein Verbraucher ein E-Book unmittelbar in einer Cloud speichern möchte, ist diese eine solche Einrichtung.

II. Produkt- oder Rechtsmängel

Nach **§ 327d** trifft den Unternehmer die Leistungspflicht, das digitale Produkt frei von Produkt- und Rechtsmängeln i.S.d. §§ 327e–327g bereitzustellen. Damit konkretisiert § 327d eine **bereits bestehende Leistungspflicht** und begründet keine neue vertragliche Leistungspflicht, sondern setzt voraus, dass der Unternehmer durch einen Verbrauchervertrag gemäß **§ 327** oder **§ 327a** dazu verpflichtet ist.

1. Produktmängel

In **§ 327e** werden die **Anforderungen an die Vertragsmäßigkeit** in einer Vorschrift zusammengefasst. Nur die Bestimmungen zur Aufrechterhaltung der Vertragsmäßigkeit durch Aktualisierungen sind wegen ihrer besonderen Bedeutung gesondert in **§ 327f** geregelt.

Das digitale Produkt ist gemäß § 327e Abs. 1 S. 1 frei von Produktmängeln, wenn es zur maßgeblichen Zeit nach den §§ 327 ff. sowohl
- den **subjektiven** als auch
- den **objektiven** Anforderungen sowie
- den Anforderungen an die **Integration** entspricht.

Zur Mangelfreiheit des digitalen Produkts müssen mithin die subjektiven und objektiven Anforderungen sowie die Anforderungen an die Integration **kumulativ** erfüllt sein. Es gilt das **Konzept der Gleichrangigkeit** von subjektiven und objektiven Anforderungen. Außerdem sind die Anforderungen an die Integration der digitalen Produkte gleichrangig zu den subjektiven und objektiven Anforderungen ausgestaltet.

Gemäß **§ 327e Abs. 5** steht es einem Produktmangel gleich, wenn der Unternehmer ein anderes digitales Produkt als das vertraglich geschuldete digitale Produkt, also ein **Aliud**, bereitstellt.

Nach der in **§ 327f** geregelten Verpflichtung („Updatepflicht") ist der Unternehmer auch bei Verträgen, die sich in einem einmaligen Leistungsaustausch erschöpfen, auch **nach der Bereitstellung** verpflichtet, **Aktualisierungen** zur Aufrechterhaltung der Mangelfreiheit des digitalen Produkts bereitzustellen.

Die **Information über** und die **Bereitstellung von Aktualisierungen** gehören zu den **objektiven Konformitätskriterien** gemäß § 327e Abs. 3 S. 1 Nr. 5. Den Unternehmer trifft gemäß § 327f Abs. 1 die Pflicht „sicherzustellen", dass dem Verbraucher die erforderlichen Aktualisierungen bereitgestellt werden.

Aktualisierungen können vor allem erforderlich sein, um Merkmale wie die **Kompatibilität und Sicherheit** des digitalen Produkts (weiterhin) zu erfüllen, zumal die Sicherheitsaktualisierungen in § 327f Abs. 1 S. 2 besonders hervorgehoben werden. Auch wenn Sicherheitsmängel oder sicherheitsrelevante Softwarefehler auftreten, die keine Auswirkungen auf die Funktionsfähigkeit der Sache haben, besteht eine Aktualisierungspflicht zur Behebung des Sicherheitsmangels.

Der Unternehmer hat den Verbraucher gemäß § 327f Abs. 1 nicht nur die Aktualisierungen bereitzustellen (§ 327f Abs. 1 Alt. 1), sondern muss den Verbraucher über diese Aktualisierungen **auch informieren** (§ 327f Abs. 1 Alt. 2). Bei dieser Informationspflicht handelt es sich um eine **selbstständige Pflicht**, die neben die Bereitstellungspflicht tritt.

2. Rechtsmängel

Das digitale Produkt ist gemäß **§ 327g** frei von Rechtsmängeln, wenn der Verbraucher es gemäß den subjektiven oder objektiven Anforderungen nach § 327e Abs. 2 und 3 nutzen kann, ohne Rechte Dritter zu verletzen. Rechtsmängel spielen im Zusammenhang mit dem Vertrieb von digitalen Produkten eine **bedeutende Rolle**, da ein Großteil der Produkte durch Immaterialgüterrechte geschützt ist.

☞ Vor allem **Urheberrechte** und verwandte Schutzrechte Dritter können die Nutzung der digitalen Produkte durch den Verbraucher rechtlich beschränken, was sich etwa in der fehlenden Rechtsmacht des Unternehmers äußern kann, dem Verbraucher die für die vertragsmäßige Nutzung benötigten Rechte einzuräumen. Das kann darauf beruhen, dass der Unternehmer sich die benötigten Rechte gar nicht vom Rechteinhaber hat einräumen lassen oder dass der Unternehmer trotz Einräumung der Rechte nicht zu deren Weitergabe an den Verbraucher befugt ist.

Der Unternehmer kann die Anforderungen an die Rechtsmangelfreiheit erfüllen, indem er die erforderlichen **Nutzungsrechte** selbst von den Rechtsinhabern erwirbt und diese dann dem Verbraucher im Wege einer **Unterlizenz** einräumt, wie das etwa bei Streaming-Plattformen regelmäßig der Fall ist. Häufiger ist in der Praxis die Konstellation zu finden, dass der Verbraucher die nötigen Rechte zur Nutzung der digitalen Produkte von einem Dritten erhält, der (nicht notwendigerweise originärer) Rechteinhaber ist.

II. Schuldrecht
19. Minderung im Kauf- und Werkvertragsrecht

I. Voraussetzungen

1. Wirksames Zustandekommen eines **Kauf- bzw. Werkvertrages** ⇨ ***S. 10,*** ⇨ ***S. 13***
2. Vorliegen eines **Mangels** (§ 434 bzw. § 633) im relevanten Zeitpunkt ⇨ ***S. 186***
3. Vorliegen der **Rücktrittsvoraussetzungen**, da Minderung nur **„statt" Rücktritt** möglich (§ 441 Abs. 1 S. 1 bzw. § 638 Abs. 1 S. 1)
   a) **Fälliger und durchsetzbarer Nacherfüllungsanspruch**
   Mit Leistung i.S.d. § 323 gemeint ist nicht die ursprüngliche Leistungspflicht zur mangelfreien Leistung (§ 433 Abs. 1 S. 2); diese hat sich ab Anwendbarkeit des Gewährleistungsrechts in einen Nacherfüllungsanspruch aus § 439 bzw. § 635 umgewandelt ⇨ ***S. 10, 13***
   - Relevanter Zeitpunkt
     - Zeitpunkt des Fristablaufs
     - Bei Entbehrlichkeit der Fristsetzung: Zeitpunkt des Eintritts der Umstände, die die Fristsetzung entbehrlich gemacht haben
   - Fälligkeit ⇨ ***S. 166***
     - Ist offensichtlich, dass die Voraussetzungen des Schadensersatzanspruchs eintreten werden, ist gem. § 323 Abs. 4 die Fälligkeit entbehrlich (Hauptanwendungsfall: § 323 Abs. 2 Nr. 1
   - Durchsetzbarkeit
     - Allein das Bestehen der Einreden der §§ 320, 275 Abs. 2 u. 3 hindert die Durchsetzbarkeit
       ☞ Hat der Käufer also noch nicht bezahlt, braucht der Verkäufer die Nacherfüllung nur Zug um Zug zu erbringen ohne einen Rücktritt des Käufers fürchten zu müssen; der Nacherfüllungsanspruch ist nicht durchsetzbar.
     - Das Zurückbehaltungsrecht nach § 273 muss geltend gemacht werden.

   ⚠ *Beruft sich der Schuldner auf Unverhältnismäßigkeit nach § 439 Abs. 3 bzw. § 635 Abs. 3 schließt dies den Rücktritt nicht aus, da in diesen Fällen ein Rücktrittsrecht sogar ohne Fristsetzung besteht (§ 440 S. 1 Alt. 1 bzw. § 636 Alt. 1).*

   b) **Erfolgloser Fristablauf oder Entbehrlichkeit der Fristsetzung**
   aa) Grundsätzlich: Erforderlichkeit einer angemessenen Fristsetzung, § 323 Abs. 1
   Ausreichend ist eine ernsthafte Leistungsaufforderung; auch durch das Setzen einer zur kurzen (oder gar keiner) Frist wird der Lauf einer angemessenen Frist in Gang gesetzt.
   bb) Entbehrlichkeit nach allgemeinen Regeln:
   - Entbehrlichkeit aufgrund Parteivereinbarung (nicht möglich in AGB gem. § 309 Nr. 4 bzw. gegenüber Unternehmern gem. § 307 Abs. 1, wenn Fristsetzung dadurch für Verwender entbehrlich)
   - Ernsthafte und endgültige Erfüllungsverweigerung, § 323 Abs. 2 Nr. 1
   - Relatives Fixgeschäft, § 323 Abs. 2 Nr. 2
     (auf Minderung nach Sinn und Zweck nicht anwendbar – str.)
   - Besondere Umstände i.S.v. § 323 Abs. 2 Nr. 3
   - Befreiung des Schuldners von der Leistung gem. § 275 Abs. 1–3, vgl. § 326 Abs. 5

   cc) Entbehrlichkeit im Kauf- und Werkvertragsrecht:
   - Befreiung des Schuldners von der Nacherfüllung gem. § 275 Abs. 1–3, vgl. § 437 Nr. 2 bzw. § 634 Nr. 3 i.V.m. § 326 Abs. 5
   - Rechtmäßige Verweigerung der Nacherfüllung gem. § 439 Abs. 4 bzw. § 635 Abs. 3 (§ 440 S. 1 Alt. 1 bzw. § 636 Alt. 1)
   - Fehlschlagen der Nacherfüllung (§ 440 S. 1 Var. 2 bzw. § 636 Var. 2)
     - Im Kaufrecht i.d.R. nach erfolglosem zweiten Versuch, § 440 S. 2
     - Im Werkvertragsrecht bietet § 440 S. 2 zumindest einen Anhaltspunkt.
   - Unzumutbarkeit der Nacherfüllung (§ 440 S. 1 Var. 3 bzw. § 636 Var. 3)

   dd) Erfolgloser Fristablauf
   - Keine Einhaltung der Frist bei Teilleistung, § 266
   - Frist zur Leistung wird nach h.M. auch bei Schlechtleistung eingehalten (ggf. neue Fristsetzung zur Nacherfüllung erforderlich).

II. Ausschlussgründe

- Kein vertraglicher oder gesetzlicher Gewährleistungsausschluss (bei Nicht- oder Schlechtleistung der Nacherfüllung im Kauf- bzw. Werkvertragsrecht) ⇨ ***S. 10 (Kaufrecht),*** ⇨ ***S. 13 (Werkvertragsrecht)***
- ⚠ ***§ 323 Abs. 5 S. 2: Gem. § 441 Abs. 1 S. 2 ist § 638 Abs. 1 S. 2 nicht anwendbar: Minderung auch bei unerheblichem Mangel möglich***
- **§ 323 Abs. 6 Var. 1:** Überwiegende **Verantwortlichkeit** des Gläubigers (Kein Vertretenmüssen im technischen Sinne erforderlich!)
  - Verletzung einer dem Schuldner gegenüber bestehenden Verhaltenspflicht (§§ 276, 278)
  - Obliegenheitsverletzung (z.B. Herbeiführung des Leistungserfolges durch den Gläubiger)
  - Vertragliche Risikoübernahme

  Bei beiderseitiger Verantwortung: Kürzung des Minderungsbetrages analog § 254
- **§ 326 Abs. 6 Var. 2: Annahmeverzug** des Gläubigers und kein Vertretenmüssen des Schuldners (Maßstab: § 300 Abs. 1!)

III. Erklärung der Minderung

- gegenüber dem Verkäufer, § 441 Abs. 1 S. 1

IV. Keine Unwirksamkeit wegen Quasi-Verjährung (§§ 438 Abs. 5, 218 Abs. 1)

- Verjährung gilt nur für Ansprüche (§ 194); Minderung = Gestaltungsrecht.
- Gem. § 218 Abs. 1 S. 1 i.V.m. § 438 Abs. 5 bzw. § 634a Abs. 5 ist Minderung unwirksam, wenn Erfüllungs- oder Nacherfüllungsanspruch verjährt ist. ⇨ ***S. 231***
- Besteht kein Erfüllungs- oder Nacherfüllungsanspruch wegen §§ 275 Abs. 1–3, 439 Abs. 3 bzw. § 635 Abs. 3, kommt es auf eine hypothetische Verjährung des Anspruchs an, § 218 Abs. 1 S. 2.

V. Berechnung der Minderung

Höhe der Minderung = Vereinbarter Preis – Geminderter Preis (vgl. Wortlaut §§ 441 Abs. 3 S. 1, 638 Abs. 3 S. 1)

Berechnung des geminderten Preises:

$$\frac{\text{Geminderter Preis}}{\text{Vereinbarter Preis}} = \frac{\text{Wirklicher Wert}}{\text{Wert ohne Mangel}}$$

$$\text{Geminderter Preis} = \frac{\text{Wirklicher Wert x Vereinbarter Preis}}{\text{Wert ohne Mangel}}$$

VI. Rechtsfolgen

- Mit Wirksamwerden der Minderungserklärung Umgestaltung des Vertrages (nur noch geminderter Betrag wird geschuldet)
- Überzahlungen können gem. §§ 346 Abs. 1, 347 Abs. 1 zurückgefordert werden (vgl. § 441 Abs. 4 bzw. § 638 Abs. 4). ⇨ ***S. 71***

II. Schuldrecht
20. Minderung im Miet- und Reiserecht, § 576 Abs. 1 bzw. § 651m

I. Voraussetzungen

1. Wirksames Zustandekommen eines Miet- bzw. Pauschalreisevertrages ⇨ ***S. 41,*** ⇨ ***S. 43***
2. Vorliegen eines Mangels (§ 536 bzw. § 651i) im relevanten Zeitpunkt ⇨ ***S. 190***

II. Ausschlussgründe

Miete	Reise
1. **Kein vertraglicher Gewährleistungsausschluss (individuell bzw. AGB)** ▪ Grenze § 536 Abs. 4: Kein Ausschluss der Mietminderung bei Mietverhältnissen über Wohnraum ▪ Grenze § 536d: Kein Ausschluss der Gewährleistungsrechte bei Arglist des Vermieters ▪ Nicht bei Eigenschaftszusicherung	1. **Vertraglicher Gewährleistungsausschluss gem. § 651y nicht möglich**
2. **§ 326 Abs. 2 analog:** Überwiegende **Verantwortlichkeit** des Gläubigers (Kein Vertretenmüssen im technischen Sinne erforderlich!) **Bei beiderseitiger Verantwortung: Kürzung des Minderungsbetrages analog § 254**	2. **§ 326 Abs. 2 analog:** Überwiegende **Verantwortlichkeit** des Gläubigers (Kein Vertretenmüssen im technischen Sinne erforderlich!) **Bei beiderseitiger Verantwortung: Kürzung des Minderungsbetrages analog § 254**
3. **§ 536 Abs. 1 S. 3:** Anders als bei § 441 Abs. 1 S. 2 keine Minderung bei unerheblichem Mangel	3. Erheblichkeit ist nicht erforderlich
4. **Kein spezieller mietrechtlicher Ausschluss** ▪ **Bei anfänglichem Mangel** – keine Kenntnis des Mieters, § 536b S. 1 – keine grob fahrlässige Unkenntnis, es sei denn, Vermieter handelt arglistig, § 536b S. 2	4. **Kein spezieller reiserechtlicher Ausschluss** **Anzeige, § 651o Abs. 2 Nr. 1** ▪ Keine Minderung bei schuldhaft unterlassener Mängelanzeige während der Reise (in Abhilfeverlangen nach § 651k als Minus enthalten)

II. Ausschlussgründe (Fortsetzung)

Miete	Reise
▪ **Bei Mangel, der bei Überlassung der Mietsache vorliegt** – keine Annahme der Mietsache bei Kenntnis des Mangels, – es sei denn, Mängelrechte vorbehalten, § 536b S. 3 ▪ **Bei Mangel, der später entsteht oder sich zeigt** – unverzügliche Anzeige des Mangels, § 536c Abs. 1 (§ 536c Abs. 2 Nr. 1), – es sei denn, Vermieter hätte auch bei rechtzeitiger Anzeige des Mangels keine Abhilfe schaffen können	▪ Ggf. Entbehrlichkeit, wenn keine zumutbare Anzeigemöglichkeit besteht, Mangel offensichtlich oder dem Reiseveranstalter bekannt ist

III. Erklärung der Minderung nicht erforderlich (tritt gesetzlich ein!) ⚠

IV. Berechnung der Minderung

- Miete/Reisepreis wird proportional zur Tauglichkeitsminderung herabgesetzt ⇨ ***S. 200***

V. Rechtsfolgen

- Mit Auftreten des Mangels wird nur noch geminderter Betrag geschuldet, ohne dass es einer besonderen Erklärung bedürfte.
- Rückforderung einer Zuvielzahlung im **Mietrecht** gem. §§ 812 ff.
- Rückforderung einer Zuvielzahlung im **Reiserecht** gem. §§ 651m Abs. 2, 346 Abs. 1, 347 Abs. 1 ⇨ ***S. 71***

21. Besonderheiten Verbrauchsgüterkauf

I. Anwendbarkeit

1. **Persönlich, § 474 Abs. 1 S. 1**
   - Kaufvertrag zwischen **Verbraucher** (§ 13) als Käufer und **Unternehmer** (§ 14) als Verkäufer
     - also nicht: Verträge, bei denen der Verkäufer Verbraucher ist
     - auch nicht: Kaufverträge zwischen Unternehmern bzw. zwischen Verbrauchern untereinander
   - **Verbraucher** ist
     - jede natürliche Person (auch GbR)
     - die zu privaten Zwecken handelt (Existenzgründer ist bereits Unternehmer)
     - soll Vertragsgegenstand sowohl privaten als auch beruflichen Zwecken dienen, ist entscheidend, zu welchem Zweck er **„überwiegend"** (vgl. § 13) genutzt werden soll; im Zweifel und bei hälftiger Verteilung ist Verbraucherhandeln anzunehmen
   - **Unternehmer** ist jede natürliche oder juristische Person oder rechtsfähige Personengesellschaft, die in Ausübung ihrer gewerblichen oder selbstständigen Tätigkeit handelt.

     Ⓟ ***Vorspiegelung der Unternehmereigenschaft*** *– kein Schutz des Täuschenden gem. §§ 474 ff.*
2. **Sachlich, § 474 Abs. 1 S. 1**
   - Kaufvertrag über **Ware** (§ 241a Abs. 1)
     - also nicht: Kaufverträge über Immobilien und Forderungen
     - **Kombination mit Dienstleistung** schadet nicht, § 474 Abs. 1 S. 2
   - Gem. § 474 Abs. 2 S. 2 keine Geltung für den Verkauf **gebrauchter** Sachen in **öffentlichen Versteigerungen**, wenn der Verbraucher darüber klar und umfassend informiert wurde.

     ☞ Internet-Online-Auktionen sind keine öffentlichen Versteigerungen (§ 385), sondern „normale" Kaufverträge.

II. Rechtsfolgen

Abweichende **Sondervorschriften**	Besonderheiten bei der **Gewährleistung**	Besonderheiten bei **Garantien/ Unternehmerregress**
§ 475 Abs. 1 Fälligkeitsregelung	**§ 475b Abs. 2** Aktualisierungspflicht bei Waren mit digitalen Elementen	**§ 479 Abs. 1** Anforderung an Garantien
§ 475 Abs. 2 Gefahrenübergang Versendungskauf	**§ 475c** Aktualisierungspflicht bei dauerhafter Bereitstellung	**§ 479 Abs. 2** Garantieerklärung auf dauerhaften Datenträgern
§ 475 Abs. 3 S. 1 Kein Nutzungsersatz bei Ersatzlieferung	**§ 475d** Entbehrlichkeit der Fristsetzung oder des Fristablaufs	**§ 479 Abs. 3** Nacherfüllung als Mindestgehalt bei Haltbarkeitsgarantie
§ 475 Abs. 3 S. 2 Haftungsbegrenzung/ Gefahrtragung	**§ 475e** Ablaufhemmungen für Verjährung	**§ 479 Abs. 4** Wirksamkeit der Garantie
§ 475 Abs. 4 Vorschuss für Aufwendungen	**§ 476 Abs. 1** Grds. Abweichungsverbot; neg. Beschaffenheitsvereinbarung	**§ 478 Abs. 1** Modifikation der Beweislastumkehr

II. Rechtsfolgen (Fortsetzung)

Abweichende **Sondervorschriften**	Besonderheiten bei der **Gewährleistung**	Besonderheiten bei **Garantien/ Unternehmerregress**
§ 475 Abs. 5 Nacherfüllung in angemessener Frist	**§ 476 Abs. 2** Verkürzbarkeit der Verjährung eingeschränkt	**§ 478 Abs. 2** Einschränkung abweichender Vereinbarungen
§ 475 Abs. 5 Nacherfüllung ohne erhebliche Unannehmlichkeiten	**§ 476 Abs. 4** Verbot der Umgehungsgestaltung	**§ 478 Abs. 3** Erstreckung auf die Lieferkette
§ 475 Abs. 6 Rückgabe und Rückgewähr der Ware	**§ 477** Beweislastumkehr zugunsten des Verbrauchers	

1. Beweislastumkehr

Gem. **§ 477** wird beim Verbrauchsgüterkauf die Beweislast **zugunsten des Verbrauchers** umgekehrt.

- **Von §§ 434, 475b abweichender Zustand:** Die Vermutung des **§ 477 Abs. 1** setzt das Vorliegen einer Abweichung von den §§ 434, 475b voraus. Käufer hat dabei aber weder Grund für die Mangelerscheinung noch den Umstand zu beweisen, dass sie dem Verkäufer zuzurechnen ist. Das bedeutet, dass der Käufer insoweit lediglich den **Nachweis einer Abweichung**, also eines mangelhaften Zustands, zu erbringen hat, der – unterstellt, er beruhe auf einer dem Verkäufer zuzurechnenden Ursache – eine Haftung des Verkäufers wegen einer Abweichung von der geschuldeten Beschaffenheit begründen würde. Das Vorliegen einer Abweichung (Mangelerscheinung) ist also nicht Gegenstand, sondern **Voraussetzung der Vermutung** nach § 477.

  Die Vermutung gem. § 477 greift **auch** dann ein, wenn ein **Mangel** auftritt, der unstreitig **bei Gefahrübergang noch nicht vorhanden** war, aber möglicherweise auf einem anderen bei Gefahrübergang vorhandenen Mangel beruht.

- **Sich zeigen:** Voraussetzung ist ferner, dass **sich innerhalb der Jahresfrist** (beim Kauf lebender Tiere innerhalb von sechs Monaten, § 477 Abs. 1 S. 2) ein von den Anforderungen nach § 434 oder § 475b abweichender Zustand der Ware **zeigt**, vgl. § 477 Abs. 1 S. 1. Das ist gleichbedeutend mit Erkennbarkeit des Mangels. Es kommt hingegen nicht darauf an, dass der Verbraucher auch innerhalb dieser Frist Gewährleistungsrechte gegenüber dem Unternehmer geltend macht.

- **Kein Ausschluss der Vermutung:** Die Vermutung des § 477 greift nicht ein, wenn sie mit der Art der Sache oder der Art des Mangels nicht vereinbar ist. Der **Unternehmer trägt die Darlegungs- und Beweislast** für die tatsächlichen Voraussetzungen der Ausnahmeregelung. Wegen der **Art der Sache** wird die Vermutung des § 477 etwa nicht bei verderblichen Lebensmitteln greifen.

  ☞ K kauft bei X einen Beutel Apfelsinen. Nach drei Wochen fangen diese an zu faulen.

  Mit der **Art des Mangels** kann die Vermutung beispielsweise bei Tierkrankheiten unvereinbar sein, weil oft Ungewissheit besteht, ob die Ansteckung bereits vor oder erst nach Lieferung des Tieres erfolgt ist. Nach überwiegender Ansicht besteht aber keine generelle Unvereinbarkeit von Tiermängeln mit der Vermutung des § 477. Dem Verkäufer kann nämlich – zumindest wenn es sich nicht um Infektionskrankheiten mit ungewisser Inkubationszeit handelt – zugemutet werden, die Vermutung des § 477 durch eine Ankaufsuntersuchung zu widerlegen.

- **Keine Widerlegung der Vermutung:** Will sich der Unternehmer entlasten, geht dies nur **durch Erbringung des Gegenbeweises nach § 292 ZPO**. Er muss beweisen, dass sich die Sache aufgrund des Verhaltens des Verbrauchers oder durch Zufall verschlechtert hat oder dass die Sache im Zeitpunkt des Gefahrübergangs mangelfrei war. Auch die vorbehaltlose Bezahlung einer Rechnung begründet für sich genommen weder die Annahme eines deklaratorischen noch eines „tatsächlichen" Anerkenntnisses der beglichenen Forderung.

II. Rechtsfolgen (Fortsetzung)

2. Verbrauchsgüterkauf einer Ware mit digitalen Elementen

Die **§§ 475b und 475c** enthalten Sonderbestimmungen für Sachen mit digitalen Elementen. Während § 475b für alle Sachen mit digitalen Elementen gilt, betrifft § 475c nur Sachen mit digitalen Elementen, bei denen die digitalen Elemente nach der vertraglichen Vereinbarung nicht **einmalig**, etwa mit der Lieferung der Sache, sondern **dauerhaft** über einen Zeitraum bereitgestellt werden.

⚠ Unbedingt zu beachten ist, dass diese Neuregelungen ihrer systematischen Stellung (§§ 474 ff.) nach nur auf Verbrauchsgüterkaufverträge und **nicht auf sämtliche Kaufverträge** Anwendung finden.

Die §§ 475b und 475c **ergänzen § 434** in Bezug auf einen Sachmangel bei Sachen mit digitalen Inhalten, d.h., auf Sachen mit digitalen Inhalten sind sowohl § 434 als auch § 475b anwendbar; auf Sachen mit digitalen Elementen, bei denen die digitalen Elemente dauerhaft über einen Zeitraum bereitgestellt werden, sind §§ 434, 475b und 475c anwendbar.

- **Sachmangel einer Ware mit digitalen Elementen**

  ➲ Bzgl. des Begriffs „Ware mit digitalen Elementen" verweist § 475b Abs. 1 auf die Legaldefinition in **§ 327a Abs. 3 S. 1**. Danach ist eine Ware mit digitalen Elementen eine Sache, die **in einer solchen Weise** digitale Produkte enthält oder mit ihnen **verbunden** ist, dass sie ihre **Funktionen ohne** diese digitalen Produkte **nicht erfüllen** kann. Unter „digitalen Produkten" sind gem. § 327 Abs. 1 digitale Inhalte oder digitale Dienstleistungen zu verstehen.

  ☞ Waren mit digitalen Inhalten sind etwa eine Smartwatch oder ein Smart-TV.

  Die Vorschrift des § 475b **gilt unabhängig davon, ob** die digitalen Elemente vom **Unternehmer** selbst **oder** von einem **Dritten bereitgestellt** werden, wobei das Bestehen einer solchen Verpflichtung nach § 475b Abs. 1 S. 2 i.V.m. § 327a Abs. 3 S. 2 vermutet wird.

  Ob die Bereitstellung digitaler Elemente vom Unternehmer geschuldet ist, hängt vom Inhalt des Kaufvertrags ab, der ggf. durch Auslegung zu ermitteln ist. Zu den Bestandteilen des Kaufvertrags zählen zunächst digitale Elemente, deren Bereitstellung **im Vertrag ausdrücklich vorgesehen** ist.

  Die Annahme einer geschuldeten Bereitstellung kann sich auch daraus ergeben, dass das digitale Element für die **nach dem Vertrag vorausgesetzte oder gewöhnliche Verwendung** der Sache erforderlich ist. Nicht erforderlich für die Annahme ist, dass die Bereitstellung des digitalen Elements Teil der synallagmatischen Leistungsverpflichtung des Unternehmers ist.

  ☞ Auf einem Smartphone können vorinstallierte Anwendungen üblich sein, wie etwa ein Betriebssystem oder die für die Kamera erforderliche Software.

  Bzgl. der Frage, ob die Verpflichtung des Unternehmers die Bereitstellung der digitalen Elemente umfasst, verweist § 475b Abs. 1 S. 2 **auf die Zweifelsregel in § 327a Abs. 3 S. 2**. Danach ist beim Kauf einer Sache mit digitalen Elementen im Zweifel anzunehmen, dass die Verpflichtung des Unternehmers auch die Bereitstellung digitaler Inhalte oder digitaler Dienstleistungen umfasst.

  Die Regel wird nicht allein dadurch infrage gestellt, dass der Verbraucher einer Lizenzvereinbarung **mit** einem **Dritten** zustimmen muss. Kann die Sache indes ihre Funktionen auch ohne digitale Elemente erfüllen oder schließt der Verbraucher einen Vertrag über die Bereitstellung digitaler Elemente ab, die nicht Bestandteil des Kaufvertrags sind, ist dieser Vertrag als eigenständiger anzusehen. Das gilt auch, wenn der Unternehmer diesen zweiten Vertrag mit dem Drittanbieter vermittelt hat.

  ☞ Lädt der Verbraucher ein Spiel aus einem App-Store herunter, so ist der Vertrag über die Bereitstellung der Spielanwendung nicht Bestandteil des Kaufvertrags über das Smartphone.

- **Modifizierter Sachmangelbegriff**

  Nach **§ 475b Abs. 2** ist eine Ware mit digitalen Elementen mangelfrei, wenn sie
  - bei **Gefahrübergang** und in Bezug
  - auf eine **Aktualisierungspflicht** auch **während** des Zeitraums nach § 475b Abs. 3 Nr. 2 und Abs. 4 Nr. 2 den **subjektiven** Anforderungen,
  - den objektiven Anforderungen, den **Montageanforderungen** und den Installationsanforderungen

  entspricht. Der Inhalt dieser Anforderung ist in den Absätzen 3 bis 5 des § 475b konkretisiert.

II. Rechtsfolgen (Fortsetzung)

2. Verbrauchsgüterkauf einer Ware mit digitalen Elementen (Fortsetzung)

- **Modifizierter Sachmangelbegriff** (Fortsetzung)
  - **Modifizierter subjektiver Fehlerbegriff**

Gem. der Regelung in **§ 475b Abs. 3** entspricht eine Ware mit digitalen Elementen den subjektiven Anforderungen, wenn sie den **Anforderungen des § 434 Abs. 2** entspricht (§ 475b Abs. 3 Nr. 1) **und** für die digitalen Elemente die im Kaufvertrag vereinbarten **Aktualisierungen** während des nach dem Vertrag maßgeblichen Zeitraums bereitgestellt werden (§ 475b Abs. 3 Nr. 2).

Damit bezieht sich der subjektive Fehlerbegriff auf die allgemeine Regelung in § 434 Abs. 2 und ordnet ferner an, dass die für die digitalen Elemente der Ware vereinbarten Aktualisierungen im vereinbarten Zeitraum **bereitgestellt** werden und **funktionsfähig** sein müssen. Die Vereinbarung ist dabei auch für die Dauer und den Umfang der Aktualisierungspflicht maßgeblich. Die vereinbarten Aktualisierungen können die digitalen Elemente verbessern, ihre Funktionen erweitern, sie gegen neue Sicherheitsbedrohungen schützen oder auch anderen Zwecken dienen.

☞ Bei einer vereinbarten Aktualisierungsverpflichtung können die Parteien bestimmen, dass lediglich Sicherheitsupdates bereitgestellt werden.

➲ Eine **Aktualisierung** ist **bereitgestellt**, sobald der digitale Inhalt oder die geeigneten Mittel für den Zugang zu diesem oder das Herunterladen des digitalen Inhalts dem Verbraucher unmittelbar oder mittels einer von ihm hierzu bestimmten Einrichtung zur Verfügung gestellt oder zugänglich gemacht worden ist, vgl. **§ 327b Abs. 3**.

⚠ Der deutsche Gesetzgeber hat sich dafür entschieden den in der Richtlinienvorgabe verwendeten Begriff der Aktualisierung zu übernehmen und nicht durch den geläufigen **Begriff „Update"** zu ersetzen. Dadurch soll klargestellt werden, dass der Unternehmer seiner Verpflichtung ggf. auch dadurch nachkommen kann, dass er die Aktualisierung im Rahmen eines Versionswechsels („**Upgrades**") vornimmt.

➲ Die Aktualisierung ist dem Verbraucher „**zur Verfügung gestellt**", wenn ihm eine eigenständige Zugriffsmöglichkeit verschafft wurde. Demgegenüber bedeutet „zugänglich machen" das Schaffen einer entsprechenden Möglichkeit zur Nutzung der Aktualisierung durch den Verbraucher unter fremder Kontrolle.

Die **unterbliebene Bereitstellung** von im Kaufvertrag vereinbarten Aktualisierungen begründet einen Sachmangel der Sache mit digitalen Elementen. Außerdem stellen auch **fehlerhafte oder unvollständige Aktualisierungen** einen Mangel der Sache dar, weil das bedeutet, dass solche Aktualisierungen nicht so ausgeführt werden, wie es im Kaufvertrag vereinbart wurde.

⚠ In **Abweichung vom** Gefahrübergang als maßgeblichem Zeitpunkt kann eine Ware mit digitalen Elementen also im Bereich des Verbrauchsgüterkaufrechts einen Sachmangel haben, selbst wenn sie zum **Zeitpunkt des Gefahrübergangs** mangelfrei war.

  - **Modifizierter objektiver Fehlerbegriff**

Die Regelung des **§ 475b Abs. 4** bestimmt, dass eine Ware mit digitalen Elementen den objektiven Anforderungen entspricht, wenn sie den

- **Anforderungen des § 434 Abs. 3** entspricht (§ 475b Abs. 4 **Nr. 1**) und
- dem Verbraucher **während des Zeitraums**, den er aufgrund der Art und des Zwecks der Ware und ihrer digitalen Elemente sowie unter Berücksichtigung der Umstände und der Art des Vertrags erwarten kann, **Aktualisierungen bereitgestellt** werden, die für den Erhalt der Vertragsmäßigkeit der Ware erforderlich **sind, und** der Verbraucher über diese Aktualisierungen **informiert** wird (§ 475b Abs. 4 **Nr. 2**).

☞ Bei Sicherheitsupdates wird sich die Erwartung des Verbrauchers regelmäßig auf einen Zeitraum erstrecken, der über den Zeitraum hinausgeht, in dem der Unternehmer für Vertragswidrigkeiten haftet.

II. Rechtsfolgen (Fortsetzung)

2. Verbrauchsgüterkauf einer Ware mit digitalen Elementen (Fortsetzung)

- **Modifizierter Sachmangelbegriff** (Fortsetzung)
  - **Modifizierter objektiver Fehlerbegriff** (Fortsetzung)

Der **Umfang der Aktualisierungspflicht** erfasst sowohl funktionserhaltende Aktualisierungen als auch Sicherheitsupdates, die vor dem Zugriff Dritter auf Daten des Käufers schützen. Demnach ist der Unternehmer verpflichtet, vor allem die Schutzmaßnahmen zu treffen oder treffen zu lassen, die nach dem **Stand der Technik** geeignet und erforderlich sind, um die digitalen Elemente vor einem unberechtigten Zugriff Dritter auf Daten oder Funktionen zu schützen. Auch wenn Sicherheitsmängel oder sicherheitsrelevante Softwarefehler auftreten, die keine Auswirkungen auf die Funktionsfähigkeit der Sache haben, besteht eine Aktualisierungsverpflichtung zur Behebung des Sicherheitsmangels.

Die **Aktualisierungsverpflichtung** des § 475b Abs. 5 Nr. 2 ist grds. **abdingbar**. Im Bereich des Verbrauchsgüterkaufs muss die Abweichung indes wegen der besonderen Bedeutung der Aktualisierungsverpflichtung für die Aufrechterhaltung der Funktionsfähigkeit der Sache die **besondere Form des § 476 Abs. 1 S. 2** einhalten.

Der Unternehmer hat gem. **§ 475b Abs. 4 Nr. 2** nicht nur die Pflicht, für den Erhalt der Vertragsmäßigkeit der Ware erforderliche Aktualisierungen bereitzustellen, vielmehr muss der Verbraucher vom Unternehmer über diese Aktualisierungen **auch informiert** werden. Zu welchem Zeitpunkt und in welcher Form der über eine neu erschienene Aktualisierung zu informieren ist, bestimmt sich nach den Umständen des Einzelfalls und ist anhand eines **objektiven Maßstabs** zu beurteilen. Damit die Wirksamkeit der Aktualisierungspflicht gewährleistet ist, muss der Unternehmer in einem **angemessenen Zeitrahmen** nach Auftreten der Vertragswidrigkeit die Aktualisierung bereitstellen und diese auch für einen Zeitraum, der sich an der Dauer der angemessenen Frist nach § 475b Abs. 5 orientiert, bereitgestellt lassen. Gleiches gilt für die Verpflichtung des Unternehmers zur Information über die Bereitstellung.

⚠ Die Bereitstellung und Information des Verbrauchers darüber setzt § 475b Abs. 4 **kumulativ** für die Mangelfreiheit voraus, sodass **bereits die unterbliebene Information** über eine Aktualisierung einen **Sachmangel** begründet.

Unterlässt es der **Verbraucher**, eine **Aktualisierung**, die ihm nach § 475b Abs. 4 bereitgestellt worden ist, innerhalb einer angemessenen Frist zu installieren, so haftet der Unternehmer unter den Voraussetzungen des **§ 475b Abs. 5** nicht für einen Sachmangel, der allein auf das Fehlen dieser Aktualisierung zurückzuführen ist. Die Installation von Aktualisierungen ist also als **Obliegenheit** des Verbrauchers ausgestaltet.

Die i.S.d. § 475b Abs. 5 **„angemessene"** Installationsfrist ist umso kürzer zu bemessen, je stärker die Sicherheit der Ware oder der Nutzerdaten ohne Aktualisierung bedroht ist. Dabei ist zu beachten, dass sich die Vorschrift nur auf die **objektiv gebotenen Aktualisierungen** bezieht. Für vereinbarte Aktualisierungen, über die der Verkäufer entsprechend informiert hat, kommt aber eine analoge Anwendung in Betracht.

- **Modifizierte Montage- und Installationsanforderungen**

Soweit eine Montage oder eine Installation **durchzuführen ist**, entspricht eine Ware mit digitalen Elementen gem. **§ 475b Abs. 6** den Montageanforderungen, wenn sie den **Anforderungen des § 434 Abs. 4** entspricht, und den **Installationsanforderungen**, wenn

- die Installation der digitalen Elemente **sachgemäß** durchgeführt worden ist (§ 475b Abs. 6 **Nr. 2a)**) oder
- die Installation zwar **unsachgemäß** durchgeführt worden ist, dies jedoch weder auf einer unsachgemäßen Installation durch den Unternehmer noch auf einem Mangel der Anleitung beruht, die der Unternehmer oder derjenige übergeben hat, der die digitalen Elemente bereitgestellt hat (§ 475b Abs. 6 **Nr. 2b)**).

Die Vorschrift erweitert die in § 434 Abs. 4 geregelten Montageanforderungen, indem **sie zwischen Montageanforderungen und Installationsanforderungen differenziert**.

⚠ Aufgrund der Bezugnahme des § 475b Abs. 6 Nr. 1 auf die Montageanforderungen des § 434 Abs. 4 entspricht auch eine Sache mit digitalen Elementen nur dann den Montageanforderungen, wenn die **Anforderungen** aus der allgemeinen Vorschrift **des § 434 Abs. 4 erfüllt** sind.

II. Rechtsfolgen (Fortsetzung)

2. Verbrauchsgüterkauf einer Ware mit digitalen Elementen (Fortsetzung)

- **Modifizierter Sachmangelbegriff** (Fortsetzung)
  - **Sachmangel bei dauerhafter Bereitstellung der digitalen Elemente**

Beim Kauf einer Ware mit digitalen Elementen ergänzt **§ 475c** die §§ 475b, 434 für den Fall, dass eine **dauerhafte Bereitstellung** der digitalen Elemente über einen **bestimmten oder unbestimmten Zeitraum** vereinbart ist.

➲ Ausweislich der Legaldefinition in **§ 327e Abs. 1 S. 3** ist unter dauerhafter Bereitstellung eine **fortlaufende Bereitstellung über einen Zeitraum** zu verstehen.

☞ Digitale Elemente, die dauerhaft bereitzustellen sind, sind Verkehrsdaten in einem Navigationssystem, die Cloud-Anbindung bei einer Spiele-Konsole oder eine Smartphone-App zur Nutzung verschiedener Funktionen in Verbindung mit einer Smartwatch.

Die dauerhafte Bereitstellung eines digitalen Elements kann zwischen Unternehmer und Verbraucher **auch konkludent** vereinbart werden.

☞ Beim Kauf einer Smart-Watch, die zu ihrer Funktionsfähigkeit eine Cloud-Anbindung benötigt, dürfen die Parteien voraussetzen, dass die Cloud über einen angemessenen Zeitraum zur Verfügung steht und die Cloud von ihrem Betreiber nicht nach dem Kauf der Smart-Watch eingestellt wird.

Für den Fall, dass die Parteien zwar eine dauerhafte Bereitstellung digitaler Elemente ausdrücklich oder konkludent vereinbaren, aber die **konkrete Dauer der Bereitstellung offenlassen**, ordnet **§ 475c Abs. 1 S. 2** die entsprechende Anwendung des § 475b Abs. 4 Nr. 2 über die Dauer der Aktualisierungspflicht an.

Maßgeblich ist dann also der Zeitraum, den der **Verbraucher** aufgrund der Art und des Zwecks der Sache und ihrer digitalen Elemente sowie unter Berücksichtigung der Umstände und der Art des Vertrags **erwarten kann**.

Liegen die Voraussetzungen des § 475c Abs. 1 vor, so haftet der Unternehmer nach § 475c Abs. 2 während des Bereitstellungszeitraums, mindestens aber für zwei Jahre nach Ablieferung der Ware dafür, dass diese den **Anforderungen des § 475b Abs. 2** an die Sachmangelfreiheit entspricht.

Mit diesem Mindestzeitraum, innerhalb dessen der Unternehmer für die Mangelfreiheit einzustehen hat, soll eine Umgehung des Gewährleistungsrechts durch kurze Bereitstellungszeiträume vermieden werden, faktisch wird hiermit allerdings eine **Mindestbereitstellungsdauer von zwei Jahren** festgeschrieben.

➲ Unter **Bereitstellungszeitraum** ist gem. der Legaldefinition in § 327e Abs. 1 S. 3 „der gesamte vereinbarte Zeitraum der Bereitstellung" zu verstehen. Insoweit weicht § 475c Abs. 2 von den §§ 434 Abs. 1, 475b Abs. 2 ab.

⚠ Nach den §§ 434 Abs. 1 und 475b Abs. 2 ist der Gefahrübergangs für die **Beurteilung der Mangelfreiheit** maßgeblich. Das gilt, abgesehen von der Aktualisierungsverpflichtung, auch für Sachen mit digitalen Elementen, bei denen die digitalen Elemente durch eine einmalige Bereitstellung verfügbar gemacht werden. Sind die digitalen Elemente jedoch dauerhaft über einen Zeitraum bereitzustellen, ist der Unternehmer **während des Bereitstellungszeitraums** verpflichtet, diese in einem vertragsgemäßen Zustand zu erhalten.

Die Verpflichtung des Unternehmers erstreckt sich **auch** auf die **Information** über das Vorhandensein einer im Rahmen der Aktualisierungsverpflichtung bereitgestellten Aktualisierung, vgl. **§ 475b Abs. 4 Nr. 2**.

Der **§ 475c Abs. 2 ist abdingbar**. Bei der Abweichung ist indes die besondere Form des § 476 Abs. 1 S. 2 für Verbrauchsgüterkäufe einzuhalten. Danach ist § 475c Abs. 2 abdingbar, wenn

- der Verbraucher vor der Abgabe seiner Vertragserklärung **eigens** davon in **Kenntnis gesetzt** wurde, dass ein **bestimmtes Merkmal der Ware** von den objektiven Anforderungen abweicht, und
- die Abweichung i.S.d. § 476 Abs. 1 S. 2 Nr. 2 im Vertrag **ausdrücklich** und **gesondert** vereinbart wurde.

II. Rechtsfolgen (Fortsetzung)

3. Sondervorschriften für Rücktritt, Minderung und Schadensersatz

Die Voraussetzungen des Rücktritts regeln die **§§ 323 ff.**, die für das Kaufrecht durch **§ 440** punktuell modifiziert werden. Eine weitergehende Modifizierung für Verbrauchsgüterkäufe enthält **§ 475d.** Wegen der Verknüpfung zwischen **Minderung** und **Rücktritt** (vgl. § 441 Abs. 1 S. 1) wirkt sich § 475d Abs. 1 auch auf die Minderung aus. Ferner ordnet § 475d Abs. 2 die entsprechende Anwendung auf **Schadensersatzansprüche** an. Während § 475d Abs. 1 Nr. 1 lediglich die **Entbehrlichkeit einer Fristsetzung** betrifft, sind in § 475d Abs. 1 Nr. 2–5 Fälle geregelt, in denen auch der **Ablauf der Frist** nicht erforderlich ist.

- **Nichtvornahme der Nacherfüllung in angemessener Frist**

  Für den Rücktritt wegen eines Mangels der Ware bedarf es gem. § 475d Abs. 1 **Nr. 1** der in § 323 Abs. 1 bestimmten Fristsetzung zur Nacherfüllung abweichend von § 323 Abs. 2 und § 440 nicht, wenn der Unternehmer die Nacherfüllung **trotz Ablaufs einer angemessenen Frist** ab dem Zeitpunkt, zu dem der Verbraucher ihn über den Mangel unterrichtet hat, nicht vorgenommen hat.

  ⚠ Anders als bis zur Schuldrechtsreform 2022 ist ein **ausdrückliches Nacherfüllungsverlangen** des Verbrauchers **nicht erforderlich**, um die Nacherfüllungsfrist in Gang zu setzen.

- **Erfolglose Nacherfüllung**

  Nach § 475d Abs. 1 **Nr. 2** ist beim Rücktritt wegen eines Mangels der Ware ein fruchtloser Fristablauf entbehrlich, wenn sich **trotz** der vom Unternehmer **versuchten Nacherfüllung** ein Mangel zeigt.

  ⚠ Das gilt im Unterschied zu § 440 nicht nur im Fall der erfolglosen Nacherfüllung, sondern **auch**, wenn im Rahmen der Nacherfüllung ein neuer, **anderer Mangel** verursacht wurde und außerdem sind nicht regelmäßig zwei erfolglose Nacherfüllungsversuche erforderlich.

- **Derart schwerwiegender Mangel**

  Gem. **§ 475d Abs. 1 Nr. 3** kann der Verbraucher ohne Ablauf einer angemessenen Frist vom Vertrag zurücktreten, wenn der **Mangel derart schwerwiegend** ist, dass der sofortige Rücktritt gerechtfertigt ist. Ob ein Mangel derart schwerwiegend ist, erfordert eine **Abwägung der widerstreitenden Interessen** von Verbraucher und Unternehmer im Einzelfall.

  ⚠ Wie diese **Abwägung im Detail** ausgestaltet ist, insbesondere ob alle Umstände des Einzelfalls zu berücksichtigen sind oder etwa nur solche, die einen unmittelbaren Bezug zum Mangel haben, bleibt – ausweislich der Gesetzesbegründung – der Rspr. überlassen.

- **Verweigerung der ordnungsgemäßen Nacherfüllung**

  Nach **§ 475d Abs. 1 Nr. 4** ist beim Rücktritt wegen eines Mangels der Ware ein fruchtloser Fristablauf entbehrlich, wenn der Unternehmer die gem. § 439 Abs. 1 oder § 439 Abs. 2 oder § 475 Abs. 5 ordnungsgemäße Nacherfüllung verweigert hat. Die Vorschrift bezieht sich – im Gegensatz zu § 475d Abs. 1 Nr. 1 – nicht nur auf die Nacherfüllung als solche, sondern **auch** auf die in §§ 439 Abs. 1 und 2, 475 Abs. 5 geregelte **Art und Weise der Nacherfüllung** wird Bezug genommen.

  Daher erfordert hier die Entbehrlichkeit, dass der Unternehmer entweder die Nacherfüllung als solche (§ 439 Abs. 1), die Kostentragung nach § 439 Abs. 2, eine fristgerechte Nacherfüllung oder eine Nacherfüllung ohne erhebliche Unannehmlichkeiten (§ 475 Abs. 5) verweigert hat.

  ⚠ In § 475d Abs. 1 Nr. 4 wird **nicht zwischen** der **berechtigten und** der **unberechtigten Verweigerung differenziert**, sondern geregelt, dass der Verbraucher vom Vertrag zurücktreten kann, wenn der Unternehmer die ordnungsgemäße Nacherfüllung (berechtigt oder unberechtigt) verweigert. Bei der unberechtigten Verweigerung ist jedoch – abweichend von § 323 Abs. 2 Nr. 1 – **nicht erforderlich**, dass der Unternehmer die ordnungsgemäße Nacherfüllung **ernsthaft und endgültig verweigert** hat.

II. Rechtsfolgen (Fortsetzung)

3. Sondervorschriften für Rücktritt, Minderung und Schadensersatz

- **Offensichtlich keine ordnungsgemäße Nacherfüllung**

In **§ 475d Abs. 1 Nr. 5** ist bestimmt, dass der Ablauf einer angemessenen Frist entbehrlich ist, wenn nach den Umständen offensichtlich ist, dass der Unternehmer nicht gem. § 439 Abs. 1 oder nach § 439 Abs. 2 oder gem. § 475 Abs. 5 ordnungsgemäß nacherfüllen wird.

⚠ Von § 475d Abs. 1 Nr. 4 unterscheidet sich § 475d Abs. 1 Nr. 5 nur dadurch, dass es **keiner erklärten Verweigerung** der ordnungsgemäßen Nacherfüllung **bedarf**. Es reicht vielmehr aus, dass aus den Umständen offensichtlich wird, dass der Unternehmer nicht ordnungsgemäß nacherfüllen wird. Ebenso wie in § 475d Abs. 1 Nr. 4 bezieht sich der Begriff der ordnungsgemäßen Nacherfüllung dabei auch auf die Vorgaben der in § 439 Abs. 1 u. 2 sowie in § 475 Abs. 5 geregelten Art und Weise der Nacherfüllung.

Der Verbraucher kann gem. § 475d Abs. 1 Nr. 5 vom Vertrag zurücktreten, **wenn** es **offensichtlich** ist, dass der Unternehmer

– überhaupt **nicht**,
– **nicht unentgeltlich**,
– **nicht innerhalb** einer **angemessenen Frist** oder
– **nicht ohne erhebliche Unannehmlichkeiten**

nacherfüllen wird.

- **Entsprechende Anwendbarkeit auf Schadensersatz statt der Leistung**

Gem. **§ 475d Abs. 2 S. 1** gelten die nach § 475d Abs. 1 für den Rücktritt maßgeblichen Fälle der Entbehrlichkeit der Fristsetzung entsprechend für den Anspruch des Verbrauchers auf Schadensersatz statt der Leistung gem. den §§ 437 Nr. 3, 280 Abs. 1 und 3, 281. Die Anwendbarkeit der Regelungen in § 281 Abs. 2 und § 440 wird insoweit ausgeschlossen, vgl. § 475d Abs. 2.

4. Sondervorschriften für die Verjährung

Die Verjährung der kaufrechtlichen Mängelansprüche regelt grds. § 438. Um den Besonderheiten der Verjährung beim Verbrauchsgüterkauf, insbesondere beim Kauf von Sachen mit digitalen Elementen Rechnung zu tragen, wird die allgemeine Vorschrift des § 438 durch die Regelungen in **§ 475e** ergänzt.

- **Sonderregeln gem. § 475e Abs. 1 und 2**

Nach § 438 Abs. 1 Nr. 3, Abs. 2 beginnt die grds. zweijährige Verjährungsfrist mit Ablieferung der Sache. Für die Verjährung von Gewährleistungsansprüchen wegen Mängeln digitaler Elemente, die dauerhaft bereitgestellt werden (§ 475c Abs. 1), sieht **§ 475e Abs. 1** eine **besondere Ablaufhemmung** vor. Danach endet beim Warenkauf für Mängel an dauerhaft bereitzustellenden digitalen Elementen abweichend von § 438 Abs. 2 die zweijährige Verjährungsfrist des § 438 Abs. 1 Nr. 3 nicht vor Ablauf von zwölf Monaten nach Ende des Bereitstellungszeitraums.

Auch **§ 475e Abs. 2** statuiert eine Ablaufhemmung, die auf das Ende eines Dauertatbestandes abstellt. Demnach tritt bei Ansprüchen wegen einer **Verletzung der Aktualisierungspflicht** i.S.d. § 475b Abs. 3 und 4 die Verjährung nicht vor Ablauf von zwölf Monaten nach dem Ende des Zeitraums der Aktualisierungspflicht ein. Die Maximalverjährung beträgt nach § 199 Abs. 4 zehn Jahre.

- **Sonderregeln gem. § 475e Abs. 3**

Die Ablaufhemmung in § 475e Abs. 3 ermöglicht dem Verbraucher eine **effektive Geltendmachung** seiner Gewährleistungsrechte auch **kurz vor Ablauf** der Verjährungsfrist. Danach tritt die Verjährung für einen Mangel, der sich innerhalb der Verjährungsfrist gezeigt hat, **nicht vor** dem **Ablauf von vier Monaten** nach dem Zeitpunkt ein, in dem sich der Mangel erstmals gezeigt hat.

⚠ Der § 475e Abs. 3 gilt **nicht nur für Mängel der digitalen Elemente**, sondern auch für Mängel der Ware. In Bezug auf Mängel an digitalen Elementen ist § 475e Abs. 3 allerdings nur relevant, wenn keine dauerhafte Bereitstellung geschuldet ist, da die Regelung in § 475d Abs. 1 insoweit spezieller ist.

II. Rechtsfolgen (Fortsetzung)

4. Sondervorschriften für die Verjährung (Fortsetzung)

- **Sonderregeln gem. § 475e Abs. 4**

Hat der Verbraucher die Ware dem Unternehmer oder auf dessen Veranlassung einem Dritten zur **Nacherfüllung oder** Geltendmachung von **Garantieansprüchen** übergeben, bestimmt **§ 475e Abs. 4**, dass die Verjährung **nicht vor Ablauf von zwei Monaten** nach dem Zeitpunkt eintritt, in welchem dem Verbraucher die nachgebesserte oder ersetzte Ware zurückgegeben wurde.

⚠ **Ziel der Ablaufhemmung** ist, dass der Verbraucher die Kaufsache nach Rückerhalt **prüfen und ermitteln** kann, ob durch die Nacherfüllung (Nachbesserung oder Nachlieferung) dem geltend gemachten Anspruch abgeholfen wurde.

Die **erste Alternative** des § 475e Abs. 4 setzt voraus, dass der Verbraucher die Kaufsache **zur Nacherfüllung übergeben** hat. Für die Frage, ob die Übergabe „zur Nacherfüllung" erfolgte, ist die subjektive Zielsetzung des Verbrauchers maßgebend.

☞ Da die Intention des Unternehmers irrelevant ist, steht es § 475e Abs. 4 nicht entgegen, wenn dieser erklärt, er führe eine Reparatur „nur aus Kulanz" oder „ohne Anerkennung einer Rechtspflicht" durch.

Gem. der **zweiten Alternative** des § 475e Abs. 4 gilt die Vorschrift auch bei **Übergabe** der Ware **zur Erfüllung von Garantieansprüchen**. Damit wird dem Umstand Rechnung getragen, dass sich die gesetzlichen Gewährleistungsrechte und die Ansprüche aus einer Garantie zeitlich und inhaltlich überschneiden können.

Für solche Fälle soll § 475e Abs. 4 sicherstellen, dass dem Verbraucher kein Nachteil daraus erwächst, dass er statt der gesetzlichen Gewährleistung die Garantie in Anspruch nimmt.

⚠ Durch das Tatbestandsmerkmal der **Übergabe** wird gewährleistet, dass der Unternehmer in jedem Fall **Kenntnis** von den die Ablaufhemmung begründenden Umständen erhält.

II. Schuldrecht
22. Dreiteilung der Sachmangelgewährleistung

Durch die Umsetzung der Warenkaufrichtlinie und der Digitale-Inhalte-Richtlinie kommt es seit dem 01.01.2022 **bei Kaufverträgen** zu einer „Dreiteilung" des Sachmangelrechts:

- für **einfache analoge Kaufgegenstände** (z.B. Kauf eines Tisches) bestimmt sich die Sachmangelfreiheit allein nach **§ 434**; gleiches gilt für alle Kaufverträge über digitale Elemente, die kein Verbrauchervertrag sind, also Verträge zwischen Unternehmern **(B2B)**, zwischen Verbrauchern **(C2C)** und Kaufverträge, bei denen der Verkäufer ein Verbraucher ist **(C2B)**.
- für **Verbrauchsgüterkaufverträge über Waren mit digitalen Elementen** (z.B. Kauf eines Notebooks mit Betriebssystem), bei denen gem. **§ 327a Abs. 3 S. 1** eine qualifizierte Verbindung zwischen Kaufsache und digitalem Element vorliegt, gilt ebenfalls § 434, allerdings ergänzt um die oben dargestellten Regelungen der **§§ 475b, 475 c**;
- liegt bei einem **Verbrauchervertrag keine qualifizierte Verbindung zwischen Kaufsache und digitalem Element vor** (z.B. Kauf eines Notebooks mit Bildbearbeitungsprogramm), bestimmt sich gem. **§ 327a Abs. 2 S. 2** die Mangelfreiheit des digitalen Elements nach §§ 327 ff.; auf die Kaufsache ist dann **§ 434** anzuwenden.

Diese Dreiteilung bringt für die **Prüfung und Praxis** einige Herausforderungen und vor allem **Abgrenzungsschwierigkeiten** mit sich. Die maßgebenden Abgrenzungsvorschriften für Kaufverträge sind die **§§ 327, 327a, 453 und 475 a**. Für die Abgrenzung empfiehlt sich die folgende Vorgehensweise, die sich in **sieben Schritte** unterteilen lässt.

1 Zunächst klären, ob der Kauf (auch) ein **digitales Produkt** betrifft, was in **§ 327 Abs. 2** legaldefiniert wird. Falls nicht, ist allein § 434 maßgebend.

2 Betrifft der Kauf (auch) ein digitales Produkt, ist weiterhin maßgeblich, ob ein **Verbrauchsgüterkauf** gem. **§ 474** vorliegt.

3 Fehlt die **B2C-Konstellation**, gilt allein **§ 434**; fehlt es an einer Ware i.S.d. § 241a Abs. 1 (z.B. bei unbeweglichen Sachen), gelten die §§ 475b f. nicht; aber Vertrag gem. **§ 327a Abs. 2** möglich, weil dazu eine **Sache (nicht Ware)** mit digitalen Elementen erforderlich ist (z.B. Smart-Home-Equipment, was mit vom Unternehmer verkauften Immobilie verbunden ist).

4 Liegt ein Verbrauchsgüterkauf vor, so sind sodann die konkurrierenden Anwendungsbereiche der **§§ 327 ff.** und der **§§ 475b und 475c** voneinander **abzugrenzen**.

5 Wird der **digitale Inhalt** als **eigenständiges Produkt** (nicht als Teil einer Sache mit digitalen Elementen) verkauft, greifen gem. § 453 Abs. 1 nicht die §§ 434 ff., sondern die §§ 327 ff. ein. Ähnlich ist es beim **körperlichen Datenträger**, der ausschließlich als Träger digitaler Inhalte dient (z.B. Kauf eines Videospiels auf einer CD-ROM), dann finden die §§ 327 ff. (außer §§ 327b, 327c) Anwendung, vgl. §§ 327 Abs. 5, 475a Abs. 1.

6 Betrifft der Verbrauchsgüterkauf neben der Bereitstellung digitaler Produkte auch analoge Kaufsachen **(Paketvertrag)**, gelten gem. § 327a Abs. 1 die **§§ 327 ff.** bzgl. des digitalen Produkt, im Übrigen gilt **§ 434**.

7 Gleiches gilt grds., wenn der Kauf Sachen betrifft, die **digitale Produkte enthalten** oder mit ihnen **verbunden** sind. Handelt es sich indes um einen Kaufvertrag über Waren, die in einer Weise digitale Produkte enthalten oder mit ihnen verbunden sind, dass die Waren ihre **Funktionen ohne diese** digitalen Produkte **nicht erfüllen** können, gelten nicht die §§ 327 ff., sondern §§ 434, 475b und 475c.

23. Überblick Miete

Abgrenzung des Mietvertrages von anderen Vertagstypen

Miete, §§ 535 ff.	**Pacht**, §§ 581 ff.	**Verwahrung**, §§ 688 ff.
Gebrauchsüberlassung an einer **Sache** auf Zeit gegen Entgelt; bei Wohnräumen § 549 beachten	▪ Gegenstand = **Sachen** u. **Rechte** ▪ Umfang: – Gebrauchsrecht und **zusätzlich** – **Nutzungsrecht**, also Recht zur Ziehung der Früchte (vgl. §§ 99, 100) aus der Sache	**zusätzlich** zu ggf. vereinbarter Pflicht zur Raumüberlassung: Übernahme besonderer **Obhutspflichten**

Zustandekommen des Mietvertrages

▪ Einigung, § 185 Abs. 1 analog ⇨ ***S. 143*** ▪ Form: §§ 549, 550 ⇨ ***S. 155***	Vertragseintritt, §§ 566, 563 ff.

Personen im Zusammenhang mit einem Mietvertrag

Mietvertragsparteien	**keine Mietvertragsparteien**
▪ Schuldner bzw. Gläubiger der Leistungspflichten aus dem Mietvertrag ▪ Nur diese Personen haben Anspruch auf die jeweilige Hauptleistungspflicht ▪ Entstehen eines neuen, mit dem alten inhaltsgleichen Schuldverhältnisses, § 566 ▪ Vertragseintritt, § 563	▪ Mieter im Verhältnis untereinander, da Pflichten aus dem Mietvertrag nur zwischen Vermieter und Mieter wirken und der Mietvertrag keine §§ 328 ff. darstellt ▪ Dritte im Schutzbereich eines fremden Mietvertrages; Vertrag mit Schutzwirkung zugunsten Dritter ▪ Gebrauchsrecht an der Mietsache von Personen, die nicht Mietvertragspartei sind: – Vertragsauslegung, z.B. Familie – § 540, beachte Abs. 2, § 553

23. Überblick Miete (Fortsetzung)

Ansprüche/Rechte des Mieters, *vgl. auch* ⇨ *S. 214*

bei Untergang

- Schadensersatz, §§ 280 Abs. 1 u. 3, 283, 275 (§ 311a Abs. 2 str.)
- Rücktritt, §§ 326, 275
- Kündigung, § 543 Abs. 1, Abs. 2 Nr. 1

bei Untergang infolge Mangels

- Schadensersatz, § 536a
- Kündigung, § 543 Abs. 1 u. 2 Nr. 1

bei Verzug

- Schadensersatz, §§ 280 Abs. 1 u. 2, 286 Abs. 1
- Kündigung, § 543 Abs. 1 u. 2 Nr. 1

bei Verzug mit Mängelbeseitigung

- Schadensersatz, § 536 a
- Selbstvornahme (Aufwendungsersatz), § 536a Abs. 2 Nr. 1

bei Mangelhaftigkeit

- (Nach-)Erfüllungsanspruch, § 535 Abs. 1 S. 2
- Schadensersatz, § 536a Abs. 1
- Minderung, § 536
- Kündigung, § 543 Abs. 1 u. 2 Nr. 1

⚠ *§ 536b–d Gewährleistungsausschluss*

Sonstiges

- § 535 Abs. 1 S. 3 Lasten (abdingbar)
- § 539 Abs. 1 i.V.m. GoA Aufwendungsersatz
- § 539 Abs. 2 Wegnahme von Einrichtungen

⚠ *§ 552 Abwendung durch Vermieter*

Ansprüche/Rechte des Vermieters

Mietvertrag

- Betriebskosten, §§ 556 ff.
- Vermieterpfandrecht, §§ 562 ff.
- Kündigung bei Verzug, § 543 Abs. 1, Abs. 2 Nr. 3
- Kautionszahlung, § 551

Sonstiges

- Schadensersatz wegen unterbliebener Mängelanzeige, § 536c Abs. 2 S. 1
- Außerordentliche Kündigung, § 543
- Unterlassung, § 541

Rechte nach Beendigung

Mieter

- Kautionsrückzahlung
- § 539 Aufwendungsersatz/Wegnahme

Vermieter

- § 546 Abs. 1 Rückgabe der Mietsache
- § 546 Abs. 2 Rückgabe der Mietsache vom Untermieter
- § 546a Schadensersatz wegen verspäteter Rückgabe
- §§ 280 Abs. 1 u. 3, 281 Abs. 1 Alt. 1 Schadensersatz für unterlassene Schönheitsreparaturen

I. Die Arten des Leasings

Arten

Operatingleasing

- Vertrag über die Gebrauchsüberlassung einer Sache mit kurzer Laufzeit oder auf unbestimmte Zeit
- LG übernimmt zusätzliche Leistungen (z.B. Wartung)
- Investitionsrisiko trägt LG, da Vertrag nicht auf Vollamortisation angelegt ist
- **Anwendung im Mietrecht**

Finanzierungsleasing

- Vertrag über die Gebrauchsüberlassung einer Sache auf lange Zeit/kein Kündigungsrecht des LN (ggf. Erwerbsposition des LN)
- Vertrag ist auf Vollamortisation angelegt, sodass LN das Investitionsrisiko trägt
- Grds. Mietvertragsregeln, ggf. ergänzende Vertragsauslegung, wo diese Regeln nicht passen
- § 506 bei Verbraucherleasing und
  - Nr. 1: Erwerbspflicht des LN ***oder***
  - Nr. 2: Andienungsrecht des LG ***oder***
  - Nr. 3: Restwertgarantie des LN

II. Die Rechtsverhältnisse beim Finanzierungsleasing

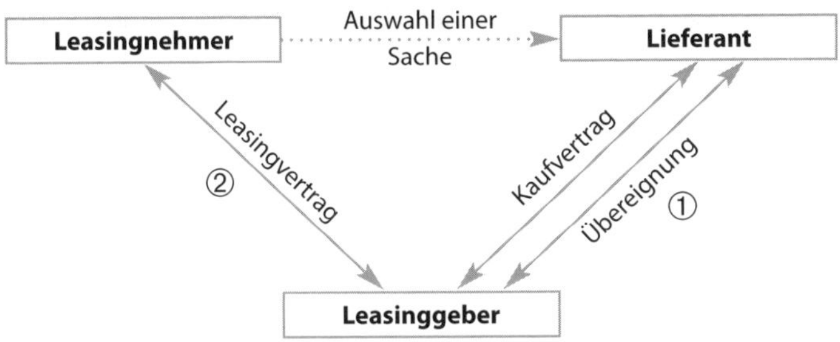

① **Kaufvertrag** zwischen Leasinggeber und Lieferant; Übereignung der Kaufsache an den Leasinggeber

② **Leasingvertrag** zwischen Leasinggeber und Leasingnehmer
- Überlassung der Sache auf Zeit zum Gebrauch (mietvertragsähnlich)
- Ausschluss der mietrechtlichen Gewährleistung
- Abtretung der kaufrechtlichen Gewährleistungsansprüche des Leasinggebers ggü. dem Lieferanten an den Leasingnehmer (Abtretungs- bzw. Ermächtigungskonstruktion)
- Der Leasingnehmer zahlt Leasingraten an den Leasinggeber (entweder Vollamortisation oder Teilamortisation)
- ggf. weitere Vereinbarungen zwischen Leasingnehmer und Leasinggeber (km-Begrenzung, Kaufoption, Verlängerungsoption, kilometergenaue Abrechung)

III. Zustandekommen des Leasingvertrags

- Bei Verbraucherleasingverträgen (§ 506 Abs. 2) ist **Schriftform** des § 492 Abs. 1 S. 1 zu beachten.
  - Entgegen § 126 Abs. 2 sind getrennte schriftliche Erklärungen möglich.
  - Schutzzweck des § 494 Abs. 1 auch bei Entbehrlichkeit des Zugangs der Annahmeerklärung (§ 151 S. 1) gewahrt, wenn Verbraucher Antrag unterzeichnet
- **Pflichtangaben** gem. Art. 247 § 6 ff. EGBGB
- Widerruf gem. §§ 495, 355 möglich (Widerrufsbelehrung gem. Art. 247 § 6 Abs. 2 EGBGB)

IV. Rechte des Leasingnehmers

- Kündigungsrecht aus Vertrag; Folge: Anspruch des LG auf Vollamortisation seines Aufwands
- Gewährleistung bei Mangel des Leasinggegenstands
  - Mietrecht analog (§ 536: Minderung; § 536a: Schadensersatz; § 543: Kündigung)
  - Ausschluss der mietrechtlichen Gewährleistung möglich
    - Völliger Haftungsausschluss gem. § 309 Nr. 7, 8 unzulässig.
    - Möglich: **Leasingtypische Abtretungskonstruktion**, d.h. LG tritt LN seine kaufrechtlichen Gewährleistungsansprüche aus §§ 434 ff. **vorbehaltslos, endgültig** und **umfassend** ab.

Ⓟ *Ausschluss der Gewährleistung und Verweis auf Dritten könnte gegen § 309 Nr. 8b aa) verstoßen.*
- *Beim Leasing handelt es sich nicht um eine „Lieferung" i.S.d. Vorschrift. Außerdem ist der Lieferant kein unbeteiligter „Dritter", da sich der Leasingnehmer die Sache beim Lieferanten selbst ausgesucht hat.*

Ⓟ *Wie wirkt sich ein Rücktritt vom Kaufvertrag oder dessen Unwirksamkeit auf den Leasingvertrag aus?*

⚠ *Auch das Rücktrittsrecht ist als Gestaltungsrecht übertragbar, § 413.*
- *Wirksame Rücktrittserklärung des Leasingnehmers ggü. Lieferanten führt zum **Wegfall der Geschäftsgrundlage des Leasingvertrages**, § 313. Abwicklung gem. § 313 Abs. 3 S. 2 (Kündigung).*
- ⚠ *Nach h.M. finden die §§ 358, 359 über § 500 keine Anwendung, da der Verbraucher nicht zwei Verträge, sondern nur den Leasingvertrag abschließt.*
- *Umstritten ist, ob eine Rückabwicklung nach Kündigung gem. §§ 812 ff. oder §§ 346 ff. (so die h.M.) zu erfolgen hat.*

Ⓟ *Umgehungsgestaltung i.S.v. § 476 Abs. 4?*
Das Finanzierungsleasing stellt keine Umgehungsgestaltung i.S.v. § 476 Abs. 4 dar. Der Ausschluss der mietrechtlichen Gewährleistung ist allerdings unwirksam, wenn die Abtretung der kaufrechtlichen Gewährleistungsansprüche gegen den Händler wegen eines Gewährleistungsausschlusses im Verhältnis Händler–Leasinggeber ins Leere geht. Dem Leasingnehmer stehen in diesem Fall die – über die kaufrechtlichen hinausgehenden – mietrechtlichen Gewährleistungsansprüche zu.

V. Rechte des Leasinggebers

- Kündigung des Leasingvertrags bei Zahlungsverzug des Leasingnehmers gem. § 543 Abs. 2 Nr. 2 u. 3 bzw. bei Verbraucherleasingverträgen § 498 i.V.m. § 506.
- Rechtsfolgen der Kündigung:
  - Herausgabeanspruch des LG hinsichtlich des Leasinggegenstands aus § 546/§ 985
  - Entschädigung bei verspäteter Rückgabe, § 546a
  - Anspruch auf Vollamortisation als SE statt der Leistung, §§ 280 Abs. 1 u. 3, 281
- Anspruch auf Verzugsschaden, §§ 280 Abs. 1 u. 2, 286 bzw. Zinsen, § 288

II. Schuldrecht
25. Garantie beim Kaufvertrag

Unselbstständige Garantie: Gewährleistungsrechte werden modifiziert

Beschaffenheitsgarantie	Haltbarkeitsgarantie

I. Voraussetzungen

1. Bestehen eines **wirksamen Kaufvertrages**
2. Bestehen eines **Sachmangels** oder **Fehlen einer über einen Sachmangel hinausgehenden garantierten Beschaffenheit**

Beschaffenheitsgarantie	Haltbarkeitsgarantie
Zeitpunkt: Gefahrübergang	**Zeitpunkt:** Innerhalb d. **Garantiefrist** (zeitl. Bestimmung, aber auch andere Umstände, z.B. Kilometerleistung)

3. Ggf.: Einhalten **weiterer Garantiebedingungen** (Nichteinhaltung schadet nicht, soweit nicht kausal für Sachmangel)

Beschaffenheitsgarantie	Haltbarkeitsgarantie
z.B. kein unautorisiertes Öffnen des Gerätes, schriftliche Mängelanzeige	z.B. regelmäßige Wartung in einer Vertragswerkstatt

II. Rechtsfolgen

„Rechte aus der Garantie"
- entweder **ausdrücklich** in Garantie bestimmt oder
- zu den in der **einschlägigen Werbung** angegebenen Bedingungen oder
- (falls Garantie keine Rechtsfolgen ausspricht) im Zweifel die **gesetzlichen Gewährleistungsrechte analog § 437**

Beschaffenheitsgarantie	Haltbarkeitsgarantie
	Bei während Garantiefrist auftretendem Sachmangel wird Garantiefall vermutet, **§ 443 Abs. 2**.
Verschuldensunabhängiger Schadensersatzanspruch, § 276 Abs. 1 S. 1	(–), da Haltbarkeitsgarantie keine Garantie i.S.v. § 276 Abs. 1 S. 1 (str.)
Erheblichkeit i.S.v. §§ 281 Abs. 1 S. 3, 323 Abs. 5 S. 2 **wird vermutet**	
Haftungsausschluss gem. § 444 Alt. 2 unwirksam soweit in Widerspruch zur Garantie	(–), da § 444 Alt. 2 nur für Beschaffenheitsgarantie gilt
Verkäufer kann sich nicht auf **grob fahrlässige Mangelunkenntnis** berufen, § 442 Abs. 1 S. 2 Alt. 2	(–), da Sachmangel ohnehin nicht zum Zeitpunkt des Vertragsschlusses vorlag, sondern erst später entstanden ist

III. Verjährung

Beschaffenheitsgarantie	Haltbarkeitsgarantie
Frist grds. § 438 analog **Beginn:** Ablieferung	**Str.:** 1. **Frist:** § 438 **Beginn:** Ablieferung, es sei denn Garantiefrist > Verjährungsfrist, dann erst mit Mangelentdeckung 2. **Frist:** § 438 **Beginn:** Mangelentdeckung 3. **Regelverjährung**, §§ 195, 199

II. Schuldrecht
25. Garantie beim Kaufvertrag (Fortsetzung)

Selbstständige Garantie: Eigener Garantievertrag, §§ 311, 443

Beschaffenheitsgarantie	Haltbarkeitsgarantie

I. Voraussetzungen

1. Bestehen eines **wirksamen Garantievertrages** zwischen Käufer und Garantiegeber (z.B. Hersteller, Importeur oder auch Verkäufer). Zustandekommen:
   - Angebot des Garantiegebers und Annahme gem. § 151
   - Verkäufer als Vertreter des Garantiegebers
   - Als Vertrag zugunsten Dritter zwischen Käufer und Verkäufer
2. **Kaufvertrag** zwischen Käufer und Verkäufer, **der Bestand hat** (auflösende Bedingung für Garantievertrag)
3. **Eintritt des Garantiefalls**, d.h. in der Regel Abweichen von der garantierten Beschaffenheit (Beschaffenheitsgarantie) oder Auftreten eines Sachmangels innerhalb der Garantiefrist (Haltbarkeitsgarantie), aber auch Ausbleiben eines über die Mangelfreiheit hinausreichenden Umstandes.
4. Ggf.: Einhalten **weiterer Garantiebedingungen** (Nichteinhaltung schadet nicht, soweit nicht kausal für Sachmangel)

II. Rechtsfolgen

„Rechte aus der Garantie"
- entweder **ausdrücklich** in Garantie bestimmt oder
- zu den in der **einschlägigen Werbung** angegebenen Bedingungen oder
- (falls Garantie keine Rechtsfolgen ausspricht) im Zweifel die **gesetzlichen Gewährleistungsrechte analog § 437, wobei**
  - anstelle des Rücktrittsrechts ein Anspruch auf Ersatz des Kaufpreises und
  - anstelle des Minderungsrechts ein Anspruch auf Zahlung des Minderungsbetrages tritt.

Sekundäransprüche aus §§ 280 ff., wenn Garantiegeber seinen Verpflichtungen aus der Garantie nicht nachkommt,
- z.B. Schadensersatz statt der Leistung, §§ 280 Abs. 1 u. 3, 281
- Verzögerungsschaden, §§ 280 Abs. 1 u. 2, 286

Erheblichkeit *i.S.v. §§ 281 Abs. 1 S. 3, 323 Abs. 5 S. 2* wird vermutet

§ 276 Abs. 1 S. 1 (–), es sei denn, Dritter übernimmt ausdrücklich verschuldensunabhängige Schadensersatzhaftung, da selbst bei Beschaffenheitsgarantie eines Dritten dieser in der Regel nicht konkludent verspricht, verschuldensunabhängig für sämtliche Schäden einzustehen

§ 444 Alt. 2 (–), da ohnehin kein Haftungsausschluss zwischen Käufer und Dritten möglich

§ 443 Abs. 1 S. 1 Alt. 2 (–), da Dritter sich ohnehin nicht auf § 442 berufen kann

III. Verjährung

Str.:
1. **Regelverjährung**, §§ 195, 199
2. § 438 analog
   Beginn: Ablieferung an Käufer

Str.:
1. **Regelverjährung**, §§ 195, 199
2. § 438 analog
   Beginn: str. (Mangelentdeckung/Ablieferung)

II. Schuldrecht
26. Dritte im Schuldverhältnis

	Vertrag zugunsten Dritter	Vertrag mit Schutzwirkung zugunsten Dritter	Drittschadensliquidation
Anspruchs-grundlage	Vertragsnorm bzw. § 311 Abs. 1 i.V.m. **§ 328**	Ergänzende Vertragsauslegung/ richterliche Rechtsfortbildung (nicht: § 328 und auch nicht: § 311 Abs. 3)	„normale" Anspruchsgrundlage erst nach Verneinung eigenen Schadens zu prüfen
Voraus-setzungen	Schuldrechtlicher Vertrag (nicht Verfügungsvertrag; Grund: Wortlaut und systematische Stellung von § 328) ▪ § 328 Abs. 2: Umstände des Einzelfalls, soweit nicht ausdrücklich bestimmt ▪ Auslegung, ob Dritter ein eigenes Leistungsrecht haben soll ▪ Auslegungsregeln, §§ 329, 330	1. **Leistungsnähe** (Dritter kommt mit Leistung des Schuldners bestimmungsgemäß in Berührung) 2. **Schutzinteresse** des Gläubigers (Lit.: Fürsorgeverhältnis; BGH: Vertragliches Interesse ausreichend) 3. **Erkennbarkeit** für den Schuldner (bzgl. Leistungsnähe und Schutzinteresse) 4. **Schutzbedürftigkeit** des Dritten (nur wenn dieser keine vertraglichen Ansprüche – gleich gegen wen – hat, die einen gleichwertigen Inhalt haben)	▪ Bei Gläubiger bestehen Anspruchsvoraussetzungen, aber er hat keinen Schaden. ▪ Bei Drittem ist Schaden eingetreten, er hat aber gegen den Schuldner keinen eigenen vertraglichen Anspruch. ▪ Aus Sicht des Schuldners zufällige Schadensverlagerung: – obligatorische Gefahrentlastung (§ 447) – mittelbare Stellvertretung – Obhut fremder Sachen ▪ Vereinbarung zwischen Gläubiger und Dritten vor Schadenseintritt
Rechtsfolge für Dritten	Dritter erhält eigenen Anspruch auf Primärleistung. Dritter wird nicht Vertragspartner. Rechte des Dritten: ▪ Wahl zwischen Nacherfüllungsvarianten ▪ Stellvertretendes Commodum ▪ Schadensersatz neben der Leistung Rechtsgrund für Behaltendürfen, z.B. Schenkung des Gläubigers	Dritter hat keinen Anspruch auf Primärleistung. Gegenüber Drittem bestehen jedoch vertragliche Schutz- und Obhutspflichten, bei deren Verletzung der Dritte einen eigenen Schadensersatzanspruch gegen den Schuldner geltend machen kann.	Anspruchsinhaber kann ausnahmsweise Schaden des Dritten geltend machen. Dritter hat oft Anspruch aus § 285 auf Abtretung dieses Anspruchs. Vor Abtretung (§ 398) kann er den Anspruch gegen den Schuldner aber nicht selbst geltend machen.
Rechtsfolge für Gläubiger	Gläubiger kann nur noch Leistung an den Dritten verlangen, § 335. Gläubiger kann als „Herr des Synallagmas" **Wahl- und Gestaltungsrechte** ausüben. Ausnahme: Recht des Dritten ist unwiderruflich (§ 328 Abs. 2); dann ist Zustimmung des Dritten erforderlich (gilt nach h.M. nicht für Anfechtung).		Gläubiger kann ausnahmsweise Schaden des Dritten in eigenem Namen geltend machen.
Rechtsfolge für Schuldner	Schuldner kann schuldbefreiend nur noch an Dritten leisten. Mit Gläubiger vereinbarte Haftungsbeschränkungen gelten auch ggü. Drittem, § 334.	Der Schuldner ist dem Dritten (ebenso wie dem Gläubiger) aus Vertrag oder einem vorvertraglichen Schuldverhältnis schadensersatzpflichtig. Mit Gläubiger vereinbarte Haftungsbeschränkungen gelten auch ggü. Drittem, § 334 analog. Ersatzfähig sind Personen- und Vermögensschäden.	
Zusammen-fassung	**Dritter erhält eigenen Anspruch auf Primärleistung**	**Haftungsausweitung: Anspruchsgrundlage wird zum Schaden gezogen**	**Haftungsverlagerung: Der Schaden wird zur Anspruchsgrundlage gezogen.**

26. Dritte im Schuldverhältnis (Fortsetzung)

	Abtretung	Schuldübernahme
Anspruchsgrundlage	Anspruchsgrundlage i.V.m. § 398	Anspruchsgrundlage i.V.m. § 414
Voraussetzungen	▪ Wirksame **Einigung** über Abtretung – **Formfrei** (Ausn. § 1154) – Bestimmtheit – Sittenwidrigkeit, § 138 – Knebelung/Verleitung zum Vertragsbruch – Gläubigergefährdung – anfängliche Übersicherung ▪ **Berechtigung oder Überwindung** – Forderungsinhaber ohne Verfügungsverbot/-beschränkung (z.B. § 399, aber **§ 354a HGB; § 80 InsO, Pfändung/Arrest**) – oder Ermächtigung (z.B. §§ 81 InsO, 185 Abs. 1 – oder Überwindung der fehlenden Berechtigung (§§ 185 Abs. 2 S. 1 Var. 1–3, 405 Var. 1/Var. 2/analog; nicht aber §§ 932 ff. analog) **cessio legis** (z.B. §§ 268 Abs. 3, 426 Abs. 2, 774, 999, 1143, 1225, 1607 Abs. 2 S. 2, 1608 S. 3, 116 SGB X)	▪ **Einigung** über vollständige Entlassung des ursprünglichen Schuldners zwischen – Gläubiger und Drittem, § 414 – Schuldner und Drittem bei Genehmigung des Gläubigers, § 415 **(Sonderfall Hypothek: § 416)**
Rechtsfolge für Dritten	Bezeichnung: **Zessionar** Dritter wird (alleiniger) Gläubiger der abgetretenen Forderung. Akzessorische Sicherungsrechte gehen mit über (§ 401); ggf. analog für nicht genannte (Vormerkung).	Dritter wird (alleiniger) Schuldner, wenn Schuldübernahmevertrag wirksam. Bei **Anfechtung** wg. arglistiger Täuschung beachten: Bei Schuldübernahme nach § 414 ist Schuldner Dritter i.S.d. § 123 Abs. 2, bei Schuldübernahme nach § 415 nach h.M. nicht. **Einreden** des bisherigen Gläubigers bleiben bestehen, § 417 Abs. 1. Einwendungen aus dem der Schuldübernahme zugrundliegenden Rechtsverhältnis (zwischen Drittem und Schuldner) können dem Gläubiger nicht entgegengehalten werden, § 417 Abs. 2.
Rechtsfolge für Gläubiger	Bezeichnung: **Zedent** Gläubiger verliert Forderung; bleibt bei Verträgen aber Vertragspartner und damit z.B. Erklärungsgegner für Rücktrittserklärungen.	Gläubiger kann von Drittem Erfüllung verlangen. Sicherungsrechte erlöschen, § 418
Rechtsfolge für Schuldner	Grundsatz: Schuldner darf wegen Abtretung nicht schlechter stehen als ohne Abtretung. Deshalb: Schuldnerschutz §§ 404-409 ▪ **Einwendungen und Einreden** gegen Zedenten bleiben auch gegenüber Zessionar erhalten, § 404 ▪ **Aufrechnung** mit Forderung gegen Zedenten gegenüber Zessionar ist trotz fehlender Gegenseitigkeit möglich, § 406 ▪ **Erfüllung** an Zedenten wirkt gegenüber Zessionar, wenn Schuldner Abtretung nicht kennt, § 407 ▪ **Mehrfache Abtretung**, § 408 ▪ **Abtretungsanzeige**, § 409	Schuldner wird von Leistungspflicht frei. Im Übrigen besteht Schuldverhältnis (im weiteren Sinne) zwischen Gläubiger und Schuldner fort, d.h.: Nur Schuldner kann Gestaltungsrechte ausüben (ist dem Dritten dazu aber meist verpflichtet).

	Gläubigerwechsel	Schuldnerwechsel

II. Schuldrecht
27. Gesamtschuld

I. Voraussetzungen

1. **Gesetzliche Anordnung**
   - § 613a Abs. 2 Betriebsübergang
   - § 769 Mitbürgen
   - § 840 Abs. 1 Deliktsschuldner
   - § 2058 Miterben
   - § 126 HGB Gesellschafterhaftung
   - § 1664 Abs. 2 Haftung der Eltern
   - § 1794 Abs. 1 i.V.m. § 1826 Abs. 2 Haftung des Vormunds neben Dritten
   - § 2219 Abs. 2 Haftung mehrerer Testamentsvollstrecker
   - § 5 ProdHaftG
2. **Vereinbarung**
   - Schuldbeitritt
   - § 427 Auslegungsregel bei gemeinschaftlicher Verpflichtung zu teilbarer Leistung
   - Bei gemeinschaftlicher Verpflichtung zu unteilbarer Leistung
3. **Allgemeine Regel des § 421**
   a) Schuldnermehrheit
   b) Gleiches Leistungsinteresse (Ansprüche müssen nicht auf gleicher Anspruchsgrundlage beruhen.)
   c) Haftung auf das Ganze (Abgrenzung zur gemeinschaftlichen Schuld/Teilschuld)
   d) Gläubiger ist nur einmal forderungsberechtigt (Abgrenzung zur kumulativen Schuld).
   e) ⚠ *Gleichstufigkeit*

   Keine Gleichstufigkeit in den
   - *Fällen des § 255, bei denen ein Schädiger „weiter entfernt" ist*
   - *Fällen, in denen eine cessio legis vorgesehen ist (z.B. Verhältnis Darlehensschuldner – Bürge)*

II. Rechtsfolgen

1. Gläubiger kann Forderung von jedem Gesamtschuldner ganz oder zum Teil fordern
2. **Einzelwirkung** (Tatsachen wirken nur für den Schuldner, bei dem sie vorliegen)
   - § 425 Abs. 1, andere als in den §§ 422–424 bezeichnete Tatsachen (s.u. Nr. 3)
   - § 425 Abs. 2, insbesondere:
     - Kündigung
     - Unmöglichkeit
     - Verjährung (Neubeginn, Hemmung, Ablaufhemmung)
     - Vereinigung der Forderung mit der Schuld
     - Rechtskraft eines Urteils
   - Rechtshängigkeit
   - Verschulden

   } keine Ausgleichungspflicht gem. § 426
3. **Gesamtwirkung** (Tatsachen wirken für alle Schuldner)
   - § 422 Erfüllung, Surrogat
   - § 423 Erlassvertrag (wenn dadurch gesamtes Schuldverhältnis aufgehoben werden soll)
   - § 424 Gläubigerverzug

   Ⓟ *Abtretung einer gegen einen Gesamtschuldner gerichteten Forderung (Nach h.M. ist die Abtretung der Forderung gegen nur einen Gesamtschuldner zwar möglich, regelmäßig aber nicht gewollt, sodass die Auslegungsregel des § 425 Abs. 1 zumeist durch eine tatsächliche Vermutung der Abtretung der Forderung gegen alle Gesamtschuldner entkräftet sein wird.)*

   Ⓟ *Prozessvergleich (Handelt es sich um einen Erlass, richtet sich der Umfang nach dem Parteiwillen, § 423; handelt es sich um eine Verrechnung mit einer Gegenforderung (Aufrechnung), liegt Gesamtwirkung vor, § 422.)*

   } Ausgleichungspflicht gem. § 426

III. Gesamtschuldausgleich

1. Ausgleich gem. **§ 426 Abs. 1**
   - Eigenständige Anspruchsgrundlage
   - Haftung im Zweifel nach Kopfteilen
   - Einreden, die gegenüber dem Gläubiger bestanden, können dem ausgleichsberechtigten Schuldner nicht entgegengehalten werden.
2. Ausgleich gem. **§ 426 Abs. 2**
   - Anspruchsgrundlage i.V.m. Anspruchsgrundlage des eigentlichen Schuldverhältnisses (cessio legis)
   - Für den Hauptanspruch bestehende Sicherungsrechte gehen gem. §§ 412, 401 in Höhe des Ausgleichsanspruchs mit auf den ausgleichsberechtigten Schuldner über.

Grundmodell Gesamtschuldausgleich

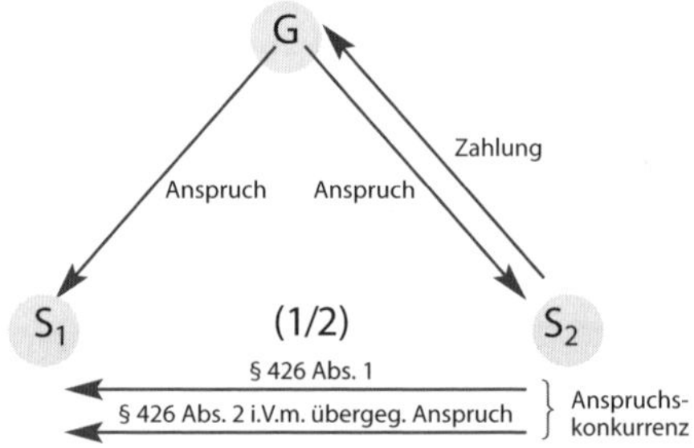

IV. Besonderheit: „Gestörte Gesamtschuld“

- **Haftungsprivilegierung eines Schuldners gegenüber dem Gläubiger**
  - Vertraglich
  - § 104 SGB VII, Unternehmer gegenüber Beschäftigten
  - Grundsätze des innerbetrieblichen Schadensausgleichs (***vgl.*** ⇨ ***S. 322***)
  - Haftung eines Schädigers nur für eigenübliche Sorgfalt (§§ 788, 1359, 1664)

- **Lösungswege:**
  1. **„Fingiertes Gesamtschuldverhältnis“**
     - G hat ungekürzten Anspruch gegen S2
     - S2 kann von S1 trotzdem Ausgleich verlangen

     Anwendungsbereich:
     Rspr. bei vertraglichen Haftungsprivilegien
     (Grund: Haftungsprivilegien im Verhältnis
     G – S1 darf S2 nicht belasten)

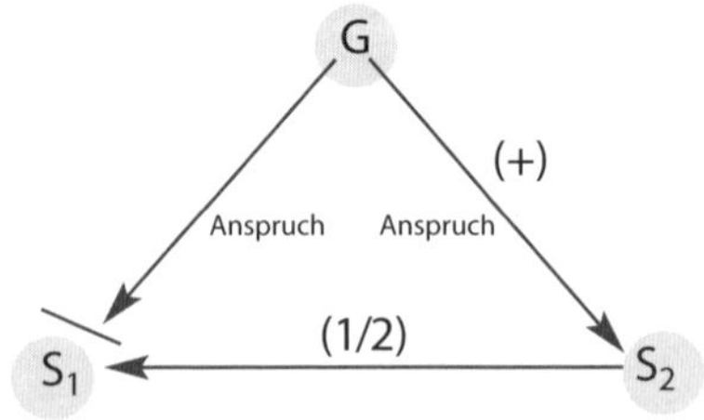

IV. Besonderheit: „Gestörte Gesamtschuld" (Fortsetzung)

2. **Regresskreisel**
   - G hat ungekürzten Anspruch gegen S2
   - S2 kann von S1 Ausgleich verlangen
   - S1 kann Rückgriff bei G nehmen

   Anwendungsbereich:
   Rspr. bei vertraglichen Haftungsprivilegien, bei denen der privilegierte Schädiger letztlich nach der Vereinbarung nicht haften soll

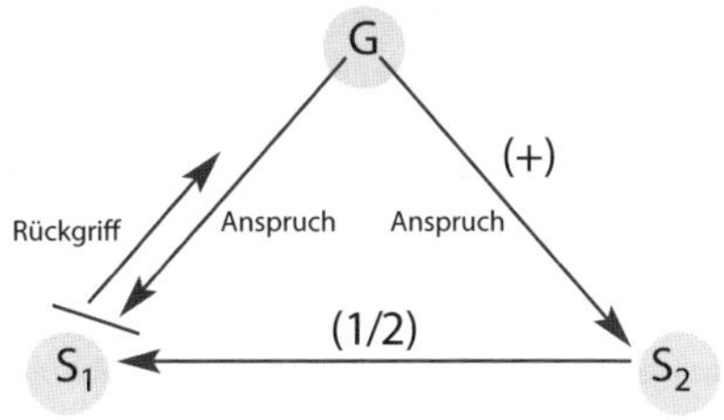

3. **Anspruchskürzung**

   Anspruch des G wird direkt um den Verantwortungsanteil des privilegierten S1 gekürzt.

   Anwendungsbereich:
   - Rspr. bei gesetzlichen Haftungsprivilegien
   - h.Lit. bei vertraglichen und gesetzlichen Haftungsprivilegien

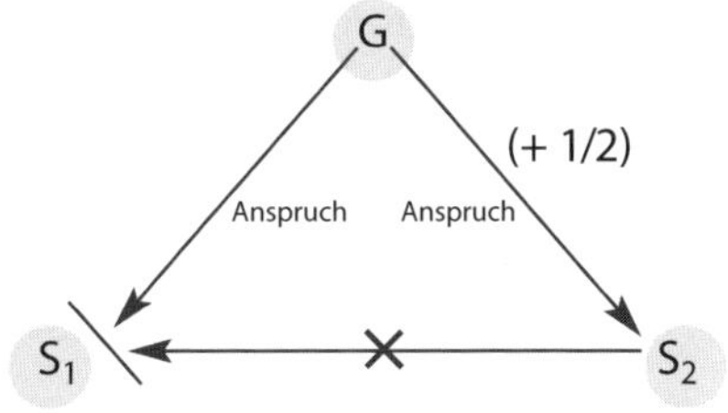

4. **Keine Gesamtschuld**
   - G hat vollen Anspruch gegen S2
   - S2 kann von S1 keinen Ausgleich verlangen

   Anwendungsbereich:
   Rspr. bei Privilegierung wegen eigenüblicher Sorgfalt (Grund: Es besteht schon keine „Gesamtschuld", da der privilegierte Schädiger wegen fehlender Zurechenbarkeit nicht haftet.)

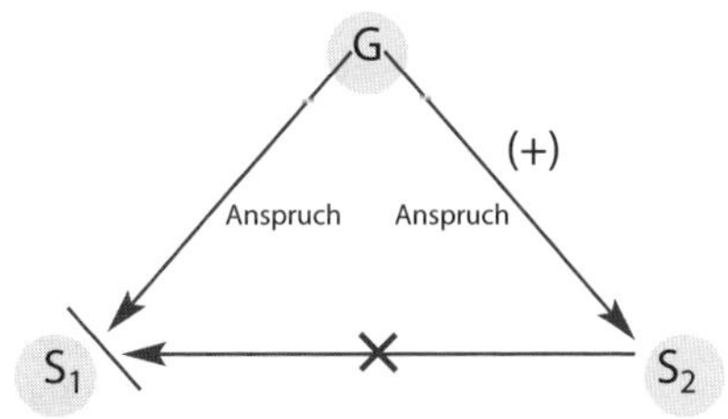

Anwendungsbereich

- Zurechenbarkeit bei mittelbarer Verursachung einer Rechts(gut)verletzung
- Bestimmung einer Rechtspflicht zum Handeln bei Unterlassungstat

⇨ ***S. 57***

I. Bestehen einer Verkehrssicherungspflicht

„Jedermann, der in seinem Verantwortungsbereich Gefahren schafft oder andauern lässt, muss die notwendigen Vorkehrungen treffen, die im Rahmen des wirtschaftlichen Zusammenlebens geeignet sind, Gefahren von Dritten abzuwenden."

1. **Rechtsgutbezogene Verkehrssicherungspflichten**
   kraft amtlicher/beruflicher Sicherheitsverantwortung
2. **Gefahrenquellenbezogene Verkehrssicherungspflichten**
   - Eröffnung einer Gefahrenquelle
   - Gefährliche Tätigkeiten in der Öffentlichkeit
   - Zustand von Sachen
3. **Herstellerspezifische Verkehrssicherungspflichten**
   a) **Hersteller**
      - industrieller Hersteller
      - Produktionsleiter
      - Inhaber von Klein- und Familienbetrieben
      - Zulieferer
      - Importeure
      - Händler (händlerspezifische VSP)

   b) **Pflichten**
      - **Konstruktion** (technischer Sicherheitsgrad, der nach Verkehrsauffassung im entsprechenden Bereich erforderlich ist)
      - **Fabrikation** (Beachtung der möglichen und zumutbaren Sicherheitsvorkehrungen)
      - **Instruktion** (Hinweis auf Gefahren des bestimmungsgemäßen Gebrauchs und nahe liegenden Fehlgebrauchs)
      - **Produktbeobachtung** (ständige Beobachtung auf schädliche Eigenschaften und gefährliche Verwendungsfolgen, ggf. Rückholpflicht)
      - **Händlerspezifisch** (Untersuchung, Instruktion, Beratung)

      Ⓟ *Beweislast bei Konstruktions- und Fabrikationsfehlern*
      (Nach h.M. ist der Geschädigte bei Konstruktions- und Fabrikationsfehlern vom Beweis des Verschuldens ***und*** *vom Beweis der objektiven Pflichtwidrigkeit des Herstellers entlastet, wenn er nachgewiesen hat, dass sein Schaden durch einen Mangel des Produkts ausgelöst worden ist.)*

II. Übertragung von Verkehrssicherungspflichten

- Privatrechtliche Übertragung von Verkehrssicherungspflichten grundsätzlich möglich und zulässig
- Ursprünglich Sicherungspflichtiger behält aber Pflicht zur Anleitung, Aufsicht und Überwachung

III. Geschützter Personenkreis

- Geschützt ist nur, wer befugtermaßen mit der Gefahrenquelle in Berührung kommt.
- Ausnahmsweise bestehen VSP auch gegenüber unbefugt mit der Gefahrenquelle in Berührung kommenden Personen, wenn diese nicht in der Lage sind, die Gefahrenlage zu erkennen (insbes. Kinder).

IV. Reichweite der Verkehrssicherungspflicht

Erforderlichkeit der konkreten Schutzmaßnahmen richtet sich nach

- Grad der Gefahren
- Erkennbarkeit der Gefahr für Dritte
- Zumutbarkeit der Abwehrmaßnahmen (Relation Aufwand zu Grad/Erkennbarkeit der Gefahr)

☞ Absperrung einer Gefahrenstelle erforderlich oder Hinweisschild ausreichend?

II. Schuldrecht
29. Umfang des Schadensersatzes

Anwendbarkeit der §§ 249 ff.

- Alle vertraglichen und gesetzlichen Schadensersatzansprüche
- Beispiele: §§ 122, 179, 280, 281, 282, 283, 311a, 437 Nr. 3, 536a, 536c, 634 Nr. 4, 678, 823, 818 Abs. 4, 819 Abs. 1, 989, 990, 991 Abs. 2, 992; §§ 7, 18 StVG; § 1 Abs. 1 ProdHaftG etc.

I. Vorliegen eines Schadens und Bestimmung des Ersatzinteresses – UMFANG des Schadens

- h.M.: Nach der **Differenztheorie** ist die tatsächliche Vermögenslage des Geschädigten mit der hypothetischen Vermögenslage ohne das schädigende Ereignis zu vergleichen. Die Differenz der Vermögenslagen stellt den Schaden dar:

Der Umfang eines Schadens ergibt sich aus der Differenz zweier zu vergleichender Kausalverläufe.

tatsächlicher Kausalverlauf ← **Differenz = Interesse** → **hypothetischer** Kausalverlauf ↓

Problem: Wie ist der hypothetische Kausalverlauf zu ermitteln?

- Schutzzweck der anspruchsbegründenden Norm gibt vor, welches Ereignis hinweg- oder hinzugedacht werden muss, um den hypothetischen Kausalverlauf zu ermitteln:

a) **Das positive Interesse (= Erfüllungsinteresse = Äquivalenzinteresse)**
   - **Definition:** Erweiterung des bisherigen Rechtskreises um eine geschuldete Leistung
   - **Anwendungsbereich:** Vertragliche Verbindlichkeit wird nicht ordnungsgemäß erfüllt (Schadensersatz statt der Leistung bzw. Schadensersatz wegen Nichterfüllung), z.B. §§ 280 Abs. 1 u. 3, 281
   - Der Geschädigte ist so zu stellen, wie er bei ordnungsgemäßer Erfüllung gestanden hätte, d.h. die **Ordnungsgemäßheit der Leistung ist zur Ermittlung des hypothetischen Kausalverlaufs hinzuzudenken**.

   ⚠ *Dieser Grundsatz ist im Rahmen des Schadensersatzes statt der Leistung nach § 281 (ggf. i.V.m. § 437 Nr. 3/§ 634 Nr. 4) umstritten* ⇨ ***S. 27, 30***.

b) **Das negative Interesse (= Vertrauensinteresse)**
   - **Definition:** Beibehaltung des status quo und Abwehr von Beeinträchtigungen bereits vorhandener Rechte und Rechtsgüter (vor allem Schutz vor entsprechenden Vermögensdispositionen)
   - **Anwendungsbereich:** Vertrauen des Vertragspartners auf das Zustandekommen einer Verbindlichkeit wird hervorgerufen und enttäuscht, z.B. §§ 122, 179 oder das wirksame Zustandekommen der Verbindlichkeit wird gerade durch eine Pflichtverletzung hervorgerufen (Täuschung, Aufklärungspflichtverletzung)
   - Der Geschädigte ist so zu stellen, als wäre in ihm das enttäuschte Vertrauen erst gar nicht geweckt worden **(zur Ermittlung des hypothetischen Kausalverlaufs ist also das Vertrauen des Geschädigten hinwegzudenken)**
   - **Möglicher Umfang, z.B.:**
     - Frustrierte Aufwendungen
     - Rückgängigmachung des Vertrages
     - Rückforderung einer überhöhten Gegenleistung
     - Nachteile aufgrund Nichtabschlusses eines anderen Geschäfts (oft allerdings auf das positive Interesse begrenzt, §§ 122, 179)
     - Haftungsschaden aus Ansprüchen Dritter

c) **Das Erhaltungsinteresse** (= **Integritäts- oder Schutzinteresse**, oft leider terminologisch unglücklich ebenfalls als negatives Interesse bezeichnet)
   - **Definition:** Beibehaltung des status quo und Abwehr von Beeinträchtigungen bereits vorhandener Rechte und Rechtsgüter
   - **Anwendbarkeit:** Schadensersatz wegen unerlaubter Handlung und Verletzung von Sorgfalts-, Obhuts- oder Schutzpflichten in vertraglichen Sonderbeziehungen (z.B. §§ 823 ff.; §§ 280 Abs. 1, 241 Abs. 2)
   - Der Geschädigte ist so zu stellen, als wäre das schädigende Ereignis ausgeblieben **(zur Ermittlung des hypothetischen Kausalverlaufs ist die Handlung des Schädigers weg- bzw. bei Unterlassungen die gebotene Handlung hinzuzudenken)**.
   - **Möglicher Umfang, z.B.:**
     - Wiederherstellung des früheren Zustands
     - Entgangener Gewinn

II. Bestimmung der ART des Schadensersatzes

- Während unter I. entsprechend der **anspruchsbegründenden Norm** der **UMFANG** des Schadensersatzes bestimmt wurde, geht es unter II. um die **ART UND WEISE** des Schadensersatzes. Diese richtet sich unabhängig von der anspruchsbegründenden Norm und dem zu ersetzenden Interesse nach den **§§ 249 ff.**
- ***Vorrangig:*** **Naturalrestitution gem. § 249** (d.h. Herstellung des tatsächlichen Zustandes, der ohne das schädigende Ereignis bestehen würde)
  - § 249 Abs. 1: Schadensersatz durch Herstellung (Reparatur, Vertragsaufhebung, Widerruf von Äußerungen)
  - § 249 Abs. 2: Geld für Herstellung bei Personen- oder Sachschaden
    - ⚠ *Auf eine tatsächliche Reparatur kommt es nicht an; dem Geschädigten steht es frei, ob er die Sache reparieren lässt oder den Geldbetrag anderweitig verwendet.*
    - **„Reparaturkostenbasis":** Reparaturkosten zzgl. evtl. verbleibender Minderwert der Sache
    - **„Wiederbeschaffungsbasis":** Wiederbeschaffungskosten einer gleichwertigen Sache abzgl. Restwerts der beschädigten Sache

      } zu den Besonderheiten beim Ersatz von Kfz-Schäden ⇨ ***S. 229***
    - **Wirtschaftlichkeitspostulat:** D.h. der Geschädigte kann gem. § 249 Abs. 2 nur den „erforderlichen" Geldbetrag verlangen; ausführlich: ⇨ ***S. 229***
  - § 250: Geld für Herstellung nach Fristsetzung
- ***Nachrangig:*** **Schadenskompensation, § 251** (d.h. Ausgleich der Vermögenseinbuße, ohne dass der tatsächliche Zustand wiederhergestellt wird.)

  a) **Voraussetzungen**
  - § 251 Abs. 1, 1. Alt: Unmöglichkeit der Herstellung
    - Veräußerung der beschädigten Sache
    - Ausnahme: Veräußerung von Kfz ⇨ ***S. 229***
    - Ausnahme: Veräußerung der Sache unter gleichzeitiger Abtretung des Schadensersatzanspruchs
  - § 251 Abs. 1, 2. Alt: Herstellung zur Entschädigung nicht genügend
  - § 251 Abs. 2: Naturalrestitution für Schädiger mit unverhältnismäßigem Aufwand verbunden, i.d.R. wenn Aufwand Zeitwert um 30 % übersteigt
  - § 252: Entgangener Gewinn

  Ⓟ *Ersatzfähigkeit von Mietwagenkosten nach speziellem Unfallersatztarif?*
  ([+], wenn erhöhter Tarif betriebswirtschaftlich gerechtfertigt und Kunde nicht zur Nachfrage nach günstigerem Tarif gehalten.)

  b) **Ersatzfähigkeit**
  - Grundsätzlich sind im Rahmen der Schadenskompensation nur Vermögensschäden ersatzfähig (vgl. § 253 Abs. 2)
  - Problematische Fallgruppen:
    - Entgangene Nutzungen einer privat genutzten Sache (+) Kfz, Wohnraum; (-) Privatflugzeug, Sportboot
    - Verlust der Arbeitskraft (bzw. Ausfall tatsächlicher Arbeitsleistung)
    - Vertaner Urlaub nur dann, wenn dieser Gegenstand einer vertraglichen Leistung ist (vgl. ausdrückliche Anordnung in § 651n Abs. 2)
    - Unterhalt für ein Kind

    Ⓟ *Kind als Schaden*
    (Nach e.A. kann nicht zwischen einem Kind und dem Unterhaltsaufwand differenziert werden, sodass die Menschenwürde verbietet, den Unterhaltsaufwand für ein Kind als Schaden zu begreifen. Nach h.M. sei anerkannt, dass Unterhaltspflichten generell als Schaden i.S.v. § 249 verstanden werden können, sodass nach allgemeinen Regeln ein Schaden zu bejahen ist.)
    - Vorbeugekosten bei Warenhausdiebstählen
  - Ersatzfähigkeit immaterieller Schäden, § 253 Abs. 1
    - **§ 651n Abs. 2**
    - **§ 8 S. 2 ProdHaftG**
    - **§ 11 S. 2 StVG**
    - § 15 Abs. 2 S. 1 AGG
    - § 87 S. 2 AMG
    - § 6 S. 2 HPflG
    - § 36 S. 2 LuftVG
    - § 29 Abs. 2 AtG
    - § 13 S. 2 UmweltHG
    - § 32 Abs. 5 S. 2 Gesetz zur Regelung der Gentechnik (GenTG)

II. Bestimmung der ART des Schadensersatzes (Fortsetzung)

- Ersatzfähigkeit immaterieller Schäden, § 253 Abs. 2
  - Verletzung des Allgemeinen Persönlichkeitsrechts
  - Schmerzensgeld bei Verletzung der benannten Rechtsgüter

    Ⓟ *Besondere Probleme des Schmerzensgeldes (z.B. unbezifferter Klageantrag, Bemessung nach Funktionen [Ausgleichs- und Genugtuungsfunktion], Bemessung bei alsbaldigem Tod etc.)*
- Entgangener Gewinn, § 252

III. Besonderheiten des deliktischen Ersatzanspruchs

- § 842: Umfang der Ersatzpflicht bei Verletzung einer Person (nur klarstellende Funktion)
- § 843: Geldrente oder Kapitalabfindung bei Erwerbsfähigkeit des Verletzten
  - Grundsatz Rente, § 843 Abs. 1
  - Ausnahmsweise Kapitalabfindung, § 843 Abs. 3
  - Kein Anspruchsausschluss, soweit Unterhaltspflicht eines Dritten besteht, § 843 Abs. 4 ***(dogmatisch: gesetzlich geregelter Fall eines normativen Schadens)***
- § 844: Ersatzansprüche Dritter bei Tötung (Ersatzansprüche des nicht unmittelbar Geschädigten werden im BGB nur ausnahmsweise gewährt!)
  - § 844 Abs. 1: Beerdigungskosten
  - § 844 Abs. 2: Unterhaltspflichten
- § 845: Ersatzansprüche wegen entgangener Dienste

  kaum praktische Bedeutung, da sich die Vorschrift nur noch auf Dienstleistungspflicht der Kinder gem. § 1619 beschränkt
- § 848: Zufallshaftung des Deliktsschuldners

  Bedeutung z.B. bei Verpflichtung zur Rückgabe einer deliktisch entzogenen Sache

⚠ *§ 848 gilt aber regelmäßig in den Fällen des § 992 bei der Haftung des Deliktsbesitzers.*

IV. Anspruchskürzungen

- Mit(wirkendes) Verschulden, § 254 Abs. 1
- Verstoß gegen die Schadensminderungspflicht, § 254 Abs. 2 S. 1
- Mit(wirkendes) Verschulden eines Erfüllungsgehilfen, § 254 Abs. 2 S. 2 (zu lesen wie Abs. 3) i.V.m. § 278

  Ⓟ *§ 254 Abs. 2 S. 2 als Rechtsgrund- oder Rechtsfolgenverweis? (H.M.: Rechtsgrundverweis, sodass Voraussetzung für eine Zurechnung eine vertragliche Beziehung oder sonstige rechtliche Sonderbeziehung bestehen muss. Grund: Gleichbehandlung von Gläubiger und Schuldner.)*

  ☞ Deshalb ist z.B. Kindern ein Verschulden ihrer Eltern als gesetzliche Vertreter (§ 278 Abs. 1 Alt. 1) i.d.R. mangels Schuldverhältnisses zum Schädiger nicht anspruchskürzend anzulasten („Kinder haften nicht für ihre Eltern").
- Mit(wirkendes) Verschulden bei Verkehrsunfällen (Fahrer/Halter), § 17 Abs. 2 StVG
- Mit(wirkendes) Verschulden bei Verkehrsunfällen (andere Personen), § 9 StVG i.V.m. § 254 ⇨ ***S. 66***
- Mit(wirkendes) Verschulden bei Produktfehlern, § 6 ProdHaftG i.V.m. § 254 ⇨ ***S. 67***
- Grundsätze der **Vorteilsausgleichung**; Anrechnung eines späteren Vorteils des Geschädigten, wenn
  - adäquater Zusammenhang zwischen Vorteil und schädigendem Ereignis
  - Anrechnung zumutbar (entspricht Zweck des Schadensersatzes und entlastet Schädiger nicht unbillig)

    ☞ Abzug „Neu für Alt"; ersparte Aufwendungen

II. Schuldrecht
30. Schadensregulierung bei Kfz-Schäden

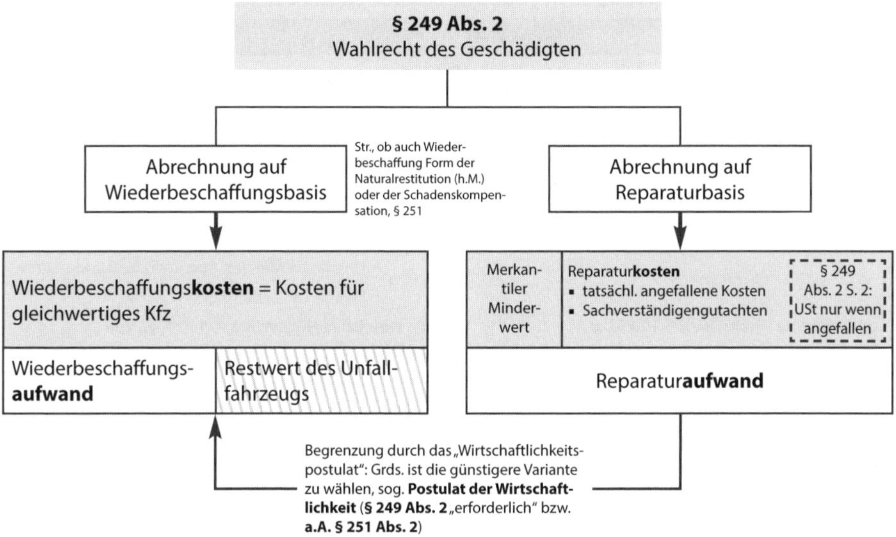

Vergleich des Reparaturaufwands mit den Wiederbeschaffungskosten:

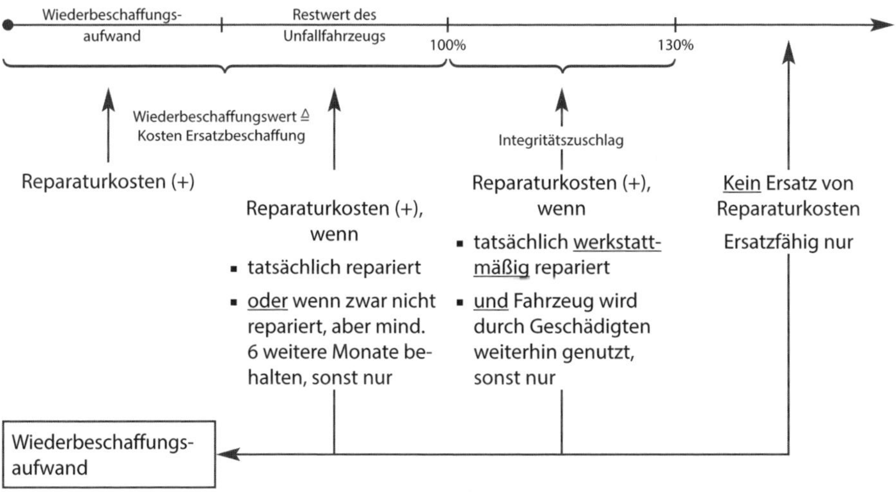

I. Verjährungsfrist	I. Verjährungsbeginn
1. Regelverjährung	
a) **Subjektive Frist, § 195:** ▪ **3 Jahre**	a) **Subjektive Frist, § 199 Abs. 1** ▪ Schluss des Jahres, in dem der Anspruch objektiv **entstanden** ist ***und*** ▪ Gläubiger Kenntnis hat bzw. grob fahrlässige Unkenntnis über: – Umstände, die den Anspruch begründen ***und*** – Person des Schuldners
b) **Objektive Höchstfrist, § 199 Abs. 2–4** ▪ Schadensersatzansprüche für Verletzung Leben/Körper/Gesundheit/Freiheit: **30 Jahre** ▪ Andere Schadensersatzansprüche (Verletzung Eigentum/Vermögen): **10 Jahre** ab Entstehung	b) **Objektive Höchstfrist, § 199 Abs. 2–4** ▪ **Entstehung** (setzt Fälligkeit voraus) ⇨ ***S. 166***
c) **Absolute Höchstfrist** ▪ Schadensersatzansprüche (Verletzung Eigentum/Vermögen): **30 Jahre**	c) **Absolute Höchstfrist** ▪ Fristbeginn mit **Pflichtverletzung/Handlung** (unabhängig vom Entstehen des Anspruchs)
2. Besondere Verjährung	
▪ **Kaufrecht, § 438 (Einzelheiten ⇨ *S. 20*)** – Regelfall: 2 Jahre – Mängel wegen dinglicher Rechte Dritter: 30 Jahre Ⓟ *Eigentum eines Dritten* *(Das Eigentum eines Dritten begründet keinen Rechtsmangel, sondern ist Nichterfüllung, sodass § 438 nicht unmittelbar anwendbar ist. Trotzdem ist die entsprechende Anwendung von § 438 geboten, damit das Recht des Käufers wegen Nichterwerbs des Eigentums nicht eher verjährt, als z.B. Rechte wegen der Belastung des Kaufgegenstands mit einem Pfandrecht.)* – Mängel an Bauwerken: 5 Jahre – Arglist des Verkäufers: ***Regelverjährung*** ***(⚠ Wegen der Besonderheiten der „Quasi-Verjährung" von Minderung und Rücktritt siehe ⇨ S. 200)*** ***(⚠ Wegen des Verhältnisses der Verjährungsfrist zur Garantiefrist siehe ⇨ S. 217, 218)***	▪ **Kaufrecht, § 438 Abs. 2 (Einzelheiten ⇨ *S. 20*)** – Bei Grundstücken mit Übergabe – Ansonsten mit Ablieferung (Erlangung tatsächlicher Sachherrschaft) Ⓟ *Kettengewährleistung* *(Beginnt die Verjährung bei Nacherfüllung in Form der Neulieferung neu zu laufen? Teilweise wird angenommen, bei der Ersatzlieferung liege eine erneute „Ablieferung" i.S.d. § 438 Abs. 2 vor. Nach a.A. ist allein die erste „Ablieferung" maßgeblich, da sich sonst die Verjährung im Vergleich zur Nachbesserung erheblich verlängern würde.)* – Bei Regelverjährung nach § 199 Abs. 1 (s.o. 1.) Verjährungsbeginn mit Anspuchentstehung und Kenntnis/grob fahrlässiger Unkenntnis

I. Verjährungsfrist	I. Verjährungsbeginn
2. Besondere Verjährung (Fortsetzung)	
▪ **Werkvertragsrecht**, § 634a – Herstellung, Planung, Überwachung eines Werkes: 2 Jahre – Bauwerke: 5 Jahre – Ansonsten: ***Regelverjährung*** – Arglist des Werkunternehmers: ***Regelverjährung*** ***(⚠ Wegen der Besonderheiten d. „Quasi-Verjährung" von Minderung und Rücktritt ⇨ S. 200)***	▪ **Werkvertragsrecht**, § 634a Abs. 2: – Abnahme/Vollendung, § 646 – Bei Regelverjährung nach § 199 Abs. 1 (s.o. 1.) Verjährungsbeginn mit Anspruchentstehung und Kenntnis/grob fahrlässiger Unkenntnis
▪ **Reiserecht**, § 651i S. 1: 2 Jahre	▪ **Reiserecht**, § 651i S. 2: Vertraglich vorgesehenes Ende der Reise
▪ **Miete (Vermieter)**, § 548 Abs. 1: 6 Monate	▪ **Miete (Vermieter)**, § 548 Abs. 1: Rückgabe der Mietsache
▪ **Miete (Aufwendungsersatz/Gestattung Wegnahme)**, § 548 Abs. 2: 6 Monate	▪ **Miete (Aufwendungsersatz/Gestattung Wegnahme),** Beendigung des Mietverhältnisses
3. Sonstige Verjährung	
▪ Rechte an einem Grundstück, § 196 (Übertragungsanspruch, Ansprüche auf andere Verfügungen, Gegenleistungsansprüche): **10 Jahre** ▪ Herausgabeansprüche aus Eigentum, rechtskräftig festgestellte Ansprüche, familien- und erbrechtliche Ansprüche (§ 197): **30 Jahre** ***(⚠ § 902 Abs. 1 S. 1: Eingetragene Rechte sind unverjährbar.)***	▪ Beginn mit Entstehung des Anspruchs, § 200

II. Vereinbarungen über die Verjährung

1. **Verkürzung der Verjährungsfrist/Vorverlegung des Verjährungsbeginns**

   Gem. § 202 Abs. 1 individualvertraglich **grds. zulässig** (nicht jedoch bei Haftung wegen Vorsatzes)
   - **Besonderheit** gem. **§ 476 Abs. 2** für den **Verbrauchsgüterkauf:**
     - Verjährungserleichterung für neu hergestellte Sachen unter **2 Jahren** unzulässig
     - Verjährungserleichterung für gebrauchte Sachen unter **1 Jahr** unzulässig
     - Ausnahme: Schadensersatzansprüche (Ausschluss bzw. Beschränkung in den Grenzen der §§ 307–309 möglich)
   - Auch durch **AGB** kann Verjährung verkürzt werden (soweit überhaupt zulässig)
     - Bei Gewährleistungsrechten im Kauf- und Werkvertragsrecht gem. § 309 Nr. 8b) ff) bei neu hergestellten Sachen nicht unter 1 Jahr
2. **Verlängerung der Verjährung/Hinausschieben des Verjährungsbeginns**

   Gem. § 202 Abs. 2 grds. zulässig (nicht jedoch über 30 Jahre ab gesetzlichem Verjährungsbeginn hinaus)

III. Fristende

1. **Hemmung**
   - **Wirkung, § 209:** Zeitraum, währenddessen Verjährung gehemmt war, wird in Verjährungsfrist nicht eingerechnet.
   - **Beispiele:**
     - Schwebende Verhandlungen über Anspruch, § 203 S. 1
       Ⓟ *Mangelbeseitigungsversuche = Anerkenntnis oder Verhandlung?*
       (Teilweise wird ein Mangelbeseitigungsversuch grds. als Verhandlung gewertet mit der Folge, dass die Verjährung gehemmt würde, teilweise grds. als Anerkenntnis mit der Folge, dass die Verjährung neu beginnen würde. Nach h.M. sind die Umstände des Einzelfalls maßgeblich, sodass ein Anerkenntnis vorliegen kann aber nicht muss.)
     - Klageerhebung
     - Zustellung eines Mahnbescheides
     - Zustellung einer Streitverkündung
     - Zustellung eines Antrags auf Durchführung des Beweisverfahrens
     - Zustellung eines Arrestantrags oder eines Antrags auf einstweilige Verfügung
     - Anmeldung eines Anspruchs im Insolvenzverfahren
     - Geltendmachung der Aufrechnung im Prozess
     - Leistungsverweigerungsrecht, § 205
     - Verhinderung der Geltendmachung eines Anspruchs durch höhere Gewalt, § 206
     - Familiäre Gründe, § 207
       - Bestehen einer Ehe, Lebenspartnerschaft
       - Minderjährigkeit der Kinder
       - Vormundschaftsverhältnis
       - Betreuungsverhältnis
     - Ansprüche wegen Verletzung der sexuellen Selbstbestimmung (bis 21. Lebensjahr)
2. **Ablaufhemmung**
   - **Wirkung:** Verjährung läuft nicht vor Wegfall bestimmter Gründe ab, die Geltendmachung des Anspruchs entgegenstehen.
   - **Beispiele:**
     - Ende von hemmenden Verhandlungen, § 203 S. 2
     - Nicht voll Geschäftsfähige ohne gesetzlichen Vertreter, § 210
     - Nachlassfälle, § 211
3. **Neubeginn**
   - **Wirkung, § 212:** Neue Verjährungsfrist wird in Gang gesetzt.
   - **Beispiele:**
     - Anerkenntnis
       Ⓟ *Aufrechnung mit bestrittener Forderung = Anerkenntnis?*
       (Maßgeblich sind die Umstände des Einzelfalls.)
       Ⓟ *Mangelbeseitigungsversuche = Anerkenntnis oder Verhandlung?*
       (Teilweise wird ein Mangelbeseitigungsversuch grds. als Verhandlung gewertet, teilweise grds. als Anerkenntnis. Nach h.M. und bei Umständen des Einzelfalls maßgeblich, sodass ein Anerkenntnis vorliegen kann aber nicht muss.)
     - Vornahme bzw. Beantragung einer gerichtlichen oder behördlichen Vollstreckungshandlung

Das Anspruchssystem der Geschäftsführung ohne Auftrag

Geschäftsführung ohne Auftrag (GoA)

Geschäftsbesorgung
umfasst grds. alle rechtsgeschäftlichen und tatsächlichen Handlungen

fremdes Geschäft
gehört objektiv zum Pflichten- oder Interessenkreis eines anderen

ohne Auftrag und ohne sonstige Berechtigung
dem Geschäftsherrn gegenüber weder aus Vertrag noch kraft Gesetzes verpflichtet

Fremdgeschäftsführungwillen (FGW)
wird beim objektiv fremden Geschäft widerlegbar vermutet

mit FGW → **Echte GoA**

ohne FGW → **Unechte GoA**

Echte GoA

im Interesse und Willen des GH → **Echte berechtigte GoA, §§ 677, 683**

§§ 667, 681 S. 2, 677
Herausgabe des Erlangten

§§ 670, 683 S. 1, 677
Ersatz von Aufwendungen
- auch risikotypische Begleitschäden
- Vergütung analog § 1835 Abs. 3

§§ 280 Abs. 1, 677
Schadensersatz wegen Ausführungsverschuldens

gegen Interesse und ohne Willen des GH → **Echte unberechtigte GoA, §§ 677, 684**

§§ 684, 812
Herausgabe des Erlangten i.S.v. Aufwendungsersatz

§§ 678, 677
Schadensersatz wegen Übernahmeverschuldens

§§ 280 Abs. 1, 677
Schadensersatz wegen Ausführungsverschuldens

Unechte GoA

ohne Kenntnis der Fremdheit → **Irrtümliche GoA, § 687 Abs. 1**

§§ 677–686
- unanwendbar
- auch eine Genehmigung gem. § 684 S. 2 führt nicht zur Anwendbarkeit
- andere Vorschriften für Ausgleich maßgebend, insbes.:

§§ 987 ff., 823 ff. und 812 ff.

mit Kenntnis der Fremdheit → **Angemaßte GoA, § 687 Abs. 2**

§§ 667, 681 S. 2, 687 Abs. 2 S. 1
Herausgabe des Erlangten

§§ 684, 812, 687 Abs. 2 S. 2
Herausgabe des Erlangten i.S.v. Aufwendungsersatz

§§ 678, 687 Abs. 2 S. 1
Schadensersatz wegen Übernahmeverschuldens

33. Überblick Bereicherungsrecht

Das bereicherungsrechtliche Anspruchsystem der §§ 812 ff. BGB

Anspruchsteller hat geleistet | Anspruchsteller hat **nicht** geleistet

Leistungskondiktionen (LK)

- **§ 812 Abs. 1 S. 1 Alt. 1**: Etwas erlangt durch Leistung ohne Rechtsgrund
- **§ 812 Abs. 1 S. 2 Alt. 2**: Etwas erlangt durch Leistung bei **Zweckverfehlung**
- **§ 817 S. 1**: Etwas erlangt durch Leistung und **Empfänger verstößt mit Annahme gegen die guten Sitten oder gesetzliches Verbot**
- **§ 812 Abs. 1 S. 2 Alt. 1**: Etwas erlangt durch Leistung und **späterer Wegfall des Rechtsgrundes**
- **§ 813**: Etwas erlangt durch Leistung auf **einredebehaftete Forderung**

Ausschlussgründe (nur für LK)

- **§ 814**: **Kenntnis** der **Nichtschuld/ Sitten- oder Anstandspflicht**; gilt nur für § 812 Abs. 1 S. 1 Alt. 1
- **§ 815**: **Kenntnis** des **Nichteintritts oder treuwidrige Erfolgsvereitelung**; gilt nur für § 812 Abs. 1 S. 2 Alt. 2
- **§ 817 S. 2**: **Gesetzes- oder Sittenverstoß des Leistenden**; gilt nach h.M. für alle Fälle der LK

Nichtleistungskondiktionen (NLK)

allg. NLK

§ 812 Abs. 1 S. 1 Alt. 2: Etwas erlangt **in sonstiger Weise** auf Kosten des anderen ohne Rechtsgrund

- **Eingriffs**kondiktion
- **Rückgriffs**kondiktion
- **Verwendungs**kondiktion

spezielle NLK (Vorrang ggü. § 812 Abs. 1 S. 1 Alt. 2)

§ 816 Abs. 1 S. 1: **Entgeltliche Verfügung eines Nichtberechtigten** (NB) an Dritten (D), wirksam ggü. Berechtigtem (B)

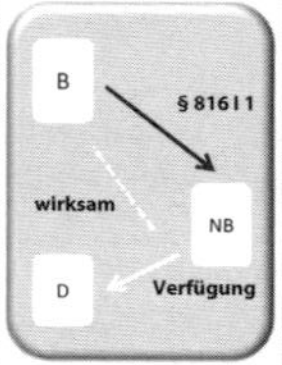

§ 816 Abs. 1 S. 2: **Unentgeltliche Verfügung eines Nichtberechtigten**, wirksam ggü. Berechtigtem

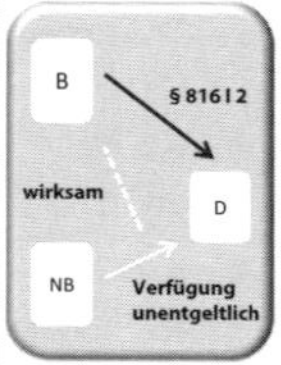

§ 816 Abs. 2: **Leistung an Nichtberechtigten**, wirksam ggü. Berechtigtem

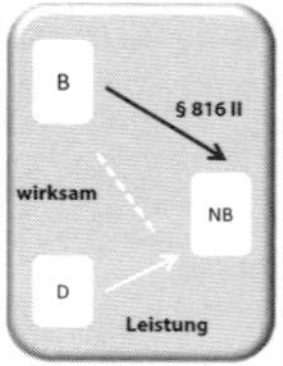

§ 822: Kondiktionsanspruch gegen den Empfänger (E) scheidet wegen **Entreicherung** aus

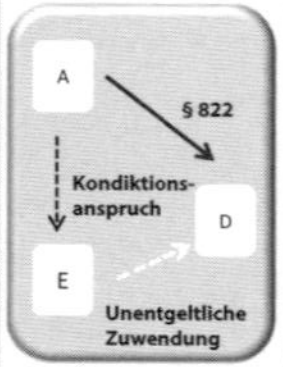

Rechtsfolgen des Bereicherungsanspruchs (in 5 Schritten)

1. **Herausgabe** des **Bereicherungsgegenstands** selbst, **§§ 812 Abs. 1 S. 1, 818**
2. ggf. auch Herausgabe der **Nutzungen und Surrogate**, **§ 818 Abs. 1**
3. ggf. **Wertersatz**, soweit Herausgabe des Bereicherungsgegenstands bzw. der Nutzungen oder Surrogate unmöglich, **§ 818 Abs. 2**
4. keine Herausgabe- oder Wertersatzpflicht, soweit **Empfänger entreichert**, **§ 818 Abs. 3**
5. ggf. **verschärfte Haftung** des Bereicherungsschuldners; dann u.a. keine Berufung auf Entreicherung, **§ 818 Abs. 4** (§§ 819, 820)

II. Schuldrecht
34. Umfang der Herausgabe bei Bereicherung, § 818

I. Herausgabe der Bereicherung

1. **Herausgabe des Erlangten, § 812**
   - Herausgabe „in Natur" muss möglich sein (d.h. Gegenstand muss im Vermögen des Bereicherten noch vorhanden sein).
   - Hat der Bereicherungsschuldner seinerseits einen Bereicherungsanspruch gegen einen Dritten, besteht keine Pflicht, diesen geltend zu machen (kein Verschaffungsanspruch des Bereicherungsgläubigers) und keine Pflicht diesen abzutreten (keine Kondiktion der Kondiktion); der Bereicherungsschuldner hat ggf. Wertersatz zu leisten (s.u.).
2. **Herausgabe der Nutzungen, § 818 Abs. 1** (**Gem. § 100 Früchte** und **Gebrauchsvorteile** einer Sache oder eines Rechts)
   a) **Früchte – (Herausgabe in Natur grds. möglich)**
      - Erzeugnisse, bestimmungsgemäße Ausbeute (§ 99 Abs. 1) sowie Erträge (§ 99 Abs. 3, ☞Miete einer vermieteten Wohnung)
      - Zinsen
      - Nach h.M. auch ersparte Darlehenszinsen

   b) **Gebrauchsvorteile – (Herausgabe in Natur regelmäßig nicht möglich)**
      - Vorteile, die – ohne Früchte zu sein – gezogen werden können (§ 100, ☞Wohnvorteil bei selbst genutzter Wohnung)
      - Kein **Ver**brauch (da kein **Ge**brauch mehr)
        Ⓟ *Gewinn eines Unternehmens als Nutzung?*
        (Grundsätzlich kann auch der Gewinn eines Unternehmens als Nutzung anzusehen sein, wobei die „Eigenleistung" des Unternehmers abzuziehen ist.)
3. **Surrogate, § 818 Abs. 1**
   - Alles, was dem Bereicherungsschuldner im Rahmen **bestimmungsgemäßer Ausübung** des Rechts zugeflossen ist
   - Nicht z.B. Veräußerungserlös, wenn Bereicherungsschuldner zur Veräußerung des Gegenstandes nicht berechtigt war (dann aber ggf. Kondiktion gem. § 816 Abs. 1 ⇨ ***S. 95***)

II. Wertersatz, § 818 Abs. 2

- Zu ersetzen ist der objektive Wert des Erlangten/der Nutzung
- Etwaige Mehrerlöse (günstiger Verkauf) verbleiben dem Bereicherungsschuldner
- Ersatz nur, soweit keine Entreicherung eingetreten ist **(s.u. III.)** oder der Bereicherungsschuldner verschärft haftet **(s.u. IV.)**

III. Entreicherung, § 818 Abs. 3

- Bei **Herausgabe einer Sache** Entreicherung durch Beschädigung/Zerstörung/Verbrauch (es sei denn, ersparte Eigenaufwendungen) – ***Sachinhaber trägt kein Entreicherungsrisiko***
- Bei **„Herausgabe" einer Tätigkeit bzw. Gebrauchsmöglichkeit** Entreicherung, sofern keine eigenen Aufwendungen erspart
- Bei **Abwicklung unwirksamer Verträge: „Saldotheorie":**
  - Rückgewähr der Leistung nur „Zug-um-Zug" gegen Rückgewähr der Gegenleistung
  - Wertverlust der Sache wird als Wegfall der Bereicherung bei der Gegenleistung abgezogen ***(Entreicherungsrisiko trägt der Sachinhaber)***.
  - Bei Gleichartigkeit der Leistungen: Verrechnung von Leistung und Gegenleistung, ohne Erforderlichkeit einer Aufrechnung

II. Schuldrecht
34. Umfang der Herausgabe bei Bereicherung, § 818
(Fortsetzung)

III. Entreicherung, § 818 Abs. 3 (Fortsetzung)

- **Ausnahmen von der Saldotheorie:**
  - **Nicht voll Geschäftsfähiger** kann erbrachte Leistung voll zurückfordern und schuldet keinen Wertersatz. ⇨ ***S. 351***
  - Der **verschärft Haftende (s.u. IV.)** trägt das Entreicherungsrisiko, sodass er stets die volle Leistung zurückzugewähren hat.
  - Geht die Sache infolge **Mangels** unter oder wird sie deshalb verschlechtert, kann die volle Gegenleistung zurückgefordert werden.
    Ⓟ *Abwicklung von Verträgen, wenn eine Leistung noch nicht erbracht wurde*
    *(Nicht nach der Saldotheorie, da es an einem **„faktischen Synallagma“** fehlt.)*
- Nach h.M. können dem Bereicherungsanspruch auch Vertragskosten und Verwendungen entgegengehalten werden, die im Vertrauen auf den Erhalt und Bestand der Leistung gemacht worden sind.

IV. Verschärfte Haftung (nach allg. schuldrechtlichen Regeln)

1. **Fälle verschärfter Haftung**
   a) **Rechtshängigkeit, § 818 Abs. 4**
   Zeitpunkt = Rechtshängigkeit der Herausgabeklage, § 261 ZPO, was nach § 253 Abs. 1 ZPO die Zustellung der Klageschrift erfordert
   b) **Bei ungewissem Erfolgseintritt, § 820**
   c) **Bösgläubigkeit, § 819**
   - Erforderlich ist positive Tatsachenkenntnis und positive Rechtsfolgenkenntnis (jedenfalls eine „Parallelwertung in der Laiensphäre“)
   - Kenntniszurechnung bei Minderjährigen
     - bei Leistungskondiktion: Positive Kenntnis des gesetzlichen Vertreters, § 166 Abs. 1
     - bei Nichtleistungskondiktion kommt es auf eigene Kenntnis des Minderjährigen an, wenn er entsprechend §§ 827, 828 die erforderliche Einsichtsfähigkeit hat
2. **Rechtsfolgen verschärfter Haftung**
   - § 292: **Haftung nach §§ 987 ff.:**
     - Schadensersatz: ⇨ ***S. 49***
     - Nutzungsersatz: ⇨ ***S. 103***
   - Bei **Verzug** mit Herausgabepflicht, Haftung auch für Zufall, §§ 292, 990 Abs. 2, 287 S. 2
     (⚠ Wegen der Fiktion der Rechtshängigkeit in § 819 Abs. 1 und der Gleichstellung der Rechtshängigkeit mit einer Mahnung in § 286 Abs. 1 S. 2 wird teilweise angenommen, dass immer gem. §§ 990 Abs. 2, 287 S. 2 für Zufall gehaftet wird; Sinn und Zweck der Verweisung ist aber gerade eine Differenzierung nach Verschulden.)
   - Herausgabe auch der rechtsgeschäftlichen Surrogate gem. § 285 (str.)
   - **Keine Berufung auf Entreicherung** möglich ⚠

III. Sachenrecht
1. Eigentumserwerb an beweglichen Sachen, §§ 929 ff.

I. Dingliche Einigung, § 929 S. 1

1. **Einigung über den Eigentumswechsel**
   a) Dingliche Einigung **unmittelbar** zwischen Verfügendem und Erwerber ⇨ ***S. 143***
   b) Einigung unter Einschaltung von **Vertretern**, §§ 164 ff. ⇨ ***S. 148***
   c) **Konkludente dingliche Einigung (Auslegung!)**
   - bei Übergabe der Sache
   - bereits bei Abschluss des Verpflichtungsvertrages (antizipierte Einigung)
   - durch Abnahme einer tatsächlich angebotenen Sache (z.B. in Automaten)
     Ⓟ *Einigungszeitpunkt an SB-Tankstellen?*
     (Teilweise: Eigentumserwerb schon durch Vermischung, § 948; teilweise: bei Einfüllen in Tank; teilweise: erst nach Bezahlung, da konkludent ein Eigentumsvorbehalt vereinbart sei.)
     ⇨ ***S. 146***
2. **Inhalt der dinglichen Einigung**
   a) Wahrung des sachenrechtlichen Bestimmtheitsgrundsatzes
   b) Bedingung, § 158 (Hauptfall Eigentumsvorbehalt), oder Befristung, § 163, der Einigung
   ⇨ ***S. 160,*** ⇨ ***S. 255***
3. **Keine Unwirksamkeits- bzw. Nichtigkeitsgründe**
   a) Mangelnde Geschäftsfähigkeit, §§ 104 ff.
   ⇨ ***S. 350,*** ⇨ ***S. 153***
   b) Form, § 125 ⇨ ***S. 155***
   c) Verstoß gegen ein Verbotsgesetz, § 134 (☞Übereignung von Betäubungsmitteln)
   d) Anfechtung, § 142 ⇨ ***S. 158***
4. **Kein Widerruf der Einigung bis zur Vollendung des Rechtserwerbs**
   Eine antizipierte Einigung kann bis zur Übergabe widerrufen werden
   (Umkehrschluss aus §§ 873 Abs. 2, 956 Abs. 1 – h.M).
   (⚠ Durchbrechung des Grundsatzes, dass Willenserklärungen gem. § 130 Abs. 1 S. 2 nur vor oder gleichzeitig mit Zugang widerruflich sind.)
5. **Wirksamkeit** von Einigungserklärungen bei Tod oder Geschäftsunfähigkeit nach Abgabe nicht berührt, §§ 130 Abs. 2, 153
   (⚠ Allerdings können die Erben bzw. gesetzlichen Vertreter widerrufen, solange der Rechtserwerb noch nicht vollendet ist.)

II. Übergabe oder Übergabesurrogat

1. **Übergabe gem. § 929 S. 1**
   a) **Besitzerwerb auf Erwerberseite**
   - Erwerber wird selbst **unmittelbarer Besitzer** durch Erlangung der Sachherrschaft, § 854 Abs. 1 (räumliche Beziehung zu der Sache von gewisser Dauer mit natürlichem Beherrschungswillen)
   - Erwerber wird selbst **unmittelbarer Besitzer** durch Vereinbarung, § 854 Abs. 2
   - **Besitzdiener** des Erwerbers (§ 855) erlangt tatsächliche Sachherrschaft – dann gilt der Erwerber bereits als unmittelbarer Besitzer
   - Organ einer Gesellschaft erlangt tatsächliche Sachherrschaft – dann gilt die Gesellschaft als Besitzer (sog. Organbesitz)

II. Übergabe oder Übergabesurrogat (Fortsetzung)

- Erwerber wird **mittelbarer Besitzer** durch Vereinbarung eines Besitzkonstitutes, § 868

  (⚠ Das Besitzkonstitut muss zwischen Erwerber und einem Dritten bestehen. Bei Vereinbarung eines Besitzkonstitutes zwischen Erwerber und Verfügendem kommt nur eine Übereignung nach §§ 929, 930 in Betracht.)

  - Rechtsverhältnis/Besitzmittlungsverhältnis i.S.v. § 868
  - Herausgabeanspruch des mittelbaren gegen den unmittelbaren Besitzer (mind. aus § 985 oder § 812)
  - Fremdbesitzerwille des unmittelbaren Besitzers
- Besitz wird auf **Geheiß** des Erwerbers auf einen Dritten (Geheißperson des Erwerbers) übertragen

b) **auf Veranlassung des Verfügenden zum Zwecke der Eigentumsübertragung**

- Veranlassung liegt vor, wenn auf Weisung des Verfügenden sein Besitzdiener, Besitzmittler oder seine Geheißperson den Besitz überträgt

  Ⓟ *Veranlassung bei Scheingeheißperson?*
  Nach h.M. kommt es nicht auf den inneren Willen des Veranlassenden, sondern auf die Sicht des objektiven Empfängers an, sodass auch bei einer Scheingeheißperson die Übergabe bejaht wird.
- Wegnahmeermächtigung (soweit bei Besitzergreifung Einverständnis noch vorliegt)
- Str., ob Übergabe durch Stellvertreter analog § 164 zurechenbar

c) **Vollständiger Besitzverlust aufseiten des Verfügenden**

- Verfügender gibt eigene Sachherrschaft auf
- Besitzdiener des Verfügenden gibt Sachherrschaft mit dessen Einverständnis auf
- Besitzmittler des Verfügenden überträgt den Besitz
- Besitzmittler schließt mit Erwerber neues Besitzmittlungsverhältnis

d) ***Wechsel des unmittelbaren Besitzers nach h.M. nicht erforderlich*** *(☞ Lagerhalter besitzt erst für den ursprünglichen Eigentümer und jetzt für den Erwerber)*

2. **Übereignung „kurzer Hand" gem. § 929 S. 2**

a) **Erwerber ist bereits Besitzer**

- Erwerber ist selbst unmittelbarer Besitzer, weil er die Sachherrschaft ausüben kann, § 854 Abs. 1 (von wem der Besitz erlangt wurde, ist unerheblich, d.h. keine „Veranlassung" erforderlich)
- Besitzdiener des Erwerbers (§ 855) hat tatsächliche Sachherrschaft
- Erwerber ist mittelbarer Besitzer, § 868

b) **Vollständiger Besitzverlust aufseiten des Verfügenden**

- Ist der Verfügende mittelbarer Besitzer und der Erwerber unmittelbarer Fremdbesitzer, muss er den Besitz in Eigenbesitz umwandeln.
- Bleibt der Verfügende Besitzer (auch nur Mitbesitzer, § 866), greift § 929 S. 2 nicht ein.

3. **Vereinbarung eines Besitzkonstitutes, § 930, als Übergabesurrogat**

a) **Der Verfügende muss Besitzer sein**

- Unmittelbarer Besitzer, § 854
- Mitbesitzer, 866
- Mittelbarer Besitzer, § 868

II. Übergabe oder Übergabesurrogat (Fortsetzung)

3. **Vereinbarung eines Besitzkonstitutes, § 930** (Fortsetzung)
   b) **Bestehen eines Besitzmittlungsverhältnisses zwischen Verfügendem und Erwerber, § 868**
   - Rechtsgeschäftliches Besitzmittlungsverhältnis
     - Rechtsverhältnis i.S.v. § 868 (kann auch antizipiert vereinbart werden)
     - Herausgabeanspruch des mittelbaren Besitzers (mind. aus § 985 oder § 812)
     - Fremdbesitzerwille des unmittelbaren Besitzers
   - Besitzmittlungsverhältnis aufgrund ehelicher Lebensgemeinschaft, § 1353
   - Besitzmittlungsverhältnis durch elterliche Vermögenssorge, § 1626
4. **Abtretung des Herausgabeanspruchs, § 931, als Übergabesurrogat**
   a) Der Verfügende ist mittelbarer Besitzer
   b) Ein Dritter ist unmittelbarer Besitzer, § 854 oder mittelbarer Besitzer (sofern Veräußerer nicht Besitzmittler)
   c) Abtretung des Herausgabeanspruchs gem. §§ 398, 870
   Ⓟ *Abtretbarkeit des Herausgabeanspruchs aus § 985?*
   Nach h.M. ist der Eigentumsherausgabeanspruch untrennbar mit dem Eigentum verbunden, sodass er nicht isoliert abtretbar ist. Besteht hier kein anderweitiger Herausgabeanspruch (z.B. aus § 604), reicht in diesen Fällen lediglich eine Einigung über den Eigentumsübergang.

III. Berechtigung des Verfügenden

1. **Verfügungsbefugter Eigentümer**
   Der Eigentümer ist **nicht befugt bei:**
   - behördlichem oder gesetzlichem Verfügungsverbot (§§ 135, 136)
   - Bedingungseintritt bei Verfügungen in der Schwebezeit, § 161 Abs. 1 } Bis zum Eintritt des Nacherbenfalls oder der Bedingung verfügt der Eigentümer als Berechtigter.
   - Eintritt des Nacherbfalls, § 2113 Abs. 1
   - Insolvenzverwaltung, § 81 Abs. 1 InsO
   - Ehegatten bei Verfügungen über das Vermögen im Ganzen oder Haushaltsgegenständen, §§ 1365, 1369, 1366 ⇨ ***S. 281***
   - Nachlassverwaltung, § 1984 Abs. 1
   - Testamentsvollstreckung, § 2211
2. **Kraft Gesetzes verfügungsbefugter Nichteigentümer**
   - Insolvenzverwalter, § 80 Abs. 1 InsO
   - Pfandverwertung, § 1204 Abs. 1 i.V.m. § 1228 Abs. 2
   - Nachlassverwalter, § 1985 Abs. 1
   - Testamentsvollstrecker, § 2205
3. **Kraft Einwilligung verfügungsbefugter Nichteigentümer**
   - Gem. § 185 Abs. 1 zur Verfügung Ermächtigter bei vorheriger Einwilligung des Berechtigten; nicht bei erst nachträglicher Genehmigung, § 185 Abs. 2.
   (⚠ Die Unterscheidung ist für die Anwendbarkeit des § 816 Abs. 1 – Verfügung eines Nichtberechtigten – sehr wichtig.)

wenn 1.–3. (–): (Gutgläubigen) Eigentumserwerb vom Nichtberechtigten prüfen ⇨ ***S. 241***

III. Sachenrecht
2. Eigentumserwerb an beweglichen Sachen vom Nichtberechtigten

Hinsichtlich der Voraussetzungen I.–III. gelten die üblichen Erwerbsvoraussetzungen ⇨ S. 237 ff. Hier werden nur Besonderheiten des gutgläubigen Erwerbs dargestellt.

I. Dingliche Einigung, § 929 S. 1

Verfügt ein Minderjähriger über eine für ihn fremde Sache, ist str., ob angesichts dieses für ihn „neutralen" Geschäftes eine wirksame dingliche Einigung gem. § 107 möglich sein soll (h.M. [+]; Kritik: Erwerber steht dann besser, als wenn Sache dem Minderjährigen tatsächlich gehört hätte, da dann nachteilig i.S.v. § 107).

II. Übergabe oder Übergabesurrogat

Falls bei einer Übereignung nach §§ 929, 931 kein Herausgabeanspruch besteht, reicht die Abtretung eines nur behaupteten Herausgabeanspruchs, da sonst der Fall des gutgläubigen Erwerbs gem. § 934 Alt. 2 nie eintreten könnte.

III. Keine Berechtigung des Verfügenden

vgl. ⇨ S. 239

IV. Wirksamer Erwerb vom Nichtberechtigten

1. **Wirksamwerden der Verfügung gem. § 185 Abs. 2**
   a) Genehmigung des Berechtigten, § 184
   b) Nachträglicher Erwerb des Gegenstandes durch Verfügenden
   z.B.: Verfügender wird Alleinerbe des Berechtigten, § 1922
   c) Berechtigter hat den Verfügenden beerbt und unbeschränkte Haftung für Nachlassverbindlichkeiten (§ 1967)
   z.B.: Berechtigter wird Alleinerbe des Verfügenden, § 1922
2. **Gutgläubiger Erwerb gem. §§ 932 ff.** *(⚠ geschützt ist grds. nur der gute Glaube an das **Eigentum**)*
   a) **Rechtsgeschäft im Sinne eines Verkehrsgeschäftes**
   - Kein gesetzlicher Erwerb

     Erbschaft, § 1922; Ersitzung, §§ 937 ff., 946 ff., 953 ff.

   „Streng genommen fehlt es dann schon an einer Einigung."
   - Kein Verkehrsgeschäft liegt vor bei
     - vorweggenommener Erbfolge, da zwar formal Rechtsgeschäft, aber der echten Erbfolge gleichzustellen
     - Erbauseinandersetzung
     - wirtschaftlicher Personenidentität Verfügender – Erwerber

   b) **Legitimation durch den Rechtsschein des Besitzes gem. §§ 932 ff.**
   - Bei **Übereignung nach § 929 S. 1** (Übergabe): § 932 Abs. 1 S. 1

     Tatsächliche ***Übergabe*** i.S.v. § 929 S. 1 (in allen Varianten) ist als Rechtsschein ausreichend
     Ⓟ *Rechtsschein bei Scheingeheißperson?*
     (Nach h.M. kommt es nicht auf den inneren Willen des Veranlassenden, sondern auf die Sicht des objektiven Empfängers an, sodass auch bei einer Scheingeheißperson die Übergabe und der erforderliche Rechtsschein bejaht werden; nach a.A. reicht nur guter Glaube aufgrund Rechtsscheins und nicht an Rechtsschein.)
   - **Bei Übereignung nach § 929 S. 2** (Übereignung kurzer Hand): **§ 932 Abs. 1 S. 2**

     Erwerber muss Besitz „vom Veräußerer" erlangt haben, d.h. durch eine ***„Übergabe"*** i.S.v. § 929 S. 1, die aber bereits vor der Einigung stattgefunden haben muss.

IV. Wirksamer Erwerb vom Nichtberechtigten (Fortsetzung)

- **Bei Übereignung nach § 930** (Besitzkonstitut): **§ 933**
  Erwerber muss Sache „übergeben" werden, d.h. auch hier ist eine ***„Übergabe"*** i.S.v. § 929 S. 1 erforderlich.
- **Bei Übereignung nach § 931** (Abtretung des Herausgabeanspruchs): **§ 934**
  - Wenn Verfügender mittelbarer Besitzer war, **§ 934 Alt. 1:**
    Einigung und wirksame Abtretung reichen aus (d.h. hier reicht die Verschaffung mittelbaren Besitzes)
  - Wenn Verfügender nicht mittelbarer Besitzer war, **§ 934 Alt. 2:**
    Erwerber muss den Besitz (auch mittelbaren) vom Dritten erlangen

    Ⓟ *Nebenbesitz bei mehreren Besitzmittlungsverhältnissen?*
    (Wenn mehrere Besitzmittlungsverhältnisse bestehen, wird nach h.M. kein gleichstufiger Nebenbesitz begründet, sondern der Besitzmittler besitzt nur für den „neuen" mittelbaren Besitzer.)

    Beachte den Schutz des Besitzers durch § 936 Abs. 3 und durch § 986 Abs. 2.

c) **Gutgläubigkeit des Erwerbers**

- **Bezugspunkt:** Eigentum des Verfügenden
- **Zeitpunkt:** Vollendung des Rechtserwerbs
- **Gutgläubigkeit gem. § 932 Abs. 2 (–)**, bei **positiver Kenntnis** und **grob fahrlässiger Unkenntnis**
  - keine allgemeine Nachforschungspflicht
  - beim gebrauchten Kfz ist Vorlage der Zulassungsbescheinigung erforderlich
  - Auffälliges Missverhältnis Kaufpreis – Verkehrswert begründet Nachforschungspflicht
  - Umstände des Geschäftsabschlusses ebenfalls (z.B. Straßenverkauf)
- Bei Einigung durch **Vertreter** kommt es auf die Gutgläubigkeit des Vertreters an, **§ 166 Abs. 1**
  - Es sei denn, Vertreter handelt nach Weisungen, § 166 Abs. 2
  - Keine Anwendbarkeit des § 166 Abs. 2 auf gesetzlichen Vertreter (str.)
  - Bei Gesellschaften reicht Bösgläubigkeit eines Organs (nicht notwendig des Handelnden)

⚠ ***§ 142 Abs. 2:*** *Wer die Anfechtbarkeit eines Rechtsgeschäfts kannte oder kennen musste, wird so behandelt als ob er die Nichtigkeit kannte bzw. kennen musste.*

☞ Kennt jemand die Anfechtbarkeit einer Übereignung, wird er so behandelt als hätte er ihre Unwirksamkeit gekannt. Damit wusste er aber auch, dass der Erwerber kein Eigentum erlangt hat und ist nicht gutgläubig.

d) **Kein Abhandenkommen i.S.v. § 935**

- Abhandenkommen liegt immer dann vor, wenn **unmittelbarer** Besitzer die Sache nicht willentlich aus der Hand gegeben hat **(gegen oder ohne den Willen des Besitzers), § 935 Abs. 1**
  - Ist Eigentümer nur mittelbarer Besitzer, so ist auf den unmittelbaren Besitzer abzustellen, § 935 Abs. 1 S. 2!
  - Kein Abhandenkommen, wenn Organ einer Gesellschaft die Sache weggibt
  - Abhandenkommen bei willentlicher Besitzaufgabe des Besitzdieners (str.)
  - Abhandenkommen bei Erben, § 857 (es sei denn, Scheinerbe weist sich durch Erbschein aus, § 2366)
  - Weggabe durch Geschäftsunfähigen ist unwillentlich
  - Irrtum/Täuschung schließt Willentlichkeit nicht aus, also kein Abhandenkommen
  - Keine willentliche Weggabe bei Gewalt
  - Willentliche Weggabe bei Drohung (str.)

    Ⓟ *Willentliche Besitzaufgabe, wenn Sache einem unmittelbaren Besitzer abhanden kommt, der nicht für den Eigentümer besitzt?*
    (Anwendbarkeit des § 935 analog, da ein Besitzverlust „aufseiten des Eigentümers" ausreicht.)

IV. Wirksamer Erwerb vom Nichtberechtigten (Fortsetzung)

- Keine Anwendbarkeit des § 935 auf Geld, Inhaberpapiere und Veräußerung im Rahmen einer öffentlichen Versteigerung, § 935 Abs. 2

⚠ *Bei öffentlich-rechtlicher Zwangsversteigerung nach ZPO gelten §§ 929 ff. nicht, also auch nicht § 935 Abs. 2* ⇨ ***S. 343***

Ⓟ *Rückerwerb durch Nichtberechtigten?*
(Nach Sinn und Zweck der §§ 932 ff. fällt das gutgläubig erworbene Eigentum bei Rückübertragung an den nichtberechtigt Verfügenden statt an diesen an den Eigentümer zurück.)

3. **Erweiterungen des Gutglaubenserwerbs**

a) Ausnahmsweise wird der Gutglaubensschutz ausgeweitet auch auf den **guten Glauben an das Nichtbestehen einer Verfügungsbeschränkung** (**Eigentümer** ohne Verfügungsbefugnis verfügt):
- Keine unmittelbare Anwendung der §§ 932 ff. (vgl. Wortlaut „Nichteigentümer")
- **Überwindung** der fehlenden Verfügungsbefugnis in den gesetzlich angeordneten Fällen
  - Relatives Verfügungsverbot, §§ 135 Abs. 2, 136
  - Bedingungseintritt bei Verfügungen in der Schwebezeit, § 161 Abs. 3
  - Verfügung des Vorerben, § 2113 Abs. 3
  - Verfügung des Erben trotz Testamentsvollstreckung, § 2211 Abs. 2
- **Keine Überwindung** bei absoluten Verfügungsbeschränkungen
  - Ehegatten, §§ 1365, 1369, 1366 ⇨ ***S. 281***
  - Kindesvermögen, § 1643
  - Insolvenzverwaltung, § 81 InsO

b) In seltenen Fällen wird der Gutglaubensschutz auf den **guten Glauben an das Bestehen einer Verfügungsbefugnis** ausgeweitet (Nichteigentümer verfügt ohne Ermächtigung i.S.v. § 185 Abs. 1):
- Kaufleute, die im Betriebe ihres Handelsgewerbes Waren veräußern, § 366 Abs. 1 HGB
- Str., ob § 366 HGB auch anwendbar ist, wenn Kaufmann in fremdem Namen handelt und Vertretungsmacht fehlt

c) Zusätzlich zum guten Glauben an das Eigentum (bzw. den guten Glauben an das Nichtbestehen von Verfügungsbeschränkungen oder das Bestehen einer Verfügungsbefugnis) wird der **gute Glaube auf die Lastenfreiheit des Eigentums** geschützt, § 936:
- Erwerber muss Eigentum erlangen (egal, ob vom Berechtigten oder Nichtberechtigten).
- Auch wenn ein Erwerb vom Berechtigten stattfindet, muss dieselbe besitzrechtliche Position erlangt werden, wie beim Erwerb vom Nichtberechtigten (§ 936 Abs. 1 S. 2 und 3), damit ein lastenfreier Erwerb stattfindet.
- Die Gutgläubigkeit muss sich auf die Lastenfreiheit beziehen.
- Die Sache darf dem Berechtigten nicht abhanden gekommen sein.
- **Ausnahme § 936 Abs. 3:** Bei Übereignung durch Abtretung des Herausgabeanspruchs i.S.v. § 931 reicht für gutgläubigen Erwerb gem. § 934 Alt. 1 grds. die Erlangung mittelbaren Besitzes; ist die Sache aber im unmittelbaren Besitz desjenigen, der ein Recht an der Sache hat, erlischt dieses nicht (ein mit Sachbesitz verbundenes Recht braucht dem guten Glauben des Erwerbers nicht zu weichen).
- ⚠ *Oft übersehen* ***§ 986 Abs. 2:*** *Außerdem kann der unmittelbare Besitzer bei einer Veräußerung nach §§ 929, 931 dem (neuen) Eigentümer diejenigen Einwendungen entgegenhalten, die gegen den abgetretenen Anspruch bestanden.*

I. Auflassung, §§ 873 Abs. 1, 925

1. **Dingliche Einigung** über den Eigentumswechsel, § 873, in der Form des § 925 (Auflassung)
   a) Dingliche Einigung unmittelbar zwischen Verfügendem und Erwerber ⇨ ***S. 143***
   b) Dingliche Einigung unter Einschaltung von Vertretern, §§ 164 ff. ⇨ ***S. 148***
2. **In der Form des § 925**
   a) Abgabe bei gleichzeitiger Anwesenheit vor zuständiger Stelle (Notar) ⇨ ***S. 155***
   (⚠ § 311b Abs. 1 gilt hingegen für die schuldrechtliche Einigung – Abstraktionsprinzip!)
   b) Bedingungs- und Befristungsfeindlichkeit, § 925 Abs. 2, also kein Eigentumsvorbehalt möglich!
3. **Inhalt der dinglichen Einigung**
   a) Wahrung des sachenrechtlichen Bestimmtheitsgrundsatzes
   Ⓟ *Wirksamkeit der Auflassung bei Grundstücksteil, der noch nicht katastermäßig vermessen ist?*
   ⚠ falsa demonstratio-Grundsätze gelten auch im Sachenrecht!
   b) Erstreckung gem. **§ 926 Abs. 1 S. 2** im Zweifel auch auf Zubehör
   (⚠ Rechtsgrund für das Behaltendürfen des Zubehörs ist meist der Kaufvertrag, da dieser sich gem. § 311c ebenfalls im Zweifel auf das Zubehör erstreckt.)
4. **Keine Unwirksamkeits- bzw. Nichtigkeitsgründe**
   a) Mangelnde Geschäftsfähigkeit, §§ 104 ff. ⇨ ***S. 350,*** ⇨ ***S. 153***
   b) Anfechtung, § 142, falls Anfechtungsgrund für dingliche Willenserklärung ⇨ ***S. 158***
5. **Kein Widerruf bis zur Vollendung des Rechtserwerbs**
   a) Die Auflassung kann an sich widerrufen werden, aber i.d.R. besteht Bindungswirkung gem. § 873 Abs. 2:
      - bei notarieller Beurkundung der Auflassung (= Hauptfall)
      - bei Abgabe der Auflassungserklärungen vor dem Grundbuchamt
      - bei Einreichung der Auflassungserklärungen beim Grundbuchamt
      - bei Aushändigung einer den Vorschriften der GBO entsprechenden Eintragungsbewilligung
   b) Wirksamkeit der Willenserklärungen bei Tod oder Geschäftsunfähigkeit nicht berührt, §§ 130 Abs. 2, 153
   (⚠ Allerdings können die Erben bzw. gesetzlichen Vertreter widerrufen, solange noch keine Bindungswirkung eingetreten ist.)

II. Eintragung

Eintragung in das Grundbuch (entscheidend ist nur die tatsächliche Eintragung – eine Beachtung der Verfahrensvorschriften der §§ 13 ff. GBO ist nicht erforderlich und nicht zu prüfen!)

III. Berechtigung des Verfügenden

1. **Verfügungsbefugter Eigentümer**

   Der Eigentümer ist nicht befugt, bei

   - behördlichem oder gesetzlichem Verfügungsverbot, §§ 135, 136
   - Bedingungseintritt bei Verfügungen in der Schwebezeit, § 161 Abs. 1
   - Eintritt des Nacherbfalls, § 2113 Abs. 1

   (zu den beiden vorstehenden Punkten: Bis zum Eintritt des Nacherbenfalls oder der Bedingung verfügt der Eigentümer als Berechtigter.)

   - Insolvenzverwaltung, § 81 Abs. 1 InsO
   - Ehegatten, falls Grundstück nahezu das gesamte Vermögen, §§ 1365, 1366
   - Nachlassverwaltung, § 1984 Abs. 1
   - Testamentsvollstreckung, § 2211

2. **Kraft Gesetzes verfügungsbefugter Nichteigentümer**

   - Insolvenzverwalter, § 80 Abs. 1 InsO
   - Nachlassverwalter, § 1985 Abs. 1
   - Testamentsvollstrecker, § 2205

3. **Kraft Einwilligung verfügungsbefugter Nichteigentümer**

   - Gem. § 185 Abs. 1 zur Verfügung Ermächtigter (bei vorheriger Einwilligung des Berechtigten, nicht bei nachträglicher Genehmigung, § 185 Abs. 2)

     (⚠ Die Unterscheidung ist für die Anwendbarkeit des § 816 Abs. 1 – Verfügung eines Nichtberechtigten – sehr wichtig.)

wenn keine Berechtigung: Erwerb vom Nichtberechtigten ***⇨ S. 245***

III. Sachenrecht
4. Eigentumserwerb an unbeweglichen Sachen vom Nichtberechtigten

Die Voraussetzungen I.–III. entsprechen denen des Eigentumserwerbs vom Berechtigten ⇨ ***S. 243, 244***

I. Dingliche Einigung = Auflassung, §§ 873 Abs. 1, 925

II. Eintragung

III. Keine Berechtigung des Verfügenden

⇨ ***S. 244***

IV. Erwerb vom Nichtberechtigten

1. **Wirksamwerden der Verfügung gem. § 185 Abs. 2**
   a) Genehmigung des Berechtigten, § 184
   b) Nachträglicher Erwerb des Gegenstands durch Verfügenden
   z.B. Verfügender wird Alleinerbe des Berechtigten, § 1922
   c) Berechtigter hat Verfügenden beerbt und unbeschränkte Haftung für Nachlassverbindlichkeiten
   z.B. Berechtigter wird Alleinerbe des Verfügenden, § 1922
2. **Unbeachtlichkeit nachträglicher Verfügungsbeschränkungen, § 878**
   a) Verfügender muss im Zeitpunkt der dinglichen Einigung tatsächlich Berechtigter gewesen sein.
   b) Die dingliche Einigung muss gem. § 873 Abs. 2 bindend geworden sein (Bindungswirkung).
      - bei notarieller Beurkundung der Auflassung (= Hauptfall)
      - bei Abgabe der Auflassungserklärungen vor dem Grundbuchamt
      - bei Einreichung der Auflassungserklärungen beim Grundbuchamt
      - bei Aushändigung einer den Vorschriften der GBO entsprechenden Eintragungsbewilligung
   c) Der Antrag auf Eintragung in das Grundbuch muss vor Eintritt der Verfügungsbeschränkung schon gestellt sein, vgl. § 13 Abs. 1 GBO.
3. **Gutgläubiger (lastenfreier) Eigentumserwerb, § 892**
   a) **Rechtsgeschäft im Sinne eines Verkehrsgeschäftes**
      - Kein gesetzlicher Erwerb, z.B. bei
        - Erbschaft, § 1922 (dann fehlt ohnehin bereits die Auflassung)
      - Kein Verkehrsgeschäft liegt vor bei
        - vorweggenommener Erbfolge, da der echten Erbfolge gleichzustellen
        - Erbauseinandersetzung
        - wirtschaftlicher Personenidentität

IV. Erwerb vom Nichtberechtigten (Fortsetzung)

b) **Grundbuch unrichtig**
= wenn formelle – im Grundbuch eingetragene – Rechtslage nicht mit der materiellen Rechtslage übereinstimmt:

- Der Verfügende geht statt des Eigentümers aus dem Grundbuch hervor.
- Dingliches Recht besteht überhaupt nicht, nicht mit dem Inhalt, nicht mit dem Rang oder für einen anderen Berechtigten.
- Bestehende relative Verfügungsbeschränkung ist nicht eingetragen (absolute Verfügungsbeschränkungen, z.B. § 1365, können auch durch § 892 nicht überwunden werden).

c) **Legitimation des Verfügenden aufgrund der Grundbuchlage**

- „Rechtsschein" des Grundbuchs muss den Verfügenden legitimieren
- Erweiterung durch § 2366 für den Scheinerben
- Erweiterung gem. § 899a für (angebliche) GbR-Gesellschafter die (wegen § 47 Abs. 2 GBO) im Grundbuch eingetragen sind

d) **Guter Glaube des Erwerbers** (wird vermutet: „es sei denn")

- Der gute Glaube wird nur bei **positiver Rechtskenntnis** von der Unrichtigkeit des Grundbuchs ausgeschlossen.
  - Bloße Kenntnis der die Nichtberechtigung begründenden Tatsachen reicht nicht aus

    (⚠ Anders bei beweglichen Sachen: Hier schadet gem. § 932 Abs. 2 auch grob fahrlässige Unkenntnis.)
  - Aber: Wer die Anfechtbarkeit eines Rechtsgeschäfts kannte, wird so behandelt, als hätte er dessen Nichtigkeit gekannt, § 142 Abs. 2.
- **Zeitpunkt**
  - Gem. **§ 892 Abs. 2 Alt. 1** kommt es (wegen der u.U. langen Dauer des Eintragungsverfahrens) auf den **Zeitpunkt der Stellung des Eintragungsantrags** an (jedenfalls soweit nicht die Einigung erst nach Antragstellung erfolgt, § 892 Abs. 2 Alt. 2).
  - Sind weitere Voraussetzungen für den Eigentumserwerb erforderlich (Genehmigung), kommt es auf den Zeitpunkt ihres Vorliegens an.
  - Besonderheiten ergeben sich bei einer Auflassungsvormerkung, §§ 883 ff. ⇨ ***S. 259***

e) **Kein Widerspruch gegen die Richtigkeit eingetragen**

Ein Gutglaubenserwerb scheidet aus, wenn vor Vollendung des Rechtserwerbs (Eintragung) ein **Widerspruch gem. § 899** gegen die Richtigkeit des Grundbuchs eingetragen wird.

- Es kommt nicht auf eine diesbezügliche Gutgläubigkeit an, sondern nur auf die objektive Eintragung des Widerspruchs im Zeitpunkt der Eintragung des Eigentumserwerbs.
- Es kommt ausdrücklich auf den Zeitpunkt der Eintragung (und nicht etwa wie in § 892 Abs. 2 für die Gutgläubigkeit auf den Zeitpunkt der Stellung des Eintragungsantrags) an!

I. Verbindung, Vermischung, Verarbeitung, §§ 946 ff.

- Regelung der Eigentumslage, wenn aus mehreren Sachen eine einheitliche wird
- Durch §§ 946 ff. wird nur die Eigentumslage geregelt; ggf. bestehen gem. § 951 Wertersatzansprüche oder Wegnahmerechte.

1. **Verbindung mit einem Grundstück, § 946**
   - Eigentum an einem Grundstück erstreckt sich auf die mit ihm verbundenen **wesentlichen Bestandteile**
   - Wesentliche Bestandteile eines Grundstücks sind gem. **§ 94**
     - die mit dem Grund und Boden fest verbundenen Sachen (Gebäude)
     - zu den wesentlichen Bestandteilen eines Gebäudes (und damit zu den wesentlichen Bestandteilen eines Grundstücks) gehören die zur Herstellung in ein Gebäude eingefügten Sachen.
     - **AUSNAHME: Scheinbestandteile, § 95**, die nur zu einem vorübergehenden Zweck eingebaut wurden (Maßgeblich ist Wille des Einfügenden im Zeitpunkt der Einfügung)
     - Ggf. Wegnahmerecht des unrechtmäßigen Besitzers gem. §§ 951 Abs. 2 S. 2, 997
2. **Verbindung beweglicher Sachen, § 947** (Fahrnisverbindung)
   - Bewegliche Sachen werden so miteinander verbunden, dass sie wesentliche Bestandteile einer einheitlichen Sache werden.
   - Wesentliche Bestandteile einer einheitlichen Sache liegen gem. **§ 93** vor, wenn
     - eine der Sachen bei Trennung zerstört würde
     - eine der Sachen bei Trennung eine Wesensänderung erfährt, d.h.
       - eine der Sachen nach Trennung nicht mehr so wie vor Zusammenfügung benutzt werden kann *(⚠ Es kommt nicht auf Funktionsfähigkeit der einheitlichen Sache an.)*
       - die eingefügte Sache durch Einbau ihr „eigenes Wesen" verloren hat
   - Eigentümer der verbundenen Sachen werden Miteigentümer der einheitlichen Sache.
   - Ist eine Sache Hauptsache (Verkehrsauffassung), wird Eigentümer der Hauptsache Alleineigentümer.
   - Ggf. Wegnahmerecht des unrechtmäßigen Besitzers gem. §§ 951 Abs. 2, 997
3. **Vermischung, § 948**
   - Bewegliche Sachen untrennbar vermischt (Flüssigkeiten) oder vermengt (feste Sachen)
   - Untrennbarkeit liegt vor, wenn
     - sie unlösbar oder nicht mehr unterscheidbar sind oder
     - eine Trennung nur mit unverhältnismäßigen Kosten möglich ist, § 948 Abs. 2
   - Eigentümer der vermischten Sachen werden Miteigentümer
   - Ist eine Sache (mengenmäßig) Hauptsache, erwirbt Eigentümer der großen Menge Alleineigentum
     Ⓟ *Anwendbarkeit auf Geld?*
     (Nach h.M. [+], a.A.: Geldwerttheorie, nach der Herausgabe eines entsprechenden Geldbetrages trotz Vermengung verlangt werden kann.)
4. **Verarbeitung, § 950**
   - Hersteller wird Eigentümer der verarbeiteten = neuen Sache
     a) **Herstellung einer neuen Sache** (Ermittlung nach Verkehrsanschauung und unter Berücksichtigung wirtschaftlicher Kriterien)
       - Sache wird unter anderer Bezeichnung in Verkehr gebracht
       - Ausgangsstoff wird völlig umgestaltet
       - Zusätzliche Funktion der neuen Sache
       - Fälle des § 950 Abs. 1 S. 2: Schreiben, Zeichnen, Malen, Drucken, Gravieren oder andere Oberflächenbearbeitung

I. Verbindung, Vermischung, Verarbeitung, §§ 946 ff. (Fortsetzung)

b) **Verarbeitender muss Hersteller sein**

- Hersteller ist, wem die Herstellung nach der Verkehrsanschauung zuzurechnen ist (d.h. in einem Betrieb ist der Unternehmer Hersteller).

Ⓟ *Herstellerklauseln beim Eigentumsvorbehalt*

- M 1: Herstellerbegriff in § 950 ist dispositiv;
- M 2: nicht dispositiv, aber in Herstellerklausel liegt konkludente Rückübertragung der neu hergestellten Sache durch antizipierte Einigung und antizipiertes Besitzkonstitut, §§ 929, 930; Streitentscheidung ist daher nur relevant, wenn eine Belastung des Eigentums beim Durchgangserwerb in Betracht kommt.

c) **Wert der Verarbeitung nicht erheblich geringer als Stoffwert**, § 950 Abs. 1 S. 1 Hs. 2

- Verkehrswert der neuen Sache
- Abzug des Wertes *aller* Ausgangsstoffe (auch derer, die dem Verarbeitenden gehören) = Verarbeitungswert

⚠ *Schutz des Verarbeitenden: Auch wenn der Wert der Verarbeitung geringer ist, erwirbt der Verarbeitende Eigentum; es kommt darauf an, ob der Verarbeitungswert erheblich geringer als der Stoffwert ist).*

II. Erwerb von Erzeugnissen und Bestandteilen, §§ 953 ff.

- Regelung der Eigentumslage, wenn aus einer Sache mehrere werden
- Durch §§ 953 ff. wird nur die Eigentumslage geregelt; Behaltendürfen richtet sich nach Vertrag oder Bereicherungsrecht.

- **Erzeugnisse** = organische, von der Muttersache getrennte körperliche Gegenstände (Jungtiere, Milch, Holz etc.)
- **Bestandteile** = anorganische, von der Hauptsache getrennte körperliche Gegenstände (Sand, Kies, Steine, Mineralien)
- **Schachtelprinzip:**

1. Eigentümer der Mutter-Hauptsache erwirbt das Eigentum an getrennten Erzeugnissen und Bestandteilen (§ 953), es sei denn, aus §§ 954–957 ergibt sich etwas anderes.
2. Eigentümer erwirbt nicht, wenn ein dinglich Nutzungsberechtigter vorhanden ist, § 954.
3. Weder Eigentümer noch dinglich Nutzungsberechtigter erwerben, wenn gutgläubiger Eigenbesitzer gem. § 955 erwirbt.
4. Weder Eigentümer noch dinglich Nutzungsberechtigter noch gutgläubiger Eigenbesitzer erwerben, wenn ein schuldrechtlich Aneignungsberechtigter vorhanden ist und dieser den Besitz ergreift, § 956 (auch wenn dieser sein Aneignungsrecht nur gutgläubig von einem Dritten ableitet, § 957).
   Ⓟ *Rechtsnatur der Aneignungsgestattung:*
   (Aneignungstheorie = einseitiges Rechtsgeschäft, das durch empfangsbedürftige WE zustande kommt/Übertragungstheorie = zweiseitiges Rechtsgeschäft)

III. Ersitzung, Aneignung, Fund

Bei Fehlschlagen eines rechtsgeschäftlichen Eigentumserwerbs, z.B. wegen Nichtigkeit der Einigung gem. §§ 104 ff. oder bei Abhandenkommen einer Sache wegen § 935 (Besitz und Eigentum sollen nicht dauerhaft auseinanderfallen)

1. **Ersitzung, §§ 937 ff.**
   - Zehnjähriger ununterbrochener Eigenbesitz des Ersitzenden
   - Gutgläubigkeit des Ersitzenden
   - Gem. § 943 Anrechnung der Ersitzungszeit des Vorbesitzers
   - Ersitzender wird Eigentümer (die str. Frage, ob die Ersitzung auch einen Rechtsgrund für das Behaltendürfen ist, ist heute bedeutungslos, da mit Ersitzung Bereicherungsansprüche gem. § 199 Abs. 4 regelmäßig verjährt sind)

1. **Buchersitzung, § 900**
   - Eintragung als Eigentümer im Grundbuch („Bucheigentümer")
   - Gutgläubigkeit **nicht** erforderlich
   - Eintragung und Eigenbesitz 30 Jahre
   - Gem. § 900 Abs. 1 S. 2 gelten für die Fristberechnung die Vorschriften über die Ersitzung beweglicher Sachen, §§ 937 ff.

2. **Aneignung, §§ 958 ff.**
   - Herrenlosigkeit der beweglichen Sache
   - Aneignender muss Eigenbesitz begründen (§ 872)
   - Keine Aneignung, wenn Aneignungsrecht eines Dritten besteht oder Aneignung gesetzlich verboten ist, § 958 Abs. 2 (z.B. aufgrund von Jagd- oder Fischereirecht)
3. **Fund, §§ 965 ff.**
   - Verlorene Sache (d.h. besitz-, aber nicht herrenlose Sache)
   - Finder muss Sache an sich nehmen (Ansichnehmen = Besitzbegründung; irrelevant ist, wer die Sache entdeckt hat)
   - Eigentumserwerb 6 Monate nach Anzeige bei der Behörde (es sei denn, Finder ist Empfangsberechtigter bekannt geworden oder ein solcher hat sein Recht bei der Behörde angemeldet)
   - Bei **Schatzfund (§ 984)** fällt Eigentum je zur Hälfte an den Entdecker und an den Eigentümer der Sache, in der der Schatz verborgen war ⇨ vielfach aufgrund Landesrecht (zulässig gem. Art. 73 EGBGB) aber Alleineigentumserwerb des Landes (sog. Schatzregal)!

IV. Eigentumserwerb kraft Hoheitsakts

1. **Ablieferung an Meistbietenden bei Zwangsversteigerung beweglicher Sachen, § 817 Abs. 2 ZPO** ⇨ ***S. 344***
2. **Zuschlag bei Zwangsversteigerung eines Grundstücks, § 90 ZVG**
   - Eigentumserwerb gem. **§ 90 Abs. 1 ZVG** mit Zuschlag
   - Erstreckung gem. **§ 90 Abs. 2 ZVG** auf Grundstück und Gegenstände, auf welche sich Versteigerung erstreckt hat
     - Gem. **§ 55 Abs. 1 ZVG** erstreckt sich Versteigerung auf alle Gegenstände, deren Beschlagnahme noch wirksam ist.
     - Gem. **§ 20 Abs. 2 ZVG** umfasst die Beschlagnahme alle Gegenstände, auf die sich der Haftungsverband der Hypothek erstreckt **(§§ 1120 ff.).** ⇨ ***S. 270***

       ⚠ *Diese Paragraphenkette (§§ 90 Abs. 2, 55 Abs. 1, 20 Abs. 2 ZVG, § 1120) ist immer wieder Gegenstand von Hausarbeiten und Klausuren.*
     - Auch auf im Besitz des Schuldners stehende Zubehörstücke, die im Eigentum eines Dritten stehen, erstreckt sich die Versteigerung gem. § 55 Abs. 2 ZVG, soweit hinsichtlich dieser nicht die Verfahrenseinstellung, z.B. durch Drittwiderspruchsklage gem. § 771 ZPO, betrieben wird, § 37 Nr. 5 ZVG.

III. Sachenrecht
6. Sicherungsübereignung

I. Hintergrund

Die gesetzlichen Regelungen, die Möglichkeiten vorsehen, mit beweglichen Sachen Sicherheit für Forderungen zu leisten, sind unzureichend:

- Die Bestellung eines **Pfandrechts** an beweglichen Sachen (§§ 1204 ff.) setzt voraus, dass der Verpfänder den Besitz an den zur Sicherheit verpfändeten Sachen verliert. Da der Sicherungsgeber die Sache regelmäßig weiter nutzen will, kommt das Pfandrecht in der Praxis meist nicht in Betracht.
- Die **Sicherungsübereignung** trägt dieser Interessenlage Rechnung: Der Sicherungsgeber übereignet die Sache unter Vereinbarung eines Besitzkonstituts gem. §§ 929, 930 an den Gläubiger, d.h. der Gläubiger wird Eigentümer (und kann sich aus dem Sicherungseigentum ggf. befriedigen) und der Sicherungsgeber bleibt Besitzer und kann die Sache weiter nutzen.

II. Rechtsverhältnisse

1. **Schuldverhältnis**, aus dem sich **zu sichernde Forderung** ergibt (z.B. Darlehen, § 488)
2. Schuldrechtlicher **Sicherungsvertrag**, aus dem sich Verwertungsrechte/Sorgfaltspflichten der Parteien und – sofern die Übereignung nicht auflösend bedingt vereinbart wurde – ergibt, wann das Eigentum auf den Gläubiger zurückübertragen werden muss; der Sicherungsvertrag ist zugleich **Rechtsgrund für die Übereignung**.
3. Rechtsgeschäftliche **Übertragung des Eigentums (§§ 929, 930)**, evtl. auflösend bedingt, § 158 Abs. 2, durch Begleichung der Forderung (selten)

III. Übereignung gem. §§ 929, 930

1. **Dingliche Einigung**
   - a) **Einigung über den Eigentumswechsel**
     - aa) Einigung unmittelbar zwischen Sicherungsgeber und Sicherungsnehmer ⇨ ***S. 143***
     - bb) Einigung unter Einschaltung von Vertretern ⇨ ***S. 148***
   - b) **Inhalt der Einigung**
     - aa) Wahrung des sachenrechtlichen Bestimmtheitsgrundsatzes
       - Raumsicherungsvereinbarung (+)
       - Markierungsvereinbarung (+)
       - Übereignung aller Sachen einer Gattung (+)
       - Keine Bestimmtheit bei bloßen Mengen- oder Wertangaben
       - Keine Bestimmtheit bei Verwendung des Begriffs „Inventar"
     - bb) Bedingung oder Befristung der Einigung (evtl. auflösende Bedingung – aber ungebräuchlich) ⇨ ***S. 160***
   - c) **Keine Unwirksamkeits- bzw. Nichtigkeitsgründe**
     - aa) Mangelnde Geschäftsfähigkeit, §§ 104 ff. ⇨ ***S. 350,*** ⇨ ***S. 153***
     - bb) Anfechtung, § 142 ⇨ ***S. 158***
     - cc) Keine Sittenwidrigkeit, § 138: Sittenwidrigkeit des schuldrechtlichen Sicherungsvertrages erfasst – trotz Abstraktionsprinzip auch die Übereignung:
       - Knebelung
       - Gläubigergefährdung/Verleitung zum Vertragsbruch
       - anfängliche Übersicherung

       } ⇨ ***S. 272***

III. Übereignung gem. §§ 929, 930 (Fortsetzung)

2. **Besitzmittlungsverhältnis, § 930, § 868**
   - Ergibt sich regelmäßig aus dem Leihvertrag oder aus dem Sicherungsvertrag (§ 868 ist nicht abschließend!)
3. **Berechtigung des Sicherungsgebers**
   - Es gelten die Grundsätze der Berechtigung für die Übertragung von beweglichen Sachen. ⇨ ***S. 237***
   - Hat der Sicherungsgeber an der Sache nur ein Anwartschaftsrecht, wird dieses als „Sicherungsanwartschaftsrecht" übertragen, Auslegung/Umdeutung ⇨ ***S. 252***
   - Ist der Sicherungsgeber Mieter oder Pächter, kann die Sicherungsübereignung mit dem **Pfandrecht des Vermieters** (§ 562 Abs. 1) bzw. **Verpächters** (§§ 581 Abs. 1, 562 Abs. 1) belastet sein (ein lastenfreier Erwerb gem. § 936 findet mangels Übergabe der Sachen nicht statt; auch wenn der Sicherungsgeber ein Anwartschaftsrecht an den Sicherungsnehmer übertragen hat und dieses erst dort zum Vollrecht erstarkt, geht das Vermieter- bzw. Verpächterpfandrecht vor, da schon das Anwartschaftsrecht damit belastet war).
4. Ggf. Erwerb vom Nichtberechtigten, § 185 Abs. 2; § 933 ⇨ ***S. 240***

IV. Schuldrechtlicher Sicherungsvertrag

- Sicherungsvertrag ist Rechtsgrund („causa") i.S.v. § 812
- Begründet schuldrechtlichen Anspruch auf Rückübereignung, falls gesicherte Forderung nicht (mehr) besteht, da die dingliche Einigung i.d.R. nicht auflösend bedingt ist
- Ggf. Ermächtigung des Sicherungsnehmers zur Weiterveräußerung im normalen Geschäftsgang

  vgl. Parallele zum verlängerten Eigentumsvorbehalt: ⇨ ***S. 256***
- Ggf. Verarbeitungsklausel ⇨ ***S. 248***
- Freigabeklauseln (bei Übersicherung ein ermessensunabhängiger Anspruch auf Freigabe nicht mehr benötigter Sicherheiten ergibt sich aber schon aus Natur des Sicherungsvertrages) ⇨ ***S. 272***

V. Sicherungseigentum in der Zwangsvollstreckung und Insolvenz

1. **Rechte des Sicherungsnehmers**
   - Sicherungsnehmer = Eigentümer
   - bei Insolvenz des Sicherungsgebers
     - kein Aussonderungsrecht gem. § 47 InsO (da Sicherungseigentum nur vorübergehenden Charakter hat)
     - nur Recht auf abgesonderte Befriedigung, § 51 Nr. 1 InsO
   - bei Einzelzwangsvollstreckung nach ZPO gegen Sicherungsgeber
     - h.M.: Drittwiderspruchsklage, § 771 ZPO (abweichende Behandlung in der Insolvenz resultiert daher, dass Sicherungsnehmer wegen Forderung nicht Masseanspruch und zugleich Aussonderungsanspruch haben soll)
     - a.A.: nur abgesonderte Befriedigung aus Versteigerungserlös, analog § 805 ZPO, da Sicherungseigentum einem besitzlosen Pfandrecht ähnelt
2. **Rechte des Sicherungsgebers**
   - bei Insolvenz des Sicherungsnehmers
     - Aussonderungsrecht, § 47 InsO, Zug-um-Zug gegen Tilgung der gesicherten Forderung
   - bei Einzelzwangsvollstreckung nach ZPO gegen Sicherungsnehmer
     - bis zum Eintritt der Verwertungsreife Drittwiderspruchsklage, § 771 ZPO (Sicherungseigentum ≈ Treuhandvermögen)

Bewegliche Sachen	Unbewegliche Sachen

I. Definition des Anwartschaftsrechts

Rechtlich gesicherte Erwerbsposition, die vom Veräußerer durch einseitiges Verhalten nicht mehr zerstört werden kann („wesensgleiches Minus zum Eigentum").

II. Entstehung (Ersterwerb) des Anwartschaftsrechts

Bewegliche Sachen

1. **Bedingte Einigung über den Eigentumsübergang, §§ 929 S. 1, 158**
   - Aufschiebende Bedingung, § 158 Abs. 1, z.B.
   - Eigentumsvorbehalt
     Ⓟ *Eigentumsvorbehalt in AGB* ⇨ ***S. 255***
   - oder auflösend bedingte Übereignung, § 158 Abs. 2
2. **Übergabe/Surrogat** (wobei nicht erforderlich ist, dass Veräußerer jede besitzrechtliche Position verliert)
3. **Berechtigung bzw. Erwerb vom Nichtberechtigten**
4. **Möglichkeit des Bedingungseintritts**
   = Kaufpreiszahlung nur möglich, falls (noch) wirksamer Kaufvertrag besteht

Unbewegliche Sachen

1. **Dingliche Einigung über den Eigentumsübergang**
   a) Auflassung (§ 873) in der Form des § 925
      - Bedingung ist unzulässig, § 925 Abs. 2, also EV nicht möglich!

   b) Bindungswirkung der Auflassung gem. § 873 Abs. 2
2. **Erwerber hat Eintragungsantrag gestellt** (nicht der Veräußerer, da er seinen Antrag zurücknehmen könnte)
3. **Berechtigung des Veräußerers**

oder:

1. **Dingliche Einigung**
   a) Auflassung (§ 873) in der Form des § 925
   b) Bindungswirkung der Auflassung gem. § 873 Abs. 2
2. **Eintragung einer Auflassungsvormerkung, §§ 883, 885**
3. **Berechtigung des Veräußerers**

III. Übertragung des Anwartschaftsrechts (Zweiterwerb)

Bewegliche Sachen

- **Voraussetzungen:**
  1. **Dingliche Einigung über Übertragung des Anwartschaftsrechts, § 929 S. 1 analog**
     (ggf. Auslegung: bei fehlgeschlagener Übereignung ist Übertragung des AWR gewollt)
  2. **Übergabe/Surrogat**
  3. **Berechtigung bzw. Erwerb vom Nichtberechtigten** (schützt aber nur guten Glauben an die Anwartschaftsberechtigung, d.h. AWR muss tatsächlich bestehen)
  4. **Möglichkeit des Bedingungseintritts**
     = (noch) wirksamer Kaufvertrag
- **Folgen:**
  Zweiterwerber wird nach h.M. bei Bedingungseintritt unmittelbar Eigentümer **(Direkterwerb)**, ohne dass der ursprünglich Anwartschaftsberechtigte auch nur für eine juristische Sekunde Eigentümer wird (kein Durchgangserwerb).

Unbewegliche Sachen

- **Voraussetzungen:**
  1. **Dingliche Einigung über die Übertragung des *Anwartschaftsrechts*,** *§ 873,* in der Form des § 925
     a.A. in erster Auflassung liegt Ermächtigung des Eigentümers für Folgeauflassungen gem. § 185 Abs. 1 – die Rechtsfigur des Anwartschaftsrechts ist entbehrlich
  2. **KEINE Eintragung des AWR möglich**
  3. **KEIN gutgläubiger Zweiterwerb** mangels Rechtsscheinstatbestands **möglich**
- **Folgen:**
  Zweiterwerber wird unmittelbar Eigentümer (soweit Ersterwerber nicht zwischenzeitlich seine Eintragung in das Grundbuch als Eigentümer erlangt hat).

IV. Belastung/Erlöschen des Anwartschaftsrechts

Bewegliche Sachen

- **Belastung des AWR**
  - Verpfändung gem. §§ 1204, 1205 durch Einigung und Besitzübertragung ⇨ ***S. 273***
  - Vermieterpfandrecht gem. § 562 Abs. 1
  - Werkunternehmerpfandrecht gem. § 647
  - Erstreckung des Haftungsverbandes der Hypothek auf Anwartschaftsrechte gem. § 1120 ⇨ ***S. 270***
- **Pfändung des AWR**
  - Doppelpfändung, d.h. Pfändung des Anwartschaftsrechts gem. § 857 ZPO und Sachpfändung gem. § 808 ZPO (h.M.) ⇨ ***S. 342***
- **Erlöschen des AWR**
  - Eintritt der Bedingung (Kaufpreiszahlung)
  - Unmöglichkeit des Bedingungseintritts ⇨ ***S. 170***
  - Erwerb lastenfreien Eigentums durch Dritten ⇨ ***S. 242***
  - Einverständliche Aufhebung/Verzicht
    Ⓟ *Zustimmungserfordernisse von Dritten, die das Anwartschaftsrecht oder ein Recht an einem Anwartschaftsrecht erworben haben? (str.)*

Unbewegliche Sachen

- **Belastung des AWR**
  - Verpfändung gem. § 1274 wie Übertragung des Anwartschaftsrechts, also ohne Eintragung in das Grundbuch
- **Pfändung des AWR**
  - Rechtspfändung, § 857 ZPO (h.M.)
- **Erlöschen des AWR**
  - Vollrechtserwerb durch Anwartschaftsberechtigten
  - Erwerb lastenfreien Eigentums durch Dritten
  - Einverständliche Aufhebung/Verzicht

Bewegliche Sachen	Unbewegliche Sachen

V. Schutz des Anwartschaftsrechts

Bewegliche Sachen

- **Herausgabeansprüche des Anwartschafts-berechtigten**
  - § 985 analog (h.M.), aber nicht gegenüber Eigentümer ⇨ ***S. 86***
  - § 861 ⇨ ***S. 89***
  - § 1007 ⇨ ***S. 90***
- **Schadensersatz**
  - Anwartschaftsrecht ist nach h.M. sonstiges Recht i.S.v. § 823 Abs. 1
  - Verhältnis zu § 823 Abs. 1 des Eigentümers: gemeinschaftliche Gläubigerschaft analog § 432 oder § 1281
  - Schadensersatz bei Rechtsvereitelung gem. § 160
- **Nutzungsersatz**, § 987 analog; § 812
- **Erlösanspruch** (§ 816 Abs. 1 S. 1) und Wertersatz-anspruch (§ 812 Abs. 1 S. 2) wie Schadensersatz
- **Schutz vor Zwischenverfügungen**
  - Unwirksamkeit gem. § 161 Abs. 1

    ⚠ *Weil nach dem Wortlaut Unwirksamkeit nur eintritt, soweit die Zwischenverfügung die von der Bedingung abhängige Wirkung vereiteln oder beeinträchtigen würde, könnte man meinen, dem Normzweck genüge eine relative Unwirksamkeit, wie sie etwa bei vormerkungswidrigen Verfügungen eintritt (§§ 883 Abs. 2, 888). Die h.M. nimmt jedoch eine absolute Unwirksamkeit an.*
  - Gutgläubiger „anwartschaftsrechtsfreier" Erwerb gem. § 161 Abs. 3 i.V.m. §§ 932 ff. möglich ⇨ ***S. 240***

Ⓟ *Anwartschaftsrecht als Recht zum Besitz? (Nach h.M. Besitzrecht nur aus zugrunde liegendem [Kauf-]Vertrag und nicht aus Anwartschaftsrecht als solchem – str.!)*

Unbewegliche Sachen

- **Herausgabeansprüche des Anwartschafts-berechtigten**
  - § 985 analog (h.M.), aber nicht gegenüber Eigentümer ⇨ ***S. 86***
  - § 861 ⇨ ***S. 89***
  - § 1007 ⇨ ***S. 90***
- **Schadensersatz**
  - Anwartschaftsrecht ist nach h.M. sonstiges Recht i.S.v. § 823 Abs. 1
  - Verhältnis zu § 823 Abs. 1 des Eigentümers: gemeinschaftliche Gläubigerschaft analog § 432 oder § 1281
- **Nutzungsersatz**, § 987 analog; § 812
- **Erlösanspruch** (§ 816 Abs. 1 S. 1) und Wertersatz-anspruch (§ 812 Abs. 1 S. 2) wie Schadensersatz
- **Schutz vor Zwischenverfügungen**
  - Nach § 17 GBO: Bearbeitung der Anträge in der Reihenfolge ihres Eingangs (sodass jede Zwischenverfügung erst nach Eintragung des Eigentums eingetragen werden kann)

III. Sachenrecht
8. Eigentumsvorbehalt

I. Definition

Übereignung einer Kaufsache, wobei die dingliche Einigung i.S.v. § 929 unter der aufschiebenden Bedingung vollständiger Kaufpreiszahlung erfolgt (vgl. § 449 Abs. 1, der aber im Schuldrecht steht)

II. Vereinbarung in der dinglichen Einigung

1. **Individualvertraglich gem. §§ 929, 158 Abs. 1**
2. **Durch AGB** (zur Einbeziehung von AGB ⇨ ***S. 151***)
   a) AGB sind bereits bei Vertragsschluss einbezogen worden
      - Schuldrechtlich: Kaufvertrag unbedingt, gibt aber nur Anspruch auf bedingte Übereignung
      - (Antizipierte) dingliche Einigung über bedingten Eigentumsübergang **(wirksamer EV)**

   b) AGB werden erst bei Lieferung ausgehändigt **und** vom Käufer akzeptiert
      - Schuldrechtlich: Kaufvertrag wird konkludent geändert auf Anspruch auf bedingte Übereignung
      - Dingliche Einigung über bedingte Eigentumsübertragung **(wirksamer EV)**

   c) AGB werden erst bei Lieferung ausgehändigt und Käufer weist Lieferung **zurück**
      - Schuldrechtlich: Anspruch aus Kaufvertrag aus § 433 Abs. 1 auf unbedingte Übereignung bleibt bestehen
      - Keine Übertragung von Eigentum, da dingliche Einigung gescheitert, § 154

III. Arten des Eigentumsvorbehalts

1. **Einfacher Eigentumsvorbehalt**
   a) Verkäufer ist gem. §§ 433, 449 Abs. 1 nur zur bedingten Übereignung der Kaufsache verpflichtet.
   b) Übereignung erfolgt gem. §§ 929, 158 Abs. 1 unter der aufschiebenden Bedingung vollständiger Kaufpreiszahlung
2. **Erweiterter Eigentumsvorbehalt**
   a) Verkäufer ist gem. §§ 433, 449 Abs. 1 nur zur bedingten Übereignung der Kaufsache verpflichtet.
   b) Übereignung erfolgt gem. §§ 929, 158 Abs. 1 unter der aufschiebenden Bedingung vollständiger Kaufpreiszahlung; die Bedingung wird erweitert um die Erfüllung weiterer Forderungen = alle Forderungen aus der Geschäftsverbindung.
   (Bei Kontokorrentverhältnis, § 355 HGB: Kontokorrentvorbehalt)
3. **Verlängerter Eigentumsvorbehalt**
   a) Verkäufer ist gem. §§ 433, 449 Abs. 1 nur zur bedingten Übereignung der Kaufsache verpflichtet.
   b) Übereignung erfolgt gem. §§ 929, 158 Abs. 1 unter der aufschiebenden Bedingung vollständiger Kaufpreiszahlung.
   c) Der Käufer wird zur Weiterveräußerung im gewöhnlichen Geschäftsverkehr ermächtigt, § 185 Abs. 1 – diese ist allerdings widerruflich, § 183.

III. Arten des Eigentumsvorbehalts (Fortsetzung)

d) Die Ermächtigung steht ihrerseits unter der aufschiebenden Bedingung (§ 158 Abs. 1), dass der Käufer dem Verkäufer seine Forderungen aus der Weiterveräußerung gem. § 398 abtritt (Verlängerung).

- Wenn der Käufer mit seinem Abnehmer ein Abtretungsverbot (§ 399 Alt. 2) vereinbart, kann der Verkäufer die Forderung aus der Weiterveräußerung nicht erwerben, da ein Abtretungsverbot dingliche Wirkung hat. Damit ist der Käufer nicht zur Weiterveräußerung ermächtigt. Etwas anderes gilt im Handelsverkehr, da hier das Abtretungsverbot gem. § 354a Abs. 1 HGB unwirksam ist.
- Die Forderung muss für die Vorausabtretung bestimmbar sein.
- Die Vorausabtretung darf nicht unwirksam sein (wegen Knebelung/anfänglicher Übersicherung). ⇨ ***S. 272***

e) Der Käufer ist dann wiederum ermächtigt, die Forderungen für den Verkäufer einzuziehen (§§ 362 Abs. 2, 185 Abs. 1) mit der Verpflichtung, den eingezogenen Betrag an den Verkäufer weiterzuleiten.

4. **Verlängerter Eigentumsvorbehalt mit Verarbeitungsklausel**
Schutz des EV-Verkäufers bei nachfolgender Verarbeitung i.S.v. § 950:

a) Vereinbarung, dass Hersteller einer neuen Sache nicht der Vorbehaltskäufer, sondern der Vorbehaltsverkäufer ist (str., ob Begriff des Herstellers dispositiv ⇨ ***S. 248***).

b) oder antizipierte Sicherungsübereignung der neu hergestellten Sache, §§ 929, 930.

5. **Der nachgeschaltete/weitergeleitete Eigentumsvorbehalt**

a) Beim **nachgeschalteten Eigentumsvorbehalt** verkauft der Vorbehaltskäufer an seinen Abkäufer ebenfalls unter Eigentumsvorbehalt. Zahlt der Vorbehaltskäufer, wird er Eigentümer; zahlt der Abkäufer, geht das Eigentum auf ihn über (jedenfalls gem. §§ 929, 932 ff., wenn der Vorbehaltskäufer zuvor noch nicht bezahlt hat).

b) Teilt der Vorbehaltskäufer dem Abkäufer das Bestehen des Eigentumsvorbehalts mit, kann er einen **weitergeleiteten Eigentumsvorbehalt** vereinbaren, d.h. der Abkäufer wird erst dann Eigentümer, wenn die Verbindlichkeiten aus beiden Geschäften getilgt sind.

6. **Der nachträgliche Eigentumsvorbehalt**

Auch wenn zunächst unbedingtes Eigentum übertragen wurde, kann nachträglich ein Eigentumsvorbehalt vereinbart werden. Die Konstruktion ist streitig:

- M.1: Rückübertragung an den Veräußerer und neue aufschiebend bedingte Übereignung.
- M.2: Rückübertragung an den Veräußerer, bei der der Käufer ein Anwartschaftsrecht behalte und der Verkäufer gem. §§ 929, 158, 930 das um das Anwartschaftsrecht gekürzte Eigentum zurückerhalte.

IV. Rechtsfolgen

Käufer erwirbt Anwartschaftsrecht ⇨ ***S. 252***

I. Bedeutung

Sinn des Factorings ist es, Unternehmer von dem Kredit- und Liquiditätsrisiko zu entlasten, das durch Einräumung von Zahlungszielen und Vorleistungen entsteht.

Dem Factoring liegen folgende Rechtsbeziehungen zugrunde:

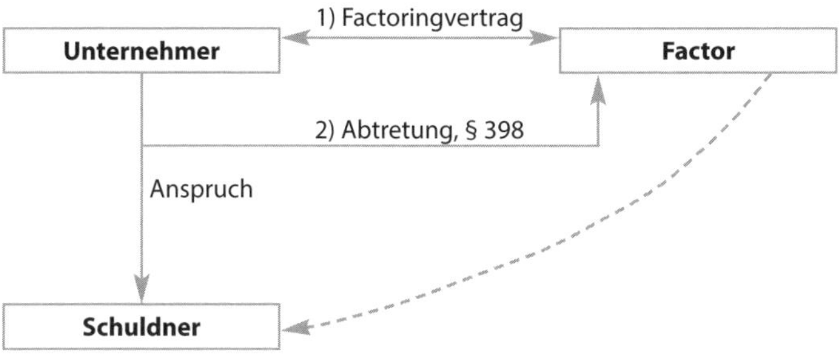

1. Der Unternehmer **verpflichtet** sich ggü. dem Factor, ihm Forderungen gegen seine Kunden (Schuldner) zu übertragen. Der Factor kann entscheiden, ob er die jeweiligen Forderungen ankauft (Rechtskauf, § 453 Abs. 1) oder (z.B. weil der Schuldner eine schlechte Bonität aufweist) von einem Ankauf absieht.
2. In **Erfüllung** des Factoringvertrages tritt der Unternehmer alle Kundenforderungen an den Factor ab **(Abtretung, § 398)**. Die Abtretung steht bei Vorausabtretung unter der aufschiebenden Bedingung des Ankaufs der jeweiligen Forderung durch den Factor.
3. Der Factor zahlt nach Entstehen und Ankauf der Forderung einen Betrag in Höhe der Forderungssumme abzüglich einer **Factoringgebühr** und evtl. einem **Sicherheitseinbehalt** bis zur Zahlung durch den Drittschuldner.
4. Hinsichtlich der **Regressmöglichkeiten** bei Ausfall eines Schuldners ist zwischen **echtem und unechtem Factoring** zu unterscheiden:

echtes Factoring	unechtes Factoring
Beim echten Factoring wird die Forderung **endgültig** an den Factor abgetreten. Der Factor hat kein Regressrecht, wenn die Forderung zwar rechtlichen Bestand hat, aber wegen Zahlungsunfähigkeit des Schuldners nicht beglichen wird. Der Factor trägt das **Bonitätsrisiko**, sodass es sich um einen echten **Forderungskauf** (§ 453 Abs. 1) handelt.	Beim unechten Factoring wird die Forderung nicht endgültig auf den Factor übertragen. Der Factor kann bei Ausfall des Schuldners bei dem Unternehmer Regress nehmen. Beim unechten Factoring handelt es sich daher wirtschaftlich um ein **Darlehen**, dessen Tilgung entweder durch den Schuldner oder durch Rückzahlung des Unternehmers erfolgt.

II. Konkurrenz Factoring/verlängerter Eigentumsvorbehalt

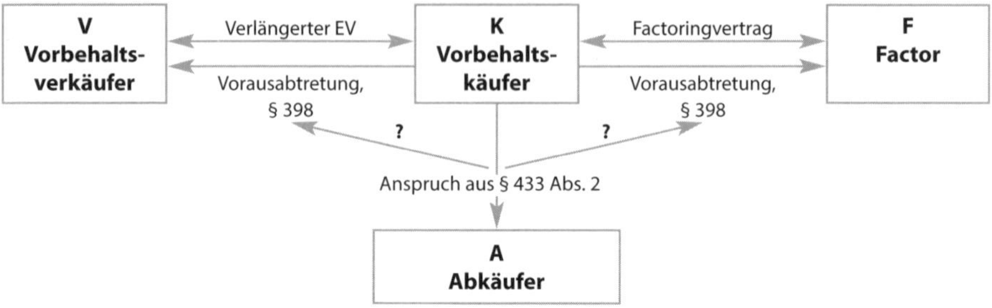

1. Bei Zession **erst** an den Factor und anschließend an den Vorbehaltsverkäufer gilt grds. der **Prioritätsgrundsatz**, es sei denn, die Abtretung ist wegen Verleitung zum Vertragsbruch (⇨ ***S. 272***) sittenwidrig, § 138.
2. Bei Zession **erst** an den Vorbehaltsverkäufer und anschließend an den Factor stellt sich die Frage, ob die Einziehungsermächtigung gem. § 185 Abs. 1 den EV-Käufer zum Forderungsverkauf berechtigt.

echtes Factoring

Eine Vorausabtretung an den Factor ist **nicht** sittenwidrig und von der Einziehungsermächtigung gedeckt.

Begründung: Der Vorbehaltskäufer erhält unmittelbar den Kaufpreis vom Factor, sodass kein Nachteil im Vergleich zu einer Einziehung vom Abkäufer besteht. Auch im Fall der Insolvenz des Vorbehaltskäufers nimmt wegen des fehlenden Regressrechts des Factors kein weiterer Gläubiger an der Quote teil.

Verlängerter Eigentumsvorbehalt und **echtes Factoring** kollidieren **nicht**.

unechtes Factoring

Nach Ansicht der **Lit.** besteht keine Sittenwidrigkeit, da der Vorbehaltskäufer den Forderungsbetrag gutgeschrieben erhält und dadurch die Insolvenzmasse erhöht wird. Der Regressanspruch des Factors käme nur bei Ausfall des Drittschuldners zum Tragen, was auch bei Nichtabtretung an den Factor dem Vorbehaltsverkäufer nicht zu einer besseren Absicherung verholfen hätte. Eine Vorausabtretung an den Factor ist nach Ansicht der **Rspr.** sittenwidrig, da der Factor im Fall der Insolvenz des Vorbehaltskäufers an dem Insolvenzverfahren teilnimmt und damit die Insolvenzquote kürzt.

Verlängerter Eigentumsvorbehalt und **unechtes Factoring** können **kollidieren**. Nach h.M. Lösung wie bei Globalzession, d.h. Anwendung des Prioritätsgrundsatzes korrigiert gem. § 138 nach der Vertragsbruchtheorie. (⇨ ***S. 272***)

III. Sachenrecht
10. Vormerkung, §§ 883 ff.

I. Ersterwerb einer Vormerkung, § 883 Abs. 1, § 885

1. **Bewilligung oder einstweilige Verfügung, § 885**
   a) Einseitige Bewilligung des Betroffenen, § 885 – keine Einigung i.S.v. § 873 notwendig
   b) oder einstweilige Verfügung gem. § 935 ZPO (ohne dass eine Gefährdung des Anspruchs glaubhaft gemacht werden muss), § 885 Abs. 1 S. 2 ⇨ ***S. 349***
2. **Schuldrechtlicher Anspruch auf dingliche Rechtsänderung an einem Grundstück, § 883 Abs. 1**
   a) **Sicherbare Ansprüche** (aus Gesetz, Vertrag oder einseitigem Rechtsgeschäft), Beispiele:
   - Anspruch aus § 433 Abs. 1 S. 1 auf Grundstücksauflassung (Auflassungsvormerkung)
   - Anspruch auf Einräumung, Änderung, Beseitigung eines beschränkt dinglichen Rechts (z.B. einer Hypothek)
   - Künftige Ansprüche, § 883 Abs. 1 S. 2
     - Auch künftige Ansprüche sind nur vormerkungsfähig, wenn eine Bindung besteht, die durch den Schuldner nicht mehr einseitig beseitigt werden kann (z.B. bindendes Vertragsangebot liegt vor, das nur noch angenommen werden muss oder Vertrag bedarf noch der Genehmigung gem. § 177 Abs. 1)
     - Keine ausreichende Bindung besteht, wenn der Gläubiger nur eine ungesicherte Erwerbsaussicht hat (z.B. formnichtiger Vertrag, der geheilt werden kann oder zu erwartendes Erbe aufgrund Verfügung von Todes wegen)
   - Bedingte Ansprüche
     - Ankaufsrecht (aufschiebend bedingter Auflassungsanspruch)
     - Vorkaufsrecht (durch Ausübung des Vorkaufsrechts bedingter Auflassungsanspruch)

   b) **Identitätsgebot** (da Vormerkung akzessorisch zu dem zu sichernden Anspruch)
   - Grundstückseigentümer = Schuldner des gesicherten Anspruchs
   - Vormerkungsberechtigter = Gläubiger des gesicherten Anspruchs
3. **Eintragung der Vormerkung im Grundbuch, § 885**
4. **Vorliegen der Bewilligung im Zeitpunkt der Eintragung (entsprechend § 873 Abs. 2)**
5. **Berechtigung des Bewilligenden oder Erwerb vom Nichtberechtigten**
   a) **Berechtigung des Bewilligenden** (im Zeitpunkt des Rechtserwerbs, d.h. Eintragung)
   - **Bewilligender ist verfügungsbefugter Grundstückseigentümer**
     Der Eigentümer ist nicht befugt, bei
     - behördlichem oder gesetzlichem Verfügungsverbot, §§ 135, 136
     - Bedingungseintritt bei Verfügungen in der Schwebezeit, § 161 Abs. 1
     - Eintritt des Nacherbfalls, § 2113 Abs. 1
     - Insolvenzverwaltung, § 81 Abs. 1 InsO
     - Ehegatten bei Verfügung über Vermögen im Ganzen oder Haushaltsgegenständen, §§ 1365, 1366
     - Nachlassverwaltung, § 1984 Abs. 1
     - Testamentsvollstreckung, § 2211
   - **Bewilligender ist verfügungsbefugter Nichteigentümer**
     - Gem. § 185 Abs. 1 zur Verfügung Ermächtigter (bei vorheriger Einwilligung, nicht bei nachträglicher Genehmigung, § 185 Abs. 2)
     - Insolvenzverwalter, § 80 Abs. 1 InsO
     - Nachlassverwalter, § 1985 Abs. 1
     - Testamentsvollstrecker, § 2205

   b) **Erwerb vom Nichtberechtigten**
   - **Wirksamwerden der Verfügung gem. § 185 Abs. 2**
     - Genehmigung durch Grundstückseigentümer
     - Späterer Erwerb des Grundstücks durch den die Vormerkung Bewilligenden
       z.B. Bewilligender wird Alleinerbe des Grundstückseigentümers
     - Grundstückseigentümer beerbt den die Vormerkung Bewilligenden und unbeschränkte Haftung für Nachlassverbindlichkeiten
       z.B. Grundstückseigentümer wird Alleinerbe des die Vormerkung Bewilligenden

III. Sachenrecht
10. Vormerkung, §§ 883 ff. (Fortsetzung)

I. Ersterwerb einer Vormerkung (Fortsetzung)

- **Nachträgliche Verfügungsbeschränkungen analog § 878** unbeachtlich
- **Gutgläubiger Erwerb der Vormerkung gem. § 892 (analog)**, § 893
  - Vormerkung ist (wegen bloß relativer Wirkung s. unten III.) kein dingliches Recht an einem Grundstück, sondern Sicherungsrecht, daher § 892 analog oder § 893
  - Voraussetzungen des § 892:
    - Rechtsgeschäft im Sinne eines Verkehrsgeschäfts
    - Grundbuch unrichtig
    - Legitimation des die Vormerkung Bewilligenden als angeblicher Grundstückseigentümer
    - Guter Glaube des Erwerbers (keine positive Kenntnis der Unrichtigkeit des Grundbuchs)
    - Kein Widerspruch für den Berechtigten eingetragen; Einzelheiten ⇨ ***S. 246***

II. Zweiterwerb einer Vormerkung

1. **(Formlose) Abtretung der gesicherten Forderung, § 398**
   Vormerkung geht dann als streng akzessorisches Recht analog § 401 mit über
2. **Bestehen der abgetretenen Forderung**
   Bei Nichtbestehen der Forderung ist **kein** gutgläubiger Erwerb der Vormerkung möglich
   ⚠ *Es gibt keine dem § 1138 bei einer Hypothek entsprechende Vorschrift, die das Bestehen der Forderung zum Zwecke des gutgläubigen Hypothekenerwerbs fingiert.*
3. **Berechtigung oder Erwerb vom Nichtberechtigten**
   a) **Berechtigt** ist der Vormerkungsinhaber (s.o.)
   b) Str., **ob gutgläubiger Erwerb** analog § 892 möglich
      - Nach e.A. (–), da Vormerkung kraft Gesetzes übergeht, analog § 401, daher kein Verkehrsgeschäft
      - Nach h.M. beruht gesetzlicher Übergang analog § 401 auf rechtsgeschäftlicher Abtretung der Forderung (§ 398), sodass Voraussetzung des Rechtsgeschäfts besteht.

III. Wirkungen der Vormerkung

1. **Relative Unwirksamkeit späterer beeinträchtigender Verfügungen, § 883 Abs. 2**
   - **Anspruch des Vormerkungsberechtigten bleibt realisierbar.** (☞ Hat der Eigentümer eine Auflassungsvormerkung bestellt und dann das Eigentum an einen Dritten übertragen, so ist ihm die Eigentumsübertragung an den Vormerkungsberechtigten **nicht unmöglich geworden**, da die **Zwischenverfügung gem. § 883 Abs. 2 relativ unwirksam** ist.)
   - **Gutgläubigkeit** bei Erwerb der Vormerkung erstreckt sich auf späteren Erwerb des dinglichen Rechts, welches durch die Vormerkung gesichert war (d.h. es ist nicht guter Glaube im Zeitpunkt des Rechtserwerbs gem. § 892 Abs. 2, sondern nur guter Glaube zum Zeitpunkt des Erwerbs der Vormerkung analog § 892 Abs. 2 erforderlich).
   - Die Eintragung eines **Widerspruchs** gem. § 899 ist zwar keine Verfügung, dennoch soll die Vormerkung auch davor schützen (d.h. ein nach Erwerb der Vormerkung eingetragener Widerspruch hindert nicht den Erwerb des durch die Vormerkung gesicherten Rechts).
   - **Rangwahrung, § 883 Abs. 3**

   Ⓟ *Analoge Anwendung auf später geschlossene Miet- oder Pachtverträge über das Grundstück?*
   (Teilweise wird eine analoge Anwendung bejaht, da der obligatorisch Berechtigte sonst stärker geschützt wäre als der dinglich Berechtigte. Nach h.M. verbietet der besondere Schutz des § 566 eine analoge Anwendung.)
2. **Anspruch gegen Dritten aus § 888**
   Anspruch des Vormerkungsberechtigten gegen Dritten, ihm eine nach § 19 GBO erforderliche Eintragungs- oder Löschungsbewilligung zu erteilen aus § 888

III. Sachenrecht
11. Ersterwerb einer Hypothek/Grundschuld vom Berechtigten

I. Dingliche Einigung über die Bestellung, § 873 Abs. 1

Hypothek

1. **Dingliche Einigung, §§ 873, 1113**
   a) Einigung unmittelbar zwischen Hypothekenbesteller und Hypothekenerwerber ⇨ ***S. 143***
   b) Einigung unter Einschaltung von Vertretern, § 164 ⇨ ***S. 148***
2. **Inhalt der Einigung, § 1113**
   a) **Mindestbestandteile**
   - Gläubiger
   - belastetes Grundstück
   - konkrete Bezeichnung der zu sichernden Forderung (wegen Akzessorietät)

   b) **Arten**
   - Brief-/Buchhypothek
   - Normalfall: Briefhypothek, § 1116 Abs. 2
   - Sicherungshypothek, § 1184
   - Höchstbetragshypothek, § 1190
3. **Keine Unwirksamkeits- bzw. Nichtigkeitsgründe**
   a) Mangelnde Geschäftsfähigkeit, §§ 104 ff. ⇨ ***S. 350,*** ⇨ ***S. 153***
   b) Anfechtung, § 142 ⇨ ***S. 158***
4. **Kein Widerruf bis zur Vollendung des Rechtserwerbs**
   a) Die Einigung kann grundsätzlich frei widerrufen werden. Ausn.: § 873 Abs. 2
   b) Wirksamkeit von Einigungserklärungen bei Tod o. Geschäftsunfähigkeit nicht berührt, § 130 Abs. 2.
   (*⚠ Allerdings können die Erben bzw. gesetzlichen Vertreter widerrufen.)*

Grundschuld

1. **Dingliche Einigung, §§ 873, 1113, 1192**
   a) Einigung unmittelbar zwischen Grundschuldbesteller und Grundschulderwerber ⇨ ***S. 143***
   b) Einigung unter Einschaltung von Vertretern, § 164 ⇨ ***S. 148***
2. **Inhalt der Einigung, § 1191**
   a) **Mindestbestandteile**
   - Gläubiger
   - belastetes Grundstück
   - mangels Akzessorietät nur Betrag, Fälligkeit, Zinsen

   b) **Arten**
   - Brief-/Buchgrundschuld
   - Normalfall: Briefgrundschuld, §§ 1116, 1192 Abs. 1
   - Sicherungsgrundschuld, § 1192 Abs. 1a
3. **Keine Unwirksamkeits- bzw. Nichtigkeitsgründe**
   a) Mangelnde Geschäftsfähigkeit, §§ 104 ff. ⇨ ***S. 337,*** ⇨ ***S. 153***
   b) Anfechtung, § 142 ⇨ ***S. 158***
   c) Keine Sittenwidrigkeit, § 138 ⇨ ***S. 272***
4. **Kein Widerruf bis zur Vollendung des Rechtserwerbs**
   a) Die Einigung kann grundsätzlich frei widerrufen werden. Ausn.: § 873 Abs. 2
   b) Wirksamkeit von Einigungserklärungen bei Tod o. Geschäftsunfähigkeit nicht berührt, § 130 Abs. 2.
   (*⚠ Allerdings können die Erben bzw. gesetzlichen Vertreter widerrufen.)*

III. Sachenrecht
11. Ersterwerb einer Hypothek/Grundschuld vom Berechtigten (Fortsetzung)

Hypothek	Grundschuld

II. Bestehen der zu sichernden Forderung

Hypothek

Das Entstehen der Hypothek ist vom Bestehen der zu sichernden Forderung abhängig **(Akzessorietät)** – andernfalls entsteht gem. § 1163 Abs. 1 S. 1 i.V.m. § 1177 Abs. 1 S. 1 eine Eigentümergrundschuld.

Inzidente Prüfung, ob die gesicherte Forderung besteht

Ⓟ *Konkludente Sicherung von Bereicherungsansprüchen bei Nichtbestehen der gesicherten Forderung?*
(Teilweise wird angenommen, dass dies dem Parteiwillen entspricht. Überwiegend wird dies jedoch unter Berufung auf den sachenrechtlichen Bestimmtheitsgrundsatz abgelehnt.)

Grundschuld

Nicht erforderlich, die Grundschuld ist ABSTRAKT

III. Eintragung im Grundbuch

Hypothek

1. **Eintragung gem. § 1115**
   - Gläubiger
   - Geldbetrag
   - ggf. Zinssatz
   - Nebenleistungen
2. **Bei Briefausschluss (s.o.)**
   - Eintragung des Briefausschlusses, § 1116 Abs. 2

Grundschuld

1. **Eintragung gem. §§ 1115, 1192 Abs. 1**
   - Gläubiger
   - Geldbetrag
   - ggf. Zinssatz, Fälligkeit
   - Nebenleistungen
2. **Bei Briefausschluss (s.o.)**
   - Eintragung des Briefausschlusses, §§ 1192, 1116 Abs. 2

IV. Briefübergabe

Hypothek

Briefübergabe gem. § 1117 (soweit nicht Brieferteilung wirksam ausgeschlossen wurde)

- Für die Übergabe und Übergabesurrogate gelten gem. § 1117 Abs. 1 S. 2 die §§ 929–931. ⇨ ***S. 237***
- **Nach § 1117 Abs. 2 kann die Übergabe** durch Vereinbarung zwischen Eigentümer und Hypothekengläubiger darüber **ersetzt werden**, dass der Hypothekengläubiger berechtigt ist, sich den Brief vom Grundbuchamt aushändigen zu lassen.
- **Bis zur Briefübergabe** ist die Hypothek eine Eigentümergrundschuld, §§ 1163 Abs. 2, 1177.

Grundschuld

Briefübergabe gem. §§ 1117, 1192 (soweit nicht Brieferteilung wirksam ausgeschlossen wurde)

- Für die Übergabe und Übergabesurrogate gelten gem. § 1117 Abs. 1 S. 2 die §§ 929–931. ⇨ ***S. 237***
- **Nach § 1117 Abs. 2 kann die Übergabe** durch Vereinbarung zwischen Eigentümer und Grundschuldgläubiger **ersetzt werden**, dass der Grundschuldgläubiger berechtigt ist, sich den Brief vom Grundbuchamt aushändigen zu lassen.
- **Bis zur Briefübergabe** ist die Grundschuld eine Eigentümergrundschuld, §§ 1192, 1163 Abs. 2, 1177.

Hypothek	Grundschuld

V. Berechtigung des Verfügenden (bis zum Zeitpunkt der Vollendung des Rechtserwerbs)

1. **Verfügungsbefugter Grundstückseigentümer**

   Der Grundstückseigentümer ist nicht befugt, bei:
   - behördlichem oder gesetzlichem Verfügungsverbot, §§ 135, 136
   - Eintritt des Nacherbfalls, § 2113 Abs. 1
   - Insolvenzverwaltung, § 81 Abs. 1 InsO
   - Ehegatten, falls Grundstück nahezu das gesamte Vermögen, §§ 1365, 1366
   - Nachlassverwaltung, § 1984 Abs. 1
   - Testamentsvollstreckung, § 2211

2. **Verfügungsbefugter Nichteigentümer**

- Gem. § 185 Abs. 1 zur Verfügung Ermächtigter (bei vorheriger Einwilligung, nicht bei nachträglicher Genehmigung, § 185 Abs. 2)
  (⚠ Die Unterscheidung ist für die Anwendbarkeit des § 816 Abs. 1 – Verfügung eines Nichtberechtigten – sehr wichtig!)
  - Insolvenzverwalter, § 80 Abs. 1 InsO
  - Pfandverwertung, § 1204 Abs. 1 i.V.m. § 1228 Abs. 2
  - Nachlassverwalter, § 1985 Abs. 1
  - Testamentsvollstrecker, § 2205

wenn 1.–2. (–): Erwerb einer Hypothek/Grundschuld vom Nichtberechtigten ***⇨ S. 264***

III. Sachenrecht
12. Gutgläubiger Ersterwerb einer Hypothek/Grundschuld vom Nichtberechtigten

Vgl. zu den Voraussetzungen I. bis IV. ⇨ ***S. 261 ff.***

I. Dingliche Einigung, § 873 Abs. 1

II. Bei Hypothek: Bestehen der zu sichernden Forderung (Akzessorietät)

⚠ *Entsteht die zu sichernde Forderung nicht oder ist sie unwirksam, entsteht gem. §§ 1163 Abs. 1 S. 1, 1177 Abs. 1 S. 1 eine Eigentümergrundschuld. Auch wenn der vermeintliche Hypothekar an das Bestehen der Forderung glaubt, kommt ein Erwerb der Hypothek vom Nichtberechtigten nicht in Betracht (anders beim Zweiterwerb einer Hypothek).*

III. Eintragung im Grundbuch

IV. Briefübergabe

vgl. ⇨ S. 262

V. Keine Berechtigung des Verfügenden

vgl. ⇨ S. 263

VI. Erwerb vom Nichtberechtigten

1. **Wirksamwerden der Verfügung gem. § 185 Abs. 2**
   a) Genehmigung, § 184
   b) Späterer Eigentumserwerb des Grundstücks durch Verfügenden
   z.B. Verfügender wird Alleinerbe des Grundstückseigentümers, § 1922
   c) Wahrer Eigentümer beerbt Verfügenden und unbeschränkte Haftung für Nachlassverbindlichkeiten
   z.B. Grundstückseigentümer wird Alleinerbe des Verfügenden, § 1922
2. **Unbeachtlichkeit nachträglicher Verfügungsbeschränkungen, § 878**
   a) Verfügender muss im Zeitpunkt der Einigungserklärungen tatsächlich Berechtigter gewesen sein.
   b) Die Einigung muss gem. § 873 Abs. 2 bindend geworden sein.
   c) Der Antrag auf Eintragung in das Grundbuch muss bereits gestellt sein.
   d) Über den Wortlaut von § 878 hinaus müssen alle sonstigen Erwerbsvoraussetzungen erfüllt sein.
      - Ist eine erforderliche Briefübergabe noch nicht erfolgt, scheidet ein Erwerb nach § 878 aus.
      - Wurde allerdings eine Vereinbarung gem. § 1117 Abs. 2 vor Eintritt der Verfügungsbeschränkung getroffen, ersetzt dies die Briefübergabe.
3. **Gutgläubiger Ersterwerb der Hypothek/Grundschuld, § 892**
   a) **Rechtsgeschäft im Sinne eines Verkehrsgeschäftes**
      - Kein Rechtsgeschäft liegt z.B. vor bei Erbschaft, § 1922.
      - Kein Verkehrsgeschäft liegt vor bei
        - vorweggenommener Erbfolge, da diese der echten Erbfolge gleichgestellt wird
        - Erbauseinandersetzung
        - wirtschaftlicher Personenidentität

III. Sachenrecht
12. Gutgläubiger Ersterwerb einer Hypothek/Grundschuld vom Nichtberechtigten (Fortsetzung)

VI. Erwerb der Hypothek/Grundschuld vom Nichtberechtigten (Fortsetzung)

b) **Grundbuch unrichtig**
= wenn tatsächliche – im Grundbuch eingetragene – Rechtslage nicht mit der materiellen Rechtslage übereinstimmt:

- Bestehende relative Verfügungsbeschränkung ist nicht eingetragen (absolute Verfügungsbeschränkungen können auch durch § 892 nicht überwunden werden)

c) **Legitimation des Verfügenden aufgrund der Grundbuchlage**

- „Rechtsschein" des Grundbuchs muss den Verfügenden als Grundstückseigentümer legitimieren
- Erweiterung durch § 2366 für den Scheinerben

d) **Guter Glaube des Erwerbers**

- **Bezug: Eigentum (bzw. Nichtbestehen einer Verfügungsbeschränkung) des Hypotheken-/Grundschuldbestellers am Grundstück**
- Der gute Glaube wird nur bei **positiver Kenntnis** der Unrichtigkeit des Grundbuchs ausgeschlossen (*⚠ Anders bei beweglichen Sachen: Hier schadet gem. § 932 Abs. 2 auch grob fahrlässige Unkenntnis).*
  - Kenntnis der die Nichtberechtigung begründenden Tatsachen reicht nicht aus; Rechtskenntnis des Erwerbers erforderlich.
  - Aber: Wer die Anfechtbarkeit eines Rechtsgeschäfts kannte, wird so behandelt, als hätte er dessen Nichtigkeit gekannt, § 142 Abs. 2.
  - Zurechnung des Wissens des Stellvertreters gem. § 166 Abs. 1; Ausn.: § 166 Abs. 2
- **Zeitpunkt**
  - Gem. **§ 892 Abs. 2 Var. 1** kommt es (wegen der u.U. langen Dauer des Eintragungsverfahrens) auf den **Zeitpunkt der Stellung des Eintragungsantrags** an (jedenfalls soweit nicht die Einigung erst nach Antragstellung erfolgt, § 892 Abs. 2 Var. 2).
  - Sind weitere Voraussetzungen für den Eigentumserwerb erforderlich (Genehmigung), kommt es auf den Zeitpunkt ihres Vorliegens an.

e) **Kein Widerspruch gegen die Richtigkeit im Grundbuch eingetragen**

Ein Gutglaubenserwerb scheidet aus, wenn vor Vollendung des Rechtserwerbs ein Widerspruch gegen die Richtigkeit des Grundbuchs eingetragen wird (Eintragung gem. § 899).

- Es kommt nicht auf eine diesbezügliche Gutgläubigkeit an, sondern nur auf die objektive Eintragung des Widerspruchs im Zeitpunkt der Eintragung des Eigentumserwerbs.
- Es kommt ausdrücklich auf den Zeitpunkt der Eintragung (und nicht etwa wie in § 892 auf den Zeitpunkt der Stellung des Eintragungsantrags an).

13. Zweiterwerb einer Hypothek/Grundschuld vom Berechtigten

Hypothek	Grundschuld

I. Abtretung, § 398

Hypothek

1. **Einigung** über die ***Abtretung der gesicherten Forderung (vgl. § 1153), § 398 S. 1***
   a) Einigung unmittelbar zwischen Abtretendem (Zedent) und Erwerber (Zessionar) ⇨ ***S. 143***
   b) Einigung unter Einschaltung von Vertretern ⇨ ***S. 148***
2. **Form des § 1154**
   a) Bei **Briefhypothek:** Abtretungserklärung in schriftlicher Form (oder Eintragung ins Grundbuch) und Übergabe des Hypothekenbriefes, § 1154 Abs. 1 u. 2 ⇨ ***S. 155***
   b) Bei **Buchhypothek:** §§ 1154 Abs. 3, 873 Einigung und Eintragung ins Grundbuch
3. **Keine Unwirksamkeits- bzw. Nichtigkeitsgründe**
   a) Mangelnde Geschäftsfähigkeit, §§ 104 ff. ⇨ ***S. 350,*** ⇨ ***S. 153***
   b) Anfechtung, § 142 ⇨ ***S. 158***

Grundschuld

1. **Einigung** über die ***Abtretung der Grundschuld, §§ 398, 413***
   a) Einigung unmittelbar zwischen Abtretendem (Zedent) und Erwerber (Zessionar) ⇨ ***S. 143***
   b) Einigung unter Einschaltung von Vertretern ⇨ ***S. 148***
2. **Form der §§ 1154, 1192 Abs. 1**
   a) Bei **Briefgrundschuld:** Abtretungserklärung in schriftlicher Form (oder Eintragung ins Grundbuch) und Übergabe des Grundschuldbriefes, § 1154 Abs. 1 u. 2 ⇨ ***S. 155***
   b) Bei **Buchgrundschuld:** §§ 1154 Abs. 3, 873 Einigung und Eintragung ins Grundbuch
3. **Keine Unwirksamkeits- bzw. Nichtigkeitsgründe**
   a) Mangelnde Geschäftsfähigkeit, §§ 104 ff. ⇨ ***S. 350,*** ⇨ ***S. 153***
   b) Anfechtung, § 142 ⇨ ***S. 158***

II. Berechtigung hinsichtlich gesicherter Forderung

Hypothek

Abtretender ist Inhaber der Forderung

Inzidente Prüfung, ob die gesicherte Forderung besteht und dem Zedenten zusteht.

wenn (–): Zweiterwerb einer Hypothek vom Nichtberechtigten, § 1138 ⇨ ***S. 267***

Grundschuld

Nicht erforderlich, die Grundschuld ist ABSTRAKT

Aber: Im schuldrechtlichen **Sicherungsvertrag** kann ein Verbot vereinbart werden, die Forderung bzw. die Grundschuld isoliert abzutreten, was gem. § 399 Var. 2 dingliche Wirkung hätte (Letzteres müsste als Inhaltsänderung der Grundschuld jedoch in das Grundbuch eingetragen werden, §§ 877, 873).

III. Berechtigung hinsichtlich Hypothek/Grundschuld

Hypothek

Abtretender ist Inhaber der Hypothek ⇨ ***S. 263***

Folge: Hypothek gem. § 1153 übergegangen

Grundschuld

Abtretender ist Inhaber der Grundschuld ⇨ ***S. 263***

Folge: Grundschuld gem. § 398 S. 2, § 413 übergegangen

III. Sachenrecht
14. Zweiterwerb einer Hypothek/Grundschuld vom Nichtberechtigten

Hypothek	Grundschuld

I. Abtretung, § 398

Hypothek: ***Abtretung der gesicherten Forderung (vgl. § 1153), § 398; Form: § 1154*** ***⇨ S. 266***

Grundschuld: ***Abtretung der Grundschuld, § 398, § 413; Form: §§ 1154, 1192 Abs. 1*** ***⇨ S. 266***

II. Berechtigung des Abtretenden fehlt

Hypothek:

1. Abtretender ist **nicht Inhaber der gesicherten Forderung** und (nur) deswegen auch nicht Inhaber der Hypothek (Mangel der Forderung)
2. Abtretender ist **nicht Inhaber der Hypothek** (Mangel im dinglichen Recht)

   ⇨ S. 263, ⇨ S. 264
3. Abtretender ist **nicht Inhaber der Hypothek und auch nicht Inhaber der gesicherten Forderung** (Doppelmangel)

Grundschuld:

1. **Irrelevant!**
   die Grundschuld ist ABSTRAKT

   Aber: Im schuldrechtlichen **Sicherungsvertrag** kann ein Verbot vereinbart werden, die Forderung bzw. die Grundschuld isoliert abzutreten, was gem. § 399 Var. 2 dingliche Wirkung hätte (Letzteres müsste als Inhaltsänderung der Grundschuld jedoch in das Grundbuch eingetragen werden, §§ 877, 873).
2. Abtretender ist **nicht Inhaber der Grundschuld** (Mangel im dinglichen Recht)

   ⇨ S. 263, ⇨ S. 264

III. Erwerb vom Nichtberechtigten

Hypothek:

1. Abtretender ist **nicht Inhaber der gesicherten Forderung** und (nur) deswegen auch nicht Inhaber der Hypothek (Mangel der Forderung)

   a) **Fiktion eines gutgläubigen Forderungserwerbs zum Zwecke des Erwerbs der <u>Buchhypothek</u>, §§ 1138, 892**

   *(⚠ Die folgenden Voraussetzungen beziehen sich immer auf die **gesicherte Forderung**, nicht auf die Hypothek.)*

   - Rechtsgeschäft im Sinne eines Verkehrsgeschäftes
     (+), da Abtretung vereinbart
   - Grundbuch unrichtig
     (+), wenn für angebliche Forderung eine Hypothek im Grundbuch eingetragen
   - Legitimation des Verfügenden aufgrund der Grundbuchlage
     (+), wenn nach dem Grundbuch dem Abtretenden auch die gesicherte Forderung zusteht
   - Guter Glaube des Erwerbers
     Bezug: Inhaberschaft der Forderung
     (+), wenn keine positive Kenntnis von Unwirksamkeit/ Nichtbestehen der Forderung
   - Kein Widerspruch für den Berechtigten eingetragen, § 899

Grundschuld:

Irrelevant, da Grundschuld ABSTRAKT

1. **Nicht erforderlich:**
   Die Grundschuld ist ABSTRAKT

⚠ *Selbst wenn ein Verbot vereinbart wurde, Grundschuld und Forderung isoliert abzutreten (§ 399), hat dies hinsichtlich der Grundschuld keine dingliche Wirkung, sondern müsste als **Inhaltsänderung** der Grundschuld in das Grundbuch eingetragen werden (§§ 873, 877).*

⚠ *(FALLE:) Deshalb ist selbst bei Vereinbarung eines Abtretungsverbots i.S.v. § 399 **nicht** auf einen **gutgläubigen Erwerb gem. § 892** abzustellen (Grundbuch unrichtig, da Abtretungsverbot nicht eingetragen), sondern der Erwerb ist ohne Weiteres möglich, da das **Abtretungsverbot mangels Eintragung in das Grundbuch gar nicht <u>wirksam</u>** ist, vgl. § 877*

Hypothek	Grundschuld

III. Erwerb vom Nichtberechtigten (Fortsetzung)

Hypothek:

b) **Fiktion eines gutgläubigen Forderungserwerbs zum Zwecke des Erwerbs der <u>Brief</u>hypothek, §§ 1155, 1138, 892**

(⚠ *Die folgenden Voraussetzungen beziehen sich immer auf die gesicherte Forderung, nicht auf die Hypothek.*)

- Rechtsgeschäft im Sinne eines Verkehrsgeschäftes
  (+), da Abtretung vereinbart
- Unrichtigkeit der Abtretungskette auf dem Hypothekenbrief, § 1155
- Legitimation des Verfügenden aus dem Hypothekenbrief, § 1155
  (+), da nach der öffentlich beglaubigten Abtretungskette dem Abtretenden auch die gesicherte Forderung zusteht
- Guter Glaube des Erwerbers
  Bezug: Inhaberschaft der Forderung
  (+), wenn er nicht positive Kenntnis von Unwirksamkeit/Nichtbestehen der Forderung hat
- Kein Widerspruch für den Berechtigten im Grundbuch eingetragen, §§ 899, 1155 S. 1

Grundschuld:

Nicht erforderlich:
Die Grundschuld ist ABSTRAKT

⚠ *Selbst wenn ein Verbot vereinbart wurde, Grundschuld und Forderung isoliert abzutreten (§ 399), hat dies hinsichtlich der Grundschuld keine dingliche Wirkung, sondern müsste als* ***Inhaltsänderung*** *der Grundschuld in das Grundbuch eingetragen werden (§§ 873, 877).*

⚠ *(FALLE:) Deshalb ist selbst bei Vereinbarung eines Abtretungsverbots i.S.v. § 399* ***nicht*** *auf einen* ***gutgläubigen Erwerb gem. § 892*** *abzustellen (Grundbuch unrichtig, da Abtretungsverbot nicht eingetragen), sondern der Erwerb ist ohne Weiteres möglich, da das* ***Abtretungsverbot mangels Eintragung in das Grundbuch gar nicht <u>wirksam</u>*** *ist, vgl. § 877.*

⚠ *Zum gutgläubigen einredefreien Erwerb der Grundschuld* ⇨ ***S. 133***

Hypothek:

2. Abtretender ist **nicht Inhaber der Hypothek** (Mangel im dinglichen Recht)

a) **Gutgläubiger Erwerb einer <u>Buch</u>hypothek, § 892**

- Rechtsgeschäft im Sinne eines Verkehrsgeschäftes
  Ⓟ *Übergang gem. § 1153 = Rechtsgeschäft? H.M. (+) da Übergang auf Abtretung beruht.*
- Grundbuch unrichtig
- Legitimation des Verfügenden aufgrund der Grundbuchlage
- Guter Glaube des Erwerbers
  Bezug: Inhaberschaft der Hypothek
- Kein Widerspruch für den Berechtigten im Grundbuch eingetragen, § 899

Grundschuld:

2. Abtretender ist **nicht Inhaber der Grundschuld** (Mangel im dinglichen Recht)

a) **Gutgläubiger Erwerb einer <u>Buch</u>grundschuld, § 892**

- Rechtsgeschäft im Sinne eines Verkehrsgeschäftes
- Grundbuch unrichtig
- Legitimation des Verfügenden aufgrund der Grundbuchlage
- Guter Glaube des Erwerbers
  Bezug: Inhaberschaft der Grundschuld
- Kein Widerspruch für den Berechtigten im Grundbuch eingetragen, § 899

<table>
<tr><th>Hypothek</th><th>Grundschuld</th></tr>
<tr><th colspan="2">III. Erwerb vom Nichtberechtigten (Fortsetzung)</th></tr>
<tr><td>b) Gutgläubiger Erwerb einer <u>Brief</u>hypothek, §§ 1155, 892
▪ Rechtsgeschäft im Sinne eines Verkehrsgeschäftes
Ⓟ Übergang gem. § 1153 = Rechtsgeschäft?
H.M. (+) da Übergang auf Abtretung beruht.
▪ Unrichtigkeit der Abtretungskette auf dem Hypothekenbrief, § 1155
▪ Legitimation des Verfügenden aus dem Hypothekenbrief aufgrund öffentlich beglaubigter Abtretungskette, § 1155
▪ Guter Glaube des Erwerbers
Bezug: Inhaberschaft der Hypothek
▪ Kein Widerspruch für den Berechtigten eingetragen, § 899</td><td>b) Gutgläubiger Erwerb einer <u>Brief</u>grundschuld, §§ 1155, 892, 1192 Abs. 1
▪ Rechtsgeschäft im Sinne eines Verkehrsgeschäftes
▪ Unrichtigkeit der Abtretungskette auf dem Grundschuldbrief
▪ Legitimation des Verfügenden aus dem Grundschuldbrief aufgrund öffentlich beglaubigter Abtretungskette, § 1155
▪ Guter Glaube des Erwerbers
Bezug: Inhaberschaft der Grundschuld
▪ Kein Widerspruch für den Berechtigten eingetragen, § 899</td></tr>
<tr><td>3. Abtretender ist nicht Inhaber der Hypothek und auch nicht Inhaber der gesicherten Forderung (Doppelmangel)</td><td>stellt sich nicht, da Grundschuld ABSTRAKT</td></tr>
<tr><td>a) Fiktion eines gutgläubigen Forderungserwerbs zum Zwecke des Erwerbs der <u>Buch</u>hypothek, §§ 1138, 892 (s.o.)
und
b) Gutgläubiger Erwerb einer <u>Buch</u>hypothek, § 892 (s.o.)
oder
c) Fiktion eines gutgläubigen Forderungserwerbs zum Zwecke des Erwerbs der <u>Brief</u>hypothek, §§ 1155, 1138, 892 (s.o.)
und
d) Gutgläubiger Erwerb einer <u>Brief</u>hypothek, §§ 1155, 892 (s.o.)
Ⓟ Auseinanderfallen von Forderung und Hypothek (H.M.: Hypothek zieht wegen § 1153 die Forderung nach; a.A.: Trennung bleibt bestehen, Schutz des Eigentümers durch Einreden.)</td><td></td></tr>
</table>

15. Haftungsverband der Hypothek/Grundschuld

I. Haftungsverband, §§ 1120 ff.

1. **Das Grundstück, § 1120**
2. **Wesentliche Grundstücksbestandteile, § 94**
   - Die mit dem Grund und Boden fest verbundenen Sachen (Gebäude)
   - Zu den wesentlichen Bestandteilen eines Gebäudes (und damit zu den wesentlichen Bestandteilen eines Grundstücks) gehören die zur Herstellung in ein Gebäude eingefügten Sachen.
   - **AUSNAHME: Scheinbestandteile**, § 95, die nur zu einem vorübergehenden Zweck eingebaut wurden

     (Maßgeblich ist Wille des Einfügenden im Zeitpunkt der Einfügung)
3. **Unwesentliche Grundstücksbestandteile, wenn keine fremden Rechte an ihnen bestehen**
   - Sachen, die mit dem Grundstück (Gebäude) eine wirtschaftliche Einheit bilden
   - **AUSNAHME: Scheinbestandteile**, § 95, die nur zu einem vorübergehenden Zweck eingebaut wurden

     (Maßgeblich ist Wille des Einfügenden im Zeitpunkt der Einfügung)
4. **Bewegliche Sachen, § 1120**

   a) **Getrennte Erzeugnisse** und **getrennte Bestandteile**, die mit Trennung in das Eigentum des Grundstückseigentümers gefallen sind ⇨ ***S. 247***

   b) **Zubehör** des Grundstückseigentümers, **§ 97**
   - Kein Bestandteil des Grundstücks
   - Dient nicht nur vorübergehend dem wirtschaftlichen Zweck des Grundstücks nach **Verkehrsanschauung**

     Ⓟ *Einbauküchen in Nord- und Süddeutschland: unterschiedliche Verkehrsauffassung i.S.v. § 97 Abs. 1 S. 2*
   - Scheinzubehör ist wegen § 97 Abs. 2 kein Zubehör des Grundstücks.

     (⚠ Zwar umfasst der Haftungsverband nur Zubehörstücke, die im Eigentum des Grundstückseigentümers stehen, aber auf in seinem Besitz befindliche Zubehörstücke (im Zeitpunkt der Versteigerung) erstreckt sich die Versteigerung gem. § 55 Abs. 2 ZVG auch wenn sie im Eigentum eines Dritten stehen, es sei denn, dieser hat die Verfahrenseinstellung z.B. durch Drittwiderspruchsklage gem. § 771 ZPO betrieben.) ⇨ ***S. 347***
5. **Forderungen, §§ 1123–1128**

   a) Miet- oder Pachtforderungen

   b) Versicherungsforderungen

II. Enthaftung beweglicher Sachen

1. **Vor Beschlagnahme des Grundstücks, § 1121 Abs. 1**
   a) Bestehen der Hypothek führt zu keiner Verfügungsbeschränkung des Eigentümers
   b) Enthaftung durch Veräußerung und Entfernung der Sache
   c) Entfernung (ohne Veräußerung) reicht bei Erzeugnissen und Bestandteilen aus, wenn dauerhaft und im Rahmen ordnungsgemäßer Wirtschaft sowie bei Zubehör, wenn die Zubehöreigenschaft aufgehoben wird, § 1122.
2. **Nach Beschlagnahme des Grundstücks, aber vor Eintragung des Versteigerungsvermerks**

   Beschlagnahme zum Zweck der Zwangsversteigerung ist relatives Veräußerungsverbot, § 23 ZVG, §§ 136, 135

   a) 1: Veräußerung, 2: **Beschlagnahme**, 3: Entfernung

      Enthaftung (+), wenn Erwerber gutgläubig gem. § 1121 Abs. 2 S. 2 im Zeitpunkt der Entfernung (beachte: § 23 Abs. 2 ZVG)

   b) 1: Entfernung, 2: **Beschlagnahme**, 3: Veräußerung

      Enthaftung (+), wenn Erwerber gutgläubig gem. §§ 135 Abs. 2, 136, 936 i.V.m. § 23 Abs. 2 ZVG (Kenntnis des Versteigerungsantrags steht Kenntnis von Beschlagnahme im Zeitpunkt der Veräußerung gleich)

   c) 1: **Beschlagnahme**, 2: Veräußerung, 3: Entfernung

      Enthaftung (+), wenn Erwerber sowohl bei Veräußerung (§§ 135 Abs. 2, 136, 936 i.V.m. § 23 Abs. 2 ZVG) als auch bei Entfernung (§ 1121 Abs. 2 S. 2) gutgläubig war
3. **Nach Eintragung des Versteigerungsvermerks**
   a) Kein gutgläubiger Erwerb möglich
   b) Enthaftung nur gem. § 1122 durch Entfernung im Rahmen einer ordnungsgemäßen Wirtschaft, wenn diese vor Zustellung des Beschlagnahmebeschlusses erfolgte

Merke:

1. Ohne Entfernung keine Enthaftung.
2. Guter Glaube an das Nichtbestehen einer Hypothek schützt nicht, § 1121 Abs. 2 S. 1.
3. Nach Beschlagnahme ist Gutgläubigkeit erforderlich, wobei für Gutgläubigkeit im Rahmen der Veräußerung §§ 135 Abs. 2, 136, 936 i.V.m. § 23 ZVG und im Rahmen der Entfernung § 1121 Abs. 2 S. 2 maßgeblich sind.

Unwirksamkeit von schuldrechtlichen Sicherungsverträgen gem. § 138 Abs. 1

- Verlängerter Eigentumsvorbehalt
- Globalzession
- Sicherungsübereignung
- Sicherungsgrundschuld

	Knebelung	Anfängliche Übersicherung	Verleitung zum Vertragsbruch
Objektiver Tatbestand	Zwangslage des Sicherungsgebers, die vorliegt, wenn ihm **keine wirtschaftliche Bewegungsfreiheit** verbleibt.	Bereits im Zeitpunkt des Vertragsschlusses ist gewiss, dass (im noch ungewissen) Verwertungsfall ein **auffälliges Missverhältnis** zwischen realisierbarem Wert der Sicherheit und gesicherter Forderung besteht.	Sicherungsabtretung auch von **Forderungen**, die der Zedent **aufgrund späterer verlängerter EV-Verkäufe** an Verkäufer abtreten muss.
Subjektiver Tatbestand	Dem Sicherungsnehmer **muss** sich die **Einengung** des Sicherungsgebers **aufdrängen**.	**Verwerfliche Gesinnung** des Sicherungsnehmers, die vorliegt, wenn er aus eigensüchtigen Gründen eine Rücksichtslosigkeit gegenüber den berechtigten Belangen des Sicherungsgebers an den Tag legt, die nach sittlichen Maßstäben nur fraglich ist.	**Kenntnis des Sicherungsnehmers** (Zessionars) von Geschäftsüblichkeit des verlängerten EV
Rechtsfolge	▪ Nach **h.M. Unwirksamkeit** des schuldrechtlichen Sicherungsvertrags und der dinglichen Sicherheit. ▪ Nach a.A. nur Nichtigkeit des Sicherungsvertrags; die Sicherheit muss nach § 812 Abs. 1 S. 1 Var. 1 zurückübertragen werden.		**H.M.: Unwirksamkeit** von Sicherungsvertrag und Sicherungsabtretung Ausn.: Dingliche Teilverzichtserklärung

III. Sachenrecht
17. Pfandrecht, §§ 1204 ff.

I. Entstehung

1. Vertragliches Pfandrecht an beweglichen Sachen, §§ 1204–1208

Ⓟ *Rechtsnatur des Flaschenpfandes?*
(Bei Einheitsflaschen handelt es sich nach h.M. um Kauf mit Rückkaufsvereinbarung; bei atypischen Flaschen [z.B. Coca Cola] liegt i.d.R. Leihe oder Sachdarlehen vor; der „verpfändete" Geldbetrag geht in jedem Fall in das Eigentum des „Pfandgläubigers" über.)

a) **Dingliche Einigung zwischen Verpfänder und Pfandgläubiger, §§ 1204, 1205**
- Konkrete Bezeichnung der zu verpfändenden beweglichen Sache.
- Einigung auch durch AGB möglich, es sei denn, Klausel ist überraschend, § 305c Abs. 1.
- Kein Widerruf der Einigung bis zum Rechtserwerb

b) **Bestehen der zu sichernden Forderung (Akzessorietät des Pfandrechts, § 1252)**
- Die zu sichernde Forderung muss bestimmbar sein (auch künftige und bedingte Forderungen).

c) **Übergabe oder Übergabesurrogate**
- Gem. § 1205 Abs. 1 S. 1 ist eine **Übergabe** erforderlich, die der i.S.v. § 929 S. 1 entspricht. ⇨ ***S. 237***
- Die **Übergabesurrogate** sind im Vergleich zu den §§ 929–931 jedoch modifiziert.
  - Ein Pfandrecht kann **nicht durch** Begründung eines **Besitzkonstituts** gem. § 930 entstehen.
  - Bei **Abtretung des Herausgabeanspruchs gem. § 1205 Abs. 2** muss im Vergleich zu § 931 zusätzlich eine Anzeige erfolgen.
  - Anders als in den §§ 929 ff. ist nicht erforderlich, dass der Verpfänder jede besitzrechtliche Position verliert; die Einräumung von **qualifiziertem Mitbesitz** ist ausreichend, § 1206

d) **Berechtigung des Verpfänders**
- Berechtigt ist der verfügungsbefugte Eigentümer oder der gesetzlich oder gem. § 185 Abs. 1 Ermächtigte

e) **Anderenfalls: Erwerb vom Nichtberechtigten**
- **Fälle des § 185 Abs. 2** vgl. ⇨ ***S. 240***
  Das Pfandrecht geht im Falle des gutgläubigen Erwerbs Rechten Dritter vor, § 1208.
  Zu Einzelheiten des gutgläubigen Erwerbs vgl. ⇨ S. 240
- **Gutgläubiger Erwerb des Pfandrechts gem. § 1207 i.V.m. §§ 932, 934, 935**

2. Gesetzliches Pfandrecht an Sachen, § 1257

a) **Anordnung eines gesetzlichen Pfandrechts**

(1) **Besitzpfandrechte**
- Werkunternehmer an den übergebenen Sachen des Bestellers, § 647
- Kommissionär am Kommissionsgut, § 397 HGB
- Frachtführer am Frachtgut, § 440 HGB
- Spediteur am Speditionsgut, § 464 HGB
- Lagerhalter am Lagergut, § 475b HGB

(2) **Besitzlose Pfandrechte**
- Vermieter- bzw. Verpächterpfandrecht an eingebrachten Sachen des Mieters/Pächters, § 562 Abs. 1/§§ 581, 592
- Gastwirt an den eingebrachten Sachen des Gastes, § 704

b) **Bestehen der zu sichernden Forderung (Akzessorietät des Pfandrechts, § 1252, § 1257)**
- Die zu sichernde Forderung muss bestimmbar sein (es können auch künftige und bedingte Forderungen gesichert werden, § 1204 Abs. 2).

c) **Besitzposition**
- Bei Besitzpfandrechten muss der Gläubiger im **Besitz** der Pfandsache sein.
- Bei besitzlosen Pfandrechten genügt die **Einbringung** der Sache (z.B. in die Miet- oder Gasträume).

I. Entstehung (Fortsetzung)

d) **Eigentum des Schuldners an der Pfandsache**

- Das gesetzliche Pfandrecht entsteht nur an den Sachen, die im Eigentum des Schuldners stehen.
- Ein Erwerb vom Nichtberechtigten kommt nicht in Betracht, da § 1207 keine (nach h.M. auch keine entsprechende) Anwendung über § 1257 findet, da § 1257 ein „entstandenes" Pfandrecht voraussetzt.
- ⚠ *Eine **Ausnahme** besteht gem. **§ 366 Abs. 3 HGB** für die gesetzlichen HGB-Pfandrechte; ein solches Pfandrecht kann gutgläubig erworben werden.*

3. Vertragliches Pfandrecht an Rechten und Forderungen

a) **Dingliche Einigung zwischen Verpfänder und Pfandgläubiger, § 1273**

- Belastungsgegenstände können Forderungen und Rechte sein (z.B. Verpfändung eines Sparguthabens).
- Für das zu belastende Recht/die zu belastende Forderung gilt der Bestimmtheitsgrundsatz (es können auch künftige und bedingte Forderungen gesichert werden).
- Eine Einigung ist auch durch AGB möglich, es sei denn, Klausel ist überraschend, § 305c Abs. 1.

b) **Bestehen der zu sichernden Forderung (Akzessorietät des Pfandrechts, § 1252)**

- Die zu sichernde Forderung muss bestimmbar sein (es können auch künftige und bedingte Forderungen gesichert werden).

  (⚠ Es kann daher ein Pfandrecht zur Sicherung einer künftigen Forderung an einer künftigen Forderung bestellt werden.)

c) **Besonderheiten der Verpfändung**

- Grundsatz: Wie das Recht übertragen wird, so wird es auch verpfändet, § 1274 Abs. 1 S. 1.
  - Ist ein Recht nicht übertragbar, kann kein Pfandrecht an ihm bestellt werden, § 1274 Abs. 2.
  - Ist zur Übertragung des Rechts die Übergabe einer Sache erforderlich, geschieht dies entsprechend der §§ 1205, 1206 (§ 1274 Abs. 1), z.B. Briefgrundschuld.

    (⚠ Die Verpfändung von Inhaberpapieren erfolgt gem. § 1293 nach den Vorschriften über das Pfand an beweglichen Sachen.)
- Bei Forderungen ist neben der Abtretung immer eine Abtretungsanzeige des verpfändenden Gläubigers erforderlich, § 1280.

d) **Berechtigung des Verpfänders**

- Der Verpfänder muss verfügungsberechtigter Rechtsinhaber oder nach § 185 oder gesetzlich ermächtigt sein.
- Soweit das verpfändete Recht gutgläubig erworben werden kann, kann auch das Pfandrecht vom Nichtberechtigten gutgläubig erworben werden.

II. Übertragung des Pfandrechts an Sachen und Rechten (Zweiterwerb)

1. **Rechtsgeschäftliche Übertragung des Pfandrechts**

- Gem. §§ 398, 1250, 401 durch **Abtretung der gesicherten Forderung** (das Pfandrecht geht wegen seiner strengen **Akzessorietät** gem. § 401 dann automatisch auf den neuen Gläubiger über)
- Eine **Besitzübertragung** ist bei Übertragung des Besitzpfandrechts **nicht erforderlich** (!), der neue Gläubiger kann jedoch gem. § 1251 Herausgabe des Pfandes verlangen.
- Bei Abtretung der Forderung unter Ausschluss des Übergangs des Pfandrechts erlischt dieses (§ 1250 Abs. 2).
- Anders als z.B. bei der Hypothek (§ 1138) gibt es **keinen gutgläubigen Zweiterwerb** eines Pfandrechts.

II. Übertragung des Pfandrechts an Sachen und Rechten (Zweiterwerb) (Fortsetzung)

2. **Gesetzlicher Übergang gem. § 412**
   - Bei gesetzlichem Forderungsübergang geht i.d.R. auch das Pfandrecht kraft Gesetzes mit über, §§ 412, 401.
     - Gem. § 1225 geht die Forderung bei Zahlung auf den Verpfänder über, wenn er nicht der persönliche Schuldner ist.
     - Gem. § 1249 geht die Forderung bei Zahlung durch einen Ablösungsberechtigten auf diesen über.
     - Bei Sicherung durch Pfandrecht und Bürgschaft erwirbt der zuerst Zahlende direkt oder entsprechend §§ 774 Abs. 2, 1225 S. 2 i.V.m. § 426 die Sicherheit des anderen nur anteilig (kein Wettlauf der Sicherungsgeber).
     - Gleiches gilt bei Sicherung durch mehrere Pfandrechte mehrerer Verpfänder (§§ 774 Abs. 2, 1225 S. 2 i.V.m. § 426).

III. Rechte und Pflichten bis zur Verwertung

1. **Rechte des Pfandgläubigers bei Beeinträchtigung des Pfandes ggü. Dritten, § 1227**

   ⇨ Gem. § 1227 geschützt wie Eigentümer, also:
   - Herausgabe entsprechend § 985 ***vgl.*** ⇨ ***S. 86***
   - Schadensersatz, wenn der Schädiger unrechtmäßiger Besitzer war, entsprechend §§ 989 ff. ***vgl.*** ⇨ ***S. 50, 54***
   - Schadensersatz bei Beschädigung des Pfandes, § 823 ***vgl.*** ⇨ ***S. 57***
   - Bei Verbrauch der Sache durch Dritten, § 812 Abs. 1 S. 1 Var. 2 ***vgl.*** ⇨ ***S. 99***
   - Beseitigung oder Unterlassung bei Beeinträchtigung des Pfandes entsprechend § 1004 ***vgl.*** ⇨ ***S. 127***
2. **Rechte des Pfandgläubigers gegenüber dem Verpfänder, §§ 1213 ff.**
   - Nutzung, wenn dem Pfandgläubiger ein Nutzungspfand eingeräumt wurde, § 1213
   - Ansonsten gilt ähnliches wie beim Verwahrungsvertrag, §§ 1215–1221, 1223
   - Besitzrecht i.S.v. § 986 bei Pfandreife (vgl. für das Vermieterpfandrecht §§ 1257, 1231 S. 1, 1228 Abs. 2 S. 1, 562)

IV. Verwertung, §§ 1228 ff.

1. **Das Pfandrecht an Sachen**

   a) **Person des Verwertenden, §§ 1235, 383 Abs. 3**
   - Gerichtsvollzieher
   - Auktionator
   - Bei Parteivereinbarung auch Privatperson, § 1245

   b) **Voraussetzungen der Verwertung**

   (1) **Rechtmäßigkeitsvoraussetzungen**
   - Bestehen des Pfandrechts
   - Pfandreife, § 1228 Abs. 2
   - Verbot des Überverkaufs, § 1230 S. 2
   - Verwertung in öffentlicher Versteigerung, § 1235 (freihändiger Verkauf bei Börsen- oder Marktpreis, § 1235 Abs. 2 i.V.m. § 1221)
   - Versteigerung muss öffentlich bekannt gemacht werden, § 1237 S. 1

   Bei **Nichtbeachtung** der **Rechtmäßigkeitsvoraussetzungen** ist aber ein gutgläubiger Eigentumserwerb des Ersteigerers gem. § 1244 möglich.

IV. Verwertung, §§ 1228 ff. (Fortsetzung)

(2) **Ordnungsvorschriften**

- Androhung des Pfandverkaufs, § 1234 Abs. 1
- Benachrichtigung des Verpfänders von der Versteigerung, § 1237 S. 2
- Einhaltung der Monatsfrist, § 1234 Abs. 2
- Mitteilung des Versteigerungsergebnisses an den Eigentümer, § 1241
- Verkauf nur gegen Barzahlung und kassatorische Klausel, § 1238 Abs. 1

(⚠ Besonderheiten im HGB z.B. § 441 Abs. 4 HGB)

Bei **Nichtbeachtung** der **Ordnungsvorschriften:** Rechtmäßigkeit der Versteigerung bleibt unberührt, doch Schadensersatzanspruch des Eigentümers gem. § 1243 Abs. 2

c) **Abweichungen**

- Vereinbarung gem. § 1245
- Billigkeit, § 1246
- Vollstreckbarer Titel, § 1233 Abs. 2 ***vgl.* ⇨ *S. 343***

d) **Recht am Versteigerungserlös**

- Bei Berechtigung des Pfandgläubigers zur Verwertung gebührt ihm der Erlös i.H.d. gesicherten Forderung, § 1247 S. 1.
- Im Übrigen tritt dingliche Surrogation ein, § 1247 S. 2: Der Erlös tritt an die Stelle des Pfandgegenstandes.

2. **Das Pfandrecht an Forderungen/Rechten**

- Die Verwertung eines Pfandrechts an einem **Recht** erfolgt nur nach den Vorschriften über die **Zwangsvollstreckung**, § 1277 ***vgl.* ⇨ *S. 345***
- Eine **Forderung** wird je nach Pfandreife verwertet:
  - **Vor Pfandreife** (vor Fälligkeit der gesicherten Forderung des Pfandgläubigers) können Gläubiger und Pfandgläubiger die Forderung nur gemeinsam geltend machen; der Schuldner darf nur an beide leisten, § 1281.
  - **Nach Pfandreife** (nach Fälligkeit der gesicherten Forderung des Pfandgläubigers) kann der Pfandgläubiger fällige Forderungen alleine einziehen und der Schuldner darf nur an ihn leisten, § 1282.
- Bei Forderungen, die auf Verschaffung eines Gegenstands gerichtet sind, setzt sich das Pfandrecht im Wege **dinglicher Surrogation** an dem geleisteten Gegenstand fort (d.h. der Gläubiger erlangt z.B. das Eigentum an dem geleisteten Gegenstand und der Pfandgläubiger ein Pfandrecht).

V. Erlöschen des Pfandrechts an Sachen und Rechten

- Erlöschen der gesicherten Forderung, § 1252 (Akzessorietät)
- Freiwillige Rückgabe des Pfandes, § 1253 (tatsächliche Rückgabe)

  (⚠ Auf das besitzlose Pfandrecht ist § 1253 natürlich nicht anwendbar.)

  (⚠ Besonderheiten im HGB z.B. § 440 Abs. 3 HGB)
- Verzicht des Pfandgläubigers, § 1255
- Vereinigung von Pfand und Eigentum, § 1256 Abs. 1 (Ausnahmen in § 1256 Abs. 1 S. 2 und Abs. 2)
- Rechtmäßiger Verkauf, § 1242 Abs. 2
- Gutgläubiger lastenfreier Erwerb der Pfandsache durch einen Dritten, §§ 936 Abs. 1, 945, 949, 973 ***vgl.* ⇨ *S. 242***

IV. Familienrecht
1. Systematik

I. Institute des Zusammenlebens

Ehe	Lebenspartnerschaft
▪ Ehe für alle, § 1353 Abs. 1 ab 01.10.2017	▪ Lebenspartnerschaft bis 01.10.2017 begründet
1. Vorstufe: **Verlöbnis, §§ 1297 ff.**	1. Vorstufe: **Verlöbnis, §§ 1297 ff.**
a) **Begründung** durch formfreien Vertrag (h.M.), also §§ 104 ff. b) **Rechtsfolgen** ▪ kein gerichtlich durchsetzbarer Primäranspruch, § 1297	**dto., § 1 Abs. 3 LPartG**
c) **Beendigung** ▪ durch Rücktritt, vgl. § 1298 ▪ §§ 1298, 1299, Ersatzpflicht bei Rücktritt ▪ §§ 1301, 812 Geschenkrückgabe	**dto., § 1 Abs. 3 LPartG**
2. **Ehe, §§ 1303 ff.**	2. **Lebenspartnerschaft (LPartG)**
a) **Begründung, §§ 1303 ff.**	a) **Begründung, § 1**
▪ durch persönl. gleichzeitige Erklärung vor Standesbeamtem, § 1311	▪ durch Erklärung vor zuständiger Behörde, § 1
▪ ggf. Ehevertrag, §§ 1408 ff.	▪ ggf. Lebenspartnerschaftsvertrag, § 7
▪ Ehefähigkeit, kein Verbot, §§ 1303 ff.	▪ Fähigkeit, kein Verbot, § 1 Abs. 2
▪ für Personen verschiedenen oder gleichen Geschlechts, § 1353 Abs. 1	▪ für Personen gleichen Geschlechts, § 1
b) **Rechtsfolgen**	b) **Rechtsfolgen**
▪ allgemeine, für alle Güterstände, §§ 1353 ff.	▪ allgemeine, §§ 2 ff.
▪ Güterrecht, §§ 1363 ff.	▪ Vermögensgegenstände, §§ 6 ff.
▪ Zeugnisverweigerungsrecht, § 383 Abs. 1 ZPO, § 52 Abs. 1 Nr. 2 StPO	▪ Zeugnisverweigerungsrecht, § 383 Abs. 1 ZPO, § 52 Abs. 1 Nr. 2a StPO
c) **Beendigung**	c) **Beendigung**
▪ Aufhebung, §§ 1313 ff.	▪ Aufhebung, § 15
▪ Scheidung, §§ 1564 ff.	▪ Tod, § 10
▪ Tod, §§ 1931, 1371, 1482	

Nichteheliche Lebensgemeinschaft

- nicht geregelt; keine analoge Anwendung des FamR
- aber regelbar durch Partnerschaftsvertrag, § 311 Abs. 1

IV. Familienrecht
1. Systematik (Fortsetzung)

II. Verwandtschaft und Adoption

Abstammung	Adoption
1. **Allgemeine Vorschriften, §§ 1589 ff.**	1. **Annahme Minderjähriger, §§ 1741 ff.**
2. **Abstammung, §§ 1591 ff.** ▪ Mutter, § 1591 ▪ Vater, §§ 1592 ff. Anfechtung der Vaterschaft, §§ 1600 ff.	2. **Annahme Volljähriger, §§ 1767 ff.**
3. **Rechtsfolgen** ▪ Unterhaltspflicht, §§ 1601 ff. ▪ Elterliche Sorge, §§ 1626 ff.	3. **Rechtsfolgen** a) bei Minderjährigen } dto., § 1754 b) bei Volljährigen, § 1770

III. Vormundschaft, Betreuung, Pflegschaft

	Vormundschaft, §§ 1773 ff.	**Betreuung, §§ 1814 ff.**	**Pflegschaft, §§ 1809 ff.**
1. **Begründung**	§§ 1773 ff.	§§ 1814 ff.	§§ 1809 ff.
2. **Rechtsfolgen**	§§ 1788 ff.	§§ 1821 ff.	§ 1813 i.V.m. §§ 1788
3. **Beendigung**	§§ 1804 ff.	§ 1868	§§ 1812

IV. Familienrecht
2. Rechtswirkungen der Ehe/Lebenspartnerschaft

Ehe für alle

ab 01.10.2017

1. **Generalklausel, § 1353**
   - Ehe auf Lebenszeit für Personen verschiedenen oder gleichen Geschlechts
   - Verpflichtung zur Lebensgemeinschaft und Verantwortung
2. **Namensrecht, § 1355**
   Ehename oder Einzelname
3. **Freie Rollenverteilung, § 1356**
   im gegenseitigen Einvernehmen
4. **Geschäfte zur angemessenen Deckung des Lebensbedarfs, § 1357**
   - beide Ehegatten werden berechtigt (h.M.: Gesamtgläubiger, § 428) und verpflichtet (Gesamtschuldner, § 421)
   - Ausnahmen:
     - § 1357 Abs. 1 S. 2 Hs. 2: aus Umständen
     - § 1357 Abs. 2 i.V.m. § 1412: Ausschluss
     - § 1357 Abs. 3 i.V.m. § 1567: Getrenntleben
     - **§ 1358:** Gegenseitige Vertretung bei Angelegenheiten der **Gesundheitssorge**
5. **Interne Sorgfalt, § 1359**
   eigenüblich, § 277
6. **Unterhaltspflicht, §§ 1360 ff.**
   Familienunterhalt, §§ 1360–1360b
7. **Getrenntleben, §§ 1361 ff.**
   - Definition, § 1567
   - Unterhalt, § 1361
   - Hausrat, § 1361a
   - Ehewohnung, § 1361b
8. **Eigentumsvermutung, § 1362**
   - der Ehegatte, der Schuldner ist, gilt als Alleineigentümer
   - Ausnahme: persönliche Gegenstände, § 1362 Abs. 2 oder § 1362 Abs. 1 S. 2
9. **Gewahrsamsvermutung, § 739 Abs. 1 ZPO, bei Zwangsvollstreckung**

Lebenspartnerschaft (LPartG)

bis 01.10.2017

1. **Generalklausel, § 2**
   - Personen gleichen Geschlechts
   - Fürsorge und Unterstützung
   - Verantwortung
2. **Namensrecht, § 3**
   Lebenspartnerschaftsname oder Einzelname
3. Freie Rollenverteilung nicht geregelt, aber selbstverständlich
4. **Geschäfte zur Deckung des Lebensbedarfs**
   § 8 Abs. 2 i.V.m. § 1357 BGB entspr.
5. **Interne Sorgfalt, § 4**
   dto.
6. **Unterhaltspflicht, § 5**
   dto.
7. **Getrenntleben**
   - Unterhalt, **§ 12**
   - Hausrat, **§ 13**
   - Wohnung, **§ 14**
8. **Eigentumsvermutung**
   § 8 i.V.m. § 1362 BGB entsprechend; dto.
9. **Gewahrsamsvermutung, § 739 Abs. 2 ZPO, bei Zwangsvollstreckung**

Ehe	gesetzlicher Güterstand Zugewinngemeinschaft, §§ 1363 ff.	vertraglicher Güterstand Gütertrennung, § 1414	 Gütergemeinschaft, §§ 1415 ff.
1. **Voraussetzungen**	a) **Vorliegen einer wirksamen Ehe gem. §§ 1303 ff.**	b) **notarieller Ehevertrag, §§ 1408 ff.** § 1414 c) **Außenwirkung ggü. Dritten gem. § 1412** ▪ Eintragung ins Güterrechtsregister ▪ oder Kenntnis des Dritten	 § 1415
bei LPartnerschaft (LPartG)	§ 6	§ 7	§ 7
2. **Vermögen**	a) **Trennung, § 1363** b) **aber Veräußerung** ohne Zustimmung **verboten:** ▪ Vermögen im Ganzen, §§ 1365, 1366 ▪ Haushaltsgegenstände, §§ 1369, 1366	**Trennung des Vermögens, § 1414**	a) **Gesamtgut, § 1416** = automatisch Gesamthandsvermögen, § 1419 b) **Sondergut, § 1417** c) **Vorbehaltsgut, § 1418**
bei LPartnerschaft (LPartG)	§ 6	§ 7	§ 7
3. **Haftung für Verbindlichkeiten des anderen**	a) **grds. (–), da Vermögenstrennung** b) **Ausnahmen:** ▪ Bedarfsdeckung, § 1357 Abs. 1 ▪ Eigentumsvermutung nicht widerlegt, § 1362	a) **dto.** b) **dto.**	a) **dto.** b) **dto.** ▪ Haftung des Gesamtgutes, § 740 ZPO
bei LPartnerschaft (LPartG)	§ 8 Abs. 2	§ 8 Abs. 2	§ 8 Abs. 2
4. **Entgelt bei Mitarbeit im Geschäft des anderen**	a) **grds. (–),** da Unterhalt; auch wenn überobligatorisch, vgl. § 1360b b) **Ausnahme:** Vertrag der Eheleute, z.B. ▪ ArbV, § 611a ▪ GesV, §§ 705 ff.	a) **dto.** b) **dto.**	a) **dto.** b) **dto.**
bei LPartnerschaft (LPartG)	dto.	dto.	dto.
5. **Unterhalt**	**§§ 1360 ff.** ▪ Haushaltsführung ist vollw. Beitrag, § 1360 S. 2 ▪ Zuvielleistung, § 1360b	**dto.**	**dto.**
bei LPartnerschaft (LPartG)	§ 5	§ 5	§ 5

I. Zugewinngemeinschaft, §§ 1363 ff.

1. **Grundsatz:**

   Jeder kann über sein **Vermögen separat** verfügen, vgl. § 1363 Abs. 2.

2. **Ausnahmen**

   a) **Geschäfte über nahezu gesamtes Vermögen, § 1365**

   (1) Güterstand der **Zugewinngemeinschaft, § 1363**

   (2) **Vertrag über nahezu gesamtes Vermögen**

   - Grds.: mehr als 90 % des Aktivvermögens betroffen
   - Ausnahme: mehr als 85 % bei kleinerem Vermögen betroffen (str.)
     ⇨ gilt auch bei Einzelgegenständen; auch bei dinglichen Belastungen (z.B. Hypothek)
     ⇨ Gegenleistung bleibt bei Berechnung grds. unberücksichtigt!

   (3) **Subjektive Theorie:**

   Erwerber muss bei Einzelgegenständen wissen, dass er nahezu gesamtes Vermögen erwirbt

   (4) **Rechtsfolge:**

   - Geschäft ohne Zustimmung des anderen Ehegatten schwebend unwirksam bis zur Genehmigung, § 1366 Abs. 1, oder Ersetzung i.S.v. § 1365 Abs. 2
   - Nichtigkeit bei Genehmigungsverweigerung, § 1366 Abs. 4
   - Absolutes Veräußerungsverbot, daher auch bei Unkenntnis des Erwerbers vom Güterstand kein gutgläubiger Erwerb gem. § 135 Abs. 2 möglich (h.M.)!

   b) **Geschäfte über Haushaltsgegenstände, § 1369**

   (1) Güterstand der **Zugewinngemeinschaft**, § 1363

   (2) **Geschäft über Haushaltsgegenstand (weit!)** des veräußernden Ehegatten
   ⇨ analog bei Veräußerung von Sachen des anderen Ehegatten (str.)

   (3) **Rechtsfolge: gem. § 1369 Abs. 3 i.V.m. § 1366, s.o.**

   c) **Klagerecht des zustimmungsberechtigten Ehegatten aus § 1368 (ggf. i.V.m. § 1369 Abs. 3) i.V.m. § 985**
   ⇨ sog. revokatorische Klage (≈ Prozessstandschaft)

II. Gütergemeinschaft

1. **Gesamtgut, § 1416**, ist gesamthänderisch gebunden, § 1419
2. **Sondergut, § 1417**
   - Gegenstände, die nicht rechtsgeschäftlich übertragbar sind, § 1417 Abs. 2
   - Verwaltung: jeder selbstständig, § 1417 Abs. 3
3. **Vorbehaltsgut, § 1418**
   - Gegenstände i.S.v. § 1418 Abs. 2
   - Verwaltung: jeder selbstständig, § 1418 Abs. 3
   - Wirkung ggü. Dritten: § 1418 Abs. 4 i.V.m. § 1412

IV. Familienrecht
5. Ausgleich von Zuwendungen unter Ehegatten, Lebenspartnern, nichtehelichen Lebenspartnern

I. Spezielle Ausgleichsmöglichkeiten

1. **Spezielle Auflösungs-, Abwicklungsverträge**
   - Eheverträge, §§ 1408 ff.
   - Lebenspartnerschaftsverträge, § 7 LPartG bis 01.10.2017 geschlossen
   - Partnerschaftsvertrag, § 311 Abs. 1, für nichteheliche Lebenspartner
2. **Gesellschaft bürgerlichen Rechts (GbR), § 705**
   a) (konkludenter) Gesellschaftsvertrag, § 705 Abs. 1 (Rechtsbindungswille!):
      - gemeinsamer Gesellschaftszweck i.S.v. § 705 Abs. 1
        ⇨ nur, falls Zweck über die Notwendigkeiten des Zusammenlebens hinausgehend
      - Gesellschafterbeiträge

   b) Auflösungsansprüche
3. **Bruchteilsgemeinschaft, §§ 741 ff.**
   a) bzgl. der Sachen im Miteigentum (§ 1008) oder bzgl. des gemeinsamen Kontos
   b) Auflösungsrecht aus § 749; Auflösungsansprüche gem. §§ 752 ff.
4. **Arbeitsverträge, § 611a**
   a) (konkludenter) Arbeitsvertrag (Rechtsbindungswille!) i.S.v. § 611a
   b) Vergütung i.S.v. § 611a Abs. 2 zu erwarten?
5. **Darlehensvertrag, §§ 488 ff.**
   nur bei Kreditabrede (Rechtsbindungswille!)
6. **Schenkungsvertrag, §§ 516 ff.**
   a) (konkludenter) Schenkungsvertrag (ggf. geheilt nach § 518 Abs. 2)
      bei Ehegatten grds. (–), da i.d.R. bloß **unbenannte Zuwendung** im Rahmen des Unterhalts.
      Ausn. bei größeren Zuwendungen denkbar (Auslegung!)
   b) Widerruf wegen groben Undanks i.S.v. §§ 530, 531?
      ⇨ bloße Trennung reicht nicht!

II. Allgemeine Institute

1. **Störung der Geschäftsgrundlage, § 313**
   a) grds. unanwendbar, da FamilienR (ScheidungsR) spezieller
   b) Ausnahme: grob unbillige Härtefälle
2. **Bereicherungsrecht, §§ 812 ff.**
   a) § 812 Abs. 1 S. 1 Var. 1; i.d.R. keine Leistung auf vermeintliche Verbindlichkeiten bzw. Ausschluss gem. § 814 Var. 1 bei Kenntnis von der Nichtschuld
   b) § 812 Abs. 1 S. 2 Var. 2 (Zweckverfehlung)
      nur falls besondere Zweckvereinbarung; einseitiges Motiv des Leistenden reicht nicht
3. **GoA, §§ 677, 683, 670**
   da i.d.R. „auch" fremdes Geschäft ⇨ Fremdgeschäftsführungswille muss erkennbar werden

III. Berücksichtigung bei Zugewinnausgleich, §§ 1372 ff.

- falls Zuwendungen sich im Endvermögen auswirken, § 1375
- **nicht** analog auf nichtehelicher Lebensgemeinschaft (daher Lösung über allgemeine Institute)

I. Allgemeine Vorschriften, §§ 1408 ff.

1. **Grundsatz der Vertragsfreiheit, §§ 1408 ff.**
   - auch nach Eingehung der Ehe möglich
   - bei beschränkt Geschäftsfähigen/Geschäftsunfähigen, § 1411
2. **Form: notariell, § 1410**
3. **wirksam ggü. Dritten nach § 1412**
   - im Güterrechtsregister eingetragen
   - oder Dritten bekannt

II. Mögliche Inhalte

1. Gütertrennung, vgl. § 1414
2. Gütergemeinschaft, §§ 1415 ff.
3. auch Mischformen möglich (Vertragsfreiheit)
4. sowie nur Einzelregelungen, z.B. Modifizierung des Zugewinnausgleichs (Vertragsfreiheit!)

III. Unwirksamkeitsgründe

1. **Formnichtigkeit**, § 125 i.V.m. § 1410
2. **allgemeine Nichtigkeitsgründe, §§ 134, 138, 242**
   - bei Knebelung, Vertragsungleichgewicht im Kernbereich des Unterhaltsrechts
   - Unterhaltsverzicht zulasten der gemeinsamen Kinder
     - da Verträge zulasten Dritter generell unwirksam
     - möglich aber rein interne Freistellung der Ehegatten untereinander bzgl. Kindesunterhalt
   - ggf. abweichend von § 139 nur Teilnichtigkeit gewollt

Bei nichtehelicher Lebensgemeinschaft

- Keine Regelung,
- daher vertragliche Regelungen formfrei möglich (§ 311 Abs. 1)
- Grenzen:
  - falls Verpflichtung zur (Rück-)Übertragung von Grundstücken gilt § 311b
  - §§ 134, 138 bei Gesetzes-, Sittenverstoß

I. Gründe

1. **Aufhebung der Ehe**
   a) **Aufhebungsgrund:** fehlerhafte Ehe i.S.v. § 1314
   ⇨ Verstoß gegen §§ 1303 ff.
   b) **Rechtskräftige Entscheidung**, § 1313
2. **Scheidung, §§ 1565 ff.**
   Scheidungsgrund, §§ 1565 ff.: **Zerrüttungsprinzip**
   - Scheitern der Ehe festzustellen + Fortsetzung unzumutbar
     ➤ bei Trennung < 1 Jahr, § 1565
   - Scheitern der Ehe festzustellen
     ⟶ bei Trennung > 1 Jahr + einseitiger Antrag
   - Scheitern vermutet, § 1566 Abs. 1
     ⟶ bei Trennung > 1 Jahr + einvernehmliche Scheidung
   - Scheitern unwiderlegbar vermutet, § 1566 Abs. 2
     ⟶ bei Trennung > 3 Jahre

   } **kein Härtefall, § 1568**

II. Scheidungsfolgen

1. **Ex-Ehegatten**
   a) **Ehe mit Rechtskraft der gerichtlichen Entscheidung aufgelöst, § 1564**
   b) **Güterstand**
   - Zugewinnausgleich, §§ 1372 ff.
   - Gütergemeinschaft: Auseinandersetzung bzgl. Gesamtgut, § 1478

   c) **Unterhalt, §§ 1570 ff.**
   - Unterhaltsberechtigung aus Gründen i.S.d. §§ 1570 ff.
   - kein Ausschluss, §§ 1577 ff.
   - Leistungsfähigkeit des Verpflichteten, §§ 1581 ff.

   d) **Versorgungsausgleich bzgl. Rentenanwartschaften, VersAusglG**
   e) **Hausratsverteilung, § 1568b**
   f) **Namensrecht, § 1355 Abs. 5**
2. **Eltern – Kind**
   a) **elterliche Sorge** bleibt grds. bei beiden, § 1671
   b) **Kindesunterhalt, § 1601 ff.**
   - Unterhaltsberechtigung, § 1602
   - kein Ausschluss, § 1611
   - Verpflichtete, §§ 1603 ff.

Gilt grds. auch bei Aufhebung der Lebenspartnerschaft, § 15 LPartG

I. Allgemeine Vorschriften, §§ 1589 ff.

- § 1589: Verwandtschaft
- § 1590: Schwägerschaft

II. Eltern

Mutter ♀	Vater ♂	
§ 1591: Gebärende ▪ auch Mietmutter ▪ auch Ersatzmutter	▪ **§ 1592 Nr. 1: Ehemann** der Mutter ▪ **§ 1592 Nr. 2: Anerkennender, §§ 1594 ff.** Ausn.: Missbrauch, § 1597a ▪ **§ 1592 Nr. 3: gerichtlich Festgestellter**	**Ausnahme:** rechtskräftige Entscheidung nach Anfechtung, **§ 1600**

- **§ 1598a:** Anspruch auf Einwilligung in **genetische Untersuchung** zur Klärung der Abstammung

III. Elterliche Sorge, §§ 1626 ff.

1. **Grds.: gemeinsames Sorgerecht der Eltern, § 1626 Abs. 1, § 1626a Abs. 1, 2**
2. **Ausnahme: alleiniges Sorgerecht**
   - der Mutter, falls unverheirateter Vater kein Sorgerecht will, § 1626a Abs. 3
   - § 1678: Verhinderung, Ruhen
   - § 1680: Tod, Entzug
   - auf Antrag ggf. Beistandschaft des Jugendamts, §§ 1712 ff.

IV. Umfang der elterlichen Sorge

1. **Personensorge, §§ 1631 ff.**
   - Pflege, Erziehung, Aufsichtsrecht
   - Rechtsgeschäfte für persönlichen Bereich
2. **Vermögenssorge**
   - Verwaltung des Kindesvermögens
   - Vertretung bei Verpflichtungs-, Verfügungsgeschäften

↓ ↓

Gesetzliche Vertretungsmacht, § 1629 Abs. 1

- **Ausschluss: § 1629 Abs. 2 i.V.m. § 1824 n.F. bei Interessenkollision**
  – § 1824 Abs. 1 n.F.: Nahbereichspersonen
  – § 1824 Abs. 2 n.F.: Insichgeschäfte i.S.v. § 181
  ⇨ Ergänzungspfleger erforderlich, § 1809
- **Beschränkung: § 1643 i.V.m. §§ 1850 ff. n.F. bei gefährlichen Verträgen**
  – § 1850 n.F.: Grundstücke, Schiffe, Schiffsbauwerke
  – §§ 1851 ff. n.F.: Sonstige gefährliche Verträge
  ⇨ Gerichtliche Genehmigung erforderlich

V. Umgangsrecht

- **§ 1684: Elternteile**
- **§ 1686a: leiblicher, nicht rechtlicher Vater**
- **§ 1685: Großeltern, Geschwister, enge Bezugsperson**

I. Adoption, §§ 1741 ff.

1. **Minderjähriger, §§ 1741 ff.**
   a) **Voraussetzungen:**
   - positive Prognose, § 1741
   - Mindestalter, § 1743
   - kein Verbot, § 1745
   - Einwilligungen, § 1750
     - des Kindes, § 1746
     - der Eltern, § 1747, oder Ersatz, § 1748
   - Beschluss des Gerichts, § 1752

   b) **Rechtsfolge: § 1754**
   ⇨ ***S. 285 (volle Verwandtenstellung)***

2. **Volljähriger, §§ 1767 ff.**
   a) **Voraussetzungen:**
   - sittliche Rechtfertigung, § 1767
   - Antrag, § 1768
   - kein Verbot, § 1769

   b) **Rechtsfolge: § 1770**
   ⚠ *wie Abstammung, aber nur im Verhältnis zum Annehmenden, Verwandtschaft des Adoptierten zu seinen Verwandten bleibt bestehen.*

II. Vormundschaft, §§ 1773 ff.

1. **Voraussetzungen:**
   - Minderjähriger steht nicht unter elterlicher Sorge, § 1773
   - Auswahl, Benennung, §§ 1774 ff.
   - Anordnungsbeschluss, § 1773 i.V.m. § 168a FamFG
2. **Rechtsfolge:**
   - Übernahmepflicht, § 1785
   - **Personensorge, §§ 1789 ff.**
   - **Vermögenssorge, § 1798** (wie bei Eltern ⇨ ***S. 285***)

III. Betreuung, Pflegschaft, §§ 1809 ff.

1. **Pflegschaft, §§ 1809 ff.**
   - Ergänzungspfleger, § 1809
   - Pfleger für Leibesfrucht, § 1810
   - Zuwendungspflegschaft, § 1811
   - Rechtsfolge: § 1813
     Anwendung des Vormundschaftsrechts
2. **Betreuung**
   a) **Voraussetzung, §§ 1814 ff.**
   Volljähriger mit geistigen/körperlichen Gebrechen

   b) **Rechtsfolgen:**
   - Übernahmepflicht, § 1819
   - Vertretung, § 1815
     (nur falls erforderlich – **Subsidiarität!**)
   - Einwilligungsvorbehalt, § 1825
   - Haftung des Betreuers, § 1826

V. Erbrecht
1. Systematik

I. Erbfähige Personen

- **natürliche Personen:** auch Nasciturus, § 1923 Abs. 2
- **juristische Personen:** Kapitalgesellschaften, auch Staat (Fiskus), § 1936
- **rechtsfähige Gesellschaften:** Handelsgesellschaften, Partnerschaft, GbR

II. Erbenstellung

1. **Erwerb**
   a) **durch letztwillige Verfügung, § 1937**
      - Testament, §§ 2064 ff.
      - gemeinschaftliches Testament, §§ 2265 ff.
      - Erbvertrag, §§ 2274 ff.

   b) **kraft Gesetzes, §§ 1924 ff.**
2. **Verlust**
   - Enterbung, § 1938
   - Ausschlagung, §§ 1942 ff.
   - Anfechtung, §§ 2078 ff.
   - Erbunwürdigkeit, §§ 2339 ff.
   - Erbverzicht, §§ 2346 ff.
3. **am Nachlass Berechtigte i.w.S.**
   a) **dinglich Berechtigte**
      - Alleinerbe, Miterbe, §§ 2032 ff.
      - Vorerbe, Nacherbe, §§ 2100 ff.
      - Ersatzerbe, §§ 2096 ff.

   b) **nur schuldrechtlich Berechtigte**
      - Vermächtnisnehmer, §§ 1939 ff., 2147: Anspruch auf Vermächtnis, § 2174
      - Pflichtteilsberechtigter, §§ 2303 ff.: Anspruch auf Geld
      - Auflagenbegünstigter, § 1940: Kein Anspruch, sondern nur Verpflichtung für Erben

III. Rechtsfolgen des Erbfalls

1. **Universalsukzession, § 1922**
   Vermögen des Erblassers geht **automatisch als Ganzes** auf Erben über
2. **Erben haften automatisch für alle Verbindlichkeiten, §§ 1967, 2058 ff.**
   - für Erblasserschulden
   - für Erbfallschulden: Vermächtnis, §§ 2147, 2174; Pflichtteil, §§ 2303 ff.
   - für Nachlassverwaltungsschulden
3. **Ansprüche des/der Erben gegen Erbschaftsbesitzer, §§ 2018 ff.**

IV. Erbschein

- auf Antrag amtliches **Zeugnis über Erbschaft, § 2353**
- **öffentlicher Glaube des Erbscheins, § 2365,** daher:
  - **§ 2366: gutgläubiger Eigentumserwerb Dritter** vom „Scheinerben" möglich

  ⚠ *§ 2366 überwindet* ***nur die fehlende erbrechtliche Stellung*** *des Verfügenden, setzt aber im Übrigen voraus, dass die Sache zur Erbmasse gehört, d.h., dass der Erblasser Eigentümer war.* ⇨ ***S. 297***

  ⚠ ***Gehörte die Sache nicht zur Erbmasse****, so kann dies dann aber über die allgemeinen Gutglaubensvorschriften überwunden werden, also gutgläubiger Erwerb des Dritten gem. §§ 932 ff.* ⇨ ***S. 240*** *oder § 892* ⇨ ***S. 245 ff.*** *möglich.*

  - **§ 2367: Leistung gutgläubiger Dritter** an „Scheinerben" mit befreiender Wirkung möglich

V. Konkurrenzen zu Rechtsgeschäften unter Lebenden

- **vorweggenommene Erbfolge**
  - ist schuldrechtlich Schenkung, §§ 516 ff., und sachenrechtlich Übereignung, §§ 929 ff. bzw. §§ 873, 925, unter Lebenden, aber mit der Abrede, dass das Geschenk auf spätere Erbquote anzurechnen ist

    ⚠ *Ist der Schenker kein Eigentümer, so ist kein gutgläubiger Erwerb möglich, da kein Verkehrsgeschäft* ⇨ ***S. 240***

  - Abgrenzung zur reinen Schenkung: Keine vorweggenommene Erbfolge, wenn Anrechnung auf Erbquote nicht gewollt, sondern reine Freigiebigkeit zu Lebzeiten
  - Wille durch Auslegung zu ermitteln: Indiz ist Wert des Geschenks
- **Schenkung auf den Todesfall unter der Bedingung, dass Beschenkter den Schenker überlebt**
  - **gem. § 2301 Abs. 1 gilt Formvorschrift des § 2276 entsprechend;**
  - **Heilung gem. § 2301 Abs. 2 i.V.m. § 518 Abs. 2**, falls Schenker zu Lebzeiten Schenkung vollzieht

    h.M.: für die Heilung reicht ein gewisser dinglicher Vollzug noch zu Lebzeiten des Schenkers; ein vollständiger Vollzug zu Lebzeiten des Schenkers wäre widersinnig, da ja Schenkung auf den Todesfall

  ⚠ *h.M.: § 2301 unanwendbar auf Verträge zugunsten Dritter auf den Todesfall, da § 331 nicht hierauf verweist* ☞ z.B. Zuwendung einer Lebensversicherung

I. Erbfähige Personen

- **natürliche Personen**
  - wer **z.Z. des Erbfalls lebt, § 1923 Abs. 1**
  - **auch Nasciturus, § 1923 Abs. 2**, falls Lebendgeburt (arg. ex § 1923 Abs. 1)
- **juristische Personen**
  - **Kapitalgesellschaften** (AG, GmbH etc.)
  - **rechtsfähige Vereine**, §§ 21 ff.
  - **Stiftungen**, §§ 80 ff.
  - **Staat**, vgl. § 1936
- **rechtsfähige Personengesellschaften**
  - **Handelsgesellschaften** (OHG, § 105 Abs. 2 HGB; KG, §§ 105 Abs, 2, 161 Abs. 2 HGB)
  - **Partnerschaftsgesellschaft**, § 7 Abs. 1 PartGG
  - **Gesellschaft bürgerlichen Rechts**, § 705 Abs. 2 Var. 1

II. Erbenstellung

Erwerb der Erbenstellung durch Verfügung von Todes wegen			
Wirksamkeit = Aufbauschema:	**Testament,** §§ 1937, 2064 ff.	**Gemeinschaftliches Testament,** §§ 2265 ff.	**Erbvertrag,** §§ 2274 ff.
	▪ durch einzelnen Erblasser	▪ durch Ehegatten ▪ durch Lebenspartner, § 10 LPartG	▪ durch Erblasser mit erb-, vermächtnisfähigen Personen
1. **Testierfähigkeit des Erblassers**	**§ 2229:** ▪ ab 16. Lebensjahr ▪ keine Testierunfähigkeit	**dto.**	**§ 2275:** ▪ grds.: ab 18. Lebensjahr ▪ Ausn.: Ehegatte + Verlobter
2. **Inhalt der letztwilligen Verfügung** ⚠ *Grundsatz der wohlwollenden Auslegung, § 2084*	a) **Blickwinkel der Auslegung** Erblasserwille, § 133 — Empfängerhorizont bei zweiseitiger WE b) **Auslegungsmethoden:** ▪ **erläuternde Auslegung:** Was hat Verfasser **bei** Abgabe der WE gewollt? ▪ **ergänzende Auslegung:** – Lücke in letztwilliger Verfügung – Ermittlung des hypothetischen Willens des Erblassers **z.Z.** der Abgabe der Willenserklärung ⚠ ***beachte die gesetzlichen Auslegungshilfen***		
	§§ 2066 ff.: ▪ Personenkreis, §§ 2066 ff. ▪ Wegfall von Abkömmlingen, §§ 2069 ff. ▪ Bedingungen, §§ 2074 ff. ▪ Eheauflösung, § 2077 ▪ Abgrenzung Erbeinsetzung zu Vermächtnis, §§ 2087 ff.	**§§ 2066 ff.** ▪ ergänzend: ⚠ *§ 2269* ⇨ ***S. 291***	**§§ 2066 ff.** ▪ ergänzend: ⚠ *§ 2270 Abs. 2*

II. Erbenstellung (Fortsetzung)

<table>
<tr><th colspan="4">Erwerb der Erbenstellung durch Verfügung von Todes wegen</th></tr>
<tr><th>Wirksamkeit
= Aufbauschema:</th><th>Testament,
§§ 1937, 2064 ff.</th><th>Gemeinschaftliches Testament, §§ 2265 ff.</th><th>Erbvertrag,
§§ 2274 ff.</th></tr>
<tr><td rowspan="4">3. Wirksamkeit der letztwilligen Verfügung

⚠</td><td>▪ Grundsatz der höchstpersönlichen Errichtung
§§ 2064, 2065:
▪ unzulässig: Stellvertretung im Willen
▪ zulässig: Vorgaben ohne Auswahlermessen
z.B. „Die Tochter mit der besten Examensnote soll von meinem Freund B zur Erbin bestimmt werden."</td><td>dto.</td><td>dto., § 2274</td></tr>
<tr><td colspan="3">▪ allgemeine Nichtigkeitsgründe, §§ 134, 138
– verbotene Verfügungen, § 134
– sittenwidrige Verfügungen, § 138
Mätressentestament: Erbeinsetzung der Geliebten unter Enterbung der Ehefrau grds. nicht sittenwidrig, da Testierfreiheit vorgeht, vgl. § 1938.</td></tr>
<tr><td>▪ Teilnichtigkeit
führt abweichend von § 139 im Zweifel nicht zur Gesamtnichtigkeit, § 2085</td><td>dto.</td><td>dto.</td></tr>
</table>

<table>
<tr><td rowspan="2">4. Form der letztwilligen Verfügung</td><td>▪ notarielle Beurkundung, § 2232
Sonderfälle: § 2233
▪ Eigenhändigkeit, § 2247
– handschriftlich ge- und unterschrieben
– bei Mitwirkung Dritter:
• bloße Unterstützung = Schreibhilfe ist unschädlich
• falls mehr: formnichtig
– Unterschrift muss Text abschließen; Zusätze („P.S.") gesondert zu unterschreiben
▪ Nottestament, §§ 2249 ff.</td><td>▪ notarielle Beurkundung, § 2232
Sonderfälle: § 2233
▪ Eigenhändigkeit, § 2247
– in § 2267 Formerleichterung: für den anderen Ehegatten reicht Mitunterschrift
– falls zwei Einzeltestamente, ist Errichtungszusammenhang erforderlich
– Unterschriften müssen Text abschließen; Zusätze („P.S.") gesondert zu unterschreiben
▪ Nottestament, § 2266</td><td>▪ nur notariell bei gleichzeitiger Anwesenheit des Vertragspartners, § 2276
▪ Kombination mit Ehevertrag, § 2276 Abs. 2</td></tr>
<tr><td colspan="3">▪ Andeutungs-/Anklangtheorie: für die Einhaltung der Form reicht es, dass der (ausgelegte) Inhalt in der Urkunde (zwischen den Zeilen) Anklang gefunden hat</td></tr>
</table>

V. Erbrecht
3. Besonderheiten beim gemeinschaftlichen Testament

I. Berliner Testament

⇨ Es bestehen **zwei Gestaltungsmöglichkeiten:**

Vor-, Nacherbschaft, §§ 2100 ff.

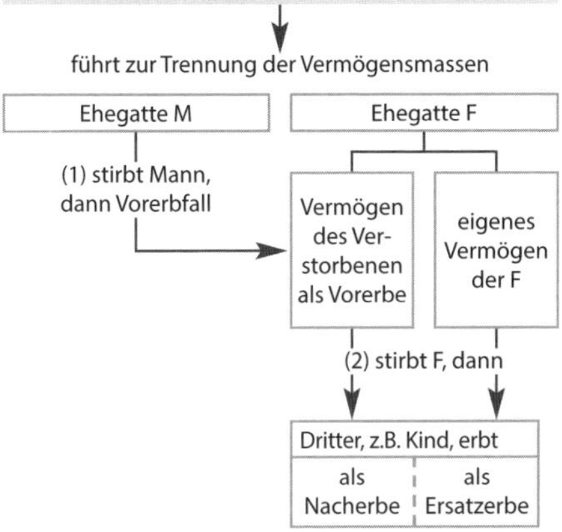

⚠ ***Konsequenz:***

- *überlebender Ehegatte hat* ***zwei – getrennte – Vermögensmassen***
- *und ist bzgl. des als Vorerbe Geerbten in der* ***Verfügungsmacht beschränkt, §§ 2113 ff.***
  nur bedingt Befreiung möglich, § 2136 ⇨ ***S. 294***

Vollerbschaft = Regelfall gem. § 2269!

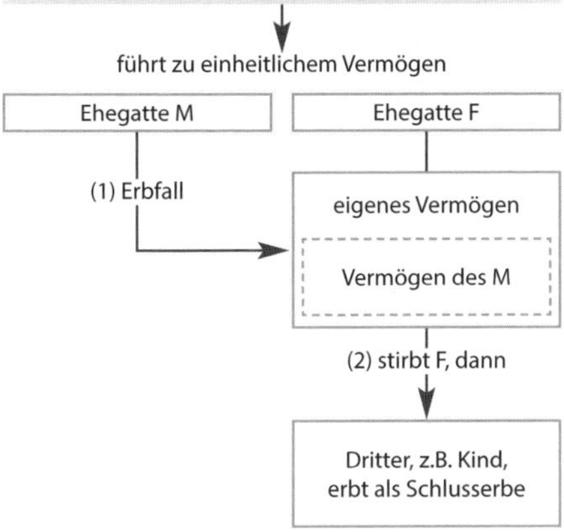

⚠ ***Konsequenz:***

- ***zunächst erbt nur F****, daher hat Kind Pflichtteilsanspruch, § 2303 Abs. 1 bzgl. Erbmasse des M*
- *F kann durch Rechtsgeschäft unter Lebenden* ***frei verfügen, § 2286 analog***
- ***Dritter erbt nur das, was F übrig lässt****.*
  Korrektiv über § 2287 analog i.V.m. §§ 812, 818 bei beeinträchtigenden Schenkungen

II. Bindungswirkung des gemeinschaftlichen Testaments

1. **Grds.:** keine anderweitige Verfügung von Todes wegen bzgl. wechselbezüglicher Verfügungen i.S.v. § 2270 möglich
2. **Ausnahmen:**
   - Eheauflösung, § 2268
   - Widerruf gem. § 2271
   - gemeinsame Aufhebung/Abänderung des Testaments

Erwerb der Erbenstellung kraft Gesetzes = gesetzliche Erbfolge

1. Es liegt **keine (wirksame) gewillkürte Erbfolge** vor
   ⇨ also kein wirksames Testament/Ehegattentestament/Erbvertrag
2. **Kreis der erbfähigen Personen:** nur, wer z.Z. des Erbfalls lebt sowie Nasciturus bei Lebendgeburt, § 1923
3. **Kreis der erbberechtigten Personen als gesetzliche Erben:**

<table>
<tr>
<td colspan="3">Grds.:
nur blutsmäßig Verwandte erben
= Parentelsystem
⇩
nach dem Ordnungsprinzip, § 1930,
schließen nähere Verwandte die entfernteren aus
⇩</td>
<td rowspan="7">Ausnahmen:
▪ Adoptivkinder
– vgl. §§ 1754, 1755, 1766
– vgl. § 1770
▪ Ehegatte des Erblassers, § 1931 (bzw. § 10 LPartG)
(1) bei Zugewinngemeinschaft
– § 1931 Abs. 1:
• 1/4 neben Erben der 1. Ordnung
• 1/2 neben Erben der 2. Ordnung
– § 1931 Abs. 2:
• 1/1 neben Erben fernerer Ordnung
(2) bei Gütertrennung
– § 1931 Abs. 4:
• 1/2 neben 1 Kind
• 1/3 neben 2 Kindern
– § 1931 Abs. 1:
• 1/4 ab 3 Kindern
(3) bei Gütergemeinschaft
– gem. § 1482 S. 2 i.V.m. § 1931 Abs. 1
• 1/4 neben Erben der 1. Ordnung
• 1/2 neben Erben der 2. Ordnung
– § 1931 Abs. 2:
• 1/1 neben Erben fernerer Ordnung</td>
<td rowspan="7">Zusätzliche Ansprüche des Ehegatten:
▪ auf pauschalen Zugewinnausgleich:
Erhöhung um 1/4, § 1931 Abs. 3 i.V.m. § 1371 Abs. 1

▪ auf Voraus aus § 1932 Abs. 2 i.V.m. §§ 2147, 2174
bzgl. Haushaltsgegenstände
▪ auf Dreißigsten aus § 1969:
30 Tage Unterhalt für Familienangehörige, die zum Hausstand gehören</td>
</tr>
<tr>
<td colspan="2">Reihenfolge:</td>
<td>Verteilung innerhalb der Ordnung:</td>
</tr>
<tr>
<td>1. Ordnung: § 1924</td>
<td>Abkömmlinge des Erblassers und deren Abkömmlinge</td>
<td>▪ nach Stämmen
▪ innerh. der Stämme:
– Repräsentationsprinzip, § 1924 Abs. 2
– Eintrittsprinzip, § 1924 Abs. 3</td>
</tr>
<tr>
<td>2. Ordnung: § 1925</td>
<td>Eltern des Erblassers und deren Abkömmlinge</td>
<td>▪ nach Linien, § 1925 Abs. 3
▪ innerhalb der Linien: nach Stämmen</td>
</tr>
<tr>
<td>3. Ordnung: § 1926</td>
<td>Großeltern und deren Abkömmlinge</td>
<td>▪ nach Linien, § 1926 Abs. 3
▪ innerhalb der Linien: nach Stämmen</td>
</tr>
<tr>
<td>4. Ordnung: § 1928</td>
<td>Urgroßeltern und deren Abkömmlinge</td>
<td>▪ Gradsystem, § 1928 Abs. 3</td>
</tr>
<tr>
<td>5. Fernere Ordnung: § 1929</td>
<td>entferntere Voreltern und deren Abkömmlinge</td>
<td>▪ Gradsystem, § 1929</td>
</tr>
</table>

Notfalls erbt der Staat, §§ 1936, 1964 ff.

Verlust der Erbenstellung

1. **Enterbung**

   aufgrund der Testierfreiheit kann jeder gesetzliche Erbe durch Verfügung von Todes wegen enterbt werden:
   - **ausdrücklich; auch durch reines Negativtestament, § 1938**
   - **konkludent**, z.B. durch Einsetzung anderer Erben
   - Enterbter hat aber Anspruch auf Pflichtteil = Geld, falls Abkömmling, Eltern, Ehegatte, § 2303
2. **Ausschlagung, §§ 1942 ff.**
   - **Frist und Form:** binnen 6 Wochen ggü. Nachlassgericht, §§ 1944, 1945
   - **kein Ausschlussgrund:** keine Annahme, § 1943;
keine Anfechtung der Ausschlagung, § 1957 Abs. 1
   - **Rechtsfolge der Ausschlagung: ex tunc, § 1953**
   - bei Ausschlagung durch Ehegatten: Zugewinnausgleich gem. § 1371 Abs. 3
3. **Anfechtung der letztwilligen Verfügung, §§ 2078 ff.**

   a) **Frist und Form:** binnen 1 Jahr ggü. Nachlassgericht, §§ 2081, 2082

   b) **Anfechtungsgrund: §§ 119 ff. gelten nicht, sondern:**
   - **§ 2078 Abs. 1:** Inhalts-, Erklärungsirrtum des Erblassers
   - **§ 2078 Abs. 2:** jeder Motivirrtum (daher auch Täuschung erfasst) sowie widerrechtliche Drohung
   - **§ 2079:** Übergehen eines Pflichtteilsberechtigten i.S.v. § 2303

   c) **Anfechtungsberechtigte Personen:**

Erblasser selbst	Dritter
▪ grds. (–), da er jederzeit widerrufen kann, §§ 2253 ff.	▪ grds. (+), wenn ihm Aufhebung der letztwilligen Verfügung unmittelbar zustatten kommt
▪ Ausnahme (+) bei Erbvertrag, §§ 2281, 2283	▪ Ausnahme: §§ 2080 Abs. 2 u. 3, 2285

   d) **Rechtsfolge:** letztwillige Verfügung fällt **ex tunc** weg
   - **§ 2078 Abs. 3:** kein Ersatz des Vertrauensschadens gem. § 122
4. **Erbunwürdigkeit**

   a) **Frist und Form:** binnen Jahresfrist durch Anfechtungsklage, §§ 2340, 2342

   b) **Grund:** abschließend in § 2339 genannt

   c) **Anfechtungsberechtigt:** jeder, dem Wegfall zustatten kommt, § 2341

   d) **Rechtsfolge: ex tunc, aber erst mit Rechtskraft des Urteils**, §§ 2342 Abs. 2, 2344
5. **Erbverzicht, §§ 2346 ff.**

   a) **Form:** notarielle Beurkundung, § 2348

   b) **Grund:** Verwandte und Ehegatte des Erblassers können gem. §§ 2346, 2350 ohne besonderen Grund verzichten; zugrundeliegendes Kausalgeschäft muss nach h.M. analog § 2348 beurkundet werden (Warnfunktion).

   c) **Rechtsfolgen:** soweit Verzicht reicht, ist Verzichtender von gesetzlicher Erbfolge ausgeschlossen, **als wenn er z.Z. des Erbfalls nicht mehr lebte**;
er hat kein Pflichtteilsrecht, § 2346 Abs. 1 S. 2

I. Dinglich Berechtigte

d.h. gem. § 1922 entsteht automatisch Eigentum an der gesamten Erbmasse (Universalsukzession)

- Alleinerbe: wird alleiniger Rechtsnachfolger

- **Miterben, §§ 2032 ff.**

⇨ sind **Gesamthandsgemeinschaft**, d.h.: Allen gehört alles, begrenzt durch die Mitberechtigung der anderen, **daher bei Geschäften bzgl. Erbmasse:**

Verpflichtungsgeschäfte	Verfügungsgeschäfte	Forderungseinzug
§ 2038	**§ 2040**	**§ 2039**
– **Abs. 1 S. 1: grds. gemeinsam** – **Abs. 1 S. 2 Hs. 2:** einer allein **nur bei Notfall** – **Abs. 2 i.V.m. § 745:** Mehrheit bei **Maßnahmen ordnungsgemäßer Verwaltung** ⚠ ***h.M.: § 2038 regelt*** *neben Geschäftsführungsbefugnis im Innenverhältnis* ***auch Vertretungsmacht*** *im Außenverhältnis*	– **über Nachlassgegenstände:** • **alle gemeinsam** • h.M.: bei **Notfall** aber § 2038 Abs. 1 S. 2 analog! – **über Miterbenanteil, § 2033**	– **jeder allein forderungsberechtigt** – **alle gemeinsam empfangsberechtigt**

⇨ **Anspruch auf Erbauseinandersetzung, § 2042 i.V.m. §§ 749 ff.**

– **Grds.: Jederzeit,** § 2042; Ausnahme: §§ 2043 ff.

– **Berichtigung der Nachlassverbindlichkeiten, § 2046**

– **Verteilung des verbleibenden Überschusses, § 2047**; ggf. Teilungsanordnung des Erblassers zu berücksichtigen, § 2048

– **ggf. Ausgleichspflichten, §§ 2050 ff.**

– **Auskunftspflicht, § 2057**

- **Vorerbschaft, Nacherbschaft, §§ 2100 ff.**

⇨ d.h. **zeitlich nacheinander Rechtsnachfolger** des Erblassers

1. Vorerbe

- muss Nachlass **ordnungsgemäß verwalten** und im Nacherbfall an Nacherbe herausgeben, § 2130
- **Verfügungsbefugnis beschränkt gem. §§ 2113 ff:**

⚠
– *keine unentgeltlichen Verfügungen, § 2113 Abs. 2*
– *keine Grundstücksgeschäfte, §§ 2113 Abs. 1, 2114*
} Befreiung möglich, § 2136

➤ **Ausnahme:** gutgläubiger Erwerb eines Dritten, § 2113 Abs. 3

2. Nacherbe

a) **bis zum Nacherbfall:**

- **Einwilligungspflicht**, § 2120
- **Anwartschaftsrecht an Erbschaft**
- **Informationsrechte des Nacherben**, §§ 2121 ff.

I. Dinglich Berechtigte (Fortsetzung)

b) **ab Eintritt des Nacherbfalls, §§ 2106, 2139:**

- **Herausgabeanspruch** und Anspruch auf Rechenschaft gegen Vorerben aus § 2130
- **Sekundäransprüche** aus §§ 2133, 2134, 2127
- **Haftung des Nacherben**, §§ 2144, 2125
- Anzeigepflicht, § 2146

- **Ersatzerben, §§ 2096 ff.**

⇨ d.h. Erbeinsetzung **für den Fall, dass ein anderer als Erbe vor oder nach dem Erbfall wegfällt, § 2096**
Auslegungshilfe: §§ 2097, 2098

II. Schuldrechtlich Berechtigte

1. **Vermächtnisnehmer**, § 2147
   - **bloßer schuldrechtlicher Anspruch auf Gegenstände oder Geldsumme aus § 2174**; Entstehen, Fälligkeit, §§ 2176 ff.
   - **Einsetzung des Vermächtnisnehmers**
     - **durch letztwillige Verfügung**, §§ 2147, 1939
     - **durch Gesetz**, z.B. Voraus, § 1932 Abs. 2; Dreißigster, § 1969 Abs. 2 für Ehegatte
2. **Pflichtteilsberechtigter**, § 2303
   - **bloßer schuldrechtlicher Zahlungsanspruch** i.H.d. Hälfte des gesetzlichen Erbteils aus § 2303 Abs. 1 S. 2; Nachlasswert z.Z. des Erbfalls, § 2311 (Auskunftspflicht gem. § 2314); ggf. Anrechnung, § 2315
   - **berechtigte Personen**, § 2303; nur Abkömmlinge; Ehegatte und Eltern des Erblassers
   - **Voraussetzung:** kein Erbe geworden
     - falls enterbt, § 2303
     - falls Ehegatte Erbschaft ausschlägt, § 2303 Abs. 2 S. 2 i.V.m. § 1371 Abs. 3
   - **Sonderfälle:**
     - **Pflichtteilsrestanspruch aus § 2305:** falls Pflichtteilsberechtigter zwar Erbe geworden, aber zu **kleinerer Quote** eingesetzt als der Pflichtteil ausmachen würde
     - **Pflichtteilsergänzungsanspruch aus § 2325:** falls zwar Quote der Erbeinsetzung in Ordnung, **aber Erbmasse geschmälert durch Schenkung des Erblassers an Dritte**
       - **Ausnahmen:**
         - Schenkung außerhalb der 10 Jahresfrist, § 2325 Abs. 3 S. 2 (davor: beachte Abs. 3 S. 1!)
         - Anstandsschenkung, § 2330
       - **Anspruchsgegner:**
         - grds. Erben, es sei denn, diese sind selbst ergänzungsberechtigt, § 2328
         - dann Anspruch gegen den Beschenkten aus § 2329 i.V.m. § 812
       - **Verjährung:** § 2332
3. **Auflagenbegünstigter, §§ 1940, 2192 ff.**
   - **schafft bloße schuldrechtliche Verpflichtung** des Erben oder Vermächtnisnehmers zu einer Leistung
   - umgekehrt **aber kein Anspruch des Auflagenbegünstigten**
   - Vollziehungsberechtigte, § 2194

I. Universalsukzession, § 1922

- Vermögen des Erblassers **geht automatisch als Ganzes** auf Erben über

  Sonderfälle: HöfeO, GesellschaftsR ⇨ ***S. 313***
- **Fiktiver Erbenbesitz, § 857, daher ggf. Abhandenkommen beim Erben, § 935, sodass Dritte nicht gutgläubig erwerben können**; Ausn.: Erwerb vom Scheinerben, § 2366
- Erben sind Rechtsnachfolger bzgl. aller Rechtspositionen des Erblassers; für Zwangsvollstreckung eines Titels, der noch gegen den Erblasser ergangen war, § 727 ZPO
  Ausnahme: höchstpersönliche Positionen

II. Erbenhaftung

1. **Gem. § 1967 Haftung für:**
   - **Erblasserschulden:** dem Grunde nach noch vom Erblasser begründet
   - **Erbfallschulden:** entstehen erst mit Erbfall (§§ 1932, 1969, 1371)
   - **Erbschaftsverwaltungsschulden:** entstehen durch Abwicklung des Nachlasses
   - **Nachlasserbenschulden:** durch Erben selbst begründet
2. **Erben haften für diese Schulden:**
   a) **Grds.: unbeschränkte Haftung** mit Nachlass(-anteil) und Privatvermögen des Erben
   b) **Ausnahmen:**
      - **Ausschlagung der Erbschaft, §§ 1942 ff.** ⇨ ***S. 293***
      - **Haftungsbeschränkung auf Nachlass, §§ 1975 ff.**
        - Nachlassverwaltung, §§ 1975, 1981 ff.
        - Nachlassinsolvenz, §§ 1975, 1980
        - Dürftigkeitseinrede, § 1990

        } prozessual: § 780 ZPO
      - **Haftungsbeschränkung auf Nachlassanteil**

        ⇨ **bei Miterben** durch Einrede des ungeteilten Nachlasses, § 2059
      - **Sonderfall:** Verbindlichkeiten aus **Handelsgeschäften, § 27 HGB!** ⇨ ***S. 299***
      - **Vor-, Nacherbschaft: §§ 2144, 2145**

III. Ansprüche gegen Erbschaftsbesitzer

- *Erbschaftsbesitzer: nur derjenige, der aufgrund eines bloß vermeintlichen Erbrechts Gegenstände aus der Erbmasse besitzt*

⚠

1. ***Primäransprüche auf Gesamtherausgabe der Erbmasse aus § 2018 (§ 2019)***
2. ***Sekundäransprüche aus §§ 2020 ff.*** *auf Nutzungs-, Verwendungs-, Schadensersatz*
   - *Struktur ähnlich wie im EBV, §§ 985 ff.* ⇨ ***S. 50***
3. ***daneben §§ 985 ff. auf die einzelnen Gegenstände***

I. Erteilung des Erbscheins

- **auf Antrag** durch Nachlassgericht, § 2353
- **Feststellung des Erbrechts durch das Nachlassgericht**
- **Verfahren nach §§ 345 ff. FamFG**

II. Öffentlicher Glaube des Erbscheins, §§ 2365 ff.

- **§ 2366:** ↓ **ein Dritter kann gutgläubig vom „Scheinerben" erwerben**
  - Überwunden wird nur die fehlende Erbenstellung
  - war Erblasser selbst nicht Eigentümer, so ist zusätzlich noch gutgläubiger Erwerb des Dritten gem. §§ 932 ff. bzw. § 892 zu prüfen!

Dem Dritten schadet nur positive Kenntnis!

- **§ 2367:** ↑ **ein Dritter, der gutgläubig an „Scheinerben" leistet, wird gegenüber dem wahren Gläubiger frei**

  z.B. Bank zahlt aus dem Bankkonto des Erblassers an den „Scheinerben" aus
- **keine Bindungswirkung des Erbscheins im späteren Prozess des wahren Erben**, daher Anspruch auf Herausgabe aus § 2362, falls keine Einziehung von Amts wegen erfolgt, § 2361

VI. Handelsrecht
1. Systematik

I. Verhältnis zum BGB

- HGB **modifiziert bzw. ersetzt z.T. das BGB**, um eine schnellere Abwicklung und Rechtsklarheit zu schaffen („im HGB weht ein härterer Wind").
- **subjektives System:** Adressat des HGB sind Kaufleute, §§ 1 ff., bzw. Gesellschaften, § 6

II. Regelungsmaterie

1. **Handelsstand, §§ 1–104 HGB***
   - Kaufleute, §§ 1 ff.
   - Handelsregister, §§ 8 ff.
   - Handelsfirma, §§ 17 ff.
   - Hilfspersonen der Kaufleute, §§ 48 ff.
   - Handelsvertreter, -makler, §§ 84 ff.
2. **Handelsgesellschaften, §§ 105 ff.,** ***s. ⇨ S. 305***
3. **Handelsbücher, §§ 238 ff.**
4. **Handelsgeschäfte, §§ 343 ff.**
   - allgemeine Vorschriften, §§ 343 ff.
   - Handelskauf, §§ 373 ff.
   - Kommissionsgeschäft, §§ 383 ff.
   - Frachtgeschäft, §§ 407 ff.
   - Speditionsgeschäft, §§ 453 ff.
   - Lagergeschäft, §§ 467 ff.

*Im Folgenden sind §§ ohne Gesetzesangabe solche des HGB.

VI. Handelsrecht
2. Kaufleute, Firmengrundsätze

I. Kaufleute, §§ 1 ff.

Gewerbe = jede nach außen erkennbare, erlaubte, selbstständige, planmäßige auf gewisse Dauer mit Gewinnerzielungsabsicht ausgeübte Tätigkeit, die nicht freier Beruf ist (Details streitig)

Bezeichnung	Gewerbeart	Eintragung im HR	sonstige Voraussetzungen	Besonderheiten
Ist-Kaufmann, § 1 Abs. 2	Art & Umfang erfordern kfm. Einrichtungen (vermutet, § 1 Abs. 2)	gem. § 29 besteht Pflicht, aber nur **deklaratorisch**		
Kann-Kaufmann, § 2	keine kfm. Einrichtungen erforderlich	keine Pflicht, aber Eintragung wirkt **konstitutiv**		
Kann-Kaufmann, § 3	Land-, Forstwirtschaft, die kfm. Einrichtungen erfordern	keine Pflicht, aber Eintragung wirkt **konstitutiv**		Nebengewerbe, § 3 Abs. 3
Fiktiv-Kaufmann, § 5	keine kfm. Einrichtungen erforderlich	dennoch im HR eingetragen	Gewerbe muss tatsächlich noch betrieben werden.	überschneidet sich mit § 2
Form-Kaufmann, § 6 Abs. 2	Vereine sowie alle Kapitalgesellschaften (GmbH, AG, eG)	**konstitutiv**	Verein bzw. Kapitalgesellschaft wirksam gegründet	
Schein-Kaufmann	Auftreten wie ein Kaufmann im Rechtsverkehr	(–), Auftreten außerhalb des HR	Dritter gutgläubig im Vertrauen auf den Rechtsschein	nicht geregelt, daher allgemeiner Rechtsschein

II. Firmenrechtliche Grundsätze, §§ 17 ff.

Firmenwahrheit, §§ 18, 19

↑

Durchbrechung, §§ 21 ff.
(Namensänderung; Erwerb)

Firmenunterscheidbarkeit, §§ 18, 30

Firmenöffentlichkeit, §§ 29, 15, 5

Erwerb unter Lebenden	von Todes wegen	Gesellschaftsgründung
↓	↓	↓
Haftung für Verbindlichkeiten des bisherigen Firmeninhabers		
↓	↓	↓
§ 25 Abs. 1 S. 1	§ 27 Abs. 1 i.V.m. § 25 Abs. 1	§ 28 Abs. 1
Ausn.: § 25 Abs. 2	Ausn.: ▪ § 27 Abs. 2 ▪ § 27 Abs. 2 i.V.m. § 25 Abs. 2 (str.)	Ausn.: § 28 Abs. 2; § 127/§ 173 bei Eintritt in bestehende Gesellschaft
Forderungen des bisherigen Inhabers gelten den Schuldnern gegenüber als übergegangen		
↓	↓	↓
§ 25 Abs. 1 S. 2	**Übergegangen, § 1922 BGB**	**§ 28 Abs. 1 S. 2**

VI. Handelsrecht
3. Unselbstständige Hilfspersonen der Kaufleute

	Prokurist, §§ 48 ff.	Handlungsbevoll-mächtiger, § 54	Ladenangestellter, § 56
Begriff	Prokura = handelsrechtliche Vollmacht mit gesetzlich festgelegtem, weitestgehendem Umfang, § 49	Handlungsvollmacht = handelsrechtlich erteilte Vollmacht, die nicht Prokura ist, § 54	gesetzlicher Fall der Anscheins-, Duldungsvollmacht
Begründung	▪ durch Kaufmann persönlich und ausdrücklich, § 48 Abs. 1 ▪ Eintragung ins HR gem. § 53 Abs. 1 nur deklaratorisch	▪ durch Kaufmann oder dessen Stellvertreter ▪ ausdrücklich oder konkludent oder durch Umdeutung einer unwirksamen Prokuraerteilung, § 140 BGB ▪ Eintragung ins HR nicht möglich!	▪ Tätigkeit im Laden oder offenen Warenlager ▪ mit Wissen/Wollen des Kaufmanns
Arten	▪ Einzelprokura, § 48 Abs. 1 ▪ Gesamtprokura, § 48 Abs. 2 ▪ Filialprokura, § 50 Abs. 3	▪ Generalvollmacht ▪ Artvollmacht, z.B. nur Einkauf ▪ Spezialhandlungsvollmacht, § 54 Abs. 1	
Umfang der Vertretungsmacht	▪ alle Geschäfte, § 49 ▪ nicht auf Branchenüblichkeit begrenzt ▪ Handlungen vor Gericht ▪ nur mit besonderer Ermächtigung, § 49 Abs. 2: – Grundstücksveräußerung/-belastung – Inhabergeschäfte, z.B. Betriebseinstellung ▪ weitere Beschränkung Dritten ggü. unwirksam, § 50 Abs. 3	▪ alle gewöhnlichen Geschäfte dieser konkreten Branche, § 54 ▪ nur mit besonderer Ermächtigung, § 54 Abs. 2: – Grundstücksveräußerung/-belastung – Wechselverbindlichkeiten – Darlehen, Prozesshandlungen ▪ weitere Beschränkungen nur möglich, falls Dritter Kenntnis/fahrlässige Unkenntnis, § 54 Abs. 3	▪ nur Veräußerung: – schuldrechtlich (§ 433 BGB) – sachenrechtlich (§§ 929 ff. BGB) – nicht Ankauf! ▪ Inempfangnahme von Zahlungen und Nebenrechten (h.M.), z.B. Entgegennahme von Mängelanzeigen ▪ beschränkt auf Üblichkeit ▪ weitere Beschränkungen: § 54 Abs. 3 analog
Beendigung	▪ Widerruf der Prokura, § 52 Abs. 1 ▪ oder Kündigung des Arbeitsvertrages, § 168 BGB ▪ Eintragung gem. § 53 Abs. 2 nur deklaratorisch	Kündigung des Arbeitsvertrages, § 168 S. 1 BGB	Aufgabe der Tätigkeit im Laden/Warenlager
Rechtsschein	▪ im Handelsregister: § 15 ▪ außerhalb des HR: allgemeiner Rechtsschein	▪ § 15 (–), da Eintragung nicht im HR möglich ▪ allgemeiner Rechtsschein	▪ § 15 (–), da Eintragung nicht im HR möglich ▪ falls § 56 nicht greift: ggf. Anscheins-, Duldungsvollmacht

VI. Handelsrecht
4. Selbstständige Hilfspersonen

	Handelsvertreter, §§ 84 ff.	**Handelsmakler, §§ 93 ff.**	**Kommissionär, §§ 383 ff.**	**Frachtführer, §§ 407 ff.**	**Spediteur, §§ 453 ff.**	**Lagerhalter, § 467**
Auftreten	Stellvertreter oder Vermittler, § 84	vermittelt Waren, Wertpapiere, Versicherungen, u.a. § 93	kauft oder verkauft im eigenen Namen, § 383	befördert Güter	übernimmt es, Güterversendungen zu besorgen, § 453; befördert nicht selbst	lagert Güter, § 416
besondere Arten	Handelsvertreter im Nebenberuf, § 92b	▪ Gelegenheitsmakler, § 93 Abs. 3 ▪ nicht Grundstücksmakler, § 93 Abs. 2	Gelegenheitskommissionär, § 406	▪ zu Land, Binnengewässern, § 407 ▪ zur See, §§ 556 ff.		
Besonderheiten	selbstständiges Tätigwerden für einen anderen Unternehmer, § 84 Abs. 1		handelt wirtschaftlich für Kommittenten (als „Strohmann")		schließt im eigenen Namen Frachtverträge für Rechnung des Auftraggebers	
Kaufmannseigenschaft	(+) § 1	(+) § 1	(+) § 1	(+) § 1	(+) § 1	(+) § 1

VI. Handelsrecht
5. Rechtsschein im Handelsregister/außerhalb

	§ 15 Abs. 1 negative Publizität	§ 15 Abs. 2 positive Publizität	§ 15 Abs. 3 positive Publizität	Allg. Rechtsscheinshaftung
Situation	**In Wahrheit** bestehender Umstand wurde **nicht offengelegt**.	**In Wahrheit** bestehender Umstand wurde **offengelegt**.	**In Wahrheit nicht bestehender Umstand** wurde **offengelegt**.	Rechtsschein bzgl. eines in Wahrheit **nicht** bestehenden Umstandes
Wer will sich auf die Tatsachen berufen?	**Geschäftsgegner**	**Kaufmann**	**Geschäftsgegner**	**Geschäftsgegner**
Voraussetzungen	1. **Eintragungspflichtige Tatsache** 2. **Keine Eintragung oder Eintragung und keine Bekanntmachung** 3. **Keine Kenntnis beim Geschäftsgegner** **es schadet nur Vorsatz!** 4. **Vorgang im Geschäftsverkehr,** d.h. nur bzgl. (quasi-)vertragl. Ansprüchen anzuwenden	1. **dto.** 2. **Eintragung und Bekanntmachung** 3. **15 Tage seit Bekanntmachung vergangen oder innerhalb der 15 Tage aber Bösgläubigkeit des Geschäftsgegners** 4. **Vorgang im Geschäftsverkehr**	1. **dto.** 2. **Bekanntmachung und unrichtige Eintragung** 3. **h.M.: ungeschriebene Voraussetzung: modifiziertes Veranlasserprinzip** ▪ Eintragung veranlasst ▪ oder Korrektur unterlassen 4. **Keine Kenntnis von der Unrichtigkeit beim Gegner** **es schadet nur Vorsatz!** 5. **Vorgang im Geschäftsverkehr**	1. **Fall, der von § 15 (bzw. § 5) nicht erfasst ist** 2. **Kaufmann hat Rechtsschein = außerhalb des HR erzeugt** 3. **Gutgläubigkeit des Geschäftsgegners:** leichte Fahrlässigkeit schadet bereits! 4. **Konkr. Kausalität:** Geschäftsgegner muss im Vertrauen auf Rechtsschein gehandelt haben
Rechtsfolgen	▪ **Geschäftsgegner** kann sich auf das Nichtvorliegen der nichtpublizierten Tatsache berufen ▪ oder wahlweise auf wahre Rechtslage	**Kaufmann** kann sich auf publizierte Tatsache berufen	▪ **Geschäftsgegner** kann sich auf Bekanntmachung berufen ▪ oder wahlweise auf wahre Rechtslage	▪ **Geschäftsgegner** kann sich auf Rechtsschein berufen ▪ oder wahlweise auf wahre Rechtslage

VI. Handelsrecht
6. Handelsgeschäfte – Abweichen vom BGB

- **Handelsgeschäfte** sind **gem. § 343** alle Geschäfte eines Kaufmanns, die zum Betrieb des Handelsgewerbes gehören, was **gem. § 344 vermutet** wird
- Grds. müssen nicht beide Parteien Kaufleute sein, § 345 – **Besondere Regeln:**

Materie	Rechtsfolgen	Regelung im BGB
Handelsbräuche, § 346	für Bedeutung und Wirkung von Handeln und Unterlassen ist auf **Handelsbräuche Rücksicht zu nehmen, § 346**	**§§ 157, 242 BGB: Verkehrssitte**
Sorgfalt/ Verschulden, § 347	**Sorgfalt eines ordentlichen Kaufmanns** geschuldet; Ausn.: Haftungsprivilegien aus BGB bleiben bestehen, § 347 Abs. 2	**§ 276 BGB: im Verkehr erforderliche Sorgfalt**
Vertragsstrafe, § 348	**keine Herabsetzung der Vertragsstrafe** möglich, § 348; allg. Grenze: § 138 BGB	**§ 343 BGB: Herabsetzung möglich**
Einrede der Vorausklage, § 349	Kaufmann hat als Bürge **keine Einrede der Vorausklage, § 349**	**§ 771 BGB:** Bürge hat **Einrede der Vorausklage** (Ausn.: § 773 BGB)
Formerfordernisse, § 350	**Bürgschaft, abstraktes Schuldversprechen, -anerkenntnis durch Kaufmann formfrei, § 350**	**§§ 766, 780, 781 BGB: Schriftform; sonstige Formvorschriften, z.B. § 311b, § 518 BGB gelten auch für Kaufleute!**
gesetzlicher Zinssatz, § 352	**gesetzlicher Zinssatz** – mit Ausnahme der Verzugszinsen – **bei beiderseitigen Handelsgeschäften 5%**	**§ 246 BGB: 4%**
Fälligkeitszinsen, § 353	**bei beiderseitigen Handelsgeschäften ab Fälligkeit** bereits Zinsforderung möglich, § 353	**§ 288 BGB: Zinsen erst ab Verzug, § 286 oder ab Rechtshängigkeit, § 291 BGB**
Provision, Lagergeld, § 354	**Provision, Lagergeldanspruch auch ohne besondere Abrede möglich**	§§ 675, 611 BGB: Vergütungsanspruch nur **falls vereinbart oder üblich (§ 612)**
Abtretungsverbot, § 354a	unter Kaufleuten ist vereinbartes **Abtretungsverbot** bzgl. Geldforderungen **unwirksam, § 354a Abs. 1**; Ausn.: Abs. 2!	**§ 399 Alt. 2 BGB:** vereinbartes Abtretungsverbot verhindert die Abtretung (= Ausnahme zu § 137 BGB!)
laufende Rechnung, Kontokorrent, §§ 355 ff.	**Verrechnung in regelmäßigen Zeitabschnitten** (laufende Rechnung, Kontokorrent)	**§§ 387 ff. BGB: Aufrechnungserklärung bzgl. jeder einzelnen Forderung erforderlich**
Leistungsbewirkung, § 359	Leistung kann **nur während** der **gewöhnlichen Geschäftszeit** bewirkt und gefordert werden, § 359	**§ 271 BGB:** Fälligkeit **nach den Umständen**; u.U. sofort
Gattungsschuld, § 360	Handelsgut **mittlerer Art und Güte** geschuldet, § 360	**§ 243 Abs. 1 BGB: dito**
Schweigen, § 362	▪ **Kaufleute, die Geschäfte für andere besorgen** und auf Angebot schweigen: Schweigen gilt als Zustimmung, § 362 ▪ für **sonstige Kaufleute** gilt gewohnheitsrechtliches Institut: **kaufmännisches Bestätigungsschreiben** ⇨ ***S. 147***	im BGB hat Schweigen grds. keine Bedeutung ⇨ ***S. 146***
Orderpapiere, §§ 363 ff.	bestimmte **Papiere**, die durch Indossament übertragen werden, **ersetzen die Übergabe i.S.v. § 929 BGB**	**§ 929 BGB erfordert grds. Übergabe** der Sache als Vollzugsmoment (Ausnahme: §§ 930, 931 BGB)

VI. Handelsrecht
6. Handelsgeschäfte – Abweichen vom BGB
(Fortsetzung)

Materie	Rechtsfolgen	Regelung im BGB
Gutgläubiger Erwerb beweglicher Sachen, §§ 366, 367	▪ **guter Glaube an Verfügungsbefugnis i.S.v. § 185 Abs. 1 BGB** (nach h.M. auch an Vertretungsmacht) geschützt, **§ 366 Abs. 1** ▪ **gesetzliches Pfandrecht** kann gutgläubig erworben werden, **§ 366 Abs. 3** ⇨ ***S. 274*** ▪ **Fiktion der Bösgläubigkeit gem. § 367**	▪ **§§ 932 ff. BGB schützen nur guten Glauben an Eigentum des Veräußerers** ▪ mangels Verkehrsgeschäfts kann im BGB ein gesetzliches Pfandrecht nicht gutgläubig erworben werden, h.M. ⇨ ***S. 273 ff.*** ▪ **gem. § 932 Abs. 2 BGB wird Gutgläubigkeit vermutet**
Zurückbehaltungsrecht, §§ 369 ff.	▪ für ZBR reicht es, dass **Forderung und Gegenforderung aus der Geschäftsbeziehung** stammen, **§ 369** ▪ Befriedigungsrecht gem. **§ 371** ▪ **Eigentumsvermutung gem. § 372 bzgl. zurückbehaltener Sache**	▪ **§ 320 BGB erfordert denselben gegenseitigen Vertrag (Synallagma)** ▪ **§ 273 BGB: Konnexität/Identität** der Sache erforderlich ▪ **§ 1000 BGB: Identität mit der herauszugebenden Sache**
Annahmeverzug, §§ 373 ff.	**Hinterlegungs-, Verwertungsbefugnis bei Annahmeverzug, § 373**	**Gem. § 304 BGB Ersatzanspruch**
Fixhandelskauf, § 376	Rücktritt oder Schadensersatz **bei Fixhandelskauf** ohne Fristsetzung möglich	▪ **Rücktritt gem. § 323 Abs. 2 Nr. 2 BGB** ▪ **Schadensersatz** statt der Leistung, **§ 280 Abs. 1 u. 3 i.V.m. § 281 Abs. 2**
Untersuchungs-, Anzeigeobliegenheit, § 377	bei beiderseitigem Handelskauf besteht **Obliegenheit** des Käufers **zur unverzüglichen Untersuchung der Ware und Mängelrüge, § 377 Abs. 1** ▪ **Ausnahme: Arglist** des Verkäufers, **§ 377 Abs. 5** ▪ **Inhalt** der Rügeobliegenheit: – **offene Mängel:** unverzügliche Untersuchung (u.U. Stichproben) und Rüge – **versteckte Mängel:** nach Erkennbarkeit, § 377 Abs. 3 ⇨ rechtzeitige Absendung der Rüge reicht, § 377 Abs. 4 ▪ **Rechtsfolgen:** – **bei nicht ordnungsgemäßer Rüge:** Ware gilt als genehmigt, § 377 Abs. 2 ⇨ Gewährleistungsrechte i.S.v. §§ 434 ff. BGB sind ausgeschlossen – **bei ordnungsgemäßer Rüge:** Käufer behält Gewährleistungsrechte aus §§ 434 ff. BGB ▪ gilt auch für **Werklieferungsvertrag, § 381 Abs. 2** und Einkaufskommission, § 391 ▪ gilt auch für **Unternehmerregress:** – § 327u Abs. 5 BGB – § 445a Abs. 4 BGB	gem. §§ 434 ff. BGB genügt, dass **Mangel z.Z. des Gefahrübergangs objektiv vorlag:** unverzügliche Mängelrüge nicht erforderlich, aber später u.U. Beweisprobleme, falls Vermutung des § 477 BGB (gilt nur für Verbrauchsgüterkauf) nicht weiterhilft

VII. Gesellschaftsrecht
1. Systematik

Arten der Zusammenschlüsse

Personengesellschaften

1. **Handelsgesellschaften**
   ⇨ gemeinsamer Zweck = Betreiben eines Handelsgewerbes
   - **Offene Handelsgesellschaft, OHG, § 105**
     ⇨ alle Gesellschafter haften persönlich, § 126
   - **Kommanditgesellschaft, KG, § 161**
     ⇨ Komplementäre haften persönlich, § 126 i.V.m. § 161 Abs. 2
     ⇨ Kommanditisten haften beschränkt auf ihre Einlage, § 171
   - **Stille Gesellschaft, § 230**
     ⇨ nach außen haftet nur einer
     ⇨ nur intern gemeinsamer Zweck
2. **BGB-Gesellschaft, GbR, § 705 BGB**
   ⇨ gemeinsamer Zweck = grds. unterhalb eines Handelsgewerbes
3. **Partnerschaftsgesellschaft, PartGG**
   ⇨ gemeinsamer Zweck = freiberufliche Tätigkeit

Abgrenzung zu anderen Instituten

1. **Bruchteilsgemeinschaft, § 741 BGB**
   ⇨ Interessengemeinschaft, also bloße Zweckgemeinschaft, d.h. nur gemeinsames Haben und Halten einer Sache; sonst verfolgt jeder eigene Zwecke
2. **Wohnungseigentümergemeinschaft i.S.d. WEG**
   ⇨ rechtsfähiger Personenzusammenschluss, § 9a Abs. 1 WEG
   ⇨ daneben haften Eigentümer anteilig, § 9a Abs. 4 WEG
3. **Lebensgemeinschaften**
   ⇨ gemeinsamer Zweck geht nicht über die Notwendigkeiten des Zusammenlebens hinaus
4. **Partiarisches Darlehen, § 488 BGB**
   ⇨ Darlehensvertrag, § 488 BGB, mit besonderer Abrede: Rückzahlung je nach Geschäftslage
   ⇨ auch intern kein gemeinsamer Zweck
5. **EWiV = Europäische wirtschaftliche Interessenvereinigung**

Körperschaften

⇨ verselbstständigter „Körper", der grds. vom Mitgliederbestand unabhängig ist

- **Gesellschaft mit beschränkter Haftung, GmbH (GmbHG), Unternehmergesellschaft – haftungsbeschränkt** (UG – haftungsbeschränkt, § 5a GmbHG)
- **Aktiengesellschaft, AG (AktG)**
- **Kommanditgesellschaft auf Aktien, KGaA (§ 278 AktG)**
- **Genossenschaft, eG (GenG)**
- **Versicherungsverein auf Gegenseitigkeit, VVaG (VAG)**
- **Vereine:**
  - nicht wirtschaftlicher eingetragener Verein = eV, § 21 BGB
  - wirtschaftlicher Verein, § 22 BGB
  - Idealverein, § 21 i.V.m. § 54 BGB (nicht wirtschaftlich)
  - Verein ohne Rechtspersönlichkeit, § 54 BGB

VII. Gesellschaftsrecht
2. Prüfungsschema zum Anspruchsaufbau bei Personengesellschaften

Anspruch gegen die Gesellschaft

„Anspruch aus § … BGB i.V.m. § 105 Abs. 2 (§ 161 Abs. 2) HGB/§ 8 Abs. 1 PartGG"

I. **Bestehen der Gesellschaft**
   1. Gesellschaft entstanden ⇨ ***S. 308***
   2. keine Auflösung der Gesellschaft, § 138 HGB, § 729 BGB

II. **Verbindlichkeit der Gesellschaft**
   1. **Ist Gesellschaft überhaupt haftungsfähig?**
      ⇨ wenn rechtsfähig
      - juristische Person: Kapitalgesellschaften, rechtsfähige Vereine
      - Personengesellschaften sind rechtsfähig, § 105 Abs. 2 HGB (§ 161 Abs. 2 HGB); auch GbR, § 705 Abs. 2 Var. 1 BGB
   2. **Verbindlichkeit der Gesellschaft entstanden**
      - aus Vertrag, wenn **wirksame Stellvertretung** der Gesellschaft, § 164 BGB
      - **aufgrund Fehlverhaltens**, wenn Zurechnung des Fehlverhaltens der natürlichen Personen:
        - der Gesellschafter analog § 31 BGB
        - sonstige Personen § 278 BGB bzw. § 831 BGB im Deliktsrecht
   3. **Verbindlichkeit der Gesellschaft nicht untergegangen**
      ⇨ allgemeine Untergangsgründe ⇨ ***S. 7***
   4. **Verbindlichkeit der Gesellschaft durchsetzbar**
      ⇨ keine Einreden der Gesellschaft ⇨ ***S. 8***

Anspruch gegen Gesellschafter

„Anspruch aus § … BGB i.V.m. § 126 (§ 161 Abs. 2) HGB/§ 8 Abs. 1 PartGG"

I. **Bestehen der Gesellschaft**
   dito

II. **Verbindlichkeit der Gesellschaft**
   1. Entstanden
   2. Kein Untergang
      ⇨ da Gesellschafter grds. akzessorisch haften

III. **Anspruchsgegner ist z.Z. der Begründung der Gesellschaftsverbindlichkeit Gesellschafter**
   - **falls erst später als Gesellschafter eingetreten:** Sondervorschriften erforderlich
     - § 127 (§ 161 Abs. 2) HGB
     - § 173 HGB
     - für GbR: § 721a BGB
   - **falls erst später als Gesellschafter ausgetreten:** zeitliche Begrenzung der Haftung:
     - § 137 (§ 161 Abs. 2) HGB
     - § 728b BGB für GbR
   - **falls z.Z. der Begründung der Verbindlichkeit Austritt schon erfolgt und im HR eingetragen war:** keine Haftung!

IV. **Keine Einwendungen/Einreden des Gesellschafters**
   1. **alle Einreden der Gesellschaft**, § 128 (i.V.m. § 161 Abs. 2) HGB; § 721b BGB; § 8 Abs. 1 S. 2 PartGG – wegen Akzessorietät
      - Einrede gem. § 128 Abs. 2 (§ 161 Abs. 2) HGB ; § 721b BGB bzgl. der noch nicht von der Gesellschaft ausgeübten Gestaltungsrechte
   2. **eigene Einreden des Gesellschafters** gegenüber Gläubiger

V. **Haftung der Gesellschafter**
   1. **Umfang**
      a) **Grds.: Volle akzessorische Haftung**
         ⇨ § 126 (i.V.m. § 161 Abs. 2) HGB
         ⇨ § 721 BGB bei GbR-Gesellschaftern
      b) **Ausnahme: Haftungsbeschränkung**
         ⇨ § 171 Abs. 1 : Kommanditist haftet nur i.H.d. noch ausstehenden Einlage
         ⇨ § 8 Abs. 2 u. 3 PartGG: einzelner Sachbearbeiter/ Höchstbetrag möglich
         ⇨ § 8 Abs. 4 LPartGG: keine persönliche Haftung bei PartG mit beschränkter Berufsaftung („mbB")

VII. Gesellschaftsrecht
2. Prüfungsschema zum Anspruchsaufbau bei Personengesellschaften (Fortsetzung)

Anspruch gegen die Gesellschaft

„Anspruch aus § … BGB i.V.m. § 105 Abs. 2 (§ 161 Abs. 2) HGB/§ 8 Abs. 1 PartGG“

⚠ ***Zwangsvollstreckung gegen Gesellschaft:***

⇨ *Titel gegen Gesellschaft erforderlich, § 129 Abs. 1 HGB; § 722 Abs. 1 BGB*

Anspruch gegen Gesellschafter

„Anspruch aus § … BGB i.V.m. § 126 (§ 161 Abs. 2) HGB/§ 8 Abs. 1 PartGG“

2. **Inhalt der Gesellschafterhaftung**
   a) **h.M.: Erfüllungstheorie**
      aa) **Grds.: Gesellschafter schulden Erfüllung so wie die Gesellschaft**
      bb) **Ausnahme: falls Erfüllung** für den einzelnen Gesellschafter als Gesamtschuldner **unmöglich** (§ 275 BGB)
         - aus Rechtsgründen: z.B. weil Übereignung einer unvertretbaren Sache aus dem Gesellschaftsvermögen geschuldet
         - aus tatsächlichen Gründen: z.B. geheimes Spezialrezept der Gesellschaft

         ➤ dann Haftung der Gesellschafter nur auf das Wertinteresse in Geld
   b) **m.M.: Haftungstheorie**

      Gesellschafter haften stets nur auf Wertinteresse in Geld

      ⇨ Meinungsstreit stellt sich nicht, falls Gesellschaft sowieso nur Geld schuldet!

⚠ ***Zwangsvollstreckung gegen Gesellschafter:***

⇨ *Titel gegen Gesellschafter erforderlich, § 129 Abs. 2 HGB; § 722 Abs. 2 BGB*

⚠ ***bei Leistung eines Gesellschafters an Gläubiger:***

- ***Grds.: Erstattungsanspruch nur gegen die Gesellschaft (in voller Höhe)***
  - *aus § 716 BGB bei GbR*
  - *§ 716 BGB i.V.m. § 105 Abs. 3 (§ 161 Abs. 2) HGB bei OHG (KG)*
- ***Ausnahme: Erstattungsanspruch gegen Mitgesellschafter aus § 426 Abs. 1 BGB***
  - *aber nur subsidiär, d.h. nur, falls Anspruch gegen Gesellschaft nicht durchsetzbar!*
  - *nur anteilig (pro rata)*

VII. Gesellschaftsrecht
3. Entstehen der Personengesellschaften

Entstehungs-voraussetzungen	OHG/KG	Partnerschaft	GbR
1. **Gesellschaftsvertrag: Mindestinhalt folgt aus:**	**§ 105/§ 161 HGB, § 705 BGB:**	**§ 1 PartGG:**	**§ 705 BGB:**
a) **Personen der Gesellschafter**	**mindestens 2 Gesellschafter** ▪ **bei OHG, §§ 105, 107 HGB: alle sollen unbeschränkt haften** ▪ **bei KG, § 161:** – **Kommanditist:** beschränkte Haftung – **Komplementär:** unbeschränkte Haftung • i.d.R. natürliche Person • GmbH: falls **GmbH & Co. KG**	**mindestens 2 Partner**	**mindestens 2 Gesellschafter** (Argument aus §712a BGB)
b) **gemeinsamer Gesellschaftszweck**	▪ **kaufmännisches Gewerbe, §§ 105 Abs. 1, 161 i.V.m. § 1 HGB** ▪ **§ 107 Abs. 1 Var. 1 HGB: auch Kleingewerbe, falls im Handelsregister eingetragen** ▪ **§ 107 Abs. 1 Var. 2 HGB: auch eigene Vermögensverwaltung, falls im HR eingetragen** ▪ **§ 107 Abs. 1 S. 2 HGB: Freiberufler, falls im Handelsregister eingetragen**	**Zusammenschluss zur Ausübung freier Berufe i.S.v. §§ 1, 6 PartGG**	▪ **jeder beliebige nicht kaufmännische Zweck** (auch einmaliger Zweck), § 705 BGB ▪ Ausnahme: – bloßes Haben und Halten einer Sache (= nur Bruchteilsgemeinschaft i.S.v. §§ 741 ff. BGB) – bloße Lebensgemeinschaften ***(⇨ S. 282)***
c) **Beiträge**	**Festlegung der Pflichten, §§ 105 Abs. 3, 161 Abs. 2 HGB i.V.m. § 709 BGB**	**dito**, § 1 Abs. 4 PartGG i.V.m. § 709 BGB	**Festlegung der Pflichten zur Zweckförderung, § 709 BGB**
d) **fakultativer Inhalt**	▪ **Geschäftsführung** im Innenverhältnis, § 116 HGB ▪ **Vertretungsmacht** im Außenverhältnis, § 124 (§ 161 Abs. 2) HGB	▪ **Geschäftsführung** im Innenverhältnis; dito, aber § 6 PartGG: Beachtung des jeweiligen Berufsrechts ▪ **Vertretungsmacht** im Außenverhältnis; dito, § 7 Abs- 2 PartGG	▪ **Geschäftsführung** im Innenverhältnis, § 715 BGB ▪ **Vertretungsmacht** im Außenverhältnis, § 720 BGB

VII. Gesellschaftsrecht
3. Entstehen der Personengesellschaften
(Fortsetzung)

Entstehungs-voraussetzungen	OHG/KG	Partnerschaft	GbR
2. **Wirksamkeit des Gesellschaftsvertrags**	▪ **Gesellschaftsvertrag formlos möglich, § 105 (§ 161 Abs. 2) HGB i.V.m. § 705 BGB** ⚠ *Ausn.: Einbringung von Grundstücken, § 311b BGB* ▪ **allgemeine Nichtigkeitsgründe der §§ 104 ff. BGB**	▪ **Gesellschaftsvertrag formlos möglich, § 7 Abs. 4 PartG i.V.m. § 705 BGB** ⚠ *Ausnahme: dito* ▪ **dito**	▪ **Gesellschaftsvertrag, § 705 BGB, formlos möglich** ⚠ *Ausnahme: dito* ▪ **dito**
Besonderheit: ⚠	***Bei Unwirksamkeit: Grundsätze zur fehlerhaften Gesellschaft*** *a)* ***Voraussetzungen:*** *(1) Fehlerhafter (nichtiger) Gesellschaftsvertrag* *(2) Vollzug des Gesellschaftsverhältnisses* *(3) Keine entgegenstehenden Interessen Einzelner oder der Allgemeinheit (z.B. §§ 134, 138 BGB)* *b)* ***Rechtsfolge:*** *Fehlerhafte Gesellschaft wird wie eine wirksame behandelt, aber ex nunc ohne Kündigungsgrund auflösbar*		
3. **Entstehungszeitpunkt**	▪ **grds. mit Eintragung ins HR, §§ 123 Abs. 1 S. 1 (§ 161 Abs. 2) HGB** ▪ **oder sonst mit Geschäftsbeginn, § 123 Abs. 1 S. 2 (§ 161 Abs. 2 HGB)**, also Eintragung nur deklaratorisch ▪ Ausn.: bei Gewerben i.S.v. §§ 2, 3 oder Freiberuflern ist Eintragung konstitutiv, § 107 HGB!	▪ **mit Eintragung im Partnerschaftsregister**; § 7 Abs. 1 PartGG = also Eintragung konstitutiv ▪ **anderenfalls nur Innengesellschaft**	▪ **mit Hervortreten nach außen im Geschäftsverkehr, § 705 Abs. 2 Var. 1 i.V.m. § 719 BGB** ▪ **oder Eintragung im Gesellschaftsregister (eGbR)** ▪ **anderenfalls nur BGB-Innengesellschaft, § 705 Abs. 2 Var. 2, §§ 740 ff. BGB**
4. **Bezeichnung der Gesellschaft**	▪ **OHG: §§ 18, 19 Abs. 1 HGB** – **nicht irreführende, unterscheidungsfähige Bezeichnung** – **Zusatz „OHG" o.ä.** – **Angaben auf Geschäftsbriefen, § 125 HGB** ▪ **KG: §§ 18, 19 HGB** – **wie OHG** – **Zusatz „KG" o.ä.** – **Sonderfall: „GmbH & Co. KG": § 19 Abs. 2**	▪ **§ 2 PartGG, mindestens ein Name u. Zusatz: „Partner/ Partnerschaft" und Berufsbezeichnung** ▪ **§ 7 Abs. 3 PartGG i.V.m. § 125 HGB für Angaben auf Geschäftsbriefen** ▪ **§ 8 Abs. 4 S. 3 PartGG: ggf. Zusatz „mbB"**	**alle Namens- und/oder Sachbezeichnungen**, die Gesellschaftsverhältnis andeuten und nicht irreführend sind
5. **Rechtsfähigkeit der Gesellschaft**	vgl. § 105 Abs. 2/ § 161 Abs. 2 HGB	vgl. § 7 PartGG	**vgl. § 705 Abs. 2 Var. 1 BGB als Außengesellschaft**

4. Vertretung und Geschäftsführung

	OHG/KG	Partnerschaft	GbR
1. **Vertretung der Gesellschaft im Außenverhältnis** a) **Vertretung durch Gesellschafter = organschaftliche Vertretung**	▪ **Grundsätzlich:** – **Einzelvertretung**, §§ 124 Abs. 1, 161 Abs. 2 HGB – **außer Kommanditist**, § 170 HGB ▪ **Ausnahme:** – **echte Gesamtvertretung**, §§ 124 Abs. 2, 161 Abs. 2 HGB: mehrere Gesellschafter zusammen – **unechte Gesamtvertretung:** ein Gesellschafter mit Prokuristen, §§ 124 Abs. 3, 161 Abs. 2 HGB ⚠ *§ 124 Abs. 3 HGB darf nicht die alleinige Vertretungsform sein, vgl. Wortlaut „sofern nicht mehrere Gesellschafter zusammen …"*	▪ **Grundsätzlich:** – **Einzelvertretung**, § 7 Abs. 2 PartGG i.V.m. § 124 Abs. 1 HGB ▪ **Ausnahme:** – **Gesamtvertretung**, § 7 Abs. 2 PartGG i.V.m. § 124 Abs. 2 – **unechte Gesamtvertretung nicht möglich**, da mangels Handelsgewerbes auch keine Prokura möglich	▪ **Grundsätzlich:** – **Gesamtvertretung**, § 720 Abs. 1 BGB ▪ **Ausnahme:** – **Einzelvertretung**, im Gesellschaftsvertrag vereinbart, § 720 Abs. 1 Hs. 2 BGB – **sonstige Vereinbarungen** der Gesellschafter – **unechte Gesamtvertretung** dito
⚠ ***Umfang der Vertretungsmacht***	***unbeschränkte*** *Vertretungsmacht, §§ 124 Abs. 4, 161 Abs. 2 HGB*	***unbeschränkter Umfang***, *§§ 7 Abs. 2 PartGG, 124 Abs. 4 HGB*	***Umfang, § 715 Abs. 2 BGB***
b) **Vertretung der Gesellschaft durch Dritte**	▪ **handelsrechtliche Hilfspersonen** ⇨ ***S. 300*** – Prokurist, §§ 48 ff. HGB – Handlungsbevollmächtigter, § 54 HGB – Ladenangestellte, § 56 HGB ▪ **allgemeine Stellvertreter, §§ 164, 167 BGB**	▪ **handelsrechtliche Hilfspersonen (–)**, weil Partnerschaft kein Handelsgewerbe, § 1 Abs. 1 PartGG! ▪ **allgemeine Stellvertreter, §§ 164, 167 BGB**	▪ **handelsrechtliche Hilfspersonen (–)**, weil GbR kein Handelsgewerbe betreibt! ▪ **allgemeine Stellvertreter, §§ 164, 167 BGB**
⚠ ***Umfang der Vertretungsmacht***	▪ ***für handelsrechtliche Hilfsperson: aus §§ 49, 54, 56 HGB*** ▪ ***für allgemeine Stellvertreter §§ 164 ff. BGB: Umfang aus Vollmacht, § 167*** ▪ ***ggf. Rechtsschein***	▪ ***§§ 164 ff. BGB: Umfang aus Vollmacht, § 167*** ▪ ***ggf. Rechtsschein***	▪ ***§§ 164 ff. BGB: Umfang aus Vollmacht, § 167*** ▪ ***ggf. Rechtsschein***
2. **Geschäftsführungsbefugnis im Innenverhältnis**	▪ **Grundsätzlich:** – **gewöhnliche Aufgaben** jeder allein, § 116 Abs. 2, Abs. 3 (§ 161 Abs. 2) HGB – **außergewöhnliche Aufgaben,** gemeinschaftlich, § 116 Abs. 2, Abs. 4 (§ 161 Abs. 2) HGB – **außer Kommanditist**, § 164 HGB ▪ **Ausnahme:** **Notgeschäftsführungsrecht**, § 105 Abs. 3 HGB i.V.m. § 715a BGB	▪ **Grundsätzlich:** **dito,** § 6 Abs. 3 PartGG ▪ **Ausnahme: dito gem. § 6 Abs. 3 PartGG**	▪ **Grundsätzlich:** – **alle Aufgaben gemeinschaftlich**, § 715 Abs. 3 BGB – aber i.d.R. andere Regelung im Gesellschaftsvertrag (auch konkludent möglich durch Aufgabenverteilung), vgl. § 715 Abs. 4 BGB ▪ **Ausnahme: Notgeschäftsführungsrecht dito gem. § 715a BGB**

Haftung gegenüber Gläubigern	OHG/KG	Partnerschaft	GbR
I. **Haftung der Gesellschaft**	▪ **OHG/KG haftet gem. §§ 105 Abs. 2, 161 Abs. 2 HGB** ▪ **Zwangsvollstreckung aus Titel gegen Gesellschaft, § 129 Abs. 1 HGB** ⇨ ***S. 307***	▪ **Partnerschaft haftet gem. § 7 Abs. 1, § 8 Abs. 1 S. 1 Var. 1 PartGG** ▪ **dito** ⇨ ***S. 307***	▪ **GbR haftet gem. § 705 Abs. 2 Var. 1 BGB** ▪ **Zwangsvollstreckung dito, § 722 Abs. 1 BGB** ⇨ ***S. 307***
II. **Haftung der Gesellschafter** 1. **Umfang**	a) **Haftung der Gesellschafter einer OHG:** ▪ voll, persönlich, als Gesamtschuldner, § 126 (§ 161 Abs. 2) HGB ▪ **auch Neueintretende**, § 127 HGB ▪ **Austretende**, § 137 HGB b) **Haftung der Gesellschafter einer KG:** ▪ **Komplementäre:** – **voll, persönlich**, als Gesamtschuldner, §§ 161 Abs. 2, 126 HGB – **auch Neueintretende**, §§ 161 Abs. 2, 127 HGB – **Austretende**, §§ 161 Abs. 2, 137 HGB ▪ **Kommanditisten:** – **Grundsätzlich:** • **beschränkt** auf Einlage, § 171 Abs. 1 HGB ⚠ *auch bei Einlagenrückzahlung, vgl. § 172 Abs. 4 HGB* • **auch Neueintretende**, § 173 i.V.m. § 171 HGB – **Ausnahme:** voll, persönlich, falls neu eingetretener Kommanditist z.Z. der Begründung der Verbindlichkeit noch nicht im HR eingetragen, § 176 Abs. 2 i.V.m. Abs. 1	**Haftung der Partner** ▪ **Grundsätzlich:** – **voll, persönlich** als Gesamtschuldner, § 8 Abs. 1 PartGG – **auch Neueintretende**, § 8 Abs. 1 S. 2 i.V.m. § 721a BGB – **auch Austretende**, § 9 Abs. 1 PartGG i.V.m. § 137 HGB entsprechend ▪ **Ausnahme:** – **§ 8 Abs. 2 PartGG: Haftungbeschränkung auf den Partner, der die Leistung erbringt** – **§ 8 Abs. 3 PartGG: Haftungshöchstbetrag** – **§ 8 Abs. 4 PartGG: keine persönliche Haftung bei Partnerschaft mit beschränkter Berufshaftung („mbB")**	**Haftung der Gesellschafter** ▪ **Grundsätzlich: voll, persönlich** als Gesamtschuldner, § 721 BGB – **auch Neueintretende**, § 721a BGB – **Austretende,** § 728b BGB

VII. Gesellschaftsrecht
5. Haftung (Fortsetzung)

Entstehungs-voraussetzungen	OHG/KG	Partnerschaft	GbR
II. **Haftung der Gesellschafter** (Fortsetzung) 2. **Inhalt**	▪ **h.M.: Erfüllungstheorie** – Grundsätzlich: Gesellschafter schulden Erfüllung, so wie sie von der Gesellschaft geschuldet ist (Akzessorietät) – Ausnahme: Falls Erfüllung für den einzelnen Gesellschafter rechtlich oder tatsächlich unmöglich ⇨ dann Haftung auf Geldinteresse ⇨ ***S. 307***		
3. **Einwendungen, Einreden**	▪ **Einwendungen und Einreden der Gesellschaft** können auch die Gesellschafter geltend machen wegen akzessorischer Haftung		
	§§ 128, 161 Abs. 2 HGB	§ 8 Abs. 1 S. 2 PartGG i.V.m. § 721b BGB	§ 721b BGB
	▪ im Übrigen **persönliche Einreden** der Gesellschafter (z.B. Stundungsvereinbarung)		
4. **Zeitgrenzen**	▪ **Verjährung der jeweiligen Verbindlichkeit** gem. §§ 195 ff. BGB ▪ **Nachhaftungsbegrenzung** für Ausgeschiedene		
	§§ 137 (§ 161 Abs. 2) HGB	§ 9 Abs. 1 PartGG i.V.m. § 137 HGB	§ 728b BGB

VII. Gesellschaftsrecht
6. Wechsel im Gesellschafterbestand

	Ausscheiden eines Gesellschafters	Eintritt eines Gesellschafters
1. **Voraussetzungen**	**Ausscheidungsgrund** ▪ **Tod** des Gesellschafters, § 130 Abs. 1 Nr. 1 ; § 723 Abs. 1 Nr. 1 BGB; § 9 PartGG i.V.m. § 130 Abs. 1 Nr. 1 HGB ▪ Sonderfall: Tod eines Kommanditisten, § 177 ▪ **Insolvenzverfahren** über Vermögen des Gesellschafters, § 130 Abs. 1 Nr. 3 HGB; § 723 Abs. 1 Nr. 3 BGB; § 9 PartGG ▪ **Kündigung** durch Gesellschafter/ Privatgläubiger, § 130 Abs. 1 Nr. 2, 4; §§ 723 Abs. 1 Nr. 2, 4 BGB; § 9 PartGG ▪ **Ausschluss**, § 130 Abs. 1 Nr. 5 HGB; § 723 Abs. 1 Nr. 5 BGB; § 9 PartGG ▪ **weitere Gründe aus Gesellschaftsvertrag**, § 130 Abs. 2 HGB; § 723 Abs. 2 BGB; § 9 PartGG	**Wirksamer Eintritt** ▪ Eintritt durch (Aufnahme-)Vertrag mit den bisherigen Gesellschaftern ▪ oder durch Abtretung des Gesellschaftsanteils mit Zustimmung der anderen Gesellschafter, §§ 398, 413 BGB ▪ oder durch Erbfolge i.V.m. erbrechtlicher Nachfolgeklausel
2. **Rechtsfolgen**	▪ i.d.R. **Fortbestand der Gesellschaft** Ausnahme: „Ein-Mann-Gesellschaft" unzulässig, § 712a Abs. 1 BGB (i.V.m. § 105 Abs. 3 HGB) ▪ **Abwachsen und Anwachsen** des Gesellschaftsanteils, § 712 Abs. 1 BGB (§ 105 Abs. 3 HGB) ▪ **aber Forthaftung im Außenverhältnis** für bisherige Verbindlichkeiten; § 137 HGB; § 728b BGB; § 9 Abs. 1 PartGG ▪ **keine Haftung für Neuverbindlichkeiten**	▪ **Fortbestand der Gesellschaft** ▪ **Abwachsen und Anwachsen** des Gesellschaftsanteils, § 712 Abs. 2 BGB (§ 105 Abs. 3 HGB) ▪ **Haftung des Gesellschafters für Verbindlichkeiten**, die ab jetzt begründet werden, § 126 HGB, § 721 BGB ▪ **Haftung für Altschulden** gem. § 127 (§ 161 Abs. 2) HGB; § 173 HGB; § 721a BGB

Tod eines Gesellschafters

1. **Grundsatz:** Fortbestand der Gesellschaft

   Ausnahme: falls im Gesellschaftsvertrag als Auflösungsgrund vereinbart, § 138 Abs. 3 (§ 161 Abs. 2) HGB; § 730 BGB

2. **Zusammensetzung der Gesellschaft:**

   a) **Grundsätzlich:** Fortbestand der Gesellschaft mit verbleibenden Gesellschaftern (mindestens 2, § 712a BGB)

   b) **Ausnahme:**

   - § 177: beim Tod eines Kommanditisten: Fortsetzung mit den Erben
   - abweichende Regelung im Gesellschaftsvertrag

Gestaltungsformen

Nachfolgeklausel

Eine andere Person rückt **automatisch** in die Gesellschafterstellung des Verstorbenen ein

erbrechtliche Nachfolgeklausel

Der Eintritt der anderen Person vollzieht sich **durch Erbfolge**, § 711 Abs. 2 BGB (§ 105 Abs. 3 HGB)

- **einfache erbrechtliche Nachfolgeklausel**
  Jeder der erbt, wird automatisch Gesellschafter
- **qualifizierte erbrechtliche Nachfolgeklausel**
  Nur einer bzw. ein Teil der Erben wird automatisch Gesellschafter

Bindung des Erblassers
erst z.Z. des Erbfalls,
weil erst dann Erben feststehen

rechtsgeschäftliche Nachfolgeklausel

Der Eintritt der anderen Person vollzieht sich **durch Gesellschaftsvertrag**

- **zugunsten eines Gesellschafters**
  Aufschiebend auf den Tod bedingte Anteilsübertragung unter Lebenden
- **zugunsten eines Dritten**
  Als Vertrag (auch) zulasten eines Dritten nach h.M. unzulässig

Bindung des Erblassers
bereits ab Aufnahme der Klausel
in den Gesellschaftsvertrag

Eintrittsklausel

Ein Nicht- oder Mitgesellschafter erhält das **Recht, durch Erklärung** in die Gesellschafterstellung des Verstorbenen einzurücken

evtl. Umdeutung, § 140 BGB

	Entstehen und Haftung		
1. **Entstehen der Gesellschaft in drei Phasen**	1. **Vorgründungsgesellschaft** ▪ **mit Vertragsschluss** zwecks GmbH-Gründung: **Mindestinhalt:** gemeinsamer Zweck: GmbH-Gründung ▪ **Rechtsnatur:** nicht geregelt – OHG, wenn §§ 105, 107 HGB – sonst GbR, § 705 BGB	2. **Vor-GmbH** ▪ **mit notariellem Gesellschaftsvertrag**, § 2 GmbHG **Mindestinhalt:** § 3 GmbHG ▪ **Rechtsnatur:** nicht geregelt rechtsfähige Gesellschaft eigener Art	3. **GmbH** ▪ **mit Eintragung ins HR**, Abteilung „B" **Inhalt:** §§ 7 ff. GmbHG ▪ **Rechtsnatur:** juristische Person, § 13 GmbHG
2. **Haftung** a) **der Gesellschaft**	▪ **falls OHG** gem. § 105 Abs. 2 HGB ▪ **falls GbR:** § 705 Abs. 2 BGB	▪ als **rechtsfähige Gesellschaft sui generis** (+) (bzw. § 105 Abs. 2 HGB analog)	▪ Haftung, da **juristische Person**, § 13 GmbHG ▪ **Haftung auch** für Verbindlichkeiten der Vor-GmbH, da identischer Übergang
b) **der Gesellschafter**	1. **Vorgründungsgesellschafter** ▪ **§ 126 HGB, falls OHG bejaht** ▪ **sonst als GbR-Gesellschafter**, § 721 BGB	2. **Vor-GmbH-Gesellschafter** ▪ **grundsätzlich** (nach neuer Rspr.; str.): – im Außenverhältnis: keine Haftung – im Innenverhältnis: volle Haftung ▪ **Ausnahme:** – **Handelnder haftet voll, § 11 Abs. 2 GmbHG**, falls im Namen der noch nicht existierenden GmbH gehandelt – nicht, falls im Namen der Vor-GmbH gehandelt (str.)	3. **GmbH-Gesellschafter** ▪ **Haftung für Verbindlichkeiten der GmbH** – **grds. (–)**, § 13 Abs. 2 GmbHG – **Ausnahme:** bei Rechtsmissbrauch persönliche Haftung aus § 826 BGB ▪ **Haftung für Altschulden** – der Vorgründungsgesellschaft: bleibt bestehen, § 126 HGB (analog), str. – Handelndenhaftung aus § 11 Abs. 2 GmbHG erlischt mit der Eintragung der GmbH
	Organe der GmbH		
3. **Art und Funktion**	**Geschäftsführer** ▪ **Vertretung** der GmbH im Außenverhältnis, §§ 35 ff. GmbHG ▪ **Verwaltung** der GmbH im Innenverhältnis, §§ 41 ff. GmbHG ▪ keine Identität des Geschäftsführers mit Gesellschafter erforderlich, **„Fremdorganschaft"**, § 6 Abs. 3 GmbHG	**Aufsichtsrat** ▪ **kein notwendiges Organ**, § 52 GmbHG ▪ Aufgaben: Überwachung, Kontrolle	**Gesellschafter** ▪ **Mitglieds-, Vermögensrechte**, §§ 14 ff. GmbHG ▪ **Willensbildung**, §§ 45 ff. GmbHG ⇔ Gesellschafterversammlung, § 48 GmbHG ▪ **Ein-Mann-GmbH** zulässig, § 1 GmbHG ▪ Gutgläubiger Erwerb eines Geschäftsanteils, § 16 Abs. 3 GmbHG
4. **Verschuldenszurechnung an GmbH**	▪ Verschulden der Organe analog § 31 BGB ▪ Sonstige Hilfspersonen gem. §§ 278, 831 BGB	▪ dito	▪ dito
	Stammkapital		
Stammkapital	▪ § 5 GmbHG: mindestens 25.000 € ▪ § 5a GmbH: bei Unternehmergesellschaft – haftungsbeschränkt (UG – haftungsbeschränkt) mindestens 1 €, arg. ex § 5 Abs. 2 GmbHG; aber 1/4 des Jahresüberschusses sind als Rücklagen zu bilden		

	Entstehen der AG		
1. **Entstehen der AG in drei Phasen**	**Vorgründungsgesellsch.** **(konkludenter) Vertragsschluss** (Rechtsbindungswille!) ▪ OHG, wenn §§ 105, 107 HGB ▪ sonst GbR, § 705 BGB	**Vor-AG** **notariell beurkundete Satzung, § 23 AktG** ▪ Gesellschaft sui generis = rechtsfähig	**AG** **Eintragung ins HR** ▪ juristische Person, § 1 AktG
	Haftung der AG		
2. **Haftung** **– vertraglich** **– deliktisch**	▪ **Haftungsbegründung** – **bei Vertrag** durch Vertretung durch Vorstand, § 78 AktG – **bei vertraglicher (Neben-)Pflichtverletzung** • § 31 BGB analog bzgl. Organe • § 278 BGB bzgl. Hilfspersonen – **bei Delikt** • § 31 BGB analog bzgl. Organe • § 831 BGB bzgl. Hilfspersonen	▪ **Haftung nur der AG**, § 1 Abs. 1 S. 2 AktG ▪ **Ausnahme:** – bei Rechtsmissbrauch persönliche Haftung aus § 826 BGB	
3. **Organe**	**Organe der AG**		
Art	**Vorstand**	**Aufsichtsrat**	**Gesellschafter**
Funktion	▪ **Vertretung** im Außenverhältnis, §§ 78 ff. AktG ▪ **Verwaltung** im Innenverhältnis, §§ 90 ff. AktG	▪ **Kontrolle**, bzgl. Vorstand, §§ 111 ff. AktG	▪ **Mitgliedsrechte, Vermögensrechte**, §§ 8 ff., 150 ff. AktG ▪ **Willensbildung**, § 133 AktG ▪ **Hauptversammlung**, §§ 118 ff. AktG ▪ **„Ein-Mann-AG“** möglich, § 2 AktG

VIII. Arbeitsrecht
1. Systematik – Rechtsquellen im Arbeitsrecht

I. Zwingendes Gesetzesrecht

1. **EU-Recht**
2. **Grundgesetz:** mittelbare Drittwirkung der Grundrechte; unmittelbare Wirkung Art. 9 Abs. 3 GG
3. **Spezialgesetze:** z.B. MutterschutzG, KSchG, SGB IX
4. **Allgemeines Gleichbehandlungsgesetz** (AGG)
5. **BGB:** insbes. §§ 611a ff., SchuldR AT, BGB AT
6. **Kollektivrecht:** Tarifverträge (TVG), Betriebsvereinbarung (§ 77 BetrVG)

II. Einzelarbeitsvertrag

Ergänzt durch:

1. **Allgemeine Arbeitsbedingungen**
2. **Allgemeiner Gleichbehandlungsgrundsatz**
3. **Betriebliche Übung**
4. **Direktionsrecht des Arbeitgebers**

III. Richterrecht/Gewohnheitsrecht

z.B.:
- Grds. zum **innerbetrieblichen Schadensausgleich**
- **Betriebsrisikolehre** i.V.m. § 615 S. 3 BGB*
- **Arbeitskampfrecht**

IV. Dispositives Recht

1. **in Spezialgesetzen**
2. **im BGB**, insbes. im Dienstvertragsrecht, §§ 611a ff., SchuldR AT, BGB AT

V. Konkurrenzen

1. **Grds. Rangprinzip** = ranghöhere verdrängt die nachrangige Rechtsquelle
2. **Ausn.: Günstigkeitsprinzip**, falls gesetzlich zugelassen (z.B. § 4 Abs. 3 TVG)

* Im Folgenden sind §§ ohne Gesetzesangabe solche des BGB.

I. Einigung über Arbeitsvertrag

Anforderungen an Arbeitsvertrag

1. **Privatrechtlicher Vertrag**
   - Rechtsbindungswille
     Ⓟ ***Ehegattenmitarbeit***, *§ 1360*
     Kindermitarbeit, § 1619
   - auch bei Angestellten im öffentlichen Dienst
2. **Arbeitsvertrag, § 611a**
   - Dienstleistung für einen anderen, keine erfolgsabhängige Vergütung
3. **Unselbstständige Dienste**
   - Arbeiter
   - Angestellte

     (Arbeiter/Angestellte: Unterscheidung aber i.d.R. irrelevant!)
   - arbeitnehmerähnliche Personen
   - **Ausn.:** nur für das jeweilige SpezialG! z.B.:
     - § 5 Abs. 1 S. 2, 3, Abs. 3 ArbGG
     - § 2 BetrVG
     - § 14 KSchG etc.
   - **Kriterien für unselbstständige Dienste**
     - ausgeprägte **Weisungsgebundenheit** (fachlich/zeitlich)
     - **Eingliederung in Betrieb** (auf fremdbestimmte Organisation angewiesen)
     - ganze Arbeitskraft geschuldet (bei Full-Time-Job)
     - Entlohnung durch festes Gehalt
     - Abführung von Lohnsteuern/Sozialabgaben durch Dienstherrn
     - Weiterbezahlung bei Krankheit/Urlaub

Abgrenzung zu anderen Instituten

1. **Andere Verhältnisse**
   - Gefälligkeitsverhältnisse
   - öffentlich-rechtliche Dienstverhältnisse
     - Beamte, Richter, Soldaten
     - Gefangene (StVollzG)
2. **Andere Vertragsarten**
   - Werkvertrag, § 631: Erfolg geschuldet
   - Gesellschaftsvertrag, § 705: gleichrangige Position der Gesellschafter
3. **Unternehmer**
   - Kaufleute, §§ 1 ff. HGB (auch Handelsvertreter)
   - Kleinunternehmer
   - Freiberufler (Ärzte, Rechtsanwälte etc.)
   - **Kriterien für Unternehmer**
     - weisungsunabhängig (fachlich/zeitlich)
     - eigene Betriebsstruktur
     - Tätigkeit für mehrere Dienstberechtigte
     - Bezahlung nach Stunden/Erfolgen/festen Sätzen
     - Rechnungserteilung ggf. mit USt-Ausweis
     - Bezahlung nur für geleistete Dienste

II. Wirksamkeit der Einigung

1. **Allgemeine Nichtigkeitsgründe, §§ 104 ff.**
   - aber nach **ProstG:** Keine Sittenwidrigkeit des Arbeitsvertrages der Prostituierten
   - **abweichend von § 139:** grds. keine Gesamtnichtigkeit (Schutz des Arbeitnehmers)
2. **Besonderheiten bei Anfechtung, §§ 119 ff.**
   - **§ 119 Abs. 2:** nur, falls Anfechtungsgrund für Arbeitsplatz von Bedeutung
   - **§ 121:** Anfechtungsfrist „unverzüglich" = analog § 626 Abs. 2: 2 Wochen
   - **§ 123:** arglistige Täuschung des Arbeitnehmers nur bei zulässiger Frage des Arbeitgebers (Orientierung an wesentl. Eigenschaft i.S.v. § 119 Abs. 2)
   - **§ 142:** falls **Arbeitsverhältnis in Vollzug gesetzt:** abweichend von § 142 **nur ex nunc** Wirkung, um Rückabwicklungsschwierigkeiten zu vermeiden.
3. **Besonderheiten bei Formularverträgen**
   - **§§ 305 ff.:** AGB-Recht anwendbar, aber unter Berücksichtigung arbeitsrechtlicher Besonderheiten, **§ 310 Abs. 4 S. 2**
4. **Besonderheit bei unzulässiger Befristung**
   - **16 TzBfG:** Kein nichtiger Vertrag, sondern wirksamer unbefristeter Vertrag
5. **Besonderheit: faktisches, fehlerhaftes Arbeitsverhältnis**
   - **Voraussetzungen:**
     - Fehlerhafter (nichtiger) Arbeitsvertrag
     - In **Vollzug gesetzt**
     - Keine entgegenstehenden Interessen Einzelner (z.B. §§ 104 ff.) oder der Allgemeinheit (z.B. §§ 134, 138)
   - **Rechtsfolge:** Behandlung wie wirksamer Arbeitsvertrag, aber Lösung ohne Einhaltung von Kündigungsfristen möglich

III. Bloße Formalien

- § 2 NachweisG: Schriftform des Arbeitsvertrages
- § 14 Abs. 4 TzBfG: Schriftform der Befristungsabrede
- § 99 BetrVG: Zustimmung des Betriebsrats

Pflichten des Arbeitnehmers (AN)

1. **Arbeitsleistung**
   a) **Inhalt**
   - Arbeitspflicht aus Arbeitsvertrag
   - konkretisiert durch Direktionsrecht des AG oder allgemeine Arbeitsbedingungen
   - höchstpersönliche Pflicht, § 613

   b) **Untergang der Arbeitspflicht**
   - **§ 275 Abs. 1:** Unmöglichkeit
     ⇨ Fixschuldcharakter der Arbeitsleistung!
   - **§ 275 Abs. 3:** persönl. Unmöglichkeit
     ⇨ persönl. Leistungshindernisse des AN (z.B. Beerdigung der Eltern, Krankheit des Kindes)
   - **§ 615:** Keine Nachleistungspflicht bei Annahmeverzug des AG
   - **Krankheit** des AN oder **Feiertag**, §§ 2, 3 EFZG
   - **Urlaub** des AN, BUrlG
   - **Betriebsausfall**, § 615 S. 3 i.V.m. Betriebsrisikolehre
   - **bei rechtmäßigem Arbeitskampf ruht Arbeitspflicht** ⇨ ***S. 328***

   c) **Konsequenzen bei Verletzung der Arbeitspflicht**
   - **Schadensersatz statt der Leistung aus § 280 Abs. 1 u. 3 i.V.m. § 283**, wenn Nichterfüllung der Arbeitspflicht
     ⇨ i.d.R. Unmöglichkeit wegen Fixschuldcharakters!
     ⇨ Verschulden des AN wird nicht vermutet, **§ 619a!**

Pflichten des Arbeitgebers (AG)

1. **Lohnzahlung** und **Beschäftigungspflicht**
   a) **Inhalt**
   - **Lohn:** aus Arbeitsverhältnis ggf. i.V.m. Tarifvertrag
   - **Beschäftigung:**
     - Pflicht des AG aus § 242 i.V.m. Art. 1 GG!
     - Besonderheiten während des KSch-Prozesses ⇨ ***S. 323***

   b) **Untergang der Lohnzahlungspflicht:**
   - **§ 326 Abs. 1:** grds. bei Nichtarbeit
   - **Ausn.: Lohn ohne Arbeit:**
     - **§ 326 Abs. 2:** Unmöglichkeit (überwiegend) vom AG zu verantworten
     - **§ 616:** persönl. Verhinderung des AN für kurzen Zeitraum
     - **§ 615 S. 2, 3:** Annahmeverzug des AG bzgl. Arbeitsleistung
     - **§§ 2, 3 EFZG:** Entgeltfortzahlung bei Krankheit des AN oder Feiertage
     - **§ 11 BUrlG:** Urlaubsentgelt
     - **§ 615 S. 3** i.V.m. Betriebsrisikolehre bei betrieblichen Störungen, die nicht vom AG zu vertreten sind (sonst greift schon § 326 Abs. 2 s.o.!)
   - **beim Arbeitskampf ruht Lohnzahlungspflicht** ⇨ ***S. 328***

   c) **Konsequenzen bei Verletzung der Lohnzahlungspflicht**
   - **Ersatz der Verzögerungsschäden aus § 280 Abs. 1 u. 2 i.V.m. § 286**
     ⇨ bei Verzug des AG mit Lohnzahlung, § 286
     ⇨ Verschulden des AG wird vermutet, §§ 280 Abs. 1 S. 2, 286 Abs. 4
     ⇨ Verzugszinsen gem. **§ 288!**

Pflichten des Arbeitnehmers (AN)

- ⇨ **Schadensersatz neben der Leistung aus § 280 Abs. 1, wenn Schlechterfüllung** der Arbeitspflicht
- ⇨ in §§ 611 ff. ist keine Minderung des Lohns vorgesehen!
- Kündigungsrecht des AG, § 626

2. **Nebenpflichten des AN**
   - **Schutz-, Sorgfaltspflichten aus §§ 241 Abs. 2, 242**, insbesondere:
     - keine Schädigung der Rechtsgüter des AG
     - Abwehr fremder Schädigungen
     - keine Verleitung von Kollegen zum Vertragsbruch
     - Verschwiegenheit
     - kein Wettbewerb
   - **Konsequenzen bei Verletzung der Nebenpflichten**
     - Schadensersatz gem. § 280 Abs. 1
       ⇨ Verschulden des AN nicht vermutet, § 619a
       ⇨ Besonderheiten: innerbetrieblicher Schadensausgleich ⇨ ***S. 322***
     - u.U. KündigungsR des AG aus § 626
3. **Pflicht des AN, Urlaub zu nehmen, § 7 Abs. 3 BUrlG**
   Ausn.: § 7 Abs. 4 BUrlG

Pflichten des Arbeitgebers (AG)

2. **Nebenpflichten des AG**
   - **Schutz-, Sorgfaltspflichten aus §§ 241 Abs. 2, 242**, insbesondere
     - keine Schädigung der Rechtsgüter des AN; Sicherheit von Arbeitsmitteln, § 618
     - Wahrung der Interessen des AN (Fürsorgepflicht des AG)
   - Keine Diskriminierung, §§ 6 ff. AGG ⇨ ***S. 317***
   - **Konsequenzen bei Verletzung der Nebenpflichten**
     - Schadensersatz gem. § 280 Abs. 1
       ⇨ Verschulden des AG wird vermutet, § 280 Abs. 1 S. 2
       ⇨ Besonderheiten: Personenschäden §§ 104 ff. SGB VII ⇨ ***S. 322***
3. **Pflicht des AG, Urlaub zu gewähren, § 7 Abs. 3 BUrlG**
   Ausn.: § 7 Abs. 4 BUrlG

VIII. Arbeitsrecht
4. Haftungsprivilegien im Arbeitsrecht

SE-Ansprüche gegen Arbeitnehmer (AN)			Ansprüche gegen Arbeitgeber (AG)		
Nicht-arbeit	Schlecht-arbeit	Nebenpflicht-verletzung	Personen-schäden	Sachschäden, Vermögensschäden	
§ 280 Abs. 1 u. 3, § 283	§ 280 Abs. 1	§ 280 Abs. 1	§ 280 Abs. 1	§ 280 Abs. 1	§ 670 analog
1. **Schuldverhältnis** = ArbeitsV 2. **Pflichtverletzung** = Unmöglichkeit der Arbeitsleistung (Fixschuld!) 3. **Verschulden des AN** ⇨ nicht vermutet, § 619a! 4. **Rechtsfolge:** SE statt der Leistung ⇩	1. **Schuldverhältnis** = ArbeitsV 2. **Pflichtverletzung** = **Schlechtarbeit** (in §§ 611 ff. kein Gewährleistungsrecht!) 3. **Verschulden des AN** ⇨ nicht vermutet, § 619a! 4. **Rechtsfolge:** SE neben der Leistung ⇩	1. **Schuldverhältnis** = ArbeitsV 2. **Pflichtverletzung** = **Nebenpflichtverletzung**, §§ 241 Abs. 2, 242 3. **Verschulden des AN** ⇨ nicht vermutet, § 619a! 4. **Rechtsfolge:** SE und ggf. Schmerzensgeld, § 253 Abs. 2 ⇩	1. **Schuldverhältnis** = ArbeitsV 2. **Pflichtverletzung des AG** = Schutz-, Sorgfaltspflicht, ggf. § 618 3. **Verschulden des AG** ⇨ vermutet bis zur Exkulpation, § 280 Abs. 1 S. 2 4. **Rechtsfolge:** SE und ggf. Schmerzensgeld, § 253 Abs. 2 ⇩	1. **Schuldverhältnis** = ArbeitsV 2. **Pflichtverletzung des AG** = Schutz-, Sorgfaltspflicht, § 241 Abs. 2, ggf. § 618 3. **Verschulden des AG** ⇨ vermutet bis zur Exkulpation, § 280 Abs. 1 S. 2 4. **Rechtsfolge:** SE und ggf. Schmerzensgeld, § 253 Abs. 2 ⇩	1. **Vollzug** der Arbeit durch AN 2. **Schaden des AN** „ungewöhnlich“: a) kein allg. Lebensrisiko b) nicht bereits durch Lohn abgedeckt (z.B. Gefahrenzulage) 3. **vom AG unverschuldet** 4. **Rechtsfolge:** a) verschuldensunabhängige Ersatzhaftung des AG b) Kürzung wegen **„Mitverschuldens des AN“** ⚠ ***Maßstäbe aus innerbetrieblichem Schadensausgleich**, s. links! also je nach Verschuldensgrad*
⚠ ***Innerbetrieblicher Schadensausgleich*** *(Rechtsgedanke aus § 254):* ▪ *betrieblich veranlasste Tätigkeit des AN* ▪ *Haftung je nach **Verschuldensgrad** des AN:* – ***leichte Fahrlässigkeit:** keine Haftung* – ***mittlere Fahrlässigkeit:** Quotelung i.S.d. § 254* – ***grobe Fahrlässigkeit:*** • *grds: volle Haftung des AN* • *Ausn.: falls grob unbillig* – ***Vorsatz:** volle Haftung des AN*			⚠ ***Ausschluss gem. § 104 SGB VII**, falls:* ▪ *kein Vorsatz des AG* ▪ *kein Wegeunfall*	⚠ ***§ 104 SGB VII unanwendbar!*** *Gilt nur für Personenschäden*	
ggf: Ansprüche aus § 823			**ggf. Ansprüche aus § 823**		**§ 823 (–)**
⚠ *Grundsätze zum innerbetrieblichen Schadensausgleich gelten auch hier*			⚠ *Ausschluss gem. § 104 SGB VII* ⇩	⚠ *kein Ausschluss, s.o.* ⇩	⚠ *kein Verschulden des AG!* ⇩
			aber Anspruch gegen Sozialversicherungsträger (i.d.R. Berufsgenossenschaft)	kein Anspruch gegen Sozialversicherungsträger vorgesehen	

5. Beschäftigungs- und Weiterbeschäftigungsanspruch

I. Allgemeiner Beschäftigungsanspruch

1. **Anspruch entstanden**
   - zwar in § 611a nicht als Hauptleistungspflicht erwähnt
   - aber **Herleitung** des Anspruchs Arbeitnehmer gegen Arbeitgeber auf Beschäftigung aus Art. 1, 2 GG i.V.m. § 242 i.V.m. allg. Persönlichkeitsrecht des Arbeitnehmers i.V.m. Arbeitsvertrag
   - Beschäftigungsanspruch kann **im Wege der Leistungsklage** eingeklagt werden
2. **Anspruch ausgeschlossen**
   - **Falls Beschäftigung durch den Arbeitgeber unmöglich, § 275**
     - § 275 Abs. 1 (technische/rechtliche Unmöglichkeit)
     - § 275 Abs. 2 (wirtschaftlich unmöglich, z.B. keine Aufträge)
     - § 275 Abs. 3 (persönliche Leistungshindernisse des Arbeitnehmers)
     - Besondere Beschäftigungshindernisse (Feiertag, Krankheit, Urlaub = EFZG, BUrlG)
   - u.U. dann aber dennoch Lohnzahlungspflicht nach Grundsatz Lohn ohne Arbeit
     ⇨ ***S. 320***

II. Weiterbeschäftigungsanspruch bei Kündigung des AG

1. **Anspruch entstanden**
   - **kraft Gesetzes: § 102 Abs. 5 BetrVG**, falls Betriebsrat der Kündigung widersprochen hatte
   - **sonst: Allg. Weiterbeschäftigungsanspruch**
     - **wenn Kündigung evident unwirksam ist:** durchgehender Beschäftigungsanspruch
     - **andernfalls:** wegen Unsicherheit über Wirksamkeit oder Unwirksamkeit der Kündigung:
       ⇨ Weiterbeschäftigungsanspruch erst ab erstinstanzlichem obsiegenden Urteil im Kündigungsschutzprozess; weil dann Kündigung wohl unwirksam
       ⇨ Anspruch wird daher durch unechten Hilfsantrag eingeklagt
2. **Anspruch ausgeschlossen**
   - Falls **Beschäftigung durch Arbeitgeber unmöglich, § 275 (s.o. I. 2.)**
   - Falls obsiegendes **Urteil in späteren Instanzen aufgehoben** wird (falls Kündigung wirksam ist)
   - Falls **Auflösung des Arbeitsverhältnisses durch Arbeitsgericht gem. §§ 9 ff. KSchG**
     ⇨ trotz Unwirksamkeit der Kündigung kann auf Antrag Auflösung des Arbeitsverhältnisses durch das Arbeitsgericht wegen Unzumutbarkeit erfolgen:
     - **bei unwirksamer ordentlicher Kündigung:**
       auf Antrag des Arbeitnehmers oder Arbeitgebers, **§ 9 KSchG**
     - **bei unwirksamer außerordentlicher Kündigung:**
       nur auf Antrag des Arbeitnehmers, **§ 13 Abs. 1 S. 3 KSchG**

     ⇨ dann nur Abfindung, §§ 10, 11 KSchG
   - **falls keine Kündigungsschutzklage binnen der 3-Wochen-Frist des § 4 KSchG (ggf. i.V.m. § 13 Abs. 1 S. 2 KSchG) erhoben wurde**
     ⇨ da **dann Kündigung gem. § 7 KSchG als wirksam** gilt: **kein Weiterbeschäftigungsanspruch**
     ⇨ **Ausn.: § 5 KSchG** bei unverschuldeter Fristversäumnis
     ⇨ wird keine Kündigungsschutzklage erhoben: ggf. aber **Abfindungsanspruch gem. § 1a KSchG!**

I. Abänderung

1. Abänderung durch Erklärung

- **zweiseitige Erklärung:** Abänderungsvertrag, § 311 Abs. 1
- **einseitige Erklärung:** Änderungskündigung, § 2 KSchG

2. Abänderung durch Gesetz

- **§ 613a:** bei Betriebsübergang personelle Änderung
  - **Voraussetzungen:**
    - **Betrieb/Betriebsteil**
    - **Übergang durch Rechtsgeschäft**
      ⇨ jeder Inhaberwechsel (Kauf, Pacht etc.)
      ⇨ Rechtsgeschäft muss nicht wirksam sein (nur Abgrenzung zu gesetzlichem/hoheitlichem Erwerb)
    - **Kein Widerspruch des Arbeitnehmers, § 613a Abs. 6**
  - **Rechtsfolge:**
    - **Neuer Arbeitgeber** tritt in das Arbeitsverhältnis automatisch ein
    - **Alter Arbeitgeber** haftet aber noch für Alt-Verbindlichkeiten bis zum Betriebsübergang
    - **Arbeitnehmer** hat Arbeitspflicht gegenüber neuem Arbeitgeber

II. Untergang des Arbeitsverhältnisses

1. Automatischer Untergang des Arbeitsverhältnisses

- **Befristung:** § 620 Abs. 1, Abs. 3 i.V.m. §§ 14 ff. TzBfG
  - § 14 Abs. 1 TzBfG: mit sachlichem Grund
  - § 14 Abs. 2 TzBfG: ohne sachlichen Grund
- **Auflösende Bedingung:** § 21 i.V.m. § 14 Abs. 1 TzBfG:
  - nur mit sachlichem Grund

} bei Verstoß: unbefristeter/unbedingter Vertrag, § 16 i.V.m. § 21 TzBfG

- **Tod des Arbeitnehmers:** Nicht bei Tod des Arbeitgebers, da dann Übergang des Betriebes auf dessen Erben, §§ 1922, 1967

2. Untergang durch zweiseitige Erklärung

- **Aufhebungsvertrag:** § 311 Abs. 1 (Vertragsfreiheit)
  - **Schriftform** erforderlich, **§ 623!**
  - h.M.: Kein Widerrufsrecht gem. § 312g; aber Gebot fairen Verhandelns ist zu beachten „besondere Vertriebsform" passt nicht!
- **Prozessvergleich** § 46 Abs. 2 ArbGG i.V.m. § 794 Nr. 1 ZPO

3. Untergang durch einseitige Erklärung

- **Ordentliche Kündigung:** §§ 622, 623
- **Außerordentliche Kündigung:** §§ 626, 623

} „Beendigungskündigung"

- **Gerichtlich:** auf Auflösungsantrag, §§ 9 ff. KSchG

Prüfschema: Wirksamkeit einer Beendigungskündigung

Ordentliche Kündigung

I. **Ursprünglich wirksamer Arbeitsvertrag**

II. **Schriftliche Kündigungserklärung, §§ 623, 126** (keine elektronische Form)

III. **Vorherige Anhörung des Betriebsrats gem. § 102 BetrVG**

IV. **Besonderer Kündigungsschutz**
- Schwangere, § 17 MuSchG
- Schwerbehinderte, §§ 168 ff. SGB IX
- Betriebsräte, § 15 KSchG
- Auszubildende, § 22 BerufsbildG

V. **Allg. Kündigungsschutz**

1. **Nach KSchG:**
   a) **Anwendbarkeit**
   - **Arbeitsverhältnis bestand länger als 6 Monate, § 1 Abs. 1**
   - Kein Kleinbetrieb: **i.d.R. mehr als 5 AN, § 23 Abs. 1 S. 2 bzw. S. 3 KSchG: i.d.R mehr als 10 AN bei Neueinstellungen ab 01.01.2004**

   b) **Kündigung unwirksam, wenn sozial ungerechtfertigt, § 1 Abs. 1 KSchG; soziale Rechtfertigung gem. § 1 Abs. 2 KSchG**
   - **personenbedingt**
   - **verhaltensbedingt** (+ grds. vorherige Abmahnung = ungeschriebene Voraussetzung!)
   - **betriebsbedingt**: richtige soziale Auswahl erforderlich, § 1 Abs. 3 KSchG
   - weitere Gründe: § 1 Abs. 2 S. 2, 3 KSchG
   - beachte § 14 KSchG!

2. **Falls KSchG nicht anwendbar:** Kündigung nur unwirksam, wenn Verstoß gegen §§ 138 Abs. 1, 242

3. **Falls Kündigung objektiv unwirksam:**
   - **Wirksamkeitsfiktion, § 7 KSchG**, falls 3-Wochenfrist des § 4 KSchG versäumt
   - **Ausn.: § 5 KSchG** bei **unverschuldeter Fristversäumnis**

   ⚠ *§§ 4–7 KSchG gelten auch für Kleinbetr., s. Wortlaut des § 23 Abs. 1 KSchG*

   ⚠ *§§ 4–7 KSchG gelten nach h.M. auch, falls ArbV < 6 Monat i.S.v. § 1 Abs. 1 (Argument: einheitliche Klagefrist)*

VI. **Kündigungsfrist gem. § 622 eingehalten**

Außerordentliche Kündigung

I. **Ursprünglich wirksamer Arbeitsvertrag**

II. **Schriftliche Kündigungserklärung, §§ 623, 126** (keine elektronische Form)

III. **Vorherige Anhörung des Betriebsrats gem. § 102 BetrVG**

IV. **Besonderer Kündigungsschutz**
- Schwangere, § 17 MuSchG
- Elternzeit, § 18 BEEG
- Pflegezeit, § 5 PflegeZG
- Schwerbehinderte, § 174 SGB IX
- Betriebsräte, § 15 KSchG, § 103 BetrVG

V. **Voraussetzungen des § 626**

1. **An sich wichtiger Grund i.S.v. § 626 Abs. 1?**
   - Tatsachen, die generell geeignet sind, einen wichtigen Grund abzugeben (abstrakte Prüfung)

   Ⓟ ***Verdachtskündigung:*** *Falls dringender Tatverdacht, Sachverhalt bestmöglich ermittelt und Arbeitnehmer rechtliches Gehör hatte*

2. **Auch im konkreten Fall? Gesamtabwägung der widerstreitenden Interessen**
   - bei verhaltensbedingten Gründen grds. vorherige Abmahnung erforderlich
   - Abwarten bis zur ordentlichen Kündigungsmöglichkeit für AG zumutbar?
   - außerordentliche Kündigung nur als ultima ratio!

3. **Kündigungserklärungsfrist, § 626 Abs. 2**
   - Zugang innerhalb von 2 Wochen ab Kenntnis vom wichtigen Grund

4. **Falls Kündigung unwirksam:**
   - **Wirksamkeitsfiktion gem. § 13 Abs. 1 S. 2** i.V.m. **§ 7 KSchG**
   - **Ausn.: § 13 Abs. 1 S. 2** i.V.m. **§ 5 KSchG bei unverschuldeter Fristversäumnis**

VI. **Kündigungsfrist**
- entfällt
- AG kann aber „Auslauffrist" einräumen

VII. **Ggf. Umdeutung, § 140, in ordentliche Kündigung**
- nur falls urspr. Betriebsrat hilfsweise zur ordentlichen Kündigung gehört worden war

VIII. Arbeitsrecht
7. Grundzüge des arbeitsgerichtlichen Verfahrens

I. Prozessuale Grundlagen

- **Arbeitsgerichtsgesetz (ArbGG)**
- **Zivilprozessordnung (ZPO):** über **§ 46 Abs. 2 ArbGG** grds. anwendbar
- **Gerichtsverfassungsgesetz** (GVG)

II. Prozessuale Besonderheiten

- **Rechtsweg/sachliche Zuständigkeit der Arbeitsgerichte**
  ⇨ Terminologie nicht eindeutig, s. Wortlaut §§ 2, 48 ArbGG
  - **Für Klageverfahren:** Aufzählung der Fälle in § 2 ArbGG; Sonderregeln in § 5 Abs. 1 S. 2 u. 3, Abs. 3 ArbGG!
  - **Für Beschlussverfahren:** Aufzählung der Fälle in § 2a ArbGG
- **Örtliche Zuständigkeit des Arbeitsgerichts**
  - **Für Klageverfahren:** gem. § 46 Abs. 2 ArbGG i.V.m. §§ 12 ff. ZPO nach den Gerichtsständen ⇨ ***S. 334***
  - **Für Beschlussverfahren:** § 82 ArbGG
- **Parteifähigkeit**
  - **§ 46 Abs. 2 ArbGG** i.V.m. **§ 50 ZPO:**
    - grds. nur rechtsfähige Personen/Gesellschaften
  - **§ 10 ArbGG:** generell Gewerkschaften/AG-Vereinigungen parteifähig
- **Prozessvertretung: § 11 ArbGG** ⇨ ersetzt § 78 ZPO

  ⚠ ***§ 12a ArbGG:*** *Kein Kostenerstattungsanspruch in 1. Instanz bzgl. Rechtsanwaltskosten*
- **Güteverfahren: § 54 ArbGG** ⇨ ersetzt § 278 ZPO
- **Versäumnisurteil:**
  - § 46 Abs. 2 ArbGG i.V.m. §§ 330 ff. ZPO
  - **§ 59 ArbGG:** Einspruch dagegen binnen **1 Woche** (anders § 339 ZPO) ⇨ ***S. 338***
- **Mahnbescheidverfahren**
  - § 46a Abs. 1 ArbGG i.V.m. §§ 688 ff. ZPO
  - **§ 46a Abs. 3 ArbGG:** Widerspruch binnen 1 Woche (anders § 692 ZPO) ⇨ ***S. 339***

VIII. Arbeitsrecht
8. Kündigungsschutzklage

Prüfungsschema: Kündigungsschutzklage

I. Zulässigkeit der Klage

1. **Rechtsweg zu den Arbeitsgerichten bzw. sachliche Zuständigkeit der Arbeitsgerichte**
   - Gem. § 2 Abs. 1 Nr. 3b ArbGG
   - Sonderregeln gem. § 5 Abs. 1 S. 2 u. 3; Abs. 3 ArbGG!
2. **Statthafte Klageart = Kündigungsschutzklage, § 4 KSchG?**
   a) **Anwendbarkeit des KSchG**
      - §§ 4–7 KSchG gelten auch in Kleinbetrieben, s. Wortlaut des § 23 Abs. 1 S. 2 u. 3 KSchG: gelten nicht, „mit Ausnahme der §§ 4–7"
      - **Gemäß § 1 Abs. 1 KSchG** muss das Arbeitsverhältnis länger als 6 Monate bestanden haben
        ⚠ *aber h.M.: auch unter 6 Monaten ist § 4 KSchG anwendbar (Argument: einheitliche Klagefrist)*

   b) **Klageart:**
      - Kündigungsschutzklage ist **Feststellungsklage**, vgl. Wortlaut des § 4 KSchG
      - Klageantrag: „festzustellen, dass das Arbeitsverhältnis nicht durch Kündigung vom … aufgelöst wurde."
      - **Feststellungsinteresse:** besteht allein wegen der durch § 7 KSchG sanktionierten Klagefrist des § 4 KSchG

   c) **Klagefrist des § 4 KSchG (3 Wochen)**
      ⚠ *Nach h.M. keine Zulässigkeitsvoraussetzung, sondern Frage der Begründetheit der Klage, weil § 7 KSchG bei Fristversäumung die Kündigung als materiell wirksam fingiert*
3. **Ggf. weitere Klageanträge – Klagehäufung, § 260 ZPO** i.V.m. **§ 46 Abs. 2 ArbGG:**
   a) **Leistungsklage auf rückständigen** Lohn zzgl. Verzugszinsen
   b) **Leistungsklage auf Weiterbeschäftigung** ⇨ ***S. 323***
4. **Postulationsfähigkeit** § 11 ArbGG
5. **Ggf.: sonstige Zulässigkeitsprobleme**
   ⚠ *Gemäß § 46 Abs. 2 ArbGG gilt grds. die ZPO ⇨ allg. Zulässigkeitsvoraussetzungen* ⇨ ***S. 333***

II. Begründetheit der Klage

⇨ Kündigungsschutzklage ist begründet, falls das Arbeitsverhältnis nicht durch die Kündigung des Arbeitgebers aufgelöst wurde **und** die Wirksamkeitsfiktion des § 7 KSchG nicht greift
⇨ Prüfungsschema ⇨ ***S. 325***

VIII. Arbeitsrecht
9. Tarifrecht – Arbeitskampfrecht (Grundzüge)

Arbeitnehmerseite
Gewerkschaft

Tarifvertrag, § 1 TVG
- schuldrechtlicher Teil
- normativer Teil

Arbeitgeberseite
- **Arbeitgeberverband**
- **oder einzelner Arbeitgeber, § 2 TVG (Haustarif)**

↓

- Verhandlungen zum neuen Tarifvertrag gescheitert
- ggf. Schlichtungsverfahren gescheitert

↓

Erzwingung eines neuen Tarifvertrages durch
Arbeitskampf

Streik

RM-Voraussetzungen:

a) **Friedenspflicht** eingehalten
   - nicht vor Ablauf des alten Tarifvertrages

b) **Ziel tarifvertraglich regelbar**
   - keine politischen Streiks, z.B. zum Klimaschutz

c) **Gewerkschaftliche Organisation**
   - keine wilden Streiks

d) **Verhältnismäßigkeit** bzgl.:
   - **„ob"** des Streiks
     - alle Verhandlungsmöglichkeiten ausgeschöpft (ultima ratio-Prinzip)
   - **„wie"** des Streiks
     - keine Beschädigung
     - kein Abhalten Arbeitswilliger

↓

Rechtsfolgen:

a) **bei rm Streik:** Hauptpflichten aus Arbeitsverhältnis sind suspendiert:
   - keine Arbeitspflicht des AN
   - keine Lohnzahlungspflicht des AG
   - Ausn.: Notstandsarbeiten

b) **bei rw Streik:**
   - Hauptpflichten nicht suspendiert, also Verletzung der Arbeitspflicht durch Streikende
   - Sanktionen des AG
     - gegen **streikende** AN:
       - Schadensersatz aus §§ 280 Abs. 1 u. 3, 283 und aus § 823 Abs. 1 (eingerichteter und ausgeübter Gewerbebetrieb)
       - Kündigungsrecht, § 626
       - Unterlassen, § 1004 Abs. 1 S. 2 (analog)
     - gegen **Gewerkschaft:**
       - § 280 Abs. 1 wegen Verletzung der Friedenspflicht aus Tarifvertrag
       - § 823 Abs. 1 (Gewerbebetrieb)
       - § 1004 analog

c) **bei Fernwirkung auf andere, nicht bestreikte Betriebe**
   - **Lohnrisiko** bei AN, falls mittelbare Störung des Verhandlungsgleichgewichts (typisierende Betrachtung, str.)

(Abwehr-)Aussperrung

RM-Voraussetzungen:

a) **Streik** (da Abwehr-Aussperrung)
   - str., ob Streik rm sein muss, da bei rw Streik gerichtlicher Schutz möglich

b) **Ziel tarifvertraglich regelbar**
   - keine politischen Ziele

c) **Arbeitgeberverband**
   - keine „wilde Aussperrung"
     Ausn.: einzelner AG bei Haustarif

d) **Verhältnismäßigkeit** bzgl.:
   - **„ob"** der Aussperrung
     - grds. nur **suspendierende** Aussperrung
     - Ausn.: **lösende** Aussperrung bei langen, intensiven Streiks, um den Druck zu erhöhen
   - **„wie"** der Aussperrung
     - Verbot selektiver Aussperrung
     - Ausweitung des Kampfrahmens

↓

Rechtsfolgen:

a) **bei rm Aussperrung:**
   - **Suspendierende** Aussperrung
     - keine Arbeitspflicht
     - keine Lohnzahlungspflicht
     - Ausn.: Notstandsarbeiten
   - **Lösende** Aussperrung
     - wirkt wie Kündigung
     - aber nach Ende des Arbeitskampfes: Wiedereinstellungsanspruch nach billigem Ermessen des AG

b) **bei rw Aussperrung:**
   - Hauptpflichten nicht suspendiert
   - Sanktionen:
     - gegen **AG:**
       - AG im Annahmeverzug, § 615 S. 1
       - Unterlassen, § 1004 Abs. 1 S. 2 analog
     - gegen **AG-Verband:**
       - § 1004 Abs. 1 S. 2 analog

c) **bei Fernwirkung auf andere, nicht direkt ausgesperrte Betriebe**
   - **Lohnrisiko** bei AG, falls mittelbare Störung des Verhandlungsgleichgewichts (typisierende Betrachtung, str.)

IX. Allgemeines Gleichbehandlungsgesetz

1. Struktur

1. Abschnitt: Allgemeiner Teil, §§ 1–5 AGG

Alle Paragraphen sind solche des AGG, soweit nicht anderes angegeben.

§ 1: Ziel des AGG

- Verhinderung/Beseitigung von Benachteiligungen – nur – wegen:
  Rasse/Herkunft, Geschlechts/sexueller Identität, Religion/Weltanschauung, Behinderung/Alters

§ 2: Anwendungsbereich des AGG

ArbeitsR	**Allg. ZivilR**	**SozialR, Bildung, öffentl. Güter/Dienste**	**Soldatinnen, Soldaten**
▪ § 2 Abs. 1 Nr. 1–4 ▪ Ausn.: – betr. Altersversorgung, § 2 Abs. 2 – Kündigung (beachte: europarechtskonforme Auslegung), § 2 Abs. 4	▪ § 2 Abs. 1 Nr. 1 ▪ Ausn.: – Kündigung, § 2 Abs. 4	▪ § 2 Abs. 1 Nr. 5–8 ▪ Ausn.: – falls Sondervorschriften, § 2 Abs. 2 u. 3 – Kündigung (beachte: europarechtskonforme Auslegung), § 2 Abs. 4	▪ Art. 2 SoldGG

§ 3: Benachteiligungsformen

unmittelbar, § 3 Abs. 1	**mittelbar**, § 3 Abs. 2	allgemein, § 3 Abs. 3	sex. Belästigung, § 3 Abs. 4

Anweisung zu Benachteiligung, § 3 Abs. 5

Unterschiedliche Behandlung wegen mehrerer Gründe, § 4

Positive Ausgleichsmaßnahmen, § 5

Besonderer Teil: Schutz vor Benachteiligung

2. Abschnitt: ArbeitsR, §§ 6 ff.

§ 6: Anwendungsbereich
§ 7: Benachteiligungsverbot
§§ 8 ff.: Sachliche Gründe
§§ 11 ff.: Organisationspflichten
§§ 13 ff.: Rechtsfolgen

3. Abschnitt: Allg. Zivilrechtsverkehr, §§ 19 ff.

§ 19: Anwendungsbereich/Benachteiligungsverbot
§ 20: Sachliche Gründe
§ 21: Rechtsfolgen

4. Abschnitt: Rechtsschutz

§ 22: Beweislastvorschrift § 23: Klagebefugnis

5. Abschnitt: Öffentlich-rechtliche Dienstverhältnisse

6. Abschnitt: Antidiskriminierungsstelle

7. Abschnitt: Schlussvorschriften

§ 31: Unabdingbarkeit der Vorschriften

1. Anwendungsbereich

a) **Persönlicher Anwendungsbereich, § 6**
- § 6 Abs. 1, 2: Arbeitnehmer – Arbeitgeber
  ⇨ § 6 Abs. 3 für Selbstständige/Organvertreter!

b) **Sachlicher Anwendungsbereich**
- **Benachteiligung** i.S.v. § 1 im Anwendungsbereich des § 2 Abs. 1 Nr. 1–4
- **Ausn.:** – betriebliche Altersversorgung § 2 Abs. 2 S. 2
  – Kündigung, § 2 Abs. 4
  Ⓟ *Europarechtswidrig, da die EU-RiLi auch „Beendigung von Verträgen" erfasst?*
  H.M.: Europarechtskonforme Auslegung: jedoch kann AGG als Konkretisierung der Sozialwidrigkeit der Kündigung i.S.v. § 1 KSchG herangezogen werden. Ist KSchG unanwendbar, greift § 2 Abs. 4 AGG nicht, d.h. diskriminierende Kündigung gem. § 134 BGB unwirksam.

2. Verstoß gegen das Benachteiligungsverbot

a) **Inhalt des Benachteiligungsverbots**
- Definition: § 7 Abs. 1 im Bereich des § 2 Abs. 1 Nr. 1–4 nur bzgl. der Kriterien aus § 1

b) **Benachteiligung = Verstoß, §§ 3, 4**
- § 3 Abs. 1: unmittelbarer Verstoß
- § 3 Abs. 2: mittelbarer Verstoß
- § 3 Abs. 3: allgemeiner Verstoß
- § 3 Abs. 4: sexuelle Belästigung
- § 3 Abs. 5: Anweisung zur Benachteiligung
- § 4: Mehrere Gründe

Beweislast, § 22:
⇨ zunächst reichen nur Indizien!

c) **Rechtfertigung durch sachlichen Grund**
- § 8: berufliche Anforderungen
- § 9: Religion/Weltanschauung (sog. Kirchenklausel)
- § 10: Alter
- § 5: Positive Ausgleichsmaßnahmen

3. Rechtsfolge bei verbotswidriger Benachteiligung

a) **Allgemeine Sanktionen**
- § 7 Abs. 2: Vereinbarung ist unwirksam
- § 13: Beschwerderecht
- § 14: Leistungsverweigerungsrecht

b) **Ersatzansprüche, § 15**

<table>
<tr><th>Schadensersatz, § 15 Abs. 1</th><th>Immaterieller Schaden, § 15 Abs. 2</th><th>Allg. Ansprüche, z.B. § 280 Abs. 1 BGB</th><th rowspan="4">Maßregelungsverbot, § 16</th></tr>
<tr><td>Verschulden vermutet bis zur Exkulpation</td><td>Verschuldens-unabhängig!</td><td rowspan="3">▪ bleiben unberührt, § 15 Abs. 3</td></tr>
<tr><td colspan="2">§ 15 Abs. 3 bei Anwendung kollekt. Vereinbarungen Haftung nur bei Vorsatz/grober Fahrlässigkeit</td></tr>
<tr><td colspan="2">Ausschlussfrist 2 Monate, § 15 Abs. 4</td></tr>
</table>

IX. Allgemeines Gleichbehandlungsgesetz
3. Schutz vor Benachteiligung im allgemeinen Zivilrechtsverkehr

1. **Anwendungsbereich, § 19**

a) **Persönlicher Anwendungsbereich**
- § 19 Abs. 4: Kein besonderes Nähe-, Vertrauensverhältnis der Parteien oder ihrer Angehörigen
  ⇨ § 6 Abs. 3 für Selbstständige/Organvertreter

b) **Sachlicher Anwendungsbereich**
- § 19 Abs. 1 Nr. 1: **Massengeschäfte**
  ⚠ ⇨ *Kein **Massengeschäft**:*
  – Wohnraummiete bis 50 Wohnungen, § 19 Abs. 5 S. 3
  – Familien-/erbrechtliche Schuldverhältnisse, § 19 Abs. 4
- § 19 Abs. 1 Nr. 2: **Versicherungen**

2. **Verstoß gegen das Benachteiligungsverbot**

a) **Inhalt des Benachteiligungsverbots**
- Definition: § 19 Abs. 1 bzw. § 19 Abs. 2

b) **Benachteiligung** = Verstoß § 19 i.V.m. § 3
- § 3 Abs. 1: unmittelbarer Verstoß
- § 3 Abs. 2: mittelbarer Verstoß
- § 3 Abs. 3: allgemeiner Verstoß
- § 3 Abs. 4: sexuelle Belästigung
- § 3 Abs. 5: Anweisung zur Benachteiligung
- § 4: Mehrere Gründe

> Beweislast, § 22:
> ⇨ zunächst reichen nur Indizien!

c) **Rechtfertigung durch sachlichen Grund**
- § 19 Abs. 4: bei Wohnraummiete ⇨ wirtschaftliche/soziale/kulturelle Wohnstrukturen
- § 20 Abs. 1: – Gefahrvermeidung
  – Schutz der Intimsphäre/persönliche Sicherheit
  – besondere Vorteile und kein Interesse an Gleichbehandlung
  – bzgl. Religion unter Beachtung des Selbstverständnisses
- § 20 Abs. 2: Prämiendifferenzierung bei Versicherung
- § 5: positive Ausgleichsmaßnahmen

3. **Rechtsfolge bei verbotswidriger Benachteiligung**

a) Anspruch auf **Beseitigung** der Benachteiligung, § 21 Abs. 1 S. 1
b) Anspruch auf **Unterlassen** der Benachteiligung, § 21 Abs. 1 S. 2
c) Ersatzansprüche des Benachteiligten

Schadensersatz, § 21 Abs. 2 S. 1	**Immaterieller Schaden, § 21 Abs. 2 S. 3**	**Allgemeine Ansprüche**
Verschulden vermutet bis zur Exkulpation, § 21 Abs. 2 S. 2	Verschuldens-unabhängig!	§ 21 Abs. 3: §§ 280 ff. und §§ 823 ff. BGB bleiben unberührt
Unabdingbar, § 21 Abs. 4, § 31		
Ausschlussfrist 2 Monate, § 21 Abs. 5		

X. Zivilprozessrecht
1. Systematik

I. Erkenntnisverfahren der ZPO

1. **Gerichte, Streitwert, §§ 1 ff. ZPO***
2. **Parteien, §§ 50 ff.**
   - Parteifähigkeit, Prozessfähigkeit, §§ 50 ff.
   - Streitgenossen, §§ 59 ff. (subjektive Klagehäufung)
   - Beteiligung Dritter am Rechtsstreit, §§ 64 ff.
3. **Verfahren, §§ 128 ff.**
4. **Verfahren 1. Instanz vor Landgerichten: §§ 253 ff.**
   - Verfahren bis zum Urteil, §§ 253 ff.
   - Urteile, §§ 300 ff.
   - Versäumnisurteile, §§ 330 ff.
   - Beweisaufnahme, Beweismittel, §§ 355 ff.
5. **Verfahren vor Amtsgerichten, §§ 495 ff.**
6. **Rechtsmittel, §§ 511 ff.**
   - Berufung, §§ 511 ff.
   - Revision, §§ 542 ff.
   - Beschwerde, §§ 567 ff.
7. **Wiederaufnahme des alten Verfahrens, §§ 578 ff.**
8. **Besondere Verfahrensarten, §§ 592 ff.**
   - Urkunden-, Wechselprozess, §§ 592 ff.
   - Mahnbescheidverfahren, §§ 688 ff.

II. Zwangsvollstreckungsverfahren der ZPO

1. Allgemeine Vorschriften, §§ 704 ff.
2. Zwangsvollstreckung wegen Geldforderungen, §§ 803 ff.
3. Zwangsvollstreckung wegen Herausgabe von Sachen, §§ 883 ff.
4. Zwangsvollstreckung zur Erwirkung einer Handlung oder Unterlassung, §§ 887 ff.
5. Zwangsvollstreckung zur Abgabe einer Willenserklärung, § 894

III. Einstweiliger Rechtsschutz der ZPO

1. Arrest, §§ 916 ff.
2. Einstweilige Verfügung, §§ 935 ff.

*Im Folgenden sind §§ ohne Gesetzesangabe solche der ZPO.

X. Zivilprozessrecht
2. Prüfungsschema: Zulässigkeit der Klage

⚠ ***Aufbauhinweis:*** *Die Prüfungsreihenfolge innerhalb von I. und II. ist nicht zwingend, jedoch sollten alle Punkte gedanklich durchgeprüft werden. In der schriftlichen Ausarbeitung werden aber nur die Punkte erörtert, deren Vorliegen zweifelhaft ist.*

I. Echte Prozessvoraussetzungen

1. **Deutsche Gerichtsbarkeit, §§ 18–20 GVG**
2. **Funktionelle Zuständigkeit** des angerufenen Gerichts **als 1. Instanz**
3. **Wirksame Klageeinreichung**, § 253; nur bei schwerem Mangel unwirksam (z.B. bedingte Klage)
4. **Postulationsfähigkeit**, §§ 78, 79 (RA-Zwang)
5. In der Praxis: **Gerichtskostenvorschuss** eingezahlt, § 12 GKG

Bei Fehlen:
- es entsteht kein Prozess; keine Klagezustellung, kein mündlicher Termin anberaumt
- erneute Klageerhebung unter Vermeidung des Mangels möglich, da **keine Rechtskraft**

II. Sachurteilsvoraussetzungen

1. **Zivilrechtsweg, § 13 GVG**
2. **Ordnungsgemäße Klageerhebung, § 253** (beachte zu den unterschiedlichen Fehlerfolgen oben I. 3.)
3. **Partei- u. Prozessfähigkeit, §§ 50 ff.**
4. **Prozessführungsbefugnis** (wenn Kläger fremdes Recht im eigenen Namen geltend macht = Prozessstandschaft)
5. **Zuständigkeit des Gerichts**
   a) sachlich, § 1 ZPO i.V.m. §§ 23, 71 GVG
   b) örtlich, §§ 12 ff.
6. **Streitgegenstandsbezogene Sachurteilsvoraussetzungen**
   a) entgegenstehende **Rechtskraft, § 322**
   b) **anderweitige Rechtshängigkeit, § 261 Abs. 3 Nr. 1**
   c) **prozessuale Klagbarkeit** des Anspruchs, z.B. § 1297 Abs. 1 BGB
   d) **bes. Sachurteilsvoraussetzungen** für jeweilige Klageart, z.B. Feststellungsinteresse, § 256 Abs. 1
   e) **Rechtsschutzbedürfnis** (fehlt, falls Klageziel einfacher, schneller, billiger zu erreichen ist)
   f) **sonstige Besonderheiten:** z.B. Klageänderung, § 263; Klagerücknahme, § 269; Bescheinigung i.S.v. § 15a EG ZPO
7. **Besondere Verfahrensarten**
   a) **Familien-, Kindschafts-, Unterhaltssachen: in §§ 1 ff., 111 ff. FamFG geregelt**
   b) **Urkunds- und Wechselprozess, §§ 592 ff.**
   c) **Mahnbescheidsverfahren, §§ 688 ff.; falls Übergang ins Klageverfahren, § 696**
   d) **Einstweiliger Rechtsschutz, §§ 916 ff.**

Bei Fehlen:
- Es entsteht zwar Prozess, also Klagezustellung, Termin, mündliche Verhandlung.
- Wenn Voraussetzungen aber nicht bis zur letzten mündlichen Verhandlung erfüllt, ergeht keine Sachentscheidung, sondern Abweisung der unzulässigen Klage durch **Prozessurteil**; Ausn. § 17a Abs. 2 GVG.
- Rechtskraft auf Prozessfragen beschränkt ⇨ Kläger kann unter Vermeidung des Mangels erneut klagen

III. Prozesshindernisse

1. **Einrede des Schiedsvertrages, § 1032**
2. **Mangelnde Kostenerstattung** bei vorheriger Klagerücknahme, § 269 Abs. 6
3. **Kostengefährdung bei Ausländern, §§ 110–113**

Bei Fehlen:
- Berücksichtigung nur auf Rüge, also nicht von Amts wegen
- dann Abweisung der Klage als unzulässig **durch Prozessurteil**, Ausn. § 113
- erneute Klageerhebung unter Vermeidung des Mangels möglich

I. Sachliche Zuständigkeit gem. § 1 ZPO im GVG geregelt!

Amtsgericht, §§ 23 ff. GVG

1. **Grundsatz:**
   Streitwert bis 5.000 €, § 23 Nr. 1 GVG
2. **Ausnahme:**
   a) **streitwertunabhängige Zuweisung an das AG**, §§ 23 ff. GVG:
   insbes.:
   - Wohnraummiete, § 23 Nr. 2 GVG
   - Ehe-, Kindschaftssachen, §§ 111 ff. FamFG

   b) **streitwertunabhängige Zuweisung an das LG**, § 71 Abs. 2 GVG
   insbes. Amtshaftungsklagen oder Zuweisung an OLG, §§ 118, 119 GVG

Landgericht, §§ 71 ff. GVG

1. **Grundsatz:**
   Streitwert ab 5.000,01 €, § 71 Abs. 1 GVG
2. **Ausnahme:**
   a) **streitwertunabhängige Zuweisung an das AG:**
   insbes.:
   - Wohnraummiete, § 23 Nr. 2 GVG
   - Ehe-, Kindschaftssachen, §§ 111 ff. FamFG

   b) **streitwertunabhängige Zuweisung an das LG**, § 71 Abs. 2 GVG
   insbes. Amtshaftungsklagen oder Zuweisung an OLG, §§ 118, 119 GVG

II. Örtliche Zuständigkeit, §§ 12 ff. ZPO, sog. Gerichtsstände

1. **Besteht ein ausschließlicher Gerichtsstand?**
   - z.B. dinglicher Gerichtsstand, § 24, Mietsachen, § 29 a
   - Rechtsfolge: das im Gesetz genannte Gericht ist ausschließlich zuständig; keine abweichende Vereinbarung möglich, § 40 Abs. 2 Nr. 2

   falls (–) ↓

2. **Allgemeiner Gerichtsstand**
   - Beklagtenwohnsitz, §§ 12, 13
   - Sitz der Gesellschaft, § 17

   ↓

3. **Daneben besonderer Gerichtsstand?**
   - z.B. Firmensitz, § 21
   - Erbschaft, § 27
   - Erfüllungsort, § 29
   - unerlaubte Handlung, § 32; § 20 StVG

Zu 2. und 3.:
- **Kläger kann wählen, § 35**
- **Vereinbarung** möglich, **§ 38**
  - § 38 Abs. 1: unter Kaufleuten unproblematisch möglich
  - § 38 Abs. 3: sonst nur **nach** Entstehung der Streitigkeit
  - **§ 39: rügelose Einlassung** des Beklagten möglich

    ⚠ *§ 39 gilt auch für die sachliche Zuständigkeit.*

    ⚠ *Vor AG: Hinweispflicht gem. § 39 S. 2 i.V.m. § 504*

Parteien, §§ 50 ff. ZPO

Parteifähigkeit, § 50

1. § 50: Parteifähig ist, wer **rechtsfähig** ist.
   - **natürliche Person** ab Vollendung der Geburt, § 1 BGB → bei Minderjährigen: **Vertretung durch Eltern**; Ausnahme: § 1629 Abs. 2 i.V.m. § 1824 Abs. 1 Nr. 3 BGB ⇨ ***S. 285***
   - **juristische Person**, z.B. GmbH, AG → **Vertretung durch Organe ⇨ *S. 315, 316***
   - **rechtsfähige Personengesellschaften**
     - Handelsgesellschaften, § 105 Abs. 2 (§ 161 Abs. 2) HGB → **Vertretung durch Organe ⇨ *S. 310***
     - GbR, § 705 Abs. 2 BGB ⇨ ***S. 308*** → **Vertretung durch Organe ⇨ *S. 310***
2. **Nicht rechtsfähiger Verein**, § 54 BGB → **Vertretung durch Organe**
3. **Wohnungseigentümergemeinschaft** ist teilrechtsfähig, § 9a Abs. 1 WEG → **Vertretung durch Verwalter**

Prozessfähigkeit, §§ 51 ff.

Prozessfähigkeit = Fähigkeit, vor Gericht zu stehen
≈ **Geschäftsfähigkeit**, §§ 51, 52

Streitgenossen, §§ 59 ff. ZPO

1. **Grundsätzlich: einfache Streitgenossen, §§ 59–61**
   a) Voraussetzung: es reicht ein rechtlicher/tatsächlicher Zusammenhang, § 59
   b) Rechtsfolge: getrennte Behandlung, § 61 („Einzelkämpfer")
2. **Ausnahme: notwendige Streitgenossen, § 62**
   a) Voraussetzung: es muss notwendigerweise einheitlich entschieden werden, § 62 Hs. 1
   - aus prozessualen Gründen (z.B. Auflösungsklage, § 139 HGB)
   - aus materiellen Gründen (z.B. Gesamthandsklage bei Miterben, § 2040 BGB)

   b) Rechtsfolge: einheitliche Behandlung, daher Vertretungsfiktion bei Säumnis, § 62 Abs. 1 Hs. 2 ⇨ ***S. 338***

Hauptintervention, § 64 ZPO

- Klage eines Dritten gegen beide Parteien eines laufenden Prozesses

Streithelfer, §§ 66 ff. ZPO

Nebenintervention, § 66

Dritter erklärt Beitritt und unterstützt eine Partei (Kläger oder Beklagten) aus rechtlichem Interesse, § 66.

Streitverkündung, §§ 72 ff.

Partei verkündet Drittem den Streit, weil sie bei negativem Prozessausgang Anspruch auf Gewährleistung/Schadloshaltung gegen Dritten hat, § 72.

→ (§ 74 Abs. 3)

Interventionswirkung, § 68:

Im Verhältnis zur unterstützten Partei grds. keine Möglichkeit mehr, im späteren Prozess gegen Dritten geltend zu machen, der erste Prozess sei unrichtig entschieden/mangelhaft geführt worden.

I. Prozessführungsbefugnis

- **Grds. unproblematisch** und daher nicht zu erörtern
- **Ausnahme: Kläger klagt offensichtlich ein fremdes Recht im eigenen Namen ein** (also nicht als Stellvertreter).

  ⇨ dann **Voraussetzungen der Prozessstandschaft prüfen:**
  - **gesetzlich zugelassene Fälle:**
    - Parteien kraft Amtes: Insolvenzverwalter, § 80 InsO, Zwangsverwalter etc.
    - Veräußerung streitbefangener Sache, vgl. § 265 Abs. 2
    - Revokatorische Klage eines Ehegatten gem. § 1368 BGB ⇨***S. 281***
  - **sonst gewillkürte Prozessstandschaft:**

    Voraussetzungen:

    (1) **Recht** muss **abtretbar** sein **oder** zumindest einem anderen zur Ausübung **überlassen werden können** = kein höchstpersönliches Recht

    (2) **Ermächtigung des wahren Anspruchsinhabers analog § 185 Abs. 1 BGB**

    (3) **Eigenes schutzwürdiges Interesse** des Klägers an Rechtsverfolgung

    (4) **Keine unzumutbare Beeinträchtigung des Beklagten** (z.B. weil Kläger vermögenslos)

II. Klageänderung, §§ 263 ff. ZPO

Prüfungsschema:

1. Liegt **überhaupt** eine **Veränderung des Streitgegenstandes** vor?	→ nach **rein prozessual zweigliedriger Streitgegenstandsheorie** (h.M.): ▪ falls Klageantrag ▪ oder Klagegrund (= Sachverhalt) geändert wurde
↓ falls (+)	
2. Gesetzlich zugelassener Fall i.S.v. **§ 264**? = **Fiktion:** „gilt" nicht als Änderung, § 264 Hs. 1	→ **§ 264: ohne** Änderung des Klagegrundes ▪ **Nr. 1:** bloße Berichtigung/Ergänzung ▪ **Nr. 2:** Antragserweiterung/Beschränkung ▪ **Nr. 3:** statt der Sache das Interesse (z.B. Schadensersatz)
↓ falls (–)	
3. **Einwilligung des Beklagten, § 263 Alt. 1?**	→ **§ 267 fingiert** Einwilligung, falls Beklagter sich schon zur Begründetheit der geänderten Klage einlässt
↓ falls (–)	
4. **Sachdienlichkeitserklärung durch Gericht, § 263 Alt. 2**	→ **i.d.R. (+)**, da es einen neuen Prozess zu vermeiden gilt (Prozessökonomie)

X. Zivilprozessrecht
6. Widerklage

I. **Hauptklage** ist (noch) **rechtshängig**

II. **Wirksame Erhebung der Widerklage**

1. richtet sich nach § 261 Abs. 2:
   - durch Zustellung einer Klageschrift (mit den Anforderungen des § 253)
   - oder mündlich im Termin zu Protokoll
2. auch hilfsweise möglich („Waffengleichheit" zum Kläger)
3. **kein** Gerichtskostenvorschuss erforderlich, § 12 Abs. 2 Nr. 1 GKG

III. **Widerklage hat im Verhältnis zur Klage einen selbstständigen Streitgegenstand**
⇨ d.h. nicht bloße Negation des Hauptklageantrags

IV. **Parteiidentität**
⇨ Widerklage hat im Verhältnis zur Klage umgekehrte Parteibezeichnung

Ausnahme: Drittwiderklage, z.B. Klage einer OHG und Widerklage gegen OHG **und** daneben gegen die Gesellschafter der OHG wegen Haftung aus § 126 HGB

V. **Zuständigkeit des Gerichts der Hauptklage auch für die Widerklage**

1. **sachliche Zuständigkeit nach Streitwert**
   - keine Addition der Streitwerte von Klage und Widerklage, **§ 5 Hs. 2**
   - sondern Streitwert der Klage ist entscheidend; hat dieser zum AG geführt und hat Widerklage Streitwert über 5.000 €, so wird gem. **§ 506** der Rechtsstreit nur auf Antrag an LG verwiesen
2. **örtliche Zuständigkeit**
   a) **Ausschließlicher** Gerichtsstand für Widerklageforderung?
   ⇨ z.B. dinglicher Gerichtsstand, § 24; sonst:
   b) **Allgemeiner** Gerichtsstand für Widerklage = Wohnsitz des Widerbeklagten, §§ 12, 13
   c) **Besonderer** Gerichtsstand für Widerklage, § 33, falls Zusammenhang zwischen Klage- und Widerklageforderung

VI. **Streitig, ob § 33 eine besondere Zulässigkeitsvoraussetzung ist, die stets zu prüfen ist, also auch falls Gericht z.B. gem. §§ 12, 13 für Widerklage zuständig ist:**

1. Rspr.: (+), daher stets Zusammenhang i.S.v. § 33 Abs. 1 erforderlich, der nicht eng ausgelegt werden darf; ansonsten ist die Widerklage als unzulässig abzuweisen.
2. Lit.: (–), § 33 begründet nur besonderen Gerichtsstand, daher unerheblich, falls allgemeiner Gerichtsstand §§ 12, 13 greift, sodass Widerklage zulässig ist; jedoch Trennung der Prozesse gem. § 145 Abs. 2 möglich.

Möglichkeiten des Beklagten, falls er eine Gegenforderung hat

grds. Wahlrecht des Beklagten

Aufrechnung, §§ 387 ff. BGB	***Widerklage, § 33***
▪ *Beklagter erreicht Klageabweisung i.H.d. verrechneten Betrags, § 389 BGB = sinnvoll, falls Beklagten-Forderung kleiner oder gleich hoch wie Klageforderung*	▪ *Beklagter erreicht mit Widerklage Titel über seine Gegenforderung = sinnvoll, falls Beklagten-Forderung höher als Klageforderung oder weil Aufrechnungsverbot gem. §§ 393 ff. BGB besteht oder nicht verrechenbar, weil keine Geldforderung*
▪ *gem. § 215 BGB Aufrechnung auch mit verjährter Forderung möglich* ⇨ ***S. 165***	▪ *falls Widerbeklagter sich auf Verjährung beruft, wird Widerklage abgewiesen*
▪ *Rechtskraftwirkung: § 322 Abs. 2*	▪ *Rechtskraftwirkung: § 322 Abs. 1*

I. Säumnis

erstes Versäumnisurteil, §§ 330 ff.

1. **Säumnis einer Partei**
   - Kläger säumig, § 330
   - Beklagter säumig, § 331
     ⚠ *Vertretungsfiktion, § 62*
2. **Antrag** der erschienenen Partei auf Erlass eines VU → alternativ → normales Urteil
3. **Kein Versagungsgrund, §§ 335, 337**
4. **Zulässigkeit der Klage** → falls (–) → normales Urteil
5. **Schlüssigkeit der Klage**, § 331 Abs. 2 (bei Beklagten-Säumnis) → falls (–) → normales Urteil

↑ 2 Wochen, § 339

Einspruch, § 338

↓ dann

Prozess wird in die Lage vor Säumnis **zurückversetzt, § 342** → **Grds.** → Prozess endet mit **normalem Urteil**

↓ **Ausn.: erneute Säumnis**

zweites Versäumnisurteil, § 345

1. Vorliegen eines **ersten echten VU**
2. Fristgerechter **Einspruch**, §§ 338, 339
3. **Erneute Säumnis** der Partei im unmittelbar anschließenden Termin
4. **Kein Versagungsgrund, §§ 335, 337**
5. **Zulässigkeit der Klage**
6. **Str., ob Schlüssigkeit der Klage** erneut zu prüfen, da § 345 nicht auf § 331 Abs. 2 verweist

↑ **1 Monat**

- **Berufung nur mit der Behauptung**, eine **zweite** (schuldhafte) **Säumnis habe nicht vorgelegen**, § 514 Abs. 2

normales Urteil

- Entscheidung nach Aktenlage, § 251a, falls beide säumig
- Antrag auf Entscheidung nach Aktenlage, § 331a
- klageabweisendes Urteil (sog. unechtes VU)
- klageabweisendes Urteil (sog. unechtes VU)

↑ 1 Monat

Berufung/Revision, §§ 511 ff.

Prozess endet mit **normalem Urteil**

↑ **1 Monat**

Berufung/Revision, §§ 511 ff.

II. Mahnbescheidverfahren = zweistufig, §§ 688 ff. ZPO

a) **Statthaftigkeit**
nur bei Geldforderungen, die nicht (mehr) von Gegenleistung abhängen, § 688

b) **Antrag des Gläubigers** (Vordruck)

c) **An das AG**
- am Wohnsitz des Gläubigers, § 689 Abs. 1, 2
- an zentrales Mahngericht, § 689 Abs. 3

d) **Es erfolgt keine Schlüssigkeitsprüfung!**

1. Mahnbescheid
- **noch kein Vollstreckungstitel**

↑ 2 Wochen

Widerspruch, §§ 694, 692 Abs. 1 Nr. 3

→ falls (+) **und** Antrag einer Partei: Abgabe, § 696 Abs. 1 → **streitiges Klageverfahren**

↓ falls (–) → 2. Vollstreckungsbescheid

streitiges Klageverfahren
endet mit normalem **Urteil**

← 1 Monat dagegen: **Berufung/Revision**, §§ 511 ff.

a) **Statthaftigkeit**
nur bei Geldforderungen, die nicht von Gegenleistung abhängen

b) **Antrag des Gläubigers**, §§ 699, 701 (Vordruck)

c) **Kein (fristgerechter) Widerspruch gegen den Mahnbescheid**

d) **Es erfolgt keine Schlüssigkeitsprüfung!**

2. Vollstreckungsbescheid
- **vorläufig vollstr. Titel, §§ 700 Abs. 1, 794 Abs. 1 Nr. 4**

↑ 2 Wochen

Einspruch, § 700 Abs. 1 i.V.m. §§ 338 ff.
oder verspäteter Widerspruch, § 694 Abs. 2

→ falls (+): Abgabe, § 700 Abs. 3 → **streitiges Klageverfahren**

↓ falls (–)

Vollstreckungsbescheid rechtskräftig

X. Zivilprozessrecht
8. Beendigung des Verfahrens

	Voraussetzungen	Rechtsfolge
Beidseitige Erledigungserklärung, § 91a	1. **Übereinstimmende Erledigungserklärung** ⇨ fehlender Widerspruch des Beklagten genügt 2. **Erledigung wird vom Gericht nicht geprüft** (Dispositionsmaxime)	▪ **Beseitigung der Rechtshängigkeit der Klage** ▪ **Kostenbeschluss** nach bisherigem Sach-/Streitstand/Billigkeit, § 91a
Einseitige Erledigungserklärung des Klägers nicht geregelt!	1. **Einseitige Erledigungserklärung des Klägers** 2. Dieser Übergang von ursprünglicher Leistungs- zur jetzigen Feststellungsklage ist an sich Klageänderung, aber **privilegiert gem. § 264 Nr. 2 Alt. 2** 3. **Erledigung wird vom Gericht geprüft:** (+), falls a) im Zeitpunkt des erledigenden Ereignisses Klage zulässig und begründet war b) h.M.: Erledigung nur nach Rechtshängigkeit der ursprüngl. Klage möglich	▪ **Feststellungsurteil** über Erledigungsfrage ▪ **Kosten nach §§ 91 ff.**
Klagerücknahme, § 269	1. **Erklärung des Klägers** nach § 269 Abs. 2 2. **Ab Beginn der mündlichen Verhandlung Einwilligung des Beklagten notwendig**, § 269 Abs. 1	▪ **Beseitigung der Rechtshängigkeit**, daher neue Klage möglich ▪ **Kostenbeschluss:** – Grds. Kläger, § 269 Abs. 3, 4 – Ausnahme: Klageanlass vor Rechtshängigkeit weggefallen, § 269 Abs. 3 S. 3
Klageverzicht, § 306	**Einseitige Erklärung des Klägers,** dass er auf Klageforderung verzichtet	▪ **Verzichtsurteil**, § 306 ▪ **Neue Klage unzulässig**, da Rechtskraft des Verzichtsurteils, § 322 Abs. 1 ▪ **Kosten: Kläger, § 91**
Anerkenntnis, § 307	1. **Einseitige Erklärung des Beklagten**, dass er die Klageforderung anerkennt (kein bloßes Geständnis i.S.v. § 288) 2. **Zulässigkeit der Klage** 3. **Rechtsfolge nach der Rechtsordnung möglich** (= keine komplette Schlüssigkeitsprüfung!)	▪ **Anerkenntnisurteil, § 307** ▪ **Kosten: Beklagter, § 91, Ausn. § 93** bei überraschender Klage und sofortigem Anerkenntnis
Prozessvergleich, § 794 Abs. 1 Nr. 1	1. **Prozessuale Voraussetzungen:** a) **übereinstimmende Prozesserklärung** der Parteien b) **vor einem deutschen Gericht** (nicht notwendig Prozessgericht) c) **über den Streitgegenstand oder Teil davon** d) **Protokollierung**, § 160 Abs. 3 Nr. 1	▪ **Prozess** ist **beendet** ▪ **Prozessvergleich ersetzt** ein **Urteil**, daher: – **Vollstreckungstitel**, § 794 Abs. 1 Nr. 1 – aber **keine Rechtskraftwirkung**, da § 322 nur für Urteile gilt
	2. **Materielle Voraussetzungen: Vergleich i.S.v. § 779 BGB** = gegenseitiges Nachgeben	▪ **Materiell-rechtliche Neuordnung** nach Inhalt des Vergleichs (i.d.R. Teilverzicht)
	3. **Wegen Doppelnatur:** ▪ Widerrufsvorbehalt möglich ▪ Anfechtung wegen Irrtums möglich	} ▪ dann Fortsetzung des alten Verfahrens

I. Prüfungsschema

A. **Zulässigkeit**	**Berufung, §§ 511 ff.**	**Revision, §§ 542 ff.**	**sofortige Beschwerde, §§ 567 ff.**
I. **Statthaft** gegen	▪ **Urteile des AG, LG** als 1. Instanz, §§ 511, 512 ▪ grds. nicht VU, § 514 Abs. 1 Ausn. § 514 Abs. 2	▪ **Berufungsurteile**, § 542 ▪ Urteile 1. Instanz bei **Sprungrevision** gem. § 566	**Beschlüsse, § 567:** ▪ falls im Gesetz bestimmt ▪ falls Zurückweisung eines Gesuchs
II. **Rechtsmittelberechtigung**	1. **Beschwer** ▪ Kl.: bei Abweichen des Urteils vom Klageantrag (formelle Beschwer) ▪ Beklagter: bei Verurteilung (materielle Beschwer) 2. **Wert der Beschwer über 600 €**, § 511 Abs. 2 Nr. 1 **oder:** 3. erstinstanzliches Gericht hat **Berufung zugelassen**, § 511 Abs. 2 Nr. 2, Abs. 4	1. **Beschwer** dito 2. **Zulassung d. Revision** ▪ durch Berufungsgericht, § 543 Abs. 1 Nr. 1, Abs. 2 ▪ durch RevisionsG bei Nichtzulassungsbeschwerde, § 543 Abs. 1 Nr. 2	1. **Beschwer** dito 2. **Wert der Beschwer** in den Fällen des § 567 Abs. 2: über 200 €
III. **Ordnungsgemäße Einlegung**	1. **Adressat u. Form** a) beim Berufungsgericht, § 519 Abs. 1 b) durch Einreichen der Berufungsschrift, § 519 Abs. 2–4 2. **Frist zur Einlegung** binnen 1 Monat nach Urteilszustellung, § 517	1. **Adressat u. Form** a) beim Revisionsgericht, § 549 Abs. 1 Dies ist einheitlich der BGH, § 133 GVG! b) durch Einreichen als Revisionsschrift, § 549 2. **Frist zur Einlegung** dto., § 548	1. **Adressat u. Form** a) beim iudex a quo, § 569 Abs. 1 b) schriftlich/zu Protokoll, § 569 Abs. 2, 3 2. **Frist zur Einlegung** binnen 2 Wochen ab Zustellung der Entscheidung, § 569
IV. **Ordnungsgemäße Begründung**	1. **Adressat u. Form** a) beim Berufungsgericht, § 520 b) Form: § 520 Abs. 3 2. **Frist zur Begründung** binnen 2 Monaten seit Urteilszustellung, § 520 Abs. 2	1. **Adressat u. Form** a) beim Revisionsgericht, § 551 b) Form: § 551 Abs. 3 2. **Frist zur Begründung** binnen 2 Monaten seit Urteilszustellung, § 551 Abs. 2 S. 2	§ 571: Beschwerde soll begründet werden
B. **Begründetheit**	Überprüfung in **tatsächlicher und rechtlicher Hinsicht,** §§ 528 ff.	Überprüfung **nur** in **rechtlicher** Hinsicht, §§ 557 ff.	Überprüfung in **tatsächlicher und rechtlicher Hinsicht**, §§ 572 ff.

II. Rechtsfolgen

1. **falls Rechtsmittel ordnungsgemäß eingelegt:** Suspensiveffekt und Devolutiveffekt
2. **falls nicht (ordnungsgemäß) eingelegt oder Rechtsmittel ausgeschöpft:**
   - Urteil ist **formell rechtskräftig**, d.h. unanfechtbar
   - Urteil erwächst in **materielle Rechtskraft**, §§ 322, 325
   - **Durchbrechung der Rechtskraft:**
     - Abänderungsklage, § 323; gegen Unterhaltstitel jedoch § 238 FamFG
     - Wiederaufnahme des Verfahrens, §§ 579, 580
     - Schadensersatzansprüche aus § 826 BGB auf Unterlassen der Vollstreckung und Herausgabe des Titels (§ 249 Abs. 1 BGB), falls Titel sittenwidrig erschlichen/erzwungen
     - Verfassungsbeschwerde, §§ 90 ff. BVerfGG, nur bei spezifischer Grundrechtsverletzung

Titel	Vollstreckungsobjekt	Durchführung der Vollstreckung	
Titel geht auf: „ZV wegen"	„in"	Pfändung „wie"	Verwertung
I. **Zahlung von Geldforderungen, §§ 803 bis 882a**	1. **bewegliches Vermögen** a) körperliche **Sachen**	**Inbesitznahme** durch GV, § 808	i.d.R. öffentlich-rechtliche **Versteigerung** durch GV, §§ 814 ff.
	b) **Geldforderung des Schuldners** gegen Dritten = Drittschuldner	**Pfändungsbeschluss** des VollstrG (Rpfleger), § 829	**Überweisungsbeschluss** des VollstrG (Rpfleger), § 835
	c) **Anspruch des Schuldners gegen Dritten = Drittschuldner auf Herausgabe** von: aa) beweglichen Sachen	**Pfändungsbeschluss** des VollstrG, §§ 846, 829; daneben Anordnung der Herausgabe an GV, § 847	öffentlich-rechtliche **Versteigerung** durch GV, §§ 814 ff.
	bb) unbeweglichen Sachen (bei Auflassungsanspruch)	**Pfändungsbeschluss** des VollstrG, §§ 848, 829; daneben Anordnung der Auflassung an Sequester als Vertreter des Schuldners, § 848 Abs. 2	**nach ZVG**
	d) andere Vermögensrechte des Schuldners	**Pfändungsbeschluss** des VollstrG, §§ 857, 829	Überweisungsbeschluss, §§ 857, 835 (andere Verwertung nach §§ 844, 857 Abs. 4 u. 5 möglich)
	2. **unbewegliches Vermögen**	(Wahlweise, § 866) **Zwangsversteigerung** Beschlagnahme durch Versteigerungsbeschluss, § 15 ZVG	durch VollstrG nach ZVG
		Zwangsverwaltung Beschlagnahme durch VollstrG, Anordnung der Zwangsverwaltung, § 146 ZVG	Verwaltung durch einen vom VollstrG eingesetzten Verwalter
		Zwangshypothek Eintragung durch Grundbuchamt als Sicherungshypothek, § 867	
II. **Herausgabe von Sachen, §§ 883 bis 886**	1. **Sache beim Schuldner; herausgabebereitem Dritten** a) bewegliche Sachen	a) Wegnahme durch GV, Übergabe an Gläubiger, § 883	
	b) unbewegliche Sachen	b) GV setzt Schuldner aus Besitz und weist Gläubiger in Besitz, § 885	
	2. **Sache ist bei nicht herausgabebereitem Dritten**	Gläubiger pfändet etwaigen Anspruch des Schuldners gegen Dritten und lässt ihn sich überweisen, §§ 886, 829, 835.	
III. **Vornahme von Handlungen oder Unterlassung oder Duldung, §§ 887 bis 893**	1. **vertretbare** Handlung	ProzessG 1. Instanz ermächtigt Gläubiger, Handlung auf Kosten des Schuldners vornehmen zu lassen, § 887.	
	2. **unvertretbare** Handlung	Festsetzung von **Zwangsgeld/Zwangshaft** nach vorheriger Androhung durch ProzessG 1. Instanz, § 888	
	3. **Unterlassen oder Dulden**	Verurteilung durch ProzessG 1. Instanz zu **Ordnungsgeld/Ordnungshaft** für schuldhafte Zuwiderhandlung, §§ 890 ff.	
IV. **Abgabe einer Willenserklärung, § 894**		Willenserklärung des Beklagten wird durch rechtskräftiges Urteil **fingiert, § 894!**	

X. Zivilprozessrecht
11. Voraussetzung jeder Zwangsvollstreckung

I. Rechtmäßigkeit des „ob" der Zwangsvollstreckung (ZV)

1. **Allgemeine Voraussetzungen**
   a) **Antrag** an das zuständige Vollstreckungsorgan (je nach Vollstreckungsart)
   b) **Vollstreckungstitel:** Urteil, § 704; besondere Titel, § 794; Arrest, einstweilige Verfügung, §§ 922, 936
   c) **Vollstreckungklausel, §§ 724 ff.**
      - einfache Klausel, §§ 724, 725 (durch Urkundsbeamten der Geschäftsstelle erteilt)
      - qualifizierte Klausel, §§ 726 ff. (durch Rechtspfleger erteilt)
      - ggf. entbehrlich, §§ 796 Abs. 1, 929 Abs. 1, 936
   d) **Zustellung** des Titels an Gegner
      - spätestens gleichzeitig mit ZV, § 750 Abs. 1
      - ggf. Ausnahme: §§ 845, 929 Abs. 3, 936
2. **Besondere Voraussetzungen**
   - Ablauf des Kalendertags, § 751 Abs. 1
   - Nachweis der Sicherheitsleistung, § 751 Abs. 2; Ausnahme: § 720a!
   - Zug-um-Zug-Verurteilung, §§ 756, 765
   - Einhaltung der Wartefrist, §§ 798, 798a, 750 Abs. 3
3. **Keine Vollstreckungshindernisse**
   a) **keine einstweilige Einstellung** der ZV
      - Rechtsmittel/Einspruch gegen Titel, § 719
      - Vollstreckungsschutz, § 765a
      - bei Drittwiderspruchsklage, § 771 Abs. 3
   b) **keine Einstellung** der ZV ⇨ Fälle des § 775
   c) **kein Insolvenzverfahren** des Schuldners, § 89 InsO

II. Rechtmäßigkeit des „wie" der Zwangsvollstreckung (ZV)

1. **„zur rechten Zeit":** § 758a Abs. 4 (Nachtpfändung)
2. **„am rechten Ort":** §§ 808, 809
   (Sachpfändung: Gewahrsamssphäre des Schuldners/herausgabebereiten Dritten)
3. **„in der rechten Art und Weise":**
   - § 808 Abs. 2: für Sachpfändung
   - §§ 829 Abs. 3, 835: für Forderungspfändung
   - §§ 864 ff. i.V.m. ZVG: für Grundstücke
   - §§ 883 ff.: für Herausgabe
   - §§ 887 ff.: für Handlungen/Unterlassen
   - § 894: für Willenserklärung
4. **„im rechten Umfang":**
   - § 803: Verbot der Überpfändung
   - §§ 811 ff.: unpfändbare Sachen
   - §§ 850 ff.: unpfändbare Forderungen

X. Zivilprozessrecht
12. Zwangsvollstreckung in Sachen

I. Pfändung der Sache, § 808

1. **Es entsteht ein öffentlich-rechtliches Gewaltverhältnis, sog. Verstrickung**
   a) **Voraussetzung:**
      - **wirksamer Pfändungsakt** des Gerichtsvollziehers; Nichtigkeit nur bei schweren, evidenten Fehlern (z.B. kein wirksamer Titel vorhanden)

   b) **Rechtsfolgen:**
      - zivilrechtlich: **relatives Veräußerungsverbot, § 136 Alt. 2 i.V.m. § 135 BGB**
      - strafrechtlich: **Verstrickungsbruch**, § 136 Abs. 1 StGB
      - **Formelles Verwertungsrecht** für Gläubiger, d.h. Recht, die Zwangsversteigerung zu betreiben, bis ggf. Rechtsbehelfe eingelegt werden
2. **Es entsteht für ZV-Gläubiger ein Pfändungspfandrecht, § 804**
   a) **Voraussetzungen:**
      - **wirksame Verstrickung**, s.o. I. 1.
      - **weitere Voraussetzungen** nach gemischt privatrechtlich-öffentlicher Theorie (h.M.):
        - **wesentliche Vollstreckungsvoraussetzungen** eingehalten,
        - **zu vollstreckende Forderung** ist nicht untergegangen (= Akzessorietät des Pfandrechts, § 804 Abs. 3 ZPO i.V.m. § 1252 BGB)
        - **Pfandsache im Eigentum des ZV-Schuldners** (gutgläubiger Pfandrechtserwerb gem. § 1207 BGB **nicht** möglich, da kein Rechtsgeschäft)

   b) **Rechtsfolgen des Pfändungspfandrechts:**
      - **materielles Befriedigungsrecht** des ZV-Gläubigers
      - **Rechtsgrund** i.S.v. § 812 BGB, für Behaltendürfen des ZV-Erlöses
      - bei **Anschlusspfändung § 826:** Prioritätsprinzip § 804 Abs. 3

II. Zwangsversteigerung der Pfandsache

1. **Zuschlag an den Meistbietenden = schuldrechtlicher Teil**
   - keine einklagbaren Erfüllungsansprüche
   - keine Gewährleistung, § 806 (§ 445 BGB gilt nur für zivilrechtliche Versteigerungen!)
2. **Barzahlung des Meistbietenden an den GV, § 817 Abs. 2**
   - Ausnahme: § 817 Abs. 4, Zuschlag an ZV-Gläubiger selbst
   - **dingliche Surrogation analog § 1247 S. 2 BGB:** alle dinglichen Rechte an der Pfandsache setzen sich automatisch am Erlös fort: Eigentümer der Pfandsache ist Eigentümer des Erlöses; ZV-Gläubiger hat Pfändungspfandrecht am Erlös; aber nur bis zur Auskehr, s.u. II. 4.
   - **gem. § 819 erlischt titulierte Forderung** (also nicht erst mit Auskehr an ZV-Gläubiger) h.M.: § 819 gilt nicht bei Versteigerung schuldnerfremder Sachen
3. **Ablieferung der Pfandsache an Meistbietenden = sachenrechtlicher Teil**
   - **Meistbietender erwirbt Eigentum originär per VA** des Gerichtsvollziehers, auch an schuldnerfremden Sachen, auch falls bösgläubig/Abhandenkommen.

     ⚠ ***§§ 929 ff. BGB unanwendbar****; § 935 Abs. 2 BGB gilt nur für die öffentliche Versteigerung i.S.v. § 383 BGB, welche zivilrechtlich, rechtsgeschäftlich ist (Auktion).*
   - **ursprünglicher Eigentümer verliert sein Eigentum**
4. **Auskehr des Erlöses an ZV-Gläubiger**
   - **ZV-Gläubiger erwirbt Eigentum originär per VA am Erlös.**
   - **Rechtsgrund i.S.v. § 812 BGB ist** das **Pfändungspfandrecht** des ZV-Gläubigers.

X. Zivilprozessrecht
13. Zwangsvollstreckung in Forderungen

I. Pfändung der Forderung durch Beschluss, § 829

1. **Es entsteht ein öffentlich-rechtliches Gewaltverhältnis, sog. Verstrickung**
   a) **Voraussetzung:**
      - **wirksamer Pfändungsakt** des Rechtspflegers
        - Nichtigkeit des Pfändungsbeschlusses nur bei schweren, evidenten Fehlern:
          - kein wirksamer Titel vorhanden
          - zu pfändende Forderung besteht nicht ⇨ Pfändungsbeschluss geht ins Leere
        - Zustellung an Drittschuldner, § 829 Abs. 3
   b) **Rechtsfolgen:**
      - Auszahlungs-, relatives Veräußerungsverbot, § 829 Abs. 1; §§ 135, 136 BGB
2. **Es entsteht für ZV-Gläubiger ein Pfändungspfandrecht an der gepfändeten Forderung, § 804**
   a) **Voraussetzungen:**
      - **wirksame Verstrickung**, d.h. nicht nichtige Pfändung, s.o.
      - **weitere Voraussetzungen** nach gemischt privatrechtlicher-öffentlicher Theorie (h.M.):
        - **wesentliche Vollstreckungsvoraussetzungen** eingehalten,
        - **zu vollstreckende Forderung** ist nicht untergegangen (= Akzessorietät des Pfandrechts, § 804 Abs. 3 ZPO i.V.m. § 1252 BGB)

          ⚠ *besteht die zu pfändende Forderung nicht ⇨ Pfändungsbeschluss ist unwirksam, da ins Leere gegangen, s.o. I. 1. a)*
   b) **Rechtsfolgen:**
      - Verwertungsrecht für ZV-Gläubiger
      - Erklärungspflicht für Drittschuldner, § 840

II. Überweisung der gepfändeten Forderung an ZV-Gläubiger durch Beschluss, § 835

wahlweise

zur Einziehung	**an Zahlungs statt zum Nennwert**
▪ ZV-Schuldner bleibt Forderungsinhaber ▪ ZV-Gläubiger erwirbt lediglich Einzugsermächtigung, § 836 Abs. 1 ▪ Titulierte Forderung bleibt bis zur Zahlung des Drittschuldners an ZV-Gläubiger bestehen ▪ **ggf. Klage** des ZV-Gläubigers gegen Drittschuldner aus fremdem Recht (≈ Prozessstandschaft) erforderlich, da Überweisungsbeschluss kein Titel gegen Drittschuldner = sog. **Einziehungsklage**	▪ ZV-Schuldner verliert Forderung durch Zwangsüberweisung (≈ Zwangsabtretung) ▪ ZV-Gläubiger wird neuer Forderungsinhaber ▪ Titulierte Forderung erlischt i.H.d. Nennwertes, da Überweisung „an Zahlungs statt“ ⇨ gefährlich, da unklar, ob Drittschuldner zahlt! Daher selten! ▪ **ggf. Klage** des ZV-Gläubigers gegen Drittschuldner aus **zwangsüberwiesenem Recht**

II. Überweisung der gepfändeten Forderung an ZV-Gläubiger (Fortsetzung)

⚠ ***Besonderheiten:***

- *i.d.R. ergehen **beide Beschlüsse i.S.v. §§ 829, 835 zusammen** als Pfändungs- und Überweisungsbeschluss **(PfÜB)***
- *gem. **§ 836 Abs. 3 S. 1** ist Schuldner zur **Auskunft** und **Urkundsherausgabe** bzgl. der gepfändeten Forderung verpflichtet; werden Urkunden nicht herausgegeben, kann gleich – ohne besonderen Herausgabetitel – auf Herausgabe vollstreckt werden, § 836 Abs. 3 S. 5 (sog. Hilfspfändung)*
  ⇨ z.B. Sparbuch
- *bereits mit Vorliegen eines Vollstreckungstitels (restliche Voraussetzung der ZV wie Klausel, Zustellung des Titels müssen noch nicht vorliegen!) ist **Vorpfändung, § 845, möglich:** falls dann PfÜB binnen 1 Monat zugestellt ⇨ Wirkung eines Arrestes, § 930! Vorteil: Verstrickung/Pfändungspfandrecht entstehen bereits ab Zeitpunkt der Vorpfändung!*
- ***unpfändbare Forderungen:***
  - *§§ 850 ff.: Lohnanspruch, Unterhaltsanspruch, Rentenanspruch etc.*
  - *§ 850 k: Pfändungsschutzkonto*
    ⇨ sonst sind bei Girokonto nur Tagessalden und Salden aus Rechnungsabschlüssen pfändbar, nicht Einzelpositionen, da sie durch Einstellung ins Kontokorrent (§§ 355 ff. HGB) ihre Selbstständigkeit verlieren
  - *§ 851: nicht übertragbare Forderungen (höchstpersönliche Forderungen)*
- ***bei Wertpapieren ist zu differenzieren:***
  - ***Wertpapiere i.w.S.**; „Recht am Papier folgt Recht aus dem Papier, § 952 BGB", z.B. Sparbuch*
    ⇨ Forderung steht im Vordergrund, daher Forderungspfändung durch PfÜB
    ⇨ Pfändung des Papiers als bloße Hilfspfändung gem. § 836 Abs. 3 S. 5, s.o.
  - ***Wertpapiere i.e.S.**; „Recht aus dem Papier folgt Recht am Papier", z.B. Wechsel, Scheck*
    ⇨ Papier als Sache steht im Vordergrund, daher Sachpfändung, vgl. § 808 Abs. 2, § 831; also kein PfüB!
- ***Zwangsvollstreckung in andere Vermögensrechte gem. § 857***
  - *Pfändung grds. per PfüB, §§ 829, 835 i.V.m. § 857 Abs. 1*
  - *Ausn.: unübertragbare Rechte, § 851 i.V.m. § 857 Abs. 1*
    (Rückausnahme: § 857 Abs. 3: falls diese einem Dritten wenigstens zur Ausübung überlassen werden können)

B. Vertiefungs-schemata

X. Zivilprozessrecht
14. Rechtsbehelfe in der Zwangsvollstreckung

I. Die wichtigsten Rechtsbehelfe in der ZV

wegen Verfahrensfehler des ZV-Organs		**wegen materieller Einwände**		
bei ZV-Maßnahmen	bei Entscheidungen durch Richter/Rechtspfleger	ZV-Schuldner hat materielle Einwände gegen titulierte Forderung	Dritter widerspricht ZV, weil er Pfandsache beanspruchen kann	Dritter will vorzugsweise Befriedigung aus ZV-Erlös, da besitzloses Pfandrecht/Vorzugsrecht
Erinnerung, § 766	**sofortige Beschwerde, § 793** i.V.m. § 11 Abs. 1 RpflG	**Vollstreckungsabwehrklage, § 767**	**Drittwiderspruchsklage, § 771**	**Klage auf vorzugsweise Befriedigung, § 805**

II. Allgemeines Prüfungsschema zu den Rechtsbehelfen

A. Zulässigkeit des Rechtsbehelfs

I. **Statthafter Rechtsbehelf**

1. **Erinnerung, § 766:** bzgl. Verfahrensfehler
2. **Sofortige Beschwerde, § 793:** bzgl. Verfahrensfehler bei **Entscheidung** des ZV-Gerichts oder des Rechtspflegers; § 11 Abs. 1 RpflG
   ⇨ bei **Maßnahmen** (ohne Anhörung oder Verhandlung) des Rechtspflegers gilt § 766 i.V.m. § 11 Abs. 1 RpflG
3. **Vollstreckungsabwehrklage, § 767:** bzgl. materieller Einwände des ZV-Schuldners gegen titulierten Anspruch
4. **Drittwiderspruchsklage, § 771:** Interventionsrecht eines Dritten am Pfandobjekt
5. **Klage auf vorzugsweise Befriedigung, § 805:** Dritter hat besitzloses Pfandrecht/Vorwegbefriedigungsrecht an Pfandsache

II. **Rechtsbehelfsbefugnis**

1. **Erinnerung, § 766:** jeder von den ZV-Maßnahmen Betroffene
2. **Sofortige Beschwerde, § 793:** jeder von den ZV-Entscheidungen Betroffene
3. **Vollstreckungsabwehrklage, § 767:** nur ZV-Schuldner
4. **Drittwiderspruchsklage, § 771:** nur Dritter
5. **Klage auf vorzugsweise Befriedigung, § 805:** nur Dritter

II. Allgemeines Prüfungsschema zu den Rechtsbehelfen (Fortsetzung)

A. Zulässigkeit des Rechtsbehelfs (Fortsetzung)

III. **Zuständiges Gericht (beachte § 802!)**
1. **Erinnerung, § 766:** ZV-Gericht, § 764
2. **Sofortige Beschwerde, § 793:** Beschwerdegericht
3. **Vollstreckungsabwehrklage, § 767:** Prozessgericht 1. Instanz (für bes. Titel: § 796)
4. **Drittwiderspruchsklage, § 771:** im Bezirk der ZV: AG/LG (streitwertabhängig)
5. **Klage auf vorzugsweise Befriedigung, § 805:** ZV-Gericht, § 805 Abs. 2

IV. **Allgemeines Rechtsschutzbedürfnis**
1. Grundsätzlich: von Beginn der Vollstreckung bis Ende der Versteigerung
2. Ausnahme: Vollstreckungsabwehrklage, § 767: bereits ab Erlass des Titels (daher Wahlrecht zur Berufung, § 511)

V. **Allgemeine Klagevoraussetzungen**
nur bei den Klagen (also nicht bei Erinnerung, § 766, sofortiger Beschwerde, § 793): §§ 253 ff., 78 ff.

B. Begründetheit des Rechtsbehelfs

I. **Erinnerung, § 766:** falls Verfahrensfehler bei Zwangsvollstreckungsmaßnahmen („ob"/„wie")

II. **Sofortige Beschwerde, § 793** (§ 11 Abs. 1 RpflG): falls Verfahrensfehler bei Entscheidung

III. **Bei Vollstreckungsabwehrklage, § 767:**
1. Besteht **materieller Einwand** des ZV-Schuldners gegen die titulierte Forderung?
2. **Einwand neu i.S.v. § 767 Abs. 2** ⇔ sonst Einwand ausgeschlossen = präkludiert!

⚠ *Präklusion des § 767 Abs. 2 gilt nur bei Urteilen (auch Versäumnisurteilen), vgl. Wortlaut des Abs. 2, sowie bei Vollstreckungsbescheiden, § 794 Abs. 1 Nr. 4 i.V.m. §§ 795, 796 Abs. 2; dagegen **nicht** für die sonstigen Titel i.S.v. § 794 ⇨ dazu keine Beschränkung auf neue Einwände!*

IV. **Drittwiderspruchsklage, § 771:**
1. Dritter hat **Interventionsrecht** an Pfandsache (= besseres Recht als der ZV-Gläubiger)
   - **Jedes dingliche Recht**
     - Eigentum, auch Sicherungseigentum (h.M.)
     - Anwartschaftsrecht
     - Besitzpfandrechte (vertragl. PfandR, §§ 1204 ff. BGB; WerkunternehmerpfandR, § 647 BGB)
     - nicht: besitzlose Pfandrechte, § 805 Abs. 1 Hs. 1! (§§ 562, 704 BGB)
   - Dritter hat **schuldrechtlichen Herausgabeanspruch** auf die gepfändete Sache, z.B. § 604 BGB
2. **Berufung hierauf nicht ausgeschlossen**, z.B. treuwidrig, § 242 BGB, weil Dritter materiell selbst auf titulierte Forderung haftet oder er sein Interventionsrecht anfechtbar nach AnfG erworben hat

V. **Klage auf vorzugsweise Befriedigung, § 805**
1. Dritter hat **besitzloses** Pfandrecht (Vermieterpfandrecht, § 562 BGB; Gastwirt, § 704 BGB)
2. **Berufung hierauf möglich**, da weder § 242 BGB, noch anfechtbar nach AnfG, noch § 562d BGB

X. Zivilprozessrecht
15. Vorläufiger Rechtsschutz

	Arrest, §§ 916 ff.	Einstweilige Verfügung, §§ 935 ff.
Voraussetzungen	**Arrestgesuch, § 920** **schlüssige Darlegung und Glaubhaftmachung (§ 294) von:** 1. **Arrestanspruch, § 916** Sicherung der Zwangsvollstreckung ▪ eines Geldanspruchs ▪ oder eines Anspruchs, der in Geldleistung übergehen kann, z.B. zukünftiger Schadensersatzanspruch 2. **Arrestgrund, §§ 917, 918** Gefährdung der Zwangsvollstreckung ▪ **dinglicher Arrest**, § 917 ▪ **persönlicher Arrest**, § 918	**Antrag, §§ 936, 920** **schlüssige Darlegung und Glaubhaftmachung (§ 294) von:** 1. **Verfügungsanspruch** ▪ **Sicherungsverfügung, § 935** ⇨ Sicherung eines Anspruchs auf Individualleistung = alle Ansprüche außer Geldansprüche ▪ **Regelungsverfügung, § 940** ⇨ einstweilige Regelung in Bezug auf streitiges Rechtsverhältnis ▪ **Leistungsverfügung, § 940 analog** ⇨ vorläufige Befriedigung des Gläubigers erstrebt, also nicht bloße Sicherung ▪ **Räumungsverfügung, § 940a** 2. **Verfügungsgrund** ▪ Gefährdung der Verwirklichung des Rechts, § 935; Ausn.: § 885 Abs. 1 S. 2 BGB; § 899 Abs. 2 S. 2 BGB ▪ wesentliche Nachteile/Gewalt drohen, § 940
Zuständiges Gericht	▪ **Gericht der Hauptsache**, §§ 919, 943 ▪ oder **AG, in dessen Bezirk** sich der zu arrestierende Gegenstand/Person befindet, § 919	▪ **grds. Gericht der Hauptsache, §§ 937, 943** ▪ **ausnahmsweise AG der belegenen Sache, § 942**
Entscheidung des Gerichts	▪ **durch Beschluss:** ohne mündliche Verhandlung, § 922 Abs. 1 ▪ **durch Urteil:** nach mündlicher Verhandlung, § 922 Abs. 1	▪ **grds. durch Urteil** nach mündlicher Verhandlung ▪ **ausnahmsweise durch Beschluss** ohne mündliche Verhandlung bei Dringlichkeit, §§ 937 Abs. 2, 944
Vollziehung	▪ **dinglicher Arrest, § 917:** – durch **Pfändung** der beweglichen Sache, § 930 – durch Eintragung einer **Sicherungshypothek** am Grundstück, § 932 ⚠ ***Jeweils keine Verwertung*** *durch Versteigerung, da einstweiliger Rechtsschutz die Hauptsache nicht vorwegnehmen darf!* ▪ **persönlicher Arrest, § 918:** – **Haft**, § 933 – **oder sonstige Beschränkungen**, § 933	▪ **Sicherungsverfügung, § 935:** – falls Anspruch auf eine Sache durch Pfändung, § 936 i.V.m. § 930 – sonstige Ansprüche: abhängig vom Tenor ▪ **Regelungsverfügung, § 940:** je nach Inhalt der Regelung ▪ **Leistungsverfügung, § 940 analog:** es erfolgt nicht nur Sicherung, sondern Verwertung/Befriedigung! ▪ **Räumung, § 940a**
Schadensersatzpflicht	**gem. § 945** falls Arrest zu Unrecht erwirkt	**gem. § 945** falls einstweilige Verfügung zu Unrecht erwirkt

I. Auswirkungen mangelnder/beschränkter Geschäftsfähigkeit

I. Vertrag/Vertragsähnliche Ansprüche

1. **Willenserklärung**

   Ausführlich ⇨ S. 153

   - WE eines **Geschäftsunfähigen** ist nichtig, § 105 Abs. 1

     Ausnahme: Geschäfte des täglichen Lebens, § 105a
   - WE eines **beschränkt Geschäftsfähigen** ist bei zweiseitigen Rechtsgeschäften schwebend unwirksam, § 108 Abs. 1

     Ausnahmen:
     - Zustimmung der gesetzlichen Vertreter, § 108 Abs. 1 (ggf. besondere Zustimmungserfordernisse gem. §§ 1629 Abs. 1, 1643, 1821, 1850 ff.)
     - Geschäft ist lediglich rechtlich vorteilhaft, § 107
     - Geschäft mit eigenen Mitteln bewirkt (Taschengeld, § 110)
     - Geschäft im Rahmen von Dienst-/Arbeitsverträgen, § 113
     - Geschäft im Rahmen eines selbstständigen Erwerbsgeschäfts, § 112
   - WE eines **beschränkt Geschäftsfähigen** ist **bei einseitigem Rechtsgeschäft** nichtig, § 111
2. **Erfüllung**

   Ausführlich ⇨ S. 162

   Leistung an beschränkt Geschäftsfähigen/Geschäftsunfähigen bewirkt keine Erfüllung gem. § 362 Abs. 1, da nicht empfangszuständig (h.M.)
3. **Vorvertragliche Pflichtverletzung ⇨ *S. 21***

   Keine Haftung aus §§ 280 Abs. 1, 311 Abs. 2, 241 Abs. 2 für vorvertragliches Verschulden, es sei denn, gesetzlicher Vertreter hat Verhandlungen zugestimmt
4. **Rechtsscheinshaftung**

   Ausführlich ⇨ S. 359

   Mangels zurechenbarer Veranlassung keine Rechtsscheinshaftung
5. **Verjährung**

   Ausführlich ⇨ S. 230

   - Hemmung der Verjährung zwischen Eltern und Kindern während der Minderjährigkeit, § 207
   - Ablaufhemmung der Verjährung während der Minderjährigkeit, sofern kein gesetzlicher Vertreter vorhanden ist, § 210
   - Hemmung der Verjährung von Ansprüchen wegen Verletzung der sexuellen Selbstbestimmung bis zum 21. Lebensjahr, § 208
6. **GoA**
   - Haftung als Geschäftsführer nur aus §§ 823 ff. und §§ 812 ff. (vgl. § 682)
   - Haftung als Geschäftsherr nur, wenn gesetzliche Vertreter Geschäftsführung zugestimmt haben.

I. Auswirkungen mangelnder/beschränkter Geschäftsfähigkeit (Fortsetzung)

II. Sachenrecht

- An Minderjährige kann grds. Sache übereignet werden, da i.d.R. lediglich rechtlich vorteilhaft (–), nur wenn Übereignung mit Rechtsnachteilen verbunden, z.B. Eintritt in einen Mietvertrag, § 566
- Minderjähriger kann **eigene** Sache nicht übereignen, da nachteilig

  ⚠ *Str., ob Minderjähriger fremde Sache übereignen kann (h.M. [+], da rechtlich neutral; a.A. [–], da Erwerber dann – Gutgläubigkeit unterstellt – besser stehen würde, als bei Eigentum des Minderjährigen, da dann Übereignung gerade nicht möglich.*
- Haftung eines Minderjährigen aus **EBV**
  - Haftung nach §§ 989, 990 bei Bösgläubigkeit des Minderjährigen, wenn Sache deliktisch erlangt
  - Haftung bei Rückabwicklung fehlgeschlagener Verträge nur bei Bösgläubigkeit des gesetzlichen Vertreters (Gedanke der §§ 104 ff.)
- Bei **Vertretung durch gesetzlichen Vertreter §§ 1629 Abs. 2, 1824 bzw. §§ 1643, 1850 ff. beachten!**

III. Deliktsrecht

Ausführlich ⇨ S. 56, 167

- **Verschuldensunfähig** vor Vollendung des 7. Lebensjahres, § 828 Abs. 1, und im Zustand der Bewusstlosigkeit bzw. in einem die freie Willensbestimmung ausschließenden Zustand krankhafter Störung der Geistestätigkeit, § 827 S. 1.
- **Beschränkt verschuldensfähig**: Ab Vollendung des 7. Lebensjahres und vor Vollendung des 18. Lebensjahres kommt es auf die Einsichtsfähigkeit an, § 828 Abs. 3 S. 1.

  Bei Unfällen mit Kfz oder Bahnen besteht zwischen dem 7. und 10. Lebensjahr keine Haftung für Fahrlässigkeit, § 828 Abs. 2 (allerdings nur bei Unfällen im fließenden Verkehr – nicht also bei der Beschädigung eines parkenden Kfz).

IV. Bereicherungsrecht

Ausführlich ⇨ S. 234

- An einen Minderjährigen kann geleistet werden (lediglich rechtlich vorteilhaft); aber keine Erfüllungswirkung (s.o.)
- **Saldotheorie** zulasten des Minderjährigen nicht anwendbar
- **Bösgläubigkeit:**
  - Bei Leistungskondiktion Kenntnis des gesetzlichen Vertreters erforderlich
  - Bei Eingriffskondiktion kommt es auf eigene Kenntnis an, wenn die erforderliche Einsichtsfähigkeit vorhanden ist, § 828 entsprechend

V. Erbrecht

- Testierfähigkeit mit Vollendung des 16. Lebensjahres, § 2229 Abs. 1
- Erbvertrag erfordert aber unbeschränkte Geschäftsfähigkeit, § 2275

VI. Familienrecht

- Ehemündigkeit, §§ 1303 ff. ⇨ ***S. 277***

II. Akzessorietät

Abhängigkeit akzessorischer Sicherungsrechte von der gesicherten Forderung

Schicksal der

Rechtsbeziehung I	**Rechtsbeziehung II**
A —— zu sichernde Forderung, z.B. § 488 ⟶ B	A —— Anspruch aus der Sicherheit, z.B. § 765 ⟶ B
I. Entstanden	**I. Entstanden** 1. Sicherungsrecht entstanden ⟶ 2. Gesicherte Forderung entstanden
II. Erloschen	**II. Erloschen** 1. Sicherungsrecht nicht erloschen ⟶ 2. Gesicherte Forderung nicht erloschen
III. Durchsetzbar	**III. Durchsetzbar** 1. Sicherungsrecht durchsetzbar ⟶ 2. Gesicherte Forderung durchsetzbar
IV. Übergang	**IV. Übergang** 1. Übertragung der Sicherheit allein nicht möglich ⟶ 2. Übergang der Sicherheit mit Übergang der gesicherten Forderung (§§ 401, 1153)

II. **Akzessorietät** (Fortsetzung)

	Bürgschaft	Hypothek	Vormerkung	Pfandrecht
Entstehen	Zwar § 765 Abs. 2 (Sicherungsfähigkeit künftiger und bedingter Forderungen) Die Bürgschaft und damit Anspruch aus § 765 Abs. 1 entsteht aber erst **mit Entstehen der gesicherten Forderung**. § 767 Abs. 1 S. 3: **Anlassrechtsprechung**	Zwar § 1113 Abs. 1 (Sicherungsfähigkeit künftiger und bedingter Forderungen) Die Hypothek und damit Anspruch aus § 1147 entsteht aber erst **mit Entstehen der gesicherten Forderung**. Vorher: Eigentümergrundschuld (rangwahrend); §§ 1163 Abs. 1 S. 1, 1177 Abs. 1 S. 1	§ 883 Abs. 1 S. 2 (Sicherungsfähigkeit künftiger und bedingter Forderungen) Wg. der Wirkung des § 883 Abs. 3 soll nach BGH die Vormerkung auch bei Sicherung von künftigen Ansprüchen bereits mit Eintragung entstehen und der Vormerkungsschutz eintreten; **Schutzwirkungen dürfen aber erst nach Entstehen der Forderung geltend gemacht werden**.	Zwar § 1204 Abs. 2 (Sicherungsfähigkeit künftiger und bedingter Forderungen) Das Pfandrecht und damit Anspruch aus § 1204 Abs. 1 entsteht aber erst **mit Entstehen der gesicherten Forderung**
Erlöschen	§ 767 Abs. 1 S. 1 Bürgschaft ist vom jeweiligen Bestand der Hauptschuld abhängig	Fremdhypothek wird, soweit gesicherter Anspruch erlischt, zur Eigentümergrundschuld (§§ 1163 Abs. 1 S. 2, 1177 Abs. 1 S. 1)	Erlischt mit Erlöschen des gesicherten Anspruchs	Erlischt mit Erlöschen des gesicherten Anspruchs
Durchsetzbarkeit	§ 768: Einreden gegen Hauptschuld wirken auch gegen § 765 § 770: Wenn Hauptschuld gestaltbar (vernichtbar, verzichtbar, erfüllbar)	§ 1137: Einreden gegen die gesicherte Forderung auch gegen die Hypothek, es sei denn: **§ 216 Abs. 1**; ggf. § 1169 oder: § 1138 Alt. 2: Gutgläubiger einredefreier Erwerb der Forderung für Zwecke des § 1147	§ 886: Dauernde Einrede gegen gesicherten Anspruch (z.B. § 214 Abs. 1) führt nach Einredeerhebung zum Beseitigungsanspruch bzgl. Vormerkung; Dilatorische Einrede hat keine Auswirkung	§ 1211: Einreden gegen Hauptschuld auch gegen das Pfandrecht
Übertragung	§ 401, auch i.V.m. z.B. §§ 412, 774, 1143, 268 Abs. 3, 426 Abs. 2, 1225, 1249			

III. Normkonkurrenzen

Wichtige Konkurrenzprobleme

I. Gewährleistungsrecht

1. **zur Anfechtung**
   - **§ 119 Abs. 1:** Inhalts- oder Erklärungsirrtum des Käufers
     Keine Konkurrenz, da Schutz der Willensbildung vorrangig
   - **§ 123:** Arglistige Täuschung des Verkäufers
     Konkurrenz: Wahlrecht des Käufers (Arglistig handelnder Verkäufer ist nicht schutzwürdig)
   - **§ 119 Abs. 2:** Eigenschaftsirrtum
     - Käufer irrt
       Konkurrenz: Vorrang der Gewährleistung (auch für Rechtsmängel), da
       • Gewährleistungsfrist kürzer als Anfechtungsfrist
       • Gewährleistungsausschluss bei grob fahrlässiger Unkenntnis des Käufers
       • Gewährleistungsrecht vor Rückabwicklung eine Nacherfüllung vorsieht
       • Rückabwicklung nach §§ 346 ff. und nicht nach §§ 812 ff.
       Zeitpunkt (str.):
       • ab Gefahrübergang (vorher bestehen keine Gewährleistungsrechte)
       • ab Vertragsschluss (Gewährleistungsausschluss wegen grob fahrlässiger Unkenntnis des Mangels stellt auf Kenntnis „bei Vertragsschluss" ab)
     - Verkäufer irrt: Vorrang der Gewährleistung (auch für Rechtsmängel), da Verkäufer sich Gewährleistung nicht entziehen soll (Voraussetzung ist daher aber, dass tatsächlich Gewährleistungsrechte des Käufers bestehen, denen sich der Verkäufer entziehen kann)
2. **zum Erfüllungsanspruch**
   Konkurrenz, da Mangelfreiheit Hauptleistungspflicht ist (§ 433 Abs. 1 S. 2) und durch Schlechtleistung keine Erfüllung eintritt
   - Vorrang der spezielleren §§ 434 ff., da kurze Verjährung (zugunsten des Verkäufers) und besondere Regelungen zur Nacherfüllung zugunsten des Käufers (§ 439)
3. **zum allg. Leistungsstörungsrecht**
   Konkurrenz, da § 437 auf allg. Regeln verweist
   - Vorrang der spezielleren §§ 434 ff. wegen kürzerer Verjährung
   - Ausnahme: Andere Pflichtverletzung als Lieferung einer i.S.v. §§ 434 ff. mangelhaften Sache
   - Ausnahme: § 320 anwendbar (str.), a.A. § 438 Abs. 4 S. 2 („erst Recht")
4. **zur vorvertraglichen Haftung gem. §§ 280, 311 Abs. 2 (c.i.c.)**
   Konkurrenz soweit vorvertragliche Pflichtverletzung zugleich Mangel
   - Vorrang der spezielleren §§ 434 ff., da
     - Kürzere Verjährungsfrist
     - Gewährleistungsausschluss bei grob fahrlässiger Unkenntnis des Käufers
     - Gewährleistungsrecht vor Schadensersatz eine Nacherfüllung vorsieht

Wichtige Konkurrenzprobleme (Fortsetzung)

I. Gewährleistungsrecht (Fortsetzung)

- Ausnahme: Verkäufer handelt arglistig, da er dann nicht schutzwürdig ist
- Ausnahme: Falschangaben über nicht mangelbegründende Umstände

5. **zur Störung der Geschäftsgrundlage**

Konkurrenz: Grundsätzlicher Vorrang der §§ 434 ff.

- Ausnahme: Angaben/Vorstellungen über künftige Eigenschaften, da insoweit kein Mangel zum Zeitpunkt des Gefahrübergangs vorliegt

6. **zum Deliktsrecht**

Keine Konkurrenz: Ansprüche bestehen nebeneinander, da §§ 434 ff. das Äquivalenz- und §§ 823 ff. das Integritätsinteresse schützen.

- Relevanz v.a. bei „weiterfressenden Mängeln", wenn Gewährleistungsrechte verjährt sind oder die Rügepflicht des § 377 HGB verletzt wurde

II. EBV/Eigentumsherausgabeanspruch

Konkurrenzproblem im EBV (§§ 987 ff.) stellt sich hinsichtlich

Schadensersatzes, den der Eigentümer vom Besitzer verlangt	→ EBV contra Deliktsrecht/Vertragsrecht
Nutzungen, die der Eigentümer vom Besitzer verlangt	→ EBV contra Bereicherungsrecht/Vertragsrecht
Verwendungen, die der Besitzer vom Eigentümer verlangt	→ EBV contra Bereicherungsrecht/Vertragsrecht

Eine Konkurrenz kann jedoch nur vorliegen, wenn ein *EBV im Zeitpunkt der Verletzungshandlung/Nutzung/Verwendung* besteht. Dies ist in den folgenden Fällen problematisch:

1. Beendigung wirksamer Verträge (z.B. Miete)

- **Herausgabeanspruch**
  - Vertraglicher Rückgabeanspruch und dingl. Herausgabeanspruch (§ 985) können nebeneinander stehen (h.M.).
  - Nach der Lehre vom Vorrang des Vertragsverhältnisses ist § 985 gegenüber vertraglichen Rückgabeansprüchen subsidiär.
- **Schadensersatz, Nutzungsersatz**

  Entfällt das Besitzrecht nach Ablauf des Vertrages „ex nunc" **(Nicht-mehr-berechtigter-Besitzer)**, ist das Konkurrenzverhältnis str.:

  - §§ 987 ff. beim nachträglichen Wegfall des Besitzrechts nicht anwendbar; vertragliche Schadensersatzansprüche sowie §§ 823 ff., 812 ff. unmittelbar anwendbar (Lit.)
  - §§ 987 ff. treten als ***haftungssteigernde*** Auffangregelungen hinzu, sperren aber nicht die Anwendbarkeit der §§ 823 ff., 812 ff. (Rspr. und teilweise Lit.) (entscheidend v.a. für verschärfte Haftung nach §§ 989, 990 – hier ist u.a. § 278 anwendbar)

II. EBV/Eigentumsherausgabeanspruch (Fortsetzung)

2. Verträge, nach denen jederzeitige Herausgabe geschuldet wird (z.B. Verwahrung, berechtigte GoA)

- **Herausgabeanspruch (s.o. zur Beendigung wirksamer Verträge)**
- **Schadensersatz, Nutzungsersatz**

  Auch Verträge oder vertragsähnliche Schuldverhältnisse begründen bis zur Herausgabeaufforderung ein Recht zum Besitz **(Noch-berechtigter-Besitzer)**.

  - §§ 987 ff. nicht anwendbar; vertragliche Schadensersatzansprüche sowie §§ 823 ff., 812 ff. unmittelbar anwendbar (Lit.)
  - Rspr.: zusätzlich §§ 989, 990 analog anwendbar

3. Überschreitung des (bestehenden) vertraglichen Besitzrechts

- **Schadensersatz, Nutzungsersatz**

  Besitzer hat ein wirksames Recht zum Besitz, überschreitet dieses aber, indem er die Sache nicht vertragsgemäß benutzt **(Nicht-so-berechtigter-Besitzer)**.
- §§ 823 ff. unmittelbar anwendbar – kein Fall der §§ 987 ff. (h.M.)
- Streit v.a. bei Nutzungen (unberechtigte Untervermietung) relevant, da keine Ansprüche des Vermieters aus §§ 535 ff. oder §§ 812 ff., sondern ggf. nur aus §§ 990 Abs. 1, 987 Abs. 1

4. Umwandlung berechtigten Fremdbesitzes in unrechtmäßigen Eigenbesitz

- **Schadensersatz**

  Berechtigter Fremdbesitzer (Mieter) veräußert Sache an Dritten (wandelt seinen Besitz also in unrechtmäßigen Eigenbesitz)
- Rspr.: §§ 989, 990 neben §§ 823 ff. anwendbar
- Lit.: Nur vertragliche Ansprüche und §§ 823 ff., da Rechtmäßigkeit des (Fremd)besitzes nicht berührt wird; erforderlich zunächst Beendigung des Besitzrechts (z.B. durch Kündigung)

5. Zusendung unbestellter Waren

- **Herausgabeanspruch**
  - str., ob durch § 241a ausgeschlossen (nach h.M. [+])
  - jedenfalls gegeben, wenn § 241a nicht anwendbar
- **Schadensersatz, Nutzungsersatz**
  - ausgeschlossen, soweit § 241a anwendbar

6. Unberechtigte GoA

- Unberechtigte GoA gibt kein Besitzrecht, sodass EBV anwendbar ist.
- Die Rechtsfolgenverweisung des § 684 auf das (durch das EBV gesperrte!) Bereicherungsrecht läuft in diesem Fall leer.

7. Angemaßte Eigengeschäftsführung, § 687 Abs. 2

§§ 987 ff. anwendbar, da keine Schutzbedürftigkeit

III. **Normkonkurrenzen** (Fortsetzung)

Konkurrenz des EBV zum Deliktsrecht

- **Schadensersatz**

  § 826 nicht ausgeschlossen, da kein Schutzbedürfnis

- **Sperrwirkung** der §§ 823 ff.

  §§ 823 ff. werden durch das EBV grds. gesperrt. Es ist jedoch umstritten, ob die Sperrwirkung des § 993 Abs. 1 Hs. 2 auch für den **bösgläubigen Besitzer** gilt:

  - Nach e.A. gilt die Sperrwirkung nicht, sodass die §§ 823 ff. unmittelbar anwendbar sind. Begründung: Der bösgläubige und der verklagte Besitzer seien nicht schutzwürdig. Wenn schon der gutgläubige Fremdbesitzer beim Fremdbesitzerexzess nach § 823 Abs. 1 hafte, so müsse dies erst recht für den bösgläubigen gelten.
  - Nach h.M. sind die §§ 823 ff. entsprechend des Wortlauts des § 993 auch beim bösgläubigen Besitzer nicht anwendbar. Dafür spricht, dass der Vorenthaltungsschaden gem. § 990 Abs. 2 nur bei Verzug ersetzt werden soll, was bei einer Haftung nach § 823 unterlaufen würde; außerdem würde entgegen § 990 Abs. 2 stets für Zufall gehaftet (vgl. § 848).

Sonderproblem: **Fremdbesitzerexzess**

Gutgläubiger Besitzer hat kein wirksames Recht zum Besitz, überschreitet das vermeintliche Besitzrecht aber, indem er die Sache nicht gem. des vermeintlichen Vertrages benutzt **(Fremdbesitzerexzess)**

- §§ 823 ff. – trotz § 993 Abs. 1 Hs. 2 – anwendbar (h.M.), da der gutgläubige unrechtmäßige Besitzer nicht besser stehen soll, als ein rechtmäßiger Besitzer, der sein Besitzrecht überschreitet
- zusätzliche Haftung analog §§ 991 Abs. 2, 989
- Anwendung vertraglicher Haftungsmaßstäbe

Konkurrenz des EBV zum Bereicherungsrecht

- Bereicherungsansprüche, die nicht auf Nutzungen abzielen, sondern die Unmöglichkeit der Herausgabe der Sache infolge Verbrauchs oder Veräußerung ausgleichen sollen, werden von den §§ 987 ff. nicht verdrängt.
- **Nutzungsersatz**
  - h.M.: §§ 812 ff. werden durch §§ 987 ff. immer gesperrt (Arg. §§ 993 Abs. 1 Hs. 2, 992, Privilegierung des redlichen unverklagten Besitzers: für ihn stellt Herausgabe der Sache die Haftungsgrenze dar, d.h. §§ 987 ff. sind Rechtsgrund i.S.v. §§ 812 ff.).
  - m.M.: §§ 823 ff. und §§ 987 ff. stehen uneingeschränkt nebeneinander.

Sonderproblem: **Doppelnichtigkeit/Rückabwicklung fehlgeschlagener Verträge**

- Rspr.: §§ 812 ff. werden durch §§ 987 ff. zwar immer gesperrt; Eine ***AUSNAHME*** besteht bei **rechtsgrundlosem Erwerb**; hier gilt **§ 988 analog, d.h. der rechtsgrundlose Erwerb steht dem unentgeltlichen gleich** (Arg.: Wenn bei einem Vertrag „nur" das schuldrechtliche Geschäft unwirksam ist, sind die §§ 812 ff. für die Rückabwicklung anwendbar; wenn zusätzlich auch das Verfügungsgeschäft unwirksam ist, darf nichts anderes gelten.).
- Lit.: §§ 812 ff. werden durch §§ 987 ff. bei Rückabwicklung unwirksamer Verträge nicht gesperrt (Arg.: Gesetzesverfasser haben sich beim EBV am Modell des fehlgeschlagenen gutgläubigen Erwerbs orientiert und nicht am Modell fehlgeschlagener Kausalgeschäfte).
- ***Unterschied:*** Wenn Besitzer Sache von Drittem entgeltlich erworben hat, muss er nach Rspr. trotzdem Nutzungsersatz leisten. Nach Lit. kann sich Eigentümer hier nicht an Besitzer wenden, da dieser Besitz „durch Leistung" von einem Dritten erhalten hat, sodass Lit. vorzugswürdiger.
- m.M. (aber gut vertretbar): §§ 987 ff. sperren Eingriffskondiktion, nicht aber Leistungskondiktion (Arg.: Vindikation hat enge Verwandtschaft mit Eingriffskondiktion, sodass auch hier der bereicherungsrechtliche Vorrang der Leistungskondiktion gilt).

III. Normkonkurrenzen (Fortsetzung)

Konkurrenz des EBV zum Bereicherungsrecht (Fortsetzung)

Sonderproblem: **Verwendungsersatz bei „weitem" Verwendungsbegriff**

1. **Rspr.: Enger Verwendungsbegriff**

   (Verwendung [–], wenn Sache grundlegend umgestaltet wird, ☞ Bau eines Hauses auf fremden Grundstück)

   - **Konkurrenz zum Bereicherungsrecht gem. §§ 951, 812 ff.:**
     - Bereicherungsrecht ist durch EBV auch hinsichtlich weiter Verwendungen gesperrt.

       (**Arg.:** Umgestaltung ist sprachlich keine Verwendung mehr; Eigentümer soll vor aufgedrängter Bereicherung geschützt werden)

2. **Lit.: Weiter Verwendungsbegriff**
   - **Konkurrenz zum Bereicherungsrecht gem. §§ 951, 812 ff.:**
     - Der **redliche Besitzer** erhält Verwendungen gem. §§ 994 ff., auch wenn es sich um eine Umgestaltung handelt, sodass sich Konkurrenzproblem hier nicht stellt.
     - Der **unredliche Besitzer** erhält allerdings nur nützliche Verwendungen. Teilweise sollen die §§ 951, 812 ff. anwendbar sein, da der unrechtmäßige Verwender, der die Sache besitzt, nicht schlechter stehen soll, als der unrechtmäßige besitzlose Verwender.
     - Soweit Bereicherungshaftung bejaht wird, Problem der „aufgedrängten Bereicherung"

Sonderproblem: **Verwendungsersatz des gutgläubigen Werkunternehmers**

1. Werkunternehmer arbeitet für Eigentümer (Werkvertrag unwirksam)
   - GoA nach Rspr. (+), nach Lit. (–), da §§ 812 ff. für Abwicklung unwirksamer Verträge vorrangig
   - §§ 994, 996 bei GoA ausgeschlossen; bei Anwendung §§ 812 ff. (str.):
     - h.M. §§ 994, 996 anwendbar
     - a.A. §§ 994, 996 nicht anwendbar (Arg.: § 814 wird umgangen)
     - ABER: Kein Anspruch aus §§ 994, 996 da **Verwender = Besteller** und nicht der Werkunternehmer
   - ERGEBNIS: Ersatz nach Rspr. gem GoA, nach Lit. gem. §§ 812 ff.
2. Werkunternehmer arbeitet für Dritten, der nicht Eigentümer ist (Werkvertrag unwirksam)

   h.M.: §§ 994, 996 anwendbar (str.)

IV. Zurechnung und Rechtsschein

	Wessen Verhalten wird zugerechnet	Wem wird zugerechnet	Was wird zugerechnet	Grenzen der Zurechnung
§ 31 (§ 89)	▪ Vereins-, Stiftungsvorstand ▪ analog für Organe einer jur. Person oder Personenhandelsgesellschaft	▪ Dem Verein/der Stiftung ▪ Der jur. Person oder Personenhandelsgesellschaft	▪ Zum Schadensersatz verpflichtendes Verhalten ▪ Deliktisches Verhalten ▪ Verschulden	„in Ausführung der ihm zustehenden Verrichtung"
§ 164 Abs. 1 S. 1	Vertreter	Vertretenem	Willenserklärung	„innerhalb der ihm zustehenden Vertretungsmacht"
§ 166	Vertreter	Vertretenem	Wissen (Kenntnis) im Rahmen von **Willenserklärungen** ▪ subjektive Merkmale §§ 134, 138 ▪ § 142 Abs. 2 ▪ § 173 ▪ Mängelkenntnis, § 442 Abs. 1 S. 1 ▪ Arglist, §§ 442 Abs. 1 S. 2, 444 ▪ Böser Glaube, §§ 892, 932, 990 und § 366 HGB	„innerhalb der ihm zustehenden Vertretungsmacht"
§ 166 analog	Dritter („Wissensvertreter" = eigenverantwortlicher Repräsentant des Geschäftsherrn) Beispiele: Rechtsanwalt, Anlagevermittler, Kontoverfügungsberechtigter	Geschäftsherrn	Wissen (Kenntnis) im Rahmen von **Realakten** ▪ Abnahme, § 640 Abs. 2 ▪ Besitzerwerb durch bösgläubigen Besitzdiener ▪ Haftung gem. § 819 (str., bei Minderjährigen §§ 827, 828) ▪ Wissenszusammenrechnung in Organisationen	
§ 185 (ggf. analog)	Ermächtigter	Ermächtigenden	▪ Realakt ▪ Verfügung (nicht Verpflichtung: §§ 164 ff. lex specialis)	„innerhalb der Ermächtigung"
§ 278	Erfüllungsgehilfe (wer mit Wissen und Wollen des Schuldners bei einer diesem obliegenden Verpflichtung tätig wird)	Geschäftsherrn	▪ Zum Schadensersatz verpflichtendes Verhalten ▪ Verschulden	▪ Erfüllungsgehilfe muss mit Wissen und Wollen des Geschäftsherrn tätig werden und eine ihm obliegende Verpflichtung erfüllen ▪ Kein Handeln des Erfüllungsgehilfen „bei Gelegenheit"
[§ 831]	§ 831 ist KEINE Zurechnungsnorm, sondern eine Anspruchsgrundlage			
Rechtsschein	▪ Rechtlich relevanter Umstand liegt nicht vor. – Bevollmächtigung – Organstellung – Ermächtigung – etc. ▪ Aus Sicht des Dritten besteht der Rechtsschein des Vorliegens. ▪ Gegner hat den Rechtsschein in zurechenbarer Weise gesetzt (mind. fahrlässig). ▪ Der Dritte ist gutgläubig hinsichtlich des Rechtsscheins. ▪ Die Gutgläubigkeit des Dritten war kausal für sein Handeln.			

V. Haftungssystem des EBV

Das Haftungssystem des EBV

Vorliegen einer **Vindikationslage** (§§ 985, 986) im **Zeitpunkt der Tatbestandserfüllung**

	Redlicher Besitzer	Verklagter Besitzer	„Bösgläubiger" Besitzer	Deliktischer Besitzer
	Besitzer ist weder bösgläubig noch verklagt.	Herausgabeklage gegen den Besitzer ist rechtshängig (§§ 253, 261 Abs. 1 ZPO; <u>nicht</u> § 167 ZPO); Gut- oder Bösgläubigkeit ist irrelevant.	Besitzer verkennt bei Besitzerlangung grob fahrlässig, dass er kein Besitzrecht hat (§§ 990 Abs. 1 S. 1, 932 Abs. 2) oder erfährt dies später (§ 990 Abs. 1 S. 2).	Besitzer hat Besitz durch eine Straftat oder schuldhafte verbotene Eigenmacht erlangt.
Schadensersatz	▪ **Grundsatz: § 993 Abs. 1 Hs. 2: keine Haftung – Sperrwirkung gegenüber *Deliktsrecht*** **Ausnahmen:** – **§ 991 Abs. 2** Fremdbesitzerexzess im 3-Personen-Verhältnis – **§§ 823 ff. anwendbar** Fremdbesitzerexzess im 2-Personen-Verhältnis (a.A. § 991 Abs. 2 analog) – **§ 826** keine Begünstigung bei Sittenwidrigkeit	▪ **§ 989** Schadensersatz für verschuldeten Untergang/verschuldete Unmöglichkeit der Herausgabe	▪ **§§ 989, 990 Abs. 1** Schadensersatz für verschuldeten Untergang/verschuldete Unmöglichkeit der Herausgabe ▪ **§§ 990 Abs. 2, 286 ff.** verschärfte Haftung auf Vorenthaltungsschaden (§§ 280 Abs. 1 u. 2, 286) und für Zufall (§ 287) im Verzug	▪ **§§ 992, 823 ff.** Schadensersatz nach allgemeinen deliktischen Vorschriften (gemäß § 848 Haftung auch für zufälligen Untergang)
Nutzungen	▪ **Grundsatz: § 993 Abs. 1 Hs. 2: keine Haftung – Sperrwirkung gegenüber *Bereicherungsrecht*** **Ausnahmen:** – **§§ 988, 818** Nutzungen des unentgeltlichen Besitzers – **§ 988 analog** Nutzungen des rechtsgrundlosen Besitzers (str., a.A. §§ 812 ff. unmittelbar) – **§ 993 Abs. 1 Hs. 1** Übermaßfrüchte	▪ **§ 987 Abs. 1** Herausgabe/Wertersatz für gezogene Nutzungen ▪ **§ 987 Abs. 2** Ersatz schuldhaft nicht gezogener Nutzungen	▪ **§§ 987 Abs. 1, 990 Abs. 1** Herausgabe/Wertersatz für gezogene Nutzungen ▪ **§§ 987 Abs. 2, 990 Abs. 1** Ersatz schuldhaft nicht gezogener Nutzungen **Ausnahme:** Der bösgläubige Fremdbesitzer, der für einen Dritten besitzt, haftet nur, wenn auch der mittelbare Besitzer bösgläubig oder verklagt ist (**§ 991 Abs. 1**).	▪ **§ 988** auch durch Delikt erlangter Besitz ist „unentgeltlich" ▪ **§§ 992, 823 ff.** Deliktshaftung erfasst auch Nutzungen (lt. BGH sogar, wenn Eigentümer diese nicht gezogen hätte, str.)

	Redlicher Besitzer	„Bösgläubiger"/verklagter Besitzer
Verwendungen	▪ **§ 994 Abs. 1** Ersatz notwendiger Verwendungen (i.d.R. ohne notwendige Erhaltungskosten und Lasten, da dem redlichen Besitzer die Nutzungen verbleiben) ▪ **§ 996** Ersatz nützlicher Verwendungen, soweit noch werterhöhend vorhanden (ohne Luxusverwendungen) ▪ **§ 997** Wegnahmerecht bei wesentlichen Bestandteilen (bei Nicht-Bestandteilen Anspruch aus § 985)	▪ **§§ 994 Abs. 2, 677, 683 S. 1, 670** Ersatz notwendiger Verwendungen (einschließlich Erhaltungskosten und Lasten), sofern interessen- und willensgemäß ▪ **§§ 994 Abs. 2, 684 S. 1, 812 ff.** Ersatz sonstiger notwendiger Verwendungen, sofern Eigentümer bereichert ▪ **§ 997** Wegnahmerecht bei wesentlichen Bestandteilen (andernfalls Anspruch aus § 985)

Sonderproblem: Umgestaltungsaufwendungen

Rspr.:
- Enger Verwendungsbegriff – kein Ersatz nach § 996
- EBV abschließend – auch kein Ersatz nach §§ 951, 812
  - ⇨ Weder der redliche noch der bösgläubige/verklagte Besitzer erhalten Umgestaltungsaufwendungen ersetzt. Es bleibt nur § 997.

h.L.:
- Weiter Verwendungsbegriff – Ersatz nach § 996
- EBV abschließend – kein Ersatz nach §§ 951, 812
  - ⇨ Der redliche Besitzer erhält Umgestaltungsaufwendungen nach § 996 ersetzt; der bösgläubige/verklagte Besitzer nicht.

a.A.:
- Enger Verwendungsbegriff – kein Ersatz nach § 996
- EBV nicht abschließend – Ersatz nach §§ 951, 812
  - ⇨ Jeder Besitzer (egal, ob redlich oder nicht) kann nach §§ 951, 812 Umgestaltungsaufwendungen ersetzt verlangen.

STICHWORTVERZEICHNIS